법학입문

Introduction to law

조기영 김소연 태기정 조성규 박수영
곽승구 지은석 김성진 서창배 이세련

박영사

머리말

2009년 로스쿨 제도가 본격 시행된 후 법학 분야에는 여러 가지 변화가 있었습니다. 로스쿨 제도의 긍정적인 측면도 많지만, 그 부정적인 측면도 외면할 수는 없습니다. 무엇보다 변호사시험을 주된 목적으로 하는 로스쿨 교육으로 인하여 법학의 학문 토대가 붕괴되고 있습니다. 또한 민주시민을 양성하기 위한 교양법학도 침체의 길을 가고 있는 것으로 보입니다. 대학의 기본 교양과목으로서의 법학입문, 법학원론, 법의 이해 등의 강좌가 대학 측에 의해 축소되고 학생들에 의해 소외되고 있는 실정입니다. 로스쿨 학생들조차 법학에 대한 입문 과정을 생략한 채 개별 법률과목의 판례들을 접하게 됨으로써 고학년이 되어서도 법의 기본원리를 이해하는 데 어려움을 겪는 경우를 종종 목격하기도 합니다.

법학은 비단 법률가들만의 전유물이 아닙니다. 법의 일반이론을 익히고 기본 법률의 내용에 친숙해지는 것은 민주시민이 갖추어야 할 소양 및 지식에 해당합니다. 법을 통해 이루어지는 우리의 공동생활에서는 법의 개념이나 효력에 관한 기본 이해는 물론 헌법, 민법, 형법, 행정법, 상법, 소송법, 사회법, 국제법 등 우리 공동체의 법질서를 구성하는 기본 법률들의 윤곽에 대한 지식을 갖추어야 하겠습니다.

이와 뜻을 같이하는 전북대학교 법학전문대학원 교수님들이 힘을 모아 법학입문을 출간하게 되었습니다. 집필에 참여해 주신 분들은 해당 분야의 최고 전문가로서 교육자·연구자로서의 역량을 최대로 발휘해 주셨습니다. 본서가 법학에 입문하는 초학자들과 법학에 관심 있는 시민들에게 친절하면서도 심도 있는 안내서가 될 수 있다면, 필자들에게 그것만 한 보람은 없을 것입니다.

어려운 출판 환경임에도 불구하고 본서가 출간되도록 도움을 주신 분들께 감사의 말씀을 드립니다. 먼저 박영사의 안종만 회장님, 안상준 대표님께 감사의 말씀을 드립니다. 또한 본서의 기획과 출간의 전 과정에 전력을 다해 주신 박영사의 최동인 대리님, 그리고 바쁘신 중에도 본서의 편집과 교정에 헌신적인 노력을 기울여 주신 윤혜경 대리님께 이 자리를 빌려 감사의 말씀을 드리고자 합니다.

2024. 2.

집필진을 대표하여

조 기 영

차 례

제 1 장 | 법학 일반이론 [조기영]

제 3 장 | 민법 [태기정]

제 4 장 | 형법 [조기영]

제 5 장 | 행정법 [조성규]

제 6 장 | 상법 [박수영]

제 7 장 | 민사소송법 [곽승구]

제8장 | 형사소송법 [지은석]

제1장
법학 일반이론

제 1 절 법학의 대상과 방법

Ⅰ_ 법학의 분과

1. 법해석학 (협의의 법학)

법학은 법 그리고 법과 관련된 현상을 연구하는 학문이다. 통상 법학은 법해석학을 의미한다. 법해석학은 법학도들의 법학 학습의 대부분을 차지한다. 법해석학은 헌법, 행정법, 민법, 형법, 상법, 민사소송법, 형사소송법, 사회법, 국제법 등의 법규범의 정확한 의미 내용을 해석하는 것을 목적으로 한다. 법해석학의 특징은 실정법 체계의 규정내용을 그 규정이 입각하고 있는 가치를 인정하면서 탐구하는데 있다. 예를 들면, 헌법의 내용을 비판하지 않고 헌법에 포함되어 있는 가치를 그대로 인정하고 이해하는 것이다. 이러한 특징으로 인해 법해석학은 법교의학(法敎義學)이라고도 불린다.

과거 법해석학은 그 대상이 되는 법률질서를 체계적·통일적으로 이해하기 위해 오로지 규범논리적인 개념체계를 수립하려고 노력하였다. 이를 **개념법학**이라고 한다. 그러나 법해석은 현실에 적용되는 실천적인 것이므로 개념법학적 방법으로는 변화하는 현실에 적응하기가 어렵다. 오늘날에는 자유법학, 이익법학 등 탄력적인 방법을 동원하는 다양한 법해석의 시도가 이루어지고 있다.

법해석학의 목적은 체계를 구성하는 것이며, 실정법의 내용에 모순이 생기지 않도록 질서지우는 것이다. 법해석은 구체적인 사실에 법을 적용하기 위한 것이므로 개별 법규범의 의미내용을 명확히 하는 것은 순수한 이론적인 인식작업을 의미하지는 않는다. 자연과학에서 진리는 국가마다 다를 수 없지만 어떤 행위가 옳은 것인가 옳지 않은가는 특정 법체계에 따라 다를 수 있다. 예를 들면, 대부분의 서구국가는 '자살'을 범죄로 취급하지만, 우리나라에서는 자살은 범죄가 아니며, 다만 자살을 교사하거나 방조하는 때에 처벌될 뿐이다.

독일의 검사 키르히만(Kirchmann)은 1847년 베를린 법률가대회에서 '입법자가 세 마디만 고치면 도서관의 모든 법학서가 휴지로 되고 만다.'고 하여 법학의 학문적 성격을 부정하고 해석법학의 무가치성을 주장하여 법학계에 충격을 주었다. 그러나 이러한 비판은 실정법에 의존하는 법학의 특성을 인상적으로 지적한 것이지만, 자연과학을 가장 이상적인 학문으로 여기는 태도에서 비롯한 것으로서, 대상의 가변성이 법학의 학문성을 부정하는 근거가 되기는 어렵다. 법학은 법률의 전제가 되는 법의 이념과 기본원리를 바탕으로 실정법을 연구하는 학문이기 때문이다. 기본권 보장과 비례의 원칙, 사적 자치의 원칙과 신의성실·권리남용의 금지, 죄형법정주의와 적법절차의 원리, 동산과 부동산, 혼인과 가족, 직장과 근로자, 범죄와 질서, 행정구제와 헌법재판 등 법의 기본원리는 법학의 탐구대상이 된다. 그리고 이러한 법의 기본원리를 바탕으로 실정법은 제정·개정되고 해석된다.

2. 광의의 법학

법학을 넓게 이해하면 법학의 분과에는 법철학, 법사학, 법사회학, 법정책학과 비교법학 등 다양한 분야를 연구하는 작업이 포함된다. **법철학**은 현실의 법외에 이상적인 법의 존재와 내용을 고찰한다. 법률 자체가 아닌 법의 가치와 의의 등을 규명하고자 노력한다. 법이란 무엇인가를 묻는 것이 아니라 법이란 무엇이어야 하는가를 묻는다고 할 수 있다. 또한 법철학은 현실의 법의 일반적 성질 및 법을 인식하는 방법, 법의 사회적 구조와의 관련성 분석, 법의 사회적 의미를 명확히 하고 비판하는 작업을 수행한다. **법사학**은 법의 역사적 발전을 고찰하고, 현재의 실정법이 이러한 형태로 존재하게 된 연유를 이해하고자 한다. **법사회학**은 법률이 하나의 '사실'로서 행하여지는 모습, 즉 사회적 사실로서의 법을 연구한다. 입법 및 법률의 해석·적용을 과학적인 방법으로 객관적 기초위에 행할 수 있도록 하기 위한 것이다.

법정책학은 공동체가 인정한 가치를 법을 통해 미래에 실현하는 방법을 탐구한다. **비교법학**은 서로 다른 법제도를 연구대상으로 하여 법의 본질과 발전을 비교 연구한다.

역사법학파

사비니(Friedrich von Savigny)는 역사적으로 법의 정의를 내렸다. 사비니는 다음과 같은 이론들을 주장하였다.

- 법은 무의식적이고 유기적인 성장의 문제이다.
- 법의 본질은 보편적이지 않다. 언어와 마찬가지로 사람과 시대에 따라 달라진다.
- 관습은 법률에 선행할 뿐만 아니라 법률보다 우월하다. 법은 관습 때문에 항상 대중의 의식에 부합해야 한다.
- 법의 근원은 국민의 공통의식(Volksgeist)에 있다.
- 입법은 법을 만드는(lawmaking) 마지막 단계이므로, 입법자보다 법률가나 법조인이 더 중요하다.

법사회학

듀기(Leon Duguit)는 법은 "본질적으로 그리고 배타적으로 사회적 사실"이라고 보았고, 예링(Rudolph von Jehring)은 법을 "국가의 구속력에 의해 보장되는 사회의 삶의 조건을 보장하는 형태"로 이해하였다. 이 정의에는 세 가지 중요한 부분이 있다. 첫째, 법은 사회 통제의 수단이다. 둘째, 법은 사회의 목적에 봉사하는 것이다. 셋째, 법은 그 본질상 강압적이다라는 것이다. 파운드(Roscoe Pound)는 법이라는 용어를 연구하여 자신만의 법 정의를 내렸다. 그는 법을 주로 사회 공학의 도구로 간주했다. 그에 의하면 정치철학, 경제적 이해관계, 윤리적 가치가 상충하는 상황에서 법은 끊임없이 인정받기 위해 투쟁했다. 역사, 전통, 법률 기술을 배경으로 하여 사회적 욕구는 사회적 제도로서의 역할을 하는 법의 작용을 통해 충족된다.

Ⅱ _ 법학의 방법

법해석학은 일정한 해석방법에 따라 법조문의 의미를 해석하는 것에 주력한다. 여기에 문리해석, 논리해석, 체계해석 등의 방법이 동원된다. 법철학, 법사학,

법사회학 등은 철학, 사학, 사회학 등의 방법론을 법 연구에 적용한다. 법에 대한 연구, 즉 법학은 다양한 관점과 방법에 의해 가능하다.

법해석학과 광의의 법학은 별도의 분과이기는 하지만, 법학연구에서 **상호보완적**으로 활용된다. 실정법 조문의 해석을 위해서는 그 조문이 만들어지게 된 배경·이유를 역사적·사회학적으로 분석하고, 외국의 법제와 비교하는 작업이 유기적으로 이루어져야 한다.

제 2 절 법의 개념

I _ 사회규범으로서의 법

1. 사회적 동물로서의 인간

인간은 자기 혼자 홀로 생활할 수 없고 여러 사람들과 일정한 관계를 유지하면서 생활을 하게 된다. 그리스 철학자 아리스토텔레스(Aristoteles, B.C. 384~322)는 '인간은 **사회적 동물**'(homo sapiens)이라고 말한바 있다. 인간은 사회적 존재로서 둘 이상 모여 서로 어떠한 관계를 가지면서 살게 되어 그곳에 사회가 형성되고 인간 상호 간의 사회공동생활을 하게 된다고 한다. 이러한 인간 공동생활관계에서 일정한 목적을 달성하려고 할 때에 거기에 사람 상호 간에 이해관계의 충돌이 생기게 된다. 영국의 철학자 홉스(Thomas Hobbes, 1588~1679)는 이를 가리켜 '만인에 대한 만인의 투쟁'상태라고 함으로써 인간사회가 긴장과 투쟁의 관계로 변화되기도 한다고 한다. 그러므로 인간사회에는 생활공동체로서의 사회질서의 유지가 요청되는 것이다. 따라서 사회구성원은 누구나 함께 사회적 활동을 하면서 다소의 제약을 받지 않을 수 없고 규범에 복종하지 않으면 안 되는 것이다. 말하자면 사람은 사회를 떠나서 존재할 수 없고, 사회규범을 벗어나서 존재할 수 없다.

아리스토텔레스가 묘사한 인간의 모습은 친화의 본능을 가지고 공동사회를 이루려는 본성에 기초하여 가족, 국가 및 공동사회를 구성하는 존재이다. 사람이 모여 사는 곳에서는 법이 자연적으로 생겨난다. 로빈슨 크루소의 무인도 생활에 토인 프라이데이가 나타났을 때 삶의 규칙이 발생하게 된다. 토마스 아퀴나스는 인간은 공동사회에 의존해 있고 그 공동사회를 통해서만 천부적 능력을 완전히 발휘할 수 있다고 보았다. 가톨릭 사회윤리는 인간이 가정 사회와 시민사회에서 삶을 영위하는 것을 인간본연의 모습으로 이해한다. 마르크스는 인간이 스스로의 소질을 충분히 계발하기 위해서는 국가는 필요 없더라도 공동사회는 필요하다는 것을 전제한바 있다.

2. 사회질서 유지를 위한 법

고대 사회에서는 개인의 자아의식이 희박하여 종교라든가 관습이나 도덕 등과 같은 규범으로도 사회의 질서를 유지할 수 있었다. 그러나 사회가 진보되고 발달하여 그 규모가 확대되고 개인의식과 사회의식이 높아짐에 따라 과거의 단순한 사회규범으로는 그 질서유지가 어렵게 되었다. 여기에 사회의 진전에 따라 그 사회공동체의 중심 권력이 확립되고, 여러 가지의 사회규범에서 법이 분화하여 사회의 질서유지를 확보하기에 이르렀던 것이다. 따라서 "**사회가 있는 곳에 법이 있다**"(ubi societas ibi ius)라는 법격언은 사람이 모여 사회생활을 하는 곳에는 그 질서를 유지하기 위하여 반드시 법이라는 강제규범이 필요하다는 것을 표현한 것이다.

공동생활을 위해서는 인간의 행위를 조정할 수 있는 객관적·규범적 행동양식, 즉 **당위**(當爲)가 필요하다. **규범**(規範)이란 마땅히 하여야 할 것, 지켜야 할 것이라는 '당위'를 내용으로 하는 규율을 말한다. 자연법칙은 필연적 법칙이나 규범은 이에 대한 위반이 있을 수 있다. 자연법칙은 존재(Sein)에 속하며, 규범은 당위(Sollen)에 속한다. 사회가 유지, 발전되기 위해 구성원들이 지켜야 할 당위(sollen)의 규칙, 지침(Wegweiser)을 사회규범이라고 한다. 사회의 발달과 사회생활의 복잡화로 사회를 규율하는 개별 규범의 분화 현상이 발생하게 된다. 몽테스키외(Montesquieu)는 그의 저서 '법의 정신(De l'esprit des lois)'에서 인간생활은 자연환경과 아울러 다양한 사회적이고 도덕적인 환경 아래 놓여 있으며 그 복합적 관계의 결과로서 법이 출현하게 된다고 보았다. 그에 의하면 법은 보편적이고 초월적 명령이 아니라 한 나라의 자연, 풍토, 풍속, 종교, 가치관 등에 의해 결정되고 개별적인 여러 현상 내지 여러 조건과 관련된 필연적 관계로부터 비롯한 것이다. 시대마다 사회를 이끌어 온 규범이 변화되어 왔다. 도덕, 예(동양), 관습, 법 등이 그것이다. 규범들은 시대의 상황과 가치관을 반영하는 것이므로 규범을 통해 그 사회를 들여다볼 수 있다. 예컨대 공자는 인(仁)에 의한 덕치를 강조하면서 인을 실천하는 방법이 예(禮)라고 하고, 예법을 회복하는 것, 바꾸어 말하면 인간의 도덕성 실현을 중요한 과제로 제시한다. 따라서 예란 형식화된 도덕, 법률화된 도덕이라고 할 수 있고, 상, 제사, 혼인 등을 규율하며, 죄 지은 사람도 처벌할 것이 아니라 덕으로 복종시키도록 한다. 사회규범은 각기 다양한 독자적인 가치기준을 가지고 있으면서 서로 연계되어 전체적으로 사회생활의 질서를 규율한다. '사회가 있는 곳에 법(규범)이 있다.'

법이란 **당위를 내용으로 하는 사회규범의 일종**이다. 법규범은 행위규범, 재판규범, 조직규범으로 이루어져 있다. 행위규범은 '명령규범'(~하라)과 '금지규범'(~하지 마라)으로 구분할 수 있다. '살인하지 말라', '매매계약을 체결한 물건을 매수인에게 양도하라', '부동산의 소유권취득은 등기를 해야 한다' 등은 행위규범의 명령규범과 금지규범으로서의 성격을 보여주고 있다.

Ⅱ _ '강제성'을 지닌 규범

법규범은 정치적으로 조직된 사회의 강제성을 지닌 규범이다. 정치적으로 조직된 사회, 즉 국가가 강제를 통해 법위반에 대해 제재를 행하게 된다. 독일의 법학자 예링은 "법의 강제 없는 법규란 그 자체 모순이며, 다시 말해서 타지 않는 불, 비추지 않는 빛"이라고 하여 법규범의 강제성을 표현한 바 있다. 법규범은 강제성을 지닌다는 점에서 그 밖의 규범, 즉 도덕규범, 종교규범, 관습과 구별된다. 법의 개념을 정의하는 출발점으로서 법이란 '강제성을 띈 사회규범'이라고 정의할 수 있다. '법(law, Recht)이란 무엇인가'라는 문제는 법학의 주요한 과제로서 오래 전부터 많은 사람에 의하여 여러 가지 주장이 있었으나, 아직도 그 개념이 명확히 확정되어 있지 않다. 그렇지만 법을 합목적성의 시각에서 사람의 행동을 규제함으로써 질서와 조화 있는 사회생활의 실현을 도모하기 위한 것이라고 본다면, 법이란 사람의 사회생활의 규범으로서 국가권력에 의하여 강제되는 것이라고 할 수 있을 것이다. 법은 국가의 강제에 의해 뒷받침되는 사회규범이다.

Ⅲ_ 법의 개념

1. 법의 어원과 어법: 노모스와 피시스

기원전 5－4세기경 그리스에서 '최초의 철학자'가 '(신이나 인간의 관습에 대해서가 아니라) 자연에 대해서 말하는 사람들'로서 등장하였다. 이들에게 피시스(Physis, 자연: 땅, 물, 불, 바람, 인체)란 '만물의 생성소멸의 근원으로서의 우선 존재' 또는 '사물의 본질적 성격'을 의미하였다. 한편 노모스(Nomos, 인위적 약속사(事))는 '명문화된 법' 또는 '불문의 인습'을 가리키는 말이었다. 양자가 대립개념으로서 의식되기 시작한 것은 정의나 공동체는 피시스와 노모스의 어느 쪽에 근거 하는가 하는 고전적 논쟁을 통해서이다.

내면적 자연의 욕구(강자의 지배)와 인위적 정의의 요구(평등)를 대립시킨 칼리클레스(Kallikles)와 역으로 정의란 강자의 자연적 지배의 별칭에 불과하다는 트라시마코스(Thrasymachos)는 모두 카오스적 피시스관에 입각하여 피시스/노모스 관계를 규정한다. 이에 대해 본질을 '전체 질서의 명확한 분절화 속에 제시된 통일성'이라고 받아들이는 코스모스적 피시스관에 선 소크라테스(Sokrates)-플라톤(Platon)은 인간의 자연적인 공동성을 전제로 함으로써 피시스와 노모스의 대립을 존재론적으로 통합하고자 하는 자연적 정의론을 전개하였다. 피시스는 계층질서를 함의한다는 플라톤-아리스토텔레스류의 전통은 귀족정치에 친화적이었지만 근대의 사회 계약론자들은 개인주의적 평등론의 근거로서 피시스를 원용하고 거기에서 노모스로서의 정의론·국가론을 구성하고자 하였다. 또한 '생성'이나 '관습'을 피시스와 노모스 간의 일종의 중간영역이라고 상정하고 그것을 사회의 근거로 보는 '자생적 질서론'도 스코틀랜드 계몽에서 하이에크(Friedrich

August von Hayek)에 이어지는 부류를 형성하고 있다. 또한 피시스가 어원상 존재를 함의하는 개념인 것에 의해 특히 칸트(Immanuel Kant)에서 롤스(John Bordley Rawls)에 이르는 자유주의적인 입장에서는 윤리학이나 정치학의 정통성을 논할 때 과연 피시스를 의식할 필요가 있을까 하는 의문이 항상 제시되어 있다. 한편으로는 이집트와 그리스의 지방행정단위를 '노모스'라고 부르기도 한다.

그리스 철학에서 출발한 physis(nature, 사물의 본질. 절대적인 것) 이후 프로타고라스와 소크라테스에 의해 노모스(상대적이고 인위적인 것)가 도입되면서 대립적인 개념으로 자리매김된다. 그리스 Agon(갈등/경연) 사상에 기초한 것으로 세상은 피지스(여성적/원시적이고 불가해한 것: 바다괴물, 용 등)와 노모스(남성적/아폴로가 대표)의 대립인 것이다. 자연은 카오스 상태라는 점에서 chaos(혼돈)는 피지스이고 cosmos는 노모스(질서)이다. 프로타고라스에게 노모스는 피시스와 대립되는, 그 자체로 **상대적 성격**을 띠는 개념이었고, 소크라테스(혹은 플라톤)에게는 **보편성**을 부여할 수 있는 개념이었다.

한편 노모스는 인위적 입법인 테시스(thesis)와는 구별된다. 테시스는 규칙·관습·법률을 뜻한다. 선조 전래의 절대적 권위로 신봉되고 있던 노모스(종교적, 도덕적, 사회적 규정)가 그 권위를 잃고 있던 BC 5세기의 그리스에서 소피스트들은 '자연'(→ 피지스)을 진실이라고 하는 자연주의 입장에서 자연에 대해 '노모스'를 인위적·상대적이라고 하여 그 권위와 절대성을 의심하였다. 이러한 견해는 이미 데모크리토스나 퀴닉학파와 스토아학파의 자연주의적 윤리에서 볼 수 있다.

2. 법과 법률 및 법전

(1) 서양

서양에서는 로마시대 이후 ius와 lex라는 말이 구분하여 사용되었다. **ius**는 인간으로서 마땅히 가져야 할 권리(누려야 할 행복)나 지켜야 할 의무를 의미한다. 따라서 공식적인 입법 절차를 통해 제정되지 않더라도 사회구성원으로 마땅히 지켜야 하는 규범을 통칭하는 추상적이고 일반적인 의미로 사용되었다. 반면 **lex**는 권위 있는 기관에 의해 제정된 실정법, 즉 왕, 의회, 정부 등 공적인 기관에 의한 입법절차를 거쳐 공포된 규범이나 명령을 지칭하는 현존하는 법을 의미한다.[1] 로마법에서는 ius는 크게 시민법(ius civile), 만민법(ius gentium) 그리고 자연법(ius naturale)으로 구분하고, lex는 칙령이나 포고령 등을 지칭한다. 영미에서도 law(Recht, droit)와 statute(act, Gesetz, loi)를 구별한다.

실정법을 체계적으로 편별한 조직적·성문법규집 전체를 **법전**(legal code)이라고 한다. 고대인들도 법전을 편찬했는데, BC 2400년경으로 거슬러 올라가는 에블라 시(지금의 시리아 텔마르디크)의 고문서 보관소에서 발견된 서책(tablets)은 현존하는 최고의 법전에 대한 결정적 증거를 제시해주고 있다. 가장 잘 알려진 고대법전은 **BC 18세기에 바빌로니아 왕 함무라비가 편찬한 법전**이다. 로마의 법적인 기록은 BC 5세기에 시작되었으나, 로마법의 포괄적인 성문화 작업이 이루어지지 않다가 서로마 제국이 몰락하고 오랜 시간이 지난 **6세기에 와서 유스티니아누스 법전**이 만들어졌다. 부르군트족, 서고트족, 잘리어계(系) 프랑크족 등 로마 제국을 침략한 민족도 법전을 만들었다(살리카 법전). 중세 후기에 유럽에서 만들어져 상인과 법률가들이 널리 이용한 해사관습(海事慣習) 모음집은 유럽 전역에서 큰 권위를 지니고 있었다. 15−18세기에 유럽 각국에서는 수많은 법률과 관습들을 정비하고 집대성하려는 움직임이 일었으나 국가적인 차원보다는 각 지역이나 지방별로 법전이 편찬되었다. 19세기에 들어와서 국가적인 법전편찬운동이 전개되면서 **나폴레옹 법전**(1804−1810)이 탄생되었다. 나폴레옹 법전은 **국가차원**에서 제정된 **최초의 법전**으로서 민법·민사소송법·상법·형사소송법·형법 등의 5개 부분으로 되어 있다. 그 후 독일·스위스·일본을 비롯한 다른 로마 법계(대륙법계) 국가들도 이와 비슷한 법전들을 제정했다.

(2) 동양

동양(중국)에서는 law에 해당하는 것을 법(灋)이라고 부른다. 법이라는 글자는 水(물)+廌(해태)+去(간다)는 의미가 결합된 것으로, 시비를 가려서 평정한 상

1) "Hoc quidem perquam durum est, sed ita 'lex' scripta est!"(이것은 정말 극도로 심하다. 그러나 그것이 바로 쓰여진 법), dura lex, sed lex(로마법전 digesta에 울피아누스의 말을 요약해서 인용한 말): 본래 의미는 '법은 엄하다. 그것이 법이다'로 정의의 구현은 불편을 초래할 수 있지만, 정의의 구현을 위해서 그것을 감내해야 함을 말해 주는 격언이다.

태를 만드는 것을 의미한다. 동양에서는 '법이란 물(水)처럼 자연스레 흘러가는(去) 것으로, 누구든 당연히 따라야 한다.'는 식의 교육을 받아 왔다. 이는 아마도 옛날의 권력자들과 그들을 추종하는 지식인 집단들이 그 '법'을 비호하기 위해 그럴듯하게 꾸며낸 거짓말을 그대로 가르쳐 왔기 때문일 것이다.

중국에서는 특히 기원전 4, 5세기 **법가**(法家) 사상 이후에 예(禮)와 대립하는 개념으로서 법(法)이 강조되었다. 법가 사상은 인간의 행동을 규율하는 자연적인 원리로서 인, 의, 예(자연법?)와 같은 덕치주의를 내세우는 것이 아니라, 엄격한 **법치주의**를 근본으로 하는 사상이다. 이들은 천하를 다스리는 원리로서 법(法)과 술(術)을 강조하였다. 법(法)은 군주가 정하는 백성을 다스리기 위해 사용하는 공개적이고 상세한 규칙을 뜻하며, 이를 뒷받침하는 것을 세(勢: 백성과 신하를 굴복시키는 힘)라고 보았다. 한편 술(術)은 법을 행하는 수단으로서 군주의 명령(名)과 신하들이 이루어낸 실적(形)을 핵심으로 하며, 명과 형의 일치 여부에 따른 시비의 판단이라고 하였다. 예가 서양의 ius에 상응하는 것이라면, 법은 lex에 상응하는 개념이라고 볼 수 있다. 다만 중국에서 서양의 실정법과 유사한 법체계가 형성된 것은 **수·당 시대** 이후의 율령제이다. **율령제**는 주로 공법 중심의 실정법체계로서 이 중 '율'(律)은 범죄 형법에 관한 금지규정을 뜻하고, '영'(令)은 비형법규정의 국가제도 전반에 관한 것으로, 양자는 일체성을 갖는 2대 기본법이었다. 그리고 '격'(格)은 황제의 조칙에 의해 수시로 이루어지는 명령으로 율과 영을 보충하거나 변경하는 역할을 했고, '식'(式)은 율령을 시행하는 시행세칙에 해당한다.

(3) 우리나라

우리나라는 삼국시대(3세기에서 5세기)에 율령이 반포되었다. 무령왕릉에서 발견된 매지권(買地券)에서 '부종율령'(不從律令)이라는 표현이 나온다. 통일신라시대에는 당의 율령을 참작하여 율령을 제정했고, 고려시대에는 당과 송의 제도를 수용하고 후기에는 원과 명의 법률도 수용하였다. 조선시대에 들어서는 명률(明律)을 기본적으로 참고하여 1395년(태조 4)에 〈대명률직해〉를 간행하였고, 자체적인 법전 정비사업으로서 1471년(성종 2)에 〈경국대전〉 반행(頒行), 〈속대전〉·〈대전회통－대원군시대〉 등의 법전을 편찬하였다.

1894년 갑오경장을 계기로 일본의 근대 법제도 수용하였다(홍범 14조). 현대에는 서양법의 영향 아래 법률, 법전, 법규, 법령 등의 개념을 사용하여 법전을 편찬하고 있다. 이미 설명한 바와 같이 법률은 국회의 의결을 거쳐 대통령이 서명·공포한 법을 말하며, 법전은 실정법을 체계적·포괄적으로 성문화하여 엮은 책을 말한다. 일반 국민의 권리의무와 관계있는 법규범을 법규라고 하고, 법령은 협의로는 명령만 의미하지만, 광의로는 법률이나 법전체를 의미한다.

법제처 법령통계 기준에 의하면 2023년 12월 1일 현재 헌법 1건 외에 법령은 5,273건(법률 1,609건, 대통령령 1,874건, 총리령 79건, 부령 1346건, 기타(국회규칙 등365건)이다. 이와 별도로 자치법규는 141,487건(조례 112,998건, 규칙 27,442건, 기타(훈령 등) 1,047건)이다.

Ⅳ _ 법의 개념에 관한 학설들

E. A. Hoebel은 "법을 개념정의하는 일은 성배(Holy Grail)를 찾는 것과 같다"고 말한 바 있다. 이러한 노력은 결과적으로 성과 없는 일로 끝나버릴 것이라는 취지이다. 그러나 법학은 법의 개념에 대한 정의를 포기할 수는 없다.

1. 법사회학적 접근방법

법사회학은 사회현실로서의 법을 사회 내에서의 기능적 관점에서 이해한다. 막스 베버(Max Weber)는 법을 '강제성'과 '조직화된 행정기구'와 연결하여 "그 준수와 위반에 대한 제재라는 강제가 특별히 이러한 목적을 위하여 준비되어 있는 사람들의 집단에 의해 외부적으로 보장되는 명령을 법이라고 한다."고 지적한 바 있다. 미국의 법사회학자 로스코 파운드(Roscoe Pound)도 유사하게 법을 "정치적으로 조직된 사회의 힘의 체계적 사용을 통한 사회통제"라고 정의한 바 있다. 법사회학자들은 법의 기능으로 ① 사회통제(Social Control), ② 분쟁해결(Dispute Settlement), ③ 사회변화(Social Change)의 세 가지를 든다. 사회규범에 대한 공감대 내지 합의가 존재하는 전통적·동질적 사회에서는 가십(gossip), 조소, 모욕 등 비공식적 방법에 의해 사회통제가 이루어진다. 그러나 복잡하고 이질적인 사회에서는 공식적 사회통제 수단이 요구된다. 공식적 사회통제는 명시적인 행위규칙, 규칙 유지를 위한 제재수단, 규칙을 제정하고 해석·적용하는 (관료) 집단의 존재를 그 특징으로 한다. 로스코 파운드가 "법은 어떤 의미에서는 정치적으로 조직화된 사회에서 고도로 전문화된 사회통제의 수단, 체계적이고 질서 있는 사회의 힘의 적용을 통한 사회적 통제라고 생각한다."라고 말한 것은 법은 기본적으로 사회통제의 수단이라는 점을 강조하는 것이다. 또한 법은 분쟁해결의 수단이다. 법은 분쟁해결을 위하여 법적인 권리와 의무의 권위적 배분이라는 방법을 사용한다. 다만, 법은 법적 쟁송으로 비화된 분쟁에 대해서만 관여하며, 법적 해결이 반드시 분쟁 당사자간의 갈등과 반목을 감소시키는 것은 아니라는 한계가 있다. 나아가 법은 종종 정부가 계획한 사회변화의 방법으로 사용되기도 한다. 법을 통한 복지국가로의 전환이 대표적인 예이다.

2. 법철학적 개념정의

독일의 법철학자 슈탐믈러(Stammler, 1856-1938)는 법을 '불가침적 자주적 결합의욕'(das unverletzbar selbstherrlich verbindende Wollen)으로 정의하였고, 에어리히(Ehrlich)는 경험주의적 입장에서 인간집단의 존속을 위해 필요한 규율과 관련된 사실, 즉 법적 사실에서 일반화될 수 있는 법개념으로서 "법은 질서이다"(Das Recht ist Ordnung)라고 정의하였다. 에어리히는 규율과 관련된 4가지 사실(법적 사실)로 관행, 지배, 점유, 의사표시를 들었다. 모든 관행은 질서를 창조했고, 지배복종 관계도 질서를 형성하며, 점유질서는 경제질서의 반영이고, 계약은 사회적·경제적 질서의 도구에 불과하다는 것이다.

독일의 법철학자 라드브루흐(Radbruch, 1878-1949)는 법을 문화현상(가치관련적 사실)으로 이해하였다. 그에게 있어서 법이란 법이념을 실현하는 의미를 가지는 현실을 의미한다. 법은 현실과 주어진 것 속에서 가치를 실현하고 또 가치와 관련해서 현실을 보는 가치관련적인 문화의 세계에 속하며, "법은 인간의 작품이며 인간의 작품은 … 목적(이념) 없이는 파악될 수 없다."고 주장한다. 그에 의하면 부정당한 법은 법이 아니다.

법실증주의자들은 법을 '실정법'(實定法)으로 파악한다. "비난받을 법은 '법이 아닌 것'이 아니라, '잘못된 법'일 뿐이다."(베르그봄, Bergbohm). 켈젠(H. Kelsen)의 순수법학은 법개념과 법이념, 법과 도덕의 분리를 주장한다. 법이란 '인간행위의 질서'이며, 질서란 '규범의 체계'이고, 규범체계의 통일성은 동일한 근거에 효력을 둔다는 점에 있다고 한다. 켈젠은 실효적인 규범적 강제질서는 내용과 관계없이 타당한 것으로 보아야 한다고 하면서, "헌법이 정하는 대로 행위하라."라는 명제를 제시하였다.

법실증주의

오스틴(John Austin)은 "법이란 정치적으로 우월하거나 주권자인 인간이 정치적 주체로서 정한 규칙의 총체"라고 정의한다. 따라서 이 정의는 법을 지위 고하를 막론하고 모든 사람이 지켜야 할 규칙의 집합으로 이해한다. 켈젠(Hans Kelsen)은 '순수법 이론'을 창안했다. 켈젠은 법이 '규범 과학'이라고 말한다. 켈젠의 법 정의에서 법은 반드시 일어나야 하는 일을 설명하는 것이 아니라 준수해야 할 특정 규칙을 정의할 뿐이다.

3. 소결

법의 개념에 대한 정의는 법학의 입문과정은 물론 법학의 완성단계 – 만일, 그러한 단계가 존재한다면 – 에서도 만족스럽게 행하기 어려운 문제이다. 법의 개념은 어쩌면 개인의 가치관, 세계관에 따른 선택의 문제일 수 있다. 법학에 입문하는 단계에서는 1차적으로 실정법의 내용을 정확하게 파악하는 것이 필수적이다(해석법학). 그렇다고 해서 이것이 실정법이 모든 것이라는 법실증주의적 입장을 견지하자는 의미는 물론 아니다. 법학의 고유대상이 실정법이고, 실정법에 대한 논리적·체계적 해석방법을 체득해 나가야 한다는 의미이다. 이때 사회과학도로서 법이 사회에서 어떻게 기능하고, 사회와 어떤 상호작용을 하는지(법사회학적 관점)에 관심을 가져야 하며, 우리 공동체의 일원으로서 공동체가 추구해야 할 법이념(법철학적 관점)에 대한 탐구도 소홀히 할 수 없다. 따라서 법(학)은 현실을 바탕으로 하면서도 현실을 이념과 연관 짓고, 종국에는 돌이킬 수 없는 심판을 해야 하는 삼중고(Trilemma)를 숙명으로 한다.

제3절 법과 도덕

I _ 법과 도덕의 구별

사회규범 중 법과 가장 밀접한 관계에 있는 규범이 도덕이다. 법과 도덕의 관계는 오랫동안 법학자들을 괴롭혀 온 문제로서, **"법철학의 케이프 혼"**(예링)으로 비유되기도 한다. 원시사회에서는 법과 도덕의 개념적 구별문제는 제기되지 않았다. 종교, 도덕, 법률 등과 같은 규범들이 미분화 상태에 있었기 때문이다.

법과 도덕의 구별 시도는 여러 가지 측면에서 이루어졌다. 먼저, **법의 외면성**과 **도덕의 내면성**으로 양자를 구별하는 견해가 있다. 토마지우스(Christian Thomasius, 1655－1728)는 법은 인간의 외적 행위를, 도덕은 인간의 내적 행태를 규제대상으로 한다고 생각하였다. "누구나 생각만으로는 처벌되지 않는다.", "사상에는 세금이 붙지 않는다."는 표현도 이러한 구분에 입각한 것이다. 그러나 내면성과 외면성으로 도덕과 법을 구별하는 것은 절대적인 기준이 될 수 없다. 법도 인간의 내면을 고려하기도 하고(고의, 과실, 선의, 악의) 도덕에서도 내면이 외부적으로 표현되어야만 도덕적이라는 평가가 가능할 수 있기 때문이다. 그리하여 라드브루흐는 '관심방향'의 내면성과 외면성으로 도덕과 법을 구별하려는 시도를 한 바 있다.

칸트(I. Kant, 1724－1804)는 **합법성**과 **도덕성**으로 법과 도덕이 구별된다고 보았다. 법은 동기와 상관없이 법칙에 일치하는 합법성에 만족하고, 도덕은 법칙에 따른 의무감이 행위의 동기가 될 것, 즉 도덕성을 요구한다는 것이다. 칸트에 의하면 의무감에 따른 채무이행과 강제집행의 두려움으로 인한 채무이행은 그 성질을 달리하는 것이다. 그러나 법도 합법행위에서는 동기를 문제삼지 않지만, **위법행위**에서는 동기가 중요한 의미를 가진다는 점에서 합법성과 도덕성에 의한 법과 도덕의 구별에도 한계가 있다.

타율성과 **자율성**으로 법과 도덕을 구분하고자 하는 견해도 있다. 법은 타율적인 입법과 사법에 의해 운영되는 타율성이 지배하는 세계이며, 도덕은 자기입법으로서의 자율성에 특징이 있다는 것이다. 법은 초개인적인 평균인에 대한 규칙이고, 도덕은 개인의 내심 속에서의 대결과 갈등의 영역에 속하는 것이다.

강제성과 **비강제성**으로 법과 도덕을 구별하기도 한다. 법은 국가권력을 동원하여 자기의 명령을 강제로 실현시킬 수 있음에 반해, 도덕은 이러한 강제를 가지고 있지 않거나 가질 수 없다는 것이다. 예링은 "법강제 없는 법규란 그 자체 모순이며, 다시 말해서 타지 않는 불, 비추지 않는 빛"이라고 말한바 있고, 켈젠은 법과 도덕은 무엇을 요구하고 금지하는가라는 '내용'이 아니라 '어떻게' 일정한 행위를 요구하고 금지하는가에 의해 구별할 수 있다고 하여 법의 특징으로서의 강제가능성을 강조하였다.

Ⅱ _ 법과 도덕의 실정법상 관계

법과 도덕이 **내용적으로 중복**되는 분야가 있다. "살인하지 말라", "남의 것을 훔치지 말라" 등 형법의 범죄행위는 대부분 부도덕적 행위에 해당한다. 옐리네크(Jellinek, 1851–1911)는 "법이란 최소한의 도덕", "형법은 도덕의 등뼈"라고 말하기도 하였다. 헌법과 민법에도 도덕적인 요소가 들어 있다. 헌법 제10조가 「모든 국민은 인간으로서의 존엄과 가치를 가지며, 행복을 추구할 권리를 가진다. 국가는 개인이 가지는 불가침의 기본적 인권을 확인하고 이를 보장할 의무를 진다.」고 규정하고 있는 것은 인간의 존엄과 가치라는 도덕적 가치가 실정 헌법의 최고원리로 규정되고 있음을 의미한다. 민법 제1조는 「민사에 관하여 법률에 규정이 없으면 관습법에 의하고 관습법이 없으면 조리에 의한다.」라고 규정하고, 민법 제2조는 「① 권리의 행사와 의무의 이행은 신의에 좇아 성실히 하여야 한다. ② 권리는 남용하지 못한다.」라고 규정하며, 또한 민법 제103조는 「선량한 풍속 기타 사회질서에 위반한 사항을 내용으로 하는 법률행위는 무효로 한다.」고 규정하고 있다. 이러한 민법의 기본 규정들은 법과 도덕의 관계가 내용적으로 중복되고 있음을 보여주고 있다.

상법, 행정법 및 경제법 등은 도덕적인 내용과 관계없는 **기술적(技術的)인 내용**, 즉 도덕으로부터의 중립 또는 무관심한 내용들을 규정하고 있다. 예를 들면, 도로교통법이 오른쪽 차선으로 차량이 운행하도록 할지 왼쪽 차선으로 운행하도록 할지는 도덕과는 무관하다. 법과 도덕이 **충돌**하는 경우도 있다. 예를 들면, 양심적 이유로 집총이나 병역을 거부하는 자는 병역법위반이 될 수 있다.

법이 도덕의 어느 부분까지 규율해야 하는지가 문제되는 **법과 도덕의 한계영역**이 있다. 자신의 존속을 살해하거나 상해하는 것은 도덕적 비난가능성이 일반인을 살해한 것보다 클 수 있다. 이를 이유로 존속살해죄와 존속상해죄를 보통살인죄와 상해죄보다 가중하여 처벌하는 현행 형법의 태도가 적정한지에 관하여는 논란이 있다. 우리 형법은 도움이 필요한 사람을 유기한 경우에 처벌되는 유기죄의 주체를 '법률상 또는 계약상 보호할 의무가 있는 자'로 제한하고 있다. '착한 사마리아인 조항'을 도입해야 한다는 주장도 유력하게 주장되고 있다. 헌법재판소는 배우자 있는 자가 간통하면 처벌되는 간통죄를 헌법에 위반된다고 위헌선언한 바 있다. 간통죄는 우리 사회에서 법과 도덕의 한계영역에 있던 중요한 주제 중의 하나였다. '동성애의 처벌 문제' 등도 도덕적으로 받아들여지지 않는 행동에 법이 어느 정도 개입할 수 있는 문제를 잘 보여주고 있다.

Ⅲ _ 법과 도덕의 바람직한 관계

법과 도덕은 법사상적으로 하나의 미분화 상태(nomos)에서 출발하였으므로 양 규범은 복잡하게 얽혀 있다. 도덕은 법 효력의 근원이며, 법이 도덕의 일부를 담당하더라도 법 영역이 파괴되는 것이 아니다. 즉, 같은 재료를 2중의 가치성으로 포장한 것이다. 법과 도덕은 도덕이라는 비옷을 입고 먼 길의 목적지를 향해 가는 모습으로 비유될 수 있다. 비옷이 낡을수록 비옷은 본연의 역할을 다해 내지 못한다. 그러나 길손은 비가 내리는 현실 세계에서 길을 걸어야 하는 절실한 문제를 해결하기 위해 외투나 우산 등과 같은 다른 규범, 예컨대 법과 같은 것을 마구 뒤집어쓰기 때문에 꼴이 흉해지는 경우가 많다. 인간의 생활은 문제의 해결을 위한 형태의 연속체이지만 결국 가장 바람직한 사회는 도덕적으로 승화된 사회이다. 도덕과 법의 관계는 풍부한 긴장관계로서 나타난다. 법은 무엇보다도 항상 수단이 목적에 대하여 그러하듯, 도덕에 대하여 엄격히 다르게 구별되는 것, 나아가 서로 대립하는 것으로서 존재하는 것이며, 그런 후에 비로소 도덕적 가치실현의 수단으로서 그 목적의 가치성에 참가하고, 그 자기법칙성을 유보하는 도덕 속에 수용되는 것이다.

법과 도덕의 바람직한 관계를 위한 2가지 원칙을 고려해 볼 수 있다. 하나는 **동화의 원칙**이고, 다른 하나는 **독립(분리)의 원칙**이다. 동화의 준칙은 법은 한편 법공동체의 강력한 도덕관념과 충돌하지 않으려 하면서, 다른 한편 사회의 존속과 문화수준을 위해서 본질적으로 중요한 도덕적 요청을 법적으로 만족시켜야 한다는 요청을 말한다. 법은 "최소한의 도덕", "도덕의 등뼈"가 되어야 한다.

독립(분리)의 준칙은 법이 도덕으로부터 중립적이고 자유로워야 한다는 요청을 말한다. 예를 들면, 형벌은 피고인에 대한 도덕적 비난이 아니라 사회적 위해로부터 일반 시민을 보호하기 위한 것으로 이해하는 일반예방이론도 독립의 준칙이 적용되는 경우로 볼 수 있다. 과거 혼인은 종교적으로 성스러운 사건이었으나 오늘날 혼인은 당사자간의 계약이고, 이혼사유도 유책주의에서 파탄주의로 변하고 있다. 민법이나 행정법 등에는 도덕과 무관한 합목적성 관점에서 법적 규율을 행하고 있다.

영국에서 이루어진 **데블린-하아트 논쟁**은 법과 도덕의 바람직한 관계를 숙고할 수 있는 계기를 제공한다. 1957년 영국의 울펜덴 위원회는 당시 영국 형법상 동성애 처벌조항의 폐지와 매춘의 비범죄화(불쾌감을 주는 호객행위만 처벌)를 주장하였고, 울펜덴 위원회의 보고서 내용대로 영국형법의 개정(동성애는 1967년에 개정)이 이루어졌다. 영국의 판사 데블린(Devlin)은 정치적·도덕적 이념은 사회를 지탱하는 '보이지 않는 끈'(invisible bond)으로서 도덕은 공적인 문제이고, 사회존속을 위해 공유된 도덕을 보호하기 위해 법을 사용할 수 있으며, 다만, 강한 부정적인 판단(strong disapproval)을 넘어서는 분노감과 혐오감이 존재하는 경우에 도덕을 보호하기 위해 법을 이용할 수 있다고 주장하였다. 이에 대해 영국의 법학자 하아트(Hart)는 도덕적 유대의 상실은 종종 사회해체의 초기단계라는 주장은 유스티니아누스 황제의 동성애가 지진의 원인이라는 주장과 다를 바 없다고 말하며, 국가는 도덕적 교육을 위해서가 아니라 침해로부터 보호하기 위해서만 개인의 자유에 간섭할 수 있다는 위해원칙(Harm Principle)을 옹호하며, 타인에게 불쾌감을 주는 행위라는 이유로 형사처벌을 할 수는 없다고 주장하였다.

법과 도덕의 완전한 분리는 사실상 불가능하다. 법은 인간의 존엄, 평등원칙, 책임원칙을 그 기본원칙으로 삼고 있으며, 형벌을 부과할 때에도 도덕적 내용이 고려된다. 법에는 어딘가 도덕을 외면해서는 안 될 한계가 있다는 점은 긍정할 수 있다. 그렇다고 지나치게 동화의 준칙을 주장하는 것은 개인의 자유에 대한 위협이 될 수 있다. 따라서 사회의 존속과 발전에 '극히 중요한 의미'를 가지는 도덕에 대한 법적 강제는 고려할 수 있을 것이다.

Ⅳ _ 법과 종교

법은 정의를 추구하지만, 종교는 진리를 추구한다. 종교는 현실에 기반을 두고 있지 않다. 종교는 자율적이며 집단내 규율로서 배타적 성격을 가진다. 종교란 지적인 측면에서는 무한한 초월자를 인식하는 지적 능력을, 정적인 측면에서 종교의 본질은 절대의존의 감정, 도덕적 측면에서는 모든 종교적 의무를 절대자의 명령으로서 인식하는 것 그리고 사회적으로는 가장 높은 사회가치를 깨닫는 것이라고 할 수 있다. 종교는 법과는 달리 조직적인 사회력, 특히 그 종교를 믿는 각 개인의 신앙을 기반으로 하여 존속되지만, 규범의 내용에 있어서 법과 종교는 공통되는 점이 적지 않고, 인간의 의식활동이나 사회생활을 타율적으로 규제하고 있는 점에서 공통된다. 종교는 사회통합(사제적 기능)과 사회통제(지배규범의 성화) 그리고 사회변동 기능(예언자적 기능)을 가진다. 역기능으로서 보수적 성격으로 인하여 사회발전을 억제하고, 낡은 규범을 강요하며 사회변동을 억압하는 역할을 하기도 한다.

법은 법 이외의 다른 규범으로서 종교적 교리와 계율을 존중하며, 이는 대부분의 국가에서 **정교분리** 내지 **종교의 자유 보장**이라는 형태로 나타난다. 종교의 자유(freedom of religion)란 자신이 원하는 종교를 스스로 원하는 방법으로 믿을 수 있는 적극적인 자유이면서, 동시에 자신이 믿고 싶지 않은 종교를 강요받지 않을 소극적인 자유까지 포함하는 말이다. 종교의 자유는 1647년과 1649년 영국의 국민협정에서 최초로 규정되었다. 이어 1689년 권리장전(Bill of Rights), 1776년 미국 버지니아 권리선언 등에도 명시되었다. 우리나라는 헌법 제20조에 '모든 국민은 종교의 자유를 가진다. 국교는 인정되지 아니하며 종교와 정치는 분리된다.'고 규정하여 종교의 자유를 보장하고 있다. 경우에 따라서는 **법과 종교**가 서로 **충돌**하게 되어 법과 종교 양자 중 어느 것을 우선하느냐는 문제가 발생한다. 설령 종교적 교리나 신념에 의해 법이 금지하고 있는 결과를 야기한다면 그것은 역시 법의 위반이 된다. 결국 법과 종교의 관계에서 종교는 법이 보존하는 테두리안에서 종교의 자유를 향유할 수 있을 뿐이다. 종교가 개인의 내적 확신의 영역을 넘어 현실적인 행위로 나타나 실정법에 위반하는 경우를 어떻게 볼 것인가? 우리사회에서는 '양심적 병역거부'가 논쟁의 대상이 되고 있다.

법과 종교의 구별

(1) **강제력** 법은 사회에 의하여 인정되고, 국가 강제력에 의하여 유지되는 규범으로서 사회질서의 유지를 꾀하는 것을 목적으로 함에 반하여, 종교는 절대자인 신을 절대적인 가치판단자로 믿는 각인의 신앙에서 찾음을 그 목적으로 한다.

(2) **적용범위** 법은 그 적용범위가 모든 국민에게 미치지만, 종교는 자신의 신앙을 고백한 사람에게만 적용된다.

(3) **지향성** 법은 인간의 외부적 행위를 규율하는 데 반하여, 종교는 도덕과 같이 내면적 의사를 규율하는 것이다.

(4) **신앙** 법은 신앙의 요소가 없으며 종교에는 신앙의 요소가 있다. 이러한 신앙이 없는 자에게는 신앙은 규범적 가치가 없다.

(5) **규범 준수 정도** 규범준수의 난이 정도가 종교에 있어서는 평균인의 표준을 월등히 능가하고, 이것은 사회생활상 규범이 종교규범을 정점으로 하여 그 하위에 도덕규범이 있고, 그 하위에 법규범이 있어 전체적으로는 하나의 원추형도형으로서 하나의 사회질서를 이루고 있다.

제 4 절 법의 이념

Ⅰ_ 법이념의 의미

법이념이란 '법이 지향하여야 할 목적은 무엇인가?', '법이란 무엇을 위해 존재하는가?', '법이 법답기 위한 요소는 무엇인가?'의 문제를 말한다. 법이념은 법의 개념과 법의 효력근거는 물론 '자연법론'과도 밀접한 관련이 있다. 법의 이념은 라드브루흐가 정리한 세 가지 법의 이념, 즉 정의, 합목적성, 법적 안정성을 드는 것이 일반적이다.

Ⅱ_ 정의

1. 법이념으로서의 정의

서양언어에는 어원상 법이라는 뜻에 '정의'라는 의미가 있다. 그리스어의 Dike(법)/Dikaion(정의), 라틴어의 iustitia(정의)/ius(법), 독일어의 Recht(법)/Gerechtigkeit(정의), 영어의 justice(정의 또는 사법)는 법이 곧 정의라는 관념을 보여준다. 정의는 동서고금을 떠나 사람들의 찬양의 대상이 되어 왔다. "어느 민족이나 정의를 받들면 높아진다."(잠언), "군자는 의로써 바탕을 삼는다"(논어), "정의란 너무나 아름다운 덕목이어서 샛별도 그처럼 빛나지는 않는다."(아리스토텔레스), "정의가 무너지면 인간이 땅위에 더 살 가치는 없다."(칸트)는 표현들은 인간의 정의에 대한 열망을 보여주고 있다.

법이념으로서의 정의는 입법부, 행정부, 법원의 모든 법적 활동에 요구되는 '선(先)실정적 및 초(超)실정적 지도원리'로서 정부의 법적 행동의 내용을 검토하는 '비판적 원리'이다. 법이념으로서의 정의는 모든 생활영역에서 통일적인 의미를 지닌다.

아리스토텔레스는 인간최고의 덕, 사회적 도덕, 일반적 정의(아테네의 법을 준수하는 것)와 특수적 정의로 구분하고, 특수적 정의를 다시 평균적 정의와 배분적 정의로 나누었다. 평균적 정의는 형식적·절대적 평등을 의미하며, 주로 사법(私法)에 적용되는 정의이다. 예를 들면, 손해가 있으면 그 손해만큼 배상해야 하며, 매매는 등가여야 하고, 범죄는 처벌받아야 한다. 반면, 배분적 정의는 상대적·비례적 정의를 의미한다. 배분적 정의는 품위 내지 공적에 따라 이익을 분배하는 정의로서 주로 공법(公法) 영역에 적용되는 정의이다. 성과급에 의한 임금지불이 그 예에 해당한다.

독일의 법철학자 라드브루흐는 아리스토텔레스의 정의론을 현대적으로 수용하였다. 정의는 법의 이념이고, 정의의 핵심은 평등이다. 평균적 정의는 평등한 입장에 있는 개인들 사이의 정의이므로, 그 전제로서 배분적 정의가 적용되어 당사자에게 평등한 입장을 만들어 주어야 한다. 라드브루흐에 의하면 배분적 정의야 말로 정의의 근원적 형태에 해당한다.

정의는 아리스토텔레스의 전통 이래 평등으로 파악되고 있으나 오늘날에는 여기에 '인권의 존중'을 포함시키기도 하며, 법의 3가지 이념을 넓은 의미에서 정의로 파악하기도 한다.

2. 정의원리

정의론의 역사를 개관해 볼 때 2개의 준칙이 특별히 강조되어 왔다. ① 각자에 그의 것을 주라는 것과 ② 본질적으로 평등한 것은 평등하게, 본질적으로 불평등한 것은 불평등의 정도에 따라 불평등하게 다루라는 평등원리가 그것이다. 이미 언급한 바와 같이 아리스토텔레스는 정의의 본질을 '평등', '각자의 행위에 대해 각자에게 정당한 몫을 주는 것'이라고 보았다. 율피아누스(Ulpianus)는 "각자에게 그의 몫을 돌리려는 항구적인 의지", 토마스 아퀴나스(Thomas Aquinas)는 "자기 자신의 몫을 남의 몫과 구별해 주는 것"이 정의라고 말한 바 있다.

그렇다면 정의의 원리는 실질적 내용이 있는가, 아니면 내용 없는 형식적인 개념인가? 실질적인 내용이 있다면, 구체적인 문제를 해결할 수 있는가, 아니면 방향제시만 할 뿐 구체적 문제의 해결은 다른 관점의 보충을 받아야 하는가?

'각자에 그의 것을 주라'는 정의의 원리로부터 구체적인 문제해결의 기준을 직접 도출할 수 있다는 견해가 있다. 예를 들면, 보통평등선거권과 여성의 투표권은 이러한 원리로부터 도출된다는 것이다. 이에 반하여 '각자에 그의 것을 주라'는 원리는 어떠한 내용도 담고 있지 않으나 어떠한 내용도 받아들을 태세를 취하고 있는 공허한 공식이라는 견해도 있다(상대적 정의관). 보통평등선거권이나 여성의 평등권의 인정은 정치적·이데올로기적 근본결정이 선행되어야 한다는 것이다. 한편 이러한 원리를 방향을 제시할 수 있는 개방적 원리로 이해하는 견해도 있다. 정의의 원리는 그 자체로는 어떤 문제의 해결에는 불충분하지만, 구체적 상황에서 방향제시는 할 수 있으며, 그 원리는 사회관계 속에서 내용이 특수화되면서 전개된다는 것이다.

'**본질적**으로 **평등**한 것은 **평등하게**, **본질적**으로 **불평등**한 것은 불평등의 정도에 따라 **불평등**하게 다루라'는 정의원리에서도 4가지 문제가 제기된다. 무엇이 본질적으로 평등하거나 불평등한 것인가? 평등취급과 불평등취급은 무엇인가? 평등원리도 '각자에게 그의 것을 주라'는 원리와 마찬가지로 구체적인 문제를 직접 해결할 수는 없다. 문제해결을 위해서는 가치관에 따른 정치적·사회적 근본결정이 중요하다. 그렇다고 평등원리가 아무런 내용이 없는 공허한 공식인 것만은 아니다. 평등의 원리는 부정의(不正義)의 기준을 제시해 준다. 본질적으로 평등하게 판단된 대상들을 불평등하게 취급하는 것은 정의롭지 못하다.

3. 정의원리의 기능

정의원리는 방향제시 또는 기준설정이라는 의미를 부여한다. 정의원리의 내용적 역할은 소극적·적극적 측면에서 살펴볼 수 있다. 정의원리는 소극적인 '기준'으로 일정한 해결을 정의에 반하는 것으로 배제한다. 규칙성의 기준이다. 사회관계의 취급이 규칙에 구속되어 이루어지지 않으면 부정의하다. 규칙성은 자의(恣意)를 배제하도록 한다. '그의 것', '평등원리'에 구현되어 있는 것은 실질적 척도에의 구속이다. 규율 대상인 사회관계에 알맞은 실질적 척도 없는 취급은 부정의하다. 몸무게에 의해 조세부담을 달리하거나 외모에 따라 참정권을 부여하는 것은 부정의하다.

정의원리는 적극적인 측면에서 보면 인간관계의 정의로운 질서의 '지도사상'으로서의 기능을 한다. 특수한 사회관계의 범주로 나아가면서 정의원리가 단계적으로 점차 특수화되고, 이리하여 일정한 내용을 지닌 기준으로서 법적 문제를 해결하게 된다. 국가와 국민, 단체와 구성원, 기업과 근로자의 관계 등 '상하관계'의 사회모델에는 배분적 정의, 즉 '품위', '공적'에 따른 권리·의무의 배분이 이루어져야 한다. 실질적 척도 없는 분배, 기준의 규칙적 준수 없는 자의적 분배는 배분적 정의를 침해하는 것이다. 다수인이 대등한 지위에 서있는 관계, 즉 '평면관계'의 사회모델에는 평균적 정의가 적용된다. 범죄를 범하면 처벌되고, 손해를 발생시킨 때에는 배상을 하는 것이 정의에 해당한다.

4. 소결

정의는 개별적인 법적 문제를 직접 해결할 수 있는 규범은 아니며, 그 구체적 내용은 항상 판단하려는 사회관계 속에서 얻어지는 것이다. 여기에는 보충적인 평가적 관점, 특히 이데올로기적·정치적 근본결정의 내용이 중요하다. 그렇다고 정의는 '공허한 공식'은 아니며 정의원리는 실질적인 내용을 가지고 있다. 정의원리는 법적 문제를 해결하는데 있어서 방향제시 또는 기준설정적인 의미를 지닌다. 정의원리의 실질적 내용은 구체적 상황과 관련하여 다른 관점들과 결합됨으로써 실용화되는 것이다.

정의에 관한 논의는 법학의 전유물이 아니며, 오히려 사회철학, 윤리학, 정치철학 등에서 다양하고 심도 있는 논의가 이루어지고 있다. 사회과학의 일종으로서 법학은 관련 학문의 정의에 관한 담론에 귀 기울이며 법에 있어서의 정의문제를 고민해야 한다.

•○○•

미국의 존 롤스(John Rawls)는 공정(公正, Fairness)으로서의 정의론(1971, 1991)에서 현대적인 정의론을 전개하였다. 롤스는 고전적인 공리주의가 '최대 다수의 최대 행복'을 주장했지만, 이는 효율성을 중시하고 (행복에 대한) 분배의 원리를 소홀히 하였음을 지적하면서, 직관주의(평등, 필요, 이익, 기대, 공통선 등 복수의 원리에 따라 그때그때 적용), 탁월주의(인생의 목표달성을 강조하지만 다양한 인생목표에 비추어 불명확)라는 지배적인 정의관념에 도전하였다. 롤스는 정의의 개념을 한 사회 제도 안에서 모든 개인이 완전하게 평등할 수 없다는 사실에 기초하여 사용한다. 이것은 정의에 관해 합리적이고 모두가 수락할 수 있는 결정을 내릴 수 있는 조건과 규칙들을 모색한 '결정 이론적' 정의론이다(절차적 정의). 로크, 루소, 칸트 등의 사회계약설의 자연상태, 사회계약, 자연권 등의 구조적 특징을 분석철학적 방법과 게임이론 들을 사용하여 새롭게 변형된 체계적인 실질적 정의론을 제시하였다. 롤스의 특징은 자유에 공정의 관념을 추가한 것이라고 할 수 있다. 롤스는 원초적 입장(original position) 또는 무지의 베일이라는 비역사적·가설적 상황을 상정하고, 원초적 입장에서 당사자들이 구체적으로 어떠한 정의원리를 선택하는가의 문제에 대해 당초에는 합리적 선택, 의사결정의 문제라고 하여 게임이론(최소의 노력으로 최대의 효과를 얻는 원칙)에 의해 설명하였다. 원초적 입장에서는 계약 당사자들이 무지의 베일(장막)에 가려져 있고 합리성과 상호 이기적인 무관심을 지니고 있다는 조건이 가정된다. 무지의 베일이란 사회에 대한 일반적인 사실(상황)은 알고 있으나 계약 당사자로서 사회 정의와 기준을 선택하는 자가 자아의 사회적 지위나 타인과의 모든 차이에 대해 전혀 모른다는 가정이다. 이러한 가정에서 계약은 자신이 어떤 처지에 있는지 알 수 없는 불확정한 상황에서의 선택이므로 자신의 이익을 극대화하는 것이 아니라 피해를 최소화하고자 한다. 그래서 합리적 선택의 보수적 전략인 'Maxmin 룰'(몇 가지 선택가능한 방법이 있는 경우, 그 발생할 수 있는 최악의 결과가 다른 것보다도 나은 것을 선택해야 한다)에 따라 정의의 두 원리를 선택할 것이다. 롤스는 사회정의를 공정성으로 집약한 뒤 자유·소득·부 등 사회적 기본재의 공정한 분배 원칙으로 두 원리를 제시했다. 제1원리: 최대로 평등한 자유의 원칙 - 시민들의 기본권으로서 자유는 모든 사람이 평등하게 누려야(공정하게 할당돼야) 한다는 것이다. 제2원리: 차등의 원칙(사회권) - 사회적·경제적 불평등은 사회의 최소 수혜자에게 최대 이익이 되는 경우에만 허용된다. 그리고 공직 등 사회적·경제적으로 가치를 획득할 수 있는 기회는 균등하게 분배돼야 한다(공정한 기회균등의 원리)는 내용이다. 제1원리는 제2원리에 우선하며, 제2원리 가운데는 첫째가 앞선다. 제2원리의 첫째가 maximin 원칙이다. 어쩔 수 없이 불평등을 용인해야 할 경우에는 가장 어려운 사람이 가장 많은 혜택을 보도록 해야 정의롭다는 뜻이다. 제1원리는 다른 모든 사람이 자유와 양립할 수 있는 한에서 가장 광범위한 자유에 대해 동등한 권리를 가져야 한다는 평등한 자유의 원리이다. 제2원리는 사회경제적 불평등은 가장 불리한 상황에 있는 사람들의 이익을 최대화를 위해 있는 것이라는 격차원리와 기회의 공정한 평등이라는 공정한 기회균등원리이다.

한편 로버트 노직은 절차적 정의는 취득과 이전, 교정의 원칙에 따른 분배를 의미한다고 주장한다. 취득의 원칙은 어떤 것을 취득하는 과정에서 정당하게 노동을 통해 취득했다면 그 사람의 소유 권리를 인정해 주는 것이고, 이전의 원칙은 어떤 것을 양도받는 과정에서 다른 사람에게 정당하게 양도받았다면 그 사람의 소유 권리를 인정해 주는 것이다. 교정의 원칙은 앞선 취득과 이전의 과정에서 부정의나 잘못이 있었을 때 그것을 다시 바로잡아야 한다는 것이다.

Ⅲ_ 합목적성

라드브루흐는 합목적성을 법의 이념 차원으로 파악한다. 정의는 평등취급이라는 형식만을 규정할 뿐 법의 내용을 획득하기 위해서는 '합목적성'이 추가되어야 한다는 것이다. 법의 목적은 곧 국가의 목적이다. 라드브루흐는 경험세계에서 절대적 가치를 가질 수 있는 대상으로 인간의 개인인격(개인가치), 인간의 전체인격(단체가치), 인간의 작품(작품가치)으로 파악한다.

절대적 가치	세계관	법률관
개인가치	개인주의적 견해 예) 인격 – 문화는 개인 교양의 수단, 국가나 법은 개인을 위한 것	개인 간의 관계, 계약설적 비유
단체가치	초개인주의적 견해 예) 국가 – 도덕/문화는 국가에 봉사	개인을 넘어선 전체, 유기체설적 비유
작품가치	초인격적 견해[2] – 도덕/법/국가는 문화에 봉사	공동활동·작품, '건축'의 비유

라드브루흐가 행한 합목적성의 3가지 구분은 이념형으로서의 의미를 지닐 뿐 각 국가의 합목적성은 그 공동체의 세계관 내지 이데올로기에 따라 다양하다. 민주주의 국가는 개인의 인격, 인권을 존중하고 국민의 참여를 중시한다. 반면 사회주의 국가는 사회적 불평등의 제거를 주요 목표로 삼는다.

오늘날 '합목적성'은 다양한 의미를 가지는 것으로 이해되고 있다. 이념적

2) 초인격적 견해는 다음과 같은 표현에서 잘 나타나고 있다. "적어도 나는 자신의 생명을 영원한 예술의 창조만큼 높이 평가하지 않는다." "피디아스의 한 조각상은 수백만 명의 고대 노예들의 비참을 보상한다." "타고 있는 집 속에 한 어린아이와 드레스덴의 라파엘의 마돈나가 들어있을 때, 드레스덴의 마돈나를 택할 것이다."

합목적성(라드브루흐의 의미), 법이전에 주어진 현실적 목적으로서의 합목적성, 법의 기능을 발휘하는 데 필요한 (내재적) 합목적성(비례의 원칙, 과잉금지의 원칙, 소송법 등) 등이 그것이다.

Ⅳ _ 법적 안정성

라드브루흐에 따르면, 정의는 형식적 기준이고 그 내용을 제공하기 위해 합목적성이 등장하나, 법 및 국가의 목적은 견해에 따라 상대적으로 답해질 수밖에 없다. 그러나 법은 공동생활의 질서로서 개인의견의 다양성에 맡길 수는 없고, 모든 사람에게 작용할 수 있는 하나의 질서가 되어야 한다. 이러한 요구가 법이념으로서의 '법적 안정성'이다. 라드브루흐에 있어서 법적 안정성의 핵심은 '법의 실정성(實定性)'이다. "무엇이 정의인가 하는 것이 확인되지 않는다면, 무엇이 합법이 되어야 하는가 하는 것이 제정되지 않으면 안 된다."

법적 안정성은 정의나 합목적성과는 달리 법률관, 국가관 및 정당의 싸움을 넘어선 보편타당한 이념이다. "법적 견해의 싸움에서 어떤 결말이 주어지는 것은 정의롭고 목적에 맞는 결말이 주어지는 것보다 중요하다.", "모든 사람이 한결같이 필요하다고 인정하는 법의 첫 번째 과제는 법적 안정성, 즉 **질서와 평화**이다."

오늘날 법적 안정성은 여러 의미로 이해되고 있다. 법을 통한 안정이라는 **'법의 실정화'**로 이해되기도 하며, 법 **'그 자체의 안정성'**(좁은 의미의 법적 안정성, Rechtssicherheit)으로 파악되기도 한다. 법 그 자체의 안정성은 법의 내용이 무엇인지 명확하게 알 수 있어야 한다는 것을 의미한다. 법이 애매한 경우, 불확정적인 개념을 사용하는 경우, 법관이나 공무원에게 넓은 범위의 재량을 주는 경우, 법이 너무 많아 무엇이 법인지 알기 어려운 경우(규범 Inflation)는 법적 안정성(내용적 확정성)이 결여된 상태에 해당한다. 법 그 자체의 안정성은 또한 법이 준수·실현되고 있는 것을 의미한다. 강도 위험 때문에 밤거리를 거닐 수 없는 경우, 다수가 거리를 활보하며 폭력을 행사하고, 경찰관을 폭행해도 처벌받지 않는 않는다면 법적 안정성(실현상의 안정성)이 결여된 상태에 해당한다.

법적 안정성은 법의 계속성을 의미하기도 한다. 피고인에게 불리한 법률은 소급적용되어서는 안되며(소급효금지의 원칙),[3] 평온하게 지속된 점유는 법적으로 보호를 받게 된다(예를 들면, 취득시효).[4]

법적 안정성은 법적 결정, 즉 판결이나 행정행위의 안정성을 의미하기도 한다. 판결이 더 이상 다툴 수 없도록 확정된 때에는 판결에 확정력(기판력)이 인정되고, 행정행위는 취소될 때가지 공정력이 인정된다.

V _ 법이념의 상호관계

정의, 합목적성, 법적 안정성이라는 3가지 법이념은 분업적 보충관계가 있으며, 법이념의 시대와 사상에 따라 강조되는 부분이 다를 수 있다. 아울러 이들 법이념 사이의 서열을 따져 볼 수도 있다.

정의의 형식성에 대하여 내용을 보충하는 것은 법의 목적이고, 법의 실증성은 법의 목적의 상대성을 극복하도록 해 준다. 경찰국가에서는 법의 합목적성이 강조되고, 자연법론자는 정의를 중시하며, 법실증주의는 법적 안정성을 중시한다. 라드브루흐는 법적 안정성>정의>합목적성의 서열관계를 인정했었으나, 나치라는 불법정권을 경험한 2차 대전 후에는 정의를 더 우선시하여 “법률적 불법과 초법률적 법”이라는 유명한 구분을 제시하기도 하였다.

법이념 사이에는 긴장관계가 존재한다. 평등으로서의 정의는 일반화 경향을 지님에 반하여 합목적성은 개별화 경향을 띠게 된다. 행정재판과 행정, 형사소송절차와 위법수집증거배제법칙은 일반화 경향과 개별화 경향이 긴장을 보이는 경우에 해당한다. 법적 안정성의 ‘실정성’은 정의 및 합목적성을 고려하지 않고 효

[3] 형법 제1조(범죄의 성립과 처벌) ① 범죄의 성립과 처벌은 행위 시의 법률에 따른다.
② 범죄 후 법률이 변경되어 그 행위가 범죄를 구성하지 아니하게 되거나 형이 구법(舊法)보다 가벼워진 경우에는 신법(新法)에 따른다.

[4] 민법 제245조 (점유로 인한 부동산소유권의 취득기간) ① 20년간 소유의 의사로 평온, 공연하게 부동산을 점유하는 자는 등기함으로써 그 소유권을 취득한다.
② 부동산의 소유자로 등기한 자가 10년간 소유의 의사로 평온, 공연하게 선의이며 과실 없이 그 부동산을 점유한 때에는 소유권을 취득한다.

력을 가질 것을 요구하게 된다. 부당한 판결에도 법적 안정성을 위하여 확정력이 인정되는 것이다.[5)]

그러나 법이념 사이의 관계는 '상호 조화적 관계'(양극성)라는 관점에서 바라볼 수 있다. 정의는 일반화적 경향을 지닌다. 예를 들면, 정의는 법률구성요건을 유형적으로 규정할 것을 요청한다. 합목적성은 개별화적 경향을 가지며, 형평이 그 예에 해당한다. 정의의 일반화적 경향은 법적 안정성의 확정성에 대한 요구와 일치한다. 합목적성과 법적 안정성은 민법에서의 성년연령을 획일적으로 규정하도록 한다.

현행법은 갈등·대립하는 법이념의 조화를 시도하고 있다. 헌법 제10조는 「모든 국민은 인간으로서의 존엄과 가치를 가지며, 행복을 추구할 권리를 가진다. 국가는 개인이 가지는 불가침의 기본적 인권을 확인하고 이를 보장할 의무를 지닌다.」고 규정하며, 헌법 제37조 제2항 「국민의 모든 자유와 권리는 국가안전보장·질서유지 또는 공공복리를 위하여 필요한 경우에 한하여 법률로써 제한할 수 있으며, 제한하는 경우에도 자유와 권리의 본질적인 내용을 침해할 수 없다.」고 규정함으로써 정의와 합목적성의 조화를 꾀하고 있다.

제 5 절 법의 존재형태(法源)

법의 존재형태는 법규범이 문장의 형식으로 또는 불문의 형식으로 존재하는가라는 법의 형식 내지 종류의 문제를 말한다. 법원(法源) 또는 법의 연원(淵源)이라고도 한다. 법원에는 크게 성문법과 불문법이 있다.

5) 다만, 확정판결에 사실오인 또는 법령위반이 있는 때에는 재심(형사소송법 제441조 이하) 또는 비상상고(형사소송법 제420조 이하)에 의하여 판결의 확정력을 배제한 후 잘못된 부분을 바로잡을 수 있다.

Ⅰ _ 성문법(成文法)

문장의 형식으로 법전화되어 존재하는 법을 성문법이라고 한다. 대륙법계의 국가들이 성문법전을 보유하고 있다(성문법주의). 우리나라를 포함하여 독일, 프랑스, 이탈리아, 북유럽 및 라틴아메리카 국가들, 중국, 일본 등이 성문법주의를 취하고 있는 국가이다. 성문법주의에서는 대의민주주의·의회민주주의에 따라 '국회'가 입법권을 가지고 행사한다. 국회의원과 정부는 법률안을 제출할 수 있지만(헌법 제52조), 국회에서 의결되어여만 법률로서의 효력이 인정된다(헌법 제53조).

성문법주의의 장점은 예측가능성을 보장하고, 국가권력의 전횡으로부터 국민의 자유를 보호하는데 기여한다는 것이다. 반면 법률의 내용이 문장화·고정화됨으로써 해석의 문제가 발생하며, 법률개정이 용이하지 않아 변화하는 사회현실에 탄력적으로 적응하지 못한다는 문제점이 있다.

성문법에는 헌법, 법률, 명령(대통령령, 총리령, 부령), 자치법규(조례, 규칙) 등이 있다. 헌법은 우리나라 최고의 근본법으로, 1948년 7월 17일 공포되어 현재까지 9차례의 개정이 이루어졌다. 헌법은 국내 최고의 규범이므로 법률이 헌법에 위반된 때에는 무효가 된다. 헌법은 법률의 위헌여부를 심사하는 기관으로 헌법재판소를 두고 있다. 법률이란 국회에서 의결되어 제정되는 성문법이다. 한편 국회의 의결을 거치지 않고 제정되는 법령을 명령이라고 한다. 헌법 제75조는「대통령은 법률에서 구체적으로 범위를 정하여 위임받은 사항과 법률을 집행하기 위하여 필요한 사항에 관하여 대통령령을 발할 수 있다.」고 규정하고, 헌법 제95조는「국무총리 또는 행정각부의 장은 소관사무에 관하여 법률이나 대통령령의 위임 또는 직권으로 총리령 또는 부령을 발할 수 있다.」고 규정하고 있다. 자치법규란 지방자치단체가 제정하는 규범을 말한다. 자치법규에는 지방자치단체 의회의 의결을 거쳐 제정되는 조례(條例)와 지방자치단체의 장이 제정하는 규칙(規則)이 있다. 헌법 제117조 제1항은「지방자치단체는 주민의 복리에 관한 사무를 처리하고 재산을 관리하며, 법령의 범위안에서 자치에 관한 규정을 제정할 수 있다.」고 규정하여 자치법규의 헌법적 근거를 마련하고 있다. 국제법상 주체가 될 자격이 있는 국가 사이의 문서에 의한 합의를 조약(條約)이라고 한다. 헌법에 의하여 체결·공포된 조약과 일반적으로 승인된 국제법규는 국내법과 같은 효력을 가진다(헌법 제6조 제1항).

현행법상 규칙은 몇 가지 의미를 지니고 사용되고 있다. 먼저 행정기관 내부 질서를 규율하기 위한 행정규칙(규칙·훈령·지시·예규·통첩·규정·수칙 등)을 의미하기도 하며, 권력분립의 원칙에 따라 업무의 자율성을 보장하기 위해 헌법기관에게 부여된 권한에 따라 '법규명령'의 성질을 지닌 국회규칙[6]·대법원규칙[7]·헌법재판소규칙·중앙선거관리위원회규칙·감사원규칙 등이 있다. 앞에서 언급한 지방자치단체장이 제정하는 규범도 규칙이라고 부른다.

법률, 명령, 규칙이라는 용어 외에 법규 또는 법령이라는 단어가 자주 사용된다. '법규'는 법규범의 줄임말로서, 국민의 자유와 권리에 관계되는 법체계, 바꾸어 말하면, 국민의 자유와 권리는 법규에 의해서만 규정되고 구속을 받는다는 의미로 사용된다. 법규는 법률과 규칙을 의미하는 말이 아니다. 한편 법규와 구별되는 개념인 '법령'은 법률을 포함해서 법률에 의하여 위임받은 같은 주제의 명령이나 규칙 등을 포괄하는 의미로 사용된다. 예를 들면, 산업안전보건법령이란 산업안전보건법, 산업안전보건법 시행령, 산업안전보건법 시행규칙, 산업안전보건기준에 관한 규칙 등을 포괄하는 개념이다.

Ⅱ _ 불문법(不文法)

1. 관습법(慣習法)

관습법이란 입법기관에 의해 제정되지 않았지만 사회의 자연발생적 규범, 즉 관습이 국가법질서에 의해 법으로 인정된 것을 말한다. 단순한 관행·관습은 '법'이 아니며, '관습법'이 되기 위해서는 일정 관습에 대한 '법적 확신'이나 '국가의 승인'이 있어야 한다. 관습이 법적 효력을 갖는 근거에 관하여는 ① 어느

6) 헌법 제64조 제1항 「국회는 법률에 저촉되지 아니하는 범위안에서 의사와 내부규율에 관한 규칙을 제정할 수 있다.」

7) 헌법 제108조 「대법원은 법률에 저촉되지 아니하는 범위안에서 소송에 관한 절차, 법원의 내부규율과 사무처리에 관한 규칙을 제정할 수 있다.」

사항에 대한 동일행위가 오랫동안 행하여진 관행은 바로 관습법으로 된다는 관행설, ② 사회의 다수인이 관행을 법이라고 인정하는 법적 확신에 의하여 관습법이 된다고 하는 법적 확신설, ③ 국가가 어떤 관습의 내용을 법으로 승인하면 관습법이 성립한다고 하는 국가승인설이 있다. 현대국가에서는 종국적으로 국가만이 입법권을 장악하고 있다는 점을 고려하면 국가기관인 법원이 판례를 통하여 관습법의 존재를 인정하는 때에 비로소 관습법이 성립한다고 보아야 한다.

일반적으로 (ⅰ) 사회구성원 사이에 일정한 행위가 **반복적으로 행하여지는 관행**(usus)이 존재하고, (ⅱ) 관행에 법규범이라고 인식될 정도의 **법적 확신**(opinio necessitatis)**이 사회구성원 사이에 성립**하며, (ⅲ) 이 법적 확신이 특히 재판적 결정을 통하여 최종적으로 확인된다는 의미에서 **국가적 승인**이 있으면 법적 효력을 가지게 된다. 경우에 따라서는 공서양속(公序良俗), 즉 국가·사회의 공공적 질서 내지 일반적 이익과 사회의 일반적 도덕관념, 즉 모든 국민이 지켜야 할 최소한의 도덕률에 반하지 않아야 한다는 것을 요건으로 들기도 한다.

관습법과 사실인 관습[8]은 구별된다. 예를 들면, 혼인신고가 없는 사실혼의 경우도 관습법상 혼인으로서의 요건을 구비하여야만 사실혼으로서 보호를 받을 수 있다. 관습법에 대하여는 성문법의 우월이 인정되고, 관습법은 원칙적으로 성문법의 규정이 없는 사항에 관해 보충적 효력이 인정된다.[9]

관습법이라는 개념은 아직 제정법전(독일 민법: 1881년 제정, 1900년 시행)을 가지지 못한 19세기 초반 독일의 사회 경제 상황 아래 근대민법학이 거둔 학문적 성과물로서, 고유한 관습을 법으로 적용하고 이를 모은 법서를 발간하여 법적 수요에 대처한 중세 독일고유의 게르만법 연구과정(특히 1220년대 Eike von Repgow가 처음으로 Saxony 법을 정리한 것인 Sachsenspiegel)에서 정착된 법률개념이다.

8) 민법 제106조 (사실인 관습) 「법령중의 선량한 풍속 기타 사회질서에 관계없는 규정과 다른 관습이 있는 경우에 당사자의 의사가 명확하지 아니한 때에는 그 관습에 의한다.」

9) 민법 제1조 (법원) 「민사에 관하여 법률에 규정이 없으면 관습법에 의하고 관습법이 없으면 조리에 의한다.」
상법 제1조 (상사적용법규) 「상사에 관하여 본법에 규정이 없으면 상관습법에 의하고 상관습법이 없으면 민법의 규정에 의한다.」

2. 판례법(判例法)

법원의 판례를 통해 형성되는 성문화되지 않은 규범을 판례법이라고 부른다. 법원의 판례는 일정한 법률문제에 동일취지의 판결이 반복됨으로써 법적 규범이 된다. 선례반복이라는 의미에서 관습법의 특수한 형태이나, 법원의 판결이라는 점에서 관습법과는 구별된다.

판례의 법원성을 이해하는 방식은 불문법주의와 성문법주의, 영미법계와 대륙법계에 따라 차이가 있다. 불문법주의(不文法主義)인 영미법(英美法)에서는 판례는 그 자체가 선례(precedents)로서 법원이 된다. 법원이 재판을 하는 경우 선례구속(先例拘束)의 원칙에 따라야 한다. 성문법주의인 대륙법계(大陸法系)에서는 판례의 법규범적 효력은 부정되고 법해석의 기준에 불과하나,[10] 판례는 성문법에 비해 구체적 사실의 판단기준이 되고 하급법원이 상급법원의 판례와 다르게 판단할 경우 상급심에서 파기될 우려가 있으므로 사실상 법적 구속력을 가지게 된다.

대표적인 판례검색 사이트에는 대법원종합법률정보(http://glaw.scourt.go.kr), 헌법재판소 판례정보(http://www.ccourt.go.kr)가 있다. 판례는 민사, 형사, 행정 등 사건의 종류에 따라 서로 다른 부호를 사용한다. 판례를 읽는 때에는 판례가 구체적으로 해석의 대상으로 삼고 있는 해당·관련 조문을 숙지하고, 판례에 나타난 '사실관계'를 정확히 파악해가며, 판례가 전개하는 '법리'를 이해하는 방식이 바람직하다.

3. 조리(條理)

조리란 사물의 합리적·본질적 법칙, 사회생활의 원리 등 국가 규범으로 인정하는 법적 원리를 의미한다. 사회통념, 경험법칙, 공서양속(公序良俗), 신의성실, 정의, 자연법 등이 조리에 해당하며, 자유, 평등, 정의, 법적 안정성, 신뢰보호의 원칙, 비례의 원칙 등 실정법상의 주요 원리도 조리에 포함된다고 볼 수 있다.

조리를 법원으로 인정할지는 학자들에 따라 견해가 나뉜다. 법실증주의자들

10) 법원조직법 제8조 (상급심재판의 기속력) 「상급법원의 재판에 있어서의 판단은 당해 사건에 관하여 하급심을 기속한다.」

은 조리의 법원성을 부정하고, 자연법론자들은 조리의 법원성을 인정한다. 조리는 법률에 의한 재판과정에서 법률의 '흠결'이 있더라도 재판을 거부할 수 없으므로 그때 따라야 할 합리적인 원리이지 법원의 하나로 보기는 곤란하다. 민법 제1조가 「민사에 관하여 법률에 규정이 없으면 관습법에 의하고 관습법이 없으면 조리에 의한다.」고 규정하고 있는 것도 이러한 의미이다. 조리란 성문법 또는 관습법이 없을 때 따라야 할 자연법적 원리라고 할 수 있다. 스위스민법은 「법관은 자기가 입법자라면 법규로서 제정하게 될 것에 의하여 재판하여야 한다.」(동법 제1조)라고 규정하여 이점을 명확히 하고 있다.

Ⅲ _ 성문법주의와 불문법주의의 상대성

성문법주의(국가)와 불문법주의(국가)라는 용어사용은 상대적인 의미를 지닌다. 영미법은 관행·판례로서 이루어진 대표적인 불문법국가이나, 이들 국가도 다수의 성문법령을 제정하고 있다. 대륙법국가도 성문법외에 관습법이 인정되고, 판례의 사실상 규범력이 통용되고 있다. 성문법주의 또는 불문법주의는 각 국의 법의 발전에 있어서 역사적인 주요 계기였다는 점에 착안한 평가라고 할 수 있다.

제 6 절 법계

Ⅰ _ 법계의 의의 및 분류

법계(Legal System of the World) 또는 법의 계보란 각 사회에 고유한 법의식이나 법문화를 바탕으로 형성되어 온 법체계에서 그 공통분모를 추출하여 각국의 법질서를 계통적으로 분류한 것(공시적 접근)을 말한다. 법의 계보는 통시성을 기반으로 판단한다. 특정 민족이나 국가에서 성립된 모법이 다른 나라나 민족의 자법으로 계수됨으로써 계통을 형성되며, 세부적인 내용에 차이가 있더라도 기본적인 법제도나 법운용의 실태, 법감정이나 법의식, 법조의 구조 등을 유사한 방식으로 가지고 있다는 의미이다. 예를 들면, 로마법 → 독일법 · 프랑스법 → 일본법 → 한국법은 대륙법계에 속한다.

비교법학자들은 기본적인 법계를 크게 **시민법, 보통법 그리고 종교법**으로 구분하고, 이들 법계를 결합시킨 나라도 있다고 지적하고 있다. 법계의 구분을 함에 있어서 각국의 법체계는 그 독자적인 역사를 통해 형성되었기 때문에 개별적인 차이들을 포함한다. 민족의 존속과 무관하지 않지만 법계 자체의 합리성이나 적응성에 따라 민족의 소멸에도 불구하고 법계로 이어지는 경우도 적지 않다. 예를 들면, 대륙법계는 여전히 존속하고 있으며, 이집트 설형문자나 히브리법은 소멸하였다.

Ⅱ _ 시민법, 보통법 및 종교법

1. 시민법

세계에서 가장 보편적인 법률체계로서 (유럽)대륙법이라고도 한다. 대륙법에서 권위 있는 것으로 승인되고 있는 법의 핵심적 토대는 입법기관이 만든 헌법이나 제정법이라는 성문법(codifications)이다. 성문법이라는 개념은 기원전 1790년경 바빌론의 함무라비 법전(바빌로니아 Akkad의 태양의 신 Shamash가 함무라비 왕에게 법전을 건네주었다고 함)까지 거슬러 올라가며, 시민법체계는 로마제국에서 유래하고 특별히 기원후 529년 유스티아누스 황제가 공포한 시민법(the Corpus Juris Civilis, 로마의 시민에게만 적용되는 법)에서 유래하는데, 후자는 비잔틴제국의 법을 확대개혁한 것이고 그것을 성문화된 문서로 함께 모은 것이었다. 시민법은 부분적으로 카논법과 이슬람법과 같은 종교법의 영향도 받았다. 오늘날 이론적으로 시민법은 법관이 발전시키거나 만든 것을 대신하는 것으로 해석되고 있다. (보통법에서처럼 법적 선례를 대신하는) 입법에 의한 제정만이 법적 구속력이 있는 것으로 간주된다.

•○○•

비교법학자들은 보통 시민법을 네 개의 그룹으로 구분한다. 프랑스 시민법(프랑스, 베네룩스, 이탈리아, 루마니아, 스페인 그리고 과거 이들의 식민지), 게르만 시민법(독일, 오스트리아, 스위스, 에스토니아, 라트비아, 구 유고연방, 그리스, 포르투갈과 과거 이들의 식문지, 터키, 일본 그리고 대만), 스칸디나비아 시민법(덴마크, 노르웨이 스웨덴 그리고 이들에 문화권이 통합된 핀란드와 아이스란드-게르만법의 전통), 중국법(시민법과 사회주의 법의 혼합)이 그것이다.

살리카 법전은 프랑크족(Salier족)의 법률체계로 6세기 클로비스 1세 때 제정된 부족법전이며, 상속과 형벌에 대해서 시민법을 성문화한 것이고 중유럽의 주요 가문에서 상속을 하는데 주요한 준거법이 되었다. 오늘날 유럽의 제정법의 전통에 큰 영향을 주었으며, 특히 독일의 각주, 프랑스, 벨기에 네덜란드, 일부 이탈리아, 오스트리아, 헝가리 루마니아, 발칸 등이 이러한 전통을 유지하고 있다.

사회주의법(Socialist law)은 공산주의 국가에서 사용되는 법체계의 공식 명칭이다. 그것은 시민법체계에 기초하고 있으나 맑스 레닌 이데올로기로부터 상당한 수정과 추가를 받았다. 시민법이 전통적으로 사유재산의 관념, 즉 그것이 어떻게 취득되고 이전되며 상실될 수 있는지를 정의하는 데 상당한 노력을 기울였음에 비해, 사회주의 법체계는 대부분의 재산에 대해 국가나 농업 협업에 의해 소유하도록 제공하고 국가기업을 위해 특별한 법원과 법률을 가지고 있다.

냉전이 종식되기 이전에 사회주의 법은 일반적으로 주요 법체계 가운데 위치하고 있었지만, 현재 많은 연구자들은 사회주의법을 더 이상 주요 법체계의 하나로 고려하고 있지 않다. 시민법체계와 유사하고 (대부분의 공산주의 국가들의 해체에 따라) 더 이상 보편적으로 사용되고 있지 않기 때문이다. 다만, 사회주의법은 여전히 14억 인구의 중국에서 여전히 사용되고 있고 따라서 중요한 법체계로 고려되어야 한다.

사회주의법에서는 법이 전적으로 정치적 기능에 따라 결정된다는 특징이 있다. 따라서 정치가 개인의 자유나 권리를 양보하도록 요구하는 경우에 법도 그러한 방향으로 제정·집행될 수 있으며 이로 인해 역사적으로도 체제에 대한 동요가 초래되기도 하였다.

2. 보통법

보통법(Common Law)과 형평법(equity)은 법관의 사건에 대한 결정을 토대로 하는 법체계를 의미한다. 보통법체계도 새로운 법률과 법령을 통과시키는 입법기관을 가지는데, 법령과 법원의 결정의 관계는 획일적이지 않다. 어떤 나라에서는 법령이 법원의 결정을 뒤엎거나 서로 모순되거나 모호한 여러 결정이 있는 주제들을 성문화할 수 있고, 다른 나라에서는 법원의 결정이 그 나라의 헌법에 따를 때 특정한 법령이나 성문규정들을 만드는 것이 허용되는지 혹은 성문규정들 안에 어떤 의미가 포함되어 있는지를 결정할 수도 있다. 제정법들은 정부가 만들 수 있다. 성문화된 시민법체계와의 주된 차이는 법원에 의한 선례구속(stare decisis, precedent)의 원칙이다. 보통법은 영국에서 발전되었고 앵글로 색슨의 법의 영향을 받았다. 그 영향이 덜하긴 하지만 노르만의 영국 정복(1066년)의 영향도 받았는데, 그 정복으로 인해 살리카법(lex Salica)에 기원을 둔 노르만법의 법개념들이 영국에 소개되었다. 보통법은 나중에 영연방(the Commonwealth of Nations, 영국, 캐나다, 오스트레일리아, 인도, 말레이시아, 싱가포르 등)과 영국의 식민지에서 채택되었다. 현재 유럽연합에서 법원은 (협약에 근거한) 시민법과 판례법의 중요성에 대한 신뢰를 혼합하여 접근하고 있다.

보통법을 형성한 가장 중요한 기본문서의 하나가 Magna Charta이다. 그것은 영국 왕의 권한을 제한하는 데 중점을 둔 것이었고 법을 발전시킨 귀족들과 법관들의 권리에 대한 중세의 장전이었다.

보통법은 노르만인의 정복 뒤 국왕 재판소가 각 지방의 관습법을 기초로 재판을 통해 형성하여 온 잉글랜드 공통의 법이다. 따라서 보통법은 그 본질상 법원의 판례를 제 1차적 법원(法源)으로 생각하는 판례법주의 또는 불문법주의'를 취하고 있다. 반면, 대륙법은 의회가 제정한 법을 1차적 법원으로 생각하는 '성문법주의'를 취하고 있다.

3. 종교법과 샤리아법

종교법(율법)은 법적 근거로 사용되고 있는 종교 시스템이나 문서의 관념들을 말한다. 종교법의 대표적인 예는 이슬람의 샤리아, 유대교의 할라카 그리고 일부 기독교 집단에서 카논법이다. 예컨대 유대인의 할라카는 정태적이고 변경할 수 없는 성질을 가지므로 정부의 입법활동을 통한 수정이나 법원의 선례를 통한 발전을 하지 못한다. 기독교의 카논법은 시민법전들을 사용하는 점에서 시민법과 더 유사하며, 이슬람의 샤리아(Sharia, 법)와 파이(Figh, 법률학)는 법적 선례와 유추를 통한 추론에 근거를 두며 따라서 보통법과 유사한 측면이 있다.

종교법은 어떤 경우에는 순전히 개인의 도덕적 지침으로 의도된 것이며, 다른 경우에는 국가의 법률체계의 기초로 의도되었고 그렇게 사용될 수도 있다(중세에는 후자의 형태가 일반적).

4. 다원적 체계

시민법과 보통법(보츠와나, 카메론, 사이프러스, 가나, 이스라엘, 레소토, 말타, 필리핀, 푸에르토리코, 스코틀랜드, 미국 루이지애나 주, 태국, 짐바브웨 등), 시민법과 샤리아법(아프가니스탄, 알제리, 지부티, 인도네시아, 모로코, 시리아, UAE 등), 보통법과 종교법(방글라데시, 말레이시아, 부르네이, 감비아, 말레이시아, 나이제리아, 파키스탄)을 각기 결합한 형태를 취하고 있는 나라도 있다.

한편 인도는 시민법, 보통법, 관습이나 종교법을 혼합한 형태를 취하고 있어 하이브리드 법체계(hybrid law)라고 부르기도 한다. 무슬림, 기독교인 그리고 힌두교도에 대해 각기 다른 개별적인 법전이 적용된다. 인도의 대법원과 고등법의 결정은 하급법원을 기속한다. 대부분의 법들은 제정법이다.

5. 대륙법과 영미법

영미법계와 대륙법계는 그 역사적 배경에서부터 법의 발전, 법의 소재, 입법의 방식, 법조인의 역할 등에 이르기까지 대조되는 모습을 보이고 있다. 대륙법계와 영미법계는 다 같이 게르만 관습법에 뿌리를 두고 있으며, 로마법과도 관계를 가지고 있다. 대륙법계는 유스티니아누스 대제에 의하여 입법된 성문법이었던 로마법을 계수하여 이를 학문적으로 정리한 후에 입법으로 발전시킨 반면, 영미법은 로마의 고전시대에 불문법으로 존재하였던 로마법의 영향을 받아 로마법의 정신과 불문법 시대의 로마법의 법학방법론을 이어받았다. 대륙법계의 대표적인 국가로서 프랑스와 독일 민족은 모두가 게르만인이다. 역사적으로 게르만인들은 강력한 중앙권력이 부재하여 각 종족과 지역에 따라 관습법이 서로 분열되어 있었다. 영국을 지배하고 살았던 사람들은 앵글로 색슨인들이며, 그 앵글로 색슨족을 정복하여 1066년에 왕조를 건설한 노르만인들도 역시 대륙에서 건너간 사람들로서 인종적으로 게르만인에 속한다.

대륙법계에서는 추상적이고 포괄적인 법률을 제정하여 그것을 해석하고 적용하는 노력을 통해 법이 발전되어 온 반면, 영미법계에서는 '선례구속의 원칙(doctrine of stare decisis)'에 의하여 구체적인 판례를 통하여 점진적으로 법의 계속성을 유지하고, 만일 선례가 시대변화에 적응하지 못할 때에는 선례에 수정을 가하는 방법으로 법을 발전시켰다.

불문법주의를 따르고 있는 영미법계 국가라도 성문법을 가지고 있으며, 대륙법의 경우에도 판례법과 관습법올 가지고 있다. 다만 그것올 인정하는 순위에 차이를 두고 있다. 성문법주의를 따르는 대륙법계에서는 제정법을 우선시하고 관습법올 보충적인 법원(法源)으로 인정하고 있으며, 법조문은 아주 세련되고 비교적 간결하며 추상적이고 용어의 개념화가 잘 이루어져 있다. 이에 반하여 영미법계에서는 산발적·부분적으로 입법올 하는 것이 일반적이며, 법조문도 아주 상세히 그리고 설명하는 방식으로 규정하는 것이 일반적이다.

대륙법계 국가에서는 역사적으로 법학자들이 법 발전을 도모하고, 실무의 법조인들은 제정된 법을 적용하는 도구에 불과하였다. 그러나 영미법계에서는 실무 법조인들이 법 발전을 담당해 왔으며, 그 예로서 실무 법조인 단체가 중심이 되어 법재록(Reatatements), 통일모델법 등을 만들어 법 발전에 기여하고 있다.

그러나 오늘날에는 세계 각 국가 간 교류가 활발해지면서 대륙법과 영미법 간에도 점차 융합이 이루어지고 있는 실정이며, 실제로 서로 접근해 가는 경향을 보이고 있다. 즉, 판례법을 가장 중요시하는 나라가 법률의 법전화 경향을 보인다거나, 법전법이 중심인 국가도 판례를 적극적으로 수용하는 경향을 보이고 있다. 다시 말하면, 판례를 정리하여 효율적·기능적 의미로 법전화한다든지 조문과 조문의 간극을 판례로 보충하는 현상이 각각의 법체계의 국가에서 일어나고 있다. 나아가 국제기구 등을 통하여 대륙법과 영미법계에 통일적으로 적용될 수 있는 입법활동이 생겨나고 있고, 우리나라에서도 최근 도입된 법학전문대학원의 인가기준으로서 법조실무가의 비율을 전임교원의 20% 이상이 되도록 명시함으로써 서서히 영미법계의 제도에 관대함을 보이고 있다.

6. 독일법, 프랑스법, 영미법

(1) 독일법의 발전

게르만 부족법에서 유래한 독일법은 중세 봉건시대의 법서를 경유하여 1495년 독일 왕실재판소(왕실재판소)의 조례에 의하여 대폭적으로 로마법을 계수하기 시작하였다. 지방분권으로 인해 황제의 권한이 약하여 통일적인 사법이 없었기 때문에 계수 로마법이 보통법으로서 시행되었다. 그것은 대체적으로 근대화된 로마법이며 점점 사법적으로 형성되었고, 당시 주목할 만한 입법으로서 카롤리나 형사법전(1532년), 프로이센 일반란트법(1794년)이 있다. 한편 17세기 이래의 계몽주의 자연법학 및 19세기의 역사주의의 영향을 크게 받았고, 특히 역사법학파는 로마법을 소재로 하여 교의학적(dogmatisch)·개념적으로 정치한 판덱텐학을 구축해 놓았다.

통일법전은 반동시대, 법전논쟁에서의 역사법학파의 시기상조론에 의하여 늦어졌으나, 1871년 제국이 통일됨에 따라 그 기운이 고조되어 기르케 등의 반로마법론자의 반대에도 불구하고 1896년 공포되었다. 세련된 용어와 치밀한 논리로 이루어진 5편 2385조의 독일 민법전은 독일 법학의 법문화사상 빛나는 기념비로서 각국의 모범이 되었다. 또한 공법분야에서도 정치한 학문체계가 구축되어 전체로서 하나의 종합적·모범적 법체계를 이루어 법학계를 이끌어 가고 있다.

바이마르 체제, 나치스 시대 및 제2차 세계대전 후의 동서 분단시대에 부분적 수정을 받았으나, 오늘날의 통일 독일에서 현재까지 시행되고 있다. 독일법학은 논리체계성을 특색으로 하는데, 근래 비교법학에 의한 영미적 사고의 도입으로 법의 사법적 형성의 필요성이 강조되고 있다.

(2) 프랑스법의 발전

프랑스법은 멀리는 게르만 부족법에서 유래하는데, 독일법과 마찬가지로 10－15세기 관습법서 시대에 많은 지방 관습법서가 출현하고, 13세기에는 주석을 붙인 로마법을 보통법으로 하는 남부 성문법 지대와 게르만 고유 관습을 법으로 하는 북부 관습법 지대로 법역이 2분화되었다. 16세기에서 프랑스 혁명까지는 왕권의 확립·신장시대로서 왕국 전토에 미치는 일반 관습법이 편찬되고 여러 가지 칙령이 제정되었다. 혁명 후 민법전 제정까지의 이른바 중간법시대에는 자유평등의 혁명원리에 기초를 둔 제 입법이 행하여져서 근대 법전시대의 선구가 되었다. 이것들을 36편의 1법전에 정리 통합시킨 민법전은 개인의 자유·재산권의 존중, 계약의 자유를 기본원리로 하고 있다.

프랑스법은 논리체계적 독일법과는 대조적으로 판례에 의한 해석의 여지를 남기고 있다. 또 민법전은 100회 이상에 이르는 보충적 입법에 의하여 보완되어 오늘날까지 명맥을 유지하고 있다.

'평생 40번 싸워 이겼다는 명예는 워털루의 패배로 사라졌다. 그러나 영원히 남을 것이 하나 있다. 그것은 나의 민법전이다.' 세인트헬레나섬에서 죽어가던 나폴레옹이 남긴 말이다. 군사전략의 천재라는 나폴레옹이 스스로 뽑은 최고 업적인 민법전은 '나폴레옹 법전(Code Napoleon)'이라고 불린다.

1804년 제정된 프랑스 민법전에 대하여 1807년 9월 3일의 법으로서 나폴레옹 법전이라고 명명했다. 세계 최초이며 최량인 이 민법전은 남프랑스에서의 로마법적 성문법, 북프랑스에서의 관습법을 통일한 것이다. 프랑스 혁명의 자유·평등을 중심으로 하고, 인(人)·물권(物權)·재산취득의 3편 2281조로 되어 있다.

나폴레옹의 예견대로 나폴레옹 법전의 생명력은 오늘날까지 이어지고 있다. 프랑스 대혁명으로 촉발된 전쟁을 경험한 유럽국가들은 물론 근대화에 나서는 국가들이 나폴레옹 법전을 모범으로 삼았다. 19세기 초반부터 독립운동을 펼친 중남미 국가들과 서구를 따라 가려는 중동국가들이 나폴레옹 법전을 모태로 국가의 체계를 수립하고자 하였다.

나폴레옹 법전의 최대 특징은 관습법을 폐지하고, 성직자와 귀족의 특권을 인정하는 관습법을 아예 금지시킨 데에 있다. 나폴레옹 법전 제정 직전 프랑스의 민법 체계는 한 마디로 우후죽순에 뒤죽박죽 상태로 전국에 걸쳐 약 300여 개의 민법이 통용되고 있었다. 북부는 고대 게르만족과 프랑크족으로부터 내려오는 관습법에 의존한 반면 이탈리아와 국경을 맞댄 남부는 로마법을 따랐다. 특히 결혼과 가정생활은 로마교황청의 통제 속에서 교회법을 준용했다.

정치·경제·사회적으로 수백 개로 분열된 프랑스의 사회통합을 위해 단일 법률이 필요하다는 견해는 일찍부터 있었지만 막상 실행력은 권력으로부터 나왔다. 나폴레옹 통령은 1799년 쿠데타로 정권을 잡자마자 4명의 민법 전문가에게 이미 시행 중이던 36개 법률을 통합하는 작업을 맡긴 뒤 종신통령이던 1804년 3월 21일 '프랑스 민법전'이라는 이름으로 발표했다.

프랑스 민법전은 소유권의 절대성과 계약의 자유, 과실책임주의를 인정하고 있다. 소유권의 인정은 근대 시민사회의 정착과 사유재산권 제도의 인정, 자본주의의 발달로 이어졌다. 나폴레옹 실각 후 봉건제로 회귀하려는 옛 토지귀족층의 집요한 노력이 실패한 것도 프랑스에 민법전이 뿌리내렸기 때문이다.

소유권의 인정을 강조한 점은 분량에서도 확인할 수 있다. 전체 2,281개의 조문 가운데 '소유권의 취득'과 관련한 조항이 1,569개 조문에 이른다. 경제사가 윌리엄 번스타인은 역저 '부의 탄생'에서 개개인의 재산권을 지켜줄 법치제도의 유무야말로 나라의 흥망성쇠를 정하는 첫째 조건이라고 강조한다. 나폴레옹 법전은 피의 프랑스 혁명이 낳은 자본주의적 유산인 셈이다.

나폴레옹 법전은 간결하고 논리적인 문체로도 유명하다. '적과 흑'을 쓴 문호 스탕달이 문장연습을 위해 매일 읽었을 정도이다. 또한 그 이름도 많다. 제정 당시에는 '민법전'으로 불리다가 '나폴레옹 법전'(황제 즉위)을 거쳐 '프랑스 민법전'(나폴레옹 실각)으로 되돌아온 후에도 '나폴레옹 법전'(나폴레옹 3세 등극)과 '민법전'(3공화국 출범)으로 이름이 바뀌었으나 '나폴레옹 법전'으로 통칭되고 있다.

나폴레옹 법전은 영속성으로도 이름이 높다. 나폴레옹 시대에 제정된 민사소송법(1808), 상법(1807), 치죄법(治罪法·1808), 형법전(1810) 등도 한때 나폴레옹 법전이라는 명칭 아래 포함됐었으나 모두 사라지거나 크게 개정되고 온전히 남은 것은 민법전 하나뿐이다. 제정 당시 2,281개 조가 1971년과 1976년에 부동산개발 계약과 공유재산권 행사와 관련된 2개조가 추가돼 2,283개 항으로 늘어났을 뿐이다.

프랑스에서도 나폴레옹 법전을 개정해야 한다는 움직임이 없지 않았다. 1904년 법제정 100주년을 맞이해 61명의 위원회가 구성되었으나 법 개정에 대한 반대의견이 더 우세하였다. 1926년에는 프랑스·이탈리아 공동의 민법안이 마련되었으나 채택되지 않았다. 2차대전 이후 드골 대통령이 마련했던 민법개정안도 의회를 통과하지 못했다.

(3) 영국법의 발전

같은 게르만법에서 유래하였으면서도 앵글로 색슨 부족법에 기원하는 영국법은 대륙법만큼 로마법의 영향을 받지 않고 보존되었으며, 또 미국법으로 발전하여 앵글로 색슨법이라고도 불린다. 여전히 판례법주의를 원칙으로 하지만 근자에는 성문법의 중요성이 증가되었다. 영국법은 왕족을 위한 법이 아닌 모두를 위한 법, 바로 국민의 위한 법이라는 뜻의 「Common Law」를 쓰고 있으며 이러한 영국법의 시스템은 실제로 미국, 호주, 오스트레일리아, 인도, 홍콩 등 많은 영국의 전 신민지 국가들에서 쓰이고 있다. 따라서 영국법의 개념들이나 법적인 판결 또한 이러한 많은 나라들이 자신들의 법에 종종 대입시키기도 한다.

영국의 법, 바로 Common Law는 실제 국민들을 위한 법이라는 개념과 일치해 반은 정부가 만들고 다른 나머지 반은 국민들을 대표하는 재판부에서 만든다. 영국법은 Common Law라는 시스템을 통해 지난날의 판결을 오늘날의 사건에 그대로 대입시키고 있는데, 이것은 물론 옛날의 사건과 현재의 사건들이 사건의 내용에서 비슷할 때에만 적용된다. 따라서 18세기 영국에서 결정된 판결 중 현재까지도 적용이 되어 판결에 영향을 미치는 경우도 허다하다. 이러한 전통과 역사를 자랑하는 영국의 법은 필요한 부분에서는 정부에서 직접 법전들(Statutes)을 발간하여 오랜시간 사용된 법들을 기록하기도 하는데, 이는 Common Law에서 오랜시간 사용되어 더 이상 그 효율성에 의심이 없는 법들을 선정하여 만들어 진다. 이를 '법관법'(Judge－made aw)라고도 하며, 바로 판례에 따라 매 사건마다 새로운 재판결과가 즉시 법이 된다는 의미이다. 여기에는 또한 중요한 개념인 Stare Decisis라는 것이 있는데, 이것은 바로 대법관들이나 고등법원 판사들의 결정들이 하급심 법정에서 그대로 존중된다는 의미이다.

영국법은 켈트인 민족 시대, 로마 지배 시대의 선사(先史)를 가지고 있는데 노르만 정복(1066년)까지의 앵글로 색슨법 시대를 제1기로 한다. 제2기는 노르만 왕의 사법 중앙 집권화에 의하여 왕국 전토에 공통되는 관습법인 코먼로가 판례법으로서 형성된 시대이다. 제3기는 경직화된 코먼로에 대립해서 에쿼티가 생긴 시대, 제4기는 코먼로와 에쿼티를 통합하여 통일법원이 성립한 시대이다.

영국은 정복자 윌리엄공(재위 1066－1087)이 영국을 정벌하여 강력한 중앙집권적 봉건 제도를 형성하기 위한 정책으로 법을 통일하기까지는 대륙의 속인주의적인 게르만 부족법의 영향을 받았다. 그 뒤로 프랑스 노르망디인이 영국을 지배하게 된다. 지배층은 프랑스의 중부 방언인 노르만 프랑스어를 사용하였으며 법률용어나 법원의 공식 언어 역시 프랑스어가 되었다. 민사의 경우 라틴어를 전용하였고 시대가 지나면서 법정에서 사용되는 언어는 보통사람이 알아들을 수 없게 고어화되었다. 18세기까지 여러 차례 법정에서 라틴어 프랑스어 사용을 규제하는 법을 제정하였으나 영어의 어휘부족으로 실효성은 없었다.

에쿼티(Equity)는 본래 형평·구체적 정의를 의미하며, 오늘날 형평법으로 번역된다. 형식주의에 따라 경직화한 코먼로에 대신해서 14세기경 대법관이 양심과 형평에 의한 소송 구제를 시작하여 형성된 판례법을 형평법이라고 한다. 봉건적 토지소유권의 보호에 중점을 둔 코먼로에 반해 에쿼티는 신탁 예약에 기초를 둔 채권을 보호하고, 또 특정 이행이나 금지 명령에 의하여 채무를 이행시키는 방도를 열어 영국 채권법의 발달을 촉진시켰다. 코먼로와 에쿼티 양 법원 간의 항쟁·대립은 법원의 통일(1873년)까지 계속되었는데, 이 두 가지 상이한 유형의 구제절차가 존속하고 있다.

위와 같은 과정을 거쳐 성립한 영미법은 법의 지배라는 말로 표현하기도 하는데, 이는 처음 왕권에 대한 사법권의 우위에 뒷받침되어 있었으나, 후에는 왕권에 대한 국회 우위의 형태를 취하였다. 국회가 제정한 성문법은 판례법에 우선하고 근래 질과 양이 다같이 증가하였는데, 여전히 판례법이 주요 법원이다. 영미의 성문법은 일반적 입법이 아니고 특정 사항에만 한정된 입법으로서 엄격한 문리해석을 원칙으로 한다.

영국은 섬나라로 앵글로 섹슨족의 고유제도를 기초로 로마법의 영향을 직접

받은 유럽대륙과 다른 독자적인 제도를 형성해 갔다. 예를 들어, 순회판사 제도를 만들었는데 순회판사는 전국을 돌아다니며 재판을 하고, 일정 시기에 모두 모여 판례를 교환했다. 제대로 된 성문법이 존재하지 않던 시기에 이 판례들은 바로 법으로 효력을 가지게 되었고, 이것이 영국법의 시초이다. 영국법은 20세기까지 영국이 세계 초강대국으로 군림하던 시절에 확산되었으며, 현재도 영연방 국가들은 자국법의 기초를 영국법에 두고 있다.

(4) 미국법의 발전

미국법은 보통법 및 형평법 등 영국법을 많이 계수하였으며, 특히 1750년부터 1776년의 미국 독립선언에 이르는 동안에 보통법이 상당 부분 도입되었다. 제2차 세계대전 후 미국의 지위가 높아지면서 미국법의 위상도 높아지고 국제법처럼 통용되는 측면도 있다. 미국법은 영국법보다 개인주의적인 성향이 강한데 미국 독립 전후로 자유, 평등을 강조하는 정치사상 및 미국 고유의 청교도 정신과 프론티어 정신의 영향에 기인한다.

미국법의 역사를 보면, 제1기 형성기(1776－1865)로서 독립 이전의 식민지 시대에 이민자들이 고국으로부터 가져온 영국법에 대한 계수가 확립됨과 동시에 성문의 연방헌법이 성립하게 된 시기이다. 사회가 아직 발달하지 못해 영국의 블랙스톤이 정리·통합시킨 코먼로가 영국법으로 계수되고 또 사법권 우위시대의 영국법제가 계수되어 미국 헌법에 입법에 대한 사법심사제가 채용되었다. 남북전쟁 이후 제2기 발전기(1865－1937)에는 계수한 영국법을 산업화한 미국 사회에 적합하게 변경시켜 미국법을 창조·발전시켰으며, 보수적인 사법부가 형성기의 자연법주의적·개인주의적 법사상을 유지하였다. 루스벨트 대통령이 사법개혁을 시도하여 그의 뉴딜 정책에 기초를 둔 사회입법을 하면서 제3기 현대를 맞이했다. 자본주의가 발달하고 대도시가 생기며 법을 사회의 필요에 맞게 고치는 사회입법이 늘었다. 대표적인 예가 반독점법과 노동법 등인데 이는 미국 고유의 자유주의·개인주의 사상에 반하는 예이다. 미국법의 특색은 연방과 각 주에 법원과 입법부가 있어서 법(판례법과 성문법)이 2원적으로 존재할 뿐만 아니라 각 주에 따라 다른 법이 병존하고 있다는 것이다.

미합중국 헌법은 미합중국의 최고 법이다. 미국에서 헌법이라 함은 성문헌법으로서의 헌법전과 불문헌법으로서의 판례법을 포함하는 소위 헌법률(Constitutional law)을 의미한다. 미국은 연방정부와 주정부로 구성된 연방국가이므로 연방헌법 이외에도 각 주는 개별적인 주헌법을 각자 보유하고 있다. 1787년 9월 17일 필라델피아와 펜실베이니아의 헌법회의(Constitutional Convention)를 기원으로 한다. 나중에 각 주에서 '인민'(the People)의 이름으로 비준되었다. 1787년에 13주를 위하여 기초가 된 헌법은 그 후 1969년 7월까지 26회의 수정이 가해져서 현재 50개주의 정치의 규범이 되어 있다. 수정은 상원의 3분의 2의 찬성을 얻은 후 50주의 9분의 5가 비준하면 가능하다. 헌법은 미국법과 정치문화에서 중심 위치를 차지한다. 미국 헌법은 1600년의 산마리노 법을 빼면 가장 오래된 헌법이다.

20세기 들어 주법 통일운동이 일어나 통일주법안이 작성되어 판례의 공통분모를 조문 형태로 통일·재표현한 미국법협회의 리스테이트먼트가 만들어졌다. 이에 따라 판례구속성의 원칙에 변화가 왔고, 판례에 의존하기보다 표준화된 법조문에 근거하여 판결을 내리는 경우가 많아졌다.

7. 한국법과 일본법

2차 세계대전 후 한국과 일본에서는 각각 미군정이 실시되었다. 이 시기에 한국 및 일본에서는 모두 법체계의 정비작업이 이루어졌다. 대륙법체계인 프랑스법을 바탕으로 독일법의 영향을 강하게 받고 있던 한국과 일본은 이 시기에 다수의 영미법적 요소를 법체계에 도입하였다. 한국의 미군정기에 사법부에는 다수의 미국인 법률고문이 활동하였으며 대표적인 인물이 프랭켈(Ernst Fraenkel)과 퍼글러(Charles Pergler)이다. 그 외에도 길리엄(Richard D. Gilliam Jr.), 스콧(Denny F. Scott), 로빙기어(Charles S. Lobingier) 등이 있다.

일본에서도 미군정기에 다수의 미국인 법률고문이 활약했으며, 여기의 대표적인 인물은 오플러(Alfred C.Oppler)이다. 이들 미국 법률고문들이 각각 구체적으로 미군정기 및 그 후 한국과 일본의 법체계의 형성 및 개혁 과정에 어떠한 영향을 미쳤는가는 분명하지 않지만, 헌법과 형사법 분야를 포함하여 한국과 일본의 영미법 수용사에서 중요한 역할을 하였다.

프랭켈과 오플러가 한국과 일본에 법률고문으로 오게 된 것은 대륙법계인 독일법과 영미법계인 미국법을 모두 공부한 사람이었기 때문이었다. 한편 길리엄과 로빙기어는 다양한 해외 활동을 경험한 유능한 인물들이었다. 미군정당국은 대륙법계 국가인 한국과 일본에서의 개혁 작업을 위해서는 두 법체계를 모두 경험한 법률가가 필요하다는 것을 인식하고 이에 적합한 사람을 미군정의 법률고문으로 초빙했던 듯하다. 미군정의 미국인 법률고문들은 당시 우리나라 기본법제의 정비과정에서 실질적인 권한을 부여받고 있었으며, 입법에 관한 주요 문제에 있어서 최종결재권자로서 권한을 행사하였다. 그들은 모든 중요한 지침과 관련하여 한국인 관료들을 실질적으로 통제할 만큼 막강한 권한을 가지고 있었고, 인사와 재정 문제에 있어서도 확실한 영향력을 행사하였다.

우리의 법체계가 영미법과 대면을 시작하는 시점에, 특히 우리의 헌법과 형사법 등이 제정되어 가는 과정에서 대륙법과 영미법 체계에 익숙한 권위 있는 법률가들이 활동하였다는 것은 큰 의미를 가진다.

제 7 절 법의 체계

Ⅰ _ 실정법(實定法)과 자연법(自然法)

실정법(positive law, Gesetz)은 성문법, 관습법, 판례법 등 경험적·역사적인 사실에 의해 성립되어 한 사회에서 현실적인 제도로서 실효성을 가지고 있는 법규범을 말한다. 경험적으로 인식할 수 있는 법, 즉 실정법만을 법으로 인정할 수 있으며, 실정법을 초월하는 보편적 법의 존재는 인정할 수 없다는 입장을 법실증주의(法實證主義)라고 한다. 법실증주의는 법에 대한 과학적 접근으로서 법적용의 자의성을 배제하여 개인의 자유를 확보한다는 자유주의적 성격을 지닌 것이나 법의 도덕성 내지 가치성을 도외시했다는 한계가 있다.

자연법(Naturrecht)이란 시간과 공간을 초월하여 보편타당한 영구불변의 초경험적·이상적 법을 의미한다. 자연법론은 ① 실정법과 독립하여 효력과 권위를 갖는 자연법이 존재하며, ② 자연법은 보편타당한 도덕적 원리를 그 내용으로 하고, ③ 자연법은 실정법보다 상위이며, ④ 자연법은 실정법의 가치나 권위를 평가할 수 있는 척도가 된다는 이론을 말한다. 자연법론은 고대 그리스로부터 중세와 근대를 거쳐 현대에 이르기까지 유력하게 전개되고 있는 법사상적 흐름이다. 근대 자연법론은 인간의 본성을 이성에 있다고 보고, 자연법을 이성에 기초한 정의 또는 사회도덕으로 이해하였고, 특히 자유와 평등을 기본 이념으로 주장하였다. 그 대표적인 사상가로는 로크와 루소를 들 수 있다. 19세기 이래 20세기 전반까지 서구의 여러 나라에서 법실증주의가 우세하였으나 2차 대전이후 특히 나치즘에 대한 반성으로 독일을 중심으로 '자연법의 부활' 현상이 나타나기도 하였다.

법의 정당성보다 법을 가능케 하는 '힘'에 주목하는 사조를 '법실증주의'라고 부른다. 1995년 7월 검찰이 '성공한 쿠테타는 처벌할 수 없다'는 이유로 전두환/노태우 두 사람을 공소권 없음을 이유로 불기소처분(기소유예)한 사건이 있었다. 여기서 '성공한 쿠테타'란 '처벌하려야 처벌할 수 없는 완성된 사실로서의 힘'을 의미하는데, 이미 임기를 마치고 '힘 없는 상태'에 놓여 있어 충분히 처벌할 수 있음에도 이를 왜곡하여 '처벌할 수 있지만 처벌해서는 안 된다'는 의미로 해석한 것이다. 법실증주의자들은 법이 옳기 때문에 법으로 인정받는다는 사실을 받아들이지 않고, 법을 가능케 한 '힘'이 무엇인지를 찾는다. 국가 즉 법질서 그리고 그것을 가능하게 하는 힘은 어떤 모습으로 존재하는가? 여기에는 크게 법은 신이 준 인간의 이성을 실현하는 것이므로 힘을 가진다는 로크식 자연법사상과 인간 사회의 지배계급의 의지를 반영하는 것이므로 힘을 가진다는 마르크스의 유물론적 사상이 제시될 수 있다.

Ⅱ _ 국제법과 국내법

국내법은 한 국가에 의해 인정되어 그 국가에 적용되는 법이다. 이에 반해 국제법(international law)은 국가사이의 합의에 근거하여 국가 상호 간의 권리·의무를 규율하는 국제공법이다. 국내법과 국제법의 관계에 관하여 일원론과 이원론이 있으며, 이원론의 경우도 국내법이 우위인지 국제법이 우위인지 이론이 분분하다. 국가간 상호관계가 아니라 한 국가 안에서 국민과 외국인과의 법률관계를 정함에 있어서 자국법을 적용할지 외국법을 적용할지를 정하는 법을 국제사법(國際私法, international private law)이라고 한다.

Ⅲ_ 공법(公法)과 사법(私法)

공법(öffentliches Recht)과 사법(Privatrecht)의 구별은 로마법 이래의 전통적인 법의 분류방법이나 실제상 필요에 의한 상대적·법기술적 요청에 따른 구분에 해당한다. 국가와 사회의 이원론을 전제로 하여 국가에 대해 특별한 법적 지위를 인정하려는 법률관의 소산이라고 할 수 있다. 그러나 공법·사법의 구별은 행정법원과 일반법원의 관할권 분배 문제의 해결과 적용되는 법원리의 차이(법치국가의 원칙과 사적자치의 원칙)가 있다는 점에서 여전히 오늘날에도 실익이 있다.

통설은 주체설을 기본으로 하고 성질설·이익설을 가미하여 공법과 사법을 구별한다. 주요 학설의 내용을 정리해 보면 다음과 같다.

학설	내용	비판
이익설	공익보호를 목적으로 하는 것이 공법, 사익보호를 목적으로 하는 것이 사법	헌법, 민법은 사익보호와 함께 공익 실현도 목적
주체설	국가 기타 공법인이 법률관계의 주체인 경우가 공법, 사인 상호 간의 관계를 규정하는 법이 사법	국가나 공법인을 사인과 달리 특별 취급하는 이유는 무엇인가? 국가가 사인간 매매·임대차시 민법 적용
법률관계설 (성질설)	권력·복종의 불평등의 관계를 규율하는 것이 공법, 평등·대등의 관계를 규율하는 것이 사법	국제법·친족법이 공법이라는 모순이 발생함
생활관계설	국민으로서의 정치적 생활관계를 규율하는 것이 공법, 개인적인 사적인 생활관계를 규율하는 것이 사법	양자의 구분이 불분명

Ⅳ _ 제3의 법역 - 사회법(社會法) -

자본주의 경제의 사회적 모순과 부조리를 자본주의 체재 내에서 해결하기 위해 종래의 자유방임적 태도를 지양하고, 복지국가의 실현을 위해 국민생활에 적극 관여하여 사익과 공익의 조화를 시도하면서 공법원칙과 사법원칙이 공존하는 사회법(social law) 영역이 탄생하게 되었다. 사회법은 공법도 아니고 사법도 아닌 그 중간의 혼합된 법으로서, '새로운 제3의 법'으로 자본주의의 구조적 모순을 극복하기 위해 20세기 형성된 법이다. 노동법, 경제법, 사회보장법 등이 여기에 속한다.

제 8 절 법의 효력

Ⅰ _ 법의 효력의 2가지 차원

법의 효력은 법이 현실에서 실현되는 근거는 무엇인가라는 '실질적 효력'과 실정법이 시간적·공간적·인적으로 적용되는 범위에 관한 '형식적 효력' 2가지 차원으로 생각할 수 있다. 법의 실질적 효력은 다시 '사실적 효력'(법사회학적 효력, 실효성)과 '당위적·규범적 효력'(법학적 효력, 타당성) 2가지로 나눌 수 있다. 사실적 효력은 법이 수범자들에 의해 '사실상' 준수되고 있는가라는 법의 실효성의 문제이다. 규범적 효력은 법이 구속력을 가질 수 있는 정당한 자격 내지 권능이라는 법의 규범적 구속력·타당성의 문제이다.

Ⅱ _ 법의 실질적 효력

법이 효력을 가지는 근거에 관하여 다양한 학설이 주장된 바 있다.

1. 법률적 효력론

법률적 효력론은 하나의 법규의 효력을 다른 법규에서 도출한다. 법의 구속성은 '법적 수권'에 있다는 입장이다. 예를 들면, 다음과 같은 사고를 통해 법의 효력의 근거를 제시한다. 사형의 집행이 왜 살인이 아닌가? 판결이 명했기 때문이다. 판결은 왜 사형을 명할 수 있는가? 판결은 형법의 적용이다. 형법은 왜 판결의 근거가 될 수 있는가? 형법은 국회에서 일정한 절차에 의해 제정되었다. 형법의 효력근거는 어디에 있는가? 헌법은 국회에 입법권을 수여하였다는 사고를 진행하게 된다. 법률적 효력론에 대하여는 수권규범으로서의 헌법이 법률에 효력을 부여하는 근거는 무엇인가라는 질문이 이루어지게 된다.

2. 근본규범설

오스트리아의 헌법학자 한스 켈젠은 선험적·논리적 조건으로서의 근본규범에 법적 효력의 근거가 있다고 주장한다. '사람은 헌법이 규정하는 대로 행위하여야 한다.' 여기서 헌법은 '전체적으로 보아 실효적인 강제질서를 밑에 두고 있는' 헌법을 의미한다. 그는 법의 효력을 도덕적·정치적으로 정당화시키는 것이 아니라 인식론적으로 정당화시키고 있다.

그러나 근본규범설에 대하여는 인식론에서 법이 구속성이 도출될 수 있는가라는 비판이 제기된다. 나아가 '실효적'이기만 하면 효력이 있는가라는 비판도 피할 수 없다. 근본규범설에 대하여는 "자기 머리 위의 상투를 붙잡고 늪에서 빠져나오려는 경탄할 만한 시도"(엥기쉬)라는 평가가 이루어지기도 하였다. 근본규범설은 어떠한 헌법도 실효적이기만 하면 내용에 관계없이 축복을 내리게 된다는 문제점이 있다.

3. 실력설

법효력의 근거는 힘에 의한 법의 강제에 있다는 견해이다. 소피스트, 홉스, 스피노자, 마르크스, 랏살레, 니이체에 이르기까지 사회학적·실증적 이론가들이 선호하는 입장이다. "법이란 힘에 있어서 상위자(주권자)가 그 하위자에 내린 명령(command)"(오스틴), "법은 국가권력에 의해 조직되고 집행되는 강제기구"(예링)라는 것이다.

그러나 실력설에 대하여는 어떻게 실력에서 '의무'가 나오는가라는 근본적인 비판이 제기된다. 루소는 "아무리 강한 자라도 만약 그가 자기의 힘을 권리로 그리고 복종을 의무로 변형시키지 않는다면 항상 최강자일 만큼 충분히 강한 것은 못된다. … 힘은 물리적인 것이다. 나는 그것이 어떠한 도덕적인 결과를 가질 수 있다고 보지 않는다."고 말한바 있다. 라드브루흐가 지적했듯이 "명령과 힘은 의욕과 능력을 의미할 뿐이며, 따라서 수명자에 대해서 기껏해야 필연을 생기게 할 뿐이지 당위를 생기게 할 수는 없으며, 아마도 복종을 낳을 수는 있지만, 그러나 결코 복종에의 의무를 낳게 할 수는 없다."

4. 법이념설 (철학적 효력론)

법이념과의 일치만이 법의 효력을 정당화할 수 있다는 입장이다. 법의 효력은 법이념과의 관련 때문에 법이념의 구현으로서 존재할 수 있다고 한다. "법의 효력은 실정법규에도, 힘이나 승인과 같은 사실에도 의거할 수 없고, 오로지 더 높은 또는 가장 높은 당위, 즉 하나의 초실정적인 가치에만 의거할 수 있다."(라드브루흐). 독일의 형법학자 벨첼(Welzel)도 "힘으로서는 법은 강제할 뿐이며, 가치로서만 법은 의무를 부담시킨다."고 주장하였으며, 독일의 법철학자 카우프만(Kaufmann)도 "법이념이란 법이 법으로서 효력을 갖기 위하여 지향하여야만 하는 법의 목적이다."라고 하여 법의 효력의 근거를 법이념과의 일치에서 찾았다.

법이념설에 대하여는 법이념이라는 것이 주관적·상대적인 것이고, 가치론적 효력은 '비실재적 효력'이라는 비판이 있다.

5. 승인설

법의 효력은 수범자의 승인, 존중, 시인에 있다는 견해이다. 승인설은 다시 수범자 개개인의 승인이 필요하다는 '개별적 승인설'과 수범자 다수의 승인이 있으면 족하다는 '일반적 승인설'이 있다. 개별적 승인설은 승인은 헌법 또는 법률의 제정과 구속력에 관한 규정들과 관련하여 존재하면 되고, 간접적·관념적 승인으로 충분하다고 한다. 일반적 승인설은 수범자 개인의 승인은 필요하지 않고 일정 국민, 일정 시대의 지배적인 윤리관에 의하여 최고규범의 전체적 성격에 대한 승인으로 충분하다고 한다. 의무에 대한 직접적인 '의식'이라는 심리론적 승인이 있으면 족하다는 옐리네크의 **사실적인 것의 규범력 이론**도 여기에 속한다.

개별적 승인설은 무정부상태로 나아갈 수 있고, '승인'을 형식적인 것으로 파악하면 단순한 강제에 불과하여 실력설과 마찬가지가 된다. 일반적 승인설은 "왜 하나의 규범은 다른 이가 그것을 따르기 때문에 나에게도 효력이 있어야 하는가?", "왜 하나의 국가 안에서 실증적인 효력을 얻은 법은 그에 동의하지 않는 자에게도 의무부과를 할 수 있는가?"에 답변을 주지 못한다.

6. 검토

어느 학설도 완전한 대답을 주지는 않지만, 일단 승인설을 바탕으로 하면서 법이념을 고려하는 방안을 선택할 수 있다. 법은 '존재하는 당위', 즉 시간과 공간 속에 나타나는 역사적 사실로서의 당위이며, 그 당위를 근거지우는 것은 실력이 아닌 승인 (동의)으로 이해하는 것이다.

승인설은 '아무도 자기가 동의한 것 이외에 대해서는 의무를 지지 않는다'는 칸트의 자율성의 원리에도 연결되며, 윤리적 규범에 대한 승인은 법이념과의 관련성을 함축하고 있다. 승인의 대상은 무엇이고, 승인의 방법은 어떤 것이며, 누가 승인하는가? 등 승인설을 인정해도 구체적인 내용은 논란의 여지가 많다. 법제정당국이 존재하고 법제정당국이 합법적으로 제정하는 법에는 복종해야 한다는 것을 알고 있는 자들의 '법복종에의 일반적인 용의'(엥기쉬)를 법의 효력이 인정되는 근거라고 말할 수 있다.

이러한 의미에서 "효력있는 실정법이란 '존재하는 당위'이다. 그것이 '존재하는' 당위인 것은 그것이 대중심리적으로 이해될 사실적인 승인에 뿌리박고 있기 때문이고, 그러나 그것이 존재하는 '당위'인 것은 단지 자의적 요구, 전제적

명령이 아니라 – 그 실현을 위해 승인을 부여받은 – 법제정당국에 의한 법이념의 구체화이기 때문에 그러한 것이다.”

Ⅲ_ 법의 형식적 효력

1. 법의 효력에 관한 기본원칙

법의 형식적 효력에 관한 원칙으로는 상위법 우선의 원칙, 신법 우선의 원칙, 특별법 우선의 원칙, 법률불소급의 원칙이 있다. 상위법 우선의 원칙은 상위법은 하위법에 우선하는 것을 의미한다. 헌법은 법률에 우선하며, 법률은 명령, 규칙에 우선한다.[11]

신법 우선의 원칙이란 신법은 구법을 폐지한다는 원칙이다. 이 원칙은 지금, 여기의 다수의 의사에 따른다는 점에서 민주주의 원리에 부합하고 신법은 새로운 현실에 적합하다는 데에 근거가 있다.

특별법 우선의 원칙은 특별법은 일반법에 우선한다는 원칙이다. 특별법은 일반법보다 ‘구체적으로’ 대상을 규율하기 때문이다. 예를 들면, 초·중등교육법이나 고등교육법은 교육기본법에 우선하여 적용된다.

법률불소급의 원칙이란 새로 제정된 법률은 그 이전에 발생한 사실에 소급하여 적용되지 않는다는 원칙을 말한다. 형법은 죄형법정주의 요청에 따라 법률의 소급효가 엄격하게 금지된다. 그 밖의 법률에서는 기득권의 존중 내지 법적 안정성의 입장에서 법률불소급의 원칙이 요구된다. 그러나 신법이 관련자에게 유리한 경우, 기득권을 어느 정도 침해해서라도 신법을 소급시킬 도덕적·정책적 필요가 있는 경우에는 예외적으로 소급효가 인정되기도 한다. 형법에서는 재판시법이 행위시법보다 피고인에게 유리한 때에는 신법인 재판시법이 적용된다.

---

11) 헌법 제107조 ① 법률이 헌법에 위반되는 여부가 재판의 전제가 된 경우에는 법원은 헌법재판소에 제청하여 그 심판에 의하여 재판한다.
② 명령·규칙 또는 처분이 헌법이나 법률에 위반되는 여부가 재판의 전제가 된 경우에는 대법원은 이를 최종적으로 심사할 권한을 가진다.

2. 법의 시간적 효력

법은 시행일로부터 폐지일까지 효력이 있다. 법은 시행에 앞서 '공포'[12]해야 하므로 공포일로부터 시행일은 일종의 주지기간이 된다. 법률에 따라서는 따로 부칙에 시행일을 정하는 경우도 적지 않다.[13]

법령의 시행기간을 명시적으로 정한 경우 그 기간이 종료한 때, 신법에서 구법의 일부 또는 전부를 폐지한다고 규정한 때 법은 폐지된다. 이를 명시적 폐지라고 한다. 동일 사항에 관하여 신법과 구법이 모순·저촉되는 경우 구법은 묵시적으로 폐지된 것으로 본다. 이를 묵시적 폐지라고 한다.

3. 법의 장소적 효력

한 나라의 법은 그 국가의 주권이 미치는 범위(영토·영해·영공)[14]에 적용되며, 이 영역에서는 내·외국인을 불문하고 일률적으로 적용되는 것이 원칙이다. 현행법은 속지주의를 기본원칙으로 하고 속인주의 및 보호주의를 가미하고 있다. 형법을 예로 들면, 속인주의란 자국영토안의 범죄행위에 대해 적용하는 원칙이며,[15] 속인주의는 범죄지 여하를 불문하고 자국민의 범죄에 대해 적용하는 원칙이고,[16] 보호주의는 범죄지 및 범죄인 여하를 불문하고 자국 또는 자국민의 법익을 침해하는 범죄에 대하여 우리나라 법을 적용하는 원칙을 말한다.[17] 세계주의

---

12) 헌법 제53조 ① 국회에서 의결된 법률안은 정부에 이송되어 15일 이내에 대통령이 공포한다.
⑦ 법률은 특별한 규정이 없는 한 공포한 날로부터 20일을 경과함으로써 효력을 발생한다.

13) 민법 부칙(1958.2.2) 제28조 (시행일) 본법은 단기 4293년(1960년) 1월 1일부터 시행한다.

14) 헌법 제3조 「대한민국의 영토는 한반도와 그 부속도서로 한다.」

15) 형법 제2조 「본법은 대한민국영역내에서 죄를 범한 내국인과 외국인에게 적용한다.」
형법 제4조 「본법은 대한민국영역외에 있는 대한민국의 선박 또는 항공기내에서 죄를 범한 외국인에게 적용한다.」

16) 형법 제3조 「본법은 대한민국영역외에서 죄를 범한 내국인에게 적용한다.」

17) 형법 제5조 본법은 대한민국영역외에서 다음에 기재한 죄를 범한 외국인에게 적용한다.
1. 내란의 죄
2. 외환의 죄
3. 국기에 관한 죄
4. 통화에 관한 죄

는 범죄지 및 범죄인 여하를 불문하고 일체의 반인류적 범죄에 대하여 자국의 법을 적용한다는 원칙이다.

4. 법의 인적 효력

법은 원칙적으로 시간적·장속적 효력이 미치는 범위 안에서 모든 사람에게 적용되나, 예외적으로 법의 적용이 제외되는 경우가 있다.

대통령의 불소추특권[18]과 국회의원의 불체포[19]·면책특권[20]이 국내법상의 예외로 인정되고 있고, 외국원수, 대통령, 국왕, 외교사절(대사·공사 기타) 및 그 가족과 수행원, 외국에 주재하는 군대, 외국 영해상의 군함의 승무원 등에 대한 국제법상의 예외가 인정되고 있다.

제 9 절 법의 적용과 해석

I _ 법의 적용

입법부는 법률을 제정하고, 행정부는 법률을 집행하며, 사법부는 법률을 적용한다. 법의 적용에는 대전제(추상적 법규) → 소전제(구체적 사건) → 결론(판결)이라는 삼단논법이 활용된다. 그러나 법의 적용은 삼단논법의 순수연역적 또는 순

5. 유가증권, 우표와 인지에 관한 죄
6. 문서에 관한 죄중 제225조 내지 제230조
7. 인장에 관한 죄중 제238조

18) 헌법 제84조 「대통령은 내란 또는 외환의 죄를 범한 경우를 제외하고는 재직중 형사상의 소추를 받지 아니한다.」

19) 헌법 제44조 ① 국회의원은 현행범인인 경우를 제외하고는 회기중 국회의 동의없이 체포 또는 구금되지 아니한다. ② 국회의원이 회기전에 체포 또는 구금된 때에는 현행범인이 아닌 한 국회의 요구가 있으면 회기중 석방된다.

20) 헌법 제45조 「국회의원은 국회에서 직무상 행한 발언과 표결에 관하여 국회외에서 책임을 지지 아니한다.」

수귀납적 방법으로 이루어지지는 않으며, 대전제(당위)와 소전제(존재)의 순환적·상관적 이해작용이 필요하다.

법률의 적용을 위해서는 먼저 소전제가 되는 사실을 확정(factfinding)해야 한다. 사실확정의 방법에는 입증, 추정, 간주(의제)가 있다. 입증은 사실인정의 자료인 증거에 의해 사실을 확정하는 것을 말한다. 추정은 증거로 확정하지 못한 사실을 우선 있는 사실대로 확정하여 법률효과를 발생시키는 것을 말한다.[21] 추정은 반증에 의하여 번복 가능하다. 간주(의제)는 일정한 요건하에 반증을 허용하지 않으면서 법률효과를 부여하는 것을 말한다.[22] 간주의 효과를 번복하기 위해서는 일정한 법적 절차를 밟아야 한다. 사실확정의 방법 외에 입법기술상 활용되는 준용(準用)이 있다. 준용은 입법기술상 규정의 중복과 번잡함을 피하고 법조문의 간략화를 위하여 동일한 사항에 대하여 다른 법규의 적용을 명문으로 규정하는 것을 말한다.

소전제인 구체적 사실이 확정되면 여기에 적용해야 할 '법발견'이 필요하다. 법발견을 위해서는 법의 의미내용을 명백히 하여야 하는 '법의 해석'이 필요하다.

II _ 법의 해석

1. 법해석의 의의

법의 해석이란 추상적인 법규범을 구체적인 사실관계에 적용하기 위해 법의 의미와 내용을 밝히고 확정하는 것을 말한다. 법률용어와 법률문장을 해석하여 적용하는 것을 목적으로 하는 '법해석학'이 법학의 주요한 내용이라는 점은 이미 기술한 바와 같다. 입법자는 물론 법률용어와 법률문장을 일반인이 이해하기 쉽게 만들어야 하지만, 그렇다 하더라도 법해석의 문제는 불가피하게 발생한다. 법률은 불확정개념을 사용할 수밖에 없기 때문이다. 법해석은 말의 언어적 의미를

21) 민법 제844조 「처가 혼인 중 포태한 자는 부의 자로 추정한다.」

22) 민법 제28조 「실종선고를 받은 자는 실종기간이 만료한 때 사망한 것으로 본다.」

묻는 것이 아니라 언어의 상황적·시대적 의미를 묻는 것으로, 문장론이 아닌 철학·세계관의 문제이기도 하다.

법해석에는 크게 유권해석과 학리해석이 있다. 유권해석은 국가기관이 유권적으로 내리는 해석으로 구속력이 인정된다. 반면 학리해석이란 사인, 법학자가 전개한 법해석으로 구속력이 없다.

2. 법해석의 방법

사비니가 주장한 전통적 해석론은 4가지 요소를 고려하여 법을 해석할 것은 제안한다. 해석의 4가지 요소는 문법적 요소, 논리적 요소, 역사적 요소, 체계적 요소이다. 한편 수단에 따른 해석방법으로 **문법적·문헌학적 해석**과 **논리적·체계적 해석**으로 구분하기도 하며, 다시 형식논리적 해석과 목적론적 해석, 주관적 해석과 객관적 해석으로 구분하기도 한다.

문리해석이란 **언어관용**에 따라 법규의 문자 및 문장의 의미를 밝힌 후에 다시 조문 전체문장의 구성을 검토하여 그 의미내용을 파악하는 해석방법이다. 문리해석에는 법학에 특유한 개념정의를 사용하는 경우(예를 들면, 선의, 악의)도 있다. **축소해석**이란 법조문의 문구를 그 언어적 표현 자체보다 더 좁게 해석하는 것을 말한다. 예를 들면, 타인의 명예를 훼손한 자에 대하여는 법원의 '명예회복에 적당한 처분'을 명할 수 있는데(민법 제764조), 여기에 양심의 자유를 침해하고 비례원칙의 한계를 넘어서는 '사죄광고'를 포함시키지 않아야 헌법에 위반되지 않는다는 해석이다.[23] **확장해석**은 법규의 문장의 의미를 확장하여 하는 해석을 말한다. **유추해석**은 어떤 사항을 직접 규정한 법규가 없는 경우에 이와 가장 비슷한 사항을 규정한 법규를 적용하는 것을 말한다. 유추는 「A와 A1」처럼 서로 유사한 내용에 대하여 A에 대하여만 명문규정이 있고 A1에 대하여는 명문규정이 없는 경우 A에 관한 규정과 같은 취지의 규정이 A1에 대하여도 있는 것으로 보는 것을 말한다. 해석의 방법으로서 허용되지 않는다는 의미에서 유추해석이라고 부르기보다 유추적용이라고 부르는 것이 타당하다. 유비(類比, Analogy)라고도 한

---

23) 헌재 1991. 4. 1. 89헌마160.

다. 유추적용은 법의 흠결을 보충·보완하는 것이므로 원칙을 설정하는 입법은 아니다. 법규가 관련되는 사실관계를 완전히 규율하지 못하므로 이러한 흠결을 보완하도록 예외적으로 허용한 것이다. 민법의 경우에는 해석의 방법만으로는 현실적인 법적 분쟁을 해결할 수 없거나 사회적 정의관념에 현저히 반하게 되는 결과가 초래될 경우, 법원이 실정법의 입법정신을 살려 법적 분쟁을 합리적으로 해결하고 정의관념에 적합한 결과를 도출할 수 있도록 "유추적용"을 할 수 있다. 이러한 유추를 위해서는 ① 법적 규율이 없는 사안과 법적 규율이 있는 사안 사이에 공통점 또는 유사점이 있어야 하고, 또한 ② 법규범의 체계, 입법 의도와 목적 등에 비추어 유추적용이 정당하다고 평가되는 경우에 비로소 유추적용을 인정할 수 있다.[24] 형법에서는 죄형법정주의 원칙에 의해 유추적용은 금지된다. 형벌규정이나 개인의 권리를 제약하거나 의무를 부과하는 형벌법규의 해석은 엄격하여야 하고 명문 규정의 의미를 피고인에게 불리한 방향으로 지나치게 확장 해석하거나 유추 해석하는 것은 죄형법정주의의 원칙에 어긋나는 것으로서 허용되지 않는다.[25] 형벌법규의 해석에 있어서 유추해석이나 확장해석도 피고인에게 유리한 경우에는 가능하지만, 문언의 가능한 의미를 넘어서는 해석은 그렇게 해석하지 아니하면 그 결과가 현저히 형평과 정의에 반하거나 심각한 불합리가 초래되는 경우에 한하여야 할 것이고, 그렇지 아니하는 한 입법자가 그 나름대로의 근거와 합리성을 가지고 입법한 경우에는 입법자의 재량을 존중하여야 한다.[26] 행정법상 유추는 수익적 행정행위의 경우에는 가능하지만 침익적 행정행위의 경우 지나친 유추해석은 금지된다. 침익적 행정행위의 근거가 되는 행정법규는 엄격하게 해석·적용하여야 하고 그 행정행위의 상대방에게 불리한 방향으로 지나치게 확장해석하거나 유추해석해서는 안 되며, 그 입법 취지와 목적 등을 고려한 목적론적 해석이 전적으로 배제되는 것은 아니라고 하더라도 그 해석이 문언의 통상적인 의미를 벗어나서는 아니 된다.[27]

---

24) 대판 2020. 4. 29. 2019다226135 참조.

25) 대판 2007. 6. 29. 2006도4582.

26) 대판 2004. 11. 11. 2004도4049.

27) 대판 2013. 12. 12. 2011두3388; 대판 2021. 9. 9. 2019두53464 전합.

유추해석과 확장해석

유추해석은 사례의 성질이 같지만 전혀 다른 사례에 관하여 규정된 법규를 적용하는 것이고, 확장해석은 법조문의 언어적 표현 자체의 의미보다 확장하여 하는 해석이다. 유추해석은 법규가 예상하지 않았던 사항에 대하여 그 사항의 내용과 성질이 같다는 이유로 다른 법규를 적용하는 것임에 반하여 확장해석은 법조문에 의한 확장으로서 적어도 법규가 이미 예상하고 있는 범위내의 해석에 해당한다.

논리해석이란 법규의 문자나 문장의 문법적 의미에 구애받지 않고, 또 입법자의 심리적 의사에 관계없이 법문의 논리적 의미에 관심을 두는 해석을 말한다. 논리해석에는 다양한 방법이 있다. **비교해석**은 법규를 구법·외국법 등과 비교대조하면서 하는 해석을 말하고, **목적해석**은 법의 목적에 따라 행하는 목적론적 해석을 말한다. 의사해석은 입법 당시의 자료를 보고 입법자의 의사를 탐구하여 법규의 의미내용을 해명하는 해석으로, **주관적 해석**이라고도 한다. **보정해석**은 법문의 자구가 잘못되었다거나 표현이 부정확하다고 인정되는 경우에 그 자구를 보정한다거나 변경하는 해석을 의미한다. 예를 들면, 민법 제7조는 "법정대리인은 미성년자가 아직 법률행위를 하기 전에는 제2조의 동의와 승낙을 취소할 수 있다."고 규정하고 있지만, 여기서 취소는 철회를 의미하는 것으로 해석하는 것이다. **물론해석**은 법조문이 일정한 사례를 규정하고 있을 경우에 다른 사례에 관하여도 사물의 성질상 당연히 그 규정에 포함되는 것으로 판단하는 해석방법을 말한다. 예를 들면, 자전거가 통행금지된다면 오토바이도 통행금지되는 것으로 해석하는 것이다. 민법 제396조는 "채무불이행에 관하여 채권자에게 과실이 있는 때에는 법원은 손해배상의 책임 및 그 금액을 정함에 이를 참작하여야 한다."고 규정하고 있는데, 채무자에게 고의가 있는 경우도 포함된다고 해석하는 것도 물론해석의 예이다. 물론해석은 법조문의 자구 속에 다른 사례가 당연히 포함되어 있다고 해석되는 경우이고, 확장해석은 법조문의 자구 '밖에' 확장하여 하는 해석이라는 점에서 양자는 구별된다. **반대해석**은 법문에 명시되지 않은 경우 그와 반대로 된다고 해석하는 방법이다. 예를 들면, 민법 제832조는 "부부의 일방이 일상의 가사에 관하여 제3자와 법률행위를 한 때에는 다른 일방은 이로 인한 채무에 대하여 연대책임이 있다."고 규정하고 있는데, 일상가사의 범위에 속하지 않는 법률행위에 대하여는 연대책임이 인정되지 않는다고 해석하는 방법이다. 또 다른 예로, 민법 제808조 제1항에서 미성년자가 혼인을 할 때에는 부모의 동의를 받아야 한다고 규정하고 있는 것에서 성년의 자의 혼인에 대해서는 부모의 동의 여부에 관한 특별한 규정이 없다 하더라도 부모의 동의를 요하지 아니하는 취지로 해석할 수 있다.

어떤 사안에 대하여 법령을 해석·적용하기 위해서는 지금까지 살펴본 해석 방법들을 종합적으로 고려해야 한다. 즉, 법령해석이란 궁극적으로 문화의 산물이며 어느 하나의 보편타당한 기준이 존재하는 것은 아니므로 우선 각각의 법문언의 문자나 문장의 의미를 생각하며, 그것을 해당 규정 또는 법령 전체의 취지에 비추어 검토하고, 나아가 그 법령의 배후에 있는 여러 가지 사회적·경제적·정치적 조건 등을 고려해야 한다. 그리고 그 해석 결과가 사회의 정의와 공평 또는 공공복리에 합치되는지를 검토하여 구체적인 특정 문제에 그 법령규정을 어떤 식으로 적용하는 것이 가장 올바른 것인지를 판단·결정해야 한다. 법의 해석은 상식과 논리 그리고 균형 있는 사고에 기한 해석이어야 한다.

논리해석에 따른 결론을 내리기 전에 그 해석이 과연 사회에서 정의와 공평의 관념에 합치되는지, 또한 법의 최종목적인 공공복리의 유지·실현 방향에 합치하는지를 귀납적으로 검토해 보아야 한다. 또한 논리해석이라는 것은 결국 문리해석의 부족한 부분을 보완 또는 보충하는 해석방법이라고 할 수 있으므로 성문법주의를 취하는 국가에 있어서는 적어도 일반법령에 대해서는 문리해석이 우선이고, 논리해석이 보충적이라는 것을 잊어서는 안 된다. 너무 논리해석에만 집착하여 법령의 취지·목적이나 결과의 타당성만을 생각하는 해석태도를 취하면, 법령문언은 무시되고 극단적으로 말하면 무엇을 위한 성문법령인지 알 수 없게 된다. 법령해석자는 설령 법관이라도 입법자와는 역시 다르기 때문에 성문법령을 해석하는 경우에 논리해석에는 항상 일정한 한계가 있음을 이해하고 있지 않으면 안 된다. 그리고 문리해석만으로는 타당한 결과를 얻을 수 없는 경우에 논리해석의 방법을 취해야 한다.

유권해석에는 입법해석, 사법해석, 행정해석이 있다. **입법해석**이란 동일한 법률 중에 법의 '해석규정'을 두는 경우를 말한다. 민법 제98조가 "본법에서 물건이라 함은 유체물 및 전기 기타 관리할 수 있는 자연력을 말한다."고 규정하고 있는 것도 입법해석의 예에 해당한다. **사법**(**재판**)**해석**은 법원이 구체적 사건에 관하여 판결의 형식으로 하는 해석을 말한다. 우리가 흔히 판례라고 부르는 것으로 법률생활과 실무에서는 사실상 구속력을 가지고 있어 법해석의 중요한 전거가 된다. **행정해석**이란 행정관청이 법을 집행하면서 또는 상급관청이 하급관청에 대하여 훈령·지령 등을 내리면서 법을 해석하는 것을 말한다. 행정관청의 해석은 최종적 구속력은 없으나 같은 계통의 하급관청에 대하여는 사실상 구속력이 있다.

제2장

헌법

제2장 헌법

헌법의 구조를 대략적으로 정리하면 다음과 같이 구성할 수 있을 것이다. 법학입문의 헌법부분에서 이를 다 다루는 것은 가능하지 않으므로 다음에서는 헌법총론의 헌법의 개념적 기초·기본원리·기본제도의 일부 내용과 기본권론에서 기본권총론의 일부 내용을 다루고자 한다.

헌법총론	기본권론	국가조직론
• 개념적 기초 헌법의 의의, 헌법의 제정 · 개정 · 해석, 헌정사 • 기본원리 민주주의, 법치주의, 사회국가원리 • 기본제도 정당제도, 선거제도, 지방자치제도, 공무원제도	• 총론 주체, 객체(효력), 내용확정(한계, 제한) 침해 시 구제 • 각론: 개별 기본권 인간의 존엄, 행복추구권 평등권, 자유권(정신적 · 경제적), 참정권, 사회권, 청구권 • 각론: 기본의무	• 권력분립 • 정부형태 • 국가기능 입법 · 집행 · 사법기능 • 국가기관 입법기관: 국회 집행기관: 정부(대통령) 사법기관: 법원, 헌법재판소

헌법의 구성원리 | 헌법의 목적: 기본권 | 헌법의 수단: 국가권력

제 1 절 헌법의 개념적 기초

I _ 헌법의 의의, 특성, 분류

1. 의의

헌법이란 한 국가의 최고법 또는 기본법으로서, 국가 내의 모든 영역에 영향을 미치는 국가공동체 내에서 최종적인 법적 효력을 갖는 규범을 말한다.[1] 헌법은 국가공동체의 법적 기본질서인 만큼, 국가공동체 내의 전체적인 삶을 규율하는 가장 기본적인 가치와 목적(기본권)을 규율하고, 해당 가치와 목적(기본권)을 실현시키기 위한 조건으로서 국가기관의 구성과 활동을 규율한다.

2. 특성

국가공동체의 최고법인 만큼, 헌법은 다른 법규범과 구별되는 헌법만의 특성을 갖는다. 크게 세 가지로 대별될 수 있는 헌법의 특성은 헌법의 우위성·최고성, 헌법의 추상성·개방성, 헌법의 자기보장성이다.

(1) 우위성·최고성

헌법의 우위성·최고성이란 헌법이 국가질서 내 다른 법규범에 앞선 효력을 갖는다는 의미이다. 국가의 법질서가 '헌법을 최고법규로 하여 그 가치질서에 의하여 지배되는 통일체를 형성'할 경우, '해당 통일체 내에서 상위규범은 하위규범의 효력근거가 되는 동시에 해석근거가 되는 것'이므로, 헌법은 법률에 대하여 형식적인 효력의 근거가 될 뿐만 아니라 내용적인 합치에 대한 해석근거로 작용하게 된다.[2]

---

1) 장영수, 헌법학, 홍문사, 2022, 10쪽.
2) 헌재결 1989. 7. 21. 89헌마38.

(2) 추상성 · 개방성

헌법의 추상성·개방성이란 헌법의 형식적인 측면에서 다른 법규범과 구별되는 특징이다. 예컨대 우리 헌법은 헌법전문과 함께 총 130개의 조문으로 이루어져 있는데, 이 조문으로 국가질서 전체를 관장·규율해야 하며, 현재 하고 있다. 모든 생활영역의 세세한 부분까지 헌법에 규정하는 것은 불가능하며 타당하지도 않기에, 헌법은 공동체의 많은 영역에 대해 추상적인 원칙만을 규정하고 하위 법령의 구체화에 상당히 폭넓은 재량을 부여하고 있다. 탄력적인 규범형성의 가능성으로 설명될 수 있는 이러한 헌법의 추상성·개방성으로 인해, 헌법은 헌법규범의 변화(헌법의 개정 및 제정) 없이도 변화한 헌법현실에 적용될 수 있는 가능성을 갖게 된다.

(3) 자기보장성

헌법의 자기보장성이란 헌법의 효력상의 특성으로, 이는 헌법의 우위성과 연결되는 특성이라고 할 수 있다. 헌법은 법규범의 체계 내에 모든 법규범에 앞서 존재하기에 다른 법규범의 정당성에 대한 근거가 될 수 있지만, 헌법 자체의 정당성의 근거를 판단하는 법규범은 존재하지 않게 된다. 헌법은 다른 법규범과는 달리 그 효력과 내용적 정당성을 국가권력에 의해 담보 받기 어렵기 때문에 그 정당성에 대해 스스로를 보장해야 하는데, 이를 헌법의 자기보장성이라 한다.[3] 이에 헌법 내에는 헌법이 스스로를 보장하기 위한 여러 기제들이 규정되어 있는데, 대표적인 기제 중 하나가 권력분립원리(국가권력의 분배)에 따른 국가권력의 오·남용 방지이다. 이는 어느 한 국가기관이 헌법을 무시할 수 없도록 상호통제의 장치를 마련한 것이라고 할 수 있다.

3. 분류

헌법은 여러 기준에 따라 다양한 유형으로 분류될 수 있다.

3) 장영수, 헌법학, 홍문사, 2022, 40쪽.

(1) 성문(成文)헌법과 불문(不文)헌법

성문헌법과 불문헌법은 헌법이 성문의 헌법전의 형태로 존재하는지의 여부에 따른 분류이다. 성문헌법 국가에서도 불문의 관습헌법이 존재할 가능성은 존재하며, 우리 헌법의 경우 헌법재판소에 의해 '수도가 서울이라는 것'이 관습헌법이라고 결정된 바 있다.[4)]

헌법재판소 결정에 따르면, 관습헌법이 성립하기 위해서는 "첫째, 기본적 헌법사항에 관하여 어떠한 관행 내지 관례가 존재하고, 둘째, 그 관행은 국민이 그 존재를 인식하고 사라지지 않을 관행이라고 인정할 만큼 충분한 기간 동안 반복 내지 계속되어야 하며(반복·계속성), 셋째, 관행은 지속성을 가져야 하는 것으로서 그 중간에 반대되는 관행이 이루어져서는 아니 되고(항상성), 넷째, 관행은 여러 가지 해석이 가능할 정도로 모호한 것이 아닌 명확한 내용을 가진 것이어야 한다(명료성). 또한 다섯째, 이러한 관행이 헌법관습으로서 국민들의 승인 내지 확신 또는 폭넓은 컨센서스를 얻어 국민이 강제력을 가진다고 믿고 있어야 한다(국민적 합의)."고 한다.

(2) 형식적 의미의 헌법과 실질적 의미의 헌법

형식적 의미의 헌법과 실질적 의미의 헌법은 헌법의 규율형식(규율내용)에 따른 분류이다. 형식적 의미의 헌법이란 헌법전의 형식을 취하고 있는 법규범을 말한다. 일반적으로 국가권력과 관련되지 않아 헌법규범이라고 부르기 어려운 내용이라고 하더라도 그 국가의 특수한 사정에 의해 국민들의 합의에 기초하여 헌법전에 규정되었다면 형식적 의미의 헌법이라고 할 수 있다. 과거 스위스 헌법에서의 도살조항(미리 마취하지 않고는 도살하지 못하도록 하는 조항)이 그 대표적인 예라고 할 수 있다.

반면 실질적 의미의 헌법이란 헌법전이라는 형식과 상관없이 국가질서의 기본구조에 관한 내용을 담고 있는 법규범을 말한다. 국가질서의 기본구조에 대한 내용이 성문의 헌법전의 형식으로 되어 있다면, 이는 실질적 의미의 헌법이자 형식적 의미의 헌법으로서 헌법으로서의 효력을 갖는다. 그러나 만약 국가질서의

4) 헌재결 2004. 10. 21. 2004헌마554.

기본구조에 대한 내용이 법률의 형식으로 규정되어 있다면, 이는 실질적 의미의 헌법이긴 하지만 그 형식이 법률이기에 법률적 효력을 갖는다. 예컨대 정당법과 공직선거법의 경우에는 실질적 의미의 헌법에 해당하지만, 법률의 형식으로 존재하기에 법률의 효력을 갖는다.

	형식적 의미의 헌법	실질적 의미의 헌법
존재형식	성문의 헌법전	성문의 헌법전, 법률, 기타 여러 규범의 형태로 존재 가능
내용	성문의 헌법전 내에 포함되기만 하면 내용 상관 없음	헌법적 규범에 해당되는 것으로 한정
효력	헌법으로서의 효력	존재형식에 따라 효력이 다름

성문헌법 국가의 경우에는 형식적 의미의 헌법과 실질적 의미의 헌법의 일치를 바람직하다고 생각할 수도 있다. 그러나 양자의 일치가 언제나 적합한 것은 아니다. 헌법전에 포함시키기 곤란하기 때문에 의도적으로 헌법전에서 배제하여 법률의 형식을 취해야 하는 내용도 존재할 수 있기 때문이다.[5] 예컨대 실질적 의미의 헌법으로 분류된 정당법이나 공직선거법을 성문의 헌법전에 규정할 경우, 그 내용을 개정할 때마다 항상 헌법개정의 방식을 취해야 하는데, 헌법개정의 중요성에 비추어보면 이는 타당하지 않다.

(3) 경성(硬性)헌법과 연성(軟性)헌법

경성헌법과 연성헌법은 헌법의 개정방법에 따른 분류이다. 경성헌법은 헌법의 개정방법이 일반 법률과는 다른 특별한 절차에 의해 이루어지는 헌법을 말하며, 연성헌법은 일반 법률과 동일한 방식으로 헌법의 개정이 이루어지는 헌법을 말한다. 대부분의 헌법은 경성헌법의 방식을 택하고 있는데, 이는 국가질서의 최고법인 헌법을 개정함으로써 발생될 수 있는 법적 안정성의 침해를 최소화하면서 헌법현실의 변화로 인해 요구되는 헌법개정의 필요성을 담보하기 위함이다.

5) 장영수, 헌법학, 홍문사, 2022, 44-45쪽.

Ⅱ _ 헌법의 과제

헌법이 국가공동체의 법적 기본질서로서의 역할을 수행하기 위해서 담당해야 할 과제는 크게 두 가지로 대별될 수 있다. 하나는 국가질서의 형성에 대한 것이고, 다른 하나는 그렇게 형성된 국가질서의 유지에 대한 것이다.

1. 국가질서의 동적(動的) 형성

국가질서의 동적(動的) 형성이란 '민주적 의사형성과정을 통해 국가질서를 형성하는 것'을 뜻한다.[6] 오늘날의 사회는 새로운 영역의 출현으로 인해 국가질서가 관장하는 영역이 계속적으로 확장되고 있고, 그 과정에서 해당 영역의 구체적인 내용들은 점차 세분화·전문화되고 있다. 이에 과거에는 존재하지 않았고 생각지도 못했던 여러 의견들이 국가공동체 내에 나타나게 되었으며, 그 의견들이 맺는 관계망도 매우 복잡다단하게 형성되었다.

오늘날의 사회가 이러한 다양한 의견 간의 갈등관계를 전제할 수밖에 없게 됨으로 인해, 국가질서의 형성에 있어서는 다양한 갈등관계를 조정하는 '민주적 의사형성과정'이 무엇보다 중요하게 대두되었다. 사회 내에 존재하는 갈등을 의견청취 및 설득 등의 과정을 통해 협의와 합의로 이끌어 나가는 것, 다시 말해 국가질서의 '동적(動的) 형성'의 의미가 더욱 중요하게 부각되기 시작한 것이다.

2. 국가질서의 정적(靜的) 유지

헌법의 과제가 국가질서의 동적 형성에만 그치게 된다면, 규범으로서의 헌법은 현실로서의 정치와 큰 차이점을 갖지 못하게 된다. 그러나 헌법은 민주적 의사형성과정을 통해 형성된 국가질서를 '법'이라는 규범의 형식을 통해 안정적으로 유지하는 역할을 수행한다는 점에서 정치와 구별된다.

그리고 국가질서가 계속적으로 형성되는 과정에 있다면 그 유동성으로 인해

6) 장영수, 헌법학, 홍문사, 2022, 37쪽.

헌법을 위시한 전체 국가질서는 안정성을 갖지 못하게 된다. 이에 헌법은 2차적 과제로, 일단 형성된 국가질서가 정당한 절차를 통해 다시 새롭게 형성되기 전까지 안정적인 상태로 유지되게 하는 역할을 수행한다.

Ⅲ_ 헌법의 제정·개정·해석

1. 헌법의 제정

헌법의 제정이란 일반적으로 성문의 헌법전(형식적 의미의 헌법)을 창조하는 작업을 말한다. 오늘날의 민주적 헌법국가에서 헌법을 제정하는 주체는 '국민'이다. 헌법제정권력이란 한 국가의 가장 기본적인 사항을 헌법의 형식으로 결정할 수 있는 권력을 말하며, 이러한 점으로 인해 헌법제정권력의 다른 의미는 '주권'이 된다.

주권은 대내적 최고성·대외적 독립성을 갖는 모든 국가권력의 근원으로서의 권력을 뜻한다. 이렇게 볼 때 주권과 헌법제정권력은 동일한 개념이지만, 발전과정에 있어서 각기 다른 맥락이 강조된 것이라고 볼 수 있다.7) 주권은 사실상의 국가권력과의 관계 및 그 정당성의 의미에, 헌법제정권력은 헌법의 제정이라는 구체적 행위를 중심으로 한 정당성에 의미에 초점을 두고 발전해 온 개념이라고 할 수 있다.

헌법제정권력과 주권의 이러한 관계성으로 인해 헌법제정권력이 가진 시원성, 자율성, 항구성, 불가분성·불가양성은 헌법제정권력의 성질이자 주권의 성질로 설명된다.8)

---

7) 장영수, 헌법학, 홍문사, 2022, 48쪽.

8) 헌법제정권력(주권)의 시원성은 헌법제정권력이 다른 국가권력으로부터 파생된 것이 아니라 그 자체가 출발점이 된다는 것으로, 주권의 대내적 최고성과 맞닿아 있으며, 헌법의 특성인 최고성 또는 우위성과 연결되는 성질이다. 두 번째로 자율성은 헌법제정권력은 다른 권위나 규범에 의해 통제되지 않고 스스로 결정된다는 것으로, 이는 헌법제정권력자인 국민이 주권자로서 모든 국가권력의 근원이 되기 때문이다. 따라서 헌법은 특별한 제정방식이 정해져 있지 않으며, 주권자인 국민은 자신들이 원하는 방식으로 헌법을 제정할 수 있다. 그리고 이런 '방식의 정해짐 여부'는

2. 헌법의 개정

(1) 의의

헌법의 개정은 헌법의 제정을 전제로 하여 그 틀 안에서 이루어지는 것이다. 이는 헌법의 개정이 만들어진 헌법을 전제로 한다는 것 이상의 의미로, 헌법의 개정이 헌법제정권력자가 만든 범위 안에서 이루어진다는 것을 의미한다.

헌법개정은 '기존의 헌법과의 기본적 동일성을 유지하는 가운데 헌법에 규정된 절차에 따라 헌법의 일부조항을 의식적으로 수정·삭제 또는 보충함으로써 헌법의 형식이나 내용에 변경을 가져오는 행위'를 뜻한다.9)

'기존의 헌법과 기본적 동일성을 유지한다.'는 의미는 헌법제정에 의해 만들어진 기본틀이 유지되어야 함을 뜻한다. 여기서 기본틀이라 함은 헌법의 기본이념과 원리·핵심적 제도·정부형태 등을 의미하는 것으로, 기존 헌법과의 기본적 동일성의 유지 여부는 공화국을 나누는 기준이 된다는 점에서 의미를 갖는다. 예컨대 헌법개정의 형태로 이루어진 헌법개정이 실질적 의미의 헌법제정이 될 경우, 이는 공화국 변경의 기점이 되는데 그 기준점이 되는 것이 기존 헌법과의 동일성 유지 여부인 것이다.10)

헌법개정과 헌법제정의 차이점이 되기도 한다. 세 번째로 항구성은 현재의 헌법은 새로운 헌법이 제정되기 전까지 항구적으로 효력을 주장할 수 있다는 의미이며, 마지막으로 불가분성·불가양성은 헌법제정권력은 나눌 수 없고 이를 다른 이에게 양도할 수 없다는 것을 뜻한다.

9) 장영수, 헌법학, 홍문사, 2022, 63쪽.

10) 헌정사상 우리 헌법은 총 9번의 개정절차를 거쳤다. 그러나 공화국의 변경은 총 5번으로 설명된다.
1948년 제헌헌법에서부터 1952년 제1차 개정헌법을 거쳐 1954년 제2차 개정헌법에 이르기까지를 제1공화국으로 본다. 이는 제헌헌법 당시 대통령제의 정부형태가 계속적으로 이어져오며 기본적 동일성이 유지되었기 때문이다.
그러나 1960년 제3차 개정헌법으로 제헌 당시 규정되었던 대통령제의 정부형태가 의원내각제로 변경되었다. 정부형태는 입법권과 집행권의 결합형태와 관련된 것이다. 그러므로 정부형태의 변경은 입법권과 집행권 사이의 관계의 변화를 의미하는 것이 되며, 이는 기존 헌법과의 기본적 동일성의 단절로 해석된다. 이에 의원내각제 정부형태로의 변경을 규정하는 제3차 개정헌법은 개헌의 형식을 취하였지만 실질적인 헌법제정으로 해석되며, 제2공화국으로의 변경을 이끌어 내었다. 제2공화국에서 제3공화국으로의 변경도 정부형태의 변경을 주된 내용으로 하는데, 1962년 제5차 개정헌법은 제4차 개정헌법까지 의원내각제로 규정되었던 정부형태를 다시 대통령제로 변경하였으며, 제5차 개정헌법으로 인해 제3공화국이 시작되었다.
제3공화국에서 제4공화국으로의 변경은 정부형태의 변경이 아닌 헌법의 기본적 가치에 대한

'헌법에 규정된 절차에 따라'의 의미는 헌법제정의 틀 안에서 헌법개정이 이루어짐을 의미하는 것이다. 헌법제정은 주권자인 국민의 의사에 따라 형성되는 것이므로 정해진 형식이나 방식이 없지만, 헌법개정은 헌법이 제정한 개정의 형식이나 방식에 따라야 하기 때문이다.

'의식적으로 헌법의 일부 조항을 수정·삭제·보충함으로써'에서 '수정·삭제·보충'은 헌법개정의 가능한 양태를 의미하는 것이다. 그리고 '의식적으로'라는 의미는 헌법해석인 헌법변천과 헌법개정을 구별해 주는 개념적 지표로서의 의미를 갖는다. 헌법변천은 헌법해석이 변화한 것을 뜻하는 것으로, 헌법개정 절차에 따른 헌법 조문 자체의 변화는 없지만 헌법의 의미 내용(헌법의 해석 내용)이 실질적으로 변화되는 것을 뜻한다. 이에 '의식적으로'라는 의미는 헌법개정은 헌법조문의 변화가 있음과 함께 그 의미내용이 명확하게 의도적으로 변화되었음을 나타내는 것이다.

마지막으로 '헌법의 형식이나 내용에 변경을 가져오는 행위'라는 의미는 헌법개정의 결과를 뜻한다. 형식의 변화도 헌법개정이기에 내용의 변화 없이 헌법 조문의 순서만을 바꾸는 행위도 헌법개정에 해당하며, 이러한 개정도 헌법이 정한 요건과 절차에 따라야 한다.

(2) 절차

현행 헌법상 헌법개정절차는 헌법 제128조 내지 제130조에 규정되어 있다.[11)]

파훼로서 설명될 수 있다. 유신헌법 제정이라고 불리는 1972년 제7차 개정헌법은 우리 헌정사상 씻을 수 없는 독재헌법으로의 과오를 남겼으며, 당시의 헌법은 국민의 기본권보장이 아닌 오·남용된 국가권력의 정당성 확보의 수단으로 전락하였다는 점에서 장식적(裝飾的) 헌법으로 설명되기도 한다.

1980년 제8차 개정헌법은 유신헌법의 청산이라는 측면에서 기본적 동일성이 유지되지 못한다고 판단되어 제5공화국의 시작이 되었다. 그 후 현행 헌법인 1987년 제9차 개정헌법은 민주화운동을 바탕으로 한 군부정권의 청산으로서 해석되며 제6공화국의 시작이 되었다. 현행 헌법인 제9차 개정헌법은 제3공화국에서 단절되었던 대통령 직선제의 부활과 국회의 권한강화를 주된 내용으로 하고 있다는 점에서, 국민의 합의에 기초한 헌법개정으로 평가되고 있다.

11) 제128조

① 헌법개정은 국회재적의원 과반수 또는 대통령의 발의로 제안된다.

② 대통령의 임기연장 또는 중임변경을 위한 헌법개정은 그 헌법개정 제안 당시의 대통령에 대하여는 효력이 없다.

헌법개정절차는 헌법개정안의 발의, 공고, 국회의 의결, 국민투표, 대통령의 공포의 순서로 진행된다.

헌법 제128조는 헌법개정안의 발의권자로 국회재적의원 과반수와 대통령을 규정하고 있다. 국회는 입법권자이자 국민의 일차적 대표자로서 국민의 의사를 수렴하는 지위에 있는 자이기에 헌법개정안의 발의권자로서의 지위를 인정하기에 큰 어려움이 없다. 더 나아가 헌법은 헌법개정안의 발의가 소수당의 정치적 공격의 수단으로 오·남용되는 것을 막기 위해 국회의원의 헌법개정안 발의에 재적의원 과반수를 요구하고 있다.

그러나 대통령에게 헌법개정안 발의권이 주어지는 것이 타당한지에 대해서는 비판적인 검토가 필요하다. 우선 대통령은 권력분립 내에서 행정부의 수반으로서 행정 및 집행의 영역을 담당하는 자이지 입법권자가 아니다. 헌법개정안의 발의는 행정 및 집행의 영역의 문제가 아니라는 점에서 대통령에게 헌법개정안의 발의권이 인정되는 것에 대해 신중하게 고려해 보아야 한다. 행정 및 집행의 영역의 문제가 아님에도 불구하고 대통령에게 권한이 부여되었다면 이는 행정부의 수반이 아니라 국가원수로서의 지위에서 해당 권한이 주어지는 것인데, 대통령의 국가원수로서의 권한은 형식적·의전적인 권한에 머무는 것이 권력분립원칙 내에서 타당하다는 점을 고려하면, 현행 헌법상 대통령에게 인정되는 헌법개정안의 발의권은 그 타당성이 인정되기 어려운 부분이 많다.

헌법은 제130조에서 국회의 의결을 거친 후 국민투표를 요구하고 있다. 이는 국회의 의결이 갖는 소수의견의 보호를 실현하기 위함이다. 만약 국회의결보다 국민투표를 먼저 거친다면 국민의 의견에 반하는 국회의결이 나올 가능성은 현실적으로

제129조
제안된 헌법개정안은 대통령이 20일 이상의 기간 이를 공고하여야 한다.
제130조
① 국회는 헌법개정안이 공고된 날로부터 60일 이내에 의결하여야 하며, 국회의 의결은 재적의원 3분의 2 이상의 찬성을 얻어야 한다.
② 헌법개정안은 국회가 의결한 후 30일 이내에 국민투표에 붙여 국회의원선거권자 과반수의 투표와 투표자 과반수의 찬성을 얻어야 한다.
③ 헌법개정안이 제2항의 찬성을 얻은 때에는 헌법개정은 확정되며, 대통령은 즉시 이를 공포하여야 한다.

없다는 점에서, 국회의 1/3의 소수가 헌법개정안을 발의할 수는 없어도 저지할 수 있도록 한 헌법 제130조 제1항의 규범적 의미를 무력화시키게 된다. 따라서 소수의견을 무시한 헌법개정안을 저지하고 헌법개정안이 정치적으로 오·남용되는 것을 방지하기 위해 현행 헌법은 국회의결에 재적의원 2/3 이상의 찬성을 요구하고 있다.

이러한 국회의결 이후 국민투표를 거치는 것은 국민이 국가질서의 최종결정권자인 주권자라는 점에서도 부합한다. 주권자인 국민은 헌법개정안에 대한 국민투표를 통해 해당 헌법개정에 대해 최종적으로 국민의 지지 내지 정당성을 부여한다. 그리고 이러한 국민의 최종적인 결정권으로서의 국민투표는 헌법개정안이 정치세력들의 담합에 의해 이루어졌을 경우 이를 저지하는 최후의 수단이 된다는 점에서도 그 의의를 갖는다.

3. 헌법의 해석

헌법의 해석이란 추상적인 헌법조문이 담고 있는 의미를 풀어 구체적인 사건 속에서 헌법을 적용하는 것을 의미한다. 헌법재판소도 "헌법의 해석은 헌법이 담고 추구하는 이상과 이념에 따른 역사적, 사회적 요구를 올바르게 수용하여 헌법적 방향을 제시하는 헌법의 창조적 기능을 수행하여 국민적 욕구와 의식에 알맞는 실질적 국민주권의 실현을 보장하는 것이어야 한다."라고 하여,[12] 헌법해석이 다양한 방향으로 이루어질 수 있음을 헌법의 창조적 기능수행으로 설명하고 있다.

헌법해석이 다양하게 이루어질 수 있는 것은 헌법의 형식이 가진 추상성·개방성 때문이다. 이로 인해 헌법해석에 있어서는 헌법해석의 의미와 내용이 서로 모순되지 않도록 하는 기준을 세우는 것이 중요한 과제가 된다.

헌법해석의 원칙으로 설명되는 것으로는 헌법의 통일성의 원칙, 실제적 조화의 원칙, 기능적정성의 원칙이 있다. 먼저 통일성의 원칙은 "헌법의 개별 요소들은 서로 관련되고 서로 의존하고 있기 때문에 헌법규범을 해석하는 경우에는 개별 헌법규범만을 고찰하여서는 안 되고 항상 전체적 관련성을 함께 고찰하여 모든 헌법규범이 다른 헌법규범과 상호모순되지 않도록 해석하여야 한다는 원칙"

12) 헌재결 1989. 9. 8. 88헌가6.

이다.[13] 이는 헌법규범이 법규범 전체에서 차지하고 있는 우위성 및 최고성을 고려하여, 헌법을 근본적인 중심으로 하는 통일된 규범체계가 형성되도록 헌법해석을 해야 함을 의미하는 것이다.

두 번째로 실제적 조화의 원칙은 "헌법을 해석함에 있어 헌법상 보호되는 법익 상호 간에 충돌이 생기는 경우에는 성급한 법익형량이나 추상적 이익형량에 의하여 양자택일적으로 하나의 법익만을 실현하고 다른 법익을 희생시켜서는 안 되고 관련되는 모든 법익들이 가장 잘 실현될 수 있도록 조화롭게 조정되어야 한다는 것"이다.[14] 이는 헌법이 실현하고자 하는 가치들을 정서(整序)함으로써 특정한 가치만을 우선하는 것이 아니라, 헌법 안에서 모든 가치가 조화롭게 규율될 수 있도록 해석해야 함을 의미한다.

마지막으로 기능적정성의 원칙은 헌법해석이 개별 국가기관에서 정한 기능의 분배를 변경시켜서는 안 된다는 의미로, 권력분립을 전제로 하여 국회(입법자)와 헌법재판소의 관계를 설명할 때 주로 논의되는 원칙이다. 예컨대 헌법재판소가 입법자의 입법형성의 자유를 축소하거나 헌법재판소가 스스로 입법의 구체적 방향을 제시하는 결정을 내리면서 실질적인 입법자처럼 행위하지 말 것을 요구하는 것이다.

제 2 절 헌법의 기본원리

Ⅰ _ 의의와 역할

헌법의 해석에 있어서 무엇보다 중요한 것은 헌법규정들이 상호모순적이지 않도록 하는 것이다. 헌법해석의 원칙으로서 통일성의 원칙이 제기능을 발휘하기 위해서는 모든 헌법 관련 사례들에 있어서 적용될 수 있는 공통의 기준 내지 지침을 정하여, 헌법이 해석될 수 있게 하는 것이 필요하다. 헌법의 기본원리는 이

13) 헌재결 2010. 2. 25. 2008헌가23.

14) 헌재결 2010. 2. 25. 2008헌가23.

러한 문제상황을 전제로 하여, 헌법의 모든 개별적 문제에 공통으로 적용될 수 있는 원리를 말한다.

헌법재판소도 이러한 헌법의 기본원리에 대해 "헌법의 이념적 기초인 동시에 헌법을 지배하는 지도원리로서 입법이나 정책결정의 방향을 제시하며 공무원을 비롯한 모든 국민·국가기관이 헌법을 존중하고 수호하도록 하는 지침이 되며, 구체적 기본권을 도출하는 근거로 될 수는 없으나 기본권의 해석 및 기본권제한입법의 합헌성 심사에 있어 해석기준의 하나로서 작용한다."고 하며,[15] 국가질서를 실질적으로 형성하고 유지하는 기준 내지 지침으로서 헌법원리를 설명하고 있다.[16]

헌법의 '기본'원리라고 하며 기본이라는 단어가 붙는다는 의미는 해당 원리가 헌법의 특정한 영역에 한정되지 않고 헌법의 다양한 영역에서 적용되면서 헌법의 전체 구조와 성격을 이해하는 데 영향을 미친다는 것을 의미한다.[17] 그런데 이 경우 무엇을 헌법의 '기본'원리라고 지칭할 수 있는지에 대해서는 견해대립이 존재한다. 헌법의 기본원리로 상정함에 있어서 비교적 합의가 이루어진 부분은 민주주의와 법치주의, 사회국가원리라고 할 수 있다.

Ⅱ_ 민주주의

1. 의의

헌법상 민주주의는 다양한 학제에서 사용되고 있는 개념이다. 그러나 헌법에서 말하는 민주주의란 구체적인 법적 판단 기준으로서 합헌과 위헌을 구별할 수 있는 기능을 수행하는 민주주의를 말한다.

이 경우 헌법에서 말하는 민주주의란 '자유와 평등에 기초한 국민의 자기지배의 정치질서'라고 개념정의 내릴 수 있을 것이다.[18] 평등과 자유의 가치를 실

15) 헌재결 1996. 4. 25. 92헌바47.

16) 장영수, 헌법학, 홍문사, 2022, 137쪽.

17) 장영수, 헌법학, 홍문사, 2022, 139쪽.

18) 장영수, 헌법학, 홍문사, 2022, 152쪽.

현하는 민주주의는 인간의 존엄이라는 헌법의 최고이념을 실현시키는 데 적합한 질서라고 해석된다. 민주주의는 모든 인간이 인격적 주체라는 점, 즉 개인의 인격적 평등을 전제로 한다는 점에서 평등의 가치와 연결되고, 그러한 인격적 주체인 개인이 가진 인격적 자율성, 즉 자신의 삶을 스스로 결정할 수 있다는 점을 보장한다는 점에서 자유의 가치와 연결되는 것이다.

민주주의가 자유와 평등의 가치를 전제하고 있다고 하여도 자유와 평등의 의미가 역사적 발전과정 내에서 계속 변화해 온 만큼, 민주주의의 구체적인 내용이 무엇인지에 대해 확정적으로 판단하는 것에는 많은 어려움이 존재한다. 이에 민주주의가 민주주의로서 남을 수 있게 하는 핵심적 징표 내지 어떠한 경우에도 민주주의로서의 동질성을 확인할 수 있게 해주는 본질이 무엇인지를 확인하는 것이 필요하게 된다.

해당 징표로서 많은 것들이 언급될 수 있겠지만, 국민주권, 대의제, 다수결, 다원주의, 자유민주적 기본질서가 민주주의를 설명하는 핵심적 징표로서 논의될 수 있을 것이다.19)

2. 국민주권

현행 헌법은 전문(前文)과 본문의 다수 규정에서 민주주의를 직간접적으로 규정하고 있다. 헌법 제1조와 헌법 제2조는 국민주권을 규정한 헌법규정이라고 해석할 수 있다.

---

19) 민주주의의 개념적 징표로 불리는 다섯가지의 관계를 개략적인 그림으로 표현하면 아래와 같이 설명될 수 있을 것이다.

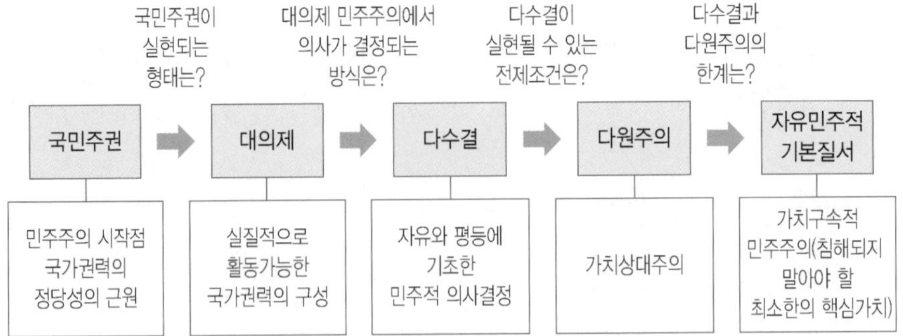

헌법 제1조 제1항은 '대한민국은 민주공화국이다.'라고 천명하고 있다. 민주국이라는 의미는 주권의 소재에 따른 국가형태로서 군주제를 부정한다는 의미이며, 공화국이라는 의미는 세습에 의한 권력을 주장하는 군주적 통치권력을 부정한다는 의미이다. 이에 헌법재판소도 헌법 제1조에 대해 "국민적 합의로 국가권력을 조직하고 그 국민의 기본권을 최대한 보장한다."라고 하며,[20] 국민의 합의에 의해 국가질서가 형성되는 공화국의 개념을 설명하고 있다.

그리고 헌법 제1조 제2항은 국민주권의 원리를 천명하고 있는데, "대한민국의 주권은 국민에게 있고, 모든 권력은 국민으로부터 나온다."는 의미에 대해 헌법재판소는 "일반적으로 어떤 실천적인 의미보다는 국가권력의 정당성이 국민에게 있고 모든 통치권력의 행사를 최후적으로 국민의 의사에 귀착시킬수 있어야 한다는 등 국가권력 내지 통치권을 정당화하는 원리로 이해"된다고 설명하고 있다.[21] 이에 따르면 오늘날의 국민주권 원리는 민주주의의 시작점이자, 국가질서의 정당성에 대한 근거 내지 기준으로서의 규범적 의미를 갖는다. 특히 주권자인 국민에 의해 국가권력이 창설된다는 의미는 주권자인 국민이 가진 주권으로부터 통치권으로서의 입법·집행·사법권이 파생된다는 의미로 해석된다는 점에서 의의를 갖는다.

3. 대의제 민주주의

국민 전체가 직접 국가질서를 형성하는 것을 직접 민주주의라고 하지만, 오늘날 직접 민주주의가 시행되는 것은 실질적으로 불가능하다. 주권자인 국민은 실질적으로 국가권력을 행사하는 주체가 아닌, 이념적·추상적 통일체로서 국가권력의 정당성의 근원으로서의 의미를 갖는다. 이에 오늘날의 민주주의는 활동력 있는 소수를 대표자로 구성하여 그들을 통해 국가질서를 형성하는 등 국가권력을 행사할 수 있도록 하는 간접 민주주의의 형태를 취하게 된다.

대의제 민주주의라고도 부르는 이러한 간접 민주주의는 '실질적으로 활동가

20) 헌재결 1989. 9. 8. 88헌가6.

21) 헌재결 2009. 3. 26. 2007헌마843.

능한 국가권력을 구성한다'는 규범적 의의를 갖는다. 헌법재판소도 이러한 대의제 민주주의에 대해 "국민주권주의는 국가권력의 민주적 정당성을 의미하는 것이기는 하나, 그렇다고 하여 국민전체가 직접 국가기관으로서 통치권을 행사하여야 한다는 것은 아니므로 주권의 소재와 통치권의 담당자가 언제나 같을 것을 요구하는 것이 아니고, 예외적으로 국민이 주권을 직접 행사하는 경우 이외에는 국민의 의사에 따라 통치권의 담당자가 정해짐으로써 국가권력의 행사도 궁극적으로 국민의 의사에 의하여 정당화될 것을 요구하는 것이다."라고 결정하며,[22] 국민주권의 실현형태로서 대의제 민주주의에 대해 설명하고 있다.

대의제 민주주의는 민주적 대표를 선출하여 그들에게 국가권력의 행사를 위임하는 것으로 원칙적으로 국민의사와 대표자의사의 불일치를 전제로 하여 실현된다. 국민의사와 대표자의 의사가 충돌할 경우, 우월성을 갖는 국민의사를 전제로 하여 대표기관에 대해 국민의 통제가 있을 수 있지만, 대표자는 자유위임원칙에 따라 구체적인 정치적 문제에 대해 국민의사에 의한 직접적인 구속을 받지 않고 대표자 스스로 판단과 결정을 할 수 있다.

그러므로 대의제 민주주의의 한계는 국민의사와 대표자의사의 극명한 괴리에 의하여 발생하게 된다. 이에 대의제 민주주의의 한계를 극복하기 위한 대안으로서 국민의 직접적 참여의 기회를 확대하는 방법과 대의기관의 활동력과 능률성을 제고하는 방법에 대한 논의가 지속적으로 이루어지고 있다.

4. 다수결

다수결은 민주적으로 의사를 결정하는 방식으로, 현행 헌법 제49조에 규정되어 있다. 다수결을 관통하는 핵심적 물음은 '왜 소수가 다수의 결정에 복종하고 따라야 하는가', '왜 다수의 의사가 국민 전체의 의사를 대변하는 것으로 이해되는가'에 있다.[23] 이는 다수결이 민주주의 내에서의 의사결정 방식이라는 점으로 인해, 민주주의가 실현하고자 하는 가치인 자유와 평등에 기반을 둔 의사결정

22) 헌재결 2009. 3. 26. 2007헌마843.
23) 장영수, 헌법학, 홍문사, 2022, 162쪽.

방식이기 때문이다.

다수결에 참여하는 모든 개인은 동등한 자격과 결정권을 갖고 해당 사안의 결정에 참여한다는 점에서 다수결은 평등의 가치에 근거를 둔 의사결정 방식으로 해석된다. 그리고 인격적 자율성을 가진 주체인 개개인 스스로가 해당 사안에 대해 자유롭게 결정(선택)하였다는 점에서 다수결은 자유의 가치와 연결된다. 그러므로 다수결은 국민의 자기지배가 보다 많이 실현될 수 있는 의사결정 방식이 된다. 다시 말해 결정에 참여한 A의 의견이 다수의 의견으로 채택되지 않았다고 하더라도 A는 의사결정 과정에서 자신의 자유와 평등이 실현되었기에, 그렇게 결정된 다수의 의견을 자신의 의견으로 받아들일 수 있게 되는 것이다.

이러한 다수와 소수의 관계를 전제로 했을 때, 다수결은 소수의 보호를 주요한 목적으로 하고 있는 의사결정 방식이라고 해석할 수 있다. 다수결은 소수에게 다수가 될 수 있는 실질적인 기회의 보장을 전제로 하여 실현되는 것이며, 다수의 형성 자체가 고착되지 않고 역동적인 과정 속에 존재할 것을 전제로 하여 실현되는 것이다. 이에 헌법재판소도 "의회민주주의의 기본원리의 하나인 다수결의 원리는 의사형성과정에서 소수파에게 토론에 참가하여 다수파의 견해를 비판하고 반대의견을 밝힐 수 있는 기회를 보장하여 다수파와 소수파가 공개적이고 합리적인 토론을 거쳐 다수의 의사로 결정한다는 데 그 정당성의 근거가 있는 것이다."라고 결정한 바 있다.[24)]

5. 다원주의

민주적 의사결정 방식으로서 다수결은 다양한 형태의 의견의 존재를 인정하는 데에서 출발한다. 다원주의는 다수결의 전제로서 다양한 가치관의 존재와 가치상대주의를 그 내용으로 한다. "민주주의 원리는 하나의 초월적 원리가 만물의 이치를 지배하는 절대적 세계관을 거부하고, 다양하고 복수적인 진리관을 인정하는 상대적 세계관(가치상대주의)을 받아들인다. 이 원리에서는 사회가 본질적으로 복수의 인간'들'로 구성되고 각 개인들의 생각은 서로 상이할 수밖에 없다고 보

24) 헌재결 2016. 5. 26. 2015헌라1.

므로, 결국 정견의 다양성은 민주주의의 당연한 전제가 된다."[25]는 헌법재판소의 설명은 다원주의적 가치관을 전제로 할 경우에야 비로소 올바른 정치적 의사형성과 그에 기반한 민주주의가 실현된다는 것을 의미하는 것이다.

6. 자유민주적 기본질서

민주적 의사결정 과정 내에서도 일정한 사항들은 다수결로도 부정할 수 없다. 다수와 소수의 구별 이전에 국가공동체가 존립하기 위한 조건으로서, 다수와 소수를 묶어주는 공동의 기초는 다수결로도 부정할 수 없는 것이다.[26] 같은 맥락에서 다원주의를 통한 가치상대주의를 인정한다고 하여도 부정할 수 없는 가치가 존재한다. 다원성을 실질적으로 가능케하는 공동의 기초에 대한 부정은 다원주의 내에서도 인정될 수 없는 것이다. 자유민주적 기본질서란 다수결로도, 다원주의로도 부정할 수 없는 민주주의의 근간을 이루는 핵심적 가치를 뜻한다.

자유민주적 기본질서의 내용으로 설명되는 것들은 민주주의의 최후의 보루로서, 해당 가치들을 부정할 경우 민주주의를 부정하는 것과 같은 결과가 초래되는 것을 의미한다. 그렇기 때문에 이를 민주주의가 적극적으로 실현해야 하는 가치로 해석하게 되면 민주주의가 오·남용될 소지가 크다. 그러므로 자유민주적 기본질서로 설명되는 것들은 민주주의의 실현을 위해 침해되어서는 안 될 최소한의 핵심적 요소로서 소극적으로 규정될 것이 요구된다.[27]

구체적으로 어떠한 내용들을 자유민주적 기본질서로 해석할 수 있는지에 대해 헌법재판소는 "우리 헌법은 자유민주적 기본질서의 보호를 그 최고의 가치로 인정하고 있고, 그 내용은 모든 폭력적 지배와 자의적 지배 즉 반국가단체의 일인독재 내지 일당독재를 배제하고 다수의 의사에 의한 국민의 자치, 자유·평등의 기본원칙에 의한 법치주의적 통치질서를 말한다. 구체적으로는 기본적 인권의 존중, 권력분립, 의회제도, 복수정당제도, 선거제도, 사유재산과 시장경제를 골간으로 한 경

---

25) 헌재결 2014. 12. 19. 2013헌다1.
26) 장영수, 헌법학, 홍문사, 2022, 164쪽.
27) 장영수, 헌법학, 홍문사, 2022, 173쪽.

제질서 및 사법권의 독립 등을 의미한다."라고 결정한 바 있다.[28)]

Ⅲ_ 법치주의

1. 의의

헌법의 기본원리로서 민주주의가 헌법의 과제 중 하나인 국가질서의 동적 형성과 주요하게 관련된 것이라면, 법치주의는 국가질서의 정적 유지와 관련된 것이라고 해석할 수 있다.

문언적으로 법치주의는 '법이라는 객관적인 제도를 통한 통치'를 의미한다. 이는 규범적으로 '국가권력의 행사를 법에 근거하게 함으로써, 국가기관의 자의적인 권력행사(오·남용)를 방지'함을 목적으로 하는 것을 의미한다.

법치주의는 영국의 법의 지배, 미국의 적법절차원칙, 독일의 법치국가 사상 등 각국에서 다양한 모습으로 발전되어 왔는데, 나치에 대한 반성을 겪으면서 법치주의는 형식적 의미의 법치주의에서 실질적 의미의 법치주의로 나아가게 되었다. 형식적 의미의 법치주의란 국가작용의 근거규범은 의회가 제정한 법률이면 충분하다는 것으로 그 내용의 정당성 여부는 불문하는 것을 말한다. 이에 반해 실질적 의미의 법치주의는 형식적 의미의 법치주의에 더하여 내용적으로도 정당한 법을 추구하는 것을 뜻한다.

민주주의와는 다르게 현행 헌법에서 법치주의를 직접 선언하고 있는 규정은 존재하지 않는다. 그러나 명시적 선언이 없더라도 우리 헌법은 실질적 의미의 법치주의를 전제하고 있으며, 이에 헌법재판소도 "오늘날의 법치주의는 국민의 권리·의무에 관한 사항을 법률로써 정해야 한다는 형식적 법치주의에 그치는 것이 아니라 그 법률의 목적과 내용 또한 기본권보장의 헌법이념에 부합되어야 한다는 실질적 적법절차를 요구하는 법치주의를 의미하며"라고 결정한 바 있다.[29)]

---

28) 헌재결 2001. 9. 27. 2000헌마238.

29) 헌재결 1994. 6. 30. 93헌바9.

2. 법의 이념

형식적 의미의 법치주의에서 실질적 의미의 법치주의로의 발전은 오늘날 현행 헌법이 달성하고자 하는 국가질서가 형식적 요소와 실질적 요소, 절차적 요소와 내용적 요소가 결합된 형태라는 것을 의미한다. 그리고 이러한 요소의 결합은 법의 이념으로서의 법적 안정성과 정의의 관계로도 설명될 수 있다.

(1) 법적 안정성과 정의

법적 안정성이란 법의 형식적 기능과 효력 및 계속성에 대한 신뢰를 의미하는 것으로, 법치주의 하에서 이는 국가활동에 대한 사전적인 예측가능성을 의미한다.

헌법재판소는 이러한 법적 안정성에 대해 "법적 안정성은 객관적 요소로서 법질서의 신뢰성·항구성·법적 투명성과 법적 평화를 의미하고, 이와 내적인 상호연관관계에 있는 법적 안정성의 주관적 측면은 한번 제정된 법규범은 원칙적으로 존속력을 갖고 자신의 행위기준으로 작용하리라는 개인의 신뢰보호원칙이다."라고 설명하고 있다.[30] 해당 결정에서 객관적 요소는 국가질서 전체의 측면에서 설명되는 법적 안정성이 갖는 의미를 지칭하는 것이고, 주관적 요소는 개인의 권리구제 측면에서 설명되는 법적 안정성의 의미를 지칭하는 것이다.

법의 이념으로서 정의는 내용적으로 정당한 법을 의미하는 것이며, 이는 궁극적으로 '정의가 무엇인가'라는 대전제와 연결되는 것이다. 하지만 무엇이 정의인지에 대해서는 일의적으로 개념정의 내리기 어렵다. 보편타당한 절대적 정의가 존재할 리 없으며, 각 시대마다 통용되는 정의관념이 다르기 때문이다. 이에 정의의 문제는 실체적 정의의 관념보다 합리적 절차를 통한 정의의 확인과 실현이라는 절차적 정의의 문제에 큰 비중을 두게 된다.[31]

(2) 법적 안정성과 정의의 관계의 구체화로서 소급입법금지원칙

법의 이념으로서 법적 안정성과 정의는 경우에 따라서 그 충돌이 문제될 수

30) 헌재결 1996. 2. 16. 96헌가2.

31) 장영수, 헌법학, 홍문사, 2022, 195쪽.

있다. 합리적인 절차를 통해 정의의 실현이 확보된 경우라면, 양자의 충돌은 진정한 의미에서의 충돌이라고 볼 수 없다. 이는 합리적인 절차를 통해 법적 안정성의 침해를 최소화하면서 내용적으로 정당한 법을 확보할 수 있기 때문이다. 문제는 합리적인 절차를 통한 정의의 실현이 확보되지 않은 경우이다. 이 경우 정의를 부정하는 법적 안정성은 궁극적으로 그 존립이 어렵기 때문에 장기적으로는 정의의 실현으로 나아가야 할 것이다. 하지만 경우에 따라서는 단기적으로 이익형량을 통해 정의와 법적 안정성 중 어느 하나를 선택하는 경우도 존재할 수 있을 것이다.

법적 안정성과 정의의 관계에 대한 내용은 현행 헌법상 위헌을 판단하는 기준인 소급입법금지원칙, 신뢰보호원칙 등의 형태로 구체화되어 설명된다. 예컨대 우리 헌법은 과거의 사실관계 또는 법률관계를 규율하는 소급입법을 이미 과거에 완성된 사실·법률관계를 규율하는 진정소급입법과 이미 과거에 시작하였으나 아직 완성되지 않고 진행관계에 있는 사실·법률관계를 규율하는 부진정소급입법으로 구분하여 규율하고 있다.[32] 이와 관련하여 현행 헌법은 이미 완성된 사실·법률관계를 규율하는 진정소급입법을 원칙적으로 불허하며 법적 안정성에 대한 국민의 신뢰를 보호하지만, 특별한 사정이 있는 경우에는 예외적으로 진정소급입법을 허용하여 정의에 대한 요청도 충족하려고 한다. 헌법재판소는 진정소급입법이 허용되는 예외적인 경우로 '국민이 소급입법을 예상할 수 있었던 경우, 법적 상태가 불확실하고 혼란스러웠거나 하여 보호할 만한 신뢰의 이익이 적은 경우, 소급입법에 의한 당사자의 손실이 없거나 아주 경미한 경우, 신뢰보호의 요청에 우선하는 심히 중대한 공익상의 사유가 소급입법을 정당화하는 경우'[33]를 들고 있다. 이는 모두 법적 안정성과 정의의 충돌상황에서 정의의 요청이 더 크게 요구되는 경우를 설명하는 것이라고 해석할 수 있다.

(3) 합목적성과 그 구체화로서 비례원칙

법의 이념으로서 합목적성은 법의 목적을 달성하기 위해 사용한 수단이 합

---

32) 헌재결 2002. 11. 28. 2000헌바45.

33) 헌재결 1996. 2. 15. 96헌가62.

당한지에 대한 판단으로, 목적과 수단 사이에 적용되는 원칙이다. 헌법의 궁극적인 목적은 국민의 기본권보장이고 그 수단은 언제나 국가권력이라는 점에서, 현행 헌법에서의 합목적성은 '비례원칙'의 형식으로 구체화되어 나타난다. 즉, 기본권을 제한하는 국가권력의 행사가 적합한 범위 내에 있는지를 판단하는 비례원칙이 합목적성으로 설명되는 것이다.

비례의 원칙은 적합성의 원칙, 필요성의 원칙, 협의의 비례성의 원칙으로 구성된다. 적합성의 원칙과 필요성의 원칙은 목적달성을 위해 존재하는 수많은 수단들 가운데 가장 적합한 수단과 피해가 최소화되는 수단을 선택하는 것을 말한다. 협의의 비례성의 원칙은 적합성의 원칙과 필요성의 원칙을 모두 충족한 그 특정한 수단과 목적의 관계를 다시 한번 더 판단하는 것이다. 이에 협의의 비례성 원칙은 비례성 안의 비례성이라고 불리기도 한다.

Ⅳ _ 사회국가원리

1. 의의

헌법의 기본원리로서 민주주의와 법치주의가 1차적 헌법원리라고 한다면, 사회국가원리는 민주주의와 법치주의의 토대 위에 형성되는 헌법원리라는 점에서 2차적 헌법원리라고 불리기도 한다. 사회국가원리는 민주주의·법치주의와 같은 차원에서 논의되는 헌법원리라기보다는, 이들을 보충·보완하여 민주적 법치국가의 구체적 발정방향을 가리키는 원리로 이해되어야 한다.[34]

사회국가원리는 실질적 의미의 법치주의인 내용적으로 정당한 법의 실현과 관계된다. 사회국가원리는 20세기 이후 새롭게 강조된 것으로, 이는 정의개념이 개인적 정의에서 사회적 정의로 확장된 것과 관련이 깊다. 사회적 정의란 연대성의 관점에서 정의를 판단하며 사회적·경제적 약자에 대한 특별한 배려를 내용으로 하는데, 이 부분이 실질적 자유와 실질적 평등의 실현이라는 실질적 법치주의

34) 장영수, 헌법학, 홍문사, 2022, 217쪽.

의 이념과 맞닿게 되는 것이다.

사회적·경제적 약자에 대한 배려라는 측면에서 사회국가원리는 사회윤리적 측면에서 논의되기도 하지만, 헌법에서 말하는 사회국가원리는 규범적 차원에서 논의되는 것이므로 단순한 사회윤리적 논의를 넘어선 법적 요청을 요구하는 것이다. 따라서 이는 인간다운 생활을 위한 최소한의 조건의 확보, 사회적 평등, 사회보장의 확대 등을 내용으로 한다.

헌법재판소도 사회국가원리를 실현하는 사회국가에 대해 "사회정의의 이념을 헌법에 수용한 국가, 사회현상에 대하여 방관적인 국가가 아니라 경제·사회·문화의 모든 영역에서 정의로운 사회질서의 형성을 위하여 사회현상에 관여하고 간섭하고 분배하고 조정하는 국가이며, 궁극적으로는 국민 각자가 실제로 자유를 행사할 수 있는 그 실질적 조건을 마련해 줄 의무가 있는 국가"라고 설명하며,[35] 사회국가원리가 실질적 자유와 평등을 실현하기 위한 일정한 조건을 국가에 요구하는 원리라는 점을 강조하고 있다.

2. 한계

사회국가원리는 이념적 한계와 현실적 한계를 갖는다. 이념적 한계는 사회국가원리가 헌법의 2차적 원리라는 점에 근거한 것으로 사회국가원리가 보충적 수단으로만 해석되어야 한다는 것이다. 여기서의 보충성이란 사회국가원리는 개인적 문제해결이나 활동이 곤란한 경우에 비로소 인정되어야 한다는 당위성을 의미한다. 그렇기에 사회국가원리는 개인의 자율성을 침해하면서까지 실질적 자유와 평등의 실현 조건을 형성해 줄 것을 요구할 수 있는 원리라고 해석되지 않는다.

그리고 사회국가원리의 현실적 한계란 그것이 국가의 재정적·경제적 뒷받침을 전제로 하여 실현되는 원리라는 점에 근거한다. 따라서 사회국가원리는 그것의 실현에 있어서 국가재정을 고려해야 하며, 실질적 조건을 형성해야 하는 범위를 구체적으로 특정해야 할 당위성과 필요성을 요구받는다.

35) 헌재결 2002. 12. 18. 2002헌마52.

3. 구체화

(1) 재산권의 사회적 구속성과 사회권

사회국가원리의 구체화로서 우선적으로 고려해 볼 수 있는 것은 사회국가원리를 실현하는 기본권의 모습이다. 현행 헌법상 이는 재산권의 사회적 구속성과 사회권 등의 형태로 구체화된다.

재산권의 사회적 구속성에 대해 헌법 제23조 제2항은 “재산권의 행사는 공공복리에 적합하도록 해야 한다.”라고 규정하며, 재산권의 상대화를 인정하고 있다. 이에 헌법재판소도 “재산권 행사의 대상이 되는 객체가 지닌 사회적인 연관성과 사회적 기능이 크면 클수록 입법자에 의한 보다 광범위한 제한이 허용되고”라고 하며,[36] 경제적 약자의 보호를 위해 재산권에 대한 국가적 개입을 불가피하게 허용하고 있다.

이러한 재산권의 사회적 구속성 외에도 현행 헌법은 제34조 인간다운 생활을 할 권리, 제31조 교육권, 제32조 근로권, 제33조 근로3권, 제36조 제1항 혼인과 가족생활의 보호 등을 사회국가원리를 구체화하는 사회권으로 규정하고 있다.

(2) 사회적 시장경제질서

현행 헌법상 사회국가원리는 헌법 제119조의 사회적 시장경제질서에 대한 규정으로도 구체화된다. 헌법 제119조 제1항은 개인과 기업의 자유와 창의의 존중을 기본으로 한다고 규정하고 있고, 제2항은 경제에 관한 규제와 조정을 할 수 있다고 규정하고 있다. 헌법 제119조 제1항은 사유재산제도·사적 자치의 원칙·과실책임의 원칙을 기초로 하는 자유시장 경제질서를 선언하는 것이고, 제2항은 자유시장 경제질서 내에 사회국가원리를 수용하여 실질적 자유와 평등을 실현하고자 함을 선언하는 것이다.[37] 이러한 조문의 구성은 사회국가원리가 개인의 자율성을 침해하지 않는 범위 내에서 인정되는 것이라는 점과도 맞닿아 있다. 헌법재판소도 이에 대해 “국가는 예외적으로 꼭 필요한 경우에 한하여 이를 보충하는 정도로만

36) 헌재결 2006. 7. 27. 2003헌바18.

37) 헌재결 1996. 4. 25. 92헌바47.

개입할 수 있고, 이러한 헌법상의 보충의 원리가 국민의 경제생활영역에도 적용됨은 물론이므로 사적자치의 존중이 자유민주주의 국가에서 극히 존중되어야 할 대원칙임은 부인할 수 없다."라고 하여,[38] 국가개입의 보충성원칙을 천명하고 있다.

제 3 절 헌법의 기본제도

헌법의 기본제도란 헌법질서의 형성에 중요한 역할을 하는 몇 가지 중심적 제도들 뜻한다. 현행 헌법상 일정한 제도는 그 보장이 헌법적 차원에서 이루어지고 있는데, 이는 해당 제도가 기본권은 아니지만 -기본권과 비견될 만큼- 국민의 생활과 국가질서 형성에 있어서 중요한 역할을 담당하고 있기 때문이다. 현행 헌법 내에서 헌법질서의 전체적 구조에 영향을 미칠 수 있을 정도의 파급력을 가진 기본제도로 논의되고 있는 것으로는 정당제도, 선거제도, 지방자치제도 등이 있다.

Ⅰ_ 정당제도

1. 정당의 의의와 기능

정당은 국민의 이익을 위해 책임 있는 정치적 주장이나 정책을 추진하고 공직선거의 후보자를 추천 또는 지지함으로써 국민의 정치적 의사형성에 참여함을 목적으로 하는 국민의 자발적 조직을 뜻한다.[39]

정당의 헌법적 기능 중 가장 주요한 것은 국민의사와 국가의사를 연결하는 교량역할에 대한 것이다. 정당은 선거기간 외의 시기에 있어서 국민과 국가기관을 연결하여, 국민의 의사가 국가질서형성에 지속적으로 반영될 수 있도록 하는 중개적 기능을 수행한다. 중개자로서의 정당의 역할에 대해 헌법재판소도 "정당

---

38) 헌재결 1989. 12. 22. 88헌가13.

39) 정당법 제2조.

은 정치적 결사로서 국민의 정치적 의사를 적극적으로 형성하고 각계 각층의 이익을 대변하며, 정부를 비판하고 정책적 대안을 제시할 뿐만 아니라, 국민 일반이 정치나 국가작용에 영향력을 행사하는 매개체의 역할을 수행하는 등 현대의 대의제 민주주의에 없어서는 안될 중요한 공적기능을 수행하고 있다."고 결정한 바 있다.40)

그리고 대의제 민주주의 하에서 정당은 정치지도자의 발굴·훈련·양성하는 기능을 함과 더불어, 여당과 야당 간의 권력분립이라는 역할을 수행하기도 한다. 정당을 통한 이러한 권력분립은 오늘날 그 의미가 중요하게 대두되고 있다.

2. 헌법 제8조의 구조

헌법상 정당제도는 헌법 제8조에 규정되어 있다. 헌법 제8조 제1항이 정당의 자유로운 설립에 대한 내용을 규정하고 있다면, 제2항과 제3항은 정당의 활동으로서 당내민주주의와 정당재정의 합리적 조달에 대한 내용을 규정하고 있다. 마지막으로 제4항은 정당의 소멸 중 강제해산인 위헌정당해산제도에 대해 규정하고 있다.

(1) 정당의 설립과 활동의 자유

정당의 설립, 활동, 소멸로서 구체화될 수 있는 정당제도의 구성은 필연적으로 선거제도와 관련성을 맺을 수밖에 없다. 헌법 제8조 제1항은 정당의 자유로운 설립을 규정하며 복수정당제를 보장하고 있다. 복수정당제의 보장은 국민의 다양한 의사를 대변하는 다수의 정당이 존재하며 언제든 출현가능하다는 점을 의미하는데, 이는 선거제도에 있어서 후보자 및 정당에 대한 국민의 다양한 선택가능성의 확보와도 연결된다.

헌법 제8조 제1항이 보장하는 정당의 자유는 국민이 개인적으로 갖는 기본권이자 단체로서의 정당이 가지는 기본권으로서,41) 정당의 설립·조직·활동 등

40) 헌재결 1996. 8. 29. 96헌마99.

41) 헌재결 2004. 12. 16. 2004헌마456.

을 포괄적으로 보장한다. 누구나 국가의 간섭을 받지 않고 자유롭게 정당에 가입하고 정당으로부터 탈퇴할 수 있는 자유, 정당해산·합당·분당의 자유 등이 정당설립의 자유로서 보장된다.[42)]

(2) 당내민주주의

헌법 제8조 제2항은 당내민주주의를 규정하고 있다. 공천과정을 비롯한 정당 내부에서부터 보장되는 민주주의는 선거제도에 있어서 선거 개시 전 국민의사가 왜곡되는 것을 방지한다는 점에서 민주적 후보의 선출가능성과 연계된다.

당내민주주의는 정당의 영향력이 강대해진 오늘날의 정당국가적 민주주의를 실현함에 있어서 가장 기본적인 전제조건이다. 이는 당헌·강령의 민주성, 당원의 법적 지위의 보장, 정당 내부의 민주적 의사형성의 가능성, 정당 내부기관의 민주성, 공천과정에서의 민주성 등의 형태로 구체화된다.

(3) 정당재정의 합리적 조달

헌법 제8조 제3항의 정당재정의 합리적 조달의 확보는 선거의 객관성와 효율성 확보와 연결된다. 만약 공천후보자에게 특별당비형식으로 정치자금을 요구하거나 기업에게 음성적인 정치자금을 수수하게 된다면, 이는 공천과정의 객관성 결여를 비롯하여 선거의 객관성 결여의 결과를 야기한다. 그리고 만약 정당재정의 부족으로 인해 비효율적인 선거운동이 시행된다면, 이는 선거의 효율성 저하 문제로 연결된다. 이렇듯 정당재정의 합리적 조달은 선거의 효율성과 직접적으로 연계된다는 점에서 주요한 의의를 갖는다.

(4) 위헌정당해산

정당이 소멸하는 유형으로는 정당의 등록취소, 자진해산, 강제해산이 있다. 헌법 제8조 제4항은 정당의 강제해산으로서 위헌정당해산에 대해 규정하고 있다. 위헌정당해산제도는 1960년 제3차 개정헌법 때 처음으로 우리 헌법에 도입되었다. 이는 정부의 일방적인 행정처분에 의해 진보야당이 등록취소되었던 우리 헌

42) 헌재결 2006. 3. 30. 2004헌마246.

정사의 반성의 결과였다.

헌법 제8조 제4항은 "정당의 목적이나 활동이 민주적 기본질서에 위배될 때에는 정부를 헌법재판소에 그 해산을 제소할 수 있고, 정당은 헌법재판소의 심판에 의해 해산된다."고 규정하고 있다. 이러한 위헌정당해산제도는 정당특권이라고 불리기도 하는데, 이는 오로지 헌법재판소가 그 위헌성을 확인한 경우에만 정치생활영역으로부터 해당 정당의 축출이 가능하기 때문이다. 헌법재판소는 이러한 위헌정당해산제도를 '민주주의를 파괴하려는 세력으로부터 민주주의를 보호하려는 방어적 민주주의의 한 요소'라고 설명한다.[43] 헌법재판소의 설명처럼 위헌정당해산제도는 선거로 선출될 또는 선출된 대표자의 민주성을 확보한다는 점에서 대표자의 민주성 확보의 최소한의 방어장치로서도 기능한다고 할 수 있다.

위헌정당해산의 파급효가 큰 만큼 정당해산을 가능케 하는 요소는 엄격하게 해석될 것이 요구된다. 이에 헌법 제8조 제4항에 규정된 '민주적 기본질서'의 위배는 '자유민주적 기본질서'의 위배로 해석되며, 그 의미는 민주주의의 핵심적 징표로서 설명되는 자유민주적 기본질서의 개념과 동일하게 해석된다.

위헌정당으로 해산될 경우 정당법 제40조에 의해 대체정당의 창당은 금지되고, 정당법 제41조에 의해 해산된 정당의 명칭과 같은 명칭을 사용하는 것도 금지된다. 정당법 제48조에 따라 정당의 잔여재산은 국고로 귀속되며, 집회 및 시위에 관한 법률 제5조에 따라 해산정당의 목적을 달성하기 위한 집회 또는 시위도 금지된다.

위헌정당해산의 효과와 관련하여 문제되는 경우는 정당이 강제로 해산될 경우, 그 소속의원의 의원직이 상실되는지의 여부이다. 이에 대해서는 명문의 규정이 없으나 헌법재판소는 국회의원의 경우 당선방식을 불문하고 모두 의원직을 상실한다고 결정한 바 있다.[44] 이에 따르면 지역구 국회의원이든 비례대표 국회의원이든 상관없이 국회의원은 모두 그 의원직을 상실하게 된다. 그렇다면 지방의회의원의 자격도 상실되는지가 문제되는데, 이에 대하여 대법원은 비례대표 지방의회의원의

43) 헌재결 1999. 12. 23. 99헌마135.
44) 헌재결 2014. 12. 19. 2013헌다1.

경우에는 지위를 상실하지 않는다고 판시한 바 있다. 그 근거로 대법원은 '비례대표 지방의회의원의 의원직 상실이 헌법재판소의 정당해산결정 취지에서 곧바로 도출된다고 할 수 없고, 공직선거법 제192조 제4항의 '해산'을 자진해산뿐 아니라 정당해산결정에 의한 해산까지 의미하는 것으로 해석한다 하여 정당해산결정의 헌법적 효력과 정면으로 배치된다고 할 수 없으며, 기본권제한의 법률유보원칙을 포기하면서까지 비례대표 지방의회의원의 퇴직사유를 확대하는 것이 합헌적 해석이라고 할 수도 없다.'고 판시하였다.[45] 그러나 지역구 지방의회의원에 대해서는 명문의 규정도 없고 헌법재판소나 대법원 판례도 존재하지 않는다. 지역구 지방의회의원에 대해 의원직을 상실하게 된다고 해석하게 되면, 이는 법률유보원칙 위반으로 판단될 수 있기에 해당 경우는 의원직을 유지한다고 해석하는 것이 타당할 것이다.

Ⅱ_ 선거제도

1. 선거의 의의와 기능

대의제 민주주의를 채택하고 있는 민주적 헌법국가에서 선거는 대표자를 선출하는 행위이다. 선거는 실질적으로 활동가능한 국가기관의 구성이나 국가권력의 행사자에게 민주적 정당성을 부여한다는 점에서 규범적 의의를 갖는다.

선거는 주권자인 국민이 실질적으로 활동가능한 국가기관을 구성하는 수단이라는 점에서 국민의 주권의식과 민주의식을 고양시키고 국가적·국민적 일체감을 조성하는 기능을 수행한다. 그리고 이는 국민의 정치적 의사를 국가권력의 형태로 전환시키는 기능을 수행함과 동시에, 임기만료에 대한 대표자에 대한 정당성 갱신의 역할을 수행한다는 점에서 국민의 대표자에 대한 통제수단으로서의 의의도 갖는다.

2. 선거의 기본원칙

현행 헌법 제67조 제1항과 제41조 제1항은 대통령과 국회의원 선거를 규정

45) 대판 2021. 4. 29. 2016두39825.

하며, "보통·평등·직접·비밀선거"를 규정하고 있다. 헌법에는 규정되어 있진 않지만, 보통·평등·직접·비밀선거의 원칙에 더하여 자유선거의 원칙도 헌법상 선거의 기본원칙으로 이해된다.

(1) 보통선거 원칙

보통선거의 원칙은 모든 국민에게 선거권이 인정된다는 의미이다. 이에 헌법재판소는 보통선거 원칙의 제한에 대해 "보통선거의 원칙은 선거권자의 능력, 재산, 사회적 지위 등의 실질적인 요소를 배제하고, 성년자이면 누구라도 당연히 선거권을 갖는 것을 요구하므로, 보통선거의 원칙에 반하는 선거권 제한의 입법을 하기 위해서는 헌법 제37조 제2항의 규정에 따른 한계가 한층 엄격히 지켜져야 한다."라고 결정한 바 있다.[46)]

(2) 평등선거 원칙

평등선거의 원칙은 선거결과에 있어서 어느 표나 동등한 영향을 미쳐야 한다는 것으로 1인 1표라는 투표의 수적 평등과 더불어, 1표 1가치라는 투표의 성과가치의 평등까지 요구한다. 평등선거의 원칙이 주요하게 문제되는 영역은 선거구획정에 대한 것이다. 선거구획정과 관련하여 헌법재판소는 국회의원 선거의 경우에는 "국회를 구성함에 있어 국회의원의 지역대표성이 고려되어야 한다고 할지라도 이것이 국민주권주의의 출발점인 투표가치의 평등보다 우선시될 수는 없다."라고 하여, 인구비례 2:1(인구편차 상하 $33\frac{1}{3}$%)을 넘는 것은 평등선거 원칙에 반한다고 결정한 바 있다.[47)]

반면 지방의회의원 선거에 있어서는 '주로 지역적 사안을 다루는 지방의회의 특성상 지역대표성도 겸하고 있고, 우리나라는 도시와 농어촌 간의 인구격차가 크고 각 분야에 있어서의 개발불균형이 현저하다는 특수한 사정이 존재하므로, 지방의회 의원의 지역구 획정에 있어서는 행정구역 내지 지역대표성 등 2차적 요소도 인구비례의 원칙에 못지않게 함께 고려해야 할 필요성이 크다.'고 하

46) 헌재결 2014. 1. 28. 2012헌마409.

47) 헌재결 2014. 10. 30. 2012헌마190.

면서,[48] 인구비례의 정도를 국회의원 선거에 비해 완화된 형태인 3 : 1(인구편차 상하 50%)로 결정한 바 있다.

(3) 직접선거 원칙

직접선거 원칙은 간접선거 원칙과 반대되는 개념으로 선거결과가 선거권자의 투표에 의해 직접 결정될 것을 요구하는 원칙이다. 이에 비례대표제를 채택하는 한 직접선거의 원칙은 의원의 선출뿐만 아니라 정당의 비례적인 의석확보도 선거권자의 투표에 의하여 직접 결정될 것을 요구한다.[49]

(4) 비밀선거·자유선거 원칙

비밀선거 원칙은 선거권자의 결정에 영향을 미칠 수 있는 직·간접적인 강제나 압력으로부터 선거권자의 자유로운 결정이 보호되어야 한다는 원칙이다. 마지막으로 자유선거의 원칙은 선거권자의 의사형성의 자유와 의사실현의 자유를 보장하는 것으로서 투표의 자유, 입후보의 자유, 선거운동의 자유 등이 자유선거 원칙의 내용으로 설명된다.[50]

3. 선거제도의 유형

선거제도의 유형은 선거가 실시되는 지역적 단위인 선거구와 대표자를 선출하는 방식인 대표제의 결합으로서, 소선거구-다수대표제, 중·대선거구-소수대표제, 광역선거구-비례대표제 등으로 구체화된다. 소선거구-다수대표제란 1개의 선거구에서 1인의 대표자만을 선출하는 것을 말하며, 중·대선거구-소수대표제는 1개의 선거구에서 2인 이상의 대표자를 선출하는 것을 뜻한다.

현행 공직선거법상 선거제도는 많은 경우 상대다수대표제와 소선거구가 결합한 형태를 취하고 있다. 지방의회선거 중 광역자치단체 의원선거(시·도의회 의원선거)도 지역구의원에 대해서는 소선거구 상대다수대표제를 취하고 있다. 이 경

48) 헌재결 2018. 6. 28. 2014헌마189.

49) 헌재결 2001. 7. 19. 2000헌마91.

50) 헌재결 1994. 7. 29. 93헌가4.

우 비례대표의원에 대해서는 광역자치단체 전체를 하나의 선거구로 하는 비례대표제가 병용되고 있다. 그러나 기초자치단체 의원선거(자치구·시·군의회 의원선거)의 경우에는 비례대표의원에 대해서는 광역자치단체와 동일하게 전국구를 단위로 하는 비례대표제가 시행되고 있지만, 지역구의원인 경우에는 중선거구 소수대표제가 시행되고 있다.

상대다수대표제는 선거에서 상대적으로 가장 많은 유효투표수를 득표한 사람을 대표로 선출하는 방식으로, 비례대표제에 비해 정치적 안정을 형성하기 쉽다는 장점이 있다. 그러나 1순위 득표자만이 당선인으로 선출된다는 점에서 많은 사표가 발생한다는 단점도 동시에 지니고 있다. 사표가 많이 발생한다는 상대다수대표제와 한 선거구에서 1인만을 선출하는 소선거구제의 결합은 당해 광역자치단체에서 우세한 영향력을 행사하는 정당에게만 유리한 지역정치의 환경을 조성한다는 점에서 문제가 될 수 있다.

반면 중선거구는 한 선거구에서 2인 이상 4인 이하의 대표자를 선출하는 만큼, 군소정당들의 의회진출을 상대적으로 용이하게 만든다는 평가를 받는다. 이에 따라 중선거구를 택한 기초자치단체 의원선거는 기초자치단체 의회 내에 다양한 정치세력이 진입할 수 있는 기회와 가능성이 높다는 점, 소수세력이 대변하는 의견이 지역정치에 반영될 가능성이 높다는 점 등에서 긍정적인 측면을 갖는다. 그러나 기초자치단체 의원선거는 한 선거구에서 선출하는 대표의 수가 1인이 아니라는 점에서, 특정 정당이나 후보자에 대한 지역주민의 지지나 반대의 의사가 무의미해진다는 비판도 받는다.

제 4 절 기본권론

Ⅰ_ 기본권의 의의와 성격

1. 기본권의 개념

(1) 인권의 개념

인권이 가진 보편성·도덕성·근본성의 성격으로 인해, 인권은 존재형식의 측면에서 헌법개정으로도 박탈할 수 없는 국가 이전에 존재하는 이념적인 권리로서 이해된다. 인권은 법과 제도에 의해 규정되지 않아도 생래적으로 보장되는 권리이다. 이에 인권은 인간의 권리 내지 자연법적인 권리로서, 기본권의 내용을 형성·평가하는 이념적 가치로서 기능한다.

대표적인 인권규범이라고 볼 수 있는 국제연합의 세계인권선언에 대해 헌법재판소도 "모든 국민과 모든 나라가 달성하여야 할 공통의 기준으로 선언하는 의미는 있으나 그 선언내용인 각 조항이 바로 보편적인 법적 구속력을 가지거나 국제법적 효력을 갖는 것으로 볼 것은 아니다."라고 하며,[51] 인권은 국가 이전의 존재하는 권리로서 국가에 의해 기본권으로 실정화되기 전에는 개별국가 내에서 직접적인 효력을 갖지 못한다고 결정한 바 있다.

인권은 인류 역사의 통시적 맥락 속에서 구체적으로 모습을 드러내며 발전해온 개념이라고 할 수 있다.[52] 따라서 인권에 대한 이해는 역사적 흐름 속에서 인권이 어떻게 해석되어 왔으며, 앞으로 어떻게 해석되어야 하는지에 대해 파악함으로서 이루어질 수 있다. 이 경우 역사적 흐름 속에서 인권은 자유와 평등의 실현을 위한 투쟁의 산물이라고 압축적으로 설명될 수 있다.

인권은 개별국가의 역사적 체험에 따라 각기 다른 모습으로 발전해 왔다. 그러나 전체적인 흐름 속에서 인권은 국가권력의 간섭을 배제하며 자유를 보장하는 시민적·정치적 권리에서, 국가의 적극적 행동을 요구하는 경제적·사회적·문화

---

51) 헌재결 1991. 7. 22. 89헌가106.

52) 한희원, 국제인권법원론, 삼영사, 2012, 122쪽.

적 권리로의 생성단계를 거쳤다고 할 수 있다.[53)]

(2) 기본권의 개념

기본권은 국가를 전제로 존재하는 헌법상의 권리라고 개념정의 될 수 있다. 기본권은 '헌법으로 제도화되어 보장되는 국민의 기본적 권리'라는 점에서 '누구에게 언제 어디서나 주장할 수 있는 권리가 아니라, 헌법이 영향력을 행사하는 인적·시간적·공간적 범위 안에서만 주장'할 수 있는 권리이다.[54)] 기본권은 인권이 헌법에 규정됨으로써 실정헌법에 의해 보장되는 권리라고 할 수 있는데, - 인권이 문제되는 시간과 공간, 정치·경제·사회·문화적 맥락은 개별국가마다 다를 수밖에 없기 때문에 - 인권의 기본권화 과정은 개별국가에 따라 다르게 나타날 수밖에 없다. 그렇기에 기본권은 국민의 권리이자 실정법적인 권리로 국가 안에서 어느 정도 그 보장의 경계가 확정된다. 기본권은 특정 시대·장소에 따라 그

---

53) 이러한 인권 개념의 변화를 토대로 바작(Karel Vasak)은 인권의 세대개념을 고안해 냈다(계희열, 헌법학(중), 박영사, 2004, 16쪽). 그는 이미 국제인권법의 내용을 이루고 있는 시민적·정치적 권리를 제1세대 인권, 경제적·사회적·문화적 권리를 제2세대 인권이라고 하였으며, 나아가 새로운 인권으로서 제3세대 인권으로 구분·분류하였다.

제1세대 인권은 언론과 종교의 자유, 차별과 고문을 받지 않을 권리처럼 국가의 개입을 요구하기 보다는 국가의 활동으로부터 개인을 보호하는 것을 우선시 하는 권리를 말한다. '국가로부터의 자유'를 내용으로 한다는 점에서 제1세대 인권은 소극적인 속성을 가진 것으로 이해된다. 반면 제2세대 인권은 국가의 재정부담을 전제로 하는 사회권을 그 내용으로 하는 것으로서, 실질적 평등의 실현을 위해 국가의 개입을 요청한다는 점에서 적극적인 속성의 권리로 이해된다(박찬운, 인권법, 한울, 2011, 40쪽; 한희원, 국제인권법원론, 삼영사, 2012, 126쪽).

그러나 제3세대 인권은 제1·2세대 인권과는 많은 점에서 다르게 취급되는 특징을 갖는다. 제3세대 인권은 제1·2세대 인권에 비하여 정치적 색채가 적고, 그 성립에 있어서 개인·사회집단·국가·국제공동체의 연대책임을 필요로 한다. 제1·2세대 인권이 국가와 개인의 관계 속에서 파생되는 권리로 이해되는 반면, 제3세대 인권은 인류애에 기초하여 파생된 권리의 모습을 보인다. 그런 만큼 제3세대 인권은 제1·2세대 인권처럼 주관적(개인적) 권리가 아니라, 민족이나 국가와 같이 집단을 그 주체로 삼아 국제법적 차원에서 제기되는 집합적 권리의 특징을 갖는 경우가 많다(계희열, 헌법학(중), 박영사, 2004, 18쪽; 박찬운, 인권법, 한울, 2011, 40-41쪽; 홍성방, "인권과 기본권의 역사적 전개", 한림법학 FORUM 제7권, 1998, 88-90쪽). 발전권·평화권·환경권 등이 제3세대 인권의 분류에 속한다고 할 수 있는데, 제3세대 인권은 현재 생성 중에 있는 권리를 그 내용으로 하고 있다는 점에서, 그것의 인정 여부 및 권리성에 대해서 아직도 많은 논의가 진행 중에 있다(박찬운, 인권법, 한울, 2011, 41쪽).

54) 허완중, "인권과 기본권의 연결고리인 국가의 의무-기본권의 의무적 고찰을 위한 토대-", 저스티스 통권 제124호, 2011, 150쪽.

것이 가진 타당성과 정당성이 제약될 수 있는 헌법상의 권리인 것이다.

(3) 인권과 기본권의 구별

인권과 기본권은 국내·외적으로 혼용되어 사용되는 경우가 많다. 하지만 양자는 '존재형식'과 각각의 개념이 '포섭하는 내용의 범위'가 다르다는 점에서,[55] 엄밀한 의미에서 동일한 개념이라고 볼 수 없다.

인권은 제도적 권리에 우선하는 지위를 갖는다는 점에서 실정법적 권리인 기본권의 내용을 형성·평가하는 규준이 된다. 인권은 기본권의 한계를 지적하고 보완하는 데는 유용하지만, 그 자체가 기본권으로 인정될 만큼의 구체적이고 명확한 내용을 갖지는 못한다(인권의 추상성). 이에 반해 기본권은 실정화 되었다는 점에서 국가 안에서 어느 정도 경계가 확정된 내용을 가지고 있다. 따라서 인권이 인간존재의 생명·신체·사상 등을 법과 제도에 의해 경계가 획정되기 전의 생래적인 권리로 다룬다면, 기본권은 국가에 의해 창설된 실정법상의 권리로서 그 내용을 다룬다.

그러나 인권과 기본권의 이러한 차이점은 양자를 별개의 것으로 절연시키는 것이 아니라, 오히려 양자를 상호보완하는 관계로 만든다. 인권은 헌법에 규정된 기본권으로 전환됨으로써 내용의 명확성과 보장의 실효성을 확보할 수 있게 되고, 기본권은 인권을 통해서만 해석의 탄력성을 얻을 수 있게 된다. 하지만 인권과 기본권의 상호보완관계가 양자의 보장범위의 일치를 요구하는 것은 아니다. 인권은 헌법상에서 기본권과 중첩되는 영역을 가질 수 있지만, 헌법을 전제하지 않고 언급되는 인권은 기본권과 동일시될 수 없기 때문이다.

2. 기본권의 성격(기본권의 이중성)

전통적으로 기본권은 주관적 공권으로서 국가에 대해서 개인이 주장할 수 있는 권리로 이해되었다. 여기서 주관적 공권이란 '국민이 국가에 대해 가지는 일정한 지위'를 의미한다. 주관적 공권이 국민 대 국가의 관계에서 적용된다는

55) 이준일, 헌법학강의, 홍문사, 2015, 300쪽.

점에서, 주관적 공권으로서 기본권은 원칙적으로는 '국가권력만을 대상'으로 삼았고, 사인 상호 간의 관계에서는 적용될 여지가 없는 것이었다. 그러나 자유주의 시장질서의 성장과 그에 따른 사회질서의 변화는 기본권을 주관적 공권으로서만 이해될 수 없게 하는 문제상황을 발생시켰다. 경제적·사회적 지위에 있어서의 강자와 약자의 탄생은 기본권침해를 국가가 아닌 사인에 의해서도 발생할 수 있게 만들었다.

기본권이 사인 간에도 적용될 수 있다는 인식의 전환은 기본권에 대한 이해의 변화로도 연결되었다. 이에 기본권은 '개인적 권리'인 동시에 '객관적 규범 또는 제도'로 이해되기 시작하였다. 기본권을 국가의 형성과 유지를 위한 '중심가치 내지 질서'로서 이해하게 됨에 따라, 그리고 기본권의 이중성이 인정됨에 따라 종교·예술·학문의 자유의 보장은 비(非)국가적 생활영역으로서도 유지·보장되며,[56] 재산권·상속권을 비롯한 혼인과 가족생활의 보장은 민사법질서의 형성·유지로 발전해 나갈 수 있게 되었다. 이로 인해 사인 상호 간의 사적인 법률관계에서도 기본권이 무시되어서는 안 된다는 논리가 받아들여지고 자리매김하게 되었다.

헌법재판소도 "국민의 기본권은 국가권력에 의하여 침해되어서는 아니 된다는 의미에서 소극적 방어권으로서의 의미를 가지고 있을 뿐만 아니라, 헌법 제10조에서 국가는 개인이 가지는 불가침의 기본적 인권을 확인하고 이를 보장할 의무를 진다고 선언함으로써, 국가는 나아가 적극적으로 국민의 기본권을 보호할 의무를 부담하고 있다는 의미에서 기본권은 국가권력에 대한 객관적 규범 내지 가치질서로서의 의미를 함께 갖는다. 객관적 가치질서로서의 기본권은 입법·사법·행정의 모든 국가기능의 방향을 제시하는 지침으로서 작용하므로, 국가기관에게 기본권의 객관적 내용을 실현할 의무를 부여한다."라고 하여, 기본권의 성격으로서 주관적 공권성과 더불어 객관적 가치질서성을 인정하고 있다.[57]

기본권이 갖는 주관적 공권성과 객관적 가치질서성은 별개의 것이 아니다.

---

56) Konrad Hesse(계희열 역), 통일독일헌법원론, 박영사, 2001, 191-192쪽.

57) 헌재결 1995. 6. 29. 93헌바45.

국가 내 개인의 지위와 개인이 행사할 수 있는 권리의 범위는 전체 국가질서(헌법질서) 안에서 정해지는 것이지만, 국가질서(헌법질서)는 개별 기본권이 구체적으로 실현될 때 비로소 현실적이고 실효성을 갖춘 것으로 인정받게 된다. 따라서 기본권의 가치질서성과 주관적 공권성은 기능적으로 서로가 서로를 강화시키는 상호보완관계를 형성한다고 할 수 있다.

Ⅱ_ 기본권의 실현구조

기본권의 실현구조는 주체, 객체, 내용확정, 침해와 구제라는 4개의 부분으로 구성될 수 있다.[58] 기본권의 주체 부분은 '누가' 기본권을 주장하는가에 대한 내용으로 여기에서는 자연인과 법인, 국민과 외국인에 대한 기본권주체성 문제가 논의될 수 있다. 기본권의 객체 부분은 '누구에게' 기본권을 주장하는가에 대한 내용으로 국가에 대해 기본권을 주장하는 대국가적 효력과 사인에 대해 주장하는 대사인적 효력의 문제가 해당 영역에서 논의될 수 있다. 내용확정 부분은 기본권의 내용을 어떻게 확정할 수 있는가에 대한 내용으로, 기본권의 1차적 보호범위에 대한 기본권의 한계의 문제와 그 한계 내에서 보호영역을 다시 축소하는 기본권의 제한의 문제를 다루게 된다. 마지막으로 침해와 구제 부분에서는 기본권의 정상적인 실현이 방해되었을 때 어떠한 방법을 통해 기본권을 보호하고 정상적으로 실현되도록 할 것인가에 대한 내용을 다루게 된다.

1. 주체

(1) 국민

자연인인 국민은 예외 없이 기본권의 주체가 된다. 자연인의 기본권주체성과 관련하여 논의되는 부분은 인간의 시기 이전 단계인 태아에게 기본권주체성이 인정되는지, 그리고 인간의 시기 이후 단계인 사자(死者)에게 기본권주체성이 인

58) 장영수, 헌법학, 홍문사, 2022, 419쪽.

정되는지에 대한 문제이다.

이와 관련하여 헌법재판소는 태아의 경우에는 모든 기본권의 주체가 될 수는 없지만, 생명과 건강에 대한 보호의 필요성이 인정되는 범위 내에서는 기본권의 주체성을 인정할 수 있다고 결정한 바 있다.[59] 그리고 사자(死者)의 경우에는 사자 자신에게는 기본권주체성을 인정할 수는 없지만, 사자의 인격적 가치에 대한 중대한 왜곡으로부터 사자를 보호할 필요성이 인정될 수 있다고 보며, 이를 '사자와의 관계를 통하여 스스로의 인격상을 형성하고 명예를 지켜온 그들의 후손의 인격권, 즉 유족의 명예 또는 유족의 사자에 대한 경애추모의 정'에 대한 문제로 해석하고 있다.[60]

(2) 외국인

외국인은 대한민국 국적을 보유하지 않은 자로서 외국국적자와 무국적자를 모두 포함하는 개념이다. 외국인의 기본권 주체성에 대해 헌법재판소는 개별 기본권의 성질에 따라 기본권 주체성이 인정되거나 부정된다고 판단하고 있다. 이때의 개별 기본권의 성질이란 인간의 권리와 국민의 권리이며, 헌법재판소는 인간의 권리에 대해서는 외국인에게도 기본권주체성을 인정하지만, 국민의 권리에 대해서는 기본권주체성을 인정하고 있지 않다.[61]

헌법재판소가 인간의 권리이기에 외국인에게 기본권주체성이 인정된다고 본 기본권은 인간의 존엄과 가치, 행복추구권, 평등권(상호주의에 따른 제한 가능), 신체의 자유, 주거의 자유, 변호인의 조력을 받을 권리, 직장선택의 자유, 재판청구권 등이 있다.[62] 이에 반해 국민의 권리이기에 외국인의 기본권주체성을 부정한 기본권으로는 직업의 자유, 입국의 자유, 참정권 등이 있다.[63]

---

59) 헌재결 2008. 7. 31. 2004헌바81.

60) 헌재결 2010. 10. 28. 2007헌가23.

61) 헌재결 2001. 11. 29. 99헌마494.

62) 헌재결 2011. 9. 29. 2007헌마1083; 헌재결 2012. 8. 23. 2008헌마430.

63) 헌재결 2014. 6. 26. 2011헌마502; 헌재결 2014. 8. 28. 2013헌마359.

2. 객체

(1) 대국가적 효력

대국가적 효력이란 국가에 대해 기본권을 주장한다는 것이다. 개별 기본권의 성격을 고려하는 가운데 그 기본권의 대국가적 효력의 정도를 세분화할 수 있으며, 이 경우 가장 크게 구별할 수 있는 것은 자유권과 사회권에 대한 국가의 구속력의 차이이다.

자유권은 '국가로부터의 자유'를 그 내용으로 한다. 국가권력이 개인의 헌법상 지위(자유권)를 부당하게 침해하는 것에 대해 기본권을 주장함으로써 그 침해를 방어한다는 점에서 소극적 방어권이라고 설명되기도 한다. 그렇기 때문에 국가의 부당한 개입의 배제를 그 내용으로 하는 경우가 많으며, 헌법에만 규정되어 있고 법률로 구체화되어 있지 않아도 입법·집행·사법기관을 모두 구속하게 된다.

반면 사회권은 '국가에 의한 자유'를 그 내용으로 한다. 사회권이 사회국가원리의 구체화로 설명된 것처럼, 사회권은 국가의 재정적 지원을 바탕으로 한 국가의 활동을 요청하는 기본권이다. 따라서 사회권은 실질적 의미의 자유와 평등의 실현을 내용으로 하며, 그렇기에 국가의 개입을 무조건적으로 배제하는 소극적 태도에서 벗어나 일정한 경우 기본권의 실현을 위해 국가의 적극적 활동을 요청하기도 한다. 그러나 사회권은 국가의 재정적 지원이 뒷받침되어야 한다는 점에서 그 지원대상과 범위의 획정이 중요하다. 이에 사회권의 내용이 헌법에만 규정되어 있고 법률로는 구체화되어 있지 않은 경우, 사회권은 입법기관만을 구속한다고 해석된다. 반면 사회권이 헌법과 더불어 법률로도 구체화된 경우에는 입법기관을 비롯하여 집행기관과 사법기관을 모두 구속한다고 해석된다.

(2) 대사인적 효력

대사인적 효력이란 사인(私人)에 대해 기본권을 주장한다는 것이다. 과거 기본권을 침해하는 주된 주체는 국가권력이었으나, 산업사회로의 발전과정에서 기본권을 침해하는 사인이 등장하게 되었고, 국가질서 전체가 기본권을 위시한 방향으로 설정되어야 한다는 기본권의 객관적 가치질성에 대한 이해의 확장으로 인해 기본권을 침해하는 사인에 대해서도 기본권을 주장할 가능성이 열리게 되었다.

그러나 기본권의 대사인적 효력은 사인과 사인의 관계에서 주장된다는 점에서, 그 주장을 담당하는 곳은 민사법원이 된다. 이 경우 민사법원에서 법원(法源)으로서 기본권을 직접적으로 주장할 수 있는지가 문제된다.

이에 대해서는 기본권을 민사재판의 경우에 직접 적용할 수 있다는 직접적용설과 직접적용은 불가능하고 사법의 일반조항을 매개로 적용되어야 한다는 간접적용설이 대립하고 있다. 직접적용설은 헌법의 최고성과 사법(私法)의 독자성 간의 충돌 시 헌법의 최고성을 우선시 하는 입장으로서, 계약도 헌법의 중심적 가치인 기본권에 위배되어서는 안 되므로 기본권을 침해하는 내용을 담고 있는 계약은 기본권을 직접 적용하여 무효(위헌)라고 주장할 수 있다는 입장이다.

반면 간접적용설은 헌법의 최고성을 부정하지는 않지만, 사법(私法)의 독자성이 가진 가치에 상대적으로 조금 더 큰 비중을 두어, 신의성실이나 공서양속 등 사법의 일반조항을 매개로 하여 계약에 의한 기본권침해를 판단하자는 입장이다. 현행 법제는 간접적용설의 입장이다.

대법원은 사인에 의한 평등권침해를 불법행위로 구성하여 판시한 바 있다. 해당 판례에 의하면 "헌법상의 기본권은 제1차적으로 개인의 자유로운 영역을 공권력의 침해로부터 보호하기 위한 방어적 권리이지만 다른 한편으로 헌법의 기본적인 결단인 객관적인 가치질서를 구체화한 것으로서, 사법을 포함한 모든 법 영역에 그 영향을 미치는 것이므로 사인간의 사적인 법률관계도 헌법상의 기본권 규정에 적합하게 규율되어야 한다. 다만 기본권 규정은 그 성질상 사법관계에 직접 적용될 수 있는 예외적인 것을 제외하고는 사법상의 일반원칙을 규정한 민법 제2조, 제103조, 제750조, 제751조 등의 내용을 형성하고 그 해석 기준이 되어 간접적으로 사법관계에 효력을 미치게 된다."라고 한다.[64] 그러면서 해당 판례는 "사적 단체를 포함하여 사회공동체 내에서 개인이 성별에 따른 불합리한 차별을 받지 아니하고 자신의 희망과 소양에 따라 다양한 사회적·경제적 활동을 영위하는 것은 그 인격권 실현의 본질적 부분에 해당하므로 평등권이라는 기본권의 침해도 민법 제750조의 일반규정을 통하여 사법상 보호되는 인격적

64) 대판 2011. 1. 27. 2009다19864.

법익침해의 형태로 구체화되어 논하여질 수 있고, 그 위법성 인정을 위하여 반드시 사인간의 평등권 보호에 관한 별개의 입법이 있어야만 하는 것은 아니다." 라고 하면서,[65] 평등권 침해를 민법의 일반조항인 불법행위에 대한 제750조의 내용으로 구성하였다.

3. 내용확정

(1) 기본권의 한계와 제한의 의의

기본권의 내용확정은 기본권의 한계와 제한으로 구성된다. 기본권의 한계란 개별 기본권의 일차적 보호범위를 추상적으로 설정하는 것이다. 이는 기본권의 보호영역을 일정한 한계 안에 국한하는 것으로 기본권의 개념 자체에 의해 수행되며, 다른 법익과의 구체적 충돌을 전제하는 것이 아니다. 예컨대 종교의 자유의 일차적 보호범위는 '종교'라는 개념 자체에서 나오는 것이다. 이렇듯 기본권의 한계는 각 개별 기본권이 적용될 수 있는 영역의 울타리를 일반적·추상적으로 그어 놓는 것을 말한다.

기본권의 제한이란 기본권의 한계로 정해진 그 보호영역을 다시 축소하는 것이다. 이는 다른 법익과의 구체적 충돌 등을 전제로 하는 것이며, 기본권의 보호영역이 중첩·충돌된 경우가 이에 해당한다.

(2) 기본권제한의 유형

기본권의 제한은 크게 헌법유보와 법률유보로 대별될 수 있다. 헌법유보란 헌법에 근거한 기본권제한을 말하며, 법률유보란 법률에 근거한 기본권제한을 말한다. 이 경우 일반적 헌법유보 및 일반적 법률유보란 조문 하나로 여러 기본권을 제한하는 것을 말하며, 개별적 헌법유보 및 개별적 법률유보란 개별 기본권에 적용되는 기본권제한사유를 말한다.

현행 헌법은 일반적 헌법유보를 규정하고 있지는 않지만, 개별적 헌법유보는 규정하고 있다. 예컨대 언론의 자유를 규정한 헌법 제21조 제4항(언론·출판은

65) 대판 2011. 1. 27. 2009다19864.

타인의 명예나 권리 또는 공중도덕이나 사회윤리를 침해하여서는 아니 된다)에서 '타인의 명예나 권리 또는 공중도덕이나 사회윤리의 침해', 그리고 재산권을 규정한 헌법 제23조 제2항(재산권의 행사는 공공복리에 적합하도록 하여야 한다)에서 '공공복리에 적합하도록'이 개별적 헌법유보로 설명될 수 있다.

그리고 현행 헌법은 일반적 법률유보를 비롯하여 개별적 법률유보도 규정하고 있다. 개별적 법률유보의 예로 신체의 자유를 규정한 헌법 제12조 제1항을 살펴보면, 헌법 제12조 제1항은 "모든 국민은 신체의 자유를 가진다. 누구든지 법률에 의하지 아니하고는 체포·구속·압수·수색 또는 심문을 받지 아니하며, 법률과 적법한 절차에 의하지 아니하고는처벌·보안처분 또는 강제노역을 받지 아니한다."라고 규정하고 있는데, 여기에서 '법률에 의하지 아니하고는', '법률과 적법한 절차에 의하지 아니하고는'이라는 의미가 개별적 법률유보의 형태라고 할 수 있다.

(3) 일반적 법률유보로서 헌법 제37조 제2항

현행 헌법상의 기본권제한에 있어서 가장 주요하게 고려해야 하는 유형은 일반적 법률유보이다. 우리 헌법은 제37조 제2항에 "국민의 모든 자유와 권리는 국가안전보장·질서유지 또는 공공복리를 위하여 필요한 경우에 한하여 법률로써 제한할 수 있으며, 제한하는 경우에도 자유와 권리의 본질적인 내용을 침해할 수 없다."라고 하여 일반적 법률유보를 규정하고 있다.

1) 기본권제한의 형식

해당 규정을 보면, 기본권을 제한하는 형식은 '법률'로 한정되어 있다. 그러나 이러한 법률의 의미에 대해서 헌법재판소는 "헌법 제37조 제2항은 국민의 자유와 권리를 제한하는 근거와 그 제한의 한계를 설정하여 국민의 자유와 권리의 제한은 "법률"로써만 할 수 있다고 규정하고 있는바, 이는 기본권의 제한이 원칙적으로 국회에서 제정한 형식적 의미의 법률에 의해서만 가능하다는 것을 의미하고, 직접 법률에 의하지 아니하는 예외적인 경우라 하더라도 엄격히 법률에 근거하여야 한다는 것을 또한 의미하는데, 기본권을 제한하는 공권력의 행사가 법률에 근거하지 아니하고 있다면, 이는 헌법 제37조 제2항에 위반하여 국민의 기본권을 침해하는 것이다."라고 하여,[66] 그 형식이 반드시 법률일 필요는 없더라도 법률상의 근거는 있어야 할 것을 요구하고 있다.[67]

2) 기본권제한의 목적

헌법 제37조 제2항은 기본권을 제한하는 목적으로 '국가안전보장, 질서유지, 공공복리'를 규정하고 있다. 여기서 국가안전보장이란 외부로부터 국가의 존립과 안전 및 이와 관련된 내부적 안전과 존립의 보장을 의미한다. 헌법재판소는 이러한 국가안전보장에 대해서 "헌법 제37조 제2항에서 기본권 제한의 근거로 제시하고 있는 국가의 안전보장의 개념은 국가의 존립·헌법의 기본질서의 유지 등을 포함하는 개념으로서 결국 국가의 독립, 영토의 보전, 헌법과 법률의 기능, 헌법에 의하여 설치된 국가기관의 유지 등의 의미로 이해될 수 있을 것이다."라고 결정한 바 있다.[68]

기본권제한의 목적으로서 질서유지는 국가안전보장이 외부로부터에 대한 보장을 그 내용으로 하고 있는 것과 대조적으로 내부에 있어서 국가의 존립과 안전을 보장하는 것을 의미한다. 공공복리는 국가공동체 구성원 전체를 위한 공존공영의 이익으로 공동체 전체의 입장에서 사회정의에 맞게 조정된 국민 공동의 이익을 의미한다.[69]

3) 기본권제한의 기준

헌법 제37조 제2항은 기본권을 제한하는 기준으로 '필요한 경우에 한하여'라고 규정하고 있다. 여기서 필요한 경우에 한하여라는 의미는 법의 이념인 합목적성과 관련된 것으로, 기본권을 제한하기 위해 사용되는 국가권력의 합당성 여부를 판단하는 기준인 비례원칙으로 구체화된다.

자유권 제한의 판단시 과잉금지원칙이라고도 불리는 비례원칙에 대해서 헌법재판소는 "기본권을 제한하는 입법을 함에 있어서는 입법목적의 정당성과 그

66) 헌재결 2000. 12. 14. 2000헌마659.
67) 헌재결 2012. 5. 31. 2010헌마139.
68) 헌재결 1992. 2. 25. 89헌가104.
69) 장영수, 헌법학, 홍문사, 2022, 521쪽.

목적달성을 위한 방법의 적정성, 피해의 최소성, 그리고 그 입법에 의해 보호하려는 공공의 필요와 침해되는 기본권 사이의 균형성을 모두 갖추어야 하며 이를 준수하지 않은 법률 내지 법률조항은 기본권제한의 입법적 한계를 벗어난 것으로 헌법에 위반된다."라고 하며,[70] 그 내용을 목적의 정당성, 수단의 적합성, 피해의 최소성, 법익의 균형성으로 구체화하여 설명하고 있다.

4) 기본권제한의 한계

헌법 제37조 제2항은 기본권을 제한하는 한계에 대해 '제한하는 경우에도 자유와 권리의 본질적인 내용을 침해할 수 없다.'라고 하였다. 본질내용침해금지라고도 설명되는 해당 내용에 대해서, 무엇이 본질내용을 구성하는지에 대해 절대설, 상대설 등이 대립하고 있다.

절대설은 모든 기본권에는 절대적으로 침해할 수 없는 핵심 영역이 존재하는 것이고, 상대설은 본질적인 내용의 범위는 구체적인 경우 상호경합되는 법익의 형량을 통해 확정되어야 하므로 개별 기본권마다 다를 수 있다는 입장이다. 우리 헌법재판소는 "기본권의 본질적 내용은 만약 이를 제한하는 경우에는 기본권 그 자체가 무의미하여지는 경우에 그 본질적인 요소를 말하는 것으로서, 이는 개별 기본권마다 다를 수 있을 것이다."라고 하여 상대설의 입장에 따라 판단하고 있다.[71]

기본권의 본질내용 침해여부는 생명권의 제한에 있어서 특히 문제되는데, 우리 헌법재판소는 사형제도와 관련하여 "비록 생명이 이념적으로 절대적 가치를 지닌 것이라 하더라도 생명에 대한 법적 평가가 예외적으로 허용될 수 있다고 할 것이므로, 생명권 역시 헌법 제37조 제2항에 의한 일반적 법률유보의 대상이 될 수밖에 없다. 나아가 생명권의 경우, 다른 일반적인 기본권 제한의 구조와는 달리, 생명의 일부 박탈이라는 것을 상정할 수 없기 때문에 생명권에 대한 제한은 필연적으로 생명권의 완전한 박탈을 의미하게 되는바, 위와 같이 생명권의 제한이 정당화될 수 있는 예외적인 경우에는 생명권의 박탈이 초래된다 하더라도 곧

70) 헌재결 1990. 9. 3. 89헌가95.

71) 헌재결 1995. 4. 20. 92헌바29.

바로 기본권의 본질적인 내용을 침해하는 것이라 볼 수는 없다."라고 하여,[72] 생명권의 제한에 있어서 본질내용 침해가 아니라고 결정한 바 있다.

72) 헌재결 2010. 2. 25. 2008헌가23.

제3장

민법

제3장
민법

제 1 절 민법의 의의

I _ 사적 소유권과 민법의 등장

1. 사적 소유권의 인정과 이를 취득하기 위한 법에 의해 보장되는 행위

고대시대나 중세시대까지는 개인의 소유권, 특히 토지와 같은 부동산에 대하여는 신의 것이라거나 국왕의 것이라는 관념이 지배적이어서 개인이 자신의 왕국과 같이 지배할 수 있는 개인소유권이라는 관념은 일반적이지 않았다.

그러나 프랑스 시민혁명을 기점으로 하는 근대 국가체제 이후부터는 '개인 소유의 부동산에서는 그 개인이 왕이다.'는 사고에 기초하여 토지에 대한 개인소유권을 국가가 보장해 주기 시작하였다.

그런데 대부분의 물건은 각 개인이 창조하여 새로이 만들어 내는 것이 아니라 대부분 타인들로부터 취득하여 그 소유대상을 넓히게 되는데(가령, 자동차나 토지), 그 취득을 위한 행위는 국가에 의해 보호되고 보장되어야만 실효성을 거둘 수 있고, 이를 기초로 개인과 국가 전체의 경제활동을 높일 수 있다. 가령, 그 소유권을 취득하기 위한 행위로 대표적으로 매매라는 행위를 들 수 있다. 현재 법률제도는 개인들 사이에서 그들의 행위를 통하여 소유권을 취득할 수 있도록 국가가 도와주고 있다. 즉, 개인의 행위 중 법률적으로 의미 있는 행위에 대하여는 법원의 판단과 이에 기한 국가의 집행을 강제해줌으로써 개인들이 소유권을 취득하게 만들어준다. 이와 같이 법에 의해 규율되고 보장되며 법에 의한 강제력으로 그 행위를 실현할 수 있는 행위를 '**법률행위**'라 한다.

또한 근대 민법에서는 사력구제가 원칙적으로 허용되지 않고, 국가기관에 의해서만 공정하게 그 행위를 강제로 실현시킬 수 있는 제도를 취하고 있는데, 국가기관이(이를 '**집행기관**'이라 부른다. 부동산의 경우는 법원이, 동산의 경우는 집행관이 집행기관이 된다) 강제력을 동원하여 그 행위를 실현시켜주기 위해서는 객관적인 증명이 필요하다. 그러한 강제력 동원의 대표적인 증명이 되는 것은 법원의 판결인데, 이를 '**집행권원**'이라 부른다.

매매사례

甲은 2022. 2. 1. 자신 소유의 Y건물을 乙에게 1억 원에 매도하면서 계약금 1천만 원은 계약 당일, 중도금 및 잔금 9천만 원은 2022. 7. 31. 위 건물을 乙에게 인도해주고 소유권이전등기를 마쳐줌과 동시에 지급받기로 계약서를 작성하였다. Y건물을 임대할 경우 매월 1백만 원의 차임을 받을 수 있다.

위 매매사례에서의 매매계약과 같은 행위는 법원의 판단과 국가기관의 집행력까지 부여되는 법의 보호를 받을 수 있다. 이러한 법의 적용을 받을 수 있는 행위는 그렇지 못한 다른 행위('**사실행위**'; 가령, 위 매매사례에서 계약체결과정에서 오고 간 정치나 시사문제에 대한 대화, 친구와 이야기하는 행위, 걷는 행위)와 구별하여 특별히 법의 적용을 받아 법원의 판결과 국가기관의 강제집행으로 보호될 수 있는 행위이다. 즉, **법**에 의해 규**율** 되는 **행위**로서 대표적인 '**법률행위**'라고 할 수 있다.

따라서 법률행위란 그 행위로부터 발생하는 권리의 존재에 대한 판결을 구할 수 있고(소송으로서 판결을 구할 수 있는 힘이라 하여 '**소구력**'이라 한다), 그 권리에 대한 확정판결을 근거로 집행기관을 통하여 강제적으로 실현시킬 수 있는(이를 '공취력' 내지 '**집행력**'이라 한다) 행위라고 정리할 수 있다.

그리고 법원과 국가기관이 권리보호를 위해 개입해 줄 수 있는 사인들 간의 이러한 법률행위가 성립하였는지, 성립하였다고 보기 위해서 최소한의 요소는 무엇으로 보아야 할지(소위 '**법률요건**'), 법률행위가 성립하였을 경우 그 효과로서 어떤 권리들까지 인정해줄지(소위 '**법률효과**')를 정하는 것이 민법이라고 할 수 있다. 즉, 시민(市**民**)들 사이의 권리를 정하는 법(**法**)이 민법(**民法**)이라고 할 수 있다. 이러한 배경에서 민법에 대한 영문표현도 'Civil Law'라고 표시되고 있다.

2. 민법과 이념과 특징

근대 내지 현대 민법의 기본원리가 무엇인지 논란은 있으나, 원칙적으로 사유재산권 존중의 원칙, 사적자치(계약자유)의 원칙, 과실 책임의 원칙이라 할 수 있고, 예외적으로 이러한 3대 원칙들은 거래안전 내지 공공복리에 의해 제한될 수 있다고 할 수 있다.

가령, 앞의 매매사례(116면)에서 甲의 Y건물에 관한 소유권(대표적인 **'물권'**이다)과 乙의 甲에 대한 매매에 기한 Y건물에 관한 소유권이전청구권(물권을 가지기 위한 원인이 되는 행위로서 대표적인 **'채권'**이다)은 법적으로 보호되고(사유재산권 존중), 甲, 乙 사이의 매매대금이나 소유권이전에 대한 계약내용에 대하여는 계약당사자들이 자유롭게 정하고 국가개입은 허용되지 않으며(계약자유의 원칙), 甲이 위 건물의 소유권을 이전하지 못한 데에 甲의 잘못이 없었던 경우에는 乙에게 계약불이행에 따른 책임을 부담하지 않게 된다(과실 책임의 원칙).

그런데 모든 사안들에 대하여 일률적으로 위 원칙들의 적용만을 허용하게 되면 개인 서로 간은 물론 국가 전체적으로 옳지 않게 되는 예외적인 경우, 가령 마약제조를 위한 건물을 매수하려 하는 경우(민법 제103조[1] 반사회질서의 매매로서 무효) 또는 투기과열지역으로서 투기목적의 거래는 허용하지 않아야 하는 경우(「부동산 거래신고 등에 관한 법률」상 토지거래허가를 얻지 못한 매매로서 무효) 민법 내지 특별법의 강행규정의 적용을 받게 되는 경우가 있는데, 공공복리 내지 거래안전의 예외적 제한원칙이 적용되는 경우라 할 수 있다.

Ⅱ _ 민법의 개념과 법원

1. 실체법과 절차법

민법의 규정 중에는 권리와는 무관한 조문도 있지만(가령, 제389조는 강제이행의 방법을 정한 조문으로 권리를 인정하는 조문이 아니라 다른 계약이나 조문에서 인정하는

---

1) 이하 민법의 경우는 법명은 생략하고 조문만 표시함.

권리에 관한 강제집행방법을 정하는 절차법적 조문이라 할 수 있다), 민법의 핵심은 사인 간에는 어떤 권리들이 인정될 수 있는지를 정하는 법이라 할 수 있고, 이와 같이 권리의 종류와 내용을 정하는 법을 실체법이라 한다.

이에 반하여 민사소송법이나 민사집행법은 실체법상 인정되는 권리를 법원의 판결에 의해 확정하거나(민사소송법), 확정판결에 의해 인정되는 권리를 집행기관에 의해 실현시키는 법으로서(민사집행법) 이와 같이 실체법상 권리를 확정하고 실현시키는 법을 절차법이라 한다. 이러한 점에서 민법은 대표적인 실체법이라 할 수 있다.

2. 형식적 의미의 민법과 실질적 의미의 민법

형식적 의미의 민법은 법률 제19098호로 시행되고 있는 법률을 의미하는데, 총칙 편의 제1조부터 상속 편의 마지막인 제1118조까지를 규정하고 있는 법률을 의미한다.

이에 반하여 실질적 의미의 민법에는 그 이외에도 실체법 상 권리를 제한하거나 확장하는 내용을 규정하고 있는 특별법들로서 「주택임대차보호법」, 「상가건물임대차보호법」, 「이자제한법」, 「부동산실권리자 명의 등기에 관한 법률」 등도 포함한다.

가령, 임대차의 경우에는 제618조부터 제654조가 적용되지만, 임대차의 목적물이 주거용 주택이라면 민법에서는 인정되지 않는 대항력이나 우선변제권까지 그 효력을 인정해 주는 「주택임대차보호법」이 먼저 적용되는데, 이러한 특별법은 실질적 의미의 민법이라 할 수 있다.

3. 형식적 의미의 민법에 적용될 법의 원천(法源)

어떠한 사실관계에 대하여 적용될 법의 순서는 ① 법률 → ② 관습법 → ③ 조리의 순으로 적용되는데, 이렇게 적용될 근거 법과 그 순서를 법원(法源[2])이

2) 법이 흘러나오는 근거라는 의미의 법(法)의 원천(源泉)의 약자.

라 한다.(제1조)

첫 번째 법원인 법률에는 형식적 의미의 민법도 있고, 사법(私法)상 권리를 정하고 있는 민사 특별법도 있다.

두 번째 법원인 관습법이라 함은 어떤 부분에 관하여 반복적으로 행하여진 관행이 사회구성원의 법적 확신을 얻어 법규범으로서의 지위까지 가지게 된 경우를 말한다.

판례상 관습법상 법정지상권(일정한 경우 지상권이 관습법에 따라 인정), 분묘기지권(묘지사용을 위한 토지에 관한 지상권이 관습법에 따라 인정), 양도담보(원래 물권은 거래안전 상 당사자들 사이의 계약으로 만들 수 없고 법에서 정한 담보권만 인정되는 것인데, 법률이 정하지 않은 새로운 종류의 담보물권을 관습법으로 인정), 나무나 나무에서 분리되지 않은 나무의 과실에 관한 별도의 공시방법으로서 명인방법(원래 부동산의 일부분인 나무나 나무의 미분리 과실은 토지의 일부로서 부동산이고, 부동산의 경우 등기로서 공시방법을 갖추어야 하는데, 등기 이외에도 푯말, 새끼줄이나 철조망을 둘러 놓고 누군가의 소유임을 글자 등으로 표시해 놓는 것으로 토지와 분리된 별도의 물건으로 공시하는 것)을 들 수 있다.

세 번째 법원인 조리란 사물의 본성, 자연의 이치 내지 법의 일반원리를 의미하는데, 이를 적용법규라고 할 수 있는지 학설상 다툼이 있다. 판례는 종중구성원의 자격에 관하여 '조리에 따라 구성원의 자격이 정해진다.'고 판시한 경우가 있다.[3]

Ⅲ_ 실체법으로서 민법과 그 핵심

1. 권리와 법률관계

(1) 민사분쟁의 특징

민법의 경우 그 분량이 방대하고, 조문도 많으며, 판례도 매우 많다(대법원의

---

3) 대판 2005. 7. 21. 2002다1178.

판례공보상 민사사건의 판례의 수는 형사사건이나 행정사건 보다 항상 많다). 또한 그 기저에는 철학적 내지 사회경제적 고려가 포함되어 있고, 법리에서는 민사소송과 민사집행과의 연계 등으로 다른 법률 분야에 비하여 어려운 법의 분야이다.

또한 민사소송에서는 권리에 대한 처분권주의와 요건사실에 대한 변론주의가 적용되고, 당사자들 및 소송대리인들의 대등관계가 기본이어서 그 소송수행능력과 기술의 차이가 소송의 결과에 미치는 영향이 현저한 분야인바, 그 만큼 법률전문가가 실력을 발휘할 수 있는 영역이다.

(2) 권리와 법률관계

그러나 민법과 같이 실체법의 경우 핵심은 어떠한 권리의 존재와 내용이고, 그 권리발생의 근거가 되는 법률관계가 무엇이고 그 요건은 어떻게 되는지, 상대방이 이에 대항하여 그 권리를 없애거나 효력을 축소시킬 수 있는 법률적 방법과 그 요건으로는 무엇을 인정할지의 문제로 민사법의 전체를 보면 인정되는 권리의 종류, 이에 대한 방어방법은 그렇게 많은 것도 아니다.

가령, 앞의 매매사례(116면)에서 甲, 乙 사이의 2022. 2. 1. 매매계약이라는 법률행위가 법률관계가 되는 것이고, 그 법률관계에서 甲의 乙에 대한 1억 원의 매매대금청구권이라는 채권으로서의 권리, 乙의 甲에 대한 Y건물에 관한 재산권이전청구권(구체적으로는 소유권이전등기청구권과 인도청구권)이라는 채권으로서의 권리가 발생한다. 앞의 매매사례(116면)에서 매매계약은 대표적인 **약정채권**(계**약**에서 인**정**한 **채권**)이 발생하는 법률행위에 해당한다.

위와 같이 법률행위에서 약정채권과 같은 권리가 발생하기도 하지만, 법률행위가 아닌 법률규정에 의해 권리가 발생하는 경우도 있다. 가령, 앞의 매매사례(116면)에서 乙이 甲에게 매매대금 중 5천만 원을 지급하였고, 甲은 乙에게 Y건물의 소유권을 이전해주고 인도해 주었는데, 甲乙사이의 매매가 불성립, 무효, 취소가 된 경우는 甲乙사이의 법률행위는 효력이 없고 甲과 乙은 각자 상대방에게 법률행위가 유효할 것을 전제로 교부받은 것을 그 보유의 원인이 없어지게 된다. 이에 대하여 원인 없이 이익을 보유하는 것은 부당하므로 상대방에게 반환할 의무를 부담시키는데, 상대방의 입장에서는 그 반환을 청구할 수 있는 부당이득반환청구권이 된다. 이는 법률행위에 의하지 않고 법률 규정에 따라 발생하는 채권으로서 **법정채권**(법에서 인정한 채권)이라 하고, 부당이득이 법률관계가 된다.

다만 이러한 약정채권 및 법정채권은 그 의무이행자인 상대방, 즉 채무자에게만 청구할 수 있는 것이 원칙이어서 **상대적 권리**라 할 수 있다. 참고로 법학에서 '상대적'이라는 단어는 채권자와 채무자 사이, 즉 채권채무의 당사자 사이에서만 효력이 있고 당사자 이외의 자에게는 그 채권을 주장할 수 없다는 의미로 사용되기도 한다.

한편 이상의 채권은(가령, 乙의 甲에 대한 매매를 원인으로 한 재산권이전청구권) 종국적으로 **물권**으로(가령, 乙이 소유권이전등기를 경료하면 乙은 소유권이라는 물권을 갖게 된다) 나아가기 위한 전단계의 권리이다. 앞의 매매사례(116면)에서 소유권이전청구권이라는 채권이 이행되지 않은 상태에서는 甲이 Y건물의 소유권자이므로 Y건물에 관한 소유권이라는 물권을 가지고 있는데, 물권은 채권보다 효력이 막강하고 대세효가 있다. 물권을 침해하는 모든 자에게 그 효력을 주장할 수 있다고 하여 **절대적 권리**라고 불리는데, 위에서 본 당사자 사이에서만 채권의 효력을 주장할 수 있는 상대적 효력과 대비된다.

이러한 물권자체(가령, 소유권)에서 **물권적 청구권**(가령, 제213조의 소유권에 기한 인도청구권)이 발생하는데, 이는 법률행위나 법률규정에서 인정되는 위에서 본 채권적 청구권과는 또 다른 권리가 된다.

따라서 민법의 핵심은 어떤 내용의 채권과 물권이 인정되고, 그 권리의 내용과 효력은 어떤 것인지, 그 채권 또는 물권이 발생하기 위한 요건은 무엇인지, 물권이나 채권에 대항하여 상대방에게 그 권리를 소멸시키거나(가령, 채권에 대한 소멸시효완성항변 또는 물권적 청구에 대한 취득시효완성항변) 일시적으로 유예할 수 있는(가령, 유치권항변이나 동시이행항변) 법률상 허용되는 방법은 무엇인지의 문제라고 할 수 있다. 이러한 민사 법률관계의 기본 구조를 염두에 두고 민사법을 공부하거나 분쟁사안에 접근한다면 민사법률 관계의 이해와 사안의 해결은 보다 용이하다.

2. 법률관계, 권리, 법률요건, 요건사실

(1) 권리발생의 원인과 그 요건

앞의 매매사례(116면)에서 본 바와 같이 '매매'는 **법률관계**가 되고(이를 민사소송에서는 '청구원인'이라 한다), 그 매매에서 발생하는 甲의 乙에 대한 매매대금채권 내지 乙의 甲에 대한 소유권이전청구권이 '**권리**'가 된다.(이를 민사소송에서는 '소송물'이라 한다)

그리고 이러한 권리발생을 위한 필요최소한의 요건을 '**법률요건**'이라 하는데, 앞의 매매사례(116면)의 경우 '매매계약의 체결'이 법률요건이다. 그 법률요건은 약정채권의 경우 법률행위의 종류에 따라, 법정채권의 경우 그 근거조항의 규정내용에 따라 각 다르다. 약정채권의 발생원인인 법률행위의 경우 공통 법률요건은 당사자, 목적, 의사표시이다. 그리고 법률행위의 종류에 따라 그 의사표시의 내용이 다르다. 가령, 매매의 경우 당사자, 목적물, 매매대금이 필수 법률요건이고 임대차의 경우는 임대차보증금, 임대차기간, 차임이 법률요건이 된다.

한편, 물권의 경우 물권법정주의가 적용되어 계약자유의 원칙이 제한되는데, 법률 내지 관습법에서 허용하는 물권의 종류만 인정되고 그에 따라 요건과 효력이 다르다.

그리고 누가 언제부터 언제까지 이러한 권리를 가질 수 있는지를 총칙의 자연인 내지 법인 부분에서 다루고 있다.

(2) 법률적 사실(요건사실)

이상 본 바와 같이 모든 권리는 그 법률요건을 구비해야만 발생하고, 그 법률요건에 해당하는 구체적 사실이 주장되고 증명되어야 한다. 즉, 필요최소한의 사실인정(이러한 법률적 사실에 대한 주장과 증명을 '변론'이라 부른다) 후 법률적용에 따라 당사자가 법원에 판단을 구하는 권리가(법원의 판단을 받고자 하는 권리의 종류는 당사자가 특정하여 청구해야 판단해 줄 수 있다는 것을 '처분권주의'라 부른다) 인정된다는 법원의 판단을 받을 수 있고, 그 판단에 기하여 그 권리를 강제집행 할 수 있게 된다.

따라서 실제 분쟁에서는 위와 같은 필요최소한의 법률적 사실에 대한 주장과 증명이 매우 중요한 문제이다. 이러한 법률적 사실이 일반적인 자연적 사실 내지 사회적 사실과 어떻게 다른지를 간략하게 먼저 본다면 다음과 같다.

뉴스나 방송에서의 사회적 사실은 통상 6하 원칙의 적용에 따라 '누가, 언제, 어디서, 무엇을, 어떻게, 왜'의 문장구조로 사실이 표현되고 전달된다. 그리고 형사법에서의 법률적 사실은 대개 '주어, 공범, 일시, 장소, 객체, 동기, 수단, 행위'로 8하 원칙이 적용된다.

그러나 민법에서의 사실은 **'5하 원칙'**이 적용된다고 할 수 있는데, '주어, 날짜, 상대방, 목적물, 행위'로 요약할 수 있다. 앞의 매매사례(116면)에서는 '甲은 2022. 2. 1. 乙에게 Y건물을 1억 원에 매도하였다.'라고 법률적 사실이 표현된다. 계약의 경우 계약 장소나 시간, 동기, 이행기는 원칙적으로 법률적 사실이 아니다. 특히 법률행위를 하게 된 '동기'는 법률행위의 5하 원칙에 포함되지 않아 법률행위의 내용이 되지 못하는 것이 원칙이므로 **'동기의 착오'**가 착오로 인정될 수 있는지, 또는 **'동기의 불법'**이 법률행위에 포섭되어 제103조 반사회질서의 법률행위에 해당되는지 자주 문제가 된다.

이러한 법률적 사실에 대한 당사자들 사이의 의사표시의 합치가 있으면 계약이라는 법률행위가 성립하게 된다. 그 의사표시가 서로 일치하는 것이고, 하자가 없는 것인지를 총칙 부분의 의사표시부분에서 다루고 있다.

(3) 항변

위와 같이 요건을 갖춘 법률행위가 원인이 되어 발생된 권리에 대하여 상대방은 일단 그 권리발생은 인정하지만, 그 후 '그 법률행위는 착오에 의한 의사표시로서 2022. 11. 1. 취소되었다.'거나(제109조 착오에 의한 의사표시로서 취소권행사), '이행기를 2022. 7. 31.로 정했는데 아직 이행기가 도래하지 않았다.'거나(제153조 기한미도래 항변), '그 권리의 소멸시효가 완성되었다.'거나(제162조 소멸시효항변), '상대방으로부터 Y건물을 인도받기 전까지는 매매대금을 지급할 수 없다.'(제536조 동시이행항변)는 등의 법률적으로 허용되는 주장을 통하여 일단 발생한 권리를 그 후 소멸시키거나 저지시킬 수 있는데, 이를 '항변'이라 부른다(권리발생을 처음부터 부정하면 이는 '부인'이다).

이러한 항변의 경우도 권리주장과 동일하게 항변권발생을 위한 필요최소한의 법률적 요건이 있다. 가령, 소멸시효항변의 경우 '권리행사가능성이 있는 시점, 권리불행사, 시효기간도과'를 법률요건으로 한다.

(4) 소결

이상 본 바와 같이 민법의 핵심은 채권, 물권이라는 권리의 발생과 발생한 권리의 효력을 상실시키거나 저지시키는 항변이 주요 쟁점을 이룬다. 이러한 물권과 채권의 발생원인으로 대표적인 것이 매매와 같은 법률행위인데, 그 법률행위의 성립요건 내지 효력요건, 권리는 누가 가질 수 있는 것인지, 법률행위의 효력을 상실시키는 무효사유 내지 취소사유, 법률행위의 효력은 성립과 동시에 발생하는 것이 원칙인데 성립과 효력의 시점을 달리 정할 수 있는 부관, 권리의 불행사가 일정한 기간을 도과하면 소멸하게 되는 소멸시효를 다루는 것이 총칙이다(제2절).

총칙은 물권(제3절)과 채권(제4절), 친족(제5절)과 상속(제6절)에 관하여 공통적으로 적용된다. 다만 가족의 법률관계를 다루는 친족과 상속부분은 재산권을 중심으로 한 물권 내지 채권과는 다른 특수성이 있어 다소 제한되는 부분이 있다. 총칙은 재산권을 염두에 두고 만들어진 공통 적용규정들이라 할 수 있다.

제 2 절 총칙

I _ 총칙의 주요쟁점

민법 제1편 총칙의 규정은 제1조부터 제184조까지인데, 규정의 순서는 법원과 신의칙에 대해 정하는 통칙, 권리의 주체로서 자연인과 법인에 대한 규정, 물건의 정의, 법률행위(의사표시, 대리, 무효와 취소, 조건과 기한), 기간, 소멸시효의 순으로 되어 있다.

총칙 부분 중 시간적, 논리적 흐름의 순으로 검토해 보면, 누가 물권과 채권의 주체가 될 수 있는지(권리를 가질 수 있는 자가 원칙적으로 법률행위의 당사자가 될 수 있고, 소송당사자가 될 수 있다), 권리의 객체 중 대표적인 것으로 물건은 무엇인지, 권리발생의 원인 중 대표적인 것으로 법률행위의 성립요건과 효력요건, 법률행위의 효력요건으로서 무효사유와 취소사유, 성립과 효력의 시기를 달리 정할 수 있는 부관(조건, 기한), 권리의 발생과 소멸에서 시간의 흐름이 관여되는 경우 그 기간은 어떻게 산정하는 것으로 통일할지, 권리의 유효기간과 같이 일정기간 동안 권리를 불행사하는 경우 그 권리는 소멸되는 것으로 주장할 수 있는 소멸시효, 마지막으로 (조문의 순에서는 가장 앞서지만 실제 법률적 효력의 측면에서는 가장 약하다고 할 수 있는) 제2조에서 정하고 있는 신의성실의 원칙 내지 권리남용금지의 원칙에 대하여 검토해보기로 한다.

Ⅱ _ 권리의 주체

1. 자연인

(1) 사람의 출생과 사망

사람은 생존한 동안 권리를 가질 수 있고, 의무를 부담하는 주체가 될 수 있는데(제3조), 출생 시부터(**완전노출설**; 형법에서는 산모의 진통이 있을 때부터 사람으로 보지만, 민법의 경우 출산절차를 마쳐 완전노출까지 되어야 사람이 된다) 사망 시까지(**심폐정지설**; 심장박동과 호흡이 완전히 멈춘 상태) 권리의무의 주체가 되므로 그 명의로 계약을 체결하여 채권을 가지거나 채무를 부담할 수 있으며, 그의 명의로 소유권 등 물권을 가질 수 있다.

사람이 아닌 동물의 경우는 권리능력이 없다. 따라서 특히 아끼는 애완동물이라 하여 그의 명의로 소유권을 갖게 한다거나, 손해배상채권을 주장할 수 없고,[4] 애완동물명의로 예금계약을 체결하여 예금주가 되게 하는 계약을 체결할 수

---

4) 대판 2013. 4. 25. 2012다118594(위탁받은 애완견 2마리를 유기견으로 오인하여 안락사 시킨 사건에서, 안락사당한 위 개 2마리 자체의 위자료 청구권을 부정한 사안).

없다. 천연보호 종으로서 매우 희귀한 멸종동물인 수 마리의 도롱뇽이라 하여 그 동물들 명의의 권리 내지 이를 전제로 한 소송당사자능력을 주장할 수 없다.

(2) 태아

출산 이전 임신 중 태아로 있는 상태에서는 원칙적으로 권리를 가지거나 그 태아의 이름으로 계약을 체결할 수 없다. 가령, 앞의 매매사례(116면)에서 계약서가 작성된 날짜인 2022. 2. 1. 乙이 태아인 상태였다면(물론 乙이 태아로서 스스로 계약서를 작성하는 것은 물리적으로 불가능하지만, A가 乙을 대리하여 乙명의로 계약서를 작성한 경우는 태아 상태인 乙명의로 계약서가 작성될 수 있다), 그 이후 乙이 출생하더라도 위 계약은 존재하지 않는 권리주체가 당사자가 된 법률행위로서 법률행위의 성립요건을 구비하지 못한 것으로 당연히 그 효력은 인정되지 않는다.

다만, 일정한 경우에는 태아에게도 권리의 주체를 인정하는 예외적 규정이 있는데, 불법행위에 기한 손해배상청구권(제762조), 상속권 및 유류분권(제1000조 제3항, 제1118조), 유증(제1064조)은 태아인 상태에서도 태아가 그 권리를 취득한다.

가령, 혼인 중의 甲(남)과 乙(여) 사이에서 乙이 태아 丙을 임신하고 있던 중 2022. 2. 1. 甲이 교통사고로 사망하였고, 乙은 2022. 7. 31. 丙을 출산한 경우를 들어 본다. 위와 같은 예외규정들에 따라 2022. 2. 1. 시점에 丙은 자신의 위자료청구권이라는 손해배상채권을 가질 수 있고, 그 시점에 甲의 재산을 상속 받을 수 있는 상속인의 자격을 취득할 수 있다는 것을 의미한다.

그런데 태아 중인 상태에서의 이러한 예외적인 권리능력인정은 그 태아가 살아서 출생할 것을 조건으로 하므로 출산 이전에 태아가 사산된 경우라면 태아는 그 권리주체가 될 수 없다. 다만, 출생이라는 조건의 의미에 대하여 견해대립이 있는데, 일단 문제된 시점인 2022. 2. 1. 태아 丙이 권리를 취득하고 출생하지 못하고 사산된 경우 소급하여 그 권리가 없어진다는 견해(**해제조건설**)와 태아인 시점에서 바로 권리를 인정해 줄 수는 없고 이후 살아서 출생하면 그 시점으로 소급하여 권리를 취득하게 된다는 견해(**정지조건설**)가 대립하고 있다.

(3) 부재와 실종

사람은 위와 같이 사망 시까지 권리주체가 되는데, 일정한 경우 그 사람이

행방불명이 되어 생사 여부가 불명확한 경우가 있다.

가령, 앞의 매매사례(116면)에서 甲이 계약체결 직후 행방불명이 되어 아직 사망의 증거가 없는 경우를 들 수 있다. 사망의 증거가 없다고 하여 위 계약에 따라 발생하는 소유권이전의무나 매매대금채권을 사망의 증거가 나올 때까지 방치할 수는 없으므로 법원을 통하여 부재자의 재산관리인을 선임하여 위 매매에서 발생한 권리행사와 의무이행을 대신하게 할 수 있다(제22조 이하).

또한 5년 동안 생사불명의 경우는(제21조 제1항의 일반실종) 법원의 실종선고를 통하여 사법상 거래와 관련한 甲의 권리들을 사망에 준하여 상속시킬 수도 있다. 다만, 이는 확정적인 것은 아니고 추후 생존의 증거 등이 있으면 위 사망선고를 취소시킬 수 있다.

(4) 소결

사람은 생존기간 동안 소유권의 주체 내지 계약당사자가 될 수 있고, 그 나이가 몇인지(행위무능력과 관련), 법률적 의미를 온전히 이해할 수 있는 능력이 있는지(의사무능력과 관련)의 여부는 문제가 되지 않는다.

다만, 의사능력이 없는 사람 자신의 법률행위는 무효이고(정신적 능력이 8세 미만의 어린이 정도의 수준), 19세가 되지 않은 미성년자 자신의 법률행위는 취소할 수 있는 하자가 있을 뿐이므로, 친권자나 후견인을 대리인으로 한 법정대리방식을 통하여 온전히 법률행위를 할 수 있고, 이를 통하여 그 명의로 채권과 물권을 가질 수 있다. 이러한 무효사유 내지 취소사유에 대하여는 아래에서 별도로 살펴본다.

2. 법인

(1) 법에서 인정한 인간

권리를 가질 수 있는 존재는 사람이 원칙이지만(이를 자연인이라 함), 일정한 경우에는 사회경제적 필요성에 의해 개별적인 사람들이 아닌 이러한 사람들과는 별도로 권리의 주체가 될 수 있는 존재를 인정할 필요성이 있는데, **법**에서 인정한 **인**간이라는 의미에서 **법인**도 권리주체가 될 수 있다.

가령, 앞의 매매사례(116면)에서 甲으로부터 Y건물을 매수하고자 하는 사람들이 300명의 사람들인 경우를 가정해 본다. 그 사람들은 같은 대학의 동문회원들로서 甲과 계약서를 작성하고 소유권을 이전하는 과정에서 그 사람들 300명 전체가 매수인으로 계약을 하고 300명 전원에 대하여 등기를 하는 것은 비효율적이다. 그 사람들의 모임은 동창회의 목적이고, 그 활동도 동문선후배의 친목도모를 위한 것으로 모두 동일하므로 300명 전체가 계약서를 작성할 것이 아니라 이들의 이익을 대변할 수 있는 법에서 허용하는 존재를 만들어 그 법인의 명칭을 乙로 하여 乙법인이 독자적으로 계약을 하고 Y건물을 소유할 수 있게 한다면 매우 효율적이고 사회경제적으로도 필요한 제도가 된다. 특히 사람들은 사망하기도 하며, 신규 동문회원들이 추가되어 구성원들인 사람들의 범위가 수시로 변동될 수도 있으므로 일부 사람들의 변동과는 별도의 존재로 乙법인을 만들어야 하는 필요성도 높다.

(2) 출생, 활동 및 사망

법인은 법에서 인정하는 권리주체이므로 법에 따라서 출생, 생존, 사망이 정해지는데, 제31조부터 제97조까지는 이에 대하여 규정하고 있다.

그리고 법에서 가상적으로 인정하는 인물이므로 법인 스스로가 실제 계약서를 작성하는 것은 물리적으로 불가능하다. 따라서 실제 계약서를 작성하는 손발과 같은 신체**기관**이 필요한데, 이러한 기관으로 이사를 두게 되어 있고, 이사가 물리적인 계약서를 작성하게 된다. 다만 별도의 인격을 가진 존재인지의 여부는 거래를 하는 앞의 매매사례(116면)에서의 甲과 같은 제3자의 입장에서는 매우 중요한 문제이고, 거래안전을 위해 언제 법에서 그 인격체를 인정하기 시작하였고, 유효하게 계약서를 작성할 이사는 누구인지를 제3자들의 입장에서 항상 알 수 있도록 공시할 필요가 있다.

이에 따라 위 규정들에서는 법인은 법원이 관리하는 등기소에 법인등기를 함으로써 출생하고, 이사를 통해 활동하며, 해산과 청산규정에 따라 그 존재가 없어질 수 있게 규정하고 있다.

(3) 법인의 종류와 비영리성

법인에는 사람들의 모임으로서 사원들을 그 법인의 기본내용으로 하는 사단

법인과, 사람들의 모임이 아니라 어떤 재산을 기본 핵심으로 하여 별도의 인격을 가지게 하는 재단법인이 있다. 위에서 본 동창회모임, 자선활동을 내용으로 하는 사람들의 모임은 사단법인의 예라 할 수 있다. 일정한 재산을 그 법인의 기본재산으로 하고(기본재산은 자연인에서의 심장, 사단법인에서의 사원들과 같이 본질이 되므로, 기본재산을 감소시키는 행위에는 행정관청의 허가를 받아야 한다) 이로부터 발생하는 이자 등의 수익금을 장학금으로 수여하는 행위를 목표로 하는 장학재단은 재단법인의 예라 할 수 있다. 재단법인의 경우도 이사를 통하여 구체적으로 활동하게 되는데, 이를 감시할 수 있는 사원들이 없으므로 행정관청의 지도감독을 더 많이 받게 되어 있다.

민법 상 법인은 비영리만 규율하고 있는데, 여기에서 '**비영리**'라는 의미는 금전이나 이익이 오고 가지 않는다는 의미가 아니라 법인 명의로 입금된 수익을 구성원들인 사원들이 나누어 가지지 않는다는 의미이다.

영리법인은 민법의 특별법으로서 상법에서 규율하고 있는데, 주식회사가 대표적인 영리사단법인이고 인적 구성원들을 민법에서 사원이라고 부르는 것과 구별하여 주주라고 부른다. 따라서 영리 사단법인인 주식회사는 그 수익을 주주에게 나누어 줄 수 있다.

관련하여 영리재단법인은 법적으로 허용되지 않는다. 그 이유는 돈이나 물건 등의 재화는 인간을 위한 것이지, 그 재산 자체를 위한 것이 아니다. 재산이 주체가 되어 추가로 재산을 얻어 자신의 몸집을 키우는 것을 허용하는 것은 결국 돈이나 토지와 같은 재산이 스스로 돈을 벌 수 있는 것을 허용하게 되는 문제점이 있기 때문이라고 생각한다.

실제로는 사단법인이 주로 문제되는데, 그 인정요건으로는 '① 사원들 단체를 규율할 수 있는 규약으로서 정관, ② 정관에 기한 의사결정기관(사원총회가 최고 의결기관인데 주식회사의 주주총회와 같다고 보면 된다) 및 집행기관으로서 이사의 조직, ③ 의결이나 업무집행방법이 다수결원칙에 의해 행하여질 것, ④ 사원들의 변경과는 무관하게 단체명의의 재산과 그 관리가 이루어질 것, ⑤ 법인설립등기 경료'를 요한다.

그런데 실제로는 ①에서 ④까지의 요건은 모두 구비되었으나, 마지막 요건인 ⑤ 법인등기만을 마치지 않은 경우가 많다. 이는 비영리로서 사원들이 이익을 얻는 것도 아닌데 비용과 시간을 들여 설립등기 및 이사변경등기 등을 계속 관리하기가 번거롭고, 법인등기까지 마치게 되면 제37조와 같이 행정관청의 관여나 감독을 받을 수 있는데 이를 피하고자 하는 사회적 현실 때문이다.

이를 '권리능력 없는 사단' 또는 '비법인사단'이라 하는데, 이에 대하여 아래에서 추가로 살펴본다.

3. 비법인사단

법인등기요건을 구비하지 못하여 법인이라고는 할 수 없다. 그러나 위에서 본 법적 인격의 인정필요성 때문에 다수설과 판례는 ①에서 ④까지의 요건을 구비한 경우라면 법인등기를 전제로 한 민법규정(가령, 대표권제한의 등기에 관한 제41조)을 제외하고는 법인에 준하여 권리능력을 인정하고 있다. 더 나아가 부동산등기법에서는 그 명의로 부동산등기도 마칠 수 있는 규정도 있고, 민사소송법 제52조에서는 명문으로 당사자능력까지 인정하고 있다.

판례상 종중, 개신교의 교회, 아파트 등의 입주자대표회의, 동리 등의 자연부락, 동창회 등이 인정되고 있는데, 표현은 '권리능력 없는'이라고 불리지만, 실제로는 해석으로 대부분의 권리능력을 인정하고 있다.

Ⅲ_ 권리의 객체 중 물건

1. 물건

채권에 대한 질권설정이나 채권의 매매와 같은 예외적인 경우도 있지만, 역사적 내지 현실적으로는 물권이나 채권의 대상은 물건이 대부분인데, 민법에서는 물권편이 아닌 총칙편 제98조 내지 제102조에서 '물건'에 관하여 규정하고 있다.

물건은 '유체물 및 전기 기타 관리할 수 있는 자연력'으로 정의되고 있다. 따라서 눈에 보이지는 않지만 전기도 물건으로 매매를 할 수 있고(가령, 카페에서

1시간 휴대폰충전에 얼마를 받고 그 전기를 판매), 관리할 수 없는 자연력인 성층권부분의 대기는 물건이 아니지만(그러나 고압전선이 통과하는 정도의 높이 지상부분은 그 기저 토지의 소유권이 미친다), 관리할 수 있는 자연력인 용기에 담은 맑은 공기는 물건으로서 매매 내지 소유의 대상이 된다.

물건은 물권의 객체만 되는 상태도 있으나(가령, 앞의 매매사례(116면)에서 Y건물에 관하여 乙과 매매계약을 체결하기 전까지는 甲의 소유권의 객체만 되고 있다), 물건에 대하여 법률행위가 있게 되면 동시에 채권의 객체가 되기도 하다. 가령, 앞의 매매사례(116면)에서 乙에게 소유권등기를 넘겨주기 전까지는 Y건물이라는 물건은 甲의 소유권의 객체임과 동시에 Y건물에 관한 매매라는 법률행위로 인하여 乙은 소유권이전등기청구권이라는 채권을 가지고 있으므로 乙의 채권의 객체가 되고 있다.

이하에서는 부동산과 동산, 과실에 대하여만 살펴본다.

2. 부동산과 동산

토지 및 건물은 각기 다른 부동산이고, 그 이외에 토지나 건물에 강하게 부착된 것이 아닌 이외의 물건은 동산이다.

가령, 토지에 식재된 사과나무와 사과는 토지의 일부이므로 이 상태에서 토지가 매도되면 식재된 사과나무와 사과들도 모두 토지의 일부로서 매매되고 소유된다. 그러나 뽑혀진 사과나무나 나무에서 분리된 사과는 이제 부동산과는 다른 물건인 동산으로 취급되므로 그 상태에서 토지매매가 있게 되면 동산에 대한 매매는 없었으므로 매수인이 사과나무와 사과를 부동산으로 취득하는 것은 아니다.

우리와 일본의 경우 토지와 건물을 별개의 부동산으로 보고 있는데, 건물의 경우 지붕과 주벽이 완성되는 시점에 건물등기 없이도 토지로부터 법률적으로 분리되어 별도의 부동산으로 취급된다.

그 이전까지는 토지에 부합된 물건으로서 토지라는 부동산의 일부에 불과하여 토지와 별도로 매도하거나 소유할 수 없다.

3. 천연과실과 법정과실

물건의 용법에 의하여 수취하는 산출물은 천연과실, 물건의 사용대가로 받는 금전 등은 법정과실이라 한다. 가령, 앞의 매매사례(116면)에서 Y건물을 임대하여 줌으로써 받을 수 있는 월차임 1백만 원은 법정과실이라 하는데, 실제 분쟁에서는 법정과실이 대부분 문제되고 있다.

천연과실은 분리시점의 수취권자가(가령, 소유권자 내지 임차권자), 법정과실은 수취권리의 존속기간 동안 수취할 수 있다.

그런데 가령 앞의 매매사례(116면)에서 매매계약체결일인 2022. 2. 1.부터 乙에게 소유권이전등기를 마쳐준 2022. 7. 31.까지의 법정과실은 누가 취득할 권리가 있는지, 甲乙 사이의 매매가 무효, 취소, 해제되는 경우 그 과실도 반환해야 하는지 등 상당히 어려운 문제들이 있다.

이러한 어려운 쟁점들은 물권 중 점유자의 과실취득권과 비용상환청구권, 채권 중 계약해제의 원상회복규정(제548조), 매매부분 규정(제587조)과 손해배상규정(제390조), 부당이득반환범위규정(제748조) 등 여러 곳에서 산재되어 있다. 추후 깊이 있는 민법을 공부하게 된다면 해당부분과 연계되어 다시 총칙의 물건규정의 수취권자가 누구인지 상세히 다루어야 할 부분들이다.

Ⅳ _ 법률행위

1. 성립요건

(1) 계약책임에 의한 일반적 성립요건

법률행위의 종류에는 일방의 의사표시로만 성립하는 단독행위(가령, 유증), 수개의 의사표시로서 성립되는 합동행위(가령, 일반적으로 '동업관계'라 불리는 조합계약)도 있으나, 대개 청약과 승낙이라는 두 개의 의사표시의 합치에 의해 성립하는 계약이 일반적이다. 따라서 본 민법 부분의 설명에서는 계약을 기본적인 법률행위로 상정하였다.

당사자, 목적, 의사표시라는 외견상 최소한의 모습이 나타나야 법률행위가 성립하였다고 할 수 있다. 가령, 앞의 매매사례(116면)에서 당사자로서 권리능력 있는 甲과 乙이 존재하여야 하고, Y건물에 대한 매매라는 목적이 있어야 하며, 매매대금을 얼마로 할지(최소한 이를 정하는 기준에 대한 합의)에 대한 청약과 승낙의 의사표시가 서로 합치되어야 한다.

따라서 가령 乙이 태아인 상태와 같이 존재하지 않는 당사자이거나, 계약서에 목적물이 표시되지 않았다거나, 얼마에 매매를 하는 것이라는 의사표시가 없이 단순히 '계약한다'는 내용의 문구만 있는 경우라면 법률행위로서의 성립요건도 갖추지 못한 것이다.

실무상으로는 대여금채권이 인정되기 위해서는 '대여원금, 변제기, 대여금의 지급'이라는 요건이 구비되어야 하는데, 단순히 차용증만 작성되고 대여금이 지급된 사실이 인정되지 않는 경우 불성립한 대여금계약으로 보고 있다.

만약 위와 같은 성립요건이 구비된다면 성립된 법률행위는 유효할 것을 전제로 한 것이므로 원칙적으로 효력이 즉시 발생하고, 그 효력으로서 채권이 인정된다. 앞의 매매사례(116면)에서 계약이 성립하였으므로 그 효력으로 甲과 乙은 서로 상대방에게 그 채권을 행사할 수 있다. 즉, 성립한 법률행위는 원칙적으로 유효하다.

(2) 제3자에 의한 법률행위의 성립(대리인 제도)

계약책임 내지 자기책임의 원칙에 따라 甲乙사이의 매매는 甲과 乙이 직접 당사자가 되어 법률행위를 하여야 하고, 자신이 하지 않은 법률행위에 대하여는 법적 책임을 지지 않는 것이 원칙이다.

그러나 시간과 장소, 인적 능력의 다양성 등의 문제로 경우에 따라서는 甲이 직접 계약을 하지 못하는 경우나 제3자가 대신 법률행위를 해 주는 것이 더 좋은 경우가 있을 수 있다. 가령, 甲이 다른 다수의 업무로 개별적 거래를 직접 할 시간이 없는 경우나 甲보다 건물부분에 대하여는 법률행위를 더 잘할 수 있는 사람이 대신 법률행위를 해 줄 경우 더 높은 매매대금이나 기타 조건을 정할 수 있는 경우를 예로 들 수 있다.

또한 이러한 甲을 대신한 제3자의 甲을 계약당사자로 한 법률행위에 대하여 乙도 원하는 경우 이를 금지할 필요가 없다. 오히려 거래활성화를 위해 이러한 제3자가 체결한 법률행위의 성립을 인정해 주어야 할 법적 필요성도 높다.

따라서 민법에서는 상대방 보호나 거래안정을 위해 일정한 요건을 구비한 경우 제3자 A가 甲을 대신하여 甲, 乙 사이의 법률행위를 할 수 있도록 허용하고 있는데, 이것이 대리인 제도이고, 그 요건을 모두 구비한 대리를 유권대리라고 한다.

유권대리의 요건으로는 '① 대리권수여, ② 현명주의, ③ 대리권 범위 내의 법률행위'인데, 그 요건을 구비하지 못한 대리방식에 의한 법률행위는 원칙적으로 효력이 없다.

앞의 매매사례(116면)에서 甲이 A를 대리인으로 정하여 Y건물의 매매에 관한 대리권을 수여하였고(위 ①요건; 통상 인감도장이 날인된 대리권수여표시의 위임장과 인감증명서를 A에게 교부함), A는 계약을 체결하면서 '甲이 계약의 당사자이고 A는 대리인으로서 계약을 체결하는 것이다'고 표시하고(위 ②요건; 통상 매도인 甲, 甲의 대리인 A라고 계약서에 기재), 수여받은 대리권의 범위 내에서 계약을 체결하면(위 ③요건) 甲, 乙 사이의 법률행위가 성립한 것이 된다. 위 ③요건의 예시를 추가로 설명하면, Y건물에 관한 매매에 대한 대리권을 수여받아야 이에 대한 매매계약을 할 수 있고, 단순히 임대차계약에 대한 대리권만 수여받은 경우라면 매매계약이라는 대리행위는 무권대리로서 무효이다.

위 요건을 결한 무권대리는 원칙적으로 효력이 없고, 다만 거래안전과 상대방보호를 위해 예외적으로 본인이 추인하거나(제130조) 상대방의 입장에서 유권대리로 믿을 만한 사정이 있는 경우 표현대리로서 유효한 법률행위로 취급된다.

표현대리는 세 가지 경우가 있는데(제125조, 제126조, 제129조), 모두 상대방 乙의 입장에서 A의 대리행위를 유권대리로 믿을 만한 甲의 유책사유가 있어야만 한다. 따라서 본인 甲에게 어떠한 책임도 없는 경우라면(가령, A가 甲의 위임장을 완벽히 위조하고 훔친 인감도장과 인감증명서를 사용한 경우) 아무리 乙이 감쪽같이 속았고 乙에게 어떤 잘못이나 부주의가 없더라도 표현대리는 인정되지 않는다.

2. 효력요건

(1) 일반적 요건(가능, 적법, 타당)

위에서 본 바와 같이 성립한 법률행위는 원칙적으로 즉시 효력을 발생하는 것이지만, 모든 법률행위는 가능성, 적법성, 사회적 타당성을 갖추지 못한 것이라는 사실이 추후 밝혀진 경우 성립한 법률행위의 효력을 인정할 수 없게 되어 무효의 법률행위에 해당한다.

즉, 법률행위 당시 당사자에 관한 요건으로 계약당사자의 의사능력이 없을 경우, 목적에 관한 요건으로 원시적으로 불능인 목적물을 대상으로 한 경우, 의사표시에 관한 요건으로 강행규정에 위반하였거나 사회적 질서에 반한 경우에는 각 무효사유에 해당한다.

가령, 앞의 매매사례(116면)에서 계약체결 당시 甲의 지적능력이 8세 이하의 정신연령 밖에 되지 않았거나(당사자에 관한 무효사유로서 의사무능력자의 법률행위), Y건물이 그 이전에 화재로 멸실하여 이에 대한 소유권이전이 처음부터 불가능한 경우이거나(원시적 불능; 다만, 계약체결 이후 멸실된 경우는 후발적 불능인데 이러한 경우는 무효가 아니다. 또한 Y건물이 甲의 소유가 아니어서 타인 소유물을 매도한 경우에는 민법에서 타인 권리에 대한 매매는 유효한 것으로 인정하고 있어 이 또한 불능이 아니다), Y건물이 「사립학교법」의 적용을 받는 경우이어서 관할관청의 허가가 필요한데 이를 얻지 않은 매매이거나(강행규정위반의 무효; 이를 효력규정이라 한다. 다만, 해당 법률에서 '효력이 없다'는 규정은 없고 벌칙부과규정만 있는 경우라면 이는 단속규정으로 법률행위를 무효로 만들지는 않는다), Y건물에서 마약을 제조하기 위해 매수한 것이라는 동기를 알고 있었던 경우에는(제103조 반사회질서의 무효) 甲, 乙 사이의 위 매매는 성립은 하였지만 무효이므로, 서로 채권이 발생하지 않는다.

(2) 법률행위의 하자의 법적 성격

법률행위는 물론이고 모든 민사 법률관계에서(가령 제71조의 소집절차상 하자, 등기절차상 하자, 법인의 대표권제한 위반) 일부라도 요건이나 방식을 흠결한 경우에는 그 잘못이 경미하더라도 그 법률행위는 전부 효력을 발생하지 않는 것이 원칙이다. 즉, **'일부의 하자는 전부의 하자'**가 되는 것이 원칙이다.

가령, 어떤 법인이 10명의 이사들이 선임되어 있는데, 이사회를 위한 소집통지에서 1명에 대한 통지가 누락된 경우에는 설사 의견을 같이 하는 9명의 나머지 이사들의 의사정족수 및 의결정족수로 10명에 대한 통지가 모두 이루어졌더라도 이사회의 결과는 달라지지 않는 것이 명백하더라도 그 이사회결의는 소집절차상의 하자로 인하여 효력이 없다.

법률행위도 마찬가지로 일부에 무효사유가 있는 경우에는 법률행위 전체가 무효에 해당하는 것이 원칙이다. 다만, 예외적으로 제137조에 의해 무효부분을 제외하고서도 계약을 하였을 가상적 의사가 인정되는 경우라면 나머지 부분은 유효한 것으로 인정된다.

가령, 앞의 매매사례(116면)에서 매매대금을 1억 30만원으로 정하면서 Y건물 부분이 1억 원, 그 옆의 간이부속창고 부분을 30만원으로 정했는데, 계약 당시부터 부속창고가 존재하지 않았던 경우로서 1억 30만원의 계약은 전부 무효가 되는 것이 원칙이지만, 甲乙 모두 부속창고가 없더라도 1억 원으로 계약을 하였을 경우라면 Y건물에 대한 1억 원의 매매는 유효한 것으로 취급된다.

또한 모든 하자를 일률적, 강제적으로 효력을 상실시키는 것이 당사자들 및 거래안전에도 도움이 되지 않는 경우라면 이를 무효라고 강제하지 말고, 무효와 동일하게 처음부터 효력을 상실시킬 것인지 선택권을 줄 수 있도록 입법화할 필요가 있다(법률행위의 **취소**사유).

그리고 어떤 경우는 하자가 있는 것인지 없는 것인지 법의 적용을 받는 거래당사자들 사이에서 애매한 경우도 있어 그 효력의 존부에 대하여 입법으로서 규정할 필요가 있다.(가령, 의사표시의 하자가 어떤 경우는 무효사유이고 어떤 경우는 취소사유인지).

또 다른 문제로 민법의 법률관계는 모두 유인적이다. 가령, 앞의 매매사례(116면)에서 甲, 乙 사이의 매매가 무효가 되면, 乙로부터 Y건물을 매수하여 소유권이전등기를 마친 丙에 대한 관계에서도 그 원인들은 서로 영향을 미치게 되어 乙, 丙 사이의 매매계약도 무효가 된다. 가령, 제103조 반사회질서의 법률행위의 경우는 제3자 丙도 보호가 되지 않는데 이와 같은 절대적 무효가 민사 법률관계의 '**유인주의** 원칙'이다.

이럴 경우 제3자 丙을 보호할 필요성이 있는 경우 입법적으로 제3자 보호조항을 두어 丙은 甲, 乙 사이의 매매의 무효에 대항할 수 있도록 규정을 둘 필요가 있다. 가령, 甲, 乙 사이의 매매가 통정허위표시에 의한 매매로서 무효인 경우(제108조) 乙과 계약한 丙은 선의의 제3자로서 보호될 수 있도록 규정된 경우를 들 수 있다.

이하에서는 법률행위의 무효사유와 취소사유를 살펴본다.

3. 무효사유

(1) 절대적 무효사유

위에서 본 의사무능력자(규정은 없으나 학설, 판례 상 당연히 인정되는 해석이다), 원시적 불능(제535조에서 간접적으로 규정), 강행규정 중 효력규정 위반에서 제3자 보호조항이 없거나 제3자에 해당하지 않는 경우, 반사회질서의 법률행위(제104조), 무권대리인의 법률행위는 모두 무효이다.

이러한 경우 그 법률행위에 기한 채권은 발생하지 않으므로 이행청구를 할 수 없고, 이행이 완료되었더라도 모두 원인 없이 이루어진 이행으로서 원래의 소유자에게 반환하거나 부당이득으로서 반환해야 한다. 이러한 무효사유들은 제3자 보호조항이 없어 절대적 무효사유라고 할 수 있다. 다만, 제3자는 선의취득이나 시효취득으로서 그 요건을 구비한 경우 별도의 권리에 의해 보호될 수는 있다.

가령, 앞의 매매사례(116면)에서 甲, 乙 사이의 매매가 甲을 대리한 A에 의해 체결된 법률행위인데, 甲이 A에게 대리권수여를 한 적이 없는 경우 그 후 乙명의로 소유권이전등기가 경료되고, 乙은 선의의 丙에게 이를 다시 매도하고 소유권이전등기를 경료해주었더라도 丙은 (제245조 제2항의 등기부취득시효가 완성되지 않는 한) 보호되지 못한다.

그중 반사회질서의 법률행위로서 무효에 해당하는 판례의 예들을 보면, 행정기관에 진정서를 제출하여 상대방을 궁지에 빠뜨린 다음 이를 취하하는 조건으로 거액의 급부를 제공받기로 계약한 경우, 소송사건에서 증인으로 출석하여 증언할 것을 조건으로 어떤 대가를 받기로 약정하였는데 그 금액이 법원출석으로 인한 손해를 전보해 주는 정도를 초과한 다액의 금원인 경우, 법률행위 자체가 불법인 경우(가령, 성관계나 마약에 대한 매매), 법률행위의 동기가 불법인데 표시되거나 상대방에게 알려진 경우(동기는 앞에서 본 '5하 원칙'에서 본 바와 같이 민법의 법률요건이 되지 못하는 것이 원칙이지만, 이러한 경우에는 예외적으로 법률행위의 내용에 포함되었다고 볼 수 있기 때문이다), 형사범죄의 공범간의 약정, 동거의 대가로 재산을 지급하기로 하는 계약(다만, 이를 해소하기 위한 것을 조건으로 하는 위로금지급계약은 유효함), 수사기관에서 참고인으로 허위의 진술을 한 대가로 금원을 지급하기로 한 계약, 공무원의 직무에 관하여 청탁해 주고 그 보수로 돈을 지급받기로 한 계약, 배임적인 이중매매계약, 과도한 위약벌을 정한 계약, 사기보험을 위한 보험계약 등은 반사회질서의 법률행위로서 무효이다.

그러나 사용자와 근로자 사이의 경업금지약정, 해외연수 후 일정기간 동안 회사에 근무해야 한다는 약정은 사회질서에 반하지 않는 것으로 본다.

반사회질서의 법률행위 중 배임적 이중매매는 추가로 살펴볼 필요가 있다. 앞의 매매사례(116면)에서 乙이 甲에게 계약금 1천만 원과 중도금 중 2천만 원 도합 3천만 원을 추가로 지급한 상태인데, 이를 알고 있었던 丙이 甲에게 적극 권유하여 2023. 2. 1. 1억 5천만 원에 매수하고 甲으로부터 소유권이전등기를 마친 경우 甲, 丙 사이의 위 2023. 2. 1. 1억 5천만 원의 매매계약은 반사회질서의 법률행위로서 무효이고, 丙명의의 소유권등기도 민사 법률관계의 유인주의에 따라 원인무효의 등기로서 甲에게 다시 말소되어야 한다.

언뜻 보면 丙이 그렇게 비난받을 만한 행동을 한 것은 아니라고 볼 수 있으나, 민법의 법률관계에서는 그 접근방법이 절대적 무효규정인 제103조를 근거로 한 것이기 때문에, 丙은 물론이고 丙으로부터 다시 매수한 선의의 丁도 보호되지 못한다.

계약금만 지급받은 상태라면 甲은 배액인 2천만 원을 乙에게 상환하여 甲乙 사이의 계약의 효력을 상실시킬 수 있기 때문에(제565조) 이 상태에서 丙이 알고서 적극 권유하여 매수한 것은 무효의 매매가 되지 않는다. 반드시 Y건물을 매수하고 싶은 丙으로서는 이 상태에서 서둘러 甲과 매매계약을 체결할 필요가 있다.

그러나 甲이 乙로부터 추가로 중도금의 일부를 지급받은 경우라면 甲은 계약금의 배액인 2천만 원의 상환으로 위 계약을 해제할 수 없고, 이때 알고서 적극 권유하는 丙에게 처분하게 되면 배임적 법률행위로 무효가 되는 것이다. 따라서 반드시 Y건물을 매수하고 싶은 乙로서는 서둘러 중도금의 일부라도 甲에게 지급할 필요가 있다.

(2) 상대적 무효사유

의사표시의 하자 중 비진의 의사표시(제107조), 통정허위표시(제108조)를 각 기초로 한 법률행위는 무효사유에 해당하는데, 다만 선의의 제3자는 그 무효에 대항할 수 있는 **제3자 보호조항**이 있다.

비진의 의사표시로서 무효에 해당하기 위해서는 '① 진의와 표시의 불일치, ② 의사표시자가 그러한 불일치를 알고 있을 것, ③ 상대방이 그러한 불일치를 알았거나 알 수 있을 것'을 요한다. 가령, 앞의 매매사례(116면)에서 甲의 매도의 의사표시가 비진의표시라는 것을 乙이 알 수 있었다면 甲, 乙 사이의 매매는 무효가 된다. 그러나 이에 대하여는 선의의 제3자 보호조항이 있는바, 乙이 알 수 있었더라도 乙로부터 다시 매수한 丙이 이를 알지 못했다면 甲, 乙 사이의 매매의 무효를 丙에게 주장할 수 없다.

판례는 사용자가 사직의 의사 없는 근로자로 하여금 어쩔 수 없이 사직서를 제출하게 하여 의원면직(합의해지)의 형식을 취하여 근로계약을 종료시키는 경우 근로자의 사직의 의사표시는 비진의표시로서 무효로 보았다. 중간퇴직의 경우 근로자의 자의에 의한 것이라면 진의이므로 유효하지만, 자의에 의한 것이 아니라 경영방침 등에 의한 일방적 결정에 의한 것이라면 비진의표시로서 무효라고 하였다. 다만, 유의할 것은 이러한 의사표시 하자의 법리는 사법상 법률관계에 적용되는 법리이므로 공법상 법률관계가 적용되는 공무원의 사직의 의사표시에는 적용되지 않는다는 점이다.

통정한 허위표시로서 무효에 해당하기 위해서는 '① 진의와 표시의 불일치, ② 그 불일치에 대하여 상대방과 통정이 있을 것'이다. 가령, 앞의 매매사례(116면)에서 甲, 乙 사이의 매매가 甲의 채권자들로부터의 강제집행을 피하기 위해 실제로는 매매의 실체가 없으나 매매를 가장하여 乙명의로 소유권이전등기를 한 경우를 들 수 있다.

판례상 금융기관의 동일인 여신한도 제한을 회피하기 위해 금융기관의 양해 아래 제3자를 형식상 주채무자로 내세워 제3자 명의로 이루어진 대출계약, 장인과 사위 사이의 농지매매, 부부간의 부동산매매의 경우 특별한 사정이 없는 한 허위표시로서 무효로 보았다.

4. 취소사유

원래 효력이 없는 것으로 보아야 하지만, 유효 내지 무효 여부에 대한 선택권으로서 **취소권**을 주는 것으로 규정한 경우, 이를 취소할 수 있는 법률행위라고 한다. 이는 취소권자의 최소권 행사에 의해서만 효력을 좌우할 수 있는 것이므로 취소권이 없는 상대방이 무효라고 주장하여 법률행위의 효력을 부정할 수는 없다.

취소권자가 취소권을 행사해야만 한다는 점, 취소권이 없는 상대방은 선택권이 없다는 점, 그 취소권의 행사기간에 3년 내지 10년의 제한이 있다는 점(제146조), 일정한 사유가 발생한 경우에는 취소권을 행사할 수 없다는 점(제145조)이 무효의 경우와 다르다.

취소권자가 그 취소권을 행사하여 취소의 의사표시가 상대방에게 도달하면 무효와 동일하게 처음부터 효력이 없는 것으로 된다(제141조). 여기에는 행위무능력자(제5조의 미성년자, 제10조의 피성년후견인, 제13조의 피한정후견인)의 법률행위, 착오(제109조) 내지 사기·강박(제110조)에 의한 의사표시를 내용으로 한 법률행위가 있다.

착오에 의한 의사표시로서 취소권이 발생되기 위해서는 '① 의사표시에서 착오의 존재, ② 법률행위의 내용의 중요부분에 관한 착오일 것, ③ 표의자에게 중대한 과실이 없을 것'을 요한다. 상대방이 알았거나 알 수 있었을 것을 요하지 않는 점에서 취소권발생요건이 경감되지만, 중요부분이어야 하고, 중대한 과실이 없어야 한다는 점은 취소권발생요건은 가중되는 점이 있다.

어느 경우에 착오가 있는지는 경우에 따라 다른데, 판례상 (보증채무 부담 계약에서) 사람(주채무자)의 동일성에 관한 착오, 목적물의 동일성에 관한 착오를 들 수 있다(가령, 앞의 매매사례(116면)에서 乙이 매수하려는 것은 Z건물이었는데, 법률행위는

Y건물에 대하여 이루어진 경우).

법률상 제한과 같은 사유는 법률행위의 요건이 되지 못하므로(가령, 앞의 매매 사례(116면)에서 乙은 Y건물을 음식점으로 운영하기 위해 매수한 것이었는데, Y건물이 자연보호구역 내에 위치한 것이어서 관련 법령상 제한으로 불가한 경우) 동기의 착오에 해당한다. 따라서 법령상 제한은 알려졌거나 표시된 경우에만 착오로 인정된다.

시가의 착오는 동기의 착오에 불과할 뿐만 아니라 중요부분에 관한 착오가 아니라는 것이 판례이다.

사기에 의한 의사표시는 '① 사기자의 고의(착오에 빠뜨려 그 의사표시를 하게 하려는 고의), ② 위법한 기망행위(허위로 시가보다 높은 가액을 시가라고 고지한 정도는 위법성이 없다), ③ 사기로 착오에 빠져 이루어진 의사표시의 존재'를 요한다. 착오와 사기의 경우를 간략한 예시를 들어 검토해 본다.

대여금사례

甲은 2022. 2. 1. 乙에게 변제기 2023. 1. 31., 변제기까지의 약정이자 월 1%로 정하여 1억 원을 대여해 주었다. 같은 날 丙은 甲의 乙에 대한 위 대여원리금채권에 대하여 연대보증계약을 체결하였다.

위 대여금사례는 甲, 乙 사이의 대여금계약(제598조 소비대차계약의 일종)과 甲, 丙 사이의 연대보증채무부담계약이라는 두 개의 법률행위가 있다.

甲은 乙과의 대여금계약이라는 법률행위에 따라 매월 말일에 약정이자 1백만 원씩의 이자채권을 행사할 수 있고, 변제기 이후에는 손해배상으로서 연 5%의 지연이자채권을 행사할 수 있다.(제387조, 제390조, 제397조, 제379조). 또한 甲은 丙과의 연대보증계약에 따라 丙에 대하여도 위 대여원리금채권을 연대보증채권으로 행사할 수 있다.

위 대여금사례에서 甲丙사이의 연대보증계약체결과정에서 주채무자 乙의 자력이 충분한 것으로 알고 丙이 연대보증계약을 하였는데, 실제로는 자력이 전혀 없어 이를 알았다면 丙은 보증계약을 체결하지 않았을 것으로 인정되는 경우를 가정한다.

주채무자 乙의 자력에 대하여 乙이 기망한 경우라면 이는 甲, 丙 사이의 연대보증계약이라는 법률행위의 측면에서는 제3자가 기망한 것이므로 甲이 알았거나 알 수 있었을 경우에만 丙은 사기의 의사표시를 이유로 甲, 丙 사이의 연대보증계약을 취소할 수 있다.

이와 달리 주채무자 乙의 자력에 대하여 甲이 기망한 경우라면 이는 甲, 丙 사이의 연대보증계약의 상대방의 기망이므로 丙은 사기의 의사표시로 취소할 수 있고, 이때 乙은 연대보증계약의 당사자가 아니므로 乙이 알았거나 알 수 있었는지는 문제되지 않는다.

그런데 위와 같은 경우는 사기에 의한 의사표시이기도 하지만 동시에 착오에 의한 의사표시기이기도 하므로 丙은 착오의사표시로 취소할 수도 있다. 가령 乙의 기망에 의한 경우 (甲이 알지 못했고 알 수 없었더라도) 중요부분이고, 丙에게 중과실이 없다면 착오의사표시로 취소할 수 있다. 그리고 판례에 의하면 甲의 기망에 의한 경우와 같이 甲이 유발한 착오의 경우에는 동기의 표시 여부와 무관하게 취소할 수 있고, 중요부분이라는 요건도 문제삼지 않는다.

이와 같이 착오취소와 사기취소는 대부분 경합하여 적용될 수 있으나, 판례는 착오의 유형 중 표시상의 착오(강학 상 '**기명날인의 착오**'라 부름)의 경우에는 사기취소규정은 적용되지 않고, 착오취소규정만 적용된다고 한다.[5] 가령, 앞의 대여금사례(141면)에서 丙은 주채무자가 자력이 충분한 A로 알고 甲과 연대보증계약을 하였는데, 실제 연대보증계약서에는 주채무자로 자력이 없는 乙로 표시된 경우가 이러한 표시 상 착오에 해당하는 경우인데, 이 경우 丙은 착오취소만 주장할 수 있다. 즉, 판례는 사기취소규정은 내심의 의사(가령, 주채무자가 乙이라는 것을 알고 계약)와 표시상 의사가 일치하는 경우만(연대보증계약서에도 주채무자가 乙로 표시) 적용된다는 입장이다.

---

5) 대판 2005. 5. 27. 2004다43824.

V_ 법률행위의 부관

법률행위는 성립하는 즉시 바로 효력을 발생하는 것이 원칙이다. 예외적으로 법률행위의 성립시점과 효력발생 시점을 다르게 정할 수 있는 경우가 있는데, 이를 부관이라 하고, 조건과 **기한**을 들 수 있다.(제147조에서 제154조) 조건으로 대표적으로 정지조건과 해제조건을 들어본다.

정지조건의 경우 그 조건이 성취되어야 효력이 발생하는 것으로서 통상 멈춘다는 의미가 아니라, 법적으로는 시작의 의미가 강하다. 가령, 토지의 지상에 존재하는 유치원이 다른 곳으로 이전될 것을 조건으로 토지 매매계약을 체결한 경우 위 유치권이 이전되기 전까지는 위 토지매매계약은 효력을 발생하지 않는다.

해제조건의 경우 성립하여 바로 효력을 발생한 법률행위가 조건으로 정한 불확실한 사유가 발생한 경우 효력이 소멸하게 되는 조건을 말한다. 가령, 토지의 지상에 존재하는 유치원이 다른 곳으로 이전되면 토지매매계약은 무효로 하기로 하고 매매계약을 체결한 경우, 그 계약은 일단 효력을 발생하지만, 위 유치원이 다른 곳으로 이전되면 위 토지매매계약은 효력을 상실하게 된다.

Ⅵ_ 기간

1. 서설

민법에서는 일정한 기간이 요건이 되는 경우들이 있다. 가령, 소멸시효기간이라거나 취득시효기간, 사원총회의 소집통지기간, 월 이자의 산정을 위한 기간 등이 그러하다.

그리고 사법은 물론이고 공법이 적용되는 법률관계에서도 기간의 계산이 필요한 경우가 많다. 가령, 항소기간 또는 행정소송 제기기간과 같은 경우를 들 수 있다. 대부분의 다른 법률에서는 민법에서의 기간계산 방법의 규정을 준용하고 있으므로 공공기관에서 근무하게 되더라도 기간계산에서는 민법 부분의 기간산정 예시를 볼 필요가 있다.

제155조에서 제161조까지는 기간산정방법을 정하고 있는데, 그중 초일불산입의 원칙과 말일불산입의 원칙이 적용되는 경우를 본다.

2. 초일불산입 원칙

일, 주, 월 또는 연으로 기간이 정해지는 경우에는 그 기간이 오전 00:00부터 시작되는 경우가 아니면 초일은 산입하지 않는다.

가령, 앞의 매매사례(116면)에서 乙이 2022. 7. 31. 14:00 甲으로부터 인도받아 점유를 시작하였을 경우를 본다. 제245조 제1항에서는 점유취득시효기간으로 20년을 정하고 있는데, 연으로 정해진 조문이고, 2022. 7. 31. 00:00부터 시작한 경우가 아니므로 위 20년의 점유기간이 시작되는 시작시점은 2022. 8. 1.부터 시작하여 20년을 계산하여야 하고, 2042. 7. 31. 24:00에 20년의 기간의 요건이 충족된다(제160조).

이러한 이유 때문에 각종 소송들의 항소기간은 오전 00:00에 정확히 판결정본을 송달받는 경우는 사실상 없으므로 판결문 송달일의 다음 날부터 기간을 계산하게 되는데, 이는 국가기관의 기간산정방법의 경우도 동일하다.

3. 말일불산입 원칙

기간의 말일이 토요일 또는 공휴일인 경우 그 기간은 그 다음 날로 만료된다. 가령, 20일의 항소기간의 마지막 날이 토요일이면 토요일 또는 공휴일이 아닌 그 다음 주 월요일 24:00에 항소기간이 만료되는 것이다.

Ⅶ_ 소멸시효

1. 의의와 요건

법률행위에 따라 발생한 채권은 그 권리에 유효기간이 있는 것처럼 권리를 행사하지 않은 상태에서 일정한 기간이 경과하면 소멸되는 것으로 간주되는 것이 소멸시효제도이다.

소멸시효완성항변의 요건은 '① 이행청구가능시점의 도래, ② 권리불행사, ③ 시효기간의 도과'이다.

권리행사가능시점은 (앞의 매매사례(116면)에서 매매잔대금 지급기한을 2022. 7. 31.로 정한 것과 같이) 확정기한으로 정한 경우 그 다음 날부터 이행청구가 가능하다. 확정기한이 정해진 경우에는 이행지체를 원인으로 손해배상채무를 부담하기 시작하는 시점(제387조)과 동일하게 확정기한의 다음 날부터 기산된다.

그러나 이행기를 정함이 없는 채권의 경우는 언제든지 이행을 청구할 가능성이 있으므로 채권이 성립한 시점부터 바로 소멸시효기간이 진행되고, 이 경우는 이행지체에 따른 손해배상채무를 부담하는 기산점과 다르다.

아래에서는 각종 채권의 소멸시효기간, 소멸시효의 중단과 포기를 살펴본다. 다만, 유의할 점은 법률행위의 효력으로 발생하는 채권이 소멸시효가 완성되어 소멸하는 것이지, 법률행위 자체가 소멸시효완성으로 소멸하는 것은 아니다.

2. 소멸시효기간

(1) 일반채권(10년)

소멸시효기간은 각 권리[6]별로 다른데, 일반채권은 10년의 소멸시효기간이 적용된다. 앞의 매매사례(116면)에서 甲의 乙에 대한 매매대금채권, 또는 乙의 甲에 대한 소유권이전등기청구권은[7] 일반채권으로서 이행기인 2022. 8. 1.부터 소멸시효기간이 시작하여 2032. 7. 31.이 도과하면 소멸시효완성으로 소멸한다.

앞의 대여금사례(141면)의 경우 변제기는 2023. 1. 31.이므로 2023. 2. 1.부터 10년의 소멸시효기간이 시작된다. 그러나 위 대여금채권의 변제기를 정함이 없었던 경우라면 대여금반환채권의 발생시점인 대여금계약체결일 2022. 2. 1.부터 반

---

6) 소유권 이외의 재산권은 20년(따라서 소유권은 소멸시효가 없고, 다만 상대방이 취득시효한 경우 반사적으로 소유권이 상실될 수는 있다)이 적용되지만, 대부분 채권의 소멸시효가 문제되므로 본문에서는 채권의 소멸시효만 검토한다.

7) 다만, 乙의 경우 Y건물을 인도받아 점유하고 있거나 이를 미등기인 상태로 처분한 경우라면 권리를 행사하고 있으므로 소멸시효기간은 진행되지 않는다(판례).

환청구를 할 수 있으므로 2022. 2. 1.부터 10년의 소멸시효기간이 시작된다.

(2) 5년의 소멸시효가 적용되는 채권

상법이 적용되는 경우나 국가 내지 지방자치단체의 경우는 5년의 소멸시효기간이 적용된다. 그러나 국가나 상인이더라도 아래 3년 내지 1년의 보다 짧은 시효기간이 적용되는 채권의 경우는 보다 짧은 시효기간이 우선 적용된다.

(3) 3년의 소멸시효가 적용되는 채권

제163조에서 3년의 기간이 적용되는 채권들을 정하고 있는데, 이자, 사용료 등 1년 이내의 기간을 정한 채권, 의사나 간호사의 치료나 근로에 관한 채권, 도급에 의한 공사대금채권, 변호사와 관련된 채권, 생산물 판매대금 채권 내지 상인의 상품판매 대금 채권 등이 있다.

가령, 앞의 대여금사례(141면)에서 대여일인 2022. 2. 1.부터 변제기인 2023. 1. 31.까지 매월 발생하는 1백만 원의 약정이자채권은 각 월말의 익일인 그 다음 달의 초일부터 각 3년의 소멸시효가 진행된다. 따라서 가령 2022. 3. 1.부터 같은 달 31.까지 발생한 약정이자 1백만 원은 말일에 지급의무가 있으므로, 그 다음 날인 2022. 4. 1.부터 3년의 소멸시효가 시작되어 2025. 3. 31. 24:00에 소멸시효가 완성된다.

유의할 점은 변제기 이후의 지연이자는 여기서 말하는 이자에 해당하지 않고 손해배상채무의 성격을 갖게 되므로 10년의 소멸시효기간이 적용된다.

또한 임대차에서 월차임 내지 연차임 채권도 3년의 소멸시효기간이 적용되는 대표적인 경우이다.

(4) 1년의 소멸시효가 적용되는 채권

제164조에서 여관이나 음식점, 동산의 사용료, 학생의 수업료 등은 1년의 시효기간이 적용되는 것으로 정하고 있다.

3. 소멸시효의 중단

(1) 중단제도의 취지와 의미

소멸시효제도의 취지는 권리행사가능성이 있음에도 권리를 불행사하는 것에 대한 제재성이 강하다. 따라서 시효기간이 완성되기 이전에 권리행사를 한 경우라면 이미 진행된 소멸시효기간은 의미가 없어졌다고 보아야 하는 것이 소멸시효의 중단이다.

법문의 표현은 '중단'으로 규정되어 진행되어 온 기간이 멈추는 것으로 오해될 수 있으나, 법률적으로는 기존에 지나온 기간은 없어지고 중단사유가 없어진 시점부터 다시 원래의 소멸시효기간이 새로이 시작된다.

(2) 중단사유

제168조에서는 중단사유로 '제1호 청구, 제2호 가압류·압류·가처분, 제3호 승인'의 세 가지를 정하고 있다.

제1호의 경우 가령, 앞의 대여금사례(141면)에서 甲이 2023. 4. 1. 乙에게 대여원리금반환을 청구하면 그 이전까지 진행된 기간(2023. 2. 1.부터 2023. 4. 1.까지 누적되어온 기간)은 없어지고, 청구의 다음 날부터 소멸시효기간이 다시 시작된다.

그런데 청구의 경우 소제기를 통한 재판상 청구와 그 이외의 구두 상 청구인 최고(통상 내용증명우편이나 말로 청구)로 나누어 보아야 하는데, 소제기에 의한 청구의 경우 소송이 종료될 때까지는 계속 청구하고 있는 것이고, 승소확정판결로 소송이 종료되게 되면 그 다음 날부터는 단기소멸시효가 적용되는 채권이더라도(가령, 월 약정이자채권) 10년의 소멸시효기간이 적용된다.

그러나 구두 상 최고나 소제기를 하였으나 소의 취하, 소의 각하판결로 소송이 종료된 경우는 그 다음 날부터 6월 이내에 다른 시효중단조치가 없으면 처음의 청구로 인한 소멸시효중단의 효력은 없어지게 된다.

제2호의 가압류, 압류 등의 경우, 가령, 앞의 대여금사례(141면)에서 甲이 乙에 대한 대여원리금반환채권을 피보전채권으로 2023. 4. 1. 乙소유의 부동산을 가압류하여 가압류등기가 경료되면 이전까지 진행된 소멸시효기간은 없어지고 가압류신청시부터 가압류등기가 경료되어 있는 기간 동안은 소멸시효는 중단된다.

제3호의 승인의 경우 가령, 앞의 대여금사례(141면)에서 乙이 2023. 4. 1. 甲에게 '대여원리금을 반드시 갚겠다.'는 취지의 각서를 작성해 준다거나 약정이자 중 일부금으로서 3개월 치 3백만 원을 지급하면 대여원리금채무 전부를 승인하는 것으로 소멸시효가 중단되어 2023. 4. 2.부터 소멸시효기간이 다시 시작된다. 원금은 원래 10년의 소멸시효기간이 적용되므로 판결을 받는 것과 승인을 받는 것과 차이가 별로 없으나, 채무승인에 의한 시효중단은 판결을 받은 것이 아니므로 약정이자채권은 단기소멸시효기간이 그대로 적용된다.

채무의 승인은 채권자의 권리행사는 아니지만 이를 시효중단 사유로 정한 이유는 이를 신뢰하고 시효기간 이내에 권리행사를 하지 못한 채권자를 구제하기 위한 것이다.

민사법의 경우 이자라도 갚는 착한 채무자는 오히려 소멸시효기간이 다시 시작되는 불리함을 받기도 하는데, 다음에서 보는 바와 같이 소멸시효 완성 후의 채무승인은 소멸시효이익을 포기한 것으로 취급된다. 이런 점을 악용하여 소멸시효가 완성된 채권을 헐값에 매수하여 이자의 일부라도 갚으라고 계속 전화 등을 하여 못살게 하는 채권추심전문기관들이 많다.

4. 소멸시효이익의 포기

소멸시효가 완성되었더라도 채무자가 소멸시효완성을 주장하지 않고 채무를 인정하는 것을 막을 필요는 없는데, 소멸시효기간 완성 후 채무자가 시효이익을 포기하면 그 시점부터 새로이 소멸시효기간이 시작된다.

앞의 대여금사례(141면)를 10년 이전의 시점에 이루어졌던 경우로 변경하여 가정해 본다. 甲이 2012. 2. 1. 乙에게 1억 원을 약정이자 월 1%, 변제기 2013. 1. 31.로 정하여 대여한 경우라면, 위 대여원리금은 2023. 1. 31.이 경과하면 모두 소멸시효가 완성되어 소멸한다. 그럼에도 채무자가 2023. 4. 1. 소멸시효이익을 포기하면 기존의 대여원리금채무는 소멸하지 않고 그 시점에 새로이 채무를 부담하는 것으로 된다.

가령, 소멸시효가 완성되었음에도 2023. 4. 1. 乙이 약정이자의 일부로 3개월 치 3백만 원을 甲에게 지급하면 기존의 대여원리금채무는 계속 존재하는 것이 되고, 2023. 4. 2.부터 새로이 원금은 10년, 약정이자는 3년의 소멸시효기간이 다시 각 시작된다.

Ⅷ_ 신의칙 내지 권리남용금지 원칙

1. 의의

제2조 제1항에서는 권리행사와 의무이행은 신의에 좇아 성실히 할 것을 규정하고 있는데, 이를 '신의칙'이라 한다. 그리고 제2항에서는 권리는 남용하지 못한다고 규정하여 '권리남용금지원칙'을 정하고 있다.

최근 해외 선진국들의 경우들도 이러한 취지의 Good Faith 원칙 등의 규정들을 두는 것이 확대되고 있는 추세이다.

신의칙의 경우 권리행사와 의무이행에 적용되는 것으로 조문은 표현되어 있으나, 실제 분쟁에서는 계약내용의 해석, 손해배상액수의 조정까지 민사 법률관계에서 전체적으로 적용되고 있다.

권리남용금지의 원칙의 경우 권리행사의 요건은 모두 구비되었으나, 이를 통하여 얻고자 하는 권리자의 이익이 없거나 있더라도 보호할 가치가 없는 정도에 이르는 예외적인 사안들에서 이례적으로 그 권리행사를 일시적으로 저지시키는 항변으로 작용한다.

그런데 실제 분쟁에서는 이러한 신의칙항변이나 권리남용금지항변은 다른 모든 법률적 방법을 거친 후 더 이상 법률적으로 주장할 수 있는 항변이 없는 아주 예외적인 상황에서 적용되고, 그 인정례도 많지 않기 때문에 다른 법률적 방법에 비하여 보충적으로 적용되고 그 효력도 미약하다.

2. 신의칙 인정례

사정변경에 따라 보증계약과 같이 계속적 계약에서의 해지권발생, 이사 또는 감사 등 법인의 기관의 손해배상책임의 액수감액, 토지에 관하여 그 지상 건물의 소유를 위한 지상권설정등기를 마쳐 줄 의무가 있는 토지의 소유권자가 그 기저 토지의 소유권에 기하여 건물철거청구권을 행사하는 경우, 선행행위에 모순되는 후행행위의 경우(주택임대차의 대항력을 주장하지 않을 것처럼 각서를 작성해 준 후 대항력을 주장하며 경매에서 배당요구를 한 경우) 등에서 신의칙이 인정되는 경우가 있다.

다만, 강행규정, 미성년자, 기판력제도와 신의칙이 충돌될 경우 신의칙은 이 제도들에 앞서지 못한다(신의칙의 적용한계).

3. 권리남용 인정례

토지 소유권에 기하여 토지를 침범한 건물부분에 대한 철거청구에서 그 침범부분이 극히 적은 부분인데도 그 철거를 구하는 경우(가령, 건물모서리 벽면 1㎡의 철거를 청구)나 토지소유권에 기하여 송전선 또는 변전소의 철거를 구하는 경우 판례는 권리남용으로서 허용되지 않는다고 보았다.

유의할 점은 신의칙위반 내지 권리남용에 해당하는 경우라도 그 권리가 소멸하는 것은 아니고 그러한 내용으로 행사하는 일부유형의 권리행사방법만이 제한되는 것이다.

제 3 절 물권

Ⅰ_ 물권법정주의와 물권의 종류

1. 물권법정주의

당사자 사이에서만 구속력이 있는 채권은 계약자유원칙에 따라 그 내용을 자유로이 정할 수 있는 것이 원칙이다. 그러나 소유권이나 저당권과 같은 물권은 그 내용을 정형화하여 거래되어야만 거래가 대량으로 촉진될 수 있고, 제3자도 이를 알고 거래를 할 수 있어 보호될 수 있다. 따라서 물권의 종류와 내용은 민법 내지 관습법에서 정해진 것만 인정된다는 원칙이 적용되는데, 이를 '**물권법정주의**'라 한다.

가령, 유치권은 법률행위로는 인정될 수 없고, 법정의 요건이 구비되는 경우 자동으로 인정되는 물권이다. 앞의 대여금사례(141면)에서 甲이 乙에게 대여해 준 1억 원의 대여원리금채권을 담보하기 위해 甲, 乙 사이에 '甲이 乙소유의 X토지를 그 채권을 변제받을 때까지 담보로 점유사용하기로 한다'는 내용의 계약을 하였더라도 이는 甲, 乙 사이에서 채권적 효력이 있는 계약일 뿐이다. 丙이 乙로부터 X토지를 매수하여 소유권이전등기를 마치게 되면, 甲, 乙 사이의 유치권유사계약은 법에서 정한 물권이 아니므로 丙에게 대항할 수 없고, 丙의 소유권에 기한 인도청구에 응해야 한다.

2. 종류

본래적 물권 중 가장 완전한 물권으로 소유권을 들 수 있다. 소유권의 가치는 크게 임대차를 내주어 월세를 받는 등의 방법으로 사용할 수 있는 권능과(사용가치) 점유하거나 사용하지는 않고 저당권을 설정하는 등으로 장래 처분하여 처분대금을 확보할 수 있는 가능성의 가치를 활용하는 권능(교환가치)으로 나뉜다.

소유권 중 사용가치 부분을 활용하는 물권을 **용익물권**이라 하고, 교환가치 부분을 활용하는 물권을 **담보물권**이라 하는데, 완전한 가치의 일부만 활용한다고 하여 양자를 **제한물권**이라 한다.

민법상 용익물권으로는 지상권, 지역권, 전세권이 있고, 담보물권으로는 유치권, 질권, 저당권이 있다. 관습법 상 물권으로는 소유권이전방식을 담보목적으로 활용하는 소유권유보부 매매나 양도담보가 있다.

한편, 위와 같은 소유권 내지 제한물권들은 물건의 **본**래적 가치를 활용하는 물**권**으로서 **본권**이라 부르는데, 민법에서는 이러한 본권과는 다른 형태로 점유하고 있는 사실상태만에 대하여도 점유권이라 하여 임시적인 권리성을 인정하고 그 점유권에 대하여도 일정한 법적 권리나 의무를 인정하고 있다. 본권과 대비되는 의미로 **사실권**이라고 할 수도 있을 것이다.

가령, 본권이 있는지를 불문하고 점유를 침해당한 자는 점유회복을 일단 청구할 수 있는 권리를 인정하고(제204조), 선의의 점유자는 과실취득권이 있으며(제201조), 점유자가 점유물에 지출한 비용에 대하여는 비용상환청구권이라는 권리를 인정해주고 있다(제203조). 또한 점유자가 과실반환채무를 부담하거나 점유물의 훼손에 대하여 손해배상채무를 부담하는 경우도 있다(제201조 제2항, 제202조).

점유권이 문제되는 실제 사안들에서는 무단으로 타인의 토지를 점유하는 경우는 드물고, 법률행위가 무효, 취소되는 경우가 오히려 흔하다. 가령, 앞의 매매사례(116면)에서 甲, 乙 사이의 계약에 따라 乙에게 Y건물을 인도해 주었는데, 그 후 甲, 乙 사이의 계약이 무효가 되거나 취소된 경우 법률행위와 물권변동은 처음부터 효력을 상실하게 되므로 乙은 계약에 기한 채권도 없고, 소유권등기를 아직 돌려주지 않았더라도 물권은 소급하여 甲에게 복귀되는 것이므로 乙에게는 Y건물에 관한 어떠한 본권인 물권은 없다.

그러나 여전히 乙이 점유하고 있는 동안에는 그 사실 상태만으로 乙은 여전히 점유권을 행사할 수 있으므로 무단 침입한 丙을 상대로 점유권에 기하여 인도청구를 할 수 있다. 또한 乙이 이러한 무효나 취사실을 알지 못한 상태에서 丙에게 Y건물을 임대해주고 월 1백만 원의 월차임을 받아왔다면 그러한 사실을 알게 될 때까지의 법정과실인 위 월차임은 제201조 제1항의 선의 점유권자의 과실취득권에 의해 乙이 취득하고 이를 甲에게 돌려줄 필요가 없다. 이하에서는 본권 중 중요부분을 살펴본다.

Ⅱ _ 소유권

1. 원시취득과 승계취득

소유권의 대상은 부동산과 동산인데, 소유권을 취득하는 형태에 따라 원시취득과 승계취득으로 나눌 수 있다.

앞의 매매사례(116면)에서 甲이 Y건물을 신축한 것이라면 이는 甲이 **원시취**

득으로서 소유권을 가지게 된 것이고, 그 후 乙이 甲과의 매매에 따라 Y건물의 소유권이전등기를 마치게 되면 乙은 **승계취득**에 의해 소유권을 가지게 된다. 그 차이는 승계취득의 경우 취득 이전에 존재하는 저당권 등의 물권과 대항력 있는 채권(가령, 주택임차인으로서 점유하고 동사무소에서 전입신고를 마친 경우)의 부담을 승계하게 되는 점에 있다.

원시취득의 또 다른 예로는 부동산의 취득시효와 동산의 선의취득도 들 수 있다. 이러한 취득방법은 법률규정에 따라 인정되는 것인데, 완전히 새로운 소유권을 취득하는 것이므로 그 이전의 부담은 모두 소멸하는 것이 원칙이다.

2. 물권적 청구권

소유권에 기해서는 소유권에 기한 청구권이 발생하는데, 소유권에 기한 인도청구권(제213조), 소유권에 기한 방해배제청구권(제214조)과 같은 것이다. 소유권 자체는 물권이고, 그 물권의 행사는 물권적 청구권을 소송으로 행사하는 등의 방법으로 이루어진다.

인도청구권은 현재의 직접 점유자를 상대로 점유의 반환을 구하는 것이고, 방해배제청구권은 점유이외의 방법으로 소유권을 방해하고 있는 것의 배제나 예방을 청구하는 것인데, 토지소유권에 방해가 되는 건물의 철거를 구하거나 소유물에 마쳐진 원인무효의 등기의 말소를 구하는 것이 이에 해당한다.

다른 물권들의 물권적 청구권의 내용은 각 물권을 규율하는 조문들에서 규정하고 있는데, 가령, 저당권의 경우에는 저당권에 기한 인도청구권은 인정되지 않으나, 방해배제청구권은 인정된다(제370조).

3. 부동산의 취득시효

(1) 점유취득시효

'① 자주(소유의 의사), ② 평온(폭력적이지 않고 평화롭게), ③ 공연(은밀하지 않게)하게 부동산을 ④ 20년간 계속점유'한 자는 소유권등기를 마침으로써 소유권을 취득할 수 있다.

위 요건들 중 ① 자주점유와 관련하여 판례는 점유할 수 있는 본권이 없다는 것을 알면서 점유하는 형태인 악의의 무단 점유자의 경우 소유의 의사가 없다고 본다. 따라서 앞의 매매사례(116면)에서 甲, 乙 사이의 매매가 甲을 대리한 A에 의해 체결된 법률행위였는데, 乙이 A가 무권대리인으로서 무효의 매매라는 점을 알았다면 乙명의로 소유권등기가 되어 있더라도 이는 원인무효의 등기이므로 乙의 점유는 악의의 무단 점유로서 자주점유요건이 인정되지 않는다. 그렇지만 乙로부터 매수한 丙이 이를 알지 못하고 점유한 경우 丙의 점유기간 동안은 자주점유가 인정되는 기간이다.

위 요건이 충족되면 20년의 취득시효기간이 완성되는 날 부동산의 소유자를 상대로 채권적인 등기청구권을 취득하게 된다. 따라서 취득시효가 완성된 후 부동산의 소유자가 그 부동산을 제3자에게 처분하면 구 소유자에 대한 등기청구권은 채권으로서 상대적 효력만 있으므로 부동산의 신 소유자에게 취득시효완성을 원인으로 한 소유권등기청구를 주장할 수 없다.

앞의 매매사례(116면)를 20년 이전의 시점으로 변형하여 가정해본다. 甲이 2002. 2. 1. 乙에게 Y건물을 매도하고 2002. 7. 31. 오전 11시에 乙에게 인도하고 소유권이전등기를 마쳐주었고, 乙은 같은 날 오후 4시에 丙에게 이를 매도하고 인도해주었다. 甲, 乙 사이의 매매가 무효, 취소가 되어 법률상 소유권자는 여전히 甲에게 있더라도 丙은 2002. 8. 1.부터(초일불산입 원칙) 시작하여 20년의 점유가 완성되는 2022. 7. 31. 24:00에 그 시점의 소유자인 甲을 상대로 한 채권적인 소유권이전등기청구권을 취득한다.

그런데 이러한 丙의 甲에 대한 2022. 7. 31. 발생한 점유취득시효완성원인 소유권이전등기청구권은 채권에 불과하여 丙과 甲 사이에서만 효력이 있다. 따라서 만약 甲이 그 후 Y건물을 제3자에게 처분하고 소유권이전등기를 마쳐 주면 丙은 그 제3자에게 위 취득시효완성에 의한 소유권이전등기청구권을 행사할 수 없다.

(2) 등기부취득시효

'① 자주, ② 평온, ③ 공연, ④ 선의·무과실로 ⑤ 10년 동안 계속 점유하고 등기'한 자는 등기부에 기하여 소유권을 취득하는 경우를 의미한다. 기간이 10년이라는 점, 요건으로 선의·무과실, 등기계속을 추가로 요하는 점이 위 점유취득시효와 다르다.

가령, 위 매매변형사례에서 乙이 2002. 7. 31. 오후 4시에 丙에게 추가로 소유권이전등기까지 경료해 주었다면, 甲乙사이의 매매가 무효, 취소가 되어 법률상 소유권자는 여전히 甲에게 있더라도 丙은 10년의 점유기간과 등기기간이 완성되는 2012. 7. 31. 24:00에 소유권을 취득하는 것이 되고, 丙명의로 이미 마쳐진 소유권이전등기는 실체관계에 부합하는 등기로서 다시 유효하게 된다.

4. 동산의 선의취득

(1) 요건과 효과

동산의 경우도 취득시효의 대상이 되기는 하지만(제246조), 그 요건이면 오히려 선의취득으로 원시취득 하는 경우가 더 흔하다. 가령, 甲 소유의 노트북컴퓨터를 乙이 사용하다가 온라인 당근마켓에 통상 거래가격인 2백만 원을 받고 丙에게 매도하고 인도해 준 경우를 예로 들어본다.

甲이 乙에게 그 소유권을 이전해주기로 하는 계약이 없는 이상 법률적으로는 여전히 甲의 소유이고, 甲은 丙을 상대로 제213조 소유권에 기한 인도청구를 할 수 있다. 그런데 만약, 丙이 평온, 공연, 선의, 무과실로 이를 매수한 것이라면 丙은 제250조에 따라 즉시 소유권을 취득하여 甲의 소유권에 기한 청구에 대항할 수 있다.

(2) 점유위탁물과 점유이탈물

그런데 위 사례에서는 乙이 어떻게 甲의 노트북컴퓨터를 점유하게 된 것인지, 즉 乙의 점유의 원인이 무엇인지에 따라 甲이 丙으로부터 위 노트북컴퓨터를 찾아올 수 있는 방법이 있는지에 차이가 있다.

甲이 본인의 의사에 기하여 乙에게 점유를 이전해 준 경우라면(**점유위탁물**; 가령, 빌려주었거나 잠깐 보관을 부탁한 경우) 甲은 丙이 乙에게 지급한 2백만 원을 丙에게 지급하더라도 그 반환을 청구할 수 없다. 甲과 丙이 별개의 매매계약으로 금액을 조금 더 주고 丙으로부터 다시 매수하는 것은 별개의 문제이다.

그러나 甲의 의사에 반하여 乙이 점유한 경우라면(**점유이탈물**; 가령, 乙이 훔쳐 갔거나 우연히 취득한 경우) 甲은 丙이 乙에게 지급한 2백만 원을 丙에게 지급하고 그 반환을 청구할 수 있고, 丙은 이를 거부할 수 없다.

Ⅲ_ 물권변동의 요건

1. 부동산과 동산의 물권변동

(1) 부동산

건물 및 토지와 같은 부동산의 물권변동의 요건은 '① 매매와 같은 원인행위의 존재, ② 공시방법으로서 등기의 경료'이다.

따라서 원인행위 없이, 또는 있었더라도 무효, 취소가 되는 경우 등기가 경료 되었더라도 물권변동은 이루어지지 않는다. 또한 원인행위는 있고 매매대금도 모두 지급하였더라도 등기가 이전되지 않으면 역시 물권변동은 일어나지 않는다.

앞의 매매사례(116면)에서 乙이 매매대금을 모두 지급한 경우 일본의 경우는 등기가 없더라도 甲, 乙 사이에서는 乙의 소유로 이전된다(이를 '**의사주의**'라 한다). 그러나 독일과 우리의 경우는 등기까지도 마쳐야 甲, 乙 사이에서도 乙의 소유로 이전된다.(이를 '**형식주의**'라 한다)

(2) 동산

동산의 물권변동의 요건은 '① 원인행위의 존재, ② 공시요건으로서 점유이전'이다. 그중 공시로서 점유이전의 형태에 대하여 민법은 4가지의 점유이전방식을 규정하고 있다(제188조 내지 제190조).

(3) 공시를 요하지 않는 물권변동

그런데 거래안전에 지장이 없는 일정한 경우는 등기가 없이도 물권변동이 이루어진다(제187조). 가령, 건물신축, 상속, 경매에서 낙찰대금을 완납한 경우는 그러한 사유가 발생하면 바로 물권변동의 법률적 효과가 발생한다.

가령, 앞의 매매사례(116면)에서 甲이 Y건물을 신축하여 완공한 시점에 (소유권보존등기를 하지 않더라도) 즉시 Y건물의 소유권을 취득한다. 또한 그 후 甲이 사망하면 상속인들에게 이전등기가 되지 않더라도 Y건물의 소유권은 상속인들에게 지분별로 甲의 사망시점에 즉시 이전된다. 甲의 채권자에 의해 Y건물에 관하여 강제경매가 이루어져 낙찰을 받은 사람이 낙찰대금을 경매법원에 모두 납부하면 등기를 하지 않더라도 Y건물의 소유권을 취득하는 경우를 들 수 있다.

2. 부동산등기의 종류

물권의 경우 그 종류와 내용의 표준화를 통한 거래안전과 거래촉진이 중요하므로 물권의 내용과 종류에 대한 공시가 필요하다. 부동산의 경우는 그 공시방법이 법원에서 관리하는 등기제도이다.

세부적인 등기의 내용과 종류에 대하여는 민법의 물권편의 등기를 상세화한 「부동산등기법」에서 규정하고 있다. 앞의 매매사례(116면)를 기초로 하여 주로 문제되는 등기들의 예를 들어 본다.

소유권보존등기는 위 매매사례에서 甲이 Y건물을 신축한 경우 바로 소유권을 취득하지만 乙과의 거래를 위해 최초로 등기부를 마치는 등기이다.

소유권이전등기기는 제186조의 등기를 말하는데, 甲이 乙에게 Y건물의 소유권을 이전해 주는 등기를 의미한다.

민사 법률관계의 유인주의와 아래 등기의 공신력이 없다는 것 때문에 말소등기가 인정된다. 말소등기는 제214조의 방해에 해당하는 것으로 볼 수 있는데, 甲乙사이의 매매가 무효, 취소가 된 경우 乙명의의 등기는 원인행위가 소급하여 무효가 되어 원인이 없어졌으므로 乙명의의 등기도 실체관계에 부합되지 않아 乙명의로 마쳐진 소유권이전등기를 말소하는 등기가 필요하게 된다.

저당권등기는 부동산을 담보목적물로 등기하여 그 순위에 따라 우선변제를 받을 수 있는 저당권을 공시하기 위한 등기이다. 가령, 위 매매사례에서 甲이 은행으로부터 금원을 차용하고 이를 피담보채무로 하여 Y건물에 은행을 저당권자로 한 저당권설정등기를 마쳐 주는 경우를 예로 들 수 있다.

가등기는 순위를 확보하여 추후 본등기를 마치게 되면 가등기 이후 본등기 전까지의 모든 등기는 직권으로 말소되게 하는 등기이다. 가령, 위 매매사례에서 乙이 Y건물에 관하여 2022. 8. 1. 가등기를 마쳐 두면 그 이후 Y건물에 관하여 저당권등기나 가압류등기가 마쳐졌더라도 이후 乙이 위 가등기에 기하여 소유권 이전의 본등기를 마치면 그 사이의 저당권등기나 가압류등기는 모두 직권으로 말소되는 등기이다. 순위만 확보되는 것이고 물권변동은 본등기를 마친 시점에 발생한다. 실제 거래현실에서 매우 막강하게 사용되고 있는 등기이고, 담보목적으로도 가등기가 이루어지기도 하는데, 이는 담보가등기로서 본래적인 권리보전을 위한 가등기와는 법률적 취급이 다르다.

3. 등기의 공신력의 부존재

앞의 매매사례(116면)에서 乙이 Y건물의 소유권을 취득하기 위해서는 제186조의 요건으로 소유권이전등기를 마쳐야 한다. 그런데 이후 甲, 乙 사이의 매매가 무효, 취소로 밝혀진 경우는 어떻게 되는가의 문제가 있다.

형식주의를 엄격하게 적용한다면 乙명의의 등기가 말소되어야만 甲으로 다시 소유권이 복귀된다고 보아야 할 것 같은데, 이를 무인주의라 한다. 이는 원인행위에 기하여 물권변동의 등기가 이루어진 경우 그 원인행위의 무효, 취소의 하자는 이미 이루어진 등기에는 영향이 없고, 원인행위의 무효, 취소를 이유로 다시 물권변동의 등기를 하여야 한다는 주의이다.

그러나 우리 현행법상 해석으로는 물권변동을 위해서는 제186조에 따라 등기가 필요하지만, 민사법체계와 물권변동은 유인적이므로 그 등기에는 공신력이 없어 다시 복귀하는 말소등기가 이루어지지 않더라도 당연히 법률상 물권은 복귀되는 것으로 취급하고 있다. 이를 유인주의라 한다.

위 사례에서 乙명의의 소유권이전등기는 말소되지 않더라도, Y건물의 소유권은 당연히 甲의 것이고, 乙명의로 남아있는 소유권등기는 제214조에 따라 甲의 소유권에 방해가 되는 것으로서 취급되므로 甲의 乙에 대한 말소등기청구는 소유권에 기한 방해배제청구권의 성질을 갖는 것이다.

4. 명의신탁

동산이나 부동산의 경우 원인행위와 물권변동의 공시가 있을 경우 소유권이 이전된다. 그러나 우리의 특수한 현실에서 형식적으로는 이러한 요건을 구비하였으나, 소유권이전의 실질은 갖추지 못한 경우가 있다.

가령, 앞의 매매사례(116면)에서 甲이 乙에게 Y건물의 소유권이전등기까지 마쳐주었으나, 그 실질이 등기명의만을 乙에게 두어 甲의 채권자들의 강제집행을 피하거나 甲에게 부과되어야 할 조세의 부담을 피하고자 한 경우를 들 수 있다. 일단 甲乙사이에 소유권명의이전의 의사는 인정되므로 제108조의 통정허위표시로 매매가 무효가 되지는 않는다. 그러나 이는 「부동산 실권리자명의 등기 등에 관한 법률」이라는 강행규정에 위배되어 이러한 甲, 乙 사이의 명의신탁약정과 乙 명의의 소유권이전등기는 무효가 된다(위 법 제4조). 이러한 무효의 명의신탁이 변호사시험 및 기타 법률시험에서는 자주 출제되고 있다.

그러나 경우에 따라서는 유효한 명의신탁이 되는 경우가 있다. 위 매매사례에서 甲이 乙에게 Y건물의 소유권이전등기를 마쳐준 실질이 甲이 乙로부터 8천만 원을 차용하면서 이를 담보하기 위해 乙에게 매매형식으로 소유권을 이전해 준 경우는 담보목적의 명의신탁으로서 유효하다(위 법 제2조 제1호 가목에서는 이러한 명의신탁을 유효하다고 규정하고 있다). 또한 종중, 배우자, 종교단체의 경우의 명의신탁도 유효하다(위 법 제8조).

유효한 명의신탁의 경우는 우리나라에서 독특하게 형성된 명의신탁의 법리가 적용되는데, 乙명의로 등기가 되어 있는 동안에는 甲이 **대내적**으로 소유권자이지만(이 경우 甲이 임대권한도 갖고 제758조의 소유자로서 공작물책임도 부담한다), 만약 乙이 제3자에게 처분하면 제3자에 대한 **대외적** 관계에서는 (가사 제3자가 악의이더라도) 乙이 소유권자로 취급되어 제3자는 소유권자인 乙로부터 매수하여 등기를 마친 것으로서 유효하게 소유권을 취득한다는 것이 명의신탁법리이다.

이러한 명의신탁의 법리는 부동산의 경우가 주로 문제가 되지만, 동산의 경우도 명의신탁법리가 적용된다. 또한 위 법은 부동산만을 대상으로 하므로 동산에 관한 명의신탁은 전부 유효하다. 동산명의신탁은 통상 동산질권의 문제점을 보완하기 위해 관습법상 인정되고 있는 동산양도담보의 경우에 다수 이루어진다(후술하는 비전형담보 중 동산양도담보부분 참조).

Ⅳ _ 용익물권

1. 종류

소유권 중 사용가치를 파악하는 제한물권인데, 지상권, 지역권, 전세권이 있다. 그중 지역권(제291조 이하)의 경우 어느 부동산의 편익을 위해 다른 부동산이 이용을 제공하는 물적 부담을 설정하는 물권인데(가령, X토지로의 출입을 위한 통행을 위해 공로와 인접한 Y토지에 X토지를 위한 통행지역권을 설정하고 등기를 마치는 것) 잘 사용되지는 않고 있다.

2. 지상권

지상권(제279조 이하)은 타인의 토지에 건물 기타 공작물이나 수목을 소유하기 위해[8] 그 토지를 사용하는 물권이다. 가령, 앞의 매매사례(116면)에서 甲이 Y건물을 소유하기 위해 그 기저 X토지의 소유자인 A와 지상권설정계약을 하고 지상권등기를 하는 경우이다.

甲은 A의 토지를 사용하기 위해 A와 임대차계약을 체결할 수도 있으나, 계약은 당사자사이에서만 구속력이 있고, 임대차계약상 채권은 상대적 효력만 있어 A가 X토지를 처분하면 甲은 A와의 임대차를 토지의 신 소유자에게 주장할 수 없고, 신 소유자의 토지소유권에 기한 방해배제청구로서 Y건물철거청구에 대항할 수 없는 것이 원칙이라는 문제점이 있다(다만, 제621조 내지 제622조의 요건을 구비한 경우 예외적으로 제3자에 대한 대항력이 인정되는 경우는 있다).

---

8) 원래는 건물 등을 적극적으로 소유하기 위한 것이 지상권이다. 그런데 금융거래실무에서는 나대지인 토지에 저당권을 설정하면서 추후 경매과정에서 토지의 담보가치의 하락을 막기 위해 그 지상에 건물 등을 신축하지 못하도록 하는 소극적 지상권을 설정하는 경우가 많은데, 이를 '**담보지상권**'이라고 한다.

만약 X토지에 지상권등기가 되어 있다면, 이는 물권이고 대세효가 있으므로 X토지가 처분되더라도 甲은 지상권을 계속 신소유자에게 물권으로서 주장할 수 있다.

지상권은 계약에 의해서도 설정될 수 있고(약정지상권; 위 사례에서 甲과 A가 지상권설정계약을 하고 X토지에 甲명의의 지상권등기를 마친 경우), 법률규정에 의해서 당연히 인정되는 경우가 있다(법정지상권).

법정지상권의 경우 제366조에서 경매과정에서 인정되는 법정지상권을 규정하고 있다. 그러나 그 이외에도 관습법 상 법정지상권이 인정되는 경우가 있는데, 앞의 매매사례(116면)에서 甲이 자신소유의 X토지 지상에 Y건물을 신축하여 소유하던 중 Y건물을 乙에게 매도하고 소유권이전등기를 마쳐 주면, 乙은 X토지에 대하여 관습법상 법정지상권을 당연히 취득하게 된다.

3. 전세권

건물이나 토지를 전세금을 지급하고 전세권등기를 마쳐 물권자로서 그 부동산을 사용하고, 전세권이 기간만료 등으로 소멸하면 지급한 전세금에 대하여 우선변제권을 행사할 수 있는 물권이다(제303조 이하).

사용가치를 파악하는 용익물권이기도 하지만, 지급한 전세금에 대하여는 저당권자처럼 우선변제권을 가지기 때문에 담보물권성도 함께 갖고 있고, 큰 규모의 건물사용에서 빈번히 사용되기도 한다.

참고로 민법상 전세권은 전세권등기를 마쳐야 되는 물권으로서 사회생활에서 '전세'라고 일반적으로 말하더라도 전세권등기가 없는 경우는 민법상 전세권이 아니고 채권적인 임대차계약일 뿐이다.

V_ 담보물권

1. 유치권

(1) 요건과 효과

'① 타인의 동산 내지 부동산에 관하여, ② 견련관계 있는 채권이 있고, ③ 그 채권이 변제기가 도래하였고, ④ 그 동산 내지 부동산을 점유'하고 있는 경우 채권자에게는 당연히 법률상 유치권이 인정되는데, 그 물건의 반환을 거절할 수 있는 법정물권이다. 그러나 질권이나 저당권과 같은 우선변제권은 인정되지 않는다.

반환을 거절할 수 있을 뿐 그 물건을 사용·수익할 권리나 우선변제를 받을 권리는 없으므로, 유치권자가 그 유치물을 사용하여 수익을 얻은 경우 이는 소유권자에게 부당이득으로 반환되어야 한다(다만, 제323조에 따라 채권의 변제에 충당할 수는 있다).

(2) 동산유치권

노트북컴퓨터의 수리를 의뢰하였는데, 의뢰자가 그 수리비를 지급하지 못한 경우 반환여부에 대하여 별도의 언급이 서로 없었더라도 수리업자는 당연히 유치권을 주장할 수 있는 경우가 동산유치권의 예로 볼 수 있다.

(3) 부동산유치권

건물의 신축공사 내지 개량공사의 경우는 부동산유치권의 대표적인 경우인데, 공사업자는 그 공사대금을 받을 때가지 그 건물 전체의 점유에 대한 반환을 거부할 수 있다.

이는 사회생활에서 흔히 발견되고 허위공사대금채권 주장 등 많은 문제가 발생되고 있는데, 건물 입구에 '유치권행사 중'이라는 취지의 플래카드를 붙여 놓은 경우들이 이러한 부동산유치권주장 중인 경우로 보면 된다.

한편, 건물 신축의 경우는 동산의 부동산에의 부합(제256조), 신축건물의 원시취득(제187조), 건물과 토지의 별개 부동산취급 때문에 유치권성립 여부에서 시간적으로 미묘한 문제가 있다. 가령, 앞의 매매사례(116면)에서 甲이 자신소유의

X토지 지상에 Y건물 신축공사에 관하여 B와 공사대금 2억 원으로 도급계약을 체결한 경우를 들어본다.

B가 자신의 노력과 비용으로 Y건물을 신축하는 공사를 시작하였으나 아직 지붕과 주벽이 완성되지 않은 경우라면 미완성된 건축부분은 제256조 부합의 법리에 따라 X토지의 소유권의 일부일 뿐이다. 따라서 이때에는 Y건물에 관한 공사대금채권은 X토지에 관하여 발생한 채권이 아니므로 유치권이 성립되지 않는다.

그런데 Y건물의 지붕과 주벽이 완성되는 상태에 이르면 이는 X토지와는 별개의 부동산이 되는데, Y건물이 누구의 소유인지가 문제된다. 건물신축도급의 소유권귀속의 법리에서는(판례상 **'수급인 귀속설'**) 주요 재료와 노력을 제공한 수급인 B가 Y건물을 원시취득하고 도급인 甲에게 소유권등기를 마쳐야 甲명의로 소유권이 이전된다는 입장이다. 따라서 아직 甲명의로 소유권등기가 되지 않은 상태에서는 Y건물은 B자신의 소유이고, 타인의 물건에 대한 점유가 아니므로 역시 유치권이 인정되지 않는다.

2. 질권

질권은 동산과 채권에 대하여만 인정되고 부동산에 대한 질권은 허용되지 않는다. 그런데 동산 질권에서는 동산 거래의 안정과 채권자보호를 위해 채무자가 담보물을 점유할 수 없게 되어 있다(제332조; 전당포에 동산을 맡기고 금원을 차용하는 경우가 대표적인 동산 질권이다).

그런데 거래현실에서는 동산에 대하여도 담보를 설정하되, 그 담보물을 채무자가 사용할 필요성이 제기된다. 가령, 공장기계를 담보로 맡기고 금원을 차용하려 하는 경우 공장기계를 사용하여야 이를 수익으로 채무를 갚을 수 있기 때문이다. 동산 질권의 이러한 문제점 때문에 채무자가 동산을 점유사용하면서 담보로 제공할 수 있는 동산양도담보가 관습법상 인정된다.

거래현실에서는 오히려 권리 질권이 더 많이 사용된다. 가령, 임차인이 임대인에 대하여 임대차계약이 종료할 경우 반환받을 수 있는 임대차보증금반환채권을 채권자에게 담보로 제공하고 금원을 차용하는 경우를 들 수 있다. 이는 장래

발생금전채권이 담보물이 되는 경우로서, 이러한 의미에서 '채권은 물권인 질권의 목적이 될 수 없다.'는 표현은 틀린 말이다.

3. 저당권

(1) 요건

부동산에 대하여는 질권이 허용되지 않고, 저당권이 인정된다. 저당권은 '① 저당권설정계약과 ② 저당권설정등기'를 요건으로 하고, 교환가치만을 저당권등기로서 파악하므로 부동산의 사용·수익권은 여전히 저당권설정자(대개 채무자)에게 있다.

부동산의 가치가 통상 고액이고, 우선변제권의 확보가 확실한 물권이라는 점에서 거래현실에서 다수이고, 금융기관이 가장 먼저 파악하는 담보물이다. 이러한 이유로 대부분의 서민들의 아파트 내지 주택에는 저당권이 없는 경우가 오히려 드물다.

(2) 효력

저당권이라는 물권에는 방해배제청구권도 있으나(제370조, 제214조), 대표적인 효력은 피담보채권에 관한 우선변제권의 확보이다.

또한 저당권자는 확정판결이 없더라도 저당권설정계약에 따라 저당부동산에 관하여 법원에 경매를 신청할 수 있는데, 당사자들 사이의 약정에 따른 경매라 하여 '임의경매'라 부르고, 당사자들 사이의 경매약정이 없음에도 확정판결을 통하여 강제로 이루어지는 '강제경매'와 구별된다.

(3) 근저당권

근저당권(제357조)은 저당권의 일종인데, 채권최고액만 등기하고 그 채권의 발생원인에 대하여는 당사자들 사이의 약정에 맡기는 것이다. 따라서 경매 등이 이루어지는 경우 일정시점에는 수시로 증감변동하는 피담보채무의 액수가 얼마인지 고정시킬 필요가 있다. 이를 '**피담보채무의 확정**'이라 하는데, 상당히 어려운 문제들이 많다.

근저당의 경우 등기만으로 피담보채무가 무엇이고 얼마인지 알 수 없음에 반하여(이런 근저당의 특징 때문에 근저당등기의 경우는 피담보채무의 존재에 대한 추정력이 없다고 한다), 일반 저당권의 경우에는 등기자체에서 피담보채무의 내용이 공시되어 있다(이런 이유로 저당권등기는 피담보채무의 존재에 대한 추정력이 인정된다).

4. 비전형담보

(1) 등장배경

물권법정주의에 따라 거래현실에서는 필요한 새로운 담보제도에 대한 수요가 많다. 가령, 동산질권의 경우 채무자가 그 동산을 활용하여 돈을 벌 수 없다는 문제점을 들 수 있다.

부동산의 경우 저당권등기비용이 상당히 소요되고, 법원의 경매를 통해서만 채권의 만족을 받을 수 있게 되는데 집행비용도 채권자가 예납하여야 할 뿐 아니라, 다른 채권자들도 경합할 수 있고, 배당까지 상당히 오랜 시간이 소요될 수 있으며, 각종 특별법상 최우선변제권자들이 저당권자보다 앞서 배당을 받아가는 문제점들이 있다. 이에 따라 관습법상 동산에 대한 양도담보와 부동산에 관한 양도담보 및 가등기담보제고다 등장하였다.

(2) 동산양도담보

동산의 양도담보는 채무자의 담보물사용을 허용하는 것으로 가령, 축사의 수많은 한우, 양돈, 양계, 양어들을 집합동산으로 하여 채권자와 담보계약을 체결하고 집합동산의 소유권은 채권자에게 이전해 주되 그 공시로서 채무자가 점유사용은 계속하되 채권자에게 점유가 이전되는 형태의 점유이전방식인 점유개정방식을 취하는 것이다.

(3) 부동산의 가등기담보 내지 양도담보

부동산의 경우는 채무자가 채권자로부터 금원을 차용하면서 채무자 소유의 부동산에 채권자명의의 가등기를 경료해 주거나, 아예 소유권이전등기를 경료해 주는 방식을 취한다. 나중에 채무원리금을 변제할 경우 가등기를 말소받거나 이전된 소유권을 다시 회복해 오는 것이다. 모두 법원의 경매와 다른 채권자들의 경합을 피할 수 있는 방법들이다.

그런데 이러한 비전형담보에서 오는 폐단들의 문제점으로(가령, 채권자의 폭리 또는 다른 채권자들의 배제) 「가등기담보 등에 관한 법률」이 적용된다. 채권자는 위 법에서 정한 절차에 따라 청산절차와 청산기간을 정하여 비전형담보권을 실행해야 하고, 객관적인 시세로 평가하여 채무원리금 잔액은 채무자에게 반환하여야 한다.

제 4 절 채권

Ⅰ_ 서설

1. 채권의 개념

앞의 매매사례(116면)에서 甲의 乙에 대한 1억 원의 매매대금채권, 乙의 甲에 대한 Y건물에 관한 소유권이전등기청구권, 앞의 대여금사례(141면)에서 甲의 乙에 대한 1억 원과 이에 대한 월 1백만 원의 약정이자청구권을 채권이라 한다. 이러한 채권들은 모두 그 이행을 통하여 건물의 소유권 내지 금전을 취득하여 종국적으로 물권으로 나아가기 직전 상대방에 대하여 그 이행을 청구할 수 있는 권리인데, 이 또한 재산권이다. 이러한 채권에 관하여 다루는 민법 제3편 부분이 채권이다.(제373조 내지 제766조)

2. 채권총론과 채권각론

채권편은 크게 채권총론과 채권각론으로 나뉜다. 채권총론은 채권에 관하여 일반적으로 적용되는 총론으로서, 채권의 종류, 효력(이행청구, 손해배상, 해제, 대상청구), 채권의 보전(채권자대위 및 채권자취소), 채권이나 채무의 이전, 채권의 소멸을 다루고 있다.

채권각론은 크게 계약총론, 계약각론, 법정채권으로 나눌 수 있다.

계약총론에서는 모든 계약에서 공통되는 사항인 청약과 승낙에 의한 계약체결, 동시이행, 위험부담, 계약해제를 다룬다.

계약각론에서는 다양한 계약유형들 중 통상 많이 사용될 수 있는 대표적인 계약들에 대한 규정이 있는데, 계약자유원칙에 따라 이들 규정은 대부분 당사자의 의사표시가 없을 경우 적용되는 보충적인 규정으로 임의규정이지만, 필요에 따라서는 당사자가 합의한 사항이더라도 이를 무효화시키는 강행규정도 있다(가령, 제652조). 계약총론과 계약각론부분을 합하여 '계약법'이라고 부르기도 한다.

법정채권은 제734조에서 제766조까지 사무관리, 부당이득, 불법행위를 규율하고 있는데, 그 이전까지의 채권은 법률행위에 의해 발생되는 약정채권임에 반하여 위 법정채권은 법률행위가 없는 경우 적용되는 법률규정에 따라 발생하는 채권이다.

Ⅱ _ 채권총론

1. 채권의 종류

(1) 특정물채권과 종류채권

앞의 매매사례(116면)에서 乙의 甲에 대한 Y건물의 소유권이전등기청구권과 같은 채권을 특정물채권이라 하고(제374조), 甲의 乙에 대한 매매대금채권과 같은 금전채권은 종류채권의 일종이다(제375조).

특정물은 세상에서 단 하나뿐인 특정물을 목적으로 한 채권이므로, 채무자는 채권자에게 인도시까지 선관주의의무를 부담하고, 그 목적물이 소멸한 경우에는 이행불능이 있을 수 있다. 그러나 종류채권의 경우에는 이행불능이 있을 수 없으므로 甲의 乙에 대한 매매대금채권은 이행불능이 되지 않는다.

(2) 원금채권과 이자채권

이자채권은 원금의 존재를 전제로 하여 발생하는 채권인데, 앞의 대여금사례

(141면)에서 甲이 대여원금 1억원과는 별도로 乙에게 매월 말일 1백만 원씩의 이자를 청구할 수 있는 채권이다. 이자채권은 변제기까지 발생하는 약정이자와 변제기 다음날부터 발생하는 지연이자채권으로 다시 나눌 수 있는데, 약정이자채권은 사용료의 성격이므로 3년의 단기소멸시효가 적용되나, 지연이자채권은 채무불이행에 기한 손해배상성격이고, 민법은 금전채무의 불이행에 대한 손해배상의 범위는 모두 연 5%로 정하고 있기 때문에(제390조, 제397조, 제379조) 앞의 대여금사례(141면)에서 乙은 변제기 다음 날인 2023. 2. 1.부터는 연 5%의 지연이자채무를 부담한다.

한편, 「이자제한법」에서는 대여금계약에 따라 채권자가 절박한 채무자의 사정을 이용하여 높은 이율을 취득하는 것을 금지하고 있는데, 현재는 연 20%를 초과하는 약정이자는 그 초과부분은 무효로 되고 연 20%의 약정이자만 유효한 것으로 정하고 있다.

2. 채권의 효력

어떤 채권을 가지게 되면, 채권자는 그 채권의 효력으로 4가지의 권리를 행사할 수 있다. 앞의 매매사례(116면)를 기준으로 하여 간략히 순차적으로 설명한다.

(1) 강제이행청구(제389조)

甲은 乙을 상대로 1억 원의 매매대금청구를, 乙은 甲을 상대로 소유권이전등기와 인도를 각 청구할 수 있다. 이는 채권의 주된 내용의 실현을 의미하고 채권의 본래적 효력이라 할 수 있다.

(2) 손해배상청구(제390조 내지 제399조)

甲이 이행기까지 소유권이전등기와 인도를 마쳐주었음에도 乙이 매매대금을 지급하지 않으면 甲은 乙에게 추가로 1억 원에 대한 연 5%의 이자를 지연손해금으로 지급할 것을 청구할 수 있고, 소제기까지 하였을 경우에는 그 지연손해금 이율은 「소송촉진 등에 관한 특례법」에서 정하고 있는 연 12%로 상향된다. 이는 금전채권이므로 이행불능은 없고(따라서 전보배상청구라는 개념이 없다), 이행지체만 있는 경우이므로 이행지체에 기한 **지연손해배상**청구라고 한다.

반대로 乙이 이행기까지 매매대금을 모두 지급하였음에도 甲이 소유권이전과 인도를 지연하고 있으면 乙은 甲을 상대로 월 1백만씩의 **지연손해배상**을 추가로 청구할 수 있다. 채무불이행에 기한 손해는 이행이익배상이다. 이행이익이라 함은 만약 甲이 계약내용대로 이행을 하였다면 乙은 Y건물을 임대하는 등의 방법으로 사용하여 월 1백만 원의 이익을 얻을 수 있었는데 甲의 이행지체로 이를 얻지 못한 이익을 의미한다.

한편 더 나아가 甲이 2023. 2. 1. 丙에게 Y건물을 2억 원에 매도하고 소유권이전등기를 마쳐주면(이 시점의 시가는 1억 5천만 원이었다), 乙의 甲에 대한 소유권이전등기청구권은 이행불능이 되는데, 이러한 경우 乙은 甲을 상대로 등기청구에 갈음하여 불능시점의 시가상당액인 1억 5천만 원을 **전보배상**으로 청구할 수 있다. 즉, 특정물채권자는 지연배상과 전보배상청구가 모두 가능할 수 있다.

(3) 계약해제(제543조, 제546조, 제548조)

甲의 귀책사유에 의한 이행지체 내지 이행불능의 경우 (손해배상청구와 함께 또는 갈음하여) 乙은 계약을 해제하고 원상회복을 청구할 수도 있다. 계약이 해제되면 소급하여 매매계약은 효력을 상실하는데, 계약 당시에는 어떤 하자도 없었으므로 취소권행사 사유는 아니지만, 법에서 일정한 요건을 구비한 경우 해제권을 인정하여 계약이 없는 것으로 돌릴 수 있는 권리를 부여하였다. 이러한 해제를 **법**에서 **정**한 **해제**권이라 하여 **법정해제**라고 부르기도 한다.[9]

법정해제권을 행사하고 원상회복을 청구하게 되면, 乙은 甲을 상대로 기 지급한 매매대금 1억 원과 이에 대한 받을 날 당일부터의 법정이자 연 5%의 반환을 원상회복으로 청구할 수 있는데, 이는 선의의 부당이득반환의 경우 이자반환의무가 없는 부당이득반환범위(제748조 제1항)에 대한 특칙의 성격을 갖는다.

한편 위에서 본 이행불능에 따른 전보배상청구의 경우도 동일한 금전청구이기는 하지만, 이는 제390조에 따른 손해배상채권으로서 해제로 인한 원상회복으로서의 반환청구와는 다른 권리이다. 특히 이행지체 내지 이행불능시점의 Y건물

---

9) 계약해제에 관련된 조문의 위치는 계약총론 부분에 있는데, 논리적으로는 손해배상청구와 동일하게 이행지체 내지 이행불능의 채무불이행을 원인으로 하므로 여기에서 다루었다.

의 시가가 8천만 원이라면 乙로서는 이행불능에 따른 전보배상청구로 시가 8천만 원을 청구하는 것보다는 법정해제와 원상회복으로서 기 지급한 매매대금 1억 원과 법정이자를 청구하는 것이 유리하다.

(4) 대상청구권

甲이 2023. 2. 1. 丙에게 Y건물을 2억 원에 매도하고 소유권이전등기를 마쳐 주면(이 시점의 시가는 1억 5천만 원이었다), 乙의 甲에 대한 소유권이전등기청구권은 이행불능이 되는데, 이때 乙은 甲을 상대로(제390조에 따라 시가상당의 전보배상을 청구하는 대신), 이행불능으로 인하여 동일성 있는 **대상**인 매매대금 2억 원의 반환을 **청구**할 수도 있는데, 이를 **대상청구권**이라 한다.

대상청구권은 민법에 규정이 없는데, 판례는 공평의 원칙에 기하여 해석상 인정하는 권리이다. 손해배상청구권, 원상회복으로서 반환청구권, 부당이득반환청구권과는 다른 성격의 별개의 권리이다.

그 액수가 계약 액수나 시가를 초과하여도 가능하다는 점, 이행불능에 甲의 귀책사유가 없는 경우에도 인정되는 점(가령, Y건물이 천재지변으로 멸실되고 甲에게 2억 원의 보험금이 발생한 경우)에서 채무불이행에 기한 손해배상청구나 해제권행사에 다른 원상회복청구와는 다르다.

다만, 이러한 대상청구권은 이행불능이 발생할 수 있는 특정물채권의 경우만 해당하고, 甲의 乙에 대한 매매대금채권과 같이 이행불능이 있을 수 없는 경우에는 해당되지 않는다.

3. 책임재산의 보전

(1) 책임재산보전 제도의 취지

모든 채권은 채무자의 불이행 시 궁극적으로 금전채권으로 변경될 운명이고(이행불능 원인 전보배상, 해제를 통한 원상회복 중 가액반환 등), 금전채권의 만족은 채무자 명의의 재산(책임재산)에 대한 강제집행을 통하여 이루어진다. 따라서 채무자 명의의 책임재산의 확보가 일반채권자들에게는 매우 중요하다.

채무자가 제3자에 대한 채권을 가지고 있어 책임재산을 증가시킬 수 있음에도 불이행하고 있어 채권자가 채무자를 대신하여 채무자 명의로 재산을 이전시켜 그 책임재산을 증가시키는 것이 채권자대위권(제404조 내지 제405조)이고, 채무자 명의로 있었던 재산이 제3자에게 이전되어 책임재산이 감소된 것을 다시 채무자 명의로 회복시키는 것이 채권자취소권이다(제406조 내지 제407조).

그런데 채권자대위권의 경우 본래 금전채권자의 강제집행의 사전제도인데, 이러한 본래적 취지와는 달리 피보전권리로 특정물채권의 경우도 일정한 경우 이를 허용하고 있다. 또한 피대위권리로 채권적 청구권만이 아니라 소유권에 기한 말소등기청구권 내지 인도청구권과 같은 물권적 청구권, 등기신청권과 같은 공법상 권리, 소제기와 같은 소송행위도 그 적용을 긍정하고 있다(본래적 제도취지와 다른 적용이라 하여 '전용형'이라 한다).

(2) 채권자대위권

앞의 매매사례(116면)에서 甲이 乙에게 소유권이전등기를 마쳐주지 않은 상태에서 乙이 2022. 8. 1. 丙에게 Y건물을 1억 5천만 원에 매도한 경우를 가정해 본다. 타인권리 매매가 유효하기 때문에(제569조), 乙은 아직 자신의 소유물이 아님에도 丙에게 다시 매도하는 계약을 할 수 있다(통상 이를 '미등기 전매'라 한다).

그런데 乙이 甲에게 소유권이전등기청구를 하지 않고 있어 丙이 乙에 대한 소유권이전등기청구권을 실현하기에 장애가 있는 것은 곧 丙의 乙에 대한 소유권이전등기청구권이라는 채권의 효력을 약화시키는 것이다. 따라서 丙은 乙에 대한 소유권이전등기청구권을 보전하기 위해(피보전권리), 乙을 대신하여 甲을 상대로 乙에게 소유권이전등기를 할 것을 대신 청구할 수 있게 하는 권리가 채권자대위권이다(대신 행사당하는 乙의 甲에 대한 채권을 피대위권리라 한다). 피보전채권과 피대위채권이 서로 관련성 있는 특정물채권인 경우에는 乙의 무자력을 요하지 않는다.

또한 甲의 입장에서도 乙에 대한 1억 원의 매매대금채권을 보전하기 위해 乙의 丙에 대한 매매대금채권 중 1억 원 부분을 채권자대위로 청구할 수 있고, 乙을 대신하여 위 돈을 수령해 줄 수도 있다. 다만, 피보전채권이 금전채권이므로 乙의 무자력을 요하므로, 乙은 丙에 대한 매매대금채권 이외에는 다른 재산이 없어야 한다.

채권자대위권의 요건은 '① 피보전채권의 존재, ② 보전의 필요성, ③ 채무자의 권리불행사, ④ 피대위채권의 존재'라고 정리할 수 있다.

피보전채권이 피대위채권보다 먼저 성립할 것을 요하지 않으나 변제기도래는 요한다. 민사법에서 매우 깊이 들어가게 되면 채권자대위권은 가압류채권자, 채권자대위소송과 연계되어 매우 어려운 쟁점들이 많다.

(3) 채권자취소권

앞의 대여금사례(141면)에서 채무자 乙이 금전채권자 甲의 대여원리금채권에 기한 강제집행을 어렵게 한다는 사정을 알면서도(이를 사해의사라 한다) 자신 소유의 유일한 재산인 Z토지를 丙에게 매도하고 소유권이전등기를 마쳐준 경우 이는 사해행위에 해당할 수 있다.

이때 甲은 이를 안 날로부터 1년 또는 매매시점으로부터 5년 이내에 丙을 상대로 법원에 소제기를 통하여 乙과 丙 사이의 매매라는 법률행위를 사해행위로서 취소하고, 원상회복으로 丙명의의 소유권이전등기를 말소하여 乙명의로 회복되도록 청구할 수 있다. 丙을 수익자라 하는데, 丙으로부터 저당권설정등기를 받은 전득자 丁이 있을 경우 甲은 丙과 丁을 상대로 각 말소등기를 청구할 수 있다.

일반 취소권과 달리 소제기를 통해서만 취소권을 행사할 수 있고, 사해행위취소소송이라는 형성의 소와, 원상회복청구의 소라는 이행의 소가 병합되어 진행된다.

채권자취소권의 요건을 간략히 요약하면, '① 금전채권인 피보전채권의 존재, ② 사해행위, ③ 채무자의 악의'로 정리할 수 있다.

피보전채권은 금전채권만 가능하다는 점, 피보전채권은 사해행위 이전에 먼저 성립되어 있어야 한다는 점, 변제기가 도래하지 않아도 된다는 점이 채권자대위권과 다르다.

그런데 이 부분도 깊이 공부하게 되면, 전득자가 선의인 경우나 사해행위 목적물에 사해행위 이전부터 있었던 다른 담보권이 이후 소멸되어 가액배상청구만 허용되는 경우 그 액수를 어떻게 산정할지, 피보전채권에 담보권이 설정된 경우 피보전채권은 어떻게 산정하는지 매우 어려운 쟁점들이 많다.

금전채무를 부담하는 채무자들이 다수인 것이 현실인데, 그 상태에서 그의 재산에 관한 매매가 이루어지고, 금전채권자들이 이를 알게 되면 위 소송을 즐겨 제기할 수 있다. 채권자취소소송은 IMF사태 이후부터 금융기관을 중심으로 급증하기 시작하였고, 현재도 법원 전체에 계류 중인 사건 중 사해행위취소 소송의 비율이 상당히 높다.

4. 다수당사자의 채권관계

지금까지는 채권자 내지 채무자가 각 1명씩인 경우를 전제로 하였는데, 어떤 채무를 수인이 중첩하여 부담하는 계약이나 법률관계도 있다.

(1) 가분채무

금전채무와 같이 분할이 가능한 경우는 원칙적으로 채무자들이 분할하여 그 채무를 부담한다. 가령, 아버지가 사망하였고, 채무만 7천만 원이 있는데, 그 상속인들로 처, 2명의 자녀가 있는 경우 상속비율에 따라(처1.5, 자녀 각 1) 처는 3천만 원, 자녀들이 각 2천만 원씩 상속지분에 따라 분할채무를 부담하는 것이 민사법의 원칙이다.

(2) 연대채무

가령, 甲으로부터 乙, 丙, 丁이 2억 4천만 원을 연대하여 차용하였는데, 乙, 丙, 丁 사이에서 내부적으로는 4천만 원: 8천만 원: 1억 2천만 원의 내부부담비율을 정한 경우를 예로 들어 연대채무의 법리를 살펴본다.

채권자 A는 어느 누구를 상대로도 전액을 청구할 수 있고, 乙을 상대로만 청구하더라도 丙과 丁에 대하여도 이행을 청구한 것으로서 소멸시효중단의 효과가 있다. 그리고 乙, 丙, 丁 중 누구든 일부라도 변제하면 채권자의 청구액수는 감액되는 효과가 있다(이렇게 영향을 미치는 효력을 '절대적 효력'이라 한다). 즉, 이행청구와 이행에 절대적 효력이 있다.

이와 같이 '이행'이나 '이행청구'에 절대적 효력을 주어 채권자를 보호하고 채권의 효력을 강화시키는 것이 연대채무제도의 본래 취지이다. 연대채무는 채무자들 사이의 연대의 합의에 따라 발생하는 약정연대채무가 원칙이지만, 예외적으로 수인의 임차인의 차임지급채무, 상법상 다수인의 채무부담의 경우는 법률상 연대채무관계로 간주된다. 이들을 민법의 연대채무규정이 적용되는 본래적 의미의 연대채무관계라고 하여 아래에서 보는 '부진정 연대'와 구별하여 '**진정 연대채무**'라고 부를 수도 있다.

그런데 연대채무자들 사이는 주관적 연합관계가 있어 이행청구나 이행에 따른 채무만족 사유 이외에도 어느 정도 절대적 효력을 미치게 할 필요가 있다. 제419조 내지 제422조는 채무자들 사이의 밀접관계를 고려하여 채무만족사유 이외의 경우에도 채권자의 청구액수에 영향을 미칠 수 있는 **부담부분 형 절대적 효력** 사유를 규정하고 있다.

가령, 甲이 乙에 대한 연대채무 전액을 면제해 주면 乙의 부담부분인 4천만 원 부분에는 절대적 효력이 있어 甲의 丙, 丁에 대한 연대채무의 청구액수도 그만큼 감액되어 2억 원으로 감액된다.

또 다른 예로 乙과 丁에 대하여는 이행청구 이외의 소멸시효중단사유가 있어 이들에 대한 소멸시효는 완성되지 않았으나(가령, 가압류나 채무승인), 丙에 대하여는 어떤 조치도 취하지 않아 丙에 대한 소멸시효가 완성된 경우에는 丙의 부담부분인 8천만 원 부분은 절대효가 있어 甲의 乙, 丁에 대한 청구액수는 1억 6천만 원으로 감액된다.

그리고 부담부분을 초과하지 않은 변제를 한 경우라도 그 변제를 한 연대채무자는 다른 연대채무자를 상대로 비율에 따라 구상권을 행사할 수 있다.

한편, 법문에는 '연대하여'라고 표현되어 있으나(가령, 제35조, 제760조), 단지 채권자 보호를 위해 중첩하여 채무를 부담시키는 경우로 해석되는 경우를 '**부진정 연대**'라고 하는데, 이 경우는 채무만족 사유에만[10] 절대효가 있다.

면제나 소멸시효완성에 절대효가 없는 것은 채권자에게 유리하지만, 이행청구에 절대효가 없는 것은 채권자에게 불리하다.

그런데 부진정 연대는 과실비율에 따라 서로 종국적·내부적 부담부분이 있

10) 판례상 변제, 대물변제, 공탁, 상계, 상계계약 5가지에 한한다.

는 점에서 연대채무와 흡사하지만, 판례는 구상권 행사에서는 수인의 보증인들과 같이 부담부분을 초과하여 변제한 채무자만 다른 채무자를 상대로 구상권을 허용하고 있다.

(3) 보증채무

앞의 대여금사례(141면)에서 甲과 丙사이의 연대보증채무부담계약에 따라 丙이 甲에 대하여 부담하는 채무를 보증채무라 한다. 보증채무의 경우 주채무자에게 먼저 이행청구를 할 것 또는 먼저 집행할 것을 청구하는 최고·검색의 항변권이 있으나, 이러한 보충성을 배제하는 것으로 약정하는 것도 가능한데, 이를 '**연대보증**'이라 한다.

보증채무자 주채무자와 중첩하여 채권자에게 전액을 변제하여야 하는 점에서 연대채무와 비슷한 점이 있다. 그러나 보증인은 타인의 채무를 대신 변제하는 것이기 때문에 주채무자와 보증채무자 사이의 부담부분이 없고, 주채무에 부종한다는 점이 연대채무와 다른 특징이다.

보증채무는 타인의 채무를 변제하는 것인데, 너무 쉽게 정에 못 이겨 보증을 서주다가 보증채무의 부담으로 어려움을 겪게 되는 등 사회적으로 많은 문제가 되어 왔다. 이에 따라 개정 민법 제428조의 2 내지 3, 제436조의 2에서는 서면에 의한 계약체결 및 기명날인, 최고액의 서면화를 효력요건으로 정하였고, 채권자의 보증인에 대한 정보제공의무를 부과하며, 이러한 정보제공의무를 불이행한 경우 보증채무를 감액하거나 면제하는 규정도 마련하였다.

앞의 대여금사례(141면)에서 연대보증인으로 丙 이외에도 丁, 戊가 추가로 있는 경우를 가정해 본다(丙, 丁, 戊의 내부부담비율은 2천만 원 : 3천만 원 : 5천만 원). 이 경우는 수인의 연대보증인들이 있는 경우인데, 변제에 따른 구상관계를 살펴본다.

丙은 3천만 원을 변제하고, 戊가 5천만 원을 변제하였다면, 丙은 자신이 변제한 3천만 원 전액을 주채무자 乙에게 구상할 수 있고, 자신의 부담부분을 초과한 1천만 원은 丁에게 구상할 수 있으나, 부담부분을 변제한 戊에게는 구상할 수 없다. 戊는 자신이 변제한 5천만 원을 주채무자 乙에게 구상할 수 있으나, 자신의 부담부분을 초과하지 않았으므로, 丁에게는 구상할 수 없다.

즉, 연대보증인들의 구상의 경우 주채무자에게는 전액을 구상할 수 있으나, 연대보증채무자들 사이에서는 자신의 부담부분을 초과한 액수에 한하여, 자신의 부담부분을 변제하지 않은 다른 연대보증채무자를 상대로만 구상할 수 있다.

보증채무의 경우 실제 거래에서 다수 있고, 실무분쟁 사안들도 많으며, 중요 쟁점들과 관련 판례들이 많아 각종 시험에서 출제빈도가 높은 부분이다.

5. 채권양도와 채무인수

(1) 채권양도(제449조 내지 제452조)

채권도 재산권으로서 이전될 수 있는 것이 원칙이다. 앞의 매매사례(116면)에서 甲은 乙에 대한 매매대금채권을 丙에게 양도하고, 丙이 채권양수인으로서 乙에게 직접 이행을 청구할 수 있다. 앞의 대여금사례(141면)에서 甲이 乙에 대한 대여원리금채권을 丙에게 양도해주는 경우도 동일하다.

채권양도는 계약인수와 달리 계약자체는 그대로 둔 채 계약에서 발생한 채권만을 분리하여 양도하는 것으로, 채권양수인은 그 채권의 이행만을 청구할 수 있고, 계약의 효력에 따른 나머지 권한인 취소권이나 해제권은 원 계약당사자가 행사할 수 있다.

채권양수인이 채무자를 상대로 양수받은 채권을 청구하는 것을 **'양수금 청구'**라 통상 불리는데, 그 요건으로는 '① 채권의 존재(임대차계약종료 이전 시점에 앞으로 임대차가 종료하게 되면 발생할 장래발생채권도 양도 가능하다), ② 채권양도계약, ③ 채무자에 대한 대항력으로 채권양도인의 통지 또는 채무자의 승낙'을 요건으로 한다. 채무자에 대한 대항요건으로서 통지와 승낙에는 그 이전의 항변사유가 절단되는지 여부에 대하여 차이가 있다.

그리고 채무자 이외의 다른 채권양수인들 내지 채권가압류권자들과의 경합에서 누가 우선하는지는 확정일자에 의한 대항요건에 대한 채무자의 인식의 선후에 의한다(통상 채권가압류결정문 또는 내용증명우편에 의한 채권양도통지의 도달일시의 선후).

(2) 채무인수(제453조 내지 제459조)

채무인수는 채권양도와 마찬가지로 계약당사자는 그대로 유지된 채 채무자가 변경되는 것이다. 그런데 채권의 특성상 채무의 이행여부가 중요한 문제이므로 채권자가 누구인지는 그렇게 중요한 문제가 아니므로 채권양도는 그렇게 엄격하게 취급되지 않는다.

그러나 채무자 변경의 경우 채무자의 자력유무는 채무의 이행가능성에 결정적 영향을 미치므로 채권자의 입장에서 매우 중요한 문제이므로 채권자의 의사관여가 없는 한 채무인수는 불가능한 특징이 있다.

따라서 채무인수는 채권자와 신 채무자 사이에 이루어져야 하는 것이 원칙이다. 구 채무자와 신 채무자 사이에 채무인수계약이 이루어질 경우 채권자의 승낙이 없는 한 구 채무자가 탈퇴하는 면책적 채무인수는 이루어질 수 없고, 채권자가 승낙할 경우 구 채무자의 탈퇴여부에 대한 명확한 언급이 없으면 중첩적 채무인수로 해석된다.

채무인수의 형태로는 구 채무자가 탈퇴하고 신 채무자만 채무를 부담하는 면책적 채무인수, 구 채무자에 더하여 신 채무자가 중첩적으로 채무를 부담하는 중첩적 채무인수의 두 가지 형태가 있다. 어느 것인지 명확치 않을 경우 채권자에게 유리한 중첩적 채무인수로 해석된다.

중첩적 채무인수의 경우 구 채무자와 신 채무자 사이의 채무부담관계가 어떤지 문제될 수 있다. 채권자와 신 채무자 사이에 채무인수가 이루어진 경우 구 채무자와 신 채무자 사이의 연합관계가 없으므로 이 경우는 부진정 연대채무관계이다. 그러나 구 채무자와 신 채무자 사이에 중첩적 채무인수가 있었고 이에 대하여 채권자가 승낙한 경우라면 채무자들 사이의 주관적 연합관계가 인정되므로 진정 연대채무로 해석된다.

6. 채권의 소멸

(1) 채권의 사명

채권은 채무의 이행이 완료되어 그 만족을 받음으로써 소멸하는 것을 목적으로 한다. 앞의 매매사례(116면)에서 乙이 甲에게 매매대금 중 6천만 원을 지급하면, 1억 원의 매매대금채권 중 6천만 원 부분은 소멸하고, 4천만 원만 잔존하게 된다.

반대로 甲이 乙에게 소유권을 이전해 주면, 乙의 甲에 대한 소유권이전등기청구권은 그 만족으로 소멸한다. 즉, 채권은 궁극적으로 채무이행에 따라 소멸하는 것을 목표로 한다.

채무의 만족은 본래적 내용의 이행이 이루어지는 것이 원칙이고, 이를 변제라 한다. 그러나 그 이외에도 이에 준하는 사유로 소멸할 수 있는 경우들도 있는데, 대물변제(기존의 금전채무에 갈음하여 토지를 이전해 주는 것), 공탁(채권자가 금전채무를 받을 수 없거나 받지 않으려 하는 경우 법원에 그 액수를 공탁하여 채무를 소멸시키는 방법), 상계, 경개(대여금채무에 갈음하여 Y건물에 관하여 매매대금채무를 부담하는 것으로 변경하는 것), 면제, 혼동을 들 수 있다. 위 채권소멸의 사유들 중에서는 변제, 상계가 가장 중요하고 어려운 쟁점들이 많다.

(2) 변제

변제의 경우 변제충당(제476조 내지 제479조; 수개의 금전채무가 있는데 지급한 액수가 모두 만족시키지 못할 경우 어느 채무부터 충당하여 소멸하게 할 것인지), 변제자대위(제480조 내지 제486조; 제3자가 변제를 통하여 채권을 만족시키면 그 채권자가 가지고 있는 원래의 채권과 이에 대한 물적·인적 담보를 당연히 취득하게 되는 것)가 가장 쟁점이 많고 어려운 부분이다.

(3) 상계

제492조 이하의 상계는 서로 동종의 채권을 가지고 있는 경우 서로 주고 다시 받고 하는 등의 번거로움을 피하기 위해 대등액에서 서로 채권이 없어지는 것으로 일방적으로 상계의 의사표시를 하는 것을 의미한다. 사회생활상에서는 통상 '서로 깐다'라는 표현을 사용하고 있는데, 이러한 일상용어가 민법상 상계에 해당한다.

가령, 앞의 매매사례(116면)에서 甲은 乙에게 1억 원의 매매대금채권을 갖고 있는데, 마침 乙도 그 이전에 甲에게 2억 원을 빌려주어 대여금채권을 가지고 있는 경우를 들어 본다. 甲이 乙로부터 매매대금 1억 원을 받은 다음 그 돈으로 乙

의 甲에 대한 대여금채권을 갚는 것으로 다시 위 돈을 乙에게 재차 지급하는 것은 번거롭고 불필요할 수 있다. 이때에는 甲이나 乙이 대등액인 1억 원 부분만큼 서로 상계할 수 있다. 이때 상계를 하고자 하는 자가 상대방에게 갖는 채권을 **자동채권**이라 하고, 상계를 당하는 자의 채권을 **수동채권**이라 한다.

상계의 경우 상계적상(동종의 채권일 것, 최소한 자동채권의 변제기는 도래할 것), 상계가 금지되는 경우(자동채권에 동시이행항변권 부 채무가 부착된 경우, 수동채권이 고의의 불법행위에 기한 손해배상채권인 경우나 가압류, 압류 등의 지급금지명령을 받은 경우)와 그러한 경우에도 예외적으로 상계가 허용되는 경우의 법률문제가 난해한 부분들인데, 매우 중요하게 다루어지고 있고, 민사소송법상 여러 가지 중요한 쟁점들과도 연결된다.

Ⅲ _ 채권각론

1. 계약총론

(1) 청약과 승낙

계약은 서로 대립하는 두 개의 의사표시의 합치로 이루어지는 대표적인 법률행위인데, 법률행위를 하자고 먼저 제의하는 의사표시를 청약이라 하고, 이를 받아들여 법률행위를 하는 것에 동의하는 것을 승낙이라고 한다. 총칙에서 의사표시의 하자법리는 계약 성립의 요건이 되는 두 개의 의사표시 중 어느 하나, 또는 양자 모두에 대한 하자를 의미한다.

친구와의 저녁식사약속 제안의 취소와 같이 일상생활에서 대부분의 말은 쉽게 없는 것으로 번복할 수 있다. 그러나 그러한 말이 법률적인 의사표시에 해당할 경우에는 쉽게 번복하지 못한다. 가령, 이미 취소권이나 해제권을 행사하여 그 의사표시가 상대방에게 도달한 다음에는 이를 번복할 수 없다.

청약의 구속력도 대표적인 법률적 의사표시의 '번복 불가성'이라 할 것이다. 제527조 이하에서는 청약의 구속력에 대하여 세부적으로 정하고 있다. 가령, 온라인 당근마켓에 어떤 중고물품의 판매를 위해 일정금액의 가격을 정하여 업로드

하면 추후 이를 신뢰하고 그 물건과 그 액수에 대하여 승낙하려는 자에 대하여 매도의 청약자 스스로도 자신이 표시했던 매매대금의 액수를 임의로 상향할 수 없고, 팔지 않겠다고 철회할 수도 없다.

(2) 쌍무계약의 견련관계

어떤 계약으로 서로 대가관계 있는 채권을 서로 가지고 있는 경우 두 채권은 서로 견련관계를 가지게 된다. 쌍무계약의 등가성으로 성립, 이행, 존속의 측면에서 두 채권은 서로 견련관계를 가지며 존재한다. 앞의 매매사례(116면)에서 甲의 乙에 대한 매매대금채권과 乙의 甲에 대한 소유권이전등기청구권이 대표적인 쌍무계약에 기한 대가관계 있는 채권들이다.

쌍무계약은 서로 채무를 부담한다는 의미이고, 등가성을 기본으로 하므로 서로의 견련관계는 서로 영향을 미친다. 민법은 이와 관련하여 동시이행항변권, 위험부담을 규정하고 있다. 성립상의 존속관계는 甲의 채권이 성립하지 않았으면 乙의 채권도 성립하지 않는다는 의미인데, 위에서 본 청약과 승낙에 의한 계약체결이 곧 이를 의미한다. 이하에서는 이행상 견련관계로서 동시이행항변, 소멸 상 견련관계로서 위험부담항변을 살펴보기로 한다.

(3) 동시이행항변

앞의 매매사례(116면)에서 甲의 乙에 대한 매매대금청구에 대하여 乙은 甲에 대한 소유권이전등기청구권에 기하여 동시이행항변을 하며 甲의 매매대금청구에 대항할 수 있다. 채권의 본래적 청구에 대하여 자신의 채권의 본래적 내용으로 대항하여 이행을 저지할 수 있다는 측면에서 본래적 의미의 '**이행거절권능**'이라 한다.

그런데 이러한 동시이행항변권은 채무불이행에서는 이행지체의 위법성을 조각시키는 기능도 한다. 가령, 앞의 매매사례(116면)에서 甲이 乙을 상대로 매매대금채무의 불이행을 이유로 손해배상을 청구하기 위해서는 동시이행관계에 있는 자신의 乙에 대한 소유권이전의무와 인도의무를 이행하여야 한다. 채무불이행을 원인으로 한 손해배상 내지 계약해제에서는 상대방이 가지고 있는 동시이행항변권의 존재 자체가 이행지체의 '위법성'을 없애게 되는 것인데, 이를 '**동시이행항변권의 존재효과설**'이라 한다.

(4) 위험부담항변

앞의 매매사례(116면)에서 2022. 4. 1. Y건물이 멸실되어 乙의 甲에 대한 소유권이전등기청구권이 후발적 이행불능이 되면, 甲의 乙에 대한 매매대금채권도 소멸하여 甲은 乙에게 매매대금청구를 할 수 없다(제537조 내지 제538조). 즉, 계약의 목적물이 멸실한 경우 매매대금도 청구할 수 없는 위험이 발생한다고 할 수 있는데, 그러한 의미에서 위험부담에서의 위험은 '**대가의 위험**'을 의미한다. 일상생활에서 사용하는 '위험'의 의미와 달리 여기에서의 위험은 '청구할 수 없다.'는 의미이다.

특정물물채권의 위험은 항상 채권자가 부담한다. 가령, 乙이 甲에게 소유권이전등기청구를 할 수 없는 위험은 乙의 위험이다.

제537조 내지 제538조는 금전채권자의 위험을 정한 조문인데, 금전채권인 매매대금채권의 위험은 원칙적으로 매매대금채권자가 부담하지만(제537조), 예외적으로 특정물채권자인 乙의 귀책사유가 있는 경우에는 甲은 乙에게 매매대금을 청구할 수 있다(제538조).

2. 계약각론

(1) 전형계약들의 개요

제554조부터 제733조까지는 대표적인 계약들의 유형을 정하고 있다. 세부적으로는 증여, 매매, 교환, 소비대차(대여금은 대표적인 금전소비대차계약인데, 속칭 '대출금'으로 불린다), 사용대차(무상으로 특정물을 사용하는 계약으로 유상을 전제로 한 임대차와 동일한 특정물의 사용계약이다), 임대차(실제 거래에서 많이 활용되는데, 그 임대차목적물이 주택이거나 상가인 경우 특별법의 보호를 추가로 받는다), 고용(대부분 근로기준법 등 특별법들이 우선 적용되나, 고용의 법률관계의 출발점은 민법상 고용계약이다), 도급(공사계약과 같이 일의 완성을 목표로 공사대금이라는 보수를 지급하기로 하는 계약), 여행계약(최근 신설), 현상광고(가령, 공개수배범죄자에 대한 신고와 포상금지급공고 또는 우수작품에 대한 응모공고), 위임(사무처리를 수임인이 대신 처리해 주는 계약), 임치(예금계약이 대표적인 임치계약이다), 조합(동업관계로 사업을 진행할 경우의 법률관계를 정한다), 종신

정기금(누군가의 사망 시까지 정기적으로 금전을 지급하기로 하는 계약), 화해(상호양보하여 분쟁을 종결하는 계약) 도합 15가지의 계약들에 대하여 규정하고 있다. 대표적인 계약들이라는 의미에서 '15개 전형계약'이라고 표현하기도 한다.

(2) 전형계약 규정의 역할

계약자유의 원칙 상 계약은 반드시 민법에서 규정한 종류 및 내용과 같을 필요가 없다. 실제로도 여러 가지 성격이 혼합된 계약들이 더 많다. 가령, 마이너스 통장계약은 금전소비임치, 금전소비대차(대여금계약), 상계계약이 혼합된 계약이다.

그럼에도 위와 같은 전형적인 계약유형들을 규정하는 이유는 당사자들 사이의 계약내용에 흠결이 있을 경우 위 전형계약들 중 가장 가까운 계약규정을 찾아 당사자들의 계약에 보충적으로 적용시킬 수 있기 때문이다. 또한 계약체결 전 단계에서 하나의 표준모델로서 참고할 수 있도록 하는 측면도 있고, 이러한 전형계약들을 소개하여 거래에서 활용할 수 있도록 법적 기술을 지원하는 측면도 있다.

(3) 주로 문제가 되는 계약

위 전형계약들 중 거래현실이나 각종 시험에서 중요한 쟁점들이 많고, 다수의 관련 판례들이 많은 계약을 간단히 소개하면 다음과 같다.

증여의 경우 부담 부 증여나 증여의 해제가 주로 문제된다.

매매의 경우 가등기의 원인으로서 매매예약, 계약금에 의한 약정해제권행사, 담보책임부분이 매우 중요하게 다루어지고 있다.

소비대차의 경우 금전소비대차가 대여금계약으로서 일상생활에서도 매우 쉽게 접할 수 있고, 금전채권의 대표적인 채권으로 판례나 사례에서 기본이 된다. 또한 대물반환 내지 그 예약과 효력부분은(제606조 내지 제608조) 「가등기담보등에 관한 법률」과 연결되는 문제로서 중요하다.

임대차의 경우 주요쟁점과 판례들이 많고(민법상 임대차에서는 건물소유목적의 토지임대차가 쟁점이 많다), 주택임대차와 상가건물임대차의 특별법과 연계되어 대항력 및 우선변제권, 승계력의 문제와 함께 어려운 쟁점들이 많다.

도급의 경우 건물에 대한 공사계약이나 하자담보책임 등이 중요부분인데, 유치권이나 신축건물의 소유권자가 누구인지의 문제, 신축건물에 관한 명의신탁을 통한 비전형담보와 연결되어 자주 시험에 출제되고 있다.

임치의 경우 예금계약이 주로 문제된다. 금융실명법의 적용으로 인하여 계약당사자의 확정, 계약성립시기(판례는 은행직원이 임치인이 입금하려는 돈을 수령하여 액수를 확인하면 예금계약이 성립한 것으로 본다), 착오송금과 부당이득이 주로 문제된다.

이상은 각종의 계약과 그로부터 발생하는 약정채권을 살펴본 것이다. 아래에서는 계약이 없는 상태에서 일정한 요건을 구비한 경우 법에서 정하는 채권이 발생하는 법정채권으로서 사무관리, 부당이득, 불법행위를 검토한다.

3. 사무관리

'① 법률상 내지 계약상 의무가 없음에도, ② 타인을 위한 의사로, ③ 타인의 사무를 관리'한 경우 사무관리의 법률관계가 성립한다.

가령, 甲소유의 Y건물에 균열이 간 것을 발견한 乙이 甲을 위하여 丙과 Y건물에 관하여 개량을 내용으로 하는 보수공사를 3천만 원에 체결하였고 그 공사가 완료되었는데, 위 공사로 인하여 Y건물의 가치는 2천만 원이 증가한 경우를 예로 들어본다.

이 경우 乙은 甲을 상대로 제739조 유익비상환청구권에 기하여 3천만 원 전액을 청구할 수 있고, 乙이 아직 丙에게 공사대금을 지급하지 않은 경우라면 대신변제 할 것을 甲에게 청구할 수도 있다(제739조 제2항, 제688조 제2항; 속칭 '대변제청구권').

부당이득규정에 의할 경우에는 甲이 얻은 이익 2천만 원과 乙이 지출한 손실 3천만 원 중 적은 금액인 2천만 원만 청구할 수 있을 뿐인데, 사무관리규정에 의하면 3천만 원 전액을 청구할 수 있는 유리한 점이 있다.

그러나 사무관리를 시작한 자는 관리계속의무가 있으므로 임의로 중단할 수 없고(제737조), 본인의 이익이나 의사에 반하는 사무관리로 손해가 발생한 경우에는 무과실의 손해배상책임을 부담하는 경우도 있다(제734조 제3항).[11]

---

11) 대판 1995. 9. 29. 94다13008(甲이 경영하는 X레스토랑 부근 Y레스토랑 주방장으로 일하던 乙이 X레스토랑에 들렀다가 마침 손님이 들어와서 식사가 되느냐고 묻자 으레 식사를 주문할 것으로 알

타인을 위한 선한 마음에서 출발하였더라도 그에 따른 민법상 책임이 너무 큰 문제점이 있고, 보수를 청구할 수도 없는 것도 단점이다.

4. 부당이득

(1) 요건과 반환범위

'① 계약상 내지 법률상 원인의 부존재, ② 상대방이 이익을 얻었고, ③ 이로 인하여, ④ 본인에게 손해를 가하였을 것'을 요건으로 한다.

가령, 甲소유의 Y건물을 A가 무단으로 점유하며 사용한 경우는 '**침해부당이득**'에 해당한다. 그런데 이러한 경우보다는 어떤 법률행위가 무효, 취소가 된 경우인 '**급부부당이득**' 사안이 더 중요하고 어려운 쟁점이 많다.

가령, 앞서 매매사례(116면)에서 乙에게 인도 및 소유권이전등기를 마쳐준 후 甲, 乙 사이의 매매가 무효, 취소가 된 경우 乙의 Y건물의 사용이익 월 1백만 원씩은 원인이 없어지게 되어 甲에게 부당이득으로 반환되어야 한다. Y건물의 소유권은 물권변동의 유인주의에 따라 당연히 甲의 소유이고, 이에 대한 물권적 청구권이 있는 한은 손해가 없으므로 Y건물의 소유권에 대한 반환청구는 부당이득으로 청구할 수 없다('**손해의 현실성·확정성**' 문제).

반환범위의 경우 선의의 점유자에게는 과실취득권이 있으므로(제201조 제1항), 위 사례에서 乙이 선의라면 월 1백만 원씩의 이익은 甲에게 반환하지 않아도 된다. 그러나 만약 乙이 악의라면 월 1백만 원은 물론이고 이에 대한 법정이자까지 반환해야 한다(제748조 제2항). 즉, 선의와 악의에 따라 부당이득반환범위에서 차이가 있다.

이러한 점 때문에 계약이 해제되면 선악을 불문하고 항상 악의의 수익자에 준하여 받은 이익 전부와 이에 대한 법정이자를 반환시키는 제548조는 부당이득의 특칙이라고 한다.

고 주방에 들어가 기름용기 등이 올려져 있는 가스레인지에 불을 켜 놓았다가, 손님이 식사를 주문하지 않고 음료수만 주문하여 위 가스레인지의 불이 불필요하게 되었음에도 위 가스레인지의 불을 끄지 않고 줄여만 놓은 채 X레스토랑을 나가는 바람에 위 가스레인지 위의 기름용기가 과열되어 기름이 용기 밖으로 넘치면서 화재가 발생한 사안에서 사무관리자 乙의 손해배상책임을 인정).

(2) 불법원인급여항변

위와 같이 부당이득반환의 요건이 충족되었음에도, 그 이득이 급여된 이유가 불법인 경우라면 부당이득반환청구에 대항할 수 있다.(제746조)

가령, 甲은 도박자금 마련을 위해 이를 알고 있는 乙로부터 1억 원을 차용하였는데, 이를 갚지 못하고 있다. 甲은 위 차용금채무의 변제를 위해 甲소유의 7천만 원 상당 X토지를 乙에게 매도하는 형식으로 소유권을 이전해주었고, Y건물에는 다 갚지 못한 도박채무 잔액 3천만 원을 피담보채무로 하여 저당권설정등기를 해준 경우를 예로 들어본다. 이 경우에는 甲, 乙 사이의 1억 원 대여금계약, X토지에 대한 매매계약, Y건물에 대한 저당권설정계약으로서 도합 3개의 법률행위가 있다.

그런데 위 3개의 법률행위들은 동기가 불법이었고 이를 乙도 알고 있었으므로 모두 제103조 위반으로 무효가 되고, 물권적 청구 내지 부당이득반환청구의 법률관계가 적용된다.

따라서 乙은 甲을 상대로 무효가 된 대여금계약 상 1억 원을 부당이득으로 반환청구할 수 있고, 甲은 乙을 상대로 물권적 청구로서 X토지의 소유권이전등기 및 Y건물의 저당권등기의 각 말소청구를 할 수 있다.

그러나 乙의 甲에 대한 부당이득반환청구는 불법원인급여물에 대한 반환청구이므로 제746조에 따라 허용되지 않는다.

한편, 甲의 乙에 대한 각 말소등기청구는 물권에 기한 청구이므로(제214조) 논리 및 규정위치상 부당이득의 제한규정인 제746조가 적용되지 않을 것처럼 보인다. 그러나 판례는 제746조는 규정의 위치에 불구하고 민법 전체에 적용되는 것으로 확장 해석하고 있는바, 물권적 청구에도 적용된다. 다만, Y건물의 저당권등기의 경우 종국적인 급여가 아니어서 제746조에서 정한 급여라고 할 수 없으므로 제746조가 적용되지 않는다. 따라서 甲은 X토지의 소유권이전등기의 말소를 청구할 수는 없으나, Y건물의 저당권등기의 말소는 청구할 수 있다.

이상의 불법원인급여는 손실자와 수익자가 모두 불법에 가담하여 그 불법성 정도가 대등한 경우에 적용되는 것으로서, 수익자의 불법성에 비하여 손실자의 불법성의 정도가 극히 경미한 경우라면 제746조가 적용되지 않고, 부당이득반환청구를 할 수 있다(소위 '**불법성 비교론**').

5. 불법행위

불법행위사례

甲은 간호사로서 의사 乙이 운영하는 병원에서 근무하고 있다. 甲은 2022. 2. 1. 오후 4시 25분 乙의 진료를 받기 위해 찾아온 A에게 다른 환자들이 많이 있는 장소에서 "너는 강간살인죄로 방금 교도소에서 출소하였다. 너 같은 성범죄자는 꺼져라."고 말하였고, 이로 인하여 A는 정신적 충격으로 쓰러져 2022. 4. 30.까지 의식불명상태로 입원하였다. A에게는 이러한 범죄사실이 전혀 없었고, 甲도 이를 잘 알고 있었다.
이로 인하여 A는 치료비로 2천만 원을 지출하였고, 입원기간 동안 일을 하지 못해 3천만 원의 월급을 받지 못했고, 1천만 원의 정신적 손해를 입었다.

(1) 불법행위에 기한 손해배상청구

제750조에 의하면 고의 또는 과실로 인한 위법행위로(불법행위) 타인에게 손해를 가한 경우 손해배상책임이 있는데(손해배상채권). 이를 일반불법행위책임이라 한다.

이전까지의 소유권 등 물권, 법률행위에 기한 약정채권 내지 법률규정에 의한 사무관리 내지 부당이득의 경우는 채권 등 재산권의 인정 내지 재산권의 침해를 요건으로 하였다.

그러나 불법행위의 경우에는 이러한 재산권의 침해에 국한되지 않고, 생명·신체, 명예나 신용, 통행의 자유,[12] 사생활의 비밀 등과 같이 법적으로 보호되는 이익도 보호법익이 되어 이를 침해한 경우에도 불법행위책임을 인정하고 있다. 이러한 이유로 정치인들이나 연예인들이 손해배상청구의 소를 제기했다는 말을 자주 뉴스에서 접할 수 있다.

위 불법행위사례의 경우 甲은 공연히 허위사실을 적시하여 A의 명예를 훼손하는 불법행위를 가한 것인데, A가 침해된 것은 재산권이 아니지만 법적으로 보호되는 A의 명예를 침해하여 불법행위책임을 부담하는 것이다.

이러한 불법행위책임이 인정되면 그 효과로 손해배상청구권이 인정된다. 그

---

12) 대판 2021. 10. 14. 2021다242154.

런데 그 손해는 3가지 다른 종류의 손해가 있다고 보는데, 이를 '**손해3분설**'이라고 하고, 각 다른 손해배상청구권이다.

위 불법행위사례의 경우 적극적 손해로 2천만 원, 소극적 손해로 3천만 원, 정신적 손해[13]로 1천만 원(소위 '위자료')이 발생한 것이고, 그 손해는 원칙적으로 불법행위 시점인 2022. 2. 1. 16:25 발생하였고, 그날부터 이행지체에 빠져 연 5%의 지연이자를 가산하여 손해배상채무를 이행해야 한다.

불법행위의 경우 제764조의 명예훼손의 경우를 제외하고는 손해배상청구만 청구할 수 있는 것으로 규정하고 있다. 이러한 이유로 이전에 사회적 문제로 재벌의 직원에 대한 매 값 폭행의 사태가 벌어진 듯하다. 왜냐하면 형법상 폭행죄는 반의사불벌죄로 그 직원이 형사고소를 하지 않을 것은 분명하고, 나머지 법적 책임은 민법상 불법행위에 기한 금전배상으로서의 손해배상책임만 있으므로 액수를 충분히 지급하고 폭행을 하여 심리적 만족감 등의 비윤리적 목표를 달성할 수 있다.

그러나 민법상 규정은 없으나 판례는 예외적으로 계속되는 불법행위에 대하여는 제214조의 방해예방청구에 준하여 금지청구권도 인정하고 있다.

위 불법행위사례에서 甲의 A에 대한 불법행위를 일반 불법행위라고 하는데, 민법에서는 그 이외에도 특수 불법행위책임이 인정되는 경우를 정하고 있다.

책임무능력자의 감독자의 책임(제755조),[14] 사용자책임(제756조), 공작물책임(제758조), 동물점유자책임(제759조), 공동불법행위책임(760조)이 있는데, 그중 사용자책임과 공동불법행위책임 부분만 살펴본다.

(2) 사용자책임

요건으로 '① 피용자의 불법행위책임발생, ② 사용관계, ③ 사무집행관련성'

---

13) 위자료액수는 불법행위의 유형별로 다르지만, 고의 살인이 아닌 과실의 교통사고로 사망한 경우 금전으로 환산한 정신적 손해(위자료)는 지방지역의 경우 사망자 본인의 것과 가족들의 것을 합하여 도합 7천만 원 내지 8천만 원 정도에서 인정되고 있는 것으로 보인다.

14) 불법행위책임능력은 14세 이상 정도이면 인정되는데, 그 이전의 나이로서 불법행위책임능력이 없는 미성년자 등의 경우 부모의 책임을 정한 것이 위 조문이다. 그러나 판례는 책임능력이 있는 미성년자의 경우도 양육의무위반에 기하여 제750조의 불법행위책임을 인정하고 있다.

이 인정되는 경우 피용자의 불법행위에 기한 손해배상채무에 중첩하여 사용자도 손해배상책임이 있다(제756조).

앞의 불법행위사례(186면)에서 피용자 甲의 불법행위에 대하여 乙은 사용자로서 배상책임을 중첩하여 부담하고, 甲과 乙은 A에게 부진정 연대의 손해배상채무를 부담한다.

乙이 A에게 손해배상채무를 이행하면 甲을 상대로 구상권을 행사할 수 있다. 다만 사안에 따라서는 사용자의 피용자에 대한 구상권이 신의칙 상 부정되거나 제한될 수 있는 예외적인 경우도 있다.[15]

제756조 제1항 제2문에서는 '사용자가 피용자의 선임 및 사무감독에 상당한 주의를 한때 또는 상당한 주의를 하여도 손해가 있을 경우에는 그러하지 아니하다'라고 규정하여 사용자의 면책항변을 인정하는 듯한 규정이 있다. 앞의 불법행위사례(186면)에서 乙이 평소에 수시로 甲을 포함한 직원들을 상대로 고객에 대한 예의준수 내지 법령준수 할 것을 교육 및 감독하였거나, 감독에 상당한 주의를 기울였더라도 어차피 甲의 위 불법행위는 발생하였을 경우에는 乙에게 위 면책항변이 가능한지 의문이 있을 수 있다.

그러나 판례는 위와 같은 면책항변을 사실상 인정하지 않고 있어, 乙의 경우 무과실책임처럼 해석하고 있다.

(3) 공동불법행위책임

수인이 객관적으로 관련성이 있는 공동의 불법행위를 가하였거나, 불법행위를 교사하였거나 방조한 경우에는 모두 부진정 연대로 피해자에게 손해배상채무를 부담한다.

앞의 불법행위사례(186면)에서 甲 간호사의 불법행위로 기절한 A를 간호사 丙이 휠체어로 옮기다가 계단에서 추락시키는 과실의 불법행위로 A의 심장에 큰 충격이 가해졌고, 위와 같은 상황에서 응급처리를 위해 약물을 주사하려는 간호

---

15) 대판 1991. 5. 10. 91다7255(매월 20만 원의 월급을 받고 근무하는 렌트카회사의 야간경비원이 반차업무 등의 수행과정에서 렌트카를 운전하던 중 사고로 사망하고 피해자에게 피해를 입힌 사안에서 구상권 행사를 전부 부정).

사 丁이 주사약물을 혼동하여 펜타닐을 과다하게 투입하는 실수를 하였는데, A가 2022. 4. 30. 사망하였던 경우를 가정해본다.

고의의 불법행위자 甲, 과실의 불법행위자 丙과 丁은 위와 같이 한 장소에서 발생한 일련의 불법행위에 대하여 서로 공모를 하거나 서로 그러한 행위를 할 것을 예상할 수도 없었던 경우로서 공동성에 대한 인식은 서로 없었다. 그러나 판례는 '각 행위가 독립하여 불법행위의 요건을 구비하고 객관적으로 관련된 경우' 공동성을 인정한다. 즉, 위 공동불법행위책임에서의 '공동'은 형사사건에서의 공동과는 다른 의미로서 **객관적인 관련성**을 의미한다.

따라서 위 사안에서는 甲, 丙, 丁은 부진정 연대로 A에 대한 손해배상채무를 부담하고, 乙은 이들의 사용자로서 역시 중첩하여 부진정 연대로 사용자책임에 기한 손해배상채무를 부담한다.

위 공동불법행위자들 甲, 丙, 丁의 내부적 부담부분은 과실비율에 따라 정해지는데, 앞의 채권총론 중 연대채무부분에서 본 바와 같이 자신의 부담부분을 초과하여 A에게 변제하여야 다른 간호사들에게 초과부분에 대하여 구상권을 행사할 수 있다.

(4) 과실상계

손해의 발생에 피해자의 유책사유나 잘못이 있을 경우 손해배상액수를 법원이 직권으로 감액하는 것을 과실상계라 한다(제763조, 제396조).

여기에서의 의미하는 '과실'은 불법행위책임의 성립요건으로서의 과실과는 다른 의미인데, 가해자의 과실에 이르지 못하는 부주의 내지 피해자 본인의 잘못도 아닌 체질적 소인까지도 포함된다. 가령, 위 공동불법행위사례에서 A가 특별히 민감한 성격이어서 정신적 충격이 심했거나, 약물에 대하여 과민반응이어서 통상인 이라면 영향이 없을 경우인데 체질적 소인으로 사망한 경우를 들 수 있다.

과실상계를 통한 액수감액은 丙, 丁과 같이 과실의 불법행위자의 손해배상채무에 감액사유로 적용되는 것이고, 고의 불법행위자인 甲의 경우 신의칙상 과실상계가 적용되지 않는다. 그러나 甲은 과실상계주장을 할 수 없더라도 그의 사용자 乙은 자신의 사용자책임에 기한 손해배상채무액수에 대하여 과실상계적용이 가능하다.

참고로, **호의동승**감액이라는 개념도 과실상계와 관련하여 함께 살펴본다. 가령, 甲 소유의 자동차에 乙이 호의로 동승하여 운행 중 甲의 과실로 교통사고가 발생하여 乙이 손해를 입게 된 경우를 보면, 乙이 차에 동승한 것이 乙의 잘못이라고는 할 수 없으므로 甲의 乙에 대한 손해배상채무액수에 대하여 과실상계로 감액할 수는 없다.

그러나 판례는 피해자를 위한 것이었고 피해자가 적극 요구하여 동승하게 된 것이었으며, 신의칙 내지 형평의 원칙에 비추어 매우 불합리한 경우라면 과실상계에 준하여 손해배상액을 감경할 수 있다고 해석한다.[16] 일상생활에서 운전실력이 미숙한 친구의 차에 호의동승으로 탑승하였다 다친 경우 손해배상이 감경되는 불이익이 있을 수도 있다.

(5) 소멸시효

불법행위에 기한 손해배상채권은 '손해 및 가해자'를 안 날로부터 3년, 불법행위일로부터 10년의 소멸시효기간이 적용되므로, 이를 도과하면 손해배상채권은 소멸시효가 완성된다.

통상의 경우 불법행위시점에 손해가 발생하지만, 불법행위시점과 현실적·확정적 손해가 발생한 시점이 상당히 차이가 나는 경우가 있다(가령, 후유증이 수년 후 발생한 경우). 이러한 경우는 위 3년 및 10년의 시효기간은 불법행위일이 아닌 손해가 현실화된 시점부터 기산된다.

---

16) 대판 1993. 7. 16. 93다13056.

제5절 친족

Ⅰ_ 친족편의 범위와 내용

모든 인간들은 출산을 기원으로 하고 있고, 출산을 위해서는 혼인하여야 하는바, 처음에는 2명의 가족으로 시작한다. 혼인을 통하여 자녀를 출산하게 되면, 그 자녀를 포함하여 가족의 범위가 넓어진다. 그 자녀가 추후 다른 자녀와 다시 혼인하여 그의 자녀를 출산하여 다시 새로운 가족을 형성하게 되고, 종전의 가족의 부모는 할아버지와 할머니가 된다.

인간은 가족을 전제로 존재하는 것이므로 가족은 모든 인간세상에서 가장 중요하며 가장 결속력이 강해야 하는 단체라 할 것이다. 이에 따라 가족의 시작과 필요최소한의 가족 사이의 권리의무를 정할 필요가 있다. 민법 제4편 제767조부터 제996조까지는 이러한 가족에 대하여 규정하고 있다. 혼인, 이혼, 부모와 자 사이의 관계, 친자와 양자,[17] 후견의 순으로 규정하고 있는데, 시간의 흐름에 따라 가족에서 발생하는 관계의 변화를 정한 것이라 할 수 있다.

법학 입문 단계에서 위 내용들을 모두 살펴보기는 분량상 불가능하고, 다만, 현재 많이 문제되고 있는 이혼에 대하여만 간략히 살펴본다.

Ⅱ_ 이혼

이혼사례

甲(남)은 시가 2억 원의 X토지가 있는데, 2020. 2. 1. 乙(여)과 혼인신고를 마쳤다. 甲은 2020. 3. 1. 다른 여자와 부정행위를 하였고, 2020. 4. 1.에는 乙에게 폭행을 가하였다.

---

17) 양자의 경우 파양이라는 절차를 통하여 부모와 자식의 관계를 법률적으로 종료시킬 수 있다. 그러나 부모와 친자의 관계는 (술에 취해 기억하지도 못하는 우연한 성관계로 원치 않게 출산을 하여 부모와 친자의 관계가 우연히 발생한 경우라도) 이를 종료시킬 방법은 없고, 오히려 부모의 친권은 박탈될 수 있으나 양육의무는 면할 방법은 없는 법률적으로 가장 강력한 의무관계라고 할 것이다.

乙은 2020. 9. 1. 丙을 출산하였다.

혼인 후 甲은 가족의 생활비로 사용하기 위해 3천만 원의 대출을 받았고, 乙은 전업주부이다. 甲乙의 혼인 후 甲의 직장생활을 통한 수익으로 X토지 지상에 1억 원의 Y건물을 신축하여 乙 단독명의로 등기해 주었다.

1. 재판상 이혼과 그 요건

혼인은 혼인신고를 함으로써 성립되고, 그 종료는 일방의 사망이나 이혼의 방법만 있다. 특히 협의이혼에 대한 합의가 없을 경우는 재판상 이혼으로만 이혼할 수 있는데, 제840조 각 호의 사유가 인정되어야만 한다. '부정행위, 악의의 유기, 부당한 대우, 배우자의 3년 이상 생사불명, 기타 혼인계속이 어려운 중대한 사유를' 재판상 이혼의 사유로 정하고 있다.

위 이혼사례에서 2020. 3. 1.의 부정행위와 2020. 4. 1.의 부당한 대우는 각 이혼사유에 해당할 수 있다. 그러나 부정행위의 경우는 乙이 용서를 한 경우는 이혼청구를 할 수 없고, 용서를 하지 않은 경우라도 그 부정행위를 안 날로부터 6월, 있었던 날로부터 2년이 도과하면 이혼청구를 할 수 없다. 가령, 乙이 2020. 4. 30. 위 부정행위를 알았다면, 이를 사유로 이혼소송을 제기하기 위해서는 乙은 2020. 10. 31.까지는 이혼소송을 제기해야 한다. 만약, 甲이 2020. 5. 1.부터 연락이 두절되어 살았는지 사망하였는지를 알 수 없는 상태가 계속되고 있다면, 乙은 2023. 5. 1. 이후에는 이를 이유로 재판상 이혼소송을 제기할 수 있다(甲이 생사불명이므로 이러한 경우는 공시송달에 의해 이혼소송절차가 진행된다).

그러나 폭언, 폭력과 같이 부당한 대우의 경우는 이러한 단기의 기한제한이 없다. 따라서 수년이 지났더라도 이를 재판상 이혼사유로 주장하여 이혼소송을 제기할 수 있다. 다만, 이러한 사실이 있었는지의 증명이 쉽지 않은 문제인데, 통상 사진이나 영상파일, 음성녹음파일이 유용하게 증거로 가치를 발휘한다. 그런데 이 보다 신빙성이 높은 증거가 있는데, 그러한 폭행으로 병원의 진료를 받을 경우 진찰과정에서 어떻게 생긴 상처인지를 의사에게 정확히 설명해 놓으면 의사는 진료기록에 이를 기재해 놓는 경우가 많은데, 이러한 진료기록부상 기재된 내용의 신빙성은 매우 높다.

2. 재판상 이혼의 효과

(1) 이혼 신고

혼인과 이혼에 대한 신고는 일종의 공시이므로 이혼판결이 확정되면 이를 법원에 제출하여 가족관계등록부에 공시되도록 하여야 한다.

(2) 재산분할청구

혼인 후 형성된 재산만이 분할대상이 되는데, 위 이혼사례에서 혼인 전부터 甲이 소유하고 있던 X토지는 재산분할대상이 아니고 甲의 특유의 재산이다. 혼인 후 증가한 재산인 Y건물 1억 원과(설사 乙명의로 등기되었더라도 甲, 乙의 공유재산이다) 혼인생활을 위해 부담하게 된 甲명의의 대출금채무 3천만 원은 재산분할의 대상이 된다. 따라서 채무를 제외한 순수 분할대상재산은 7천만 원 정도이다.

분할비율은 甲과 乙의 재산증식의 정도에 따라 구체적 사안별로 다른데, 전업주부의 경우 통상 남편과의 비율이 6 : 4 정도로 비율이 정해지는 경향이 있다. 따라서 위 이혼사례에서 乙은 2천 8백만 원 정도에 대한 재산분할청구권이 있다.

(3) 친권·양육권결정

이혼에 따라 부부는 공동생활을 하지 못하므로 위 이혼사례에서 자녀 丙을 데리고 살며 친권·양육권을 행사할 자를 정해야 한다. 이때에는 丙의 의사도 매우 중요하게 고려하지만, 통상 나이가 어릴수록 어머니인 乙이 친권·양육권자가 되는 경우가 많다.

만약, 乙이 친권·양육권자로 결정되면, 양육권을 담당하지 않게 되는 甲은 乙에게 양육비를 매달 지급해야 한다. 양육비의 경우 수도권인지 지방지역인지, 양육비지급의무자의 직업이나 자산 등의 요인으로 달라질 수 있으나, 지방지역의 경우 통상 학원비나 용돈 등을 고려하여 월 50만 원에서 70만 원 사이에서 결정되는 것으로 보인다.

친권·양육권을 행사하지 못하는 甲은 당사자들의 의견을 고려하여 법원에서 정하는 시간과 방법에 따라 면접교섭권을 행사할 수 있다.

부모는 자녀에 대한 양육책임이 있어 이와 같이 양육비를 지급해야 하는 것이고(제913조), 친자의 경우 성년에 달할 때까지 양육책임을 면할 수 없으며, 민법상 자녀로 인정이 되는 이상 상속권도 갖게 된다.

그런데 위 이혼 사례에서 甲과 乙은 2020. 2. 1. 혼인하였고, 丙은 2020. 9. 1. 출생하였다. 통상의 임신기간 300일을 고려하면, 丙은 혼인 전 임신이 된 것인데(속칭 '속도위반'), 제844조 제2항에서는 혼인 후 2백일 후 태어난 경우에도 甲의 친생자로 추정한다. 위 규정의 취지는 혼인 전 임신한 경우 가급적 임신시점으로부터 100일 이내 혼인신고를 할 것을 장려하기 위한 것으로 보인다. 반대로 혼인신고를 해야 하는 부담을 면하려면 임신이 되지 않도록 조심하라는 취지로도 해석할 수 있다.[18]

위 이혼사례에서 만약 丙의 생물학적 父가 甲이 아니라면, 甲은 그 사실을 안 날로부터 2년 이내에 친생부인의 소송을 제기해야만 친권자로서의 丙에 대한 양육책임을 면하고, 상속인으로서의 丙의 지위를 부정할 수 있다.

(4) 위자료

乙은 유책배우자인 甲을 상대로 위에서 본 재산분할청구와는 별도로 위자료를 청구할 수 있는데, 부정행위로 인한 이혼의 경우 재산과 자력, 지역에 따라 다르지만, 최근의 지방지역의 경우 통상 2천만 원 내외에서 인정되고 있다.

제6절 상속

Ⅰ_ 상속편의 범위와 내용

인간은 사망을 피할 수 없다. 그러나 인간은 가족으로부터 탄생하였고, 혼인하여 별도의 가족을 만들었으므로 사망으로 그 가족구성원에서 소멸하는 것도 매우 중요한 문제이다. 특히 사망자 명의의 재산을 어떻게 할 것인지는 나머지 가족들에게 매우 중대한 이해관계가 걸려 있다.

18) 물론 혼인신고를 하지 않고 출생한 자녀의 경우도 인지청구에 의해 친자관계가 형성될 수 있다.

앞에서 본 바와 같이 자연적, 물리적 경험칙에 의하더라도 가족은 세상에서 가장 강한 단체이므로 유전인자를 물려줄 수 있도록 임신과 출산을 해 준 처, 그 유전인자를 물려받은 자녀들, 또는 사망자가 그 이전에 출생할 수 있도록 유전인자를 물려준 부모가 가장 직접적 수혜자가 되는 것은 맞는 것으로 보인다.

다만, 직계존속보다는 직계비속이 우선하여 재산을 물려받는 것이 유전인자의 시간적 흐름에 맞는 것으로 보인다. 또한 직계존속은 통상 먼저 사망하는 것이 일반적이므로 직계존속의 재산을 사망자가 사망 이전에 먼저 상속을 받았었을 경우가 대개는 많은데 이때에는 직계존속의 재산은 순차적으로 직계비속과 그 직계비속으로 이전되는 경우와의 균형을 고려하더라도 사망자의 직계비속이 사망자의 직계존속에 우선하는 것이 맞는 것으로 보인다.

민법 제6편 상속에서는 어떠한 유언이 없이 사망한 경우의 상속관계를 다루는 부분과(제1019조 내지 1069조; 상속권자, 상속분, 한정승인 및 상속포기), 사망자의 유언에 따라 재산이 이전되는 경우를 다루는 부분(제1060조 내지 제1111조; 유언의 방식과 효력), 유언에 의하더라도 침해하지 못하는 상속인들의 기대권 보장으로서 유류분(제1112조 내지 제1118조)에 대하여 규정하고 있다.

간략하게 상속과 관련된 사례를 상정하여 상속재산과 상속권자, 상속분, 유류분이 어떻게 계산되는지 살펴본다.

상속사례

甲은 처를 사별하였고, 자식으로 乙(남)이 있는데, 乙은 丙(여)과 혼인하였고, 乙, 丙 사이에는 자녀들로 $丁_1$과 $丁_2$가 있다. 乙은 시가 3억 원의 X토지, 3억 원의 Y건물이 있고, 예금으로 2억 원이 있다.

乙은 2020. 2. 1. $丁_1$에게 X토지 및 Y건물을 증여하고 소유권이전등기를 마쳐주었고, 2021. 2. 1. A에게 예금 중 1억 원을 증여하였고, 2022. 4. 1. B에게 예금 중 5천만 원을 증여하였는데, A와 B는 모두 乙이 미혼의 재력 있는 사업가로 알고 있었다.

乙은 2023. 3. 1. 교통사고로 사망하였는데, 乙이 사전에 적법하게 공정증서로 작성한 유언에는 모든 재산을 $丁_1$에게 유증한다고 되어 있다.

Ⅱ _ 상속재산과 상속

1. 상속재산

위 상속사례에서 乙을 **피상속인**이라 부르고, 乙이 사망한 시점이 **상속개시** 시점이 되며, 그 시점의 재산을 상속받을 권리자를 **상속인**이라 부른다.

따라서 먼저 상속재산의 확정이 중요한 문제인데, 일단 乙명의로 있었던 예금의 잔액 5천만 원은 당연히 상속재산이다.

다만, 상속인에게 이루어진 생전증여는 그 시점과 무관하게 상속재산에 포함되므로(제1008조), 乙이 2020. 2. 1. $丁_1$에게 증여한 X토지와 Y건물 도합 6억 원은 상속재산에 포함된다(도합 6억 5천만 원).

그러나 제1114조에 따라서 상속인 이외의 자들에 대한 증여의 경우 1년 전에 이루어진 것 중 수증자가 선의인 경우에는 상속재산에 포함되지 않지만(위 사례에서 乙이 2021. 2. 1. A에게 예금 중 1억 원을 증여한 부분), 1년 이내에 이루어진 것은 선의이더라도 상속재산에 포함된다.(乙이 2022. 4. 1. B에게 예금 중 5천만 원을 증여한 부분). 따라서 이를 마지막으로 고려하면 상속대상이 되는 상속재산은 도합 7억 원이다.

2. 상속인과 법정상속분

(1) 상속순위와 상속분의 계산

상속의 순위는 직계비속(1순위) → 직계존속(2순위) → 형제자매(3순위) → 4촌 이내의 방계혈족(4순위)의 순서인데(제1000조), 배우자는 1순위 및 2순위의 상속인과 동순위이고, 1순위 및 2순위 상속인들이 없는 경우에는 배우자가 단독으로 모두 상속을 받게 되고 형제자매에게 상속은 이루어지지 않는다.

상속분의 경우 상속인들 사이는 균분, 배우자는 5할을 가산한다. 따라서 위 상속사례의 경우의 상속권자는 배우자 丙, 자녀들 $丁_1$과 $丁_2$이 1.5 : 1 : 1의 비율로 상속분을 갖는다. 2순위 상속권자인 甲에게는 상속권이 없다.

따라서 유언이 없을 경우라면 丙은 3억 원{=7억원×3/7}, $丁_1$과 $丁_2$는 각 2

억 원{=7억 원×2/7}을 상속받게 된다. 이를 '**법정상속분**'이라 한다.

(2) 상속인의 결격사유

참고로, 제1004조의 각 호의 결격사유를 가진 자는 상속인이 되지 못한다. 가령, 위 상속사례에서 乙이 2023. 3. 1. 사망한 시점에 $丁_1$과 $丁_2$가 丙이 임신 중인 쌍둥이 태아인 상태였고, 그 후 2023. 4. 1. 丙이 고의로 $丁_1$과 $丁_2$을 낙태시켜 사망케 한 경우에는 위 조항 제1호의 고의로 직계비속에 있는 자를 살해한 것에 해당하여 丙은 상속인이 되지 못하고,[19] 총칙의 태아의 권리능력에서 보았던 것처럼 $丁_1$과 $丁_2$은 출생하지 못하고 사산된 경우로서 역시 상속권은 없다. 따라서 이러한 경우에는 2순위 상속인인 甲이 모두 상속받게 된다.

재산이 막대한 자산가인 남편 乙이 사망한 시점에 그 처가 임신 중이라면 성공적으로 출산이 이루어지도록 상당히 주의할 필요가 있다. 왜냐하면 고의로 낙태하게 되면 丙은 한 푼도 받지 못하고 甲이 모두 상속받게 되어 있다는 것은 위에서 본 바와 같다.

그러나 丙이 상속결격자가 아니더라도 산모 내지 태아의 건강상의 이유 등으로 태아들인 $丁_1$과 $丁_2$의 출산이 이루어지지 못하고 사산된 경우가 되면, 丙은 상속인이 맞지만, 1순위 상속인이 없으므로 2순위 상속인 甲과 1.5:1의 비율로 상속을 받게 되어, 丙은 4억 2천만 원{=7억 원×3/5}, 甲은 2억 8천만 원{=7억 원×2/5}을 상속받게 되기 때문이다.

시아버지인 甲이 상속재산 2억 8천만 원을 갖게 되는 것이 丙의 입장에서 단기적으로는 달갑지 않을 수도 있다. 그러나 만약 甲이 위 돈을 낭비하지 않고 보관하거나 증가시킨 경우라면(더 나아가 甲에게도 막대한 재산이 추가로 있다면), 추후 甲이 사망하게 될 경우 丙은 그 이전에 사망한 乙의 대습상속인으로 乙이 생존하였다면 상속받을 수 있었던 甲의 모든 재산을(이전에 乙의 사망으로 甲이 상속받은 2억 8천만 원을 포함하여) 대습상속인으로 전부 상속받을 수 있다(제1001조). 따라서 丙으로서는 장기적으로 시아버지 甲을 잘 모시고, 甲이 선의의 제3자에게 甲 본인이 사망하기 1년 이전에 서둘러 모든 재산을 증여하지 않도록 甲과 좋은 감

---

19) 대판 1992. 5. 22. 92다2127.

정을 유지하는 것이 법률적으로, 윤리적으로, 경제적으로 모두 유리할 수 있다.

3. 유류분

위 상속사례(195면)에서 유언이 없을 경우라면 丙은 3억 원{=7억 원×3/7}, 丁$_1$과 丁$_2$는 각 2억 원{=7억 원×2/7}을 법정상속분으로 상속받을 수 있다. 그런데 피상속인 乙은 모든 재산을 丁$_1$에게 유증하는 것으로서 유언[20]함으로써 위와 같이 법정상속분을 받게 되리라고 기대했던 丙과 丁$_2$의 기대권을 침해하게 된다.

이와 같은 나머지 상속인들의 법정상속분에 대한 기대권을 어느 정도 보장해주는 제도가 유류분제도이다. 제1112조에서는 상속인별로 유류분권을 정하고 있다. 이에 의하면 직계비속과 배우자의 유류분은 법정상속분의 2분의 1이므로, 피상속인 乙이 생전증여나 유언으로도 침해할 수 없는 직계비속 丁$_2$와 배우자 丙의 유류분액은 丙의 경우 1억 5천만 원, 丁$_2$의 경우 1억 원이다. 따라서 丙과 丁$_2$는 위에서 각 유류분액에 부족한 액수에 대하여 丁$_1$과 B를 상대로 유류분의 반환을 청구하면 된다(제1115조).

다만, 유류분 청구는 증여 및 유증한 사실을 안 날로부터 1년 이내, 또는 몰랐더라도 상속개시시점으로부터 10년 이내에 청구하여야 한다(제1117조).

피상속인 乙의 의사가 절대적으로 중요한 것인데, 이를 부당하게 제한하는 것이 아닌지 의문이 들 수도 있다. 그러나 자녀들에게 유전자를 물려줄 수 있도록 혼인을 해 준 丙의 자연적 역할은 최소한 乙의 경제적 의사에 우선하여야 한다고 볼 수 있다. 丁$_2$의 경우 본인의 자유의사로 출생할지 여부를 선택할 수도 없어 의무적으로 인간의 삶을 살아야 할 사명을 부여받은 것이고, 아버지에 대한 선택권도 없으므로 乙은 丁$_2$에 대하여도 유전인자를 물려준 책임을 어느 정도 부담하는 것이 옳다고 본다. 따라서 유류분제도가 피상속인의 재산법상 법률행위를 심각하게 침해한다고 보이지는 않는다.

---

20) 유언은 제1066조 내지 제1070조의 5가지 방법으로만 가능하고(자필증서, 녹음, 공정증서, 비밀증서, 구수증서), 이를 갖추지 못한 유언은 효력이 없다(제1060조). 따라서 위 상속 사례에서 乙이 평소에 공공연히 '내 재산 중 X토지는 내가 사망하면 평생을 고생해온 아내 丙에게 주겠다.'라는 말을 계속하였더라도 이는 민법상 효력이 있는 유언이 아니다.

제4장

형법

제4장
형법

제 1 절 형법의 기본이론

Ⅰ_ 형법의 의의

형법은 형벌과 보안처분이 과해지는 행위의 요건과 효과를 규정하는 법률이다. 형법은 '사람을 살해한 자', '타인의 재물을 절취한 자' 등 범죄유형을 규정하고, 이에 상응하여 어떠한 형사제재(형벌 또는 보안처분)가 부과되는지를 규정한다. 협의의 형법은 1953년 제정되어 시행된 형법전을 의미한다. 광의의 형법은 범죄와 형벌 또는 보안처분을 규정하고 있는 법을 총칭한다. 광의의 형법에는 형사특별법 및 행정형법이 포함된다. 협의의 형법은 총칙(제1편, 제1조에서 제86조)과 각칙(제2편, 제87조에서 372조)으로 구성된다. 형법총칙은 모든 범죄에 공통적으로 적용되는 범죄의 요건과 효과를 규정하고, 형법각칙은 개별 범죄유형과 형벌을 규정하고 있다.

Ⅱ_ 형벌의 목적 및 정당화

형법은 모든 인간의 자유롭고 평화로운 공존을 위한 조건을 유지하기 위한 법률이다. 형법이 이러한 과제를 달성하기 위해 어떠한 방식으로 기능 내지 작용하는가에 대한 탐구를 형벌이론이라고 한다. 형벌이론에는 응보형주의(정의설, 속죄설), 특별예방주의, 일반예방주의가 있다. **응보형주의**는 형벌이 사회적으로 유용한 어떤 목적을 추구하는 것이 아니라 범죄자가 범한 범죄의 책임에 상응하는 해악을 부과함으로써 응보, 상쇄, 속죄하도록 하는 것이라는 견해이다. **특별예방주의**란 형법의 과제는 오로지 범죄자가 장래에 범죄를 범하지 못하도록 하는데 있다고 보고, 형벌의 목적을 개별 범죄자에 대한 범죄예방에 있다고 본다. **일반예방주의**는 응보나 범죄자에게 영향을 미치는 것이 형벌의 목적이 아니라, 법률상 금지된 행위에 대한 처벌을 예고하여 형을 집행함으로써 일반인에 영향을 미쳐 범죄를 범하지 않도록 하는 것이라고 본다. 범죄예방을 목적으로 하지만 특별예방이론 같이 범죄자를 대상으로 하는 것이 아니라 일반적으로 시민을 대상으로 한다는 점에서 일반예방이라고 한다.

Ⅲ_ 죄형법정주의

죄형법정주의는 "법률 없이 범죄 없고 형벌 없다."(nullum crimen, nulla poena sine lege)는 **법치국가의 기본원칙**을 말한다. 헌법 제12조 제1항은 "누구든지 법률과 적법한 절차에 의하지 아니하고는 처벌, 보안처분 또는 강제노역을 받지 아니한다.", 헌법 제13조 제1항은 "모든 국민은 행위시의 법률에 의하여 범죄를 구성하지 아니하는 행위로 소추되지 아니한다.", 형법 제1조 제1항은 "범죄의 성립과 처벌은 행위 시의 법률에 따른다."라고 하여 죄형법정주의를 규정하고 있다. 죄형법정주의는 정치적 자유주의, 민주주의와 권력분립, 일반예방이론, 책임주의를 그 사상적 기반으로 하고 있다. 죄형법정주의는 법률주의(관습형법금지), 유추금지의 원칙, 소급효금지의 원칙, 명확성의 원칙 및 적정성의 원칙 5가지를 그 내용한다. **법률주의**란 죄형법정주의는 법률문언을 전제로 하며, 관습범에 의해 범죄를 창설하거나 형벌을 가중할 수 없다는 것을 의미한다. **유추금지**란 형법에서는 법률에 규정이 없는 사안에 대하여 그것과 유사한 내용을 갖는 사안에 관한 법률을 적용하는 것이 금지된다는 원칙이다. **소급효금지의 원칙**은 범죄와 형벌은 행위시의 법률에 의하여 정해져야 한다는 원칙이다. **명확성의 원칙**은 법률에 정해진 내용이 처벌하고자 하는 행위가 무엇이며 그에 대한 형벌이 어떠한 것인지를 누구나 예견할 수 있고 그에 따라 자신의 행위를 결정할 수 있도록 구성요건을 명확하게 규정하여야 한다는 원칙이다. **적정성의 원칙**은 법률의 형식뿐만 아니라 내용도 적정하여야 한다는 실질적 법치국가의 원리이다.

Ⅳ _ 형법의 적용범위

1. 시간적 적용범위

형법은 시행시부터 폐지(실효)시까지 적용된다. 행위 시와 재판 시 사이에 형벌법규가 변경된 경우 형법은 행위시법주의를 선언하고 있다(제1조 제1항). 다만 피고인의 이익을 우선시키기 위해 "범죄 후 법률이 변경되어 그 행위가 범죄를 구성하지 아니하게 되거나 형이 구법보다 가벼워진 경우에는 신법에 따른다."(제1조 제2항).

2. 장소적 적용범위

형법은 속지주의를 원칙으로 하면서(제2조, 제4조) 속인주의(제3조)와 보호주의(제5조, 제6조)를 가미하고 있다. 속지주의는 자국 내에서 행해진 범죄에 대해 자국형법을 적용하는 원칙을 말한다. 속인주의는 국적을 기준으로 자국민의 범죄에 대하여 자국형법을 적용하는 원칙이다. 보호주의는 자국이나 자국민의 법익을 침해하는 범죄에 대해서 자국형법을 적용하는 원칙이고, 세계주의는 인류 공통의 이익을 해하는 범죄에 대해서도 자국형법을 적용하는 원칙을 말한다. 속지주의에 따라 형법은 대한민국 영역 내에서 죄를 범한 내국인과 외국인에게 적용되고(제2조), 대한민국 영역 외에 있는 대한민국의 선박 또는 항공기 내에서 죄를 범한 외국인에게 적용된다(제4조). 속인주의에 따라 형법은 대한민국 영역 외에서 죄를 범한 내국인에게 적용된다(제3조). 형법은 대한민국 영역 외에서 내란의 죄, 외환의 죄, 국기에 관한 죄, 통화에 관한 죄, 유가증권·우표와 인지에 관한 죄, 문서에 관한 죄 중 제225조 내지 제230조(공문서), 인장에 관한 죄 중 제238조(공인 등의 위조, 부정사용)의 죄를 범한 외국인에게 적용된다(제5조). 다만, 이 경우에 행위지의 법률에 의하여 범죄를 구성하지 아니하거나 소추 또는 형의 집행을 면제할 경우에는 예외로 한다(제6조). 죄를 지어 외국에서 형의 전부 또는 일부가 집행된 사람에 대해서는 그 집행된 형의 전부 또는 일부를 선고하는 형에 산입한다(제7조). 형법 제296조의2는 약취·유인 및 인신매매의 죄에 관한 규정은 대한민국 영역 밖에서 죄를 범한 외국인에게도 적용함으로써 세계주의를 규정하고 있다.

3. 인적 적용범위

형법은 시간적·장소적 효력이 미치는 범위에서 모든 사람에게 적용된다. 다만, 국내법상, 국제법상의 예외가 인정된다. 대통령은 내란 또는 외환의 죄를 범한 경우를 제외하고는 재직 중 형사상의 소추를 받지 아니한다(헌법 제84조). 국회의원은 국회에서 직무상 행한 발언과 표결에 관하여 국회 외에서 책임을 지지 아니한다(헌법 제45조). 국제법상 국가면제가 인정되는 외국의 원수와 외교관, 그 가족 및 내국인이 아닌 종자에 대하여는 형법이 적용되지 않는다. 대한민국과 협정이 체결되어 있는 외국의 군대에 대하여는 형법이 적용되지 않는다(예를 들면, 대한민국과 미국 간의 군대지위협정에 의하여 공무집행중인 미군범죄에 대하여는 형법의 적용이 배제된다).

제 2 절 범죄론

형법상 범죄가 성립하기 위해서는 구성요건해당성, 위법성, 책임의 요건을 충족하여야 한다. 이를 3단계 범죄체계론이라고 한다. 한편 범죄는 고의범과 과실범으로 나눌 수 있고, 범죄에는 미수범과 공범 및 부작위범이라는 특수한 범죄형태가 있다.

I _ 구성요건론

1. 구성요건의 의의

구성요건은 형법상 금지 또는 요구되는 행위가 무엇인지를 추상적·일반적으로 규정해 놓은 범죄성립요건을 말한다. 구성요건은 행위주체, 행위객체, 실행행위, 결과, 인과관계(객관적 귀속) 등 객관적 구성요건요소와 대표적으로 고의와 같이 행위자의 내면에 속하는 심리적·정신적 상태인 주관적 구성요건요소로 구분된다. 예를 들면, 형법 제366조는 "타인의 재물, 문서 또는 전자기록등 특수매체기록을 손괴 또는 은닉 기타 방법으로 그 효용을 해한 자는 3년 이하의 징역 또는 700만원 이하의 벌금에 처한다."고 규정하고 있다. 여기서 행위의 주체는 '자'인 사람이고, 행위의 객체는 '타인의 재물, 문서 또는 전자기록등 특수매체기록'이고, 실행행위는 '손괴 또는 은닉 기타 방법'이며, 결과는 '효용을 하는 것'이다. 실행행위와 결과 사이에는 인과관계가 존재하여야 한다. 또 행위자는 손괴의 고의를 가지고 행위하여야 손괴죄의 주관적 구성요건이 충족된다. 행위의 객체, 실행행위, 결과의 발생은 형법각칙이 구체적으로 규정하고 있다. 형법총론상 문제가 되는 부분은 행위의 주체, 인과관계 및 객관적 귀속, 고의라고 할 수 있다.

2. 구성요건의 종류

구성요건의 종류는 결과범과 거동범, 계속범과 상태범, 침해범과 위험범, 일반범과 신분범으로 나눌 수 있다. **결과범**은 침해 또는 위험발생으로서 결과가 구성요건에 규정되어 있는 범죄유형이다. 즉, 구성요건에 실행행위와 장소적·시간적으로 구별되는 침해 또는 위험의 발생으로서 결과가 규정되어 있다. 살인죄에서 권총의 방아쇠를 당기는 실행행위와 피해자의 사망 사이에는 시간적·장소적 간격이 있고, 사기죄는 기망행위 이후 재산상 손해가 발생한다는 점에서 살인죄와 사기죄는 결과범에 해당한다. 반면 **거동범**은 단순한 거동(행위)만으로 구성요건이 실현되는 범죄이다. 거동범은 구성요건에 규정된 마지막 행위에 의하여 구성요건이 실현되고 행위와 분리할 수 있는 결과가 발생하지 않아도 구성요건이 실현되는 범죄이다. 주거침입죄는 주거침입으로 구성요건이 실현되고, 위증죄는 선서한 후 위증을 하는 것만으로 성립하며 위증으로 인하여 오판(誤判)과 같은 어떤 결과가 발생해야 하는 것은 아니다.

계속범은 구성요건 실현으로 범죄가 종료되는 것이 아니라 이미 창출된 범죄의 상태(가벌적인 위법상태)가 행위자의 계속되는 범죄의사에 의하여 유지되는 범죄를 말한다. 주거침입죄는 행위자의 주거침입으로 범죄는 기수에 이르렀지만 행위자가 주거권에 의해 보호되는 영역에 계속 체류하는 한 기수상태는 계속된다. 감금죄도 피해자가 자유 내지 해방을 얻을 때까지 법익침해 상태가 계속되는 계속범이다. 음주운전죄도 음주운전을 시작한 때에 이미 법익침해가 개시되지만 음주운전을 계속하는 한 범죄는 종료되지 않는다. **상태범**이란 일정한 상태의 야기(일반적으로 결과범에서 결과)로 범죄는 종료하고, 행위자에 의한 위법상태의 유지가 불가능하거나 불필요한 범죄를 말한다. 살인죄, 상해죄, 손괴죄가 상태범의 고전적인 예에 해당한다.

침해범과 위험범은 구성요건에 규정된 행위객체가 침해되는지 또는 위험에 처하는지에 따른 구분이다. **침해범**은 범죄가 기수에 이른 때에는 행위객체가 실제 침해를 받게 되는 구성요건을 말한다. 살인죄, 상해죄, 손괴죄가 침해범에 해당한다. **위험범**은 실행행위가 정도의 차이는 있지만 행위객체를 위협하는 범죄를 말한다. 위험범은 다시 구체적 위험범과 추상적 위험범으로 나누어진다. **구체적 위험범**은 행위객체가 개별 사안에서 현실적으로 위험에 처할 것을 구성요건이 전제하고 있는 범죄로 결과의 발생 여부는 우연에 속한다. 구성요건에 '공공의 위험'의 발생을 규정하고 있는 자기소유일반물건방화죄, 일반물건방화죄, 자기소유일반건조물·일반물건방화죄가 구체적 위험범에 해당한다. 이에 반해 **추상적 위험범**은 일정한 행위의 전형적인 위험성을 이유로 처벌되는 범죄로 개별 사안에서 위험이 실제로 발생했는지 여부와 무관하게 처벌되는 범죄이다. 방화죄, 음주운전죄, 명예훼손죄, 공무집행방해죄, 일반교통방해죄 등이 추상적 위험범에 해당한다.

일반범은 누구나 범할 수 있는 범죄로 구성요건에 '~한 자'라고 표현되어 있다. **신분범**은 일정한 자격(행위적격)이 있는 자만이 범할 수 있는 범죄이다. 통상 이러한 행위적격은 형법외적 의무(지위)가 존재한다는 점에서 '**의무범**'이라고도 부른다. 의무범은 예를 들면, 공무원의 범죄는 공법상 지위로 인한 특별한 의무를 침해한 때 성립하고, 직업상 비밀유지의무도 행위자속성을 근거지우는 성격을 지니며, 업무상 비밀누설죄도 의무범에 해당한다. 배임죄도 특별한 재산보호의무를 전제로 하기 때문에 의무범에 해당한다. 신분범은 다시 진정신분범과 부진정신분범으로 구분된다. **진정신분범**은 특별한 행위자표지가 가벌성을 근거지우는 경우로 수뢰죄가 여기에 해당한다. **부진정신분범**은 행위자표지가 형을 가중 또는 감경시키는 경우로 신분 없는 자에 의하여도 범죄가 성립할 수 있지만 신분 있는 자가 죄를 범한 때에는 형이 가중되거나 감경되는 범죄이다. 존속살해죄(제250조 제2항), 업무상 횡령죄(제356조), 영아살해죄(제251조)가 여기에 해당한다. 신분범에서는 신분 없는 자는 그 죄의 정범이 될 수는 없으나 공범은 될 수 있다.

3. 행위주체: 법인에 대한 형사제재

자연인인 사람이 형법상 범죄의 주체가 된다. 법인은 사법상·공법상 권리의무의 주체가 된다는 점에는 의문이 없으나, 법인이 형법상 범죄의 주체가 될 수 있고, 또 법인 자체에 대하여 형벌을 부과할 수 있는지가 문제된다. 이를 법인의 범죄능력 문제라고 한다. 법인의 범죄능력 개념을 통해 법인 자체에 대한 형사책임을 부과해야 할지가 논의되는 것은 법인의 불법적 범죄행위를 제재하여 일반예방의 효과를 달성해야 한다는 형사정책적 이유에 있다. 법인은 사회에 매우 유용한 기능을 하지만 법인이라는 조직을 이용하여 사회유해적 행위도 할 수 있기 때문이다.

다수설과 판례는 법인의 범죄능력, 즉 법인의 행위능력과 책임능력을 부정한다. 판례는 법인은 사법상의 의무주체가 될 뿐 범죄능력이 없으며,[1] 마찬가지로 법인격 없는 사단도 범죄능력이 없다[2]는 입장이다. 법인의 행위는 형법상 행위가 아니다. 법인 자체는 행위능력이 없기 때문에 법인의 범죄능력은 부정되어야 한다. 그러나 현대사회에서 법인에 대한 형사제재를 인정해야 할 필요성이 있

---

1) 대판 1984. 10. 10. 82도2595.

2) 대판 1997. 1. 24. 96도534.

으며, 형사특별법이나 행정형법에서는 양벌규정에 의해 법인에게 벌금형을 부과할 수 있도록 하고 있다. 양벌규정이란 법인의 대표자 또는 법인이나 개인의 대리인·사용인 기타 종업원이 그 법인 또는 개인의 업무에 관하여 위법행위를 한 때에 행위자를 처벌하는 외에 그 법인 또는 개인도 처벌하는 규정을 말한다. 따라서 자연인이 아닌 법인도 양벌규정에 의하여 처벌되는 범위 내에서는 형사제재의 대상이 된다.

4. 인과관계 및 객관적 귀속

구성요건이 행위자의 행위와 장소적·시간적으로 분리된 외부세계에서의 결과를 요구하는 결과범에서는 인과관계와 객관적 귀속이 문제된다. 결과범에서는 행위객체(사람, 재물)에 대한 침해(살해, 손괴)를 **행위자의 작품**(Werk)으로 귀속시킬 수 있는지를 일반적인 규칙에 따라 판단하여야 한다. 예를 들어, A가 B에게 하와이 비행기 여행을 권유하고 그 비행기가 추락하여 B가 사망하였다면 A는 자신의 조언에 의해 B의 죽음을 야기한 것이지만(인과적), A가 B를 살해한 것은 아니다(객관적 귀속 부정). 비행기 추락은 예측할 수 없는 우연이고, 비행기 추락으로 인한 B의 사망을 A의 작품으로 귀속시킬 수 없기 때문이다. 객관적 귀속은 첫 번째 단계인 인과관계이론과 두 번째 단계인 귀속이론으로 연결되는 2단계를 통해 이루어진다.

형법 제17조는 "어떤 행위라도 죄의 요소되는 위험발생에 연결되지 아니한 때에는 그 결과로 인하여 벌하지 아니한다."고 하여 인과관계를 총칙에 규정하고 있다. 인과관계이론에는 조건설(등가설), 합법칙적 조건설, 상당인과관계설 등이 있다. **조건설**은 행위와 결과 사이에 조건적 관계만 있으면 인과관계를 인정하는 견해이다. 이때 "그 조건을 가상적으로 제거하고 생각하면 결과가 발생하지 않았을 조건은 결과에 대한 원인이 된다."는 가설적 제거절차를 사용한다. **합법칙적 조건설**은 인과관계는 조건적 관계의 문제가 아니라 행위가 인과법칙에 따라 결과를 발생하게 하였느냐라는 문제이며, 행위와 결과 사이에 합법칙적 연관이 있을 때 인과관계를 인정한다. 합법칙적 조건설은 최종적인 인과관계 내지 객관적 귀속을 판단하기 위해서는 합법칙적 연관관계를 확정한 후 다시 귀속기준을 제시한다. **상당인과관계설**은 형법적으로 의미있는 원인은 ‘구성요건적 결과를 발생시키는 일반적인 경향을 지닌 행위’일 뿐이며, 우연으로 결과 발생을 가져오는 것은 의미가 없다고 주장한다. “살인의 실행행위가 피해자의 사망이라는 결과를 발생하게 한 유일한 원인이거나 직접적인 원인이어야만 되는 것은 아니므로, 살인의 실행행위와 피해자의 사망 사이에 다른 사실이 개재되어 그 사실이 치사의 직접적인 원인이 되었다고 하더라도, 그와 같은 사실이 통상 예견할 수 있는 것에 지나지 않는다면 살인의 실행행위와 피해자의 사망과의 사이에 인과관계가 있는 것으로 보아야 한다.”고 하여 판례[3]는 상당인과관계설을 취하고 있다. 이에 반해 다수설은 “행위자의 행위가 행위객체에 허용되지 않은 위험을 창출하고 그 위험이 구체적으로 결과를 발생시켰을 것”이라는 **객관적 귀속이론**을 취하고 있다. 객관적 귀속은 위험창출, 위험실현이라는 2가지의 독립된 단계를 통해 이루어진다.

5. 고의와 구성요건착오

형법 제13조는 “죄의 성립요소인 사실을 인식하지 못한 행위는 벌하지 아니한다. 다만, 법률에 특별한 규정이 있는 경우에는 예외로 한다.”고 규정하여 구성요건실현을 위한 주관적 요소인 고의를 요구하고 있다. 고의란 구성요건실현의 인식과 의사로 정의된다. 고의는 지적 요소와 의지적 요소의 통합체로서, 객관적 행위상황(객관적 구성요건요소)를 인식하고 구성요건을 실현하려는 의사라고 할 수 있다. 지적 요소인 인식과 의지적 요소인 의사의 관계가 다양하게 형성되는 모습에 따라 고의는 의도적 고의, 직접고의, 미필적 고의의 3가지 유형으로 분류할 수 있다. **의도적 고의**는 행위자가 의욕한 경우에 인정된다. 인식 측면에서는 단순히 결과발생의 가능성을 인식한 것으로 충분하다. 예를 들면, 멀리 떨어져 있는 피해자에게 총격을 가하여 사망케 한 경우 고의의 기수범이 인정된다. 사망이라는 결과를 의욕하였기 때문에 행위자의 ‘의사’가 강력하게 나타난 의도적 고의가 인정된다. **직접고의**는 행위자가 의욕하지는 않았지만, 확실성을 가지고 예견한 경우를 말한다. 직접고의에서는 결과발생에 대한 인식이 확실하고 정확하다.

---

3) 대판 1994. 3. 22. 93도3612.

예를 들면, 암살범이 자신이 사용할 폭탄이 피해자를 살해할 것이고 그 주변에 있는 사람들도 사망하게 될 것이라는 점을 확실히 알았던 경우에는 비록 피해자 아닌 다른 사람들의 죽음을 의욕하지 않았더라도, 즉 의사적 요소는 의도적 고의보다는 약하더라도 고의가 인정된다. **미필적 고의**란 행위자가 결과를 의욕하지 않았고 또한 확실하게 인식하지는 않았지만 결과발생의 가능성을 예견하고 그 결과발생을 자신의 의사에서 받아들인 경우에 인정되는 고의이다. 미필적 고의를 인정할 수 있는 인식과 의사의 상호관계에 관하여는 여러 학설이 대립하고 있다. 판례는 "결과발생의 가능성에 대한 인식이 있음은 물론 나아가 결과발생을 용인하는 내심의 의사가 있음을 요한다."[4]고 하여 용인설을 취하고 있다.

'죄의 성립요소인 사실'을 인식하지 못한 때에는 구성요건착오가 있는 경우로 고의범으로 처벌되지 않는다. 구성요건착오란 고의의 요소인 인식이 결여되어 고의가 조각되는 경우를 의미한다. 예를 들어, 허수아비로 생각하고 총을 발사했는데 사람이 그 총에 맞아 사망한 때에는 고의의 살인행위가 아니다. 과실치사죄가 성립할 수 있을 뿐이다.

Ⅱ _ 위법성론

위법성이란 구성요건에 해당하는 행위가 전체 법질서에 반하는 행위라는 의미하다. 구성요건에 해당하는 행위는 위법성조각사유에 의해 위법성이 조각되지 않는 한 위법하다. 이러한 판단으로 만족하는 이론을 **형식적 위법성론**이라고 한다. 더 나아가 위법성의 실질적인 내용이 무엇인지를 묻는 물음을 **실질적 위법성론**이라고 한다. 위법성의 실질은 권리침해, 법익침해, 의무위반 등이라는 견해들이 있지만 결국 **사회적 유해성**이라고 볼 수 있다. 따라서 위법성이 조각되는 행위는 사회적 유해성이 결여된 행위라고 할 수 있다. 위법성조각사유는 정당화사유 또는 불법배제사유라고도 부른다. 형법상 위법성조각사유에는 정당행위(제20조), 정당방위(제21조), 긴급피난(제22조), 자구행위(제23조), 피해자의 승낙에 의한 행위

4) 대판 1987. 2. 10. 86도2338.

(제24조)가 있다.

1. 정당행위

정당행위란 법령에 의한 행위, 업무로 인한 행위, 사회상규에 위배되지 않는 행위로서 위법성이 조각되는 행위를 말한다. 형법 제20조는 "법령에 의한 행위 또는 업무로 인한 행위 기타 사회상규에 위배되지 아니하는 행위는 벌하지 아니한다."고 규정하고 있다. 법령에 의한 행위가 위법성이 조각되는 것은 법질서의 통일성이라는 원칙에 근거를 두고 있다. 공무원의 법령에 의한 직무집행행위, 상관의 명령에 의한 행위 등이 여기에 해당한다. 업무로 인한 행위란 국민 일반의 관습 및 법령의 정신에 비추어 정당하다고 보이는 업무를 이루고 있는 행위를 말한다. 예를 들면, 변호사가 법정에서 변론을 위해 피고인의 범죄사실을 묵비하거나, 진실을 밝히기 위해 타인의 명예를 훼손하는 사실을 적시하더라도 업무로 인한 행위로서 범인은닉죄나 명예훼손죄의 위법성이 조각된다. 사회상규에 위배되지 않는 행위는 일반적·포괄적 성격을 지닌 우리 형법 고유의 위법성조각사유이다. 사회상규에 위배되지 않는 행위란 "법질서 전체의 정신이나 그 배후에 놓여있는 사회윤리 내지 사회통념에 비추어 용인될 수 있는 행위"이다.[5)]

2. 정당방위

정당방위는 자기 또는 타인의 법익에 대한 현재의 부당한 침해를 방위하기 위한 행위로서 상당한 이유가 있는 행위를 말한다(제21조 제1항). 정당방위는 법은 불법에 양보할 필요가 없다는 명제를 기본사상으로 한다. 정당방위는 자기보호의 원리와 법수호의 원리라는 2가지 원칙에 근거를 두고 있다. 정당방위가 성립하기 위해서는 ① 현재의 부당한 침해가 있을 것, ② 자기 또는 타인의 법익을 방위하기 위한 행위일 것, ③ 상당한 이유가 있을 것, ④ 방위의사(주관적 정당화요소)가 인정될 것이라는 4가지 요건을 갖추어야 한다. 방위행위가 그 정도를 초과한 경

---

5) 대판 2000. 4. 25. 98도2389.

우에는 정황에 따라 그 형을 감경하거나 면제할 수 있다(제21조 제2항). 야간이나 그 밖의 불안한 상태에서 공포를 느끼거나 경악하거나 흥분하거나 당황하였기 때문에 과잉방위행위를 하였을 때에는 벌하지 아니한다(제21조 제3항).

3. 긴급피난

긴급피난은 자기 또는 타인의 법익에 대한 현재의 위난을 피하기 위한 상당한 이유가 있는 행위를 말한다(제22조 제1항). 교통사고를 당한 피해자의 생명을 구하기 위해 병원으로 빨리 가기 위하여 교통법규를 위반하거나 임부의 생명을 구하기 위해 낙태를 하는 행위 등이 긴급피난에 해당한다. 긴급피난은 법익보호의 사각지대에서 법익보호의 기능을 시민을 통해 연장시키는 제도로서 시민이 '경찰의 늘어난 팔'의 역할을 담당하게 되는 제도이다. 긴급피난이 성립하기 위해서는 ① 자기 또는 타인의 법익에 대한 현재의 위난이 있을 것(피난상황), ② 위난을 피하기 위한 행위가 있을 것(피난행위), ③ 상당한 이유가 있을 것, ④ 피난의사(주관적 정당화요소)가 인정될 것이라는 4가지 요건을 갖추어야 한다. 위난을 피하지 못할 책임이 있는 자에 대하여는 형법 제22조 제1항이 적용되지 않는 긴급피난의 특칙이 인정된다(제22조 제2항). 피난행위가 그 정도를 초과한 경우에는 정황에 따라 그 형을 감경하거나 면제할 수 있다(제22조 제2항). 야간이나 그 밖의 불안한 상태에서 공포를 느끼거나 경악하거나 흥분하거나 당황하였기 때문에 과잉피난행위를 하였을 때에는 벌하지 아니한다(제22조 제3항).

4. 자구행위

자구행위는 법률에서 정한 절차에 따라서는 청구권을 보전할 수 없는 경우에 그 청구권의 실행이 불가능해지거나 현저히 곤란해지는 상황을 피하기 위하여 한 행위로서 상당한 이유 있는 행위이다(제23조 제1항). 예를 들면, 며칠 전 재물을 훔쳐간 절도범을 우연히 마주쳤는데 경찰의 도움을 얻을 수 없어 실력을 행사하여 절도범을 체포한 경우가 자구행위에 해당한다. 불법으로 권리를 침해당한 자가 공권력의 힘을 빌리지 않고 자력으로 그 권리를 구제하거나 회복하는 제도로서, 민법상 자력구제(민법 제209조)와 유사하다. 자구행위가 성립되기 위해서는 ① 법정절차에 의하여 청구권을 보전하기가 불가능해야 하고, ② 청구권의 실행불능 또는 현저한 실행곤란을 피하기 위한 행위(자구행위)여야 하고, ③ 상당한 이유가 있어야 하며, ④ 자구의사가 인정되어야 한다. 자구행위가 그 정도를 초과한 경우에는 정황에 따라 그 형을 감경하거나 면제할 수 있다(제23조 제2항).

5. 피해자의 승낙에 의한 행위

피해자의 승낙은 법익주체의 자유로운 처분이 가능한 법익에 대한 침해를 본인이 승낙한 때에는 위법성이 조각되는 것을 말한다. 형법 제24조는 “처분할 수 있는 자의 승낙에 의하여 그 법익을 훼손한 행위는 법률에 특별한 규정이 없는 한 벌하지 아니한다.”고 규정하고 있다. 피해자의 승낙은 피해자의 양해와 구별된다. 피해자의 양해란 당해 구성요건의 행위개념 자체가 이미 피해자의 의사에 반하는 것을 내용으로 하고 있기 때문에 피해자의 동의가 있으면 행위의 위법성을 논하기에 앞서 구성요건해당성이 배제되는 경우를 말한다. 주거권자의 초대를 받고 집에 들어간 경우, 성인들이 합의하에 성교를 하는 경우, 소유권자의 허락을 받고 물건을 가져온 경우에는 이미 주거침입죄, 강간죄, 절도죄의 구성요건해당성이 인정되지 않는다. 피해자의 승낙이 성립되기 위해서는 ① 유효한 승낙의 존재, ② 처분할 수 있는 자의 승낙의 존재, ③ 승낙에 기한 행위, ④ 법률에 특별한 규정이 없을 것, ⑤ 승낙에 의한 행위가 사회상규에 위배되지 않을 것이라는 요건을 갖추어야 한다. 예를 들면, 보험사기를 위하여 자신의 신체를 상해하도록 승낙하였더라도 사회상규에 위배는 승낙이므로 형법 제24조가 적용되지 않는다.

Ⅲ_ 책임론

책임이란 구성요건해당성, 위법성 단계 이후의 범죄성립요건이다. 위법성은 형법적 질서를 위반한 행위이고 이 행위가 사회적 유해성이 있다는 판단이다. 반면 책임은 행위자의 형법적 책임이라는 관점에서 판단한다. 결과의 행위 귀속을

'**객관적 귀속**'이라고 한다면, 불법의 행위자 귀속은 '**주관적 귀속**'에 해당한다. 책임귀속은 불법을 행한 행위자를 비난할 수 있는가를 물음으로써 이루어진다. 이러한 의미에서 책임은 '**비난가능성**'을 의미한다.

형법상 책임이 인정되기 위해서는 책임능력이 있어야 하고, 위법성인식의 가능성과 행위의 부수사정의 정상성(기대가능성)이 인정되어야 한다. 예외적으로 처벌조각사유가 있거나 객관적 처벌조건이 흠결된 경우에는 형사처벌이 이루어지지 않으나, 이는 형법적 이유에 기인한 것이 아니고 형법 외적인 이익교량이 이루어지는 추가적인 평가범주에 해당한다.

책임능력이란 행위자가 적법하게 행위할 수 있는 능력을 의미한다. 즉 법규범에 따라 행위할 수 있는 능력 또는 법규범의 금지나 요구를 인식할 수 있는 통찰능력과 이러한 통찰에 따라 행위할 수 있는 조종능력이 책임능력이다. 책임은 책임능력을 논리적으로 전제한다. 형법은 성인이 불법을 실현한 경우 원칙적으로 책임능력이 있다는 것을 전제로 한다. 14세 미만의 형사미성년자(제9조)와 심신장애인(제10조 제1항, 제2항)을 예외적으로 책임능력이 없거나 미약한 경우로 규정하고 있다. 형법은 위험의 발생을 예견하고 자의로 심신장애를 야기한 자의 행위(원인이 자유로운 행위)에 대하여는 책임능력에 관한 규정의 적용을 배제하고 있다(제10조 제3항). **위법성의 인식**이란 자신의 행위가 법적으로 허용되어 있지 않고 금지된다는 것을 인식하는 것을 말한다. 책임이 인정되기 위해서는 위법성의 인식이 인정되어야 한다. 행위자가 불법사실관계는 모두 인식하였지만, 자신의 행위가 금지되고 있다는 것을 알지 못한 경우에는 **금지의 착오** 내지 법률의 착오 문제가 발생한다. 예를 들면, 당사자 일방의 동의만 있으면 다른 사람들의 전화내용을 녹음해도 된다(통신비밀보호법이 금지하는 행위임)고 생각한 경우에는 금지의 착오가 발생한 것이다. 형법 제16조는 "자기의 행위가 법령에 의하여 죄가 되지 아니하는 것으로 오인한 행위는 그 오인에 정당한 이유가 있는 때에 한하여 벌하지 아니한다."고 규정하고 있다. 여기서 정당한 이유가 있는지 여부는 "행위자에게 자기 행위의 위법의 가능성에 대해 심사숙고하거나 조회할 수 있는 계기가 있어 자신의 지적 능력을 다하여 이를 회피하기 위한 진지한 노력을 다하였더라면 스스로의 행위에 대하여 위법성을 인식할 수 있는 가능성이 있었음에도 이를 다하지 못한 결과 자기 행위의 위법성을 인식하지 못한 것인지 여부"에 따라 판단한다.[6] **기대가능성**이란 행위자가 행위 당시에 처한 구체적 사정에서 불법을 저지르지 않고 적법한 행위로 나아갈 것을 기대할 수 있는 경우를 말한다. 책임의 본질을 비난가능성으로 보게 되면, 책임비난은 행위자에게 적법행위가 기대됨에도 불구하고 위법행위로 나아간 경우에만 가능하다. 따라서 기대가능성이 없으면 책임비난을 할 수 없다.

Ⅳ _ 과실범

형법 제14조는 "정상적으로 기울여야 할 주의를 게을리하여 죄의 성립요소인 사실을 인식하지 못한 행위는 법률에 특별한 규정이 있는 경우에만 처벌한다."고 규정하고 있다. 과실범은 법률에 특별한 규정이 있는 경우에 한하여 처벌된다. 형법은 생명과 신체에 대한 침해 및 위험을 막고자, 과실치사죄, 과실치상죄, 실화죄 및 과실폭발물파열죄 등 일반적으로 위험한 행위를 과실범으로 처벌하고 있다. 기술발달과 이로 인한 도로교통, 산업 및 가정생활 영역 등에서의 위험증가로 과실범은 전체 형사범죄에서 많은 비중을 차지하고 있으며, 학문적으로도 "과실범은 형법이론의 의붓자식이었으나 이제는 **형법학의 총아**가 되었다."는 평가가 있다.

과실범이 성립하기 위해서는 ① 주의의무 위반, ② 결과발생, ③ 인과관계가 인정되어야 한다. 주의의무의 위반 여부는 결과발생의 예견가능성과 회피가능성을 고려하여 같은 업무와 직무에 종사하는 일반적 보통인의 주의 정도를 표준으로 판단한다.[7] 고의범행 이후 중한 결과가 발생한 경우 특별히 형을 가중하는 구성요건을 **결과적 가중범**이라고 한다. 형법 제15조 제2항은 "결과 때문에 형이 무거워지는 죄의 경우에 그 결과의 발생을 예견할 수 없었을 때에는 무거운 죄로 벌하지 않는다."고 규정하고 있다. 결과적 가중범은 고의범과 과실범의 결합형태의 범죄이다.

6) 대판 2006. 3. 24. 2005도3717.

7) 대판 2003. 1. 10. 2001도3292.

V _ 미수범

미수범이란 범죄의 실행에 착수하여 행위를 종료하지 못하였거나(미종료미수) 행위는 종료했지만 결과가 발생하지 않은 경우(종료미수)를 말한다(제25조 제1항). 미수범의 형은 기수범보다 감경할 수 있다(제25조 제2항). 미수범은 구성요건실현의 고의를 가지고 실행에 착수한 행위이다. 범죄의 실현은 통상 범죄의 의사에서 시작하여 예비(음모), 실행의 착수, 결과의 발생, 종료로 진행된다. 실행의 착수는 미수의 개념정의를 위한 본질적 요소이며, 실행의 착수 이전단계인 예비와 구별된다. **실행의 착수**는 '행위자의 의사에 따를 때 직접 구성요건이 실현되는 행위를 개시한 때'(독일형법 제22조 참조) 또는 '구성요건적 행위의 직접 전단계의 행위를 실행할 때'(실질적 객관설)[8] 인정된다. 미수범이 성립하기 위해서는 ① 주관적 구성요건으로서의 범행의 결의, ② 실행의 착수, ③ 범죄의 미완성이라는 3가지 요건이 충족되어야 한다.

형법상 미수범은 미수범(장애미수, 제25조 제1항), 중지미수(제26조), 불능미수(제27조)로 구분된다. **중지미수**란 범인이 실행에 착수한 행위를 자의(自意)로 중지하거나 그 행위로 인한 결과의 발생을 자의로 방지한 경우로 그 형이 필요적으로 감경 또는 면제되는 미수범이다. 자의에 의한 중지가 인정되는 때에는 특별·일반예방적 처벌필요성 또는 책임상쇄라는 형벌목적에 비추어 처벌의 필요성이 인정되지 않거나 완화된다는 취지의 규정이다. 중지미수 여부를 판단하기 위해서는 '중지', '방지', '자의성'이라는 기본개념에 대한 명확하고 통일적인 해석이 요구된다. 중지미수가 성립하기 위해서는 ① 객관적 요건인 실행의 중지 또는 결과의 방지, ② 주관적 요건인 자의성이 충족되어야 한다. **불능미수**란 실행의 수단 또는 대상의 착오로 인하여 결과의 발생이 불가능하더라도 위험성이 있어 처벌되는 미수범이다. 단 형을 감경 또는 면제할 수 있다(제27조). 예를 들면, 치사량 미달의 독약으로 사람을 살해하기 위해 피해자의 음식에 그 독약을 넣은 경우 사망의 결과발생은 불가능하지만 행위자의 행위의 위험성이 인정되어 불능미수범으로

8) 대판 2010. 4. 29. 2009도14554.

처벌된다. 불능미수범이 성립하기 위해서는 ① 실행의 착수, ② 결과발생의 불가능, ③ 위험성이 인정되어야 한다. 여기서 위험성은 "행위자가 행위 당시에 인식한 사정을 놓고 일반인이 객관적으로 판단하여 결과 발생이 있는지 여부"로 판단한다.[9]

Ⅵ_ 정범과 공범

형법은 하나의 범죄에 가담한 자를 정범, 교사범, 방조범(종범)의 3가지로 분류하고 있다. 이러한 3분론은 1810년 프랑스 형법에서 유래한 것이다. 형벌구성요건은 한 사람이 이를 실현하는 것을 예상하고 규정되어 있으나(단독범), 현실에서 범죄는 다수인의 가담으로 이루어지는 경우가 빈번하다. 두 사람 이상이 가담하여 범죄를 실현하는 것을 **범죄가담형태**(Beteiligungsformen)이라고 한다. 형법 총칙 제2장 제3절은 공범이라는 제목 아래 공동정범(제30조), 교사범(제31조), 종범(제32조), 간접정범(제34조)을 규정하고 있다. 범죄가담형태에서 정범과 공범을 구별하는 기준은 구성요건의 실현에 있어서 **핵심인물**(Zentralgestalt)인가 아니면 정범의 행위를 요구하거나 정범의 행위에 기여하는 **주변인물**(Randfigur)인지 여부이다. 오늘날 정범과 공범의 구별은 행위지배설에 의하여 판단한다. 정범에는 범행을 스스로 행한 직접정범, 다른 사람을 이용하여 범죄를 행한 간접정범, 기능적 행위지배를 통해 공동으로 범죄를 행한 공동정범이 있다. 반면 교사범이나 방조범은 공범에 해당한다.

간접정범이란 타인을 도구로 이용하여 범죄를 실행하는 정범의 유형을 말한다(제34조). 예를 들면, 정신이상자를 충동하여 방화하게 하거나, 내용을 모르는 간호사에게 독약을 주어 환자를 살해하는 경우가 여기에 해당한다. 간접정범에게는 '**의사지배**'가 인정된다는 것에 정범으로서의 본질이 있다. 의사지배가 이루어지는 유형은 강요에 의한 의사지배, 착오에 의한 의사지배, 조직적 권력기구에 의한 의사지배라는 3가지 유형이 있다. **공동정범**이란 2인 이상이 공동하여 죄를

9) 대판 2019. 3. 28. 2018도16002 전합.

범한 때에 각자를 그 죄의 정범으로 처벌하는 범죄가담형태이다(제30조). 예를 들면, 은행강도범들 중 A는 권총으로 은행원을 협박하고, B는 은행금고에서 돈을 꺼내었다면, A와 B는 분업적 역할분담을 통해 전체 사건을 지배한 것이다. 이를 '**기능적 행위지배**'라고 한다. 공동정범이 성립하기 위해서는 ① 공동의 범행계획(공동가공의 의사), ② 공동의 실행행위 분담이라는 요건이 갖추어져야 한다. **교사범**이란 타인으로 하여금 범죄를 결의하여 실행케 한 자를 말한다. 형법 제31조 제1항은 "타인을 교사하여 죄를 범하게 한 자는 죄를 실행한 자와 동일한 형으로 처벌한다."고 규정하고 있다. 예를 들면, 장물아비 A가 B에게 절도를 해오면 물건을 팔아주겠다고 약속하여 B가 절도범행으로 나가게 된 때에는 A는 절도죄의 교사범이 되고, B는 절도죄의 정범이 된다. 교사범의 본질은 행위지배 없는 범죄실행의 야기라는 데 있다. 교사범이 성립하기 위해서는 ① 교사자의 교사행위와 ② 피교사자의 실행행위라는 요건이 충족되어야 한다. 이때 교사범은 교사를 한다는 고의뿐만 아니라 정범에 의하여 행하여질 특정한 범죄에 대한 고의도 있어야 한다(이중의 고의). **방조범**(**종범**)이란 정범을 방조한 자를 말한다. 형법 제32조 제1항은 "타인의 범죄를 방조한 자는 종범으로 처벌한다."고 규정하고 있다. 종범의 형은 정범의 형보다 필요적으로 감경한다(제32조 제2항). 예를 들면, 범인에게 범행도구를 제공하거나 범행의 방법을 알려주는 것이 여기에 해당한다. 방조범은 자신이 범죄를 실행하는 것이 아니며 범행에 대한 행위지배가 없기 때문에 교사범과 함께 공범에 속한다. 방조범이 성립하기 위해서는 ① 방조범의 방조행위와 ② 정범의 실행행위가 있어야 한다. 방조행위란 "정범의 실행행위를 용이하게 하는 직접, 간접의 모든 행위"를 의미하며 "유형적, 물질적 방조뿐만 아니라 정범에게 범행의 결의를 강화하도록 하는 것과 같은 무형적, 정신적 방조행위"도 포함한다.[10] 방조범은 방조를 한다는 고의뿐만 아니라 정범에 의하여 행하여질 범죄의 본질적 요소를 인식하여야 한다(이중의 고의). 신분범은 일정한 신분으로 인하여 범죄가 성립하거나 형이 가중·감경되는 범죄이다. 신분 있는 자와 신분 없는 자가 공범관계에 있을 때 이들을 어떻게 취급해야 하는가라는 물음을 '**공범**

10) 대판 1995. 9. 29. 95도456.

과 신분'이라고 한다. 형법 제33조는 "신분이 있어야 성립되는 범죄에 신분 없는 사람이 가담한 경우에는 그 신분 없는 사람에게도 제30조부터 제32조까지의 규정을 적용한다. 다만, 신분 때문에 형의 경중이 달라지는 경우에 신분이 없는 사람은 무거운 형으로 벌하지 아니한다."고 규정하여 공범과 신분 문제를 규율하고 있다.

Ⅶ_ 부작위범

부작위(Unterlassen)는 작위와 함께 형법상 행위의 2가지 기본적인 형태를 이룬다. 대부분의 범죄는 적극적인 신체동작, 즉 작위에 의해 실현되지만 일정한 경우 범죄가 부작위로 실현되는 경우가 있다. 금지규범을 위반하여 작위로 범죄를 실현하는 것이 작위범이라면 명령규범을 위반하여 부작위로 범죄를 실현하는 경우를 부작위범이라고 한다. 예를 들면, 부모가 영아에게 음식을 제공하지 않아 아사하게 하는 경우이다. 부작위범에서는 '무엇인가 기대되는 특정한 행위가 일어나지 않았다'는 점이 중요하며, 부작위는 **'무산된 기대'**, '법적으로 요구되는 행위를 하지 않은 것'이라고 이해할 수 있다. 부작위범의 근본문제는 어떤 요건 하에 부작위를 작위와 동가치적인 것으로 평가할 수 있는가라는 물음이다. 통상적인 경우 작위와 부작위는 쉽게 구분할 수 있다. A가 B를 도끼로 살해하였다면 작위에 의한 살인이고, 어머니 A가 아이 B를 굶겨 죽였다는 부작위에 의한 살인이다. 그러나 작위적 요소와 부작위적 요소가 혼재된 경우 형법적 판단의 대상이 작위인지 부작위인지 명백하지 않은 때가 있다. 이때에는 일정한 방향으로 에너지의 투입(신체적 활동)이 있고 그러한 에너지 투입이 결과 발생과 합법칙적인 관련이 인정되면 작위로 보는 것이 일반적이다.

부작위범은 진정부작위범과 부진정부작위범으로 구분된다. **진정부작위범**은 처음부터 부작위가 형벌구성요건에 구성요건적 행위로 규정되어 있는 경우를 말한다. 퇴거불응죄(제319조 제2항), 집합명령위반죄(제145조 제2항), 다중불해산죄(제116조), 전시공수계약불이행죄(제117조), 전시군수계약불이행죄(제103조), 국가보안법상 불고지죄 등이 여기에 해당한다. **부진정부작위범**은 작위범에 규정된 작위와의 유추에 의하여 가벌성이 인정되는 범죄이며, 이러한 유추에는 형법 제18조가 적용된다. 부진정부작위범은 위험을 발생을 방지할 의무가 있거나 자기의 행위로 인하여 위험발생의 원인을 야기한 자가 그 위험발생을 방지하는 아니한 때에 그 발생된 결과에 의하여 처벌되는 범죄이다(제18조). 다시 말하면 부진정부작위범이란 형법이 원래 작위에 의한 범죄 실현을 예정하고 있는 각칙 구성요건을 부작위에 의해 실현하는 것으로서 형법 제18조의 요건이 갖추어진 때에 성립하는 범죄이다.

진정부작위범이나 부진정부작위범이 성립하기 위해서는 ① 구성요건적 상황, ② 부작위, ③ 행위의 가능성이라는 요건이 갖추어져야 한다. 구성요건적 상황이란 명령규범이 작위를 요구하는 상황이며, 진정부작위범은 형법각칙에 규정되어 있고 부진정부작위범에서는 구성요건적 결과 발생 내지 구성요건실현의 위험을 의미한다. 부작위란 명령규범에 의해 요구되는 행위를 하지 않는 것으로서, 작위의무를 다하였으나 결과가 발생한 때에는 고의에 의한 부작위범은 성립하지 않고 부작위에 의한 과실범의 성립이 문제된다. 행위가능성이란 개별적인 행위능력이 있어야 함을 의미한다. 장애인이나 수영을 할 수 없는 자는 물속에 뛰어들어 익사자를 구조할 수 없으므로 수영을 하여 구조할 작위의무는 인정되지 않는다.

부진정부작위범은 작위범과의 유추를 통해 가벌성이 인정되는 범죄로서 작위범 구성요건의 작위와 동일한 정도로 평가되어야 한다는 '**부작위의 동가치성**'이 요구되며, 동가치성은 ① **보증인 지위**와 ② **행위정형의 동가치성**으로 구성된다. '위험의 발생을 방지할 의무가 있거나 자기행위로 인한 위험발생의 원인을 야기한 자'(제18조), '결과발생을 방지할 법적 의무 있는 자'(독일형법 제13조)를 보증인(Garant)이라 하며, 이러한 자격 내지 지위를 보증인 지위이라고 한다. '보증인'이라는 개념에 내포된 **기본사상**은 "특정 사람들은 일정한 방식으로 위험에 빠진 법익을 보호해야 할 것이 요구되며, 그 이외의 사람들은 적극적으로 행동하지 않아도 된다"라는 것이다. 따라서 부진정부작위범은 보증인만이 범할 수 있는 신분범에 해당한다. 고전적 견해는 보증인 지위는 법률, 계약 및 선행행위에 의해 발생하는 것으로 이해하였으나(보증인3원설, 형식설), 오늘날에는 특별한 법익에 대한 보호의무와 위험원에 대한 안전의무라는 실질적인 기준에 의해 보증인 지위가 인정될 수 있는 2가지 기본상황을 판단하는 것이 일반적이다(실질설). 보호의무는 가족적 보호관계, 긴밀한 공동관계, 보호기능의 인수 등에 의해 인정되며, 안전의무는 선행행위, 위험원의 감독의무, 타인의 행위에 대한 감독의무에 의해 인정된다. 나아가 부진정부작위범이 성립하기 위하여 부작위가 작위에 의한 구성요건 실현과 상응하는 것으로 평가되어야 한다. 이를 **행위정형의 동가치성**이라고 한다. 예를 들면, 부작위에 의한 사기죄가 인정되려면 중요 사실의 불고지가 신의칙에 위반하는 것이라고 평가될 수 있는 정도, 즉 '기망'이라고 볼 수 있어야 한다.

Ⅷ_ 죄수론

죄수론이란 동일한 행위자가 여러 개의 법률을 위반하고 그 행위자가 하나의 형사절차에서 재판을 받게 되는 경우 여러 개의 법률위반을 몇 개의 범죄가 성립한 것으로 판단하고 어떻게 처벌할 것인가의 문제이다. **경합론**이라고도 한다. 범죄의 수가 1개인 것을 일죄라고 한다. 범죄행위가 1개의 구성요건을 1회 충족시켰다면 1죄가 된다. 그러나 죄수론에서의 하나의 범죄행위는 자연적 의미의 행위가 아니라 구성요건적 행위를 의미한다. 따라서 1개 또는 수개의 행위가 여러 개의 구성요건을 충족하지만 구성요건 상호 간의 관계에 따라 1개의 구성요건만 적용되거나, 하나하나가 독자적으로 구성요건을 충족하는 수개의 행위가 포괄하여 일죄를 구성하는 경우가 있다. 전자를 법조경합, 후자를 포괄일죄라고 한다. **법조경합**의 종류에는 특별관계, 보충관계, 흡수관계가 있다. **포괄일죄**에는 결합범, 계속범, 접속범, 연속범, 집합범(영업범·직업범 및 상습범)이 있다. 1개의 행위가 여러 개의 죄에 해당하는 경우를 **상상적 경합**이라고 한다(제40조). 예를 들면 1개의 폭탄을 던져 여러 명을 살해하거나, 한 사람을 살해하고 다른 사람에게 상해를 가하고 건물을 파괴한 경우를 말한다. 상상적 경합이 인정되기 위해서는 ① 1개의 행위가 있을 것을 요하는 행위의 단일성이 인정되고 ② 수개의 죄에 해당하여야 한다. 상상적 경합의 경우에는 가장 무거운 죄에 대하여 정한 형으로 처벌한다(제40조). 여러 개의 죄가 존재하는 경우를 **경합범**이라고 한다. 형법상 경합범이란 판결이 확정되지 아니한 수개의 죄 또는 금고 이상의 형에 처한 판결이 확정된 죄와 그 판결확정전에 범한 죄를 의미한다(제37조). 경합범은 다수행위의 존재를 전제로 한다는 점에서 상상적 경합과 구별된다. 경합범은 동시적 경합범과 사후적 경합범으로 구분된다. **동시적 경합범**은 판결이 확정되지 아니한 수개의 죄를 말한다(제37조 전단). 예를 들면, A가 ⓐ, ⓑ, ⓒ, ⓓ, ⓔ의 범죄를 범하고 그 어느 것도 확정판결을 받지 아니한 때에는 5개의 범죄 모두가 경합범이 된다. 위 5개의 범죄가 모두 판결이 확정되지 않았더라도 5개의 죄가 동시에 판결될 상태에 있지 않으면 동시적 경합범이 아니다. 동시적 경합범은 모두 같은 심판의 대상이 된 수개의 죄를 의미한다. 동시적 경합범에 대한 처벌에는 흡수주의, 가중주의, 병과주의가 적용된다. 가장 무거운 죄에 대하여 정한 형이 사형, 무기징역, 무기금고인 경우에는 가장 무거운 죄에 대하여 정한 형으로 처벌한다(제38조 제1항 제1호). 각 죄에 대하여 정한 형이 사형, 무기징역, 무기금고 외의 같은 종류의 형인 경우에는 가장 무거운 죄에 대하여 정한 형의 장기 또는 다액에 그 2분의 1까지 가중하되 각 죄에 대하여 정한 형의 장기 또는 다액을 합산한 형기 또는 액수를 초과할 수 없다. 다만, 과료와 과료, 몰수와 몰수는 병과할 수 있다(제38조 제1항 제2호). 각 죄에 대하여 정한 형이 무기징역, 무기금고 외의 다른 종류의 형인 경우에는 병과한다(제38조 제1항 제3호). **사후적 경합범**은 금고 이상의 형에 처한 판결이 확정된 죄와 그 판결확정 전에 범한 죄를 말한다(제37조 후단). 예를 들면, A가 범한 ⓐ, ⓑ, ⓒ, ⓓ, ⓔ의 5개 죄 가운데 ⓒ죄에 대하여 판결이 확정된 때에는 ⓐ, ⓑ, ⓒ 3개의 죄가 사후적 경합범이 된다. 반편 판결확정 후에 범한 ⓓ, ⓔ는 동시적 경합범이다. 제1의 경합범(ⓐ, ⓑ, ⓒ)과 제2의 경합범(ⓓ, ⓔ), 즉 판결확정 전후의 죄는 서로 경합범이 되지 않는다.[11] 형법 제37조 후단의 사후적 경합범을 인정하는 이유는 판결확정 전에 범한 죄는 법원이 동시에 심판할 수 있었을 때에는 마땅히 경합범의 예에 의하여 처벌되었을 것인데 법원에 알려지지 않았다는 이유만으로 피고인을 유리하게도 불리하게도 취급해서는 안 된다는 데 있다. 경합범 중 판결을 받지 아니한 죄가 있는 때에는 그 죄와 판결

---

11) 대판 1970. 12. 22. 70도2271.

이 확정된 죄를 동시에 판결할 경우와 형평을 고려하여 그 죄에 대하여 형을 선고한다. 이 경우 그 형을 감경 또는 면제할 수 있다(제39조 제1항). 위의 예에서 ⓐ, ⓑ죄에 대하여 판결을 선고할 때에는 이미 판결이 확정된 ⓒ죄를 ⓐ, ⓑ죄와 동시에 판결할 경우와 형평을 고려하여야 한다. ⓐ, ⓑ죄에 대하여만 형을 선고하는 것은 확정판결이 있는 죄는 일사부재리의 원칙에 의하여 ⓒ죄를 다시 판결을 할 수 없고, 동시에 판결할 경우와 형평을 고려하도록 한 것은 판결확정 전에 범한 죄(ⓒ죄)가 법원에 알려진 경우에는 당연히 경합범의 예에 의하여 처벌받았을 것이므로 사후적 경합범이 동시적 경합범에 비하여 무겁게 처벌되는 불합리를 피하기 위한 것이다.

제 3 절 형사제재론

범죄에 대한 형사제재는 형벌과 보안처분으로 구성된다. 범죄에 대한 형사제재로 형벌과 보안처분을 모두 인정하는 태도를 **'이원주의'**라고 한다. 우리나라는 1980년 이후 보안처분을 도입해 옴으로써 이원주의를 취하고 있다.

Ⅰ _ 형벌

1. 형벌의 의의와 종류

형벌이란 국가가 범죄에 대하여 부과하는 법익박탈의 제재이다. 형벌에 의해 박탈되는 법익에 의해 형벌은 생명형(사형), 자유형(징역, 금고, 구류), 명예형(자격상실, 자격정지), 재산형(벌금, 과료, 몰수)으로 구분된다. 형법은 사형·징역·금고·자격상실·자격정지·벌금·구류·과료·몰수의 9종의 형벌을 규정하고 있다(제41조). **사형**은 수형자의 생명을 박탈하는 형벌이다(제66조). 사형은 오랜 역사를 가지고 있는 형벌이다. 18세기 이래 계몽사상은 개인의 인권을 헌법의 기초로 삼고 기본적 인권의 핵심이 생명권에 있음을 인식하고, 특히 베카리아에 의하여 사형

폐지론이 주장된 이래 사형을 제한 내지 폐지해야 한다는 논의가 활발히 전개되고 있다. 우리나라는 1997년 12월 30일 사형을 집행한 이후 지금까지 사형을 집행하고 있지 않아 '사실상 사형폐지국'으로 분류되고 있다. **징역**은 교정시설에 수용하여 노역에 복무하게 하는 자유형이다(제67조). 징역에는 유기와 무기의 2종이 있다. 무기는 종신형이지만, 20년이 경과한 후에는 가석방이 가능하다(제72조 제1항). 유기징역은 1개월 이상 30년 이하이나 형을 가중하는 때에는 50년까지로 한다(제42조). **금고**는 수형자를 교정시실에 수용하여 자유를 박탈하나 노역에 복무하지 않는다는 점에서 징역과 구별된다. 다만, 금고의 수형자도 신청이 있으면 작업을 과할 수 있다(형집행법 제67조). 과실범이나 정치범과 같은 수형자의 명예를 존중하려는 취지에서 마련된 명예적 구금이라고 할 수 있다. 구류는 수형자를 교정시설에 수용하는 자유형이나, 다만 그 기간이 1일 이상 30일 미만인 점에서 징역이나 금고와 구별된다(제46조). **벌금형**은 범죄인에 대하여 일정한 금액의 지불의무를 강제적으로 부담하게 하는 내용의 형벌이다. 벌금은 5만원 이상으로 하며 상한에는 제한이 없다. 다만 감경하는 경우에는 5만원 미만으로 할 수 있다(제45조). 벌금은 판결확정일로부터 30일 이내에 납입하여야 하고, 벌금을 선고할 때에는 동시에 그 금액을 완납할 때까지 노역장에 유치할 것을 명할 수 있다(제69조 제1항). 벌금을 납입하지 아니한 자는 1일 이상 3년 이하의 기간 노역장에 유치하여 작업에 복무하게 한다(제69조 제2항). **과료**는 재산형의 일종으로 벌금형과 동일하지만, 2천 원 이상 5만 원 미만으로 한다(제47조). 과료는 경미한 범죄에 대하여 부과되며 그 금액이 적다는 점에서 벌금과 구별될 뿐이다. **몰수**는 범죄반복의 방지나 범죄에 의한 이득의 금지를 목적으로 범죄행위와 관련된 재산을 박탈하는 것을 내용으로 하는 재산형이다(제48조). 원칙적으로 다른 형에 부가하여 과하는 부가형이다. 단, 행위자에게 유죄의 재판을 아니할 때에도 몰수의 요건이 있는 때에는 몰수만을 선고할 수 있다(제49조). **자격상실**이란 일정한 형의 선고가 있으면 그 형의 효력으로서 당연히 일정한 자격이 상실되는 것을 말한다. 사형, 무기징역 또는 무기금고의 판결을 받은 자는 ① 공무원이 되는 자격, ② 공법상의 선거권과 피선거권, ③ 법률로 요건을 정한 공법상의 업무에 관한 자격, ④ 법인의 이사, 감사 또는 지배인 기타 법인의 업무에 관한 검사역이나 재산관리인이 되는 자격이 상실된다(제43조 제1항). **자격정지**란 일정한 기간 동인 일정한 자격의 전부 또는 일부를 정지시키는 것을 말한다. 유기징역 또는 유기금고의 판결을 받은 자는 그 형의 집행이 종료되거나 면제될 때까지 앞에서 열거한 자격이 당연히 정지된다. 다만, 다른 법률에 특별한 규정이 있는 경우에는 그 법률에 따른다(제43조 제2항). 판결선고에 의하여 위에서 열거한 자격의 전부 또는 일부를 정지할 수도 있다. 자격정지기간은 1년 이상 15년 이하로 한다(제44조 제1항).

2. 형의 양정

법관이 구체적인 행위자에 대하여 선고할 형을 정하는 것을 형의 양정이라고 한다. 협의의 형의 양정은 구체적인 사건에 적용될 형의 종류와 양을 정하는 것임에 반하여, 광의의 양정은 그 형의 선고와 집행의 여부를 결정하는 것을 포함한다. 형의 양정은 **법정형 → 처단형 → 선고형**의 세 가지 단계를 거쳐 이루어진다. **법정형**이란 개개의 구성요건에 규정되어 있는 형벌을 말한다. **처단형**은 법정형이 처단의 범위로 구체화된 형으로, 법정형에 법률상 및 재판상의 가중·감경을 한 형을 말한다. **선고형**은 법관이 처단형의 범위 내에서 구체적으로 형을 양정하여 당해 피고인에게 선고하는 형을 말한다. 구체적으로 선고할 형을 정하는 것을 **양형**이라고 한다. 양형에는 법관의 광범위한 재량이 인정되는 것으로 이해되고 있지만, 양형에 관한 법관의 재량은 자유재량이 아니라 형사정책적 양형기준에 따라 합리적으로 판단해야 하는 법적으로 구속된 재량을 의미한다. 형법은 법관이 양형에 있어서 참작하여야 할 양형의 조건으로 ① 범인의 연령, 성행, 지능과 환경, ② 피해자에 대한 관계, ③ 범행의 동기, 수단과 결과, ④ 범행 후의 정황을 규정하고 있다(제51조).

3. 집행유예·선고유예·가석방

집행유예란 형을 선고함에 있어서 일정한 기간 동안 형의 집행을 유예하고 그 유예기간을 경과한 때에는 형의 선고의 효력을 잃게 하는 제도이다(제62조). 집행유예는 단기자유형의 집행으로 인한 폐해를 방지하고 피고인에게 형의 집행을 받지 않으면서 스스로 사회에 복귀할 수 있는 길을 열어주는 제도라고 할 수 있다. 3년 이하의 징역이나 금고 또는 500만원 이하의 벌금의 형을 선고할 경우에 제51조(양형조건)의 사항을 참작하여 그 정상에 참작할 만한 사유가 있는 때에는 1년 이상 5년 이하의 기간 형의 집행을 유예할 수 있다. 다만, 금고 이상의 형을 선고한 판결이 확정된 때부터 그 집행을 종료하거나 면제된 후 3년까지의 기간에 범한 죄에 대하여 형을 선고하는 경우에는 형의 집행을 유예할 수 없다(제62조). 형의 집행을 유예하는 경우에는 보호관찰을 받을 것을 명하거나 사회봉사 또는 수강을 명할 수 있다(제62조의2). **선고유예**란 범정이 경미한 범인에 대하여 일정한 기간 동의 형의 선고를 유예하고 그 유예기간을 경과한 때에는 면소된 것으로 간주하는 제도를 말한다. 1년 이하의 징역이나 금고, 자격정지 또는 벌금의 형을 선고할 경우에 제51조의 사항을 고려하여 뉘우치는 정상이 뚜렷할 때에는 그 형의 선고를 유예할 수 있다. 다만, 자격정지 이상의 형을 받은 전과가 있는 사람에 대해서는 형의 선고를 유예할 수 없다(제59조 제1항). 형의 선고를 유예하는 경우 재범방지를 위하여 지도 및 원호가 필요한 때에는 보호관찰을 받을 것을 명할 수 있다(제59조의2 제1항). **가석방**이란 자유형을 집행받고 있는 자가 개전의 정이 현저하다고 인정되는 때에 형기만료 전에 조건부로 수형자를 석방하고 일정한 기간을 경과한 때에는 형의 집행을 종료한 것으로 간주하는 제도를 말한다. 징역이나 금고의 집행 중에 있는 사람이 행상(行狀)이 양호하여 뉘우침이 뚜렷한 때에는 무기형은 20년, 유기형은 형기의 3분의 1이 지난 후 행정처분으로 가석방을 할 수 있다(제72조 제1항). 가석방은 가석방심사위원회의 신청에 의하여 법무부장관이 허가할 수 있다(형집행법 제122조). 가석방의 기간은 무기형에 있어서는 10년으로 하고, 유기형에 있어서는 남은 형기로 하되, 그 기간은 10년을 초과할 수 없다(제73조의2 제1항). 가석방된 자는 가석방기간 중 보호관찰을 받는다. 다만, 가석방을 허가한 행정관청이 필요가 없다고 인정한 때에는 그러하지 아니하다(제73조의2 제2항).

Ⅱ _ 보안처분

1. 보안처분의 의의

보안처분이란 형벌로는 행위자의 사회복귀와 범죄의 예방이 불가능하거나 행위자의 특수한 위험성으로 인하여 형벌의 목적을 달성할 수 없는 경우에 형벌을 대체 내지 보완하기 위한 예방적 성질의 목적적 조치를 말한다. 형벌이 책임을 전제로 하고 책임원칙의 범위 내에서 과하여지는 것임에 반하여, 보안처분은 행위자의 사회적 위험성을 전제로 하여 특별예방의 관점에서 선고되는 것이다. 형벌은 행위의 사회윤리적 비난을 표현하는 과거를 대상으로 하는 형사제재임에 반하여 보안처분은 장래를 향한 순수한 예방적 성격을 가진 형사제재이다.

보안처분의 사상적 배경은 위험한 범죄자로부터 개인과 공동체를 보호한다는 데 있다. 형법은 책임을 전제로 하고 있어 공동체 보호에 불충분할 수 있다. 또한 책임이 없으나 위험한 범죄자가 제재되지 않는다면 국민의 이익에도 반한다. 형법은 위험한 범죄자의 추가적인 범죄를 방지해야 한다. 보안처분은 이와 같은 '**불가피한 공동체의 필요**'로 인하여 인정되는 것이다. 독일의 경우 보안처분이 1933년 나치시대에 도입된 것은 사실이지만, 보안처분은 나치사상에 근거를 둔 것은 아니며 그 이전 시대부터 형법개혁의 일환으로 보안처분의 도입이 논의되어 왔다. 우리나라는 1980년 12월 8일 공포·시행된 사회보호법에 의하여 형사제재로서의 보안처분이 본격적으로 도입되었다. 현행법률은 치료감호 외에 보호관찰, 아동·청소년의 성보호에 관한 법률에 의한 신상공개명령 및 고지명령, 전자장치 부착 등에 관한 법률에 의한 위치추적 전자장치의 부착, 성폭력범죄자의 성충동 약물치료에 관한 법률에 의한 약물치료명령 등의 보안처분을 인정하고 있다.

2. 보안처분의 종류

보안처분은 형식적 기준에 따라 대인적 보안처분과 대물적 보안처분으로 분류할 수 있다. **대물적 보안처분**은 범죄와 법익침해의 방지를 목적으로 하는 물건에 대한 국가적 예방수단이다. 몰수, 영업소폐쇄, 선행보증 등이 여기에 해당한다. **대인적 보안처분**은 사람에 의한 장래의 범죄행위를 방자하기 위하여 특정인에게 선고되는 보안처분을 말한다. 치료감호가 여기에 해당한다. 대인적 보안처분은 자유침해의 정도에 따라 자유박탁보안처분과 자유제한보안처분으로 나눌 수 있다. **자유박탈보안처분**은 상습범죄자에 대한 보호감호, 정신병자에 대한 치료감호 및 중독자에 대한 금절치료소 감호, 노동혐오자에 대한 노역장감호 등이 있다. 치료감호 등에 관한 법률이 인정하고 있는 치료감호는 자유박탈적 대인적 보안처분이다. **자유제한보안처분**의 대표적인 예는 보호괄찰이며, 운전면허박탈·직업금지·거세·전자장치 부착·약물치료명령 등도 여기에 해당한다.

3. 치료감호

치료감호란 심신장애 상태, 마약류·알코올이나 그 밖의 약물중독 상태, 정신성적(精神性的) 장애가 있는 상태 등에서 범죄행위를 한 자로서 재범의 위험성이 있고 특수한 교육·개선 및 치료가 필요하다고 인정되는 자에 대하여 적절한 보호와 치료를 함으로써 재범을 방지하고 사회복귀를 촉진하는 것을 목적으로 하는 보안처분을 말한다(치료감호 등에 관한 법률 제1조). 치료감호는 치료감호대상자의 치료와 안전의 목적을 동시에 달성하기 위한 보안처분이지만, 전자의 목적이 보다 중시된다. 피치료감호자에 대한 의료적 처우는 정신병원에 준하여 의사의 조치에 따르도록 한다(치료감호법 제25조 제2항). 심신장애인과 정신성적 장애인에 대한 치료감호시설에의 수용은 15년을 초과할 수 없다(치료감호법 제16조 제1항 제1호). 약물중독자에 대한 수용기간은 2년을 초과할 수 없다(치료감호법 제16조 제1항 제2호). 치료감호는 수용기간의 경과 또는 치료감호심의위원회의 종료결정에 의하여 종료된다(치료감호법 제22조).

4. 보호관찰

보호관찰은 치료감호가 가종료되거나 치료위탁된 피치료감호자를 감호시설 외에서 지도·감독하는 것을 내용으로 하는 보안처분이다. 보호관찰은 자유상태에 있는 범죄에 대한 시설외 처우로서 사회적 지도를 통한 사회복귀 및 교육을 목적으로 한다. 보호관찰은 치료감호에 대한 대체 내지 보충수단으로서의 중요한 의미를 지니지만, 형법에 의하여 보호관찰을 조건으로 하는 형의 선고유예(제59조의2)·집행유예(제62조의2)·가석방 또는 임시퇴원된 자(제73조의2; 보호관찰등에 관한 법률 제23조 내지 제24조) 및 소년법에 의하여 보호관찰의 보호처분(소년법 제32조 제1항 제4호 및 제5호)을 받은 자를 포함한다. 보호관찰은 범죄인의 사회복귀를 돕기 위하여 피보호관찰자를 보호관찰기간 동안 지도·감독하는 것을 내용으로 한다. 피보호관찰자는 보호관찰 등에 관한 법률 제32조 제2항의 규정에 따른 준수사항을 성실히 이행하여야 하며, 치료감호심의위원회는 피보호관찰자의 특성을 고려하여 위의 일반적 준수사항 외에 치료나 그 밖에 특별히 지켜야 할 사항을 부과할 수 있다(치료감호법 제33조). 치료감호법에 의한 보호관찰의 기간은 3년이다. 보호관찰을 조건으로 형의 선고유예를 받은 자는 1년, 형의 집행유예의 선고를 받은 자는 그 유예기간(다만 법원이 보호관찰기간을 따로 정한 경우에는 그 기간)이 보호관찰 기간이 된다.

제 4 절 형법각칙의 주요 범죄

I _ 형법각론의 의의 및 체계

형법각론의 과제는 형법전 각칙(제2편 제87조 내지 제372조)에 규정된 **범죄유형의 기술**(記述) **및 한계**를 명확히 하는 것이다. 따라서 형법각칙은 본질적으로 형벌 **구성요건이론의 구체적 전개**에 해당한다. 위법성과 책임은 구성요건보다 추상적이고 일반적이지만, 구성요건은 인간의 자유롭고 평화로운 공존의 조건을 침해하는 범죄유형을 규정하고 있다. 입법자는 형벌에 대한 목적을 달성하기 위하여 일정한 **재량**을 가진다. 과잉금지 원칙의 범위 내에서 어떤 행위를 고의범으로 또는 과실범으로 처벌될지를 정한다. 결과 발생이 없더라도 거동범 또는 위험범으로 처벌하거나, 진정부작위범을 창설하기도 한다. 형법각론의 과제는 다양한 보호법익에 대한 다각도의 침해가능성을 고려하면서 각칙구성요건의 적용범위를 명확히 하는 것이다. 총론에서 논하는 '구성요건이론'은 형법각칙에서 유형화된 불법사실관계에 대한 포괄적이고 본질적인 검토라고 할 수 있다.

형법각론은 형법전의 편찬순서와는 달리 개인적 법익에 대한 죄, 사회적 법익에 대한 죄, 국가적 법익에 대한 죄의 순서로 서술하는 것이 일반적이다. **인간은 만물의 척도**이므로 **기본권의 서열**에 따라, 생명, 신체, 인격적 자유, 성적 자기결정권, 명예, 인격권, 비밀, 주거권 등을 침해하는 범죄유형을 서술하고 재산적 법익은 그 다음에 서술하는 것이다. 사회나 국가는 인간의 필요에 의해 구성되고 인간을 위해 봉사한다는 점에서 개인적 법익에 대한 죄 다음에 서술된다.

Ⅱ _ 개인적 법익에 대한 죄

1. 생명과 신체에 대한 죄

생명과 신체에 대한 죄는 사람의 생명이나 신체를 침해하거나 위태롭게 하는 것을 내용으로 하는 범죄이다. 사람의 생명과 신체는 개인적 법익 중에서도 인간의 존엄과 기초를 기초지우는 가장 중요한 법익이다. 여기에는 살인의 죄(제24장), 상해와 폭행의 죄(제25장), 과실치사상의 죄(제26장), 낙태의 죄 및 유기와 학대의 죄(제28장)가 포함된다. 살인죄는 사람을 살해함으로써 성립하는 범죄이다(제250조 제1항). 사람의 시기는 규칙적인 진통을 수반하면서 태아의 분만이 개시될 때 인정되고, 사람의 종기는 심장의 고동이 영구적으로 종지한 때(맥박종지설)로 보는 것이 통설이나 최근 뇌사설이 유력하게 주장되고 있다. 형법은 **살인죄**에 대한 가중적 구성요건으로 존속살해죄를 규정하고 있다(제250조 제2항). 감경적 구성요건으로는 영아살해죄(제251조), 촉탁·승낙에 의한 살인죄(제252조 제1항) 및 자살교사·방조죄(제52조 제2항)가 있다. **상해죄**는 사람의 신체를 상해함으로써 성립한다(제257조 제1항). 여기서 상해란 피해자의 신체의 상태가 불량하게 변경되고 생활기능에 장애가 초래되는 것을 말한다. 피해자가 입은 상처가 극히 경미하여 굳이 치료할 필요가 없고 치료를 받지 않더라도 일상생활을 하는 데 아무런 지장이 없으며 시일이 경과함에 따라 자연적으로 치유될 수 있는 정도라면 상해에 해당하지 않는다.[12] 상해죄에 대한 가중적 구성요건으로는 신분관계로 인하여 책임이 가중되는 존속상해죄(제257조 제2항), 결과적 가중범으로서 불법이 가중되는 중상해죄·존속중상해죄(제258조), 행위방법의 위험성으로 인하여 불법이 가중되는 특수상해죄(제258조의2), 결과적 가중범으로서 불법이 가중되는 상해치사죄(제259조) 및 상습성으로 인하여 책임이 가중되는 상습상해죄(제264조)가 있다. **폭행죄**는 사람의 신체에 대하여 폭행을 가하는 범죄를 말한다(제260조 제1항). 폭행이란 사람의 신체에 대하여 물리적 유형력을 행사하는 것을 말하며 반드시 피해자의 신체에 접촉함을 필요로 하는 것은 아니다.[13] 폭행죄에 대한 가중적 구성요건으로는 존속폭행죄(제260조 제2항), 상습상해죄(제264조) 및 특수폭행죄(제261조)와 폭행치사상죄(제262조)가 있다. **과실치사상죄**는 과실로 인하여 사람을 사망에 이르게 하거나 사람의 신체를 상해에 이르게 하는 범죄이다(제266조, 제267조). 업무상 과실 또는 중대한 과실로 사람을 사망이나 상해에 이르게 한 때에는 가중처벌된다(제268조). 차의 운전자가 교통사고로 인하여 업무상 과실치사상죄를 범한 때에는 교통사고처리 특례법이 적용된다. **낙태죄**는 태아를 자연분만기에 앞서서 인위적으로 모체 밖으로 배출하거나 태아를 모체 안에서 살해하는 것을 내용으로 하는 범죄이다. 부녀가 약물 기타 방법으로 낙태하는 자기탁태죄(제269조 제1항), 부녀의 촉탁 또는 승낙을 받아 낙태하는 동의낙태죄(제269조 제2항)가 있고, 낙태죄의 가중적 구성요건으로 업무상 낙태죄(제270조 제1항), 부동의낙태죄(제270조 제2항), 낙태치사상죄가 있다(제270조 제3항). **유기죄**란 나이가 많거나 어림, 질병 그 밖의 사정으로 도움이 필요한 사람을 보호할 의무 있는 자가 유기함으로써 성립하는 범죄이다(제271조 제1항). 존속유기죄(제272조 제2항), 중유기죄·존속중유기죄(제272조 제3항, 제4항), 영아유기죄(제272조), 유기치사상죄·존속유기치사상죄(제275조 제1항, 제2항)의 구성요건 체계를 이루고 있다. **학대죄**는 자기의 보호 또는 감독을 받는 사람을 학대하는 범죄이고(제273조 제1항), 자기의 보호 또는 감독을 받는 16세 미만의 자를 그 생명 또는 신체에 위험한 업무에 사용할 영업자 또는

12) 대판 2003. 7. 11. 2003도2313.

13) 대판 1990. 2. 12. 89도1406.

그 종업자에게 인도하거나 인도를 받은 때에는 **아동혹사죄**가 성립한다(제274조).

2. 자유에 대한 죄

자유에 대한 죄에는 체포·감금죄, 협박죄, 강요죄, 약취·유인죄, 강간죄 및 강제추행죄, 준강간·준강제추행죄, 미성년자 또는 심신미약자에 대한 간음·추행죄, 미성년자의제강간·강제추행죄 등이 있다. **체포·감금죄**는 사람을 체포 또는 감금한 때 성립한다(제276조 제1항). 본죄는 사람의 행동의 자유를 보호하기 위한 것이다. 가중적 구성요건으로는 존속체포·감금죄(제276조), 중체포·감금죄 및 존속중체포·감금죄(제277조 제1항, 제2항), 특수체포·감금죄(제278조), 상습체포·감금죄(제279조), 체포·감금치사상죄 및 존속체포·감금치사상죄(제281조 제1항, 제2항)가 있다. **협박죄**는 사람을 협박한 때에 성립한다(제283조 제1항). 협박이란 상대방으로 하여금 공포심을 일으키기에 충분한 정도의 해악을 고지하는 것을 말한다. 본죄는 의사결정의 자유를 보호법익으로 한다. 가중적 구성요건으로는 존속협박죄(제283조 제2항), 특수협박죄(제284조) 및 상습협박죄(제285조)가 있다. **강요죄**는 폭행 또는 협박으로 사람의 권리행사를 방해하거나 의무 없는 일을 하게 함으로써 성립하는 범죄이다(제324조 제1항). 본죄는 의사결정 및 의사실행의 자유를 보호법익으로 한다. 가중적 구성요건에는 특수강요죄(제324조 제2항)와 중강요죄(제326조), 인질강요죄(제324조의2), 인질상해·치상죄(제324조의3), 인질살해·치사죄(제324조의4)가 있다. **미성년자 약취·유인죄**는 미성년자를 약취 또는 유인한 때에 성립한다(제287조). 약취 또는 유인이란 사람을 보호받는 상태 내지 자유로운 생활관계로부터 자기 또는 제3자의 실력적 지배하에 옮기는 것을 말하며, 약취는 폭행 또는 협박을 수단으로 하는 것이고 유인은 기망 또는 유혹을 수단으로 한다. 추행·간음·결혼·영리·노동력 착취·성매매와 성적 착취·장기적출 및 국외이성목적 약취·유인죄(제288조)와 인신매매죄(제289조)도 처벌된다. 강간과 추행의 죄는 개인의 성적 자기결정의 자유를 침해하는 범죄이다. **강간죄**는 폭행 또는 협박으로 사람을 강간하는 내용의 범죄이다(제297조). 폭행 또는 협박으로 사람에 대하여 구강, 항문 등 신체(성기는 제외한다)의 내부에 성기를 넣거나 성기, 항문에 손가락 등 신체(성기는 제외한다)의 일부 또는 도구를 넣은 행위를 한 때에는 **유사강간죄**가 성립한다(제297조의2). **강제추행죄**는 폭행 또는 협박으로 사람에 대하여 추행하는 내용의 범죄이다(제298조). 추행이란 상대방의 신체에 대하여 불법한 유형력을 행사(폭행)하거나 일반적으로 보아 상대방으로 하여금 공포심을 일으킬 수 있는 정도의 해악을 고지(협박)하는 것을 말한다.[14] 사람의 심신상실 또는 항거불능의 상태를 이용하여 간음 또는 추행을 한 때에는 **준강간죄·준강제추행죄**가 성립한다(제299조). 13세 미만의 사람에 대하여 간음 또는 추행하거나 13세 이상 16세 미만의 사람에 대하여 간음 또는 추행을 한 19세 이상의 자는 강간, 유사강간, 강제추행, 강간 등 상해·치상 또는 강간 등 살인·치사의 예에 의하여 처벌된다(제305조 제1항, 제2항). 강간 등 상해·치상죄(제301조), 강간 등 살인·치사죄는 기본범죄보다 중하게 처벌된다. 미성년자·심신미약자 간음·추행죄(제302조), 업무상위력 등에 의한 간음죄(제303조)가 처벌되고, 상습강간·강제추행죄, 상습준강간·준강제추행등죄는 가중 처벌되며, 강간죄, 유사강간죄, 준강간죄, 강간 등 상해죄 및 미성년자 의제강간 등 죄를 범할 목적으로 예비 또는 음모한 때에는 **강간 등 예비·음모죄**가 성립한다(제305조의3).

3. 명예와 신용에 대한 죄

명예와 신용에 대한 죄에는 명예에 관한 죄(제33장)와 신용·업무와 경매에 관한 죄(제34장)가 있다. 명예에 대한 죄에는 명예훼손죄와 모욕죄가 있다. **명예훼손죄**는 공연히 사실을 적시하여 사람의 명예를 훼손한 때에 성립한다(제307조 제1항). 공연성은 '불특정 또는 다수인이 인식할 수 있는 상태'를 의미하며, 개별적으로 소수의 사람에게 사실을 적시하였더라고 그 상대방이 불특정 또는 다수인에게 적시된 사실을 전파할 가능성이 있는 때에는 공연성이 인정된다(전파가능성 이론)는 것이 판례의 태도이다.[15] 형법 제310조는 "제307조 제1항의 행위가 진실한 사실로서 오로지 공공의 이익에 관한 때에는 처벌하지 아니한다."고 규정하여 개인의 명

14) 대판 2023. 9. 21. 2018도13877 전합.

15) 대판 2020. 11. 19. 2020도5813 전합.

예 보호와 헌법상 표현의 자유라는 상충되는 법익의 조화를 꾀하고 있다. 형법은 허위사실적시 명예훼손죄(제307조 제2항), 사자의 명예훼손죄(제308조), 출판물 등에 의한 명예훼손죄(제309조)를 규정하고 있다. **모욕죄**는 공연히 사람을 모욕하는 것을 내용으로 하는 범죄이다(제311조). 모욕이란 사실을 적시하지 아니하고 사람에 대하여 경멸의 의사를 표시하는 것을 말한다. **신용훼손죄**는 허위의 사실을 유포하거나 기타 위계로써 사람의 신용을 훼손한 때에 성립하는 범죄이다(제313조). 신용이란 사람의 경제적 활동에 대한 사회적 평가, 즉 사람의 지불능력이나 지불의사에 대한 사회적 신뢰를 의미한다. **업무방해죄**란 허위의 사실을 유포하거나 위계 또는 위력으로써 사람의 업무를 방해하거나, 컴퓨터등 정보처리장치 또는 전자기록등 특수매체기록을 손괴하거나 허위의 정보 또는 부정한 명령을 입력하거나 기타 방법으로 정보처리에 장애를 발생하게 하여 사람의 업무를 방해한 때에 성립하는 범죄이다(제314조). **경매·입찰방해죄**는 위계 또는 위력 기타 방법으로 경매 또는 입찰의 공정을 해하는 범죄를 말한다(제315조).

4. 사생활의 평온에 대한 죄

사생활의 평온에 대한 죄에는 비밀침해의 죄와 주거침입의 죄가 있다. **비밀침해죄**는 봉함 기타 비밀장치한 타인의 편지·문서 또는 도화를 개봉하거나, 봉함 기타 비밀장치한 사람의 편지, 문서, 도화 또는 전자기록등 특수매체기록을 기술적 수단을 이용하여 그 내용을 알아냄으로써 성립하는 범죄이다(제316조). 의사·한의사·변호사·공증인·종교의 직에 있는 등의 자가 업무처리중 지득한 타인의 비밀을 누설한 때에는 **업무상 비밀누설죄**가 성립한다(제317조). **주거침입죄**란 사람의 주거, 관리하는 건조물, 선박이나 항공기 또는 점유하는 방실에 침입한 때에 성립하는 범죄이다(제319조 제1항). 여기서 '침입'이란 거주자가 주거에서 누리는 사실상의 평온상태를 해치는 행위태양으로 주거에 들어가는 것을 의미한다.[16] 주거침입죄의 객체로 열거된 장소에서 퇴거요구를 받고 응하지 아니한 때에는 퇴거불응죄가 성립하고(제319조 제2항), 특수주거침입죄(제320조), 주거·신체수색죄

16) 대판 2021. 9. 9. 2020도12630 전합.

(제321조)도 처벌된다.

5. 재산에 대한 죄

재산에 대한 죄는 개인의 재산을 보호법익으로 하는 범죄를 말한다. 절도와 강도의 죄(제2편 제38장), 사기와 공갈의 죄(제2편 제39장), 횡령과 배임의 죄(제2편 제40장), 장물에 관한 죄(제2편 제41장), 손괴의 죄(제2편 제42장) 및 권리행사를 방해하는 죄(제2편 제37장)가 재산죄에 해당한다. 재산죄는 **소유권을 보호법익으로 하는 죄**와 **전체로서의 재산권을 보호법익으로 하는 죄** 및 **소유권 이외의 물권과 채권을 보호법익으로 하는 죄**로 나눌 수 있다. 절도죄·횡령죄·손괴죄·장물죄는 소유권을 보호법익으로 하는 죄이며, 강도죄·사기죄·공갈죄·배임죄는 전체로서의 재산권을 보호하기 위한 죄이고, 권리행사방해죄는 소유권 이외의 물권 또는 채권을 보호법익으로 하는 죄이다. **절도죄**는 타인의 재물을 절취함으로써 성립하는 범죄이다(제329조). 여기서 타인의 재물은 타인소유·점유의 재물을 의미하며, 절취란 타인이 점유하고 있는 재물을 점유자의 의사에 반하여 그 점유를 배제하고 자기 또는 제3자의 점유로 옮기는 것을 말한다. 절도죄가 성립하기 위해서는 절도의 고의 외에 불법영득의사가 있어야 한다. 절도죄의 가중적 구성요건으로는 야간주거침입절도죄(제330조), 특수절도죄(제331조), 상습절도죄(제331조)가 있다. 권리자의 동의 없이 타인의 자동차, 선박, 항공기 또는 원동기장치자전거를 일시 사용한 때에는 자동차등 불법사용죄가 성립한다(제331조의2). **강도죄**란 폭행 또는 협박으로 타인의 재물을 강취하거나 기타 재산상의 이익을 취득하거나 제3자로 하여금 이를 취득하게 하는 것을 내용으로 하는 범죄이다(제333조). 절도가 재물의 탈환에 항거하거나 체포를 면탈하거나 범죄의 흔적을 인멸할 목적으로 폭행 협박한 때에는 **준강도죄**가 성립한다(제335조). 사람을 체포·감금·약취 또는 유인하여 이를 인질로 삼아 재물 또는 재산상의 이익을 취득하거나 제3자로 하여금 이를 취득하게 한 때에는 인질강도죄가 성립한다(제342조). 강도죄의 가중적 구성요건으로는 특수강도죄(제334조), 강도상해·치상죄(제337조), 강도살인·치사죄(제338조), 강도강간죄(제339조), 해상강도죄(제340조), 상습강도죄(제341조)가 있다. **사기죄**란 사람을 기방하여 재물의 교부를 받거나 재산상의 이익을 취득하거나 제3자로 하여금 취득하게 함으로써 성립하는 범죄이다(제347조). 사기죄가 성립하기 위해서는 ① 기망행위→② 피기망자의 착오→③ 피기망자의 처분행위→④ 재물의 교부 또는 재산상 이익의 취득이 있어야 한다. 사기죄의 수정적 구성요건으로 컴퓨터등 사용사기죄(제347조의2), 준사기죄(제348조), 편의시설 부정이용죄(제348조의2), 부당이득죄(제349조)가 있고, 상습사기죄는 가중 처벌된다. **공갈죄**란 사람을 공갈하여 재물의 교부를 받거나 재산상의 이익을 취득하거나 제3자로 하여금 취득하게 하는 것을 내용으로 하는 범죄이다(제350조). 여기서 공갈이란 재물을 교부받거나 재산상의 이익을 취득하기 위하여 폭행 또는 협박으로 외포심을 일으키게 하는 것을 말한다. 가중적 구성요건으로 특수공갈죄(제350조의2)와 상습공갈죄(제351조)가 있다. **횡령죄**는 자기가 점유하는 타인의 재물을 횡령하거나 반환을 거부함으로써 성립하는 범죄이다(제355조 제1항). 본죄의 주체는 위탁(신임)관계에 의하여 타인의 재물을 보관하는 자이다. 횡령죄의 본질은 위탁받은 타인의 재물을 영득하는 데 있으므로 그 위탁관계는 횡령죄로 보호할 만한 가치가 있는 것으로 한정된다.[17] 횡령행위란 불법영득의사를 실현하는 일체의 행위를 말한다.[18] 가중적 구성요건으로 업무상 횡령죄가 있고(제356조), 유실물·표류물 또는 타인의 점유를 이탈한 재물을 횡령하거나 매장물을 횡령한 자는 **점유이탈물횡령죄**로 처벌된다(제360조). **배임죄**는 타인의 사무를 처리하는 자가 그 임무에 위배하는 행위로써 재산상의 이익을 취득하거나 제3자로 하여금 이를 취득하게 하여 본인에게 손해를 가한 때에 성립하는 범죄이다(제355조 제2항). '타인의 사무를 처리하는 자'란 양자 간의 신임관계에 기초를 두고 타인의 재산관리에 관한 사무를 대행하거나(대행형) 타인 재산의 보전행위에 협력하는 자(협력형)을 말한다.[19] 타인의 사무를 처리하는 자는 타인의 재산관리에 관한 사무의 전부 또는 일부를 타인을 위하여 대행하는 경우와 같이 당사자 관계의 전형적·본질적 내용이 통상의 계약에서의 이익대립관계를 넘어서 그들 사이의 신임관계에 기초하여 타인의 재산을 보호

17) 대판 2016. 5. 19. 2014도6992 전합.

18) 대판 1993. 3. 9. 92도2999.

19) 대판 2003. 9. 26. 2003도763.

또는 관리하는데 있어야 한다.[20] 임무에 위배하는 행위(배임행위)는 처리하는 사무의 내용, 성질 등 구체적 상황에 비추어 법률의 규정, 계약의 내용 혹은 신의칙상 당연히 할 것으로 기대되는 행위를 하지 않거나 당연히 하지 않아야 할 것으로 기대하는 행위를 함으로써 본인과 사이의 신임관계를 져버리는 일체의 행위를 의미한다.[21] 업무상 임무에 위배하여 배임죄를 범한 때에는 업무상 배임죄가 성립한다(제356조). 타인의 사무를 처리하는 자가 그 임무에 관하여 부정한 청탁을 받고 재물 또는 재산상의 이익을 취득하거나 제3자로 하여금 이를 취득하게 한 때에는 배임수재죄가 성립하고(제357조 제1항), 재물 또는 재산상 이익을 공여한 자는 배임증재죄가 성립한다(제357조 제2항). **배임수증재죄**는 민간영역에서의 뇌물을 금지하여 타인의 사무처리의 공정과 거래의 청렴성을 확보하기 위한 구성요건이다. **장물죄**란 장물을 취득·양도·운반·보관하거나 또는 이를 알선함을 내용으로 하는 범죄이다(제362조). 장물이란 재물죄에 의하여 영득한 재물을 말한다. 가중적 구서요건으로 상습장물취득·양도·운반·보관·알선죄가 있고(제363조), 업무상과실·중과실 장물취득·양도·운반·보관·알선죄도 처벌된다(제364조). **손괴죄**란 타인의 재물, 문서 또는 전자기록 등 특수매체기록을 손괴 또는 은닉 기타의 방법으로 그 효용을 해하는 것을 내용으로 하는 범죄이다(제366조). 재물만을 객체로 하는 순수한 재물죄이며, 영득의사를 요하지 않는다. 공익에 공하는 건조물을 파괴한 때에는 공익건조물파괴죄가 성립한다(제367조). 가중적 구성요건으로 중손괴죄(제368조), 특수손괴죄(제369조)가 있고, 경계침범죄(제370조)도 손괴의 장(제42장)에 규정되어 있다. **권리행사방해죄**란 타인의 점유 또는 권리의 목적이 된 자기의 물건 또는 전자기록등 특수매체기록을 취거, 은닉 또는 손괴하여 타인의 권리행사를 방해하는 것을 내용으로 하는 범죄이다(제323조). 본죄의 객체는 자기의 물건 또는 특수매체기록이다. 폭행 또는 협박으로 타인의 점유에 속하는 자기의 물건을 강취하거나 타인의 점유에 속하는 자기의 물건을 취거하는 과정에서 그 물건의 탈환에 항거하거나 체포를 면탈하거나 범죄의 흔적을 인멸할 목적으로

---

20) 대판 2020. 2. 20. 2019도9756 전합.

21) 대판 1987. 4. 28. 83도1568.

폭행 또는 협박한 때에는 **점유강취죄·준점유강취죄**가 성립한다(제325조). **강제집행면탈죄**란 강제집행을 면할 목적으로 재산을 은닉, 손괴, 허위양도 또는 허위의 채무를 부담하여 채권자를 해하는 범죄이다. 본죄의 보호법익은 국가의 강제집행권이 발동될 단계에 있는 채권자의 채권이다.[22)]

Ⅲ_ 사회적 법익에 대한 죄

1. 공공의 안전과 평온에 대한 죄

공공의 안전을 해하는 죄란 공공의 법질서 또는 공공의 안전과 평온을 해하는 것을 내용으로 하는 범죄이다. **공안을 해하는 죄**로는 범죄단체 조직죄(제114조), 소요죄(제115조), 다중불해산죄(제116조), 전시 공수계약 불이행죄(제117조) 및 공무원 자격사칭죄(제118조)가 있다. **폭발물에 관한 죄**는 폭발물을 사용하여 공중의 생명·신체 또는 재산을 해하거나 기타 공안을 문란케 함으로써 성립하는 범죄이다. 여기에는 폭발물사용죄(제119조 제1항), 전시폭발물사용죄(제119조 제2항), 폭발물사용 예비·음모·선동죄(제120조), 전시폭발물제조·수입·수출·수수·소지죄가 있다(제121조). **방화와 실화의 죄**는 고의 또는 과실로 불을 놓아 현주건조물, 공용건조물, 일반건조물 또는 일반물건을 불태우는 것을 내용으로 하는 공공위험죄이다. 형법은 좁은 의미의 방화죄 외에 진화를 방해하거나, 폭발성 있는 물건을 파열하거나 가스 등의 공작물을 손괴하는 것도 방화죄에 준하여 처벌하고 있다. 광의의 방화죄에는 이러한 준방화죄가 포함된다. 현주건조물등 방화죄란 불을 놓아 사람이 주거로 사용하거나 사람이 현존하는 건조물, 기차, 전차, 자동차, 선박, 항공기 또는 지하채굴시설을 불태움으로써 성립하는 추상적 위험범이다(제164조 제1항). 형법은 현주건조물등 방화치사상죄(제164조 제2항), 공용건조물등 방화죄(제165조), 일반건조물등 방화죄(제166조), 일반물건방화죄(제167조), 연소죄(제168조), 진화방해죄(제169조), 폭발성물건파열죄(제172조), 가스·전기등 방류죄(제172조의2), 가스·전

22) 대판 2013. 4. 26. 2013도2034.

기등 공급방해죄(제173조), 실화죄(제170조), 업무상실화·중실화죄(제171조), 과실 폭발성물건 파열죄, 과실 가스·전기 등 방류죄, 과실 가스·전기 등 공급방해죄, 업무상과실·중과실 폭발성물건 파열등죄(제173조의2)를 규정하고 있다. **일수와 수리에 관한 죄**는 수해를 일으켜 공공의 안전을 해하는 것을 해하는 것을 내용으로 하는 범죄이다. 형법은 현주건조물등 일수죄(제177조), 공용건조물등 일수죄(제178조), 일반건조물등 일수죄(제179조), 방수방해죄(제180조), 과실일수죄(제181조), 수리방해죄(제184조)를 규정하고 있다. **교통방해의 죄**란 교통로 또는 교통기관 등 교통설비를 손괴 또는 불통하게 하여 교통을 방해하는 것을 내용으로 하는 범죄이다. 일반교통방해죄(제185조), 기차·선박등 교통방해죄(제186조), 기차등 전복죄(제187조), 교통방해치사상죄(제188조), 과실교통방해죄(제189조 제1항), 업무상과실·중과실교통방해죄(제189조 제2항)이 여기에 해당한다.

2. 공공의 신용에 대한 죄

공공의 신용에 대한 죄란 통화, 유가증권, 문서, 인장 등에 대한 공공의 신용을 보호하기 위한 범죄이다. **통화에 관한 죄**에는 통화위조죄와 위조통화행사죄(제207조), 위조·변조통화취득죄(제208조), 위조통화취득후 지정행사죄(제210조), 통화유사물제조등죄(제211조) 등이 있다. **유가증권에 관한 죄**란 행사할 목적으로 유가증권을 위조, 변조 또는 허위작성하거나 위조, 변조, 허위작성한 유가증권을 행사, 수입 또는 수출함으로써 성립하는 범죄이다. 유가증권이란 증권상에 표시된 재산상의 권리의 행사와 처분에 그 증권의 점유를 필요로 하는 것을 말한다. 유가증권위조·변조죄(제214조), 자격모용에 의한 유가증권작성죄(제215조), 허위유가증권작성죄(제216조), 위조등 유가증권행사죄(제217조), 인지·우표에 관한 죄(제218조, 제219조, 제221조, 제222조)가 여기에 해당한다. **문서에 관한 죄**란 행사할 목적으로 문서를 위조 또는 변조하거나, 허위의 문서를 작성하거나, 위조·변조·허위작성된 문서를 행사하거나 문서를 부정행사함으로써 성립하는 범죄이다. 문서는 현대사회의 거래수단으로 중추적 역할을 하고 있으며, 문서에 관한 죄는 문서에 대한 거래의 안전과 신용을 보호법익으로 한다. 여기서 문서란 문자 또는 이에 대신할 수 있는 가독적 부호로 계속적으로 물체상에 기재된 의사 또는 관념의 표시인 원본 또는 이와 사회적 기능, 신용성 등을 갇게 볼 수 있는 기계적 방법에 의한 복사본으로서 그 내용이 법률상, 사회생활상 주요 사항에 관한 증거로 될 수 있는 것을 말한다.[23] 문서위조·변조죄는 타인명의를 모용하여 문서를 작성하거나 변경하는 것임에 반하여, 허위문서 작성죄는 문서의 내용의 진실을 보호하는 범죄이다. 형법상 문서에 관한 죄는 다섯 가지 유형으로 구별할 수 있다. ① **문서위조·변조죄**(사문서위조·변조죄(제231조), 자격모용에 의한 사문서작성죄(제232조), 공문서위조·변조죄(제225조), 자격모용에 의한 공문서작성죄(제226조)), ② **허위문서 작성죄**(허위진단서등 작성죄(제233조), 허위공문서작성죄(제227조), 공정증서원본등의 부실기재죄(제235조)), ③ **위조등 문서행사죄**(위조·변조·작성 사문서행사죄(제234조), 위조·변조·작성 공문서행사죄(제229조)), ④ **문서 부정행사죄**(사문서등 부정행사죄(제236조)와 공문서등 부정행사죄(제230조)) 및 ⑤ **전자기록 위작·변작죄**(사전자기록위작·변작·행사죄(제232조의2, 제234조)와 공전자기록위작·변작·행사죄(제237조의2, 제289조)) 등이 그것이다.

3. 공중의 건강에 대한 죄

형법상 공중의 건강에 대한 죄는 먹는 물에 대한 죄(제2편 제16장, 제192조 내지 197조)와 아편에 관한 죄(제2편 제7장, 제198조 내지 205조)가 있다.

4. 사회의 도덕에 대한 죄

사회의 도덕에 대한 죄에는 성풍속에 관한 죄(제2편 제22장), 도박과 복표에 관한 죄(제2편 제23장), 신앙에 관한 죄(제2편 제12장)가 있다. **성풍속에 관한 죄**에는 음행매개죄(제242조), 음화등 반포·판매·임대·공연전시죄(제243조), 음화등 제조·소지·수입·수출죄(제244조), 공연음란죄(제245조)가 있다. **공연음란죄**는 공연히 음란한 행위를 함으로써 성립하는 범죄이다. '음란한 행위'란 일반 보통인의

---

23) 대판 2007. 11. 29. 2007도7480.

성욕을 자극하여 성적 흥분을 유발하고 정상적인 성적 수치심을 해하여 성적 도의관념에 반하는 것을 말한다. 주관적으로 성욕의 흥분 또는 만족 등의 성적인 목적이 있어야 하는 것은 아니다.[24] **도박과 복표에 관한 죄**란 도박하거나 도박을 개장하거나 복표를 발매·중개 또는 취득함으로써 성립하는 범죄이다. 도박죄를 처벌하는 것은 건전한 도덕법칙을 보호하는 것에 있고,[25] 도박에 참여하는 자가 착취되는 것을 막기 위함이다. 형법은 도박죄(제246조 제1항), 상습도박죄(제246조 제2항), 영리의 목적으로 도박을 하는 장소나 공간을 개설한 사람을 처벌하는 도박장소등 개설죄(제247조)를 두고 있다. 법령에 의하지 아니한 복표를 발매, 중개, 취득한 때에는 복표발매·중개·취득죄로 처벌된다(제248조). **신앙에 관한 죄**는 종교적 평온과 종교감정을 침해하는 것을 내용으로 하는 범죄를 말한다. 장례식·제사·예배·설교방해죄(제158조), 시체·유골·유발오욕죄(제159조), 분묘발굴죄(제160조), 시체등 손괴·유기·은닉·영득죄(제161조)가 있다. 공무방해의 죄로서 성질을 지니는 변사체검시방해죄(제163조)도 신앙에 관한 죄의 장에 규정되어 있다.

Ⅳ_ 국가적 법익에 대한 죄

1. 국가의 존립과 권위에 대한 죄

국가의 존립과 권위에 대한 죄는 국가의 존립을 보호하고 국가의 권위를 보호하기 위한 범죄를 말한다. **국가의 존립을 보호하는 범죄**에는 내란의 죄(제2편 제1장), 외한의 죄(제2편 제2장)가 있고, **국가의 권위를 보호하는 범죄**에는 국기에 관한 죄(제2편 제3장)와 국교에 관한 죄(제2편 제3장)가 있다. **내란의 죄**에는 내란죄(제87조), 내란목적 살인죄(제88조), 내란예비·음모·선동죄(제90조)가 있다. **외환의 죄**에는 외환유치죄(제92조), 여적죄(제93조), 모병이적죄(제94조), 시설제공이적죄(제95조), 시설파괴이적죄(제96조), 물건제공이적죄(제97조), 일반이적죄(제99조), 이적예

---

24) 대판 2000. 12. 22. 2000도4372.
25) 대판 2008. 10. 23. 2006도736.

비·음모, 선동·선전죄(제101조), 간첩죄(제98조), 전시 군수계약 불이행죄(제103조)가 있다. 간첩이란 적국을 위하여 국가기밀을 탐지·수집하는 것을 말한다. **국기에 관한 죄**에는 국기·국장모독죄(제105조), 국기·국장비방죄(제106조), **국교에 관한 죄**는 외국원수에 대한 폭행등죄(제107조), 외교사절에 대한 폭행등죄(제108조), 외국국기·국장모독죄(제109조), 외국에 대한 사전죄(제111조), 중립명령위반죄(제112조), 외교상 기밀누설죄(제113조) 등이 있다.

2. 국가의 기능에 대한 죄

국가의 기능도 국가적 법익에 대한 죄에 의하여 보호되고 있다. 국가의 기능에 관한 죄에는 공무원의 직무에 관한 죄(제2편 제7장), 공무방해에 관한 죄(제2편 제8장), 도주와 범인은닉의 죄(제2편 제9장), 위증과 증거인멸의 죄(제2편 제10장) 및 무고의 죄(제2편 제11장)가 있다. **공무원의 직무에 관한 죄**는 공무원이 의무에 위배하거나 직권을 남용하여 국가기능의 공정을 해하는 것을 내용으로 하는 범죄이며, 공무원의 직무범죄라고도 한다. 직무유기죄(제122조), 직권남용죄(제123조), 불법체포·감금죄(제124조), 폭행·가혹행위죄(제125조), 피의사실공표죄(제126조), 공무상비밀누설죄(제127조), 선거방해죄(제128조) 등이 여기에 해당한다. 뇌물죄는 대표적인 공무원의 직무범죄에 해당한다. 형법상 뇌물죄 규정은 공무원의 직무집행의 공정과 그에 대한 사회의 신뢰 및 직무행위의 불가매수성을 보호하기 위한 것이다.[26] 형법은 수뢰죄(제129조 제1항), 사전수뢰죄(제129조 제2항), 제3자뇌물제공죄(제130조), 수뢰후부정처사죄(제131조 제1항), 부정처사후수뢰죄(제131조 제2항), 알선수뢰죄(제132조), 증뢰죄·증뢰물전달죄(제133조) 등을 규정하고 있다. **공무방해에 관한 죄**는 국가 또는 공공기관이 행사하는 기능을 방해함으로써 성립하는 범죄이다. 직무를 집행하는 공무원에 대하여 폭행 또는 협박한 때에는 공무집행방해죄가 성립한다(제136조 제1항). 위계로써 공무원의 직무집행을 방해한 때에는 위계에 의한 공무집행방해죄가 성립한다(제137조). 수정적 구성요건으로 직무·사직강요죄(제136조 제2항)가 규정되어 있으며, 특수한 공무방해죄의 유형으로 법정·국회의장

26) 대판 2001. 10. 12. 2001도3579.

모욕죄(제138조), 인권옹호직무방해죄(제139조), 공무상비밀표시무효죄(제140조), 부동산강제집행효용침해죄(제140조의2), 공용서류 등 무효죄(제141조 제1항), 공용물파괴죄(제141조 제2항), 공무상보관물무효죄(제142조), 특수공무방해죄·특수공무방해치사상죄(제144조)가 있다. **도주와 범인은닉의 죄**는 국가의 형사사법기능을 보호하기 위한 범죄이다. 도주의 죄에는 법률에 따라 체포되거나 구금된 자가 도주한 때에 성립하는 도주죄(제145조 제1항), 집합명령위반죄(제145조 제2항), 특수도주죄(제146조), 도주원조죄(제147조), 간수자 도주원조죄(제148조) 등이 있다. **범인은닉죄**는 벌금 이상의 형에 해당하는 죄를 범한 자를 은닉 또는 도피하게 하는 것을 내용으로 하는 범죄이다(제151조 제1항). '도피하게 하는 행위'란 은닉 이외의 방법으로 수사기관의 발견·체포를 곤란 내지 불가능하게 하는 일체의 행위를 말한다.[27] 친족 또는 동거의 가족이 본인을 위하여 본죄를 범한 때에는 처벌하지 아니하는 친족 간의 특례가 인정된다(제151조 제2항). **위증과 증거인멸의 죄**는 주로 법원의 사법기능을 보호하기 위한 죄이다. **위증죄**란 법률에 의하여 선서한 증인이 허위의 진술을 한 때에 성립하는 범죄이다(제152조 제1항). '법률에 의하여 선서한 증인'이란 법률에 근거하여 법률이 정한 절차에 따라 유효한 선서를 한 증인이라는 의미로, 그 증인신문은 법률이 정한 절차 조항을 준수하여 적법하게 이루어진 경우여야 한다.[28] '허위의 진술'이란 자신의 기억에 반하는 진술을 의미하며 진술내용이 객관적 사실에 합치된다고 하여도 기억에 반하는 사실을 진술한 때에는 위증죄가 성립된다.[29] 형사사건 또는 징계사건에 관하여 피고인, 피의자 또는 징계혐의자를 모해할 목적으로 위증죄를 범한 때에는 모해위증죄(제152조 제2항)로 가중 처벌된다. **증거인멸죄**란 타인의 형사사건 또는 징계사건에 관한 증거를 인멸, 은닉, 위조 또는 변조하거나 위조 또는 변조한 증거를 사용함으로써 성립하는 범죄이다(제155조 제1항). 타인의 형사사건 또는 징계사건에 관한 증인을 은닉 또는 도피하게 한 자는 증인은닉·도피죄로 처벌된다(제155조 제2항). 증거인멸죄, 증인인닉·도피죄에도 친족간의 특례가 적용된다(제155조 제4항). **무고죄**란 타인으

27) 대판 2013. 1. 10. 2012도13999.

28) 대판 2010. 1. 21. 2008도942 전합.

29) 대판 1987. 1. 20. 86도2022.

로 하여금 형사처분 또는 징계처분을 받게 할 목적으로 공무소 또는 공무원에 대하여 허위의 사실을 신고함으로써 성립하는 범죄이다(제156조). 무고죄는 살인죄만큼이나 인류 역사에서 오래된 범죄 중의 하나이다. 무고죄는 부수적으로 개인이 부당하게 처벌받거나 징계를 받지 않을 이익도 보호하나, 국가의 형사사법권 또는 징계권의 적정한 행사를 주된 보호법익으로 한다.[30] 여기서 '허위의 사실'은 위증죄와 달리 객관적 진실에 반하는 것을 의미한다.

30) 대판 2005. 9. 30. 2005도2712.

제5장

행정법

제 1 절 행정법의 기초

Ⅰ _ 행정법의 의의

행정법은 행정에 관한 법으로서, 구체적으로는 행정의 조직, 작용 및 행정구제에 관한 국내공법을 말한다. 행정 개념의 다양성으로 인해 행정법의 규율 대상인 행정을 정의하는 것은 쉽지 않으나, 적어도 행정법은 공행정작용을 규율하는 공법이라는 점에서 행정주체의 사경제적 작용을 규율하는 사법과 구별된다. 동시에 고도의 정치성 또는 국가이익과 직접 관련되기 때문에 법에 의해 규율되거나 사법심사의 대상이 되는 것이 적당하지 않은 통치행위 역시 행정법의 대상이 되는 엄밀한 의미의 행정은 아니다.

Ⅱ _ 행정법의 성문화(成文化) - 「행정기본법」의 제정

행정법은 민법, 형법 등 다른 법분야와 달리 단일법이 부재하며, 개별법의 종합체라는 특질을 가진다. 이는 행정법에 대한 이해와 적용의 어려움의 한 원인이 되는 점에서 행정법에 대한 성문화의 노력은 끊임없이 진행되어 왔고, 이미 오래전에 「행정심판법」, 「행정소송법」, 「국가배상법」 등 행정구제 영역에서의 성문법화가 이루어졌고, 행정작용의 영역에서도 「행정대집행법」, 「행정절차법」, 「행정조사기본법」, 「질서위반행위규제법」 등 다양한 영역에서 성문화가 이루어졌다.

행정법체계의 단일법전화에 대한 노력은 2021년 3월 23일 「행정기본법」의

제정 및 시행으로 완성되었다. 그러나 「행정기본법」은 기본법도 일반법도 아닌 그 법적 성격의 모호성과 더불어 규율내용 상으로도 완결된 법이 아닌바, 「행정기본법」의 제정에도 불구하고 개별법 및 행정법이론의 중요성은 여전히 존재한다.

제 2 절 행정법의 기본원리로서 법치행정의 원리

Ⅰ_ 의의

헌법상 법치주의는 행정의 영역에서도 예외는 아니므로, 법치주의의 이념에 따라 행정도 법에 근거하고 법이 정한 범위와 한계 내에서만 행사되어야 한다는 것은 당연한 요청인바, 이를 법치행정의 원리라 하며, 현대국가의 기본적 원리를 이루고 있다.

법치행정의 원리는 국가의 모든 행정작용은 법에 의하여 이루어져야 한다는 원리로서, 이는 헌법상 기본질서인 법치주의에서 비롯된다. 법치행정의 원리는 내용적으로, 행정권도 법에 따라서 행해져야 하며(법의 지배), 만일 행정권에 의하여 국민의 권익이 침해를 받은 경우에는 그 구제를 위한 제도가 보장되어야 한다는 것(행정통제제도 및 행정구제제도의 확립)을 의미한다.

Ⅱ_ 내용

1. 법률의 법규창조력

국민의 권리나 의무에 관한 소위 '법규'적 사항은 법률의 제정을 통해서만 창조될 수 있으며, 행정권 스스로는 입법권의 수권이 없는 한 독자적으로 법규를 창조할 수 없다는 것을 말한다. 그 결과 행정입법권에 대한 위임도 일반적·포괄적인 것은 허용되지 않으며 구체적 범위를 정한 위임만 허용된다(헌법 제75조). 다만 현대국가에 있어서는 입법부 외에 행정부도 상당정도의 민주적 정당성을 가지는 결과 법률의 법규창조력은 완화되는 경향을 보인다.

2. 법률우위의 원칙

법률의 형식으로 표현된 국가의사는 다른 국가작용에 비하여 우위에 있다는 것으로, 특히 행정권은 법률에 저촉되거나 위반되어서는 안 된다는 것으로 의미한다. 이는 법치행정원리의 최소한의 것으로서 불가결한 요소를 이루고 있다. 특히 실질적 법치주의 하에서는 합헌적 법률의 우위를 요구하는 결과, 위헌법률심사제도를 포함한 헌법재판의 중요성이 커지고 있다.

3. 법률유보의 원칙

행정권의 발동에는 반드시 개별적인 법률의 근거가 필요하다는 원칙을 말한다. 다만 그 적용범위와 관련하여서는 많은 논란이 있으나, 오늘날에는 행정작용이 국민에게 미치는 영향력의 정도에 따라 본질적이고 중요한 사항은 법률에 유보하여야 한다는 본질성설(중요사항유보설)이 일반적 입장이다. 따라서 법률유보의 범위와 정도는 규율의 의미와 중요성에 따라 상대적인 것으로, 국민에게 매우 중요한 사항은 반드시 법률에 의해서만 규율되어야 하며 행정입법에 위임되어서는 안 된다(의회유보).

Ⅲ_ 법치행정원리 위반의 효과

행정작용이 법률우위원칙에 위반한 경우는 물론, 법률유보원칙에 위반한 경우 무권한의 행위로서 위법한 행정작용이 된다. 위법한 행정작용의 효과는 행정의 행위형식(가령, 행정입법, 행정행위 등)에 따라 상이하게 나타나며(행정행위의 하자론), 위법한 행정작용은 일반적으로 행정쟁송의 대상이 되는 동시에, 손해배상책임의 원인이 된다.

제 3 절 행정법의 법원[法源]

Ⅰ_ 의의

행정법의 법원이란 행정에 관한 법의 인식근거 또는 존재형식을 의미하는 것으로, 행정작용의 근거 및 기준이 되는 법의 의미를 어디까지로 이해할 것인지의 문제이다. 예측가능성 및 법적 안정성의 측면에서 행정법의 법원은 성문법(成文法)주의를 원칙으로 하되, 다만 행정법 영역에서는 성문법의 완비를 기대하기 곤란하다는 점에서 불문법(不文法)에 의한 보완이 불가피하다.

행정법에 있어 법원론의 법적 의의는 법치행정원리에 따른 적법성 여부의 평가기준이라는 점에 있으며, 따라서 행정법의 법원에 위반한 행정작용은 위법한 것으로서 행정쟁송의 통제대상인 동시에, 손해배상책임의 원인이 된다.

Ⅱ_ 성문법원

1. 헌법

헌법은 국내법질서상 최고의 효력을 갖는 법원으로서, 행정법의 기본적인 사항은 헌법에 의해 정해지는 점에서 헌법은 행정법의 중요한 법원이 된다. 다만 헌법의 추상성의 결과, 헌법은 그 자체로 직접적인 법원으로 기능하기보다는 헌법의 구체화가 필요하다.

2. 법률

국회가 헌법상의 입법절차에 따라 제정하는 입법형식인 법률은 행정법에 있어 가장 기본적이고 중요한 법원이다. 행정에 관해서는 종래 단일법전이 없이 개별법률의 종합체라는 특성이 행정법제의 대표적 특징이었으나, 「행정절차법」, 「행정조사기본법」 등 부분적 단일법제의 마련을 거쳐 2021. 3. 23. 「행정기본법」

이 제정되었고, 2021. 9. 24. 부분시행을 거쳐, 2023. 3. 24. 완전시행됨으로써 행정법체계의 일대 혁신을 가져왔다.

3. 행정입법(법규명령과 행정규칙)

행정입법은 법규성, 즉 대외적 구속력을 가지는 법규명령과 대외적 구속력 없이 행정 내부적 구속력만 가지는 행정규칙으로 구분된다. 법규명령은 법규성의 결과, 당연히 행정법의 법원으로 기능하지만, 행정규칙은 대외적 구속력이 없는 결과 법원성 여부에 대해 논란이 있으나, 법원의 위법판단 기준으로서 기능할 수 없는 점에서 법원성을 부인하는 것이 판례의 입장이다.[1)]

4. 국제법규

행정법은 본래적으로 국내공법으로서의 본질을 가지나, 우리나라 헌법 제6조가 소위 국제법존중주의를 취하는 결과, 국제법규도 행정법의 법원으로서 기능하게 된다. 다만 국제법규는 본래 국가간의 관계를 규율하는 것인 점에서, 행정의 법원으로 기능하는 것은 예외적인바, 난민의 지위에 관한 협정, 비자면제협정 등이 있다.

5. 자치법규

자치법규란 국가에 의해 설립된 공법인이 법률상 부여된 자치권의 범위 안에서 제정하는 규범으로서, 지방자치단체의 조례, 규칙이 대표적이다. 다만 자치법규는 일반적 법원이 아니며, 규율영역의 한계를 가지는 제한적 법원으로, 지방자치단체의 조례 및 규칙은 당해 지방자치단체에 한정되어 적용된다.

---

1) 대판 2019. 7. 11. 2017두38874.

Ⅲ _ 불문법원

1. 관습법

관습법이란 사회의 거듭된 관행이 사회의 법적 확신과 인식에 의해 법적 규범으로 승인된 것을 말한다. 다만 관습법은 성문법을 개폐하는 효력은 없으며, 보충적 효력을 갖는다. 행정법상 관습법에는 행정선례법과 민중적 관습법이 있으나, 현실적으로 행정관행이 관습법으로 승인·강행되는 것을 찾기는 어렵다.

2. 판례법

판결의 직접적 목적은 당해 분쟁의 해결에 있지만, 심리과정에서 일정한 법원리 내지 기준이 설정되는 점에서 판례법의 법원성이 문제된다. 대륙법계에 속하는 우리나라는 영미법계와 달리 선례구속성의 원칙이 적용되지 않으므로, 법원리적으로는 판례법의 법원성은 인정되지 않으나, 심급제도 등을 통하여 행정기관이나 법원을 구속하게 되는 점에서 판례법은 사실상의 효력을 갖는 법원으로 기능한다. 이에 비해 헌법재판소의 위헌결정은 일반적 효력을 갖는 점에서 헌법재판소결정례는 법원으로서의 성격을 갖는다.

3. 행정법의 일반원칙(종래의 조리법)

(1) 평등원칙

평등원칙은 불합리한 차별은 금지된다는 원칙을 말한다. 따라서 합리적 사유가 있는 경우에 다르게 취급하는 것은 평등원칙의 위반이 아니다. 평등원칙은 헌법 제11조로부터 도출되는 불문법원칙으로 보아야 할 것으로, 「행정기본법」의 규정은 확인적 의미를 갖는다. 평등원칙은 모든 공권력의 행사를 통제하는 법원칙이지만, 특히 행정의 재량권행사를 통제하는 원리로서 중요한 의미를 가진다.

(2) 비례원칙

행정의 목적과 이를 위한 행정수단 사이에는 합리적인 비례관계가 있어야 한다는 원칙을 말한다. 비례원칙은 내용적으로 ① 행정작용은 그 목적달성에 적합한 것이어야 한다는 적합성의 원칙, ② 목적달성을 위한 행정수단은 최소한도로 침해적인 것이어야 한다는 필요성의 원칙 및 ③ 수단으로 선택된 행정작용으로부터의 침해가 이를 통해 달성하려는 공익을 능가하여서는 아니 된다는 상당성의 원칙 또는 협의의 비례원칙으로 구성된다. 상당성의 원칙은 행정목적과 행정수단 사이의 합리적인 비례관계, 즉 공익과 사익 사이의 형량을 요구하는 것이며, 그러한 점에서 협의의 비례원칙이라 불린다. 이 3원칙은 단계구조를 이룬다.

(3) 신뢰보호의 원칙

신뢰보호원칙이란 행정기관의 일정한 언동의 정당성 또는 존속성에 대한 개인의 보호가치 있는 신뢰는 보호되어야 한다는 원칙을 말한다. 이는 20세기 이후 사회국가적 기능이 중시되면서 급속한 발전을 가져온 원리로, 영미법상 금반언(禁反言)의 원리와 같은 이념의 것이다.

신뢰보호원칙은 위법행위까지 보장하는 결과가 되는 점에서 법치행정원리와 외형상 모순되어 보이나, 오늘날에는 법치국가원리의 한 내용인 법적 안정성으로부터 도출된다는 법적 안정성설이 통설과 판례의 입장이다. 그러한 점에서 신뢰보호원칙은 법치주의와 모순이라기보다는 법치주의의 보완 및 완성의 의미를 가진다 할 것이다.

일반적으로 행정상의 법률관계에 있어서 행정청의 행위에 대하여 신뢰보호의 원칙이 적용되기 위하여는, 첫째, 행정청이 개인에 대하여 신뢰의 대상이 되는 공적인 견해표명을 하여야 하고, 둘째, 행정청의 견해표명이 정당하다고 신뢰한 데에 대하여 그 개인에게 귀책사유가 없어야 하며, 셋째, 그 개인이 그 견해표명을 신뢰하고 이에 어떠한 행위를 하였어야 하고, 넷째, 행정청이 위 견해표명에 반하는 처분을 함으로써 그 견해표명을 신뢰한 개인의 이익이 침해되는 결과가 초래되어야 하며, 어떠한 행정처분이 이러한 요건을 충족할 때에는 공익 또는 제3자의 정당한 이익을 현저히 해할 우려가 있는 경우가 아닌 한, 신뢰보호의 원칙에 반하는 행위로서 위법하게 된다.[2]

---

2) 대판 2001. 11. 9. 2001두7251.

(4) 부당결부금지 원칙

부당결부금지원칙은 행정청이 행정권을 행사함에 있어서 그와 실체적 관련이 없는 반대급부를 조건으로 하여서는 안 된다는 원칙을 말한다. 이는 행정법의 일반원칙으로서 모든 행정작용에 적용되는 것이지만, 주로 행정행위의 부관, 공법상 계약, 새로운 실효성확보수단으로서 공급거부 또는 관허사업제한 등과 관련하여 문제가 되며, 특히 부관의 한계원리로서 중요한 의미를 가진다.

제 4 절　행정상 법률관계

Ⅰ_ 공법관계와 사법관계

행정상 법률관계는 크게 공법관계와 사법관계로 구별되는데, 양자는 ① 적용법리의 결정(공법 v. 사법), ② 소송절차(행정소송 v. 민사소송), ③ 행정강제의 허용 여부 등에 있어 구별의 실익이 있다.

전통적으로 공법관계와 사법관계의 구별에 관해서는 주체설, 권력설, 이익설 등이 주장되어 왔으나, 양자의 구별은 실정법제도상의 경험적·구체적 구분의 문제이므로, 3개 학설을 상호보완적으로 적용하여 개별구체적으로 판단하여야 한다.

Ⅱ_ 행정상 법률관계의 종류

1. 권력관계

행정주체가 공권력의 주체로서 우월한 지위에서 국민에 대하여 일방적으로 명령·강제하는 법률관계로서, 경찰·조세행정이 전형적 예이다. 이는 부대등관계를 전제로 하는 것으로 사법관계와는 본질적으로 다른 것이므로, 권력관계에는 사법은 적용될 수 없고 공법만이 적용되는 것이 원칙이며, 이에 대한 불복은 항고쟁송의 방법에 의한다.

2. 단순고권관계(관리관계)

행정주체가 공권력주체가 아닌 공물·공기업 등의 관리주체로서 국민을 대하는 법률관계로서 본질적으로 대등관계이다. 따라서 사법관계와 본질적인 차이가 없는 결과, 관리관계에 대해서는 공익과의 관련성에서 특별한 공법적 규율이 적용되기도 하지만 사법이 적용되는 것도 가능하다.

3. 국고관계

행정주체가 공행정작용이 아닌 단순히 재산권의 주체로서 국민을 대하는 법률관계로서, 국가의 물품구매계약 등이 그러한 예이다. 이는 행정주체의 활동이긴 하지만 사법관계에 해당하는 것으로, 이에 관하여 특별한 법적 규율이 행해지는 경우에도 이는 공법이 아니라 특별사법에 해당한다고 보는 것이 일반적이다. 이와 관련하여 오늘날에는 국고관계 중에서 비교적 공익과의 관련성이 큰 영역에 대해서는 순수한 사법이 아닌 공법적 원리에 의하여 수정된 사법, 소위 행정사법(行政私法)이 적용되는 법률관계가 나타난다.

제 5 절 사인의 공법행위

Ⅰ_ 개념 및 종류

사인의 공법행위란 공법적 효과의 발생을 목적으로 하는 사인의 법적 행위를 말한다. 사인의 공법행위는 행위의 효과를 기준으로, 행위 그 자체로서 법률효를 완결하는 자기완결적 공법행위와 행정주체의 어떠한 공법행위의 요건이 되는데 그치고 그 자체로서 완결된 법률효과를 발생시키지 못하는 행정요건적(또는 행위요건적) 공법행위가 있다. 사인의 공법행위의 예로는 신청, 동의, 신고 등이 있는데, 대표적인 것은 신고이다.

Ⅱ_ 사인의 공법행위로서 신고

1. 신고의 의의와 종류

신고란 사인이 공법적 효과의 발생을 목적으로 행정기관에 대하여 일정한 사실을 알리는 행위로서, 이에는 본래적 의미의 것인 자기완결적 공법행위로서 신고(수리를 요하지 않는 신고)와 행정요건적 공법행위로서 신고(수리를 요하는 신고)가 있다. 후자를 실정법제상 등록으로 구분하기도 한다.

2. 자기완결적 신고(수리를 요하지 않는 신고)

자기완결적 신고는 신고의 요건을 갖춘 신고가 있는 경우 신고의무를 이행한 것이 되므로, 신고의 도달을 통하여 그 법적 효력을 발생하는 신고를 말한다. 즉 행정청의 의사 여하를 불문하는 점에서 수리를 요하지 않는 신고라고도 한다. 「행정기본법」 제34조는 자기완결적 신고를 신고의 원칙적 유형으로 규정하고 있다.

자기완결적 신고는 행정청의 의사 여하를 불문하고 사인의 행위만으로 신고의 법적 효력이 발생하는 점에서, 행정청이 수리를 거부하는 경우에도 그 수리거부는 행정처분이 아닌 사실행위에 불과하며 따라서 원칙적으로 항고소송으로 다툴 수 없다. 다만 판례는 자기완결적 신고의 경우에도 신고의 수리가 거부되어 법적 불이익을 받을 우려가 있는 경우에는 신고수리거부(반려)행위에 처분성을 인정하는 입장이다.[3)]

3. 행정요건적 신고(수리를 요하는 신고)

행정요건적 신고는 사인의 신고가 행정청에 의하여 수리되어야 신고의 법적 효과가 발생하는 신고로서, 수리를 요하는 신고라고도 한다. 수리란 사인의 행위를 행정청이 유효한 것으로 받아들이는 것으로서, 그 자체로 행정행위이다. 실정법은 등록이라는 용어를 사용하기도 한다.

---

3) 대판 2010. 11. 18. 2008두167 전합.

행정요건적 신고는 요건을 갖춘 신고가 있었다 하더라도 행정청이 이를 수리하지 않으면 신고의 법적 효과가 발생하지 않는 점에서, 신고의 수리거부행위는 거부처분에 해당하며 항고소송의 대상이 된다.

제6절 행정입법

Ⅰ_ 의의

행정입법이란 행정권이 일반추상적 규범을 정립하는 작용 또는 그에 의해 정립된 규범을 의미하며, 이는 그 법규성 여부에 따라 법규명령과 행정규칙으로 구분된다.

법치행정의 원리 및 의회입법원칙상 행정에 관한 규율은 법률의 형식으로 하는 것이 바람직하나(행정입법의 금지), 그럼에도 불구하고 행정의 다양성·방대성으로 인한 입법기술상의 한계, 행정의 전문성·기술성 등에 의한 합목적성의 한계 등은 행정입법의 불가피성을 가져온다.

Ⅱ_ 법규명령

1. 개념

법규명령은 행정권이 제정하는 규범으로서 법규성, 즉 행정청은 물론 국민과 법원을 구속하는 대외적 구속력을 갖는 규범으로서 재판규범이 되는 성문의 행정입법을 말한다. 이는 법치행정과의 관계에서 법령상의 수권을 기본적 요소로 하는바, 법규명령은 전통적으로 '법령의 근거'와 '법규성'(대외적 구속력)을 본질로 한다. 법규명령은 법규성을 가지는 결과, 이에 위반한 행정작용은 위법한 행위로서 무효 또는 취소사유가 되며, 손해배상의 원인이 된다.

2. 종류

일반적으로 법규명령은 법률보다 하위의 효력을 가지는 법률종속명령인 것이 통상적인 것으로, 이는 법률의 수권 여부에 따라 위임명령과 집행명령으로 구분된다. 위임명령은 법률 또는 상위명령의 수권에 의하여 위임된 사항에 관하여 발하는 명령으로서, 국민의 권리·의무에 관한 사항을 새로이 규정할 수 있다. 이에 비해 집행명령은 법률의 집행을 위하여 필요한 구체적이고 기술적인 사항을 규율하기 위한 것으로, 법률의 수권이 없더라도 행정의 고유한 권한에 근거하여 제정할 수 있으나, 다만 국민의 권리·의무에 관한 사항은 규율할 수 없다.

위임명령과 집행명령은 입법 실제상으로는 별도로 제정되는 것이 아니며, 거의 하나의 명령에서 함께 제정된다.

3. 한계

법규명령은 법치행정원칙과 관련하여 일정한 한계를 가지는 바, 법치행정의 원리를 형해화하는 법규명령은 허용될 수 없다. 그러한 점에서 위임명령이라 하더라도 포괄적 위임은 금지되며, 구체적인 범위를 정한 위임만이 허용된다. 다만 지방자치단체의 조례나 공법상 단체의 정관에 대한 법률의 위임은 포괄적 위임도 허용된다.

4. 사법적 통제

법규명령에 대한 사법적 통제와 관련하여, 일반·추상적 법규명령 자체를 직접 소송의 대상으로 허용하는 추상적 규범통제의 방식과, 법규명령의 구체적 집행을 전제로 법규명령은 선결문제 심리방식으로 간접적 통제만을 허용하는 구체적 규범통제의 방식이 존재하는데, 우리나라는 후자의 방식을 취하고 있다. 따라서 법규명령 자체에 대해서는 원칙적으로 사법적 통제가 허용되지 않지만, 다만 예외적으로 법규명령이 구체적 집행을 필요로 하지 않고 바로 국민의 권리·의무에 영향을 주는 경우(소위 처분법규)에는 직접 소송의 대상이 될 수 있다.

Ⅲ_ 행정규칙

1. 개념

행정규칙이란 행정조직 내부에서 행정조직이나 행정사무처리의 기준으로서 제정된 일반추상적 규범을 말한다. 행정규칙은 행정 내부에 대하여만 구속력을 가지는 것이 원칙이며, 국민이나 법원에 대한 구속력은 발생하지 않으므로, 통상 법적 근거 없이 제정되며, 법원성이 인정되지 않는 결과, 행정규칙을 위반한 행정작용이라고 하여 곧바로 무효 또는 취소의 대상이 되는 위법한 행위라고 할 수 없다.

2. 종류

행정규칙은 법형식에 의해 파악되는 개념이 아닌 점에서 획일적인 분류는 곤란하나, 실제적으로는 통상 훈령, 예규, 지침 및 고시 등의 형태로 나타난다. 다만 고시의 경우 행정사무의 처리기준을 불특정다수인에게 알리는 경우에는 행정규칙의 성격을 갖지만, 경우에 따라서는 행정행위(일반처분 또는 물적 행정행위)로서의 성격을 갖기도 하며, 법령의 수권에 의해 법령보충적 고시로서 법규명령에 해당하기도 한다.

실정법제는 행정규칙(지시문서)을 ① 훈령, ② 지시, ③ 예규, ④ 일일명령으로 구분하고 있다(행정업무의 운영 및 혁신에 관한 규정(대통령령) 제4조 제2호).

Ⅳ_ 법규명령과 행정규칙의 구별

1. 입법형식과 규율내용의 불일치

행정법 체계상 법규명령과 행정규칙의 구별은 매우 중요하나, 행정입법 체계상 법규명령은 주로 법형식을 중심으로 파악되는 데 반해, 행정규칙은 법형식적 개념이 아닌 규율내용을 중심으로 파악되는 결과, 입법형식과 규율내용의 불일치가 발생한다. 즉, 법규명령 형식임에도 행정사무처리의 기준을 규율하는 경우, 반대로 행정규칙의 형식임에도 국민의 권리의무에 관한 사항을 규율하는 경우 등이 발생하는바, 양자의 구별이 문제된다.

2. 소위 법규명령 형식의 행정규칙

법규명령의 형식인 시행규칙, 즉 부령으로 제정된 제재적 행정처분기준의 법적 성격에 대해서는 학설의 일반적 입장이 법규명령으로 보는 데 반해, 판례는 행정규칙으로 보는 입장이 확고하다.[4] 다만 시행령, 즉 대통령령에 대해서는 법규명령의 성격을 인정하고 있는 것이 판례의 입장이다.

3. 소위 법규적 내용의 행정규칙(법령보충적 행정규칙)

법령보충적 행정규칙이란 상위 법령의 위임에 의해 해당 법령을 보충하는 법규사항을 정하는 행정규칙을 말한다. 판례는 법령보충적 행정규칙을 수권법령과 결합하여 대외적인 구속력이 있는 법규명령으로서의 효력을 인정한다. 「행정기본법」 역시 법령보충적 행정규칙을 '법령'의 하나로 규정하고 있다(제2조).

제 7 절 행정행위

I _ 의의

행정행위란 행정청이 행하는 구체적 사실에 관한 법집행으로서 행하는 권력적 단독행위인 공법행위를 말한다. 행정행위는 실정법상 개념은 아니며 다양한 행정작용 중에서 다른 작용과 구별되는 일정한 개념징표를 가짐으로 인해 특유한 법적 규율을 받는 행위형식을 지칭하는 목적적 개념이다. 다만 행정쟁송법 및 「행정

---

4) 대판 2007. 9. 20. 2007두6946.

기본법」 등의 실정법제는 '행정행위' 개념이 아닌 '처분'개념을 사용하고 있다.

행정행위에는 다른 행정작용과 달리 공정력(및 구성요건적 효력), 존속력(확정력: 불가쟁력과 불가변력), 강제력 등의 우월한 효력이 인정되며, 행정행위는 항고소송의 대상이 된다는 점에서 행정구제제도상의 특수성을 가진다.

Ⅱ _ 행정행위의 종류

1. 기속행위, 재량행위

행정행위를 함에 있어 행정청이 가지는 독자적 판단권의 여부를 기준으로 한 분류이다. 기속행위란 행정행위의 근거법이 행위의 내용과 요건을 엄격하게 규정하고 있는 결과, 행정청은 단지 법령을 적용·집행할 뿐이며 독자적 판단의 여지를 가지지 못하는 행위를 말하며, 재량행위란 근거법이 행위의 요건과 내용에 있어 일정한 재량권, 즉 독자적 판단권을 행정청에게 부여하고 있는 행위를 말한다. 따라서 재량행위에 있어서는 행정청은 일정한 범위의 자유를 가지는바, 사법심사의 범위가 제한된다.

2. 수익적 행정행위, 침익적 행정행위, 복효적 행정행위(제3자효적 행정행위)

행정행위의 효과를 기준으로 한 구별로서, 수익적 행정행위는 행정행위의 결과 상대방에게 권리·이익을 부여하는 행위를 말하며, 침익적 행정행위는 상대방에게 의무를 부과하거나 권리·이익을 침해하는 불이익한 행위를 말한다. 복효적 행정행위란 행정행위의 결과 수익적 효과와 침익적 효과가 동시에 발생하는 행정행위를 말한다.

3. 일반처분

구체적 사실과 관련하여 불특정다수인을 대상으로 하여 발해지는 행정청의 권력적 단독행위를 일반처분이라 한다. 통상 행정행위는 특정인에 대하여 발하여지는 것이 일반적이지만, 불특정다수인을 대상으로 하는 일반처분도 그 규율사안은 구체성을 가진다는 점에서 행정행위에 해당하는 것으로 본다.

Ⅲ _ 행정행위의 내용

행정행위는 법률효과의 발생원인을 기준으로, 행정청의 효과의사에 의하여 법률효과가 발생하는 법률행위적 행정행위와 직접 법률의 규정에 의하여 법률효과가 발생하는 준법률행위적 행정행위로 구별된다. 전자는 다시 명령적 행정행위와 형성적 행정행위로 구분된다. 다만 실정법상의 용어는 학문상의 행정행위의 내용적 구분과 반드시 일치하는 것은 아니다.

1. 법률행위적 행정행위

(1) 명령적 행정행위

명령적 행정행위란 국민의 자연적 자유를 대상으로 상대방에 대하여 일정한 의무를 과하거나, 이미 과해진 의무를 해제함을 내용으로 하는 행정행위를 말한다.

1) 하명

상대방에 대하여 일정한 작위, 부작위, 급부, 수인 등의 의무를 명령하는 행정행위를 말한다. 하명의 대상은 사실행위는 물론 법률행위도 대상이 되며, 하명은 의무부과를 내용으로 하는 결과, 하명위반이 있는 경우에는 행정강제 및 행정벌의 대상이 된다.

2) 허가

법규에 의한 일반적·상대적 금지를 특정한 경우에 해제하여 적법하게 일정한 행위를 할 수 있게 하여 주는 행정행위를 말한다. 따라서 허가는 적법요건으로서의 성질을 가지는 결과, 허가가 필요한 행위를 무허가로 한 경우 무허가행위는 행정강제 및 행정벌의 대상은 되지만. 행위 자체의 법적 효력에는 영향이 없는 것이 보통이다. 허가는 일반적으로 요건을 충족한 경우에는 반드시 허가를 부여하여야 하는 기속행위의 성질을 가진다. 의사면허, 건축허가, 영업허가, 운전면허 등이 허가의 예에 해당한다.

허가 개념과 관련하여, 사회적으로 유해한 행위를 대상으로 법령상 원칙적인 금지에 대해 아주 예외적으로 이를 해제하여 주는 것을 내용으로 하는 예외적 허가(예외적 승인: 가령 치료목적의 마약사용허가 등)는 예방적 금지를 본질로 하는 일반적 허가와는 상이한 것으로 그 법적 성격은 특허에 유사한 것으로 본다.

3) 면제

법령에 의하여 일반적으로 부과된 작위의무, 급부의무, 수인의무 등을 특정한 경우에 해제하는 행정행위로서, 허가가 부작위의무의 해제인데 비해, 면제는 작위의무 등의 해제인 점에서 구별된다.

(2) 형성적 행정행위

형성적 행정행위란 국민에 대하여 새로운 권리 또는 능력의 발생, 변경, 소멸을 목적으로 하는 행정행위를 말한다.

1) 특허

특정 상대방을 위하여 새로운 권리를 설정하는 행위(자동차운수사업면허, 도로점용허가, 광업허가, 어업면허 등), 능력을 설정하는 행위(공법인의 설립 등) 및 법적 지위를 설정하는 행위(귀화허가, 공무원임명 등)를 말한다. 이 중 권리를 설정하는 행위를 협의의 특허라 한다. 특허는 상대방의 신청을 전제로 하는 것으로 쌍방적 행정행위의 성질을 가지며, 특허의 가부에 대해서는 원칙적으로 행정청에 재량이 인정된다고 본다.

2) 인가

제3자의 법률행위를 보충하여 그 법률적 효력을 완성시켜 주는 행정행위를 말하며, 각종 사업양도의 인가, 비영리법인설립인가, 토지거래계약허가 등이 이에 해당한다. 인가는 법률행위의 효력요건이므로, 인가가 필요한 행위를 무인가로 한 경우 무인가행위는 원칙적으로 무효이나, 특별히 처벌의 대상이 되는 것은 아니다. 동시에 인가는 보충행위로서 인가의 대상인 기본적 행위의 효력에 의존하므로, 무효인 기본적 행위에 대하여 행정청의 인가가 있더라도 당해 기본적 행위가 유효로 되는 것은 아니다.

3) 공법상 대리

타인이 행하여야 할 행위를 행정주체가 대신하여 행하고, 그 행위의 효력은 직접 본인에게 발생하도록 하는 행정행위를 말한다. 공법상 대리의 예로는 체납처분절차에 있어 압류재산의 공매처분, 감독청에 의한 공법인의 정관작성 또는 임원 임명, 행려병자 또는 사자(死者)의 유류품 처분 등을 들 수 있다.

2. 준법률행위적 행정행위

1) 확인

특정사실 또는 법률관계에 관하여 의문이 있는 경우에 행정청이 공적 권위로써 그 존부 또는 정부를 판단하는 행정행위를 말한다. 확인은 행정분야에 따라 조직법상 확인(당선인·시험합격자의 결정 등), 급부행정법상 확인(도로구역결정, 발명권특허, 교과서검인정 등), 재정법상 확인(소득금액의 결정 등), 쟁송법상 확인(행정심판재결 등) 등이 있다.

이는 기존의 사실관계 또는 법률관계에 대한 판단이며 새로운 법률관계를 창설하는 것이 아닌 점에서 특허 등과 구별되며, 국민의 권리·의무에 영향을 주는 행정행위인 점에서 기존의 법률관계에 대한 사실상의 확인(가령, 당연퇴직의 통보)과도 구별된다.

확인행위는 기존의 사실 또는 법률관계에 대한 유권적 판단인 점에서 원칙적으로 기속행위의 성질을 가진다.

2) 공증

특정사실 또는 법률관계의 존부를 행정청이 공적으로 증명하여 주는 행정행위를 말한다. 공증은 성질상 요식행위이고 기속행위인 것이 원칙이며, 등기부나 각종 대장·장부에의 등재, 각종 증명서 발급, 영수증 교부, 여권발급 등이 이에 해당한다.

3) 통지

특정인 또는 불특정다수인에 대해 특정사실을 알려주는 행정행위를 말한다. 통지는 그 자체로 독립한 행정행위이므로 일정한 법률효과와 결부된 것을 말하며, 아무런 법적 효과도 결부되지 않는 사실행위로서의 통지와는 구별된다. 귀화고시, 납세독촉, 대집행 계고 등이 이에 해당한다.

4) 수리

타인의 행위를 유효한 것으로 받아들이는 행정행위를 말하며, 이 역시 단순한 사실행위로서 행정청의 접수나 도달과는 구별된다. 혼인신고의 수리 등이 이에 해당한다.

Ⅳ_ 행정행위의 부관

1. 부관의 의의

행정행위의 부관이란 행정행위의 효과를 제한하기 위하여 행정행위의 주된 내용에 부가되는 부가적 규율을 말한다. 조건부 허가 등이 그러한 예로서, 부관은 주된 행정행위에 의존하는 부종성을 가진다. 부관은 행정행위 발급에 장해사유가 있는 경우 단적인 거부 대신에 제한적 허용을 할 수 있게 해 줌으로써 탄력적 행정을 가능하게 하는 장점을 가진다.

2. 부관의 종류

부관의 종류로는, ① 행정행위의 효력을 장래 발생이 불확실한 사실에 의존시키는 행정청의 의사표시인 조건, ② 행정행위의 효력발생을 장래 발생이 확실한 사실에 의존시키는 행정청의 의사표시인 기한, ③ 행정행위의 주된 내용과 별도로 상대방에게 일정한 의무의 부과를 명하는 행정청의 의사표시인 부담, ④ 일정한 경우에 주된 행정행위를 철회할 수 있는 권한을 유보하는 의사표시인 철회권의 유보, ⑤ 주된 행정행위의 효력의 일부를 배제하는 의사표시인 법률효과의 일부배제 등이 있다.

3. 부관의 한계

부관은 주된 행정행위의 효력을 행정청의 의사에 의하여 제한하는 부가적 규율을 의미하는바, 행위의 요건과 효과가 직접 법률에 의하여 규정되어 있는 준법률행위적 행정행위 및 기속행위에 대해서는 부관을 붙일 수 없다고 보는 것이 학설상 다수설이고 판례의 입장이다. 동시에 부관은 주된 행정행위와 실체적 관련성이 있는 경우에만 허용된다는 한계를 가진다(부당결부금지원칙).

4. 부관에 대한 쟁송

부관은 주된 행정행위에 부가되는 종된 규율인 점에서 부관에 대한 독립쟁송가능성이 문제된다. 판례상으로는 부관 중 독립된 규율성을 가지는 부담은 주된 행정행위와 분리하여 독립적으로 쟁송의 대상이 될 수 있는 반면, 기타의 다른 부관은 부관만 독립하여 쟁송의 대상이 될 수 없다고 본다.

Ⅴ_ 행정행위의 효력

행정행위에는 일반 다른 행정작용에는 인정되지 않는 특수한 우월한 효력이 인정된다.

1. 공정력

행정행위에 하자(위법)가 있는 경우에도, 그 하자가 중대명백하여 당연무효가 아닌 한, 권한있는 기관에 의하여 취소(직권취소 또는 쟁송취소)되기 전까지는 유효한 것으로 통용되는 힘을 말한다. 공정력의 본질은 행정행위 자체의 우월성에서 비롯되는 것은 아니며, 행정의 실효성보장 및 법적 안정성의 보장이라는 행정정책적 목적에서 정책적으로 부여된 힘으로 보는 것이 일반적이다. 다만 공정력의 범위와 관련하여 행정행위의 상대방이 아닌 다른 행정청 및 법원에 대한 구속력을 구성요건적 효력으로 구분하는 견해가 유력하다.

2. 확정력(존속력)

확정력은 형식적 확정력(불가쟁력)과 실질적 확정력(불가변력)으로 나누어진다. 불가쟁력은 쟁송제기기간의 도과 등으로 인하여 더 이상 행정행위의 효력을 다툴 수 없게 되는 힘을 말하여, 불가변력은 처분청 자신도 당해 행정행위를 취소·철회할 수 없게 되는 힘을 말한다. 불가쟁력은 행정행위 일반에 대한 효력인데 비해, 불가변력은 준사법적 성격을 가지는 행정행위에 국한하여 인정되는 효력이다.

3. 강제력(자력집행력)

행정행위에 의하여 부과된 의무를 상대방이 이행하지 않는 경우, 행정청은 법원의 힘을 빌리지 않고 자력으로 그 이행을 강제할 수 있는 바, 이를 강제력이라 한다. 이는 법의 일반적 원칙인 자력구제금지에 대한 예외로서, 행정행위에 내재하는 효력은 아니며 관련 법규상 강제력 발동의 근거가 있어야 한다.

Ⅵ_ 행정행위의 하자(위법)

1. 행정행위의 무효와 취소

법치행정의 원칙상 하자있는 위법한 행정행위는 법적 효력이 부인되는 것이 논리상 타당하지만, 행정정책적 목적에서 하자 있는 행정행위는 그 효력면에서 무효인 행위와 취소할 수 있는 행위로 구별한다.

무효인 행정행위는 외관상 행정행위로 존재하나 처음부터 전혀 법적 효과를 발생하지 않는 행위로서, 누구나 독자적 판단과 책임하에서 그 무효를 주장할 수 있는 반면, 취소할 수 있는 행정행위는 하자가 있음에도 불구하고 공정력의 결과 일단 유효한 행위로 통용되어 다른 국가기관이나 국민을 구속하며, 다만 행정쟁송이나 직권에 의하여 취소됨으로써 비로소 그 효력을 상실한다.

일반적으로 무효와 취소의 구별은 하자의 정도를 기준으로 하여, 하자가 중대하고 명백한 경우에는 무효인 행위가 되며(중대명백설), 하자가 비교적 경미한 단순위법의 경우에는 취소의 대상이 되는 것으로 보는 것이 일반적이며, 판례의 입장이다.

2. 하자의 승계

두 개 이상의 행정행위가 연속적으로 행해지는 경우 선행행위의 하자를 후행행위의 위법사유로 주장할 수 있는가가 하자의 승계문제이다. 통설적 입장과 판례에 의하면, 원칙적으로 두 개 이상의 행정행위가 서로 독립하여 별개의 효과를 목적으로 하는 경우에는 선행행위가 당연무효가 아닌 한 하자의 승계가 인정되지 않는 반면, 선행행위와 후행행위가 서로 결합하여 하나의 법적 효과를 목적으로 하는 경우에는 하자의 승계가 인정된다고 본다.

다만 판례는 선행행위와 후행행위가 서로 독립하여 별개의 법적 효과를 목적으로 하는 경우에도 수인한도의 법리를 통하여 예외적으로 하자의 승계를 인정하기도 한다.

Ⅶ_ 행정행위의 직권취소와 철회

1. 직권취소

행정행위의 직권취소란 그 성립상의 하자가 있음에도 불구하고 일단 유효하게 성립한 행정행위를 그 성립상의 하자를 이유로 권한 있는 행정청이 직권으로 당해 행정행위의 효력을 상실시키는 행위를 말한다.

종래 위법한 행정행위의 취소는 법치행정의 원칙상 아무런 제한없이 자유롭게 허용되는 것으로 보았지만, 오늘날에는 신뢰보호원칙의 발전 결과, 수익적 행정행위의 취소는 사인의 신뢰보호와 관련하여 취소권이 제한되는 것으로 본다.

2. 철회

행정행위의 철회란 하자 없이, 즉 적법하게 성립한 행정행위를 행정청이 후발적 사유에 기하여 장래에 대하여 그 효력을 상실시키는 행위를 말한다. 종래 행정행위의 취소는 시원적 위법성을 이유로 하며, 철회는 후발적 사유에 근거한 것이라는 점에서 엄격하게 구별되는 것으로 보았으나, 오늘날에서 취소와 철회는 양자 모두 행정목적 달성을 위한 행정행위에 해당한다는 점에서 양자의 구별은 상대적인 것으로 본다.

철회는 본래 적법한 행정행위에 대하여 후발적인 공익적 사유에 기하여 그 효력을 상실시키는 행위인 점에서 상대방에 대한 신뢰보호의 필요성이 취소에 비하여 더욱 크다고 할 것이므로, 수익적 행정행위에 대한 철회는 신뢰보호의 원칙상 철회권이 제한된다.

제 8 절 기타 행정작용의 형식

Ⅰ_ 행정계획

1. 의의 및 기능

행정계획이란 행정주체가 장래 일정기간 내에 도달하고자 하는 목표를 설정하고 그를 위하여 필요한 수단들을 조정하고 통합하는 작용을 말한다. 현대 국가기능이 종래 경찰국가에서 사회국가적 경향으로 나아감에 따라서 행정작용 역시 장기성·종합성을 요하는 영역이 증가하는바, 현대 국가는 계획국가라고 할 정도로 장기적이고 계획적인 행정의 중요성이 커진다.

2. 법적 성질 및 효력

행정계획은 다양한 영역에서 다양한 형태로 나타나는 결과 그 법적 성질 및 효력을 일률적으로 말하는 것은 곤란하며, 입법행위적 성질을 가지는 계획 또는 구체적 행정행위적 성질을 가지는 계획 등이 나타날 수 있다. 따라서 그 효력 역시 직접 국민에 대하여 구속력을 가지는, 즉 처분성이 인정되는 행정계획도 존재하는 반면, 국민에 대하여는 구속력이 없지만 행정기관에 대하여 구속력을 가지는 계획, 전혀 구속력을 가지지 않는 계획 등 다양하게 나타나게 되므로 행정계획의 법적 성질 및 효력은 개별·구체적으로 판단되어야 한다.

행정계획의 대표적 예인 「국토의 계획 및 이용에 관한 법률」상 도시·군관리계획의 법적 성질은 행정청의 처분이며, 따라서 항고소송의 대상이 된다고 보는 것이 일반적 입장이며, 판례의 태도이다.

3. 계획재량과 사법적 통제

행정계획에는 다수의 이해관계인이 존재하는 동시에 계획의 장기적·종합적 성격상 그에 대한 법적 규율은 상대적으로 제한될 수밖에 없다. 따라서 계획을 수립하는 행정권에 광범위한 재량 내지는 형성의 자유가 인정되는바, 이를 일반 행정재량과 구분하여 계획재량이라 한다.

이러한 계획재량은 한편으로는 사법적 통제의 어려움을 가져오는데, 행정계획에 대한 사법적 통제는 일반 행정작용에 비하여 계획수립과정에 대한 이해관계인의 참여, 이익의 반영 여부 등 행정절차적 규제가 중요한 의미를 가지게 된다. 이와 관련하여 행정계획에 대한 사법적 통제의 원리로 발전한 것이 형량명령 내지 정당한 형량의 원리로서, 행정주체가 행정계획을 입안·결정함에 있어서 이익형량을 전혀 행하지 아니하거나 이익형량의 고려 대상에 마땅히 포함시켜야 할 사항을 누락한 경우 또는 이익형량을 하였으나 정당성과 객관성이 결여된 경우에는 그 행정계획결정은 형량에 하자가 있어 위법하게 된다.[5)]

---

5) 대판 2007. 4. 12. 2005두1893.

Ⅱ_ 행정지도

1. 의의 및 기능

행정지도란 행정주체가 행정목적 달성을 위하여 조언·권고 등의 방법을 통하여 국민을 일정한 방향으로 유도하는 비권력적 사실행위를 말한다. 따라서 행정지도의 상대방은 그에 대하여 복종할 의무는 없으며, 자신의 판단에 따른 복종의 임의성이 인정된다. 이는 비권력적 행위인 점에서 공권력발동으로 야기될 수 있는 마찰이나 저항을 방지할 수 있는 동시에, 급격한 행정현실의 변화에 적응성을 높일 수 있는 신축적·탄력적 행정수단으로서의 장점을 가진다. 반면 행정지도는 특별한 법적 근거를 필요로 하지 않는다는 점에서 책임소재가 불명해지는 동시에, 비권력적 수단인 점에서 행정구제상의 난점을 가져온다는 문제가 있다.

2. 종류 및 한계

행정지도는 ① 일정한 행정목표를 위해 국민에 대하여 일정한 지식·기술·정보 등을 제공하는 조성적 행정지도, ② 경쟁적 이해대립이나 과당경쟁 등을 시정·조정하기 위한 조정적 행정지도, ③ 일정한 행위의 억제·제거를 위한 규제적 행정지도로 구분할 수 있다.

행정지도를 하기 위해서는 원칙적으로 특별한 법적 근거는 필요하지 않은 것으로 본다. 다만 행정지도를 하는 자는 그 상대방에게 그 행정지도의 취지 및 내용과 신분을 밝혀야 하며, 행정지도가 말로 이루어지는 경우에 상대방이 행정지도의 취지 및 내용에 대한 서면의 교부를 요구하면 그 행정지도를 하는 자는 직무 수행에 특별한 지장이 없으면 이를 교부하여야 한다(행정절차법 제49조).

3. 행정지도와 행정구제

행정지도는 상대방의 임의적 협력을 전제로 하는 비권력적 행정작용인 점에서 권리구제상의 난점이 존재한다. 즉 행정지도는 비권력적·비구속적 사실행위인 점에서 행정소송의 대상인 '처분'에 해당하는 것으로 볼 수는 없으므로 항고소송의 대상이 되지 못한다. 이에 대하여 실질적으로 처분을 대체하는 의미를 가지는 규제적·조정적 행정지도에 대하여는 처분성을 인정하여야 한다는 견해도 유력하다.

손해전보의 가능성도 인정되지 않는바, 행정지도는 복종의 임의성을 전제로 하는 결과, 위법한 행정지도로 인하여 손해가 발생한 경우에도 양자 사이의 인과관계를 인정하기 곤란하다는 점에서 손해배상의 가능성은 부인되며, 동시에 비권력적 행위에 대한 자발적 수인이라는 점에서 손실보상의 가능성도 부인된다.

Ⅲ_ 공법상 계약

1. 의의 및 가능성

공법상 계약은 공법적 효과의 발생을 목적으로 복수 당사자 사이의 반대방향의 의사표시의 합치로 성립하는 공법행위를 말한다. 공법상 계약을 체결하기 위해서는 명시적 법적 근거가 필요한지(법률유보의 문제)가 문제되는데, 공법상 계약의 법적 효력은 당사자간의 의사표시의 합치에 있다는 점에서 특별한 법적 근거는 필요하지 않은 것으로 본다. 다만 「행정기본법」은 공법상 계약의 일반적 법적 근거규정을 두고 있다(법 제27조 제1항). 행정행위 등 권력적 행위를 대체하는 의미의 계약체결도 가능하다고 보지만, 법치행정의 원리상 제한적으로만 인정된다.

2. 공법상 계약의 특수성

공법상 계약은 본질상 대등한 의사표시의 합치로서의 계약이므로 사법상의 일반적 계약원리가 적용되나, 다만 공법적 효과를 목적으로 하는 공행정작용인 점에서 사적 자치가 제한될 수 있다. 따라서 ① 계약내용의 정형화(부합계약)나, ② 계약강제성(사업자의 공급의무) 및 ③ 계약의 해제나 해지의 제한 등이 존재할 수 있다. 공법상 계약에 관한 분쟁은 일반적으로 공법상 당사자소송의 대상이 된다. 다만 행정청에 의한 공법상 계약의 체결 여부 또는 계약상대방의 결정은 처분성을 가지며 이는 항고소송의 대상이 된다.

제 9 절 행정의 실효성확보수단

Ⅰ_ 개설

행정권은 공익실현을 목적으로 국민에 대하여 일정한 의무를 부과하거나 일정한 행위를 금지하는 경우가 많은데, 그러한 명령 또는 금지를 국민이 자발적으로 준수하지 않는 경우 행정목적의 실현을 위하여 행정권에는 그 이행의 확보 또는 그 위반상태를 시정하기 위한 강제력(자력집행력 및 제재력)이 인정되며, 그러한 강제력을 행사하는 수단을 행정의 실효성확보수단이라 한다.

종래 행정의 실효성확보수단으로는 직접적 의무이행확보수단으로서의 행정강제와 간접적 수단으로서 행정벌이 논의되었으나, 최근에는 행정작용의 다양화에 따라 실효성확보수단도 전통적 수단 외에 과징금, 가산금, 전기·수도 등의 공급거부, 의무위반자의 명단 또는 위반사실의 공표 등 새로운 실효성확보수단이 등장하고 있다.

다만 행정의 강제력 및 실효성확보수단의 인정은 행정권 자체로부터 비롯되는 우월한 효력은 아니므로 이에 대한 법적 근거가 필요하다.

Ⅱ_ 행정강제

1. 행정상 강제집행

(1) 의의

행정상 강제집행이란 행정상의 의무불이행에 대하여 장래의 이행을 목적으로 그 의무자에게 일정한 강제력을 행사하여 그 의무를 이행시키거나 또는 의무가 이행된 것과 같은 상태를 실현하는 작용을 말한다.

(2) 강제집행의 종류

행정상 강제집행의 수단으로는 부과된 의무의 유형에 따라, 대집행, 집행벌(이행강제금), 직접강제 및 행정상 강제징수가 인정되는데(행정기본법 제30조), 우리나라에서는 대집행과 강제징수만이 일반적으로 인정되고 직접강제와 집행벌은 개별법상 예외적으로 인정되고 있다.

1) 대집행

대체적 작위의무의 불이행시, 당해 행정청이 그 의무를 스스로 행하거나 제3자로 하여금 이를 행하게 하고, 그 비용은 의무자로부터 징수하는 행위를 말한다. 대집행에 대해서는 「행정대집행법」이 일반법으로 존재하며, 대집행절차는 계고, 대집행영장의 통지, 대집행실행, 비용징수의 4단계로 이루어진다.

2) 집행벌

부작위의무 또는 비대체적 작위의무의 불이행시, 이행강제를 위해 부과하는 금전부담으로서, 실정법은 통상 이행강제금이라고 한다.

3) 직접강제

의무의 종류를 불문하고 행정법상 의무불이행에 대하여 직접 의무자의 신체·재산에 실력을 가하여 일정한 상태를 실현하는 작용이다. 외국인의 강제퇴거 등이 그 예이다.

4) 행정상 강제징수

공법상 금전급부의무의 불이행시, 행정청이 의무자의 재산에 실력을 가하여 이를 징수하는 작용이다. 강제징수는 「국세징수법」에 의하여 행해지며, 그 절차는 독촉, 재산압류, 압류재산의 매각, 청산의 단계로 진행된다.

2. 행정상 즉시강제

(1) 의의

행정상 즉시강제란 목전의 급박한 행정상의 장해를 제거하여야 할 필요성이 있는 경우에, 미리 의무를 명할 시간적 여유가 없거나 의무를 명하여서는 목적달성이 곤란한 경우에 의무의 부과 없이 직접 국민의 신체 또는 재산에 실력을 가하여 행정상의 필요한 상태를 실현하는 작용을 말한다.

(2) 즉시강제와 영장주의

행정상 즉시강제는 행정목적을 위하여 직접 국민의 신체 또는 재산에 실력을 가하는 작용인 결과, 헌법상의 영장주의가 적용되는가가 문제된다. 일반적으로 절충적 입장에서 원칙적으로 행정상 즉시강제에도 영장주의가 적용되지만, 행정목적 달성을 위하여 불가피하다고 인정할 합리적 사유가 있는 경우에는 영장주의의 예외가 인정된다고 본다.

(3) 행정조사

행정조사란 행정기관이 행정작용을 적정하게 실행하기 위하여 필요한 자료·정보 등을 수집하기 위하여 행하는 행정작용을 말한다. 종래 행정조사는 행정상 즉시강제의 일유형으로 파악되었으나, 즉시강제는 그 자체로 행정목적의 완결적 실현을 위한 작용인 데 비해, 행정조사는 행정목적의 궁극적 실현을 위한 예비적·보조적 작용인 점에서 즉시강제와 구분하여 파악하는 것이 일반적이다.

권력적 행정조사에는 법적 근거가 필요한바, 행정조사에는 일반법으로서 「행정조사기본법」이 있다.

3. 행정벌

(1) 의의

행정벌은 행정법상의 의무위반에 대하여 일반통치권에 의거하여 과하는 제재로서의 벌을 말한다. 이는 과거의 의무위반에 대한 제재로서 과하여지는 것이라는 점에서 행정강제와 구별되며, 행정법상의 의무위반행위자인 행정범에 대하여 과하여지는 제재라는 점에서 형사벌과 구별된다. 반면, 행정벌은 처벌이라는 점에서는 형사벌과 동일하므로, 죄형법정주의, 이중처벌금지원칙이 적용된다.

(2) 행정벌의 종류

1) 행정형벌

행정형벌은 「형법」에 형명(刑名)이 있는 형벌(사형·징역·금고·자격상실·자격정지·벌금·구류·과료·몰수)이 과하여지는 행정벌로서, 특별한 규정이 없는 한 형법총칙의 적용을 받으며, 원칙적으로 형사소송절차에 의하여 처벌된다. 따라서 행정형벌은 실제적으로는 형사벌과 유사하지만, 형사벌과는 달리 행정목적상 부과되는 것이므로 형사벌에 비하여 ① 원칙적으로 위법성의 인식을 필요로 하지 않으며, ② 과실범의 경우도 원칙적으로 처벌되며, ③ 행위자 외에 감독자 등도 처벌되는 경우(양벌규정)가 많다는 특수성을 가진다.

2) 행정질서벌

행정상 의무위반행위에 대하여 과태료가 과하여지는 행정벌로서, 행정법규의 적용을 받으며, 「비송사건절차법」에 따라 처벌되는 것이 원칙이다. 과태료에 대한 일반법으로는 「질서위반행위규제법」이 존재한다. 이에 따르면 과태료를 부과하기 위해서는 법률의 근거가 있어야 하며, 고의 또는 과실이 없는 질서위반행위는 과태료를 부과하지 아니한다(법 제7조).

(3) 행정벌의 과벌절차

1) 행정형벌의 과벌절차

행정형벌은 원칙적으로 「형사소송법」이 정하는 바에 따라 법원이 과하는 것이 원칙이다. 다만 비교적 경미하고 명백한 행정법규위반에 대하여 정식의 재판절차를 거치는 것은 소송경제상으로나 국민의 입장에서도 바람직한 것으로 아니므로, 정식의 재판절차에 갈음하는 예외적인 간이한 과벌절차가 인정되는바, 통고처분 및 즉결심판제도가 그러한 것이다.

통고처분이란, 법률이 정하는 일정한 행정범에 대해서 정식재판에 갈음하여 행정청이 일정한 금액을 납부할 것을 명하는 간이한 과벌절차로서, 현행법상 조세범·교통사범·출입국관리사범·관세범 등에 인정되고 있다. 통고처분은 간이한 과벌절차이므로 항고소송의 대상이 되는 행정처분은 아니다.

2) 행정질서벌의 과벌절차

과태료는 행정벌이며 행정처분이 아니므로 행정청과는 무관하게, 「비송사건절차법」에 따라 과태료에 처할 자의 주소지를 관할하는 지방법원의 결정으로 부과하는 것이 원칙이다. 법원의 과태료결정에 대하여 불복하는 자는 즉시항고를 할 수 있다.

다만 「질서위반행위규제법」은 행정의무의 부과주체와 과벌주체의 통일성에 대한 요청에 따라, 행정청에 의한 과태료의 부과를 규정하고 있으나, 이는 종국적인 절차는 아니며, 행정청에 의한 과태료부과에 대해 상대방의 이의제기가 있으면 행정청의 과태료 부과처분은 그 효력을 상실하고 법원에 의한 과태료 재판절차로 이행된다. 따라서 행정청에 의한 과태료부과는 행정소송의 대상이 되는 처분은 아니다.

제10절 행정상 손해전보

Ⅰ _ 개설

1. 행정상 손해전보제도의 의의

행정상 손해전보제도란 행정작용에 의하여 개인에게 발생한 손해를 금전으로 전보하여 주는 제도를 의미하는바, 이는 전통적으로 손해발생의 원인에 따라 위법행위에 대한 전보제도인 행정상 손해배상과 적법행위에 대한 전보제도인 행정상 손실보상으로 구분된다. 손해전보제도의 기본이념은 ① 개인에게 손해가 발생하였으며, 이에 대해 ② 피해자의 책임이 없다면, 그 손해는 전보되는 것이 법의 이념인 정의와 공평에 합치된다는 점에서 비롯되는바, 이로부터 손해배상과 손실보상은 접근가능성을 가지며, 그러한 점에서 오늘날 손해배상과 손실보상은 국가보상이라는 관점에서 상대화되는 경향이 있다.

2. 행정상 손해배상과 행정상 손실보상의 구별

금전적 구제제도로서 공통점을 가지는 양자는 법원리적으로는 물론 법제상으로도 위법행위에 의한 손해의 배상인 행정상 손해배상과 적법행위에 의한 손실의 보상인 행정상 손실보상으로 구분된다.

양자는 기본적으로 그 제도적 본질을 달리하는바, 손해배상은 위법한 침해(불법행위)에 대한 배상을 통해 평균적 정의를 회복한다는 개인주의적 책임제도를 본질로 하는 점에서, 민법상의 불법행위책임과 제도적 본질을 같이한다. 따라서 행위의 위법성과 더불어 행위자의 주관적 책임(고의·과실)을 요구한다. 이에 비해 손실보상은 공익을 위하여 개인에게 부과된 특별한 희생을 사회 전체가 균등하게 분담함으로써 배분적 정의를 실현한다는 단체주의적 책임제도를 본질로 하는 점에서, 공법상의 특유한 책임제도이다. 따라서 행위자의 주관적 책임은 불문하며 특정 개인에게 부과된 불평등을 해소함으로써 사회 전체적으로 공평한 부담의 실현을 요구한다.

Ⅱ _ 행정상 손해배상제도(국가배상제도)

1. 행정상 손해배상제도의 의의 및 법적 근거

행정상 손해배상은 위법한 행정작용으로 인하여 발생한 손해에 대한 금전적 배상을 말하는바, 현행법상 「국가배상법」에 의하여 규율되는 점에서 국가배상이라고 한다. 이는 개인주의적 책임제도로서, 본질상 「민법」상의 불법행위책임과 동일한바, 따라서 행위의 위법성 및 행위자의 주관적 과실을 필요로 하는 과실책임을 본질로 한다.

행정상 손해배상의 법적 근거는 "공무원의 직무상 불법행위로 손해를 받은 국민은 법률이 정하는 바에 의하여 국가 또는 공공단체에 정당한 배상을 청구할 수 있다. 이 경우 공무원 자신의 책임은 면제되지 아니한다."고 규정한 헌법 제29조 제1항에서 비롯된다. 다만 국가배상제도는 직접 헌법에서 비롯된 것이지만, 실제적인 규율은 「국가배상법」에 의한다.

「국가배상법」은 국가배상제도를 공무원등의 위법한 직무집행행위로 인한 배상책임(제2조)과 영조물의 설치·관리상의 하자로 인한 배상책임(제5조)으로 이원화하여 규정하고 있다. 「국가배상법」 제2조의 직무집행책임은 기본적으로 과실책임의 성격을 가지는데 반해, 제5조의 영조물책임은 제한적이지만 무과실책임의 성격을 가지는 것으로, 민사상 손해배상책임에 비하여 국가배상책임을 확대하고 있다.

2. 공무원의 직무상 불법행위로 인한 손해배상(「국가배상법」 제2조)

「국가배상법」 제2조는 공무원이 직무를 집행하면서 고의 또는 과실로 법령을 위반하여 타인에게 손해를 입힌 때에는 국가나 지방자치단체는 그 손해를 배상하여야 한다고 규정하는 한편(제1항), 국가나 지방자치단체가 손해를 배상한 경우 불법행위를 한 공무원에게 고의 또는 중대한 과실이 있으면 국가나 지방자치단체는 그 공무원에게 구상할 수 있다(제2항)고 규정하여, 국가배상책임을 구체화하고 있다.

국가배상책임은 공행정작용으로 인한 손해에 대한 구제제도인 점에서, 「국가배상법」 제2조상의 '공무원'은 신분상 개념이 아닌 기능상의 공무원 개념으로 이해된다. 따라서 공무원법상의 공무원은 물론 널리 공무를 위탁받아 실질적으로 공무에 종사하는 모든 자를 포함한다. 국가배상의 원인이 되는 '직무'행위는 작위뿐 아니라 부작위도 포함하는 개념이지만, 다만 공행정작용이어야 하며, 단순한 사경제적 작용은 포함되지 않는다. 실질적으로는 직무집행행위가 아니더라도 외형상 직무행위로 보여질 때에는 국가배상책임의 요건인 직무관련성이 인정된다.

국가배상책임이 인정되기 위해 요구되는 '과실'은 사회통념상 평균적 공무원이 갖추어야 할 주의무의 위반이라는 객관적 관념으로, 법령의 무지 등은 면책되지 않으며, '위법성'은 엄격한 의미의 법령 위반뿐 아니라 인권존중, 권력남용금지, 신의성실과 같이 공무원으로서 마땅히 지켜야 할 준칙이나 규범을 지키지 아니하고 위반한 경우를 포함하여 널리 그 행위가 객관적인 정당성을 결여하고 있음을 말한다. '손해'란 국가배상책임의 원인인 위법행위로부터 발생한 일체의 피해를 말하며, 적극적 손해인지 또는 소극적 손해인지, 재산상의 손해인지 또는 생명·신체·정신상의 손해(위자료)인지를 불문한다.

3. 영조물의 설치·관리상의 하자로 인한 손해배상(「국가배상법」 제5조)

「국가배상법」 제5조는 도로·하천 그 밖의 공공의 영조물의 설치나 관리에 하자가 있기 때문에 타인에게 손해를 발생하게 하였을 때에는 국가나 지방자치단체는 그 손해를 배상하여야 한다고 규정하는 한편(제1항), 국가나 지방자치단체가 손해배상을 한 경우 손해의 원인에 대하여 책임을 질 자가 따로 있으면 국가나 지방자치단체는 그 자에게 구상할 수 있다(제2항)고 규정하고 있다.

「국가배상법」 제5조가 규정하는 '영조물'은 학문상 의미의 영조물(공적 목적을 위하여 제공된 인적·물적 시설의 종합체)이 아니라, 직접 행정목적에 제공된 물건인 '공물'을 의미하는 것으로 보는 것이 통설과 판례이다. 따라서 공물인 한, 자연공물·인공공물, 동산·부동산, 동물 등이 모두 포함된다. 영조물의 설치·관리상의 '하자'란 '영조물이 통상적 이용에 있어 통상 갖추어야 할 안전성을 결여한 상태'를 의미한다. 다만 제5조의 책임은 절대적인 무과실책임은 아닌 점에서 관리자에서 손해방지에 대한 기대가능성이 없는 경우에는 하자로 볼 수 없다. 하자의 개념에는 영조물의 물적 상태로 인한 물적 하자는 물론, 영조물이 공적 목적으로 이용됨에 따른 이용상 하자(가령, 사격장이나 공항 주변의 소음 등)까지 포함한다. 다만 사격장 주변의 소음을 인식하면서도 당해 지역으로 이주한 경우와 같이 피해자의 과실이 있는 경우에는 국가배상의 감경 또는 면책사유가 될 수 있다.

천재지변과 같이 인간의 능력으로서는 예견할 수 없거나, 예견이 가능하더라도 회피할 수 없는 외부의 힘을 의미하는 불가항력의 경우에는 국가배상의 면책사유가 된다.

4. 국가배상책임의 내용

국가배상책임은 원칙적으로 사무의 귀속주체에게 있으나, 경우에 따라 사무의 귀속주체와 비용부담자가 상이한 경우(가령, 국가공무원이 지방자치단체에 근무하는 경우나 국도를 지방자치단체가 관리하는 경우 등)에는 피해자는 사무의 귀속주체나 비용부담자 아무에게나 선택적으로 손해배상을 청구할 수 있다(국가배상법 제6조).

「국가배상법」 제3조는 손해배상의 기준을 직접 규정하고 있으나, 이는 법적 구속력이 없는 단순한 기준에 불과하다는 기준액설이 통설과 판례의 입장이며, 생명·신체의 침해로 인한 국가배상을 받을 권리는 양도하거나 압류하지 못한다(법 제4조).

국가배상을 청구하기 위해서는 행정절차로서 「국가배상법」은 각급 검찰청에 설치하는 국가배상심의회에 배상신청절차를 두고 있으나, 이는 임의적인 절차로서 법적 구속력은 없다. 국가배상을 소송으로 청구하는 경우 판례는 민사소송의 대상으로 보고 있다.

Ⅲ_ 행정상 손실보상제도

1. 행정상 손실보상제도의 의의 및 법적 근거

행정상 손실보상이란 공공의 필요에 응하기 위한 적법한 공권력행사로 인해 사인의 재산권에 특별한 희생을 가해진 경우 그 손실을 보상하여 주는 것을 말한다. 이는 단체주의적 관점에서의 구제제도로 배분적 정의의 실현을 내용으로 한다.

다만 손해배상과의 구별상대화의 관점에서는 물론, 전통적 손실보상이 주로 재산권의 직접적 침해에 대한 보상이라는 측면에서 기능해 온 데 반해, 근래에는 간접적 손실의 경우도 손실보상의 대상으로 보는 동시에, 재산권 외에 생활권에 대한 보상이라는 관념을 통하여 손실보상의 개념이 확대되고 있는 경향이다.

행정상 손실보상의 법적 근거는 "공공필요에 의한 재산권의 수용·사용 또는 제한 및 그에 대한 보상은 법률로써 하되, 정당한 보상을 지급하여야 한다."고 규정한 헌법 제23조 제3항에서 비롯되지만, 실제적인 규율은 법률에 의한다. 다만 행정상 손해배상제도는 「국가배상법」이라는 일반법을 두고 있는 데 반해, 손실보상은 일반법이 없으며 개별법주의에 의하고 있으나, 토지 등의 사용·수용에 관한 규율하고 있는 「공익사업을 위한 토지 등의 취득 및 보상에 관한 법률」(이하 '토지보상법')이 사실상 일반법적 기능을 하고 있다.

2. 행정상 손실보상의 요건

행정상 손실보상이 인정되기 위해서는 ① 공공필요에 의한 적법한 침해, ② 재산권에 대한 침해, ③ 특별한 희생, ④ 보상규정의 존재라는 요건이 요구된다. 다만 보상규정과 관련하여서는 개별법률에 보상규정이 없더라도 헌법 제23조 제3항을 통해 직접 또는 간접적으로 보상이 가능하다는 것이 일반적 입장이며, 판례의 입장인 점에서 보상규정은 필수적 요건은 아니라고 할 것이다.

'공공필요'의 개념은 특정 공익목적만을 의미하는 것은 아니며, 일반공익 목적의 경우에도 인정될 수 있는 넓은 개념으로, '공익성'과 '필요성'이라는 요소로 구성된다. 손실보상의 대상인 '재산권'은 공법상의 권리인지 사법상의 권리인지는 물론, 물권인지 채권인지도 불문하고, 재산적 가치가 있는 모든 권리를 포함한다. 다만 손실보상의 대상인 재산권은 현재 가치가 있는 것을 의미하며, 장래의 이득가능성 등 미실현이익은 포함되지 않는다. 재산권에 대한 침해의 정도는 사회적 제약을 넘어 '특별한 희생'에 해당하여야 한다. 특별한 희생에 이르지 않는 재산권에 대한 침해는 재산권에 내재하는 사회적 제약에 불과한 것으로, 재산권자는 이를 수인하여야 할 의무를 가지는바, 양자의 구별은 구체적 상황에 따라 개별구체적으로 판단하여야 하는 것으로 본다.

3. 손실보상의 기준과 내용

손실보상의 기준과 관련하여 헌법은 정당한 보상의 원칙을 선언하고 있는바(헌법 제23조 제3항), 정당한 보상이 손실보상의 일반적 기준이 된다. 정당한 보상이란 전형적인 불확정 개념으로서, 그 의미에 대해서는 완전보상설과 상당보상설이 대립하고 있으나, 손실보상은 재산권보장 및 공평부담의 원칙에서 기인하는 것인바, 공용침해로 인하여 발생한 객관적 손실 전부를 보상하여야 한다는 완전보상설이 일반적 입장이며, 판례의 태도이다.

손실보상에 대해 일반법적 기능을 하는 토지보상법에 따르면, 손실보상은 협의 또는 수용재결 당시의 시장가격을 보상하도록 함으로써, 완전보상의 원칙에 따르되(토지보상법 제67조 제1항), 피수용자의 노력이나 자본의 투하에 의해 발생하는 것이 개발이익은 배제하도록 함으로써 형평의 이념을 달성하도록 하고 있다(같은 조 제2항). 이와 함께 부대손실 및 간접손실(사업시행지 외의 손실)에 대해서도 보상하도록 하여, 완전보상의 실현을 도모하고 있다.

특히 근래에는 공공사업의 대규모화를 통하여 생활근거 그 자체가 상실되는 등의 침해가 발생하면서 전통적 손실보상의 내용인 객관적 교환가치의 사회적 정당성에 대한 의문이 발생하면서, 수용 전의 생활상태에 대한 보장을 내용으로 하는 생활(권)보상의 개념이 주요하게 등장하게 되었다. 생활보상도 기본적으로는 정당한 보상에 포함되지만 그 구체적 내용은 경제적 약자에 대한 생존배려의 관점에서 행해지는 것이므로 그 법적 근거는 헌법 제23조 제3항과 제34조에서 동시에 근거하는 것으로 본다. 토지보상법은 이주대책(법 제78조), 취업알선, 소수잔존자보상, 이주정착금의 지급, 주거대책비보상, 이농비·이어비 보상 등을 규정하고 있다.

토지보상법은 손실보상의 원칙으로, ① 사업시행자보상의 원칙(법 제61조), ② 현금보상의 원칙(법 제63조 제1항), 예외적 채권보상 및 대토(代土)보상, ③ 사전보상의 원칙(법 제62조), ④ 개인별보상의 원칙(법 제64조)을 규정하고 있다.

4. 손실보상액의 결정 및 불복절차

손실보상액의 결정 및 그에 대한 불복은 개별법이 정하는 바에 따르는바, 일반적으로 보상액은 협의매수 시에는 사업시행자와 토지소유자 등 사이의 협의에 의해 결정되고, 강제수용시에는 행정청(대표적으로 토지수용위원회) 또는 법원에 의해 결정된다. 협의매수의 성격에 대해서는 학설상은 공법상 계약으로 보고 있으나, 판례는 사법상 매매계약으로 보고 있다.

토지수용위원회의 수용재결에 대한 불복절차로는 이의신청과 행정소송이 인정되는바, 이의신청은 임의적 절차이며(토지보상법 제85조 제1항), 수용재결 중 보상금에 대해서만 다투는 경우에는 형식적 당사자소송인 보상금증감청구소송을 제기하여야 한다(같은 법 제85조 제2항). 직접 법원에 손실보상액을 다투는 경우, 손실보상에 관한 소송은 행정소송으로서 공법상 당사자소송의 대상이 된다.

제11절 행정쟁송

Ⅰ_ 행정쟁송 개설

1. 행정쟁송의 의의 및 기능

행정쟁송이란 행정법관계에 있어서 법적 분쟁을 당사자의 청구에 의하여 심리·판정하는 심판절차를 말한다. 법치국가원리는 행정권의 발동에 대해 법적 구속을 본질로 하지만, 그 이면으로 위법 또는 부당한 행정권의 발동에 대해서는 이를 시정하여 국민의 권익을 보장하고 궁극적으로 적법하고 합목적적인 행정으로 나아가도록 하는 것이 필요한바, 그러한 요청에 응하기 위한 제도가 행정쟁송제도이다.

따라서 행정쟁송제도는 법치주의의 양면성을 확보함으로써, 법치국가원리의 완성을 위한 제도적 장치로서, 이는 행정청이 판단의 주체가 되는 행정심판과 법원이 판단의 주체가 되는 행정소송으로 대별되지만, 넓은 의미에서는 헌법소원도 행정소송의 보충적인 권리구제제도로서 행정쟁송제도에 포함될 수 있으며, 「행정기본법」 제36조는 처분에 대한 이의신청을 일반적으로 허용하고 있는 점에서, 이의신청도 넓은 의미의 행정쟁송에 포함될 수 있다.

2. 행정심판과 행정소송의 구별

행정쟁송은 제도상 심판기관에 따라 행정심판과 행정소송으로 구분되는데, 전자는 행정기관이 심판하는 행정쟁송절차인 데 반해, 행정소송은 법원이 심판하는 행정쟁송절차를 말한다. 행정심판은 행정쟁송제도이기는 하나, 본질은 여전히 행정이며 사법절차는 아니다. 따라서 행정심판의 재결 역시 행정작용의 하나이며, 그 성질은 행정행위에 해당한다.

다만 행정심판의 권리구제적 특성을 고려하여 헌법 제107조는 재판의 전심절차로서 두는 행정심판은 사법절차가 준용되도록 하고 있다(제3항). 그 결과 행정심판제도는 사실상 사법절차와 유사하게 이루어져 있는바, ① 당사자의 쟁송제기에 의한 쟁송절차의 개시, ② '법률상 이익'이 있는 자의 제기, ③ 대심(對審)구조, ④ 집행부정지원칙, ⑤ 불이익변경금지, ⑥ 기속력의 인정 등에서 양자는 공통점을 가진다. 다만 행정심판은 행정기관에 의한 쟁송으로서 행정의 자율적 통제기능을 수행하며 권력분립적 제한이 덜하다는 점에서, 행정소송에 비해 ① 위법 이외의 부당의 통제, ② 서면심리주의의 병행, ③ 적극적 가구제로서 임시처분의 인정, ④ 이행쟁송으로서 의무이행심판의 허용, ⑤ 재결의 실효성 확보를 위한 직접처분의 인정 등에서 차이점을 가진다.

3. 행정심판과 행정소송의 관계

헌법 제107조 제3항에 따라 행정심판에도 사법절차가 준용되는 결과, 행정심판제도는 사실상 사법절차와 유사하게 이루어지는 점에서 행정심판과 행정소송과의 제도적 관계가 문제된다. 이에 대해 종래는 행정심판전치주의 하에서 행정소송을 고등법원에 제기하는 2심제의 형태를 취한 적도 있으나, 현재는 행정심판임의주의 하에서 행정소송은 지방법원급에 제기하는 원칙적 3심제를 채택하고 있다. 다만 조세관계법, 공무원법, 도로교통관계법 등 개별법에서 예외적 행정심판전치주의를 취하는 경우도 있다.

Ⅱ _ 행정심판제도

1. 행정심판의 의의와 기능

행정심판은 행정청의 위법·부당한 처분 또는 부작위에 대한 불복에 대하여 행정기관이 심판하는 행정쟁송절차를 말한다. 행정심판을 규율하는 법으로는 일반법으로서 「행정심판법」이 있고, 각 개별법률에서 따로 행정심판을 규정하여 「행정심판법」에 대한 특칙을 규정하는 경우도 있다. 다만 행정기관이 심판기관이 되는 행정불복절차가 모두 엄밀한 의미에서 행정심판이 되는 것은 아니며, 적어도 준사법적 절차가 보장되는 행정불복절차만이 행정심판에 해당한다.

행정심판은 행정소송에 비해 간이한 쟁송절차로서, ① 자율적 행정통제, ② 사법기능의 보완, ③ 신속하고 간편한 국민의 권익구제 등의 제도적 존재이유를 가진다.

2. 「행정심판법」상 행정심판제도의 내용

(1) 행정심판의 종류

「행정심판법」상 행정심판의 종류로는 취소심판, 무효등확인심판 및 의무이행심판이 인정된다(법 제5조).

취소심판은 행정청의 위법 또는 부당한 처분을 취소하거나 변경하는 행정심판으로서, 행정심판위원회는 취소심판의 청구가 이유가 있다고 인정하면 처분을 취소 또는 다른 처분으로 변경하거나 처분을 다른 처분으로 변경할 것을 피청구인에게 명한다(법 제43조 제3항). 따라서 취소심판의 재결에는 처분취소재결, 처분변경재결 및 처분변경명령재결이 있다. 취소심판의 청구에는 다른 행정심판과 달리 심판청구기간의 제한이 있다(법 제27조).

무효등확인심판은 행정청의 처분의 효력 유무 또는 존재 여부를 확인하는 행정심판으로서, 이는 처분의 무효, 유효, 존재 또는 부존재가 다투어지는 경우에 당해 처분의 무효, 유효, 실효, 존재 또는 부존재의 확인을 구하는 행정심판을 총칭하는 개념이다. 행정심판위원회는 무효등확인심판의 청구가 이유가 있다고 인정하면 처분의 효력 유무 또는 처분의 존재 여부를 확인한다(법 제43조 제4항). 무효등확인심판의 취소심판과 달리 심판청구기간의 제한이 없고, 사정재결도 허용되지 않는다.

의무이행심판은 당사자의 신청에 대한 행정청의 위법 또는 부당한 거부처분이나 부작위에 대하여 일정한 처분을 하도록 하는 행정심판으로서, 행정청의 소극적인 침해에 대해 적극적인 처분을 구하는 행정심판이다. 행정심판위원회는 의무이행심판의 청구가 이유가 있다고 인정하면 지체 없이 신청에 따른 처분을 하거나 처분을 할 것을 피청구인에게 명하는바(법 제43조 제5항), 의무이행심판은 처분청에게 일정한 처분을 할 것을 명하는 이행쟁송의 성질을 가지며, 행정소송에 있어서는 의무이행소송이 인정되지 않는 점에서 권리구제적 의미가 크다.

(2) 행정심판의 당사자

청구인은 행정심판을 제기하는 자로서, 행정심판의 청구인적격은 행정심판을 제기할 '법률상 이익'이 있는 자이다(법 제13조). 법률상 이익의 개념에 대해서는 통설과 판례는 항고소송과 마찬가지로, 처분의 근거법규 및 관계법규에 의해 보호되는 직접적이고 구체적인 이익을 말하는 것으로 보고 있다. 따라서 반드시 처분의 상대방이 아니더라도 법률상 이익이 있는 제3자도 심판청구인이 될 수 있다.

법인이 아닌 사단 또는 재단으로서 대표자나 관리인이 정하여져 있는 경우에는 그 사단이나 재단의 이름으로 심판청구를 할 수 있으며(법 제14조), 여러 명의 청구인이 공동으로 심판청구를 할 때에는 청구인들 중에서 3명 이하의 선정대표자를 선정할 수 있다(법 제15조 제1항). 청구인이 사망한 경우에는 상속인이나 그 밖에 법령에 따라 심판청구의 대상에 관계되는 권리나 이익을 승계한 자가 청구인의 지위를 승계한다(법 제16조 제1항).

피청구인은 심판청구의 상대방으로서, 피청구인은 원칙적으로 처분을 한 행정청(의무이행심판의 경우에는 청구인의 신청을 받은 행정청)이 되나, 다만 심판청구의 대상과 관계되는 권한이 다른 행정청에 승계된 경우에는 권한을 승계한 행정청을 피청구인으로 하여야 한다(법 제17조 제1항).

행정심판의 결과에 이해관계가 있는 제3자나 행정청은 그 사건에 대하여 심판참가를 할 수 있다(법 제20조 제1항).

(3) 행정심판기관

행정심판기관은 행정심판의 제기를 받아 심판청구를 심리·재결하는 권한을 가진 행정기관을 말한다. 종래 심판의 심리기관으로서 행정심판위원회와 재결기관으로서 재결청을 분리한 적도 있으나, 현재는 합의제행정청으로서 행정심판위원회가 심리 및 재결을 한다. 행정심판위원회에는 국민권익위원회에 두는 중앙행정심판위원회, 시·도지사 소속으로 두는 행정심판위원회 및 감사원 등 독립된 행정청에 두는 행정심판위원회가 있으며, 「행정심판법」에 따른 각 관할 사건에 대해 심리·재결한다(법 제6조).

(4) 행정심판의 청구

행정심판의 대상은 행정청의 처분이나 부작위이며(법 제3조), 무효등확인심판청구나 부작위에 대한 의무이행심판청구가 아닌, 행정심판의 청구에는 심판청구기간의 제한이 있는바, 처분이 있음을 알게 된 날부터 90일 이내에 청구하여야 하며, 정당한 사유가 없는 한 처분이 있었던 날부터 180일이 지나면 청구하지 못한다(법 제27조).

심판청구는 서면으로 하여야 하나(법 제28조 제1항), 심판청구는 엄격한 요식행위가 아니므로, 형식과 무관하게 그 내용이 행정심판을 청구하는 것이면 행정심판청구로 보아야 한다는 것인 판례의 입장이다.[6]

심판청구서는 피청구인인 행정청 또는 행정심판위원회에 제출하여야 하며(법 제23조 제1항), 심판청구서를 받은 피청구인은 그 심판청구가 이유 있다고 인정하면 심판청구의 취지에 따라 직권으로 처분을 취소·변경하거나 확인을 하거나 신청에 따른 처분을 할 수 있다(법 제25조 제1항).

---

6) 대판 2000. 6. 9. 98두2621.

Ⅲ_ 행정소송제도

1. 행정소송의 의의 및 법원(法源)

행정소송이란 행정상의 법률관계에 대한 분쟁에 대해 법원이 정식의 소송절차를 거쳐 행하는 행정쟁송절차를 말한다. 행정소송은 법원에 의한 정식의 쟁송절차인 점에서 행정기관에 의한 약식의 쟁송절차인 행정심판과 구별되며, 행정에 관한 공법상의 분쟁, 즉 행정법관계에 대한 분쟁을 대상으로 하는 점에서 민사소송과 구별된다.

행정소송에 관한 일반법으로는 「행정소송법」이 있으며, 「행정소송법」은 행정소송의 특수성(공익성 및 부대등관계의 특수성)을 고려하여 민사소송과는 다른 행정소송의 특칙을 규정하고 있다. 다만 「행정소송법」은 입법기술상 행정소송에 관한 규율을 완결적으로 규정하지 않고, 행정소송의 특수성과 관련하여 특별한 규정이 없는 사항에 대하여는 「법원조직법」과 「민사소송법」 및 「민사집행법」의 규정을 준용하는 방식을 취하고 있다(행정소송법 제8조).

2. 행정소송의 종류

행정소송은 소송의 목적상 주관적 소송과 객관적 소송으로 구별된다. 주관적 소송이란 개인의 권리·이익의 보호를 직접 목적으로 하는 소송인데 반해, 객관적 소송은 행정의 적법·타당성의 통제를 통한 일반공공의 이익 보호를 직접 목적으로 하는 쟁송을 말한다.

「행정소송법」은 행정소송의 종류를 항고소송과 당사자소송, 민중소송과 기관소송으로 구분하고 있는데(법 제3조), 항고소송과 당사자소송은 주관적 소송에, 민중소송과 기관소송은 객관적 소송에 해당한다. 우리나라 소송제도의 기본원칙은 주관적 소송을 원칙으로 하는 결과, 객관적 쟁송은 법률에 특별한 근거가 있는 경우에만 허용된다(법 제45조).

「행정소송법」은 항고소송을 다시 취소소송, 무효등확인소송, 부작위위법확인소송으로 구분하고 있으며(법 제4조), 우리나라 행정소송제도는 취소소송중심주의를 취하고 있다.

3. 항고소송

(1) 항고소송의 의의 및 종류

항고소송이란 행정청의 처분등이나 부작위에 대하여 제기하는 소송인바(「행정소송법」 제3조 제1호), 이는 내용상으로 행정청이 우월한 지위에서 일방적으로 행한 공권력의 행사 또는 불행사에 대하여 불복하여 권익구제를 요구하는 소송을 말한다. 항고소송은 행정권의 위법상태의 시정을 통한 행정통제적 기능을 가지는 동시에, 위법상태의 배제를 통한 원상회복적인 권익구제제도이다.

현행 「행정소송법」은 항고소송을 취소소송, 무효등확인소송, 부작위위법확인소송으로 구분하고 있으며(법 제4조), 「행정소송법」에 의해 명시적으로 인정되고 있는 항고소송을 법정항고소송이라 한다. 이와 관련하여 법정항고소송 이외에 국민의 공백 없는 권리구제를 위해 의무이행소송이나 예방적 부작위소송 등 소위 법정외항고소송 또는 무명(無名)항고소송이 허용될 수 있는지가 문제된다. 국민의 재판청구권 및 행정소송의 개괄주의 요청에 따라 법정외항고소송도 허용된다는 것이 학설의 일반적 입장인데 비해, 판례는 권력분립적 관점에서 일관되게 이를 부정하고 있다.[7]

(2) 취소소송

1) 의의 및 성질

취소소송이란 행정청의 위법한 처분 등을 취소 또는 변경하는 소송을 말한다(행정소송법 제4조 제1호). 다만 처분의 변경은 적극적 변경이 아닌 소극적 변경으로서 일부취소를 의미하는 것으로 보고 있다.

취소소송은 개인의 권익구제를 직접 목적으로 하는 주관적 소송으로, 취소소송은 공정력에 의해 위법하지만 유효한 상태를 배제함으로써 위법상태의 제거를 목적으로 하는 것이므로 형성소송에 해당한다.

---

7) 대판 1992. 11. 10. 92누1629; 대판 2006. 5. 25. 2003두11988.

무효와 취소의 구별상대화에 따라, 무효인 처분에 대해서도 무효선언을 구하는 의미의 취소소송이 인정된다.

2) 취소소송의 소송요건

가. 개설

소송요건이란 본안심리를 하기 위하여 갖추어야 하는 요건을 말하는바, 본안판단, 즉 권리구제를 위한 전제요건이다. 소송요건이 충족된 소송은 적법한 소송으로서 본안심리의 대상이 되는 데 반해, 소송요건이 결여된 소송은 부적법한 소송으로서 소송판결, 즉 각하판결의 대상이 된다.

소송요건은 엄밀하게는 소송계속의 요건이므로, 본안심리 중에도 소송요건의 결여가 판명되면 소는 부적법각하되며, 소송요건의 구비 여부는 법원에 의한 직권심사사항이다.

취소소송의 소송요건으로는, 실질적 요건으로서 ① 처분등의 존재(소송의 대상성), ② '법률상 이익'이 있는 자(원고적격), ③ 권리보호의 필요(협의의 소익)이 요구되며, 형식적 요건으로서 ④ 관할법원에 ⑤ 제소기간 내에 ⑥ 피고를 상대로(피고적격) ⑦ 일정한 경우에는 행정심판을 거쳐서(예외적 행정심판전치주의) ⑧ 소장을 제출하여야 한다. 물론 민사소송의 일반원리를 통해 ⑨ 당사자 사이의 소송대상에 대해 기판력 있는 판결이 없어야 함은 물론, 중복제소도 아니어야 한다.

나. 취소소송의 대상: 처분등의 존재

취소소송을 제기하기 위해서는 처분등이 존재하여야 하는바(행정소송법 제4조 제1호 참조), 여기서 '처분등'이란 처분과 재결을 의미한다. 취소소송의 대상으로서 처분과 재결의 관계에 대해서는 「행정소송법」은 원처분주의를 취하고 있는바(법 제19조), 원칙적으로 원처분이 소송의 대상이며, 재결은 '고유한 위법'이 있는 경우에 한하여 취소소송의 대상이 된다.

「행정소송법」상 처분이란 "행정청이 행하는 구체적 사실에 관한 법집행으로서의 공권력의 행사 또는 그 거부와 그 밖에 이에 준하는 행정작용"을 말한다(법 제2조 제1항 제1호). 항고소송의 대상이 되는 처분은 '행정청이 공권력의 주체로서 행하는 구체적 사실에 관한 법집행으로서 국민의 권리의무에 직접적으로 영향을 미치는 행위'를 본질로 요소로 하나,[8] 처분 개념은 점차 확대되는 경향에 있다. 행정청의 거부행위가 항고소송의 대상이 되는 처분이 되기 위해서는 국민에게 그 행위발동을 요구할 법규상 또는 조리상의 신청권이 있어야 한다는 것이 판례의 입장이다.[9]

다. 취소소송의 당사자

원고적격이란 구체적인 소송에서 원고로서 소송을 수행하여 본안판결을 받을 수 있는 자격을 말하는 것으로, 취소소송은 처분등의 취소를 구할 '법률상 이익'이 있는 자가 제기할 수 있다(행정소송법 제12조). 법률상 이익의 의미에 대해서는 학설상의 논의가 있으나, 이는 당해 처분의 근거 법규 및 관련 법규에 의하여 보호되는 개별적·직접적·구체적 이익을 말한다는 소위 법적 보호이익설이 통설 및 판례의 입장이다. 따라서 단지 간접적인 사실상 경제적인 이해관계를 가지는 경우에는 그 처분의 취소를 구할 원고적격이 인정되지 않는다.

피고적격은 취소소송에서 피고가 될 수 있는 자격을 말하는바, 다른 법률에 특별한 규정이 없는 한 취소소송의 피고는 원칙적으로 처분등을 행한 행정청이 된다. 다만 처분등이 있은 뒤에 그 처분등에 관계되는 권한이 다른 행정청에 승계된 때에는 이를 승계한 행정청을 피고로 하며, 행정청이 없게 된 때에는 그 처분등에 관한 사무가 귀속되는 국가 또는 공공단체를 피고로 한다(행정소송법 제13조).

소송의 결과에 따라 권리 또는 이익의 침해를 받을 제3자가 있는 경우에는 소송당사자 또는 제3자의 신청이나 법원의 직권으로 그 제3자는 소송에 참가할 수 있으며, 법원은 다른 행정청을 소송에 참가시킬 필요가 있다고 인정할 때에는 당사자 또는 당해 행정청의 신청 또는 직권에 의하여 결정으로써 그 행정청을 소송에 참가시킬 수 있다(행정소송법 제16조 및 제17조).

라. 권리보호의 필요(협의의 소의 이익)

권리보호의 필요란 원고가 소송상 청구에 대하여 본안판결을 구하는 것을 정당화시킬 수 있는 현실적인 이익 내지 필요성을 말하는 것으로, 취소소송을 통해

8) 대판 2007. 10. 11. 2007두1316.

9) 대판 2009. 9. 10. 2007두20638.

법률상의 이익이 현실적으로 회복될 수 있는 상황이 있어야 권리보호의 필요, 즉 소송의 필요성이 인정된다. 따라서 처분등의 효력이 소멸하거나 보다 실효적인 직접적인 권리구제수단이 있는 경우, 원상회복이 불가능한 경우 등에는 원칙적으로 협의의 소의 이익이 인정되지 않으나, 그러한 경우에도 예외적으로 ① 위법한 처분이 반복될 위험성이 있는 경우, ② 취소의 소급효로 인하여 회복될 수 있는 현실적 이익이 존재하는 경우(가령, 파면처분을 다투던 중 정년에 도달한 경우라도 파면기간 동안 급여청구의 이익이 존재하는 경우 등), ③ 제재적 처분의 존재가 장래의 제재처분의 가중요건이 되는 경우 등에는 협의의 소의 이익이 인정된다.

마. 관할법원

행정소송은 3심제를 원칙으로 하는바, 취소소송의 제1심 관할법원은 피고의 소재지를 관할하는 행정법원이다(행정소송법 제9조 제1항). 행정소송은 행정법원의 전속관할이다. 다만 현재의 법원조직상 행정법원은 서울에만 존재하는 결과, 행정법원이 설치되지 않은 지역에서는 해당 지방법원 본원이 제1심 관할법원이 된다.

바. 제소기간

제소기간이란 처분의 상대방 등이 소송을 제기할 수 있는 시간적 범위를 말한다. 제소기간의 준수 여부는 소송요건으로서 법원의 직권조사사항이다.

「행정소송법」 제20조는 취소소송은 처분등이 있음을 안 날로부터 90일 이내에 제기하여야 하며, 정당한 사유가 없는 한 처분등이 있은 날부터 1년을 경과하면 취소소송을 제기하지 못하도록 하고 있다. 물론 개별법상 제소기간에 대해 특칙을 정하고 있는 경우에는 당연히 「행정소송법」에 우선하여 적용된다. 다만 일반처분 등 고시 또는 공고에 의한 처분의 경우에는 현실적인 인지 여부와 무관하게 고시가 효력을 발생하는 날 처분이 있음을 알았다고 본다. 제소기간과 관련하여 처분이 있음을 안 날과 처분이 있은 날은 선택적 관계가 아니며, 어느 하나의 기간이라도 먼저 경과하면 제소기간은 종료된다.

3) 취소소송과 가구제

취소소송의 제기 효과와 관련하여, 「행정소송법」은 "취소소송의 제기는 처분등의 효력이나 그 집행 또는 절차의 속행에 영향을 주지 아니한다."(제23조 제1

항)고 규정하여 집행부정지원칙을 취하고 있다. 따라서 취소소송을 제기하였더라도 판결이 있기 전까지 임시적인 조치를 통하여 잠정적으로 권리를 보호하여야 할 제도적 필요성이 존재하는바, 가구제의 문제이다.

「행정소송법」은 취소소송에 의한 권리구제의 실효성을 확보하기 위하여 행정소송상 가구제로서 집행정지제도를 규정하고 있는바, "취소소송이 제기된 경우에 처분등이나 그 집행 또는 절차의 속행으로 인하여 생길 회복하기 어려운 손해를 예방하기 위하여 긴급한 필요가 있다고 인정할 때에는 본안이 계속되고 있는 법원은 당사자의 신청 또는 직권에 의하여 처분등의 효력이나 그 집행 또는 절차의 속행의 전부 또는 일부의 정지를 결정할 수 있다."(법 제23조 제2항). 집행정지는 본안소송이 무효등확인소송인 경우에도 준용된다(동법 제38조 제1항).

이에 반해 「행정소송법」은 적극적인 가구제로서 가처분에 관한 규정을 두고 있지 않은바, 그 허용성에 대한 논란이 있으나, 판례는 부정하는 입장이다.[10]

4) 취소소송의 판결

가. 판결의 종류

소송을 종료시키는 종국판결에는 소송판결로서 각하판결과 본안판결로서 인용판결과 기각판결이 있다.

각하판결은 소송요건 또는 상소요건의 흠결이 있는 경우에 소송을 부적법하다고 하여 본안의 심리를 거부하는 판결을 말한다. 각하판결이 있더라도 원고는 흠결된 소송요건을 보완하여 다시 소를 제기할 수 있다.

인용판결은 본안심리의 결과 원고의 주장이 이유 있다고 하여 당해 처분의 전부 또는 일부를 취소하는 판결로서, 원고가 승소하는 판결이다.

기각판결은 본안심리의 결과 원고의 주장이 이유 없다고 하여 그 청구를 배척하는 판결로서, 원고가 패소하는 판결이다. 다만 행정소송의 공익성에 따른 특수한 기각판결로서 사정판결이 있는바, 원고의 청구가 이유 있다고 인정하는 경우에도 처분등을 취소하는 것이 현저히 공공복리에 적합하지 아니하다고 인정하는 때에는 법원은 원고의 청구를 기각할 수 있다(행정소송법 제28조 제1항). 사정판

10) 대결 2009. 11. 2. 2009마596.

결을 하는 경우 법원은 그 판결의 주문에서 그 처분등이 위법함을 명시하여야 하는바, 이로부터 처분의 위법성에 대해서는 기판력이 발생한다.

나. 판결의 효력

판결의 효력에는 기판력, 형성력 및 기속력이 있는데, 이는 확정된 종국판결에 대해 발생한다. 기판력은 인용판결뿐만 아니라 기각판결 및 각하판결 등 모든 판결에 대해 발생하는 데 반해, 형성력과 기속력은 인용판결에 대해서만 발생하는 효력이다.

기판력은 확정된 판결이 후소(後訴)에 대해서 가지는 내용상의 구속력으로서, 일단 재판이 확정된 때에는 소송당사자는 동일한 소송물에 대해서 다시 소를 제기할 수 없고, 설령 제기되더라도 상대방이나 법원은 확정판결과 내용적으로 모순되는 주장이나 판단을 하지 못하는 효력을 말한다. 기판력은 확정판결의 주문에 포함된 내용에 한하여 인정된다.

형성력은 취소판결이 확정되면 당해 처분은 처분청의 취소를 기다릴 것 없이 당연히 효력을 상실하는 효력을 말하는바, 형성소송으로서 취소판결의 당연한 효력이다. 다만 「행정소송법」은 행정법관계의 통일성 및 법적 안정성을 위하여, 처분등을 취소하는 확정판결은 제3자에 대하여도 효력이 있다는 대세효를 규정하고 있다(법 제29조 제1항).

기속력은 취소판결이 그 사건에 관하여 당사자인 행정청과 그밖에 관계행정청에 대하여 판결의 취지에 따라 행동하도록 구속하는 효력을 말한다(행정소송법 제30조 제1항). 기속력은 취소판결의 실효성을 확보하기 위하여 「행정소송법」이 특별히 부여한 특수한 효력으로서, 인용판결에 대해서만 발생한다. 기속력의 결과, 취소판결이 확정되면 처분청 및 관계행정청은 취소된 처분사유와 동일한 사유로 동일한 처분을 반복하는 것이 금지되며(반복금지효), 판결에 의하여 취소되는 처분이 당사자의 신청을 거부하는 것을 내용으로 하는 경우에는 그 처분을 행한 행정청은 판결의 취지에 따라 다시 이전의 신청에 대한 처분을 하여야 할 의무를 가진다(재처분의무). 재처분의무의 실효성을 담보하기 위한 「행정소송법」은 간접강제 규정을 두고 있는데 반해(법 제34조), 「행정심판법」은 직접처분제도를 도입하고 있다.

(3) 무효등확인소송

무효등확인소송이란 행정청의 처분등의 효력 유무 또는 존재여부를 확인하는 소송을 말하는바(행정소송법 제4조 제2호), 여기에는 처분이나 재결의 존재확인소송, 부존재확인소송, 유효확인소송, 무효확인소송 및 실효확인소송 등이 포함된다.

공정력이 인정되는 단순위법의 경우와 달리, 무효 또는 부존재는 누구든지 그 효력을 부인할 수 있는 것이지만, 부존재 및 무효와 취소의 구별이 명확한 것은 아니므로 이에 대한 법원의 확인을 통해 국민의 권리구제를 도모한다는 것이 무효등확인소송의 존재의의인바, 따라서 무효등확인소송은 취소소송과 달리 형성소송이 아니며, 내용상 확인소송에 해당한다.

이와 관련하여 항고소송인 무효등확인소송에도 민사소송에서의 확인의 이익 내지 확인소송의 보충성이 적용되는지에 대해서 논란이 있으나, 판례는 항고소송으로서 무효등확인소송에 대해서는 확인소송의 보충성이 적용되지 않는다는 입장이다.[11)]

무효등확인소송에 대해서는 취소소송에 관한 규정이 거의 그대로 준용되나(행정소송법 제38조 제1항), 취소소송과 달리 법적 안정성에 대한 고려가 크지 않은 동시에 하자가 중대명백하다는 점에서, 취소소송에 대한 「행정소송법」 규정 중에서 제소기간의 제한, 행정심판전치주의, 사정판결, 간접강제 등의 규정은 적용되지 않는다.

(4) 부작위위법확인소송

부작위위법확인소송이란 행정청의 부작위가 위법하다는 것을 확인하는 소송을 말하는바(행정소송법 제4조 제3호), 이는 행정청의 부작위를 통한 소극적 침해행위에 대한 권리구제제도로서, 부작위란 "행정청이 당사자의 신청에 대하여 상당한 기간내에 일정한 처분을 하여야 할 법률상 의무가 있음에도 불구하고 이를 하지 아니하는 것을 말한다."(같은 법 제2조 제1항 제2호). 부작위위법확인소송은 항고소송의 일종으로 규정되어 있으나, 그 실질은 확인소송에 해당한다고 할 것이다.

---

11) 대판 2008. 3. 20. 2007두6342 전합.

부작위위법확인소송의 심리범위와 관련하여서는 학설상 논란이 있으나, 원고의 신청에 대한 행정청의 부작위 상태가 위법하다는 확인을 구하는 것이지(절차적 심리설) 원고의 신청을 인용하지 않고 있는 것이 위법하다는 확인을 구하는 소송(실체적 심리설)은 아니라는 것이 학설의 일반적 입장이며, 판례의 태도이다. 따라서 부작위위법확인소송은 신청에 대한 부작위에 대한 권리구제제도로서는 우회적이고 간접적인 수단인바, 보다 직접적인 구제수단으로서 의무이행소송의 필요성이 논의된다.

부작위위법확인소송에 대해서는 제소기간의 제한을 포함하여 취소소송에 관한 규정이 거의 그대로 준용되나(행정소송법 제38조 제2항), 다만 명문의 규정에도 불구하고 부작위의 특성상 부작위에 대해 행정심판을 거치지 않고 바로 소송을 제기하는 경우에는 제소기간의 제한을 받지 않는다는 것이 판례의 입장이다.[12)]

4. 당사자소송

(1) 당사자소송의 의의

당사자소송이란 "행정청의 처분등을 원인으로 하는 법률관계에 관한 소송 그 밖에 공법상의 법률관계에 관한 소송으로서 그 법률관계의 한쪽 당사자를 피고로 하는 소송"을 말한다(행정소송법 제3조 제2호). 당사자소송은 행정주체와 대등한 관계에서 공법상 법률관계를 다투는 소송인 점에서, 공행정주체가 우월한 지위에서 행하는 공권력의 행사 또는 불행사를 다투는 항고소송과 구별된다. 반면 대등한 관계이지만 공법상 법률관계에 관한 소송인 점에서 사법상 법률관계를 대상으로 하는 민사소송과 구별된다.

당사자소송의 예로는 공법상 계약의 불이행과 관련한 법률관계에 관한 소송, 공법상 금전지급청구를 위한 소송(가령, 공무원이 미지급된 수당의 지급을 구하는 소송), 공법상 지위나 신분의 확인을 구하는 소송(가령, 국가유공자지위의 확인을 구하는 소송) 등이 있다(행정소송규칙 제19조).

12) 대판 2009. 7. 23. 2008두10560.

(2) 당사자소송의 종류

당사자소송은 일반적으로 실질적 당사자소송과 형식적 당사자소송으로 구분한다. 실질적 당사자소송은 대등당사자 사이의 공법상 법률관계에 관한 소송을 의미하는 것으로, 보통의 당사자소송은 실질적 당사자소송을 말한다. 이에 반해 형식적 당사자소송은 실질적으로는 행정청의 처분을 다투는 소송이지만 형식적으로는 처분청을 피고로 처분에 대해 다투는 것이 아니라, 처분을 원인으로 하여 나타난 법률관계의 일방당사자를 피고로 하여 제기하는 소송을 말한다.

현행법제상 토지수용위원회의 수용재결에 대해 보상금만 다투는 경우, 보상금증감청구소송에 의하도록 하고 있는 「공익사업을 위한 토지 등의 취득 및 보상에 관한 법률」 제85조 제2항이 형식적 당사자소송의 예이다. 다만 형식적 당사자소송은 소송의 내용은 처분등에 불복하는 것이지만, 소송형식은 당사자소송에 의하는 것인 점에서 법제상 명문의 규정 없이도 일반적으로 인정될 수 있는지가 문제되나, 개별법률의 명시적 근거가 있어야 인정된다는 입장이 일반적이다.

(3) 당사자소송의 당사자

당사자소송의 원고적격에 대해서는 「행정소송법」은 특별한 규정을 두고 있지 않다. 따라서 민사소송상 일반적으로 당사자능력 및 당사자적격을 가지는 자는 당사자소송의 원고가 될 수 있다(행정소송법 제8조 제2항).

항고소송의 피고적격은 처분청이 가지는 것과 달리, 당사자소송은 법률관계에 대한 소송인 점에서 권리주체가 피고가 된다. 「행정소송법」은 당사자소송의 피고를 국가·공공단체 그 밖의 권리주체로 규정하고 있다(법 제39조). 다만 현실적인 소송수행과 관련하여서는, 국가를 당사자 또는 참고인으로 하는 소송에 있어서는 법무부장관이 국가를 대표하며(국가를 당사자로 하는 소송에 관한 법률 제2조), 지방자치단체를 당사자로 하는 소송에 있어서는 지방자치단체의 장이 해당 지방자치단체를 대표한다(지방자치법 제114조).

(4) 당사자소송의 제기

당사자소송의 재판관할은 피고의 소재지를 관할하는 행정법원이다. 다만, 국가 또는 공공단체가 피고인 경우에는 관계행정청의 소재지를 피고의 소재지로 본다(행정소송법 제40조).

당사자소송에 관하여 법령에 제소기간이 정하여져 있는 때에는 그 기간은 불변기간으로 한다고 하고 있으므로(같은 법 제41조), 특별한 규정이 없는 한 당사자소송의 제소기간은 원칙적으로 제한이 없는바, 공법상 권리가 소멸하지 않는 한 당사자소송을 제기할 수 있다. 종래 「행정소송법」 제43조는 "국가를 상대로 하는 당사자소송의 경우에는 가집행선고를 할 수 없다."고 하였으나, 동 규정은 헌법재판소에 의해 위헌결정 되었다.[13)]

5. 객관적 소송

「행정소송법」은 객관적 소송으로서 민중소송과 기관소송을 규정하고 있다. 객관적 소송은 개인의 권리구제와 무관하게 행정의 적법성 및 타당성 통제를 위한 소송으로, 법률에 규정이 있는 경우에만 예외적으로 허용된다(행정소송법 제45조). 민중소송 또는 기관소송에 대해서는 그 성질에 반하지 않는 한 「행정소송법」상 항고소송 및 당사자소송에 관한 규정을 준용한다.

(1) 민중소송

민중소송이란 국가 또는 공공단체의 기관이 법률에 위반되는 행위를 한 때에 직접 자기의 법률상 이익과 관계없이 그 시정을 구하기 위하여 제기하는 소송을 말한다(행정소송법 제3조 제3호).

현행법상 민중소송의 예로는, 「공직선거법」상 선거소송 및 당선소송, 「국민투표법」상 국민투표무효소송, 「지방자치법」상 주민소송, 「주민투표법」상 주민투표소송 등이 있다.

(2) 기관소송

기관소송이란 국가 또는 공공단체의 기관상호 간에 있어서의 권한의 존부 또는 그 행사에 관한 다툼이 있을 때에 이에 대하여 제기하는 소송을 말한다(행정

13) 헌재 2022. 2. 24. 2020헌가12.

소송법 제3조 제4호). 다만, 기관소송은 헌법재판으로서 권한쟁의와 그 본질을 같이 하는 점에서 양자 간의 관할구분이 필요한바, 「헌법재판소법」 제2조의 규정에 의하여 헌법재판소의 관장사항으로 되는 소송은 기관소송에서 제외하도록 하고 있다.

현행법상 기관소송의 예로는, 「지방자치법」상 지방의회의 재의결에 대해 단체장이 제기하는 소송, 감독청의 취소·정지에 대해 단체장이 불복하는 소송, 「지방교육자치에 관한 법률」상 교육감이 시·도의회를 상대로 제기하는 소송 등이 있다.

제6장

상법

제6장
상법

제 1 절 상법총칙

Ⅰ _ 상법의 의의

1. 상법의 개념

상법은 형식적 의의의 상법과 실질적 의의의 상법이 있다. 형식적 의의의 상법은 상법이라는 이름으로 제정된 법률(상법전)을 말하고, 실질적 의의의 상법은 기업에 관한 특별사법을 말한다(통설). 형식적 의미의 상법이란 '상법'이라고 하는 명칭으로 제정된 법률(商法典)을 말한다. 형식적 의의의 우리 상법은 1962년 1월 20일 법률 제1000호로 제정되어 1963년부터 시행된 상법전(商法典)으로서 '총칙', '상행위', '회사', '보험', '해상', '항공운송' 등 6편으로 구성되어 있다.

2. 상법의 법원과 민법과의 관계

(1) 상법의 법원

상법의 법원이란 기업에 특유한 생활관계를 규율하는 법규범을 말하는데, 이러한 상법의 법원으로는 상사제정법으로서의 상법전과 상사특별법령 및 상사조약, 불문법인 상관습법이 있다.

(2) 상법과 민법의 관계

상법은 민법과 함께 사법(私法)체계를 대표하는 법이다. 민법은 개인 또는 단체의 재산이나 신분 등 사법적 생활관계를 일반적으로 규율하는 데 반하여, 상법은 기업의 생활관계에 관한 법이므로 민법에 대하여 특별법의 지위에 있다. 그러나 기업관계의 특수성을 고려하여 민법만으로는 불충분하거나 부적당한 면을 상법은 보충적으로 규율하고 있다.

기업관계에 대하여는 상법뿐만 아니라 민법도 적용된다. 상법의 규정은 민법에 대한 관계에서 세 가지의 유형으로 분류된다. ① 민법에 대한 예외규정으로서 일반민사채권의 10년시효에 대한 5년의 일반상사채권시효(제64조), 연5分의 민사법정이율에 대한 연6分의 상사법정이율(제54조), 민사매매에 대한 상사매매의 특칙규정(제67조－제71조) 등이 있으며, ② 민법의 제도를 특수한 형태로 변형으로서 상업사용인, 대리상, 중개인, 위탁매매인, 운송인, 창고업자 등의 규정은 민법상의 대리, 위임, 도급, 고용, 임치 등을 특수화한 제도이며, ③ 상법 고유의 제도로 상업등기, 상호, 상업장부, 상호계산, 공동해손, 보험 등이 있다.

3. 상법의 이념과 특색

(1) 상법의 이념

상법이 추구하고자 하는 바는 기업을 유지·강화하고, 기업활동을 원활·확실화 하게 함으로써 국민경제에 기여함에 있다. 기업의 유지·강화 이를 위하여 기업의 독립성 보장, 영리성의 보장, 계약의 자유, 인력의 보충, 자금조달의 원활, 위험의 분산·경감 등을, 기업활동의 원활·확실화를 위하여 공시, 거래의 신속·간이화, 거래의 안전, 외관주의, 책임가중 등을 규정하고 있다.

(2) 상법의 특색

상법은 영리성, 집단성, 정형성, 신속성, 기술성, 외관성 등의 특색을 가진다. 상법은 시간적으로는 시대의 변천과 경제의 발전에 따라 진보함으로써 유동적·진보적 경향을 보임과 동시에 공간적으로는 상거래의 기술성과 합리성으로 인하여 세계적·통일적 경향을 띤다.

Ⅱ_ 상인(기업의 주체)

1. 기업의 주체로서의 상인

기업은 거래로 인하여 발생하는 법률관계의 처리를 위해 권리·의무의 주체를 필요로 하는데, 이러한 법적인 주체가 상인이다. 형식적으로 '기업활동에서 발생하는 권리·의무의 귀속자'이고 실질적으로는 '기업에 내재하여 기업활동을 영위하는 자이다. 개인기업에 있어서는 개인인 영업주가 상인이며, 회사의 경우에는 회사 자체가 상인이다.

상법상 상인에는 영업활동의 내용에 따라 당연상인(제4조)과 의제상인(제5조)이 있고, 기업규모의 대소에 따라 완전상인과 소상인(제9조)이 있다. 상인이기 위하여는 영업으로 하여야 하고(제5조, 제46조) 오로지 임금을 받을 목적으로만 하여서는 안된다(제46조, 제66조). 전자를 영업성, 후자를 기업성이라 한다. 영업으로 한다고 함은 영리를 목적으로 동종의 행위를 계속 반복적으로 하는 것을 의미한다.[1] 따라서 영업성은 영리성, 계속성, 영업의사가 있어야 한다. 오로지 임금을 받을 목적으로 물건을 제조하거나 노무에 종사하는 자의 행위는 기업성이 없으므로 상행위가 아니다(제46조 단서).

2. 상인의 유형

(1) 당연상인(고유상인)

당연상인이란 자기명의로 상행위를 하는 자를 말한다. 상행위란 상법 제46조에서 열거하고 있는 행위와 특별법에서 상행위로 인정하고 있는 것을 말하는데, 당연상인은 이러한 상행위를 영업으로 하여야 한다. '자기명의로 한다'는 것은 명의자가 상행위로 인하여 생기는 권리·의무의 주체가 된다는 것을 의미한다. '영업으로 한다'는 것은 영리의 목적으로, 일정한 계획에 따라서 동종의 행위를 계속적으로 하려는 의도로, 대외적으로 인식될 수 있게 하는 것을 말한다.

---

1) 대판 1998. 7. 10. 98다10793.

(2) 의제상인

상법은 상행위에 속하지 않는 행위라도 일정한 형식을 갖추고 상인적 방법으로 영업을 하는 자를 상인으로 의제하는데, 이를 의제상인이라고 한다. 의제상인은 상법 제46조의 상행위에 해당하지 않는 행위를 점포 기타 유사한 설비를 갖추고 상인적 방법으로 영업을 하는 자(설비상인)와 상행위를 하지 않는 회사(민사회사)를 말한다(제5조). 점포 기타 유사한 설비에 의하여 상인적 방법으로 영업을 하는 자는 상행위를 하지 않더라도 상인으로 인정된다. 다만 회사는 상행위를 하지 아니하더라도 상인으로 본다.

(3) 소상인

자본금액 1천만원 미만의 상인으로서 회사가 아닌 자를 소상인으로 본다. 소상인에 대하여는 지배인, 상호, 상업장부, 상업등기에 관한 규정을 적용하지 않는다.

3. 상인자격의 취득과 상실

자연인의 상인자격은 상법 소정의 요건을 구비하고 영업을 개시함으로써 취득하게 된다. 영업의 개시란 반드시 영업의 목적인 행위의 개시만을 뜻하는 것이 아니라, 영업을 위한 준비행위를 개시한 것도 이에 포함된다. 자연인의 상인자격은 사실상 영업을 폐지함으로써 상실하게 된다. 회사는 설립등기를 함으로써 법인격과 상인자격을 동시에 취득하게 된다. 회사는 해산 후에도 법인격 소멸없이 청산의 목적범위 내에서 존속하므로, 회사는 청산이 사실상 종료됨으로써 상인자격을 상실한다.

Ⅲ_ 상업사용인

1. 상업사용인의 의의

상업사용인이란 특정한 상인(영업주)에 종속하여 영업상의 노무에 종사하는 자를 말한다. 상업사용인은 특정한 상인에 종속된 비독립적인 보조자이며, 영업상의 노무에 종사하는 자이고, 영업주를 위한 대리권이 있는 자를 말한다.

2. 지배인

지배인은 영업주에 갈음하여 그 영업에 관한 재판상 또는 재판 외의 모든 행위를 할 수 있는 포괄적인 대리권을 갖고 있다. 이러한 지배인의 대리권은 영업주의 의사에 의하여 발생하므로 그 성질은 임의대리이다. 지배인의 대리권은 영업에 관한 재판상 또는 재판 외의 모든 행위에 미친다. 영업에 관한 행위의 판단은 객관적이고 추상적으로 결정된다. 지배인은 영업의 양도 및 폐지, 상호의 변경, 파산신청 등 영업 그 자체를 정지시키는 행위를 할 수 없다. 또한 친족 내지 상속법상의 행위와 같은 신분법상의 행위를 할 수 없고, 영업주의 사용재산에 관한 처분행위를 하지 못한다. 그 밖에 지배인은 지배인을 선임하지 못한다. 지배인의 대리권에 대한 제한은 선의의 제3자에게 대항하지 못한다. 즉, 영업주가 지배인의 대리권에 관하여 거래의 종류·금액·장소·시기 등을 제한하더라도 제3자에게 대항할 수 있는 효력이 없다. 다만 영업주는 지배인이 내부적인 제한을 위반한 때에 지배인을 해임시킬 수 있고 손해배상을 청구할 수 있다.

수인의 지배인이 있는 경우에도 지배인은 각자 단독으로 지배권을 행사하는 것이 원칙이지만, 지배권의 남용방지를 위하여 영업주가 수인의 지배인이 공동으로만 지배권을 행사하게 한 경우를 공동지배인이라 하며, 공동지배인 간 권한의 포괄적 위임은 금지된다.

3. 부분적 포괄대리권을 가진 사용인

영업의 특정한 종류 또는 특정한 사항에 대한 위임을 받은 사용인은 그에 관한 재판 외의 모든 행위를 할 수 있는 권한이 있으며, 이러한 상업사용인의 부분적 대리권에 대한 제한은 선의의 제3자에게 대항하지 못한다. 부분적 포괄대리권을 가지고 있는지 여부는 여러 사정을 고려하여 거래통념에 따라 객관적으로 판단하여야 한다.

4. 물건판매점포의 사용인

물건판매점포의 사용인은 그 판매에 관한 모든 권한이 있는 것으로 본다. 이는 외관법리에 의하여 판매에 관한 권한이 있다고 믿은 선의의 제3자를 보호하는데 목적이 있으므로, 상대방이 악의인 경우에는 적용되지 않는다.

Ⅳ _ 상호

1. 상호의 의의

상호(商號)는 상인이 그의 영업활동에 있어서 자기를 표창하는 명칭으로서, 권리·의무의 주체인 상인을 표창하는 것이다. 상호는 문자로 표시되고 발음할 수 있어야 하며, 외국어는 그 발음을 한자 또는 한글로 표시하는 경우에만 상호로 사용할 수 있다. 회사의 상호는 설립등기사항 중에 포함되어 법률상 반드시 등기하도록 강제되어 있다. 상호권의 성질은 등기의 전후를 불문하고 인격권적인 성질을 포함하는 재산권이다.

2. 미등기상호와 등기상호

상호를 선정하여 적법하게 사용하는 자는 그 상호를 등기하지 아니한 경우에도 선정한 상호를 타인의 방해를 받지 아니하고 사용할 수 있는 상호사용권이 있다. 또한 타인이 부정한 목적으로 자기의 영업으로 오인할 수 있는 상호를 사용하는 경우에 이로 인하여 손해를 받을 염려가 있는 때에는 그 상호의 사용폐지와 아울러 손해배상을 청구할 수 있는 상호전용권이 있다. 부정한 목적이란 자기의 상호를 일반공중에 동종영업의 타인의 동일상호로 오인시키려는 것을 말하며, 이에 대한 입증책임은 상호권자에게 있다. 타인의 영업으로 오인할 수 있는 상호에는 동일한 상호뿐만 아니라 유사한 상호도 포함된다.

상호를 등기하면 상호전용권이 강화된다. 즉, 등기상호의 경우에는 '손해를 받을 염려의 유무'를 묻지 않고 상호전용권이 인정되고 상호를 등기한 경우에는 타인이 등기한 상호를 동일한 특별시·광역시·시·군에서 동종영업으로 사용하는 자는 부정한 목적이 있는 것으로 추정받게 된다. 그리고 타인이 등기한 상호는 동일한 특별시·광역시·시·군에서 동종영업의 상호로 등기하지 못한다.

V_ 상업등기

1. 상업등기의 의의

상업등기(商業登記)라 함은 상법에 의하여 법원의 상업등기부에 법정사항을 법정절차에 따라 등기하는 것을 말한다. 상업등기부에는 상호, 미성년자, 법정대리인, 지배인, 합명회사, 합자회사, 주식회사, 유한회사, 외국회사 등이 있다.

2. 상업등기의 일반적 효력

등기할 사항(예컨대, 지배인의 해임, 회사의 해산, 사원의 퇴사, 대표권의 상실 등)은 이를 등기하지 아니하면 선의의 제3자에게 대항하지 못한다(소극적 공시원칙). 선의란 거래 당시에 등기사항의 존재를 모른 것을 말하며, 알지 못한 사실이 제3자의 과실이나 중대한 과실로 인한 경우도 포함한다. 제3자가 악의인 때에는 이를 주장하는 측에 입증책임이 있고, 선의와 악의의 판단시기는 거래 시를 기준으로 한다.

일정한 사항이 성립 또는 존재하는 경우에 이를 등기한 때에는 대항력이 확장되어 사실상 선의인 제3자라도 악의가 의제되어 그에 대하여 등기사항으로 대항할 수 있게 된다(적극적 공시원칙). 그러나 등기한 후라도 정당한 사유로 인하여 알지 못한 선의의 제3자에 대하여는 그 사항으로 대항하지 못하며, 등기한 후라도 등기한 사항이 사실과 다른 때에는 그 효력이 생기지 않는다. 따라서 제3자의 선의·악의를 불문하고 사실과 일치하지 않는 등기사항으로는 대항하지 못한다.

3. 상업등기의 특수한 효력

등기에 의하여 새로운 법률관계가 형성되는 경우로서, 회사가 설립등기에 의하여 비로소 법인격을 취득하는 것, 회사의 합병은 합병등기에 의하여 그 효력이 생기는 것 등이 이에 해당한다. 등기에 의하여 등기의 전제요건이 되는 법률사항의 하자가 보완되어 그 하자를 주장할 수 없는 효력이 발생한다. 회사의 설립등기나 신주발행의 변경등기가 있은 후 1년이 경과한 때에는 주식청약서 또는 신주인수권증서의 요건의 흠결과 주식인수인의 의사표시상의 하자가 보완되는 것, 회사의 설립등기가 설립무효의 하자를 보완하는 것 등이 이에 해당한다. 주식회사는 설립등기 후에만 주권을 발행할 수 있고, 회사에 대하여 효력이 있는 주식의 양도를 할 수 있다.

Ⅵ_ 영업양도

1. 영업양도의 의의

영업양도란 양도인이 양수인으로 하여금 영업의 경영자인 자기의 지위에 있게 하기 위하여 객관적 의의에 있어서의 영업을 일괄하여 양도하는 계약을 말한다. 즉 영업양도는 경영자인 지위의 승계와 영업재산의 이전을 내용으로 하는 채권계약이다. 주관적 의미의 영업이란 상인의 영업상의 모든 활동을 말하지만, 객관적 의미의 영업이란 일정한 영업목적을 위하여 유기적으로 결합된 상인의 조직적 재산의 통일체를 말한다.

2. 영업양도의 효과

(1) 당사자간의 효과

양도인은 영업에 속하는 모든 재산을 양수인에게 이전하여야 한다. 그러나 특약으로 영업의 동일성을 해하지 않는 범위 내에서 일부 재산의 이전을 제외할 수 있다. 영업양도는 채권계약이므로 재산의 종류에 따라 개별적으로 이전행위를 하여야 하고, 재산의 이전으로써 제3자에게 대항하기 위하여 필요한 요건을 갖추어야 한다.

영업양도에 있어서 다른 약정이 없으면 양도인은 동일한 특별시·광역시·시·군과 인접 특별시·광역시·시·군에서 10년간 동종영업을 하지 못한다. 양도인이 동종영업을 하지 않을 것을 약정한 때에는 그 특약은 동일한 특별시·광역시·시·군과, 인접 특별시·광역시·시·군에 한하여 20년을 초과하지 않는 범위 내에서 그 효력이 있다

(2) 제3자에 대한 관계

양수인이 양도인의 상호를 계속 사용(속용)하는 경우에는 양도인의 영업으로 인한 제3자의 채권에 대하여 양수인도 변제할 책임이 있다. 그러나 양수인이 양도인의 영업상의 채무를 인수하지 않을 것을 약정하고 이를 지체없이 등기한 때와, 양도인과 양수인이 지체없이 양도인의 채무에 대하여 책임을 지지 않는다는 뜻을 제3자에 대하여 통지한 때에는 그 책임을 면한다.

양수인이 양도인의 상호를 속용하는 경우에 양도인의 영업으로 인한 채권에 대하여 채무자가 선의이며 중대한 과실없이 양수인에게 변제한 때에는, 실제로 채권양도를 하지 않은 때에도 그 변제의 효력이 있다.

양수인이 양도인의 상호를 속용하지 않는 경우 양수인이 양도인의 영업으로 인한 채무를 인수하였음을 광고한 때 또는 광고를 하지 않더라도 채무인수의 의사를 채권자에게 통지한 때에는 양수인도 변제할 책임이 있다. 한편 상호의 속용 여부와 상관없이 제3자에 대한 양도인의 책임은 영업양도 또는 채무인수의 광고 후 2년이 경과하면 소멸한다.

제 2 절 상행위

Ⅰ _ 상행위의 의의와 종류

1. 상행위의 의의

상행위란 실질적으로는 영리를 위한 기업활동을 말하며, 형식적으로는 상법과 특별법에서 상행위로 정한 것을 의미한다. 상행위는 상인의 개념을 정하는 데 기초가 되며, 상행위를 영업으로 함으로써 상인이 된 자가 하는 영업을 위한 모든 행위는 상행위가 된다. 상법은 쌍방적 상행위인 경우뿐만 아니라 일방적 상행위인 경우에도 당사자 전원에 대하여 적용되며, 공법인의 상행위에 대하여도 법령에 다른 규정이 없는 한 적용된다. 즉, 상법은 당사자 중 일방에게만 상행위가 되는 경우에도 당사자 전원에게 적용된다.

2. 상행위의 종류

(1) 기본적 상행위와 보조적 상행위

'기본적 상행위'란 상법이 제한적으로 열거하여 규정하고 있는 것을 말한다. 기본적 상행위는 이를 영업으로 할 때에 상인성을 취득하기 때문에, 의제상인의 준상행위와 함께 영업적 상행위라고도 한다. 그러나 상행위를 영업으로 하더라도 오직 임금을 받을 목적으로 물건을 제조하거나 노무에 종사하는 자의 행위는 상행위로 보지 않는다. '보조적 상행위'란 상인이 영업을 위하여 하는 모든 행위를 말하는데, 이를 부속적 상행위라고도 한다. 기본적 상행위의 개시 전에 하는 영업의 준비행위나 기본적 상행위를 마친 후에 하는 영업의 종료행위도 부속적 상행위이다.

(2) 쌍방적 상행위와 일방적 상행위

당사자 쌍방에 대하여 상행위가 되는 행위를 '쌍방적 상행위'라 하고, 당사자 중 일방에 대하여만 상행위가 되는 행위를 '일방적 상행위'라고 한다. 상법은 일방적 상행위인 경우에도 당사자 전원에게 적용된다.

(3) 준상행위

의제상인의 행위는 상행위가 아니지만 상행위에 관한 통칙을 준용한다. 그리하여 의제상인이 영업으로 하는 행위를 본래의 상행위에 대하여 '준상행위'라고 한다.

3. 기본적 상행위(제46조)

① 동산, 부동산, 유가증권 기타의 재산의 매매
② 동산, 부동산, 유가증권 기타의 재산의 임대차
③ 제조, 가공 또는 수선에 관한 행위
④ 전기, 전파, 가스 또는 물의 공급에 관한 행위
⑤ 작업 또는 노무의 도급의 인수
⑥ 출판, 인쇄 또는 촬영에 관한 행위
⑦ 광고, 통신 또는 정보에 관한 행위
⑧ 수신·여신·환 기타의 금융거래
⑨ 공중이 이용하는 시설에 의한 거래
⑩ 상행위의 대리의 인수
⑪ 중개에 관한 행위
⑫ 위탁매매 기타의 주선에 관한 행위
⑬ 운송의 인수
⑭ 임치의 인수
⑮ 신탁의 인수
⑯ 상호부금 기타 이와 유사한 행위
⑰ 보험
⑱ 광물 또는 토석의 채취에 관한 행위
⑲ 기계, 시설, 그 밖의 재산의 금융리스에 관한 행위
⑳ 상호·상표등의 사용허락에 의한 영업에 관한 행위

㉑ 영업상 채권의 매입·회수등에 관한 행위
㉒ 신용카드, 전자화폐 등을 이용한 지급결제 업무의 인수

Ⅱ _ 상행위에 관한 특칙

1. 민법 총칙편에 대한 특칙

(1) 상행위의 대리

법률행위의 대리에 관한 민법의 규정에 의하면 대리인의 의사표시가 직접 본인에 대하여 효과를 발생하려면 대리인이 그의 대리권범위 내에서 본인을 위하여 한다는 것을 표시하고 의사표시를 하여야 하지만(현명주의), 이러한 원칙을 상행위의 대리에도 적용한다면 거래의 원활과 안전을 기대할 수 없게 된다는 점을 고려하여 상법은 상행위의 대리인이 본인을 위한 것임을 표시하지 아니하여도 그 행위는 본인에 대하여 효력이 있도록 하는 비현명주의를 채택하고 있다. 상대방이 상행위의 대리인을 본인으로 믿고 거래한 경우 상대방은 선택에 따라 본인 또는 대리인에 대하여 이행을 청구할 수 있다. 이것은 대리인을 본인으로 믿은 상대방인 제3자를 보호하는 데 목적이 있으므로 상대방의 부지에 대한 과실의 유무를 불문한다. 상법은 상행위의 위임에 의한 대리권은 본인의 사망으로 인하여 소멸하지 않는다는 특칙을 두고 있다.

(2) 소멸시효

민법은 채권의 소멸시효기간을 10년으로 하고 있지만, 상법에 의하면 상행위로 인한 채권의 소멸시효기간은 상법에 다른 규정이 있는 경우나 다른 법령에서 이보다 짧은 시효기간을 정하고 있는 경우를 제외하고 상사채권의 소멸시효기간은 5년이다. 이러한 시효기간의 단축은 기업거래의 신속한 완료를 위한 것이다. 이 경우에 채권은 당사자의 일방에 대하여 상행위가 되는 행위로 인하여 발생한 것이거나 이와 동일성이 있는 것으로서, 상행위로 인하여 발생한 채무의 불이행으로 인한 손해배상채무 및 상행위인 계약의 해제권도 5년의 시효로 소멸한다.

2. 민법 물권편에 대한 특칙

(1) 유질계약의 허용

민법은 질권설정시 또는 채무변제기 전의 계약으로 질권자에게 변제에 갈음하여 질물의 소유권을 취득하게 하거나, 법률이 정한 방법에 의하지 아니하고 질물을 처분하는 유질계약을 금지하고 있으나, 상법에서는 상행위로 인하여 발생한 채권을 담보하기 위하여 설정한 질권에 대해서는 유질계약을 허용하고 있다.

(2) 상사유치권

상법은 채무자의 변제를 간접적으로 강제함으로써 채권자의 이익을 보호하고 거래의 원활을 도모하기 위하여 상인간의 유치권에 관하여 규정하고 있으며, 상인간의 일반상사유치권 외에 상법은 대리상·위탁매매인·운송주선인·운송인의 특별상사유치권에 관하여 규정하고 있다.

상인간의 상행위로 인한 채권이 변제기에 있는 때에는 다른 약정이 없으면 채권자는 변제를 받을 때까지 그 채권자에 대한 상행위로 인하여 자기가 점유하고 있는 채무자 소유의 물건 또는 유가증권을 유치할 수 있다. 피담보채권은 상인간의 쌍방적 상행위로 인하여 발생한 것이어야 하므로, 채권자는 제3자로부터 양수한 채권에 대하여 유치권을 행사할 수 없다. 채권은 변제기가 도래한 것이어야 하며, 목적물은 채무자 소유의 물건 또는 유가증권이어야 하며, 상행위로 인하여 채권자가 점유를 취득한 것이어야 한다. 피담보채권과 유치물 사이에 일반적 관련성만 있으면 된다. 유치권은 당사자 간의 특약에 의하여 배척될 수 있으며, 묵시적으로도 성립할 수 있다.

상인간의 유치권의 효력에 관하여는 민법의 유치권에 관한 규정을 준용한다. 그 결과 유치권자는 채권 전부의 변제를 받을 때까지 유치물 전부에 대하여 권리를 행사할 수 있다. 또한 상법은 민사유치권의 경우와 마찬가지로 상사유치권자의 우선변제권을 인정하지 않고 있으나, 다른 채권자가 목적물을 경매한 경우 유치권자는 채권의 변제가 없는 한 목적물의 인도를 거부할 수 있으므로 실제로는 우선변제권과 같은 효과가 있다.

3. 민법 채권편에 대한 특칙

(1) 상행위의 유상성(영리성)

민법에 대한 예외로서, 상법은 상인이 그 영업범위 내에서 타인을 위하여 행위를 한 때에는 이에 대하여 상당한 보수를 청구할 수 있다(보수청구권). 상인이 그의 영업범위 내에서 타인을 위하여 금전을 체당(替當)한 때에는 체당한 날 이후의 법정이자를 청구할 수 있다(체당금의 이자청구권). 상인 간에 금전의 소비대차를 한 경우에는 대주(貸主)는 법정이자를 청구할 수 있다(소비대차의 이자청구권). 상행위로 인한 채무의 법정이율은 연6分이며(상사법정이율), 여기서 상행위란 쌍방적 상행위에 한하지 않고 일방적 상행위도 포함한다. 상사법정이율은 상행위가 아닌 불법행위로 인한 손해배상청구권에는 적용되지 않으며, 어음·수표에 의한 채무는 상행위와 관계없이 법정이율이 연6分이다. 상인이 그 영업범위 내에서 물건의 임치를 받은 경우에는 무보수인 때에도 선량한 관리자의 주의를 하여야 한다(수치인의 선관의무).

(2) 연대책임

민법에 의하면 채무자가 수인인 경우에 분할책임주의를 채택하고 있으나, 상법상 수인이 그 1인 또는 전원에 대하여 상행위가 되는 행위로 인하여 채무를 부담한 때에는 연대하여 변제할 책임이 있다(다수채무자간의 연대책임). 보증인이 있는 경우에 상법에 의하면 보증이 상행위이거나 주채무가 상행위로 인하여 생긴 때에는 주채무자와 보증인은 연대하여 변제할 책임이 있다(보증인의 연대책임).

Ⅲ_ 상법에 특유한 제도

1. 상호계산

상호계산이란 상인간 또는 상인과 비상인간에 있어서 상시 거래관계가 있는 경우에 일정기간 내의 거래로 인한 채권·채무의 총액에 대하여 상계하고 그 잔액을 지급할 것을 약정하는 계약이다. 일정기간 동안에는 개별적 지급을 유예하고 기간 만료후 일정시점에서 일괄적으로 상계하고 차액만 지급하면 양자의 대차관계가 명료하게 되고 결제가 간이하다. 또한 기간만료시에 잔액만 지급함으로써 자금을 절약할 수 있다.

상호계산의 효력에는 상호계산기간중의 효력과 기간만료후의 효력이 있고, 전자를 소극적 효력(상호계산불가분의 원칙), 후자를 적극적 효력이라고 한다. 상호계산은 상호계산기간 중에는 당사자간의 채권·채무를 일괄하여 결제하는 제도이므로, 각 채권·채무는 독립성을 상실하고 집단적으로 묶여 기간만료시 일괄상계되기까지 정지상태에 있게 된다. 이를 상호계산불가분의 원칙이라고 한다. 상호계산기간이 종료하면 채권·채무의 총액에 대해 일괄상계하고 그 결과 발생한 잔액에 대한 채권이 성립하는데 이를 상호계산의 적극적 효력이라고 한다.

2. 익명조합

익명조합은 자본가와 유능한 경영자가 함께 형성한 기업형태로서 출자자인 자본가는 배후에 숨어 있어서, 외부에서 보면 영업자인 경영자의 개인기업으로 보이는 내적 조합이다. 익명조합이란 당사자의 일방이 상대방의 영업을 위하여 출자하고 상대방은 영업으로 인한 이익을 분배할 것을 약정하는 계약을 말한다. 익명조합원이 출자한 재산은 영업자의 재산으로 본다. 내부적으로는 조합 또는 합자회사와 유사한 면이 있지만, 외견상으로는 영업자 개인기업이라고 볼 수 있다. 대외적으로는 영업자만이 영업의 주체이다. 이익이 발생하면 영업자는 반드시 익명조합원에게 분배할 의무를 부담하며, 손실이 발생하면 영업자가 부담하고 익명조합원은 그 출자액을 한도로만 위험을 부담한다. 익명조합은 대외적으로는 영업자의 개인기업과 같기 때문에 익명조합원은 제3자에 대하여 권리나 의무가 없다. 그러나 익명조합원이 영업자의 상호 중에 자기의 성명이나 상호를 영업자의 상호로 사용하는 것을 허락한 때에는, 그 사용 이후의 채무에 대하여 영업자와 연대하여 변제할 책임이 있다.

3. 합자조합

합자조합은 조합의 업무집행자로서 조합의 채무에 대하여 무한책임을 지는 조합원과 출자가액을 한도로 하여 유한책임을 지는 조합원이 상호출자하여 공동사업을 경영할 것을 약정하는 계약이다. 최근 인적 자산의 중요성이 부각됨에 따라 이를 수용할 수 있는 공동기업형태, 즉 기업의 설립과 운영에 있어서의 자치의 폭을 넓히되, 주식회사와 같은 유한책임을 지는 기업형태가 요청되었는데 이에 따라 도입된 제도가 합자조합이다.

Ⅳ _ 상행위 각론

1. 대리상

대리상이란 일정한 상인을 위하여 상업사용인이 아니면서 상시 그 영업부류에 속하는 거래의 대리 또는 중개를 영업으로 하는 상인이다. 대리상은 '일정한 상인'의 영업활동을 보조하는 자이다. 일정한 상인은 수인이라도 상관없지만 반드시 특정되어야 한다. 이 점이 불특정다수의 상인 또는 비상인을 상대로 하는 중개인이나 위탁매매인과 다르다. 대리상은 일정한 상인을 '계속적으로 보조'하는 자이다. 그러므로 1회 또는 일시적으로 대리행위를 하는 상행위의 대리인과 다르다. 대리상은 일정한 상인의 '영업부류에 속하는 거래의 체결'을 그 상인의 명의와 계산으로 대리하거나 중개하는 자이다. 그러므로 매매업을 하는 상인을 위하여 금융의 대리 또는 중개를 하는 자는 대리상이 아니며, 일정한 상표의 제품을 자기의 명의와 계산으로 판매할 의무를 지는 특약점이나 대리점도 대리상이 아니다.

2. 중개업

중개인은 위탁자를 위하여 거래상대방을 구하며 계약체결을 용이하고 신속하게 하는 상인의 보조기관이다. 중개인이란 타인간의 상행위의 중개의 인수를 영업으로 하는 독립된 상인이다.

'상행위의 중개'를 하는 자이다. 상행위는 쌍방적 상행위뿐만 아니라 일방적 상행위라도 무방하지만 부속적 상행위는 포함되지 않는다. 중개란 타인 간의 법률행위의 체결에 진력하는 사실행위를 말한다. 중개인은 '타인 간의 상행위'의 중개를 영업으로 한다. 타인 간의 상행위의 중개를 하는 점에서 일정한 상인을 위하여 계속적으로 상행위의 중개를 하는 중개대리상과 다르다. 타인 중의 일방은 상인이어야 한다. 중개인은 '중개라는 사실행위'를 할 수 있을 뿐이며 계약의 체결을 위한 대리권이 없다. 이 점에서 일정한 상인의 대리인으로 활동하는 체약대리상과 다르고, 자기명의로 법률행위를 하는 위탁매매인과 다르다.

3. 위탁매매업

위탁매매인이란 자기의 명의로써 타인의 계산으로 물건 또는 유가증권의 매매의 주선을 인수하는 것을 영업으로 하는 상인이다. '자기의 명의'로 한다는 것은 위탁매매인이 법률적으로 매매의 당사자로서 제3자에 대한 관계에서 권리·의무의 주체가 된다는 것이다. '타인의 계산'으로 한다는 것은 경제적인 효과가 모두 타인에게 귀속된다는 것이다. 타인이라 함은 위탁자를 말하며, 위탁자는 상인이나 비상인도 될 수 있고, 특정인이든 불특정인이든 불문한다. '주선행위'를 기본적 상행위로 하는 자이다. 위탁매매인의 기본적 상행위는 매매 자체가 아니라 매매의 주선을 인수하는 행위이고 또 이것을 영업으로 하는 자이기 때문에, 매매는 이러한 기본적 상행위(주선행위)를 실행하기 위한 부속적 상행위에 지나지 않는다.

4. 운송업

운송인이란 육상 또는 호천·항만에서 물건 또는 여객의 운송의 실행을 인수하는 것을 영업으로 하는 독립된 상인이다. 운송인은 '육상 또는 호천(湖川)이나 항만에서' 운송하는 자이다. 육상이란 지상뿐만 아니라 지하도 포함한다. 호천이나 항만에 의한 운송은 그 규모가 작고 빈번한 점이 육상운송과 유사하기 때문에 육상운송에 포함된 해상운송인과 항공운송인은 제외된다. 운송인은 '물건 또는 여객을' 운송한다. 물건은 운송이 가능한 모든 동산으로 거래의 목적물이 아니어도 무방하며, 여객이란 자연인을 말하며 운송계약의 상대방은 여객 자신이 아니어도 된다. 운송인은 '운송을 하는' 자이다. 운송이란 물건이나 여객을 장소적으로 이동시키는 것이고 특별한 운송수단을 요하지 않는데, 이는 해상운송에서 운송용구가 반드시 선박이어야 하는 점과 구별된다.

5. 창고업

창고업은 타인을 위하여 창고에 물건을 보관하는 영업이다. 물건의 보관에 관한 법률관계는 임치계약으로서 일반적으로는 민법의 임치에 관한 규정이 적용될 것이지만, 창고업자는 임치의 인수를 영업으로 하는 당연상인이므로 상행위로서의 창고업에 대하여는 특별법인 상법규정이 우선적으로 적용된다. 창고업에서의 임치물인 "물건"은 보관에 적합한 동산에 한정되므로 민법상의 임치의 목적물보다 그 범위가 제한되며, 화폐나 유가증권은 그 가치를 떠나 물체로서만 목적물이 될 수 있다고 본다. 수치인인 창고업자는 언제나 상인이지만, 임치인은 상인이든 비상인이든 무방하다. 임치의 인수를 영업으로 하여야 하며, 임치의 주선을 영업으로 하는 자는 창고업자가 아니다. 그리고 낙성계약(통설)이고, 불요식·유상계약이다.

6. 공중접객업

공중접객업자는 극장, 여관, 음식점 기타 그 밖의 공중이 이용하는 시설에 의한 거래를 영업으로 하는 자를 말한다. 공중접객업자는 자기 또는 그 사용인이 고객으로부터 임치받은 물건의 보관에 관하여 주의를 게을리하지 아니하였음을 증명하지 아니하면 그 물건의 멸실 또는 훼손으로 인한 손해를 배상할 책임이 있으며, 공중접객업자는 고객으로부터 임치받지 아니한 경우에도 그 시설 내에 휴대한 물건이 자기 또는 그 사용인의 과실로 인하여 멸실 또는 훼손되었을 때에는 그 손해를 배상할 책임이 있고, 화폐, 유가증권, 그 밖의 고가물에 대하여는 고객이 그 종류와 가액을 명시하여 임치하지 아니하면 공중접객업자는 그 물건의 멸실 또는 훼손으로 인한 손해를 배상할 책임이 없다.

제3절 회사법

Ⅰ_ 회사의 의의

1. 회사의 개념

상법에서 회사라 함은 상행위 기타 영리를 목적으로 하여 상법 제3편(회사)의 규정에 따라 설립된 사단으로서의 법인을 말한다.

(1) 영리성

영리를 목적으로 한다는 것은 회사가 영리사업을 하여 이익을 얻는 것(이익 귀속의 주체가 되는 것)만으로는 불충분하고, 사업에서 생긴 이익을 그 사원에게 귀속시키려는 의도가 있는 것을 의미한다.

(2) 사단성

사단이란 공동목적을 위한 복수인의 단체로서 구성원의 단순한 집합체(조합)가 아니라 통일적인 결합체이다. 즉, 단체의 실질적 성질에 의하여 구성원의 수가 많고 단체와 구성원간의 관계는 희박하고 단체로서의 단일성이 강하며, 단체의 형식적 성질에서 볼 때 구성원이 단체와 사원관계에 의하여 간접적으로 결합된 것이 사단이다.

(3) 법인성

상법상의 모든 회사는 법인이다. 법인이란 법에 의하여 권리능력이 인정된 단체를 말한다. 법인격은 회사인 단체의 법률관계(권리의무관계)를 단순화하기 위한 법적 기술이다.

2. 상법상 회사의 종류

상법은 합명회사, 합자회사, 주식회사, 유한회사, 유한책임회사 등 5종류의 회사를 인정하고 있다. 이러한 회사 종류의 법적 기준은 회사의 채무에 대한 사원의 책임이 일정액을 한도로 하는 유한책임인가 아니면 무한책임인가, 또는 사원의 책임이 회사채권자에 대한 직접책임인가 아니면 회사재산만으로 책임을 지는 간접책임인가에 따라 구별된다.

(1) 합명회사

합명회사란 회사채권자에게 직접·연대·무한의 책임을 지는 무한책임사원만으로 구성되는 회사를 말한다. 그리하여 원칙적으로 모든 사원은 회사의 업무집행과 회사대표에 있어서 권리와 의무를 가진다. 이 형태는 인적 결합이 강한 소수인의 공동기업에 적합한 회사로서 지분을 자유로이 양도하지 못하며, 모든 사원의 재산총액과 개인적 능력이 직접 회사의 신용의 기초가 된다.

(2) 합자회사

합자회사는 무한책임사원과 유한책임사원으로 구성되는 이원적인 조직의 회사를 말한다. 이는 합명회사의 형태에 자본적 결합성이 가미된 중간 형태로서 실질적으로는 합명회사와 유사하다. 그리하여 합자회사에 관하여 특별한 규정이 없을 때에는 합명회사의 규정을 준용한다. 유한책임사원은 업무집행이나 회사대표에 대한 권한이 없으며 그 지분은 무한책임사원 전원의 동의로 양도할 수 있다.

(3) 주식회사

주식회사란 고유한 법인격을 갖는 회사로서 주식으로 세분화된 일정한 자본을 가지고 사원(주주)이 주식인수가액을 한도로 하여 출자의무를 부담할 뿐, 그 밖에 회사채무에 대하여 아무런 책임을 지지 않는 회사를 말한다. 주주는 소유주식을 자유로이 양도할 수 있으므로 투하자본의 회수가 용이하기 때문에 주식은 투자의 대상이 된다. 그리하여 주식회사를 통하여 대자본의 형성이 가능하다.

(4) 유한회사

유한회사는 주식회사와 마찬가지로 모든 사원이 회사채권자에게 자기의 출자액을 한도로 하여 유한책임을 지는 사원만으로 구성되는 회사를 말한다. 이 형태는 비교적 소수인에 의한 중소규모의 기업경영에 적합한 회사로서 주식회사와 달리 비공중성·비공개성을 띠고 있으며, 법규의 엄격성과 복잡성이 완화되어 있다. 또한 사원의 개성이 다소 중시되어 지분의 양도가 제한된다는 점과 특별한 경우에 사원이 자본의 전보책임을 지는 점이 주식회사와 다르다.

(5) 유한책임회사

유한책임회사는 미국의 유한책임회사를 모형으로 하여 2008년 개정상법에서 새로 도입된 제도이다. 이는 내부적으로는 조합적 성질을 갖고 있으며 광범위한 사적자치가 인정된다는 점에서 인적회사와 유사하다. 하지만 모든 사원이 유한책임을 부담한다는 점에서 물적회사에 해당한다. 따라서 유한책임회사의 사원은 주주나 유한회사의 사원과 마찬가지로 금전 기타 재산으로만 출자할 수 있고, 정관의 작성 후 설립등기를 할 때까지 이러한 출자의 전부를 이행해야 한다.

3. 회사의 능력

(1) 회사의 권리능력

법인인 회사는 그 성질상 자연인에게 특유한 신체·생명에 관한 권리를 가질 수 없고, 친족법상 또는 상속법상의 권리·의무의 주체가 되지 못한다. 또한 회사는 그 성질상 상업사용인은 될 수 없지만 발기인·유한책임사원·주주 등의 지위를 가질 수 있다.

회사는 다른 회사의 무한책임사원이 되지 못한다. 이러한 제한을 둔 이유는 제각기 자기의 고유한 목적을 가진 회사가 다른 회사의 무한책임사원이 되어 회사의 운명을 다른 회사에 거는 것은 회사정책상 용인될 수 없기 때문이다.

(2) 회사의 의사능력·행위능력

회사는 법인으로서 권리능력이 있지만 자연인과 같은 육체적 조건을 구비하고 있지 못하므로 회사의 의사나 행위는 자연인으로 구성된 기관에 의하여 이루어진다. 즉, 회사의 행위능력은 기관에 의하여 갖게 되며, 이는 법인의 권리능력과 동일한 범위에서 인정된다. 다만 의사능력은 사물에 대한 변별력 내지 선악에 대한 판단력을 의미하는데, 이는 자연인에게만 인정되기 때문에, 회사에서는 처음부터 고려 대상이 아니다.

(3) 회사의 불법행위능력

회사 기관의 구성원이 그 직무를 수행함에 있어서 업무집행으로 인하여 타인에게 손해를 입혔을 경우, 이는 회사 자신의 불법행위가 되며 따라서 회사가 손해배상책임을 부담한다.

Ⅱ _ 주식회사의 설립

1. 서설

상법은 주식회사의 경우 설립의 요건을 엄중하게 규정함과 동시에 설립에 관한 발기인 등의 책임을 가중하여 엄격준칙주의를 채용하고 있다. 즉, 주식회사는 다수의 주주가 단순히 자본적으로만 결합하기 때문에, 설립에 있어서 그 실체의 형성(정관의 작성, 사원의 단계적인 확정, 기관의 선임)과 법인격의 취득을 위하여 엄격한 설립절차를 밟아야 한다.

2. 발기설립과 모집설립

설립의 방법에는 발기인이 회사설립 시에 발행하는 주식의 총수를 인수하여 회사를 설립하는 '발기설립'의 방법과, 회사설립시에 발행하는 주식의 총수 중에서 발기인이 일부만을 인수하고 잔여 부분에 대해서는 주주를 모집하는 '모집설립'의 방법이 있다.

3. 발기인, 발기인조합, 설립 중의 회사

(1) 발기인

발기인이란 발기인으로서 정관에 기명날인 또는 서명한 자를 말한다. 그러므로 실제로는 설립에 참가하고 있지만 정관에 기명날인 또는 서명하지 않은 자는 발기인이 아니며, 이들은 '유사발기인'으로서 발기인과 동일한 책임을 지는 경우가 있다. 발기인은 1인이라도 무방하며, 적어도 1주 이상의 주식을 인수하여야 한다. 자연인은 물론이고 무능력자 또는 법인도 발기인이 될 수 있다.

(2) 발기인조합

주식회사를 설립함에 있어서 발기인이 수인인 경우에는 회사의 설립을 목적으로 하는 계약을 체결하고, 그 이행으로서 정관의 작성과 기타 설립에 관한 행위를 하게 되는데, 이 경우에 발기인 간에는 발기인조합이 성립한다. 정관의 작성 이후에는 발기인조합의 조합원과 설립 중의 회사의 구성원인 집행기관으로서의 발기인은 그 인적범위가 일치하게 된다.

발기인조합의 업무집행에는 민법의 조합규정이 적용되므로 설립사무에 관한 의사결정은 원칙적으로 발기인의 과반수에 의한다. 그리고 발기인조합은 '설립중의 회사'의 창립 이전에 이미 존재하는 것이며, 양자는 서로 병존하는 관계를 갖는다. 즉 발기인조합은 설립중의 회사의 창립에 의하여 소멸되지 않는다.

(3) 설립 중의 회사

회사의 설립경과중에 있는 실체는 회사의 태아로서 미완성의 회사이기 때문에 '설립 중의 회사'라고 할 수 있으며, 이는 회사설립을 목적으로 하는 권리능력 없는 사단으로서 앞으로 성립될 회사의 전신이지만, 실질적으로는 양자가 동일한 존재이다. 그리하여 '설립 중의 회사'는 당사자능력과 등기능력 등의 제한적 권리능력이 인정된다.

'설립 중의 회사'의 창립시기에 대해서는 정관의 작성시라는 설, 주식의 총수가 인수된 때라는 설 등이 있지만, 발기인이 정관을 작성하고 각 발기인이 1주 이상을 인수한 때에 창립한다는 것이 다수설이다.

4. 정관의 작성

정관이란 회사가 제정한 자치법규로서 실질적으로는 회사의 조직 및 활동에 관한 근본규칙을 말하고, 형식적으로는 근본규칙을 기재한 서면을 말한다. 정관에는 각 발기인이 기명날인 또는 서명하고 공증인의 인증이 있어야 한다. 정관은 회사의 자치법규로서 발기인뿐만 아니라 회사의 주주 및 기관을 구속하는 효력을 가진다.

정관에는 절대적 기재사항으로 ① 목적, ② 상호, ③ 회사가 발행할 주식의 총수, ④ 1주의 금액, ⑤ 회사의 설립시에 발행하는 주식의 총수, ⑥ 본점의 소재지, ⑦ 회사가 공고를 하는 방법, ⑧ 발기인의 성명·주민등록번호 및 주소 등의 사항을 기재하고 각 발기인이 기명날인 또는 서명하여야 한다. 정관에 반드시 기재하여야 되는 최소한도의 사항으로서 하나라도 기재를 하지 않은 때에는 정관과 더불어 회사의 설립 자체가 무효가 될 수 있는 사항이다.

상대적 기재사항은 정관 자체의 효력에는 영향이 없지만 이를 정관에 기재하지 않으면 회사와 주주에 대한 관계에 있어서 그 효력이 발생하지 않는 사항으로 그 근거가 상법에 있는 사항이며, 임의적 기재사항은 정관 자체의 효력에는 영향이 없지만 이를 정관에 기재하지 않으면 회사와 주주에 대한 관계에 있어서 그 효력이 발생하지 않는 사항으로 그 근거가 상법에 없는 사항이다.

5. 설립등기

'발기설립'의 경우에는 상법 제299조(검사인의 조사보고)와 제300조(법원의 변경처분)의 규정에 의한 절차가 끝난 날부터, '모집설립'의 경우에는 창립총회의 종료일 또는 상법 제314조(변태설립사항의 변경)의 절차가 끝난 날부터 2주 내에 상법 제317조 제2항 소정의 사항을 등기하여야 한다. 설립등기를 해태한 때에는 과태료의 제재가 있다.

Ⅲ _ 주식회사의 기관

1. 총설

주식회사에는 회사의 의사를 결정하고 그에 따라 행동하며 결정된 의사를 대외적으로 표시하기 위하여 일정한 기관이 있어야 한다. 주식회사의 기관은 회사의 대내적 의사결정기관으로서 주주총회와 업무집행기관으로서 이사회와 대표이사, 그리고 감독기관으로서 감사 또는 감사위원회 등의 필요기관으로 분화되며, 필요에 따른 임시기관으로서 검사인을 선임할 수 있다.

2. 주주총회

(1) 의의

주주총회란 회사의 경영에 관한 중요사항에 대하여 주주들이 의사를 표시하여 회사 내부에서 회사의 의사를 결정하는 필요기관이다. 상법은 이사회의 권한을 강화하고, 반면에 주주총회의 권한은 축소하여 주주총회는 상법 또는 정관에 정하는 사항에 한하여 결의할 수 있도록 하였다. 주주총회의 법정된 결의사항은 주주총회의 전속적 권한으로서 정관에 의해서도 다른 기관이나 제3자에게 위임하지 못한다.

(2) 주주총회의 결의사항

1) 보통결의사항

보통결의사항이란 출석한 주주의 의결권의 과반수와 발행주식총수의 4분의 1 이상의 수를 요하는 사항을 말한다. 이사·감사·청산인의 선임과 그 보수의 결정, 재무제표의 승인, 검사인의 선임, 총회의 연기 또는 속행의 결정, 청산인의 청산종료의 승인, 청산인의 해임 등이 이에 해당한다.

2) 특별결의사항

특별결의사항이란 출석한 주주의 의결권의 3분의 2 이상의 수와 발행주식총수의 3분의 1 이상의 수를 요하는 사항을 말한다. 정관의 변경, 영업의 전부 또는 중요한 일부의 양도, 이사 또는 감사의 해임, 자본의 감소, 주주 외의 자에 대한 전환사채의 발행사항, 사후설립, 임의해산, 회사의 계속, 주식의 할인발행, 합병계약서의 승인, 회사분할계획서 및 분할합병계약서의 승인, 주식교환계약서 및 주식이전계획서의 승인, 휴면회사의 계속, 주식매수선택권의 부여, 주식의 매수에 의한 소각 등이 이에 해당한다.

3) 특수결의사항

특수결의사항이란 발행주식총수의 전부를 소유하는 총주주의 동의가 필요한 결의를 말한다. 이사 또는 감사의 회사에 대한 책임면제, 주식회사의 유한회사로의 조직변경 등이 이에 해당한다. 이 경우에는 의결권 없는 주식을 소유하는 주주의 동의도 있어야 한다.

(3) 주주총회의 소집

총회의 소집결정은 원칙적으로 이사회의 권한에 속하며, 대표이사가 소집절차를 실행한다. 그러나 이사가 1인인 회사는 이사가 결정한다. 이사회 또는 이사는 소집의 결정뿐만 아니라 대표이사가 소집통지를 함에 있어서 필요한 구체적인 내용·일시·장소·의안 등을 결정하여야 한다.

주주총회는 소집의 시기를 표준으로 정기총회와 임시총회로 구별된다. 정기총회는 매년 1회 일정한 시기에 소집하여야 하며, 1년에 2회 이상 결산기를 정한 때에는 매기마다 총회를 소집하여야 한다. 임시총회는 결의가 필요한 경우 수시로 소집한다.

총회를 소집함에는 회일을 정하여 2주간 전에 각 주주에게 서면으로 통지를 발송해야 하며, 통지에는 회의의 목적사항을 기재해야 한다. 통지의 대상이 되는 주주는 주주명부상의 주주를 말하며, 의결권 없는 주식을 가진 주주에게는 통지하지 않아도 된다. 회사는 주주명부에 기재된 주주의 주소에 통지하면 면책된다. 무기명주권을 발행한 경우에는 회일의 3주간 전에 통지의 내용을 공고해야 한다.

(4) 의결권

의결권이란 주주가 주주총회에 출석하여 결의에 참가할 수 있는 권리를 말한다. 주주는 의결권에 의하여 찬부(贊否)의 의사를 표시함으로써 회사의 의사결정에 참여하게 된다.

모든 주주는 1주마다 1개의 의결권을 갖는데, 이를 '1주 1의결권의 원칙'이라고 한다. 법이 특별히 인정한 예외의 경우를 제외하고는 정관 또는 주주총회의 결의로 이에 반하는 규정을 하지 못한다. 상법이 인정한 예외의 경우로는 의결권 없는 주식, 회사의 자기주식, 상호소유주식, 감사의 선임 등의 경우가 있다.

총회의 결의에 있어서 의결권 없는 주주가 가진 주식의 수는 발행주식총수에 산입하지 않는다. 그리고 특별이해관계인이 갖는 주식의 의결권의 수는 결의의 성립에 필요한 출석한 주주의 의결권의 수에 산입하지 아니한다.

의결권은 주주 자신이 직접 행사하거나 대리인으로 하여금 행사하게 할 수 있다. 대리행사의 경우에는 대리권을 증명하는 서면을 총회에 제출하여야 한다. 정관으로도 대리인에 의한 의결권의 행사를 금지하지 못하고, 대리인자격을 제한할 수 있을 뿐이다. 무기명주식은 회일의 1주간 전에 그 주권을 회사에 공탁하여야만 그 의결권을 행사할 수 있다. 이 기간은 정관으로 단축할 수 있다.

(5) 주주총회결의의 하자

주식회사에는 다수의 이해관계인이 있으며 일단 결의가 성립하면 그 결의를 전제로 하여 모든 법률관계가 진행되기 때문에, 주주총회의 결의에 하자가 있더라도 그 하자의 주장을 무제한으로 허용하지 않는다. 상법은 주주총회의 결의취소의 소, 결의무효확인의 소, 결의부존재확인의 소, 부당결의취소·변경의 소 등 4종의 소를 통하여 의결권의 남용으로부터 회사와 주주 등 이해관계인의 이익을 보호하고, 기타 법률관계의 안전을 도모하고 있다.

1) 결의취소의 소

주주총회결의의 성립과정에 있어서 총회소집의 절차나 의결방법이 법령이나 정관에 위반된 경우나 현저하게 불공정한 때 또는 결의의 내용이 정관에 위반한 때에는 그 결의의 날로부터 2월 내에 주주·이사 또는 감사는 결의취소의 소를 청구할 수 있다. 결의취소는 결의부존재에 비하여 경미한 하자가 있는 경우에 소에 의해서만 그 주장이 가능하며 제소권자와 제소기간을 제한하고 있다. 결의취소의 소가 제기됨이 없이 제소기간을 경과하면 그 결의는 확정적으로 유효하게 된다. 즉 결의취소의 소는 형성의 소이다.

취소의 원인으로서 소집절차상의 하자로는 대표이사가 이사회의 결의 없이 총회를 소집하였을 때, 일부 주주에 대한 소집통지의 흠결, 소집통지기간의 부준수, 소집통지의 불비, 총회의 개최일시 및 장소가 적합하지 않은 때 등이 있다. 결의방법에 있어서의 하자로는 주주 또는 그 대리인이 아닌 자의 결의 참가, 특별이해관계인의 의결권행사, 결의에 필요한 정족수의 요건을 어긴 때, 결의방법이 정관에 위반하는 때, 소집통지에 기재되지 않은 사항을 결의한 때 등이 있다. 의결방법이 현저하게 불공정한 예로서는 이사가 의결권의 행사를 방해한 때, 의장의 부당한 발언제한 등이 있다. 결의의 내용이 정관에 위반하는 경우로는 정관소정의 원수를 초과하는 이사·감사의 선임 등이 있다.

결의취소의 소를 제기할 수 있는 자는 주주·이사·감사에 한한다. 의결권 없는 주식을 가진 주주는 그 성질상 제외된다는 것이 다수설이다. 결의취소의 소는 1주를 소유하는 주주라도 제기할 수 있고, 결의 당시에는 주주가 아니었더라도 관계없으며 총회결의에 대하여 찬성하였던 경우나 다른 주주에 대한 소집절차의 하자를 이유로 제기할 수도 있다. 청산회사의 경우에는 청산인이 제소권자가 된다.

결의취소의 소는 본점소재지의 지방법원의 관할에 속하며, 소가 제기된 때에는 회사는 지체없이 공고하여야 한다. 결의취소의 소가 제기된 경우에도 결의의 내용, 회사의 현황과 제반사정을 참작하여 그 취소가 부적당하다고 인정한 때에 법원은 그 청구를 기각할 수 있다(재량기각). 남소를 방지하기 위하여 주주가 결의취소의 소를 제기한 때에 법원은 회사의 청구에 의하여 상당한 담보를 제공할 것을 명할 수 있다. 이 경우 회사는 제소권자가 악의임을 소명하여야 한다.

결의취소의 판결이 확정되면 그 효력은 당사자 이외의 주주·이사 기타 제3자에 대하여도 미치게 된다. 그러나 원고가 패소한 경우에는 대세적 효력이 없고 그 기판력은 제3자에게 미치지 않는다. 결의취소의 소는 형성의 소이므로 취소판결이 확정될 때까지는 결의를 유효한 것으로 취급하고 취소판결이 확정됨으로써 결의는 그 효력을 상실한다. 결의취소의 소에는 소급효가 인정된다.

2) 결의무효확인의 소

주주총회결의의 내용이 법령의 강행법규에 위반하는 실질적인 하자가 있는 경우에는 그 결의는 당연히 무효가 된다. 이때에는 무효를 주장할 수 있는 자 및 그 시기에 있어서도 아무런 제한이 없으며 무효의 주장방법도 소뿐만 아니라 항변에 의할 수 있다. 무효확인의 소는 확인의 소이다.

무효의 원인으로는 주주평등원칙의 위반, 유한책임원칙의 위반, 자산평가원칙에 반하여 작성한 재무제표의 승인, 상법 제462조 제1항에 위반하는 이익배당의 결의, 총회결의사항을 이사에게 일임하는 결의 등이 있다.

결의무효확인의 소는 결의취소의 소와는 달리 의결권 없는 주식을 가진 주주도 제기할 수 있으며, 확인의 이익을 갖는 자는 누구든지 무효확인의 소를 제기할 수 있다.

결의무효확인의 소에는 전속관할, 소제기의 공소, 소의 병합심리와 판결의 효력, 패소한 원고의 책임, 주주의 담보 제공의무 등 결의취소의 소에 관한 규정이 준용된다. 결의무효의 소에는 소급효가 인정된다.

3) 결의부존재확인의 소

주주총회의 소집절차 또는 결의방법에 총회결의가 존재한다고 볼 수 없을 정도의 중대한 하자가 있는 경우 결의부존재확인의 소를 제기할 수 있다. 예컨대 총회를 개최한 사실이 전혀 없거나 사실상 결의가 없었음에도 불구하고 의사록에는 결의가 있는 것 같이 기재되어 있는 경우 등이 이에 해당한다. 소의 성질과 절차 등은 무효확인의 소와 같다.

3. 이사

(1) 권한

이사는 주식회사의 업무집행의 의사결정기관인 이사회의 구성원으로서 업무집행의 의사결정에 참여할 뿐이며, 대표이사가 아니면 회사의 활동과 관련하여 회사의 기관인 지위를 갖지 못한다. 다만 각 이사는 회사법상의 소제기권이 있을 뿐이다.

이사는 주주총회에서 선임하며, 이사와 회사와의 관계는 위임이다. 이사의 선임은 주총의 보통결의에 의하고, 이러한 결의의 요건은 정관으로 가중할 수 있을 뿐이며 감경하지 못한다. 이사를 선임하였을 때에는 등기하여야 한다.

사외이사는 회사의 경영과 업무집행에는 직접 참여하지 않고 비상근으로서 이사회에 출석하여 회사의 경영에 대한 의사결정에 참가하는 이사이다.

(2) 원수 및 임기

이사는 3인 이상이어야 한다. 즉 이사의 원수는 최고한도에 대한 제한은 없고 최저한도가 3인이므로 정관으로 3인 이상의 원수를 정할 수 있다. 그러나 자본금 10억원 미만의 회사는 이사를 2인 또는 1인을 선임하여도 된다. 이사의 임기는 3년을 초과하지 못하지만, 정관으로 그 임기중의 최종의 결산기에 관한 정기주주총회의 종임 시까지 연장할 수 있다.

(3) 종임

이사는 위임의 일반적 법정종료사유인 이사의 사망·파산·피성년후견선고에 의하여 종임하게 된다. 그리고 이사는 언제든지 일방적 의사표시에 의하여 사임할 수 있다. 이 밖에 이사는 임기의 만료, 정관소정의 자격상실, 회사의 해산, 해임 등에 의하여 종임하게 된다. 주주총회는 언제든지 특별결의로써 이사를 해임할 수 있다.

4. 이사회

(1) 의의

이사회는 상법 또는 정관에서 정하고 있는 주주총회의 권한 이외의 사항에 관하여 회사의 의사를 결정하는 기관이다. 이사회는 이사 전원으로 구성되는 법정의 회의체로서 필요상설의 기관이다.

(2) 소집

이사회의 소집은 각 이사가 하는 것을 원칙으로 하지만, 이사회의 결의로 회의를 소집할 이사를 정한 때에는 다른 이사의 소집권은 배제된다. 회의를 소집함에는 회일의 1주간 전에 각 이사 및 감사에게 통지를 발송하여야 하는데, 이 기간은 정관으로 단축할 수 있다. 회의개최에 관하여 사전에 이사 및 감사 전원의 동의가 있는 때에는 소집절차 없이 언제든지 소집하여 회의할 수 있다.

(3) 결의

이사회의 결의는 이사 전원의 과반수의 출석과 출석이사의 과반수로 한다. 직무집행정지중의 이사는 제외되며 직무대행자 및 이사로서의 권리·의무가 있는 퇴임이사는 그 정족수에 산입된다. 이러한 결의요건은 정관으로 가중할 수 있을 뿐이며 완화하지 못한다. 결의에 관하여 특별한 이해관계가 있는 이사는 의결권을 행사하지 못한다. 이사회는 적법하게 개최된 회의에서 결의를 하여야 하고 서면결의는 인정되지 않으며, 이사는 의결권을 대리로 행사시키지 못한다.

(4) 권한

이사회는 상법이나 정관에 따라 주주총회의 권한으로 규정한 이외의 모든 업무집행에 대하여 회사의 의사를 결정하는 기관이다. 이사회의 중요한 법정권한은 대표이사의 선임과 공동대표의 법정, 신주의 발행, 사채의 발행, 중요한 자산의 처분 및 양도, 대규모 자산의 차입, 지배인의 선임 또는 해임, 주주총회의 소집결정, 이사의 경업승인, 이사와 회사 간의 거래의 승인, 이사회소집권자의 특정, 준비금의 자본전입, 전환사채의 발행, 신주인수권부사채의 발행, 신주인수권양도의 인정, 영업보고서의 승인, 중간배당의 결정, 재무제표의 사전승인, 이사의 업무감독권, 지점의 설치·이전·폐지, 간이합병·소규모합병의 승인, 간이주식교환의 승인, 소규모주식교환의 승인 등이다.

5. 대표이사

(1) 의의와 임면

주식회사는 법인이므로 그의 의사를 대외적으로 표시하는 대표기관이 필요하다. 상법은 이사회가 그 구성원 중에서 1인 또는 수인의 대표이사를 선임하여 이들로 하여금 회사의 업무를 집행하고 회사를 대표하게 하고 있다. 대표이사는 대외적으로 회사를 대표하고 대내적으로 업무집행을 담당하는 필요적 상설기관이다.

상법은 이사회가 이사 중에서 1인 또는 수인의 대표이사를 선임하여 그들로 하여금 회사를 대표하도록 규정하고 있다. 대표이사의 선임은 원칙적으로 이사회의 권한이지만 정관에 의하여 주주총회에서 대표이사를 선임하도록 할 수 있다. 그러나 이사가 1인인 회사는 그 이사가 회사를 대표한다. 대표이사의 성명은 등기사항이다.

대표이사는 이사 또는 대표이사의 자격을 상실함으로써 종임하게 된다. 첫째로 대표이사의 자격은 이사임을 전제로 하기 때문에 이사의 임기의 만료·해임·사임 등의 원인에 의하여 이사의 자격이 종임함으로써 당연히 대표이사의 지위도 잃게 된다. 그러므로 대표이사의 임기는 이사의 임기를 초과하지 못한다. 둘째로 대표이사의 해임 또는 사임에 의하여 종임한다. 대표이사의 선임기관은 언제든지 대표이사를 해임할 수 있으며 대표이사도 언제든지 사임할 수 있다. 이사의 자격을 상실하면 대표이사의 지위도 종임하게 되지만, 대표이사의 지위를 상실하였다고 하여 당연히 이사의 자격을 잃는 것은 아니다.

(2) 대표이사의 권한

대표이사는 주주총회와 이사회가 결의한 사항을 집행하고, 이 업무집행을 위하여 필요한 때에는 대외적으로 회사를 대표하는 기관이다. 또한 대표이사는 상법과 정관으로 주주총회와 이사회의 권한으로 정한 것 이외의 사항과 기타 모든 업무집행에 필요한 세부사항에 대하여 의사결정을 할 수 있는 권한을 가진다. 대표이사는 내부적으로뿐만 아니라 외부적으로도 회사의 업무를 집행할 권한이 있다. 다만 외부적인 업무집행을 위하여 대표권이 인정되고 있는 것이다. 대표이사가 수인인 경우에는 각자가 단독으로 회사의 업무를 집행한다. 대표이사에게는 회사의 영업에 관하여 재판상 또는 재판 외의 모든 행위를 할 수 있는 권한이 있으며, 이러한 권한에 가한 제한으로 선의의 제3자에게 대항하지 못한다. 대표이사가 수인인 때에는 각자가 회사를 대표하지만 이사회의 결의로 공동대표이사를 정한 때에는 수인의 대표이사가 공동으로 회사를 대표하여야 한다. 대표이사가 주주총회나 이사회의 결의가 없거나 또는 결의에 위반하여 행위를 한 경우에 일반적인 거래행위나 신주의 발행, 사채의 발행 등과 같은 행위는 유효하지만, 단순히 내부적인 행위인 회사와 이사간의 거래, 준비금의 자본전입 등은 무효이다.

이사와 회사간의 소송에 있어서는 대표이사가 회사를 대표할 수 없고 감사가 회사를 대표한다. 감사위원회의 위원이 소의 당사자인 경우에는 감사위원회 또는 이사는 법원에 회사를 대표할 자를 선임하여 줄 것을 신청하여야 한다.

6. 감사 · 감사위원회

(1) 감사

1) 의의와 임면

감사는 회계 및 업무의 감사를 임무로 하는 필요적 상설기관이다. 감사의 임기는 3년이고, 감사해임의 경우에 주주총회에서 해임에 관하여 의견을 진술할 수 있으며, 총회소집권을 갖고 있다. 또한 이사가 회사에 현저하게 손해를 미칠 염려가 있다는 사실을 발견한 때에는 즉시 감사에게 보고해야 하며, 모회사의 감사는 자회사에 대하여 조사권을 갖는다.

감사는 주주총회에서 선임한다. 감사의 원수는 1인이라도 된다. 감사의 선임에 있어서 의결권 없는 주식을 제외한 발행주식총수의 100분의 3을 초과하는 수의 주식을 가진 주주는 그 초과하는 주식에 대하여 그 의결권을 행사하지 못한다. 이러한 의결권의 제한비율은 정관으로 더욱 낮게 정할 수 있다. 감사와 회사와의 관계에 대하여는 위임에 관한 규정이 준용된다. 감사의 보수는 이사에 관한 규정을 준용하며, 감사의 성명과 주민등록번호는 등기사항이다.

감사의 종임은 이사의 경우와 같지만, 회사의 해산 후에도 청산중의 회사의 회계감사와 업무감사를 위하여 종임하지 않는다. 주권상장법인의 경우는 감사를 해임하는 때에도 의결권의 행사가 제한된다.

2) 임기 및 자격

감사의 임기는 취임 후 3년 내의 최종의 결산기에 관한 정기총회의 종결시까지로 한다. 재선은 가능하다. 감사의 자격에는 제한이 없지만 당해 회사 및 자회사의 이사 또는 지배인 기타의 사용인은 그 성질상 감사의 지위를 겸하지 못한다.

3) 책임

감사가 그 임무를 해태한 때에는 그 감사는 회사에 대하여 연대하여 손해를 배상할 책임이 있다. 또한 감사가 악의 또는 중대한 과실로 인하여 그 임무를 해태한 때에는 제3자에 대하여도 연대하여 손해배상책임을 진다. 이 경우 이사도 책임이 있는 때에는 그 감사와 이사는 연대하여 책임을 진다. 감사의 책임도 총주주의 동의로만 면제될 수 있고, 감사의 책임추궁을 위하여 이사의 경우와 같이 대표소송이 인정된다. 감사는 업무집행기관이 아니므로 경업금지의무나 자기거래 제한규정은 감사에 대하여 적용되지 않는다.

(2) 감사위원회

회사는 정관이 정한 바에 따라 감사에 갈음하여 이사회 내의 위원회로서 감사위원회를 설치할 수 있으며, 감사위원회를 설치한 경우에는 감사를 둘 수 없다. 감사위원회에 대하여는 감사에 관한 규정을 준용한다. 감사위원회는 3인 이상의 이사로 구성된다. 감사위원회는 그 결의로 위원회를 대표할 자를 선정하여야 한다. 이 경우 수인의 위원이 공동으로 위원회를 대표할 것을 정할 수 있다. 감사위원회 위원의 해임은 이사회의 결의로 할 수 있으나, 이사 총수의 3분의 2 이상의 결의로 하여야 한다.

제7장

민사소송법

제7장
민사소송법

제 1 절 총론

I _ 민사소송

1. 민사소송의 목적과 개념

(1) 민사소송은 개인의 입장에서는 사권(私權)을 보호해주고 국가제도의 차원에서는 사법질서를 유지하는 데 그 목적이 있다고 볼 수 있다.[1)]

(2) 민사소송은 사법상의 권리관계를 확정·보전·실현하여 사권을 보호하고 분쟁을 해결하며 이를 통한 사법질서의 유지를 목적으로 하는 재판상의 절차이다.

2. 대체적 분쟁해결제도

(1) 소송절차는 높은 비용과 과다한 시간의 소요라는 단점을 가지고 있는바, 최근에는 엄격한 형식과 절차를 지양하고 법보다 조리와 양보에 의하여 시민의 참여를 통한 융통성 있는 분쟁처리절차로서 재판절차를 갈음하고자 하는 경향이 대두되고 있다. 대체적 분쟁해결제도로서 화해, 조정, 중재가 거론된다.

(2) 화해는 당사자 간의 직접적이고 자주적인 교섭을 통한 상호양보로써 분쟁을 해결하는 방식이다. 화해는 재판 외에서는 민법상 화해계약의 형태로 가능하고, 재판상으로는 제소전화해와 소송상화해가 인정되고 있다. 한편 2002년 개

---

1) 범경철/곽승구, 민사소송법, 도서출판 정독, 2022, 3면. 이하 본 장에서는 위 교재를 주로 참조·인용하였는데, 각 해당부분에서 구체적인 인용 표기는 생략하였음을 밝혀둔다.

정 민사소송법은 화해의 활성화를 위해 서면에 의한 화해제도(민사소송법[2] 제148조 제3항)와 화해권고결정제도(제225조 이하)를 도입하였다.

(3) 조정은 제3자인 법관이나 조정위원회가 분쟁관계인 사이에 개입하여 화해로 이끄는 절차를 말하는데, 현재는 국가기관이 제도적으로 행하는 경우가 대부분이다. 크게는 법원에 의한 조정과 행정부 산하기관에 의한 조정으로 나눌 수 있다.

(4) 중재는 당사자의 합의에 의하여 선출된 중재인의 중재판정에 의하여 분쟁을 해결하는 절차를 말한다. 이는 사건마다 분쟁당사자가 선임한 중재인의 판정에 의해 분쟁을 해결하는 일종의 사적재판이다. 그러므로 중재판정에는 법원의 확정판결과 같은 효력이 인정된다(중재법 제35조). 따라서 중재합의에도 불구하고 당사자 일방이 소를 제기한 경우 최초의 변론시까지 상대방이 중재합의가 있다는 항변을 하면 소의 이익이 없는 것으로 부적법 각하된다(중재법 제9조).

3. 민사소송의 이상과 신의칙

(1) 민사소송법 제1조 제1항은 법원은 소송절차가 공정하고 신속하며 경제적으로 진행되도록 노력하여야 한다고 규정하고, 제2항은 당사자와 소송관계인은 신의에 따라 성실하게 소송을 수행하여야 한다고 규정하고 있다. 이는 우리 민사소송법이 적정·공평·신속·경제라는 4대 이상을 규정함과 동시에 당사자와 소송관계인에게 요구되는 행동원리로서 신의칙을 규정하고 있는 것이다.

(2) 먼저 민사소송의 이상과 관련하여, '적정'은 재판의 내용상 사실인정의 정확성을 기하여 실체적 진실을 발견하고, 인정된 사실에 타당한 법률적용을 통하여 권리 있는 자는 반드시 승소하고 권리 없이 부당한 제소를 하는 자는 꼭 패소한다는 결과를 확보하자는 이상이다. '공평'은 한쪽 말만 듣고 송사를 하지 못한다는 말대로 재판의 적정성을 기하기 위하여서는 소송을 심리하는 동안 양 당사자를 공평하게 취급해야 한다는 이상이다. 그리고 재판의 지연은 재판의 거부와 같다는 법언이 있는 것처럼 소송촉진은 아무리 강조하여도 지나친 것이 아니

2) 이하 본 장에서 민사소송법은 법명을 생략한다.

므로 '신속'의 이상이 존재하는 것이다. 소송을 수행함에 있어서 소송관계인이 들이는 비용과 노력을 최소한도에 그치게 하는 것이 '경제'의 이상이다.

(3) 신의칙은 다음과 같은 형태로 발현된다. 먼저 '소송상태의 부당형성'으로서, 당사자 일방이 간계를 써서 소송상태를 소송법상의 요건에 맞도록 만들거나 상대방의 행위를 요건흠결상태로 만들어서 부당하게 소송을 자기에게 유리하게 만드는 행위가 그것이다. 다음으로 '모순거동금지'로서, 일정한 선행행위를 통해 상대방에게 신뢰를 구축해 놓고 이에 모순되는 후행행위를 하는 것은 금지된다(소송상의 금반언). 그리고 '소송상 권능의 실효'로서, 권리자가 소송상의 권능을 장기간 불행사했고 이에 더 이상 권리를 행사하지 않으리라는 점에 대해 상대방에게 정당한 기대가 생겼는데 권리자가 그 후에 새삼스레 권리를 행사하는 경우이다. 마지막으로 '소송상 권능의 남용'으로서, 소송이나 강제집행을 지연시킬 목적으로 소권을 행사하는 경우, 탈법의 수단이나 재산상 이득을 목적으로 행사하는 경우 등을 들 수 있다.

Ⅱ _ 민사소송법

1. 민사소송법의 의의와 성격

(1) 형식적 의미의 민사소송법은 민사소송법이라 하는 법전을 가리킨다. 그러나 실질적 의미의 민사소송법은 사법상의 법률관계로 인한 분쟁의 해결절차, 즉 민사소송제도를 규율하고 있는 법규의 총체를 말한다.

(2) 이러한 민사소송법은 민사법원이라는 국가기관의 소송절차를 규율하고 있기 때문에 '공법'으로서의 성격을 지닌다. 그리고 대등한 사인간의 생활관계상의 분쟁을 해결하기 위한 법률이기 때문에 '민사법'으로서의 성격을 지닌다. 마지막으로 민사소송법은 사법상의 법률관계를 대상으로 하지만 그에 관한 분쟁을 해결하는 절차와 방식을 규율하는 법이기 때문에 '절차법'으로서의 성격을 지닌다.

2. 민사소송법의 효력과 한계

(1) 먼저 시적 한계와 관련하여 소급효 인정 여부가 문제되는데, 실체법의 영역에서는 이른바 소급효를 금지하고 있으나(헌법 제13조 제2항), 소송법의 영역에서는 원칙적으로 소급효를 인정하여 구법시의 사건에 대해서도 신법을 적용하고 있다. 다만 각 개별적 사항에 관하여는 경과규정을 두고 있는 경우가 있다.

(2) 다음으로 장소적 한계와 관련하여, 우리나라의 법원에서 심리되는 사건은 당사자가 내국인이든 외국인이든, 소송물의 내용이 무엇이든, 준거법이 내국법이든 외국법이든을 막론하고 우리나라의 민사소송법이 적용된다. 한편 외국법원에 계속 중인 민사소송은 그 법정지의 소송법이 적용되나, 외국법원에서 행하여진 소송행위가 우리나라에서 어떠한 효력을 갖는가 하는 문제는 우리나라의 민사소송법에 의하여 결정된다(제217조).

제 2 절 법원

Ⅰ_ 민사재판권

1. 민사재판권의 의의

재판권은 재판절차에 의하여 법적 분쟁을 처리하는 국가권력을 말한다. 이는 크게 형사재판권, 민사재판권, 헌법재판권으로 나눌 수 있다. 그중 민사재판권은 민사사건에 대한 재판을 할 수 있는 국가의 권능을 가리키는 것으로서, 구체적으로 사법상 권리·법률관계에 대한 판결, 강제집행, 보전처분 등을 행하는 국가권력을 말한다.

2. 민사재판권의 범위와 한계

(1) 먼저 인적 범위로서, 영토고권의 원칙상 민사재판권은 국적을 불문하고 우리나라에 거주하는 모든 사람에게 미치는 것이 원칙이다. 다만 치외법권자, 즉

외교사절단의 구성원과 그 가족, 영사관원과 그 사무직원, 외국의 원수·수행원 및 그 가족 등에 대해서는 우리나라 법원의 재판권이 미치지 않는다. 이와 관련하여 외국국가에 대해서도 우리나라 재판권이 미치지 않는가가 문제되는데, 외국의 사법적 행위가 주권적 활동에 속하는 것이거나 이와 밀접한 관련이 있어서 이에 대한 재판권의 행사가 외국의 주권적 활동에 대한 부당한 간섭이 될 우려가 있는 경우를 제외하고는 외국의 사법적 행위에 대하여는 당해 국가를 피고로 하여 재판권을 행사할 수 있다고 본다(상대적 면제주의).[3]

(2) 다음으로 물적 범위로서, 소송당사자가 외국인이거나 소송물이 외국과 관련된 경우 어느 나라 법원이 당해 사건을 재판해야 하는가의 문제이다. 국제재판관할권이라고 한다. 현재는 국제사법 제2조에 따라 국내법의 관할 규정을 참작하여 당사자 또는 분쟁이 된 사안이 대한민국과 실질적 관련이 있는 경우 국제재판관할권을 가진다고 본다.

(3) 마지막으로 장소적 범위로서, 우리 법원의 재판권은 국내에만 미친다. 따라서 증거조사나 집행 등을 외국에서 실시하려면 우리나라가 사법공조에 관한 쌍무협약이나 그 조약에 가입하는 등 외국의 동의가 필요하다.

Ⅱ _ 민사법원의 종류와 구성

1. 민사법원의 종류

전형적인 민사법원으로는 대법원, 고등법원, 지방법원이 있고, 특허법원은 특허침해소송을 관할하는 한도 내에서 민사법원에 속한다.

2. 법원의 구성

(1) 재판기관으로서 법원은 ① 소송사건을 수리·심리·판단하는 기능을 하는 수소법원, ② 스스로 강제집행을 수행하거나, 집행관·사법보좌관의 강제집행

3) 대판 1998. 12. 17. 97다39216 전합.

실시를 감독하는 기능을 하는 집행법원으로 구성된다.

(2) 재판기관은 단독제 또는 합의제로 운영된다. 지방법원은 단독제를 원칙으로 하면서도 일정한 경우 합의제로 운영되나, 대법원과 고등법원은 합의제로 운영된다. 대법원은 대법관 전원의 3분의 2 이상으로 구성되는 '전원합의체', 대법관 3인으로 구성되는 '소부'로 운영된다.

(3) 법관은 대법원장, 대법관, 판사의 세 종류가 있다. 재판에 대한 국민의 신뢰보호를 위해 법관의 독립성이 보장된다.

Ⅲ_ 법관의 제척 · 기피 · 회피

1. 제척

재판의 공정성을 담보하기 위해 법관이 담당사건과 특수한 관계가 있는 경우 당연히 그 사건에 관한 직무집행에서 배제되는 것을 제척이라고 한다. 즉 법관이 사건의 당사자가 되거나, 친족의 관계에 있거나, 사건에 관하여 증언·감정을 하였거나, 대리인이었거나 대리인이 된 경우, 그리고 불복사건의 이전심급의 재판에 관여한 경우(이른바 전심관여)에는 제척의 이유가 된다. 제척이유가 있는 법관이 행한 소송행위는 본질적인 절차상의 하자가 있으므로 무효이다.

2. 기피

법률이 규정한 제척이유 이외에 법관에게 공정한 재판을 기대하기 어려운 사정이 있는 경우에 당사자의 신청에 의한 결정으로 그 법관을 당해사건에 관여할 수 없도록 하는 것을 기피라고 한다. 예컨대 법관이 소송당사자와 약혼 등 애정관계, 원한관계 등에 있는 경우이다. 평균적인 일반인의 관점에서 의심을 가질 만한 객관적인 사정이 있다면 실제로 법관에게 편파성이 존재하지 아니하거나 헌법과 법률에 따른 공정한 재판을 할 수 있는 경우에도 기피가 인정될 수 있다.[4] 기피신

4) 대결 2019. 1. 4. 2018스563.

청이 있게 되면 기피재판이 확정될 때까지 원칙적으로 소송절차를 정지한다.

3. 회피

법관이 자신에게 제척 또는 기피사유가 있다고 인정하여 스스로 직무집행을 피하는 것을 회피라고 한다. 법관은 감독권이 있는 법원의 허가를 얻어 회피를 할 수 있다.

Ⅳ_ 법원의 관할

1. 관할의 의의

여러 법원 사이에 어느 법원이 어떤 사건을 담당하는지, 즉 재판권의 분담관계를 정해 놓은 것을 관할이라고 한다.

2. 관할의 종류

(1) 발생 원인에 따라 법정관할, 지정관할, 거동관할로 구분된다. 법정관할은 법률에 의해 정해진 관할로서, 다시 직분관할, 사물관할, 토지관할로 나눌 수 있다. 여기서 직분관할은 담당직무의 차이에 따른 관할을 말하는데, 예컨대 수소법원과 집행법원의 직분관할, 지방법원 단독판사와 합의부의 직분관할 등이 있다. 지정관할은 재정관할이라고도 하는데, 관할이 불분명한 경우 상급법원의 결정에 의해 정해진 관할을 말한다. 거동관할은 당사자의 거동에 의한 것으로서, 합의관할과 변론관할이 이에 속한다.

(2) 소송법상 효과에 따라 전속관할, 임의관할로 구분된다. 전속관할은 고도의 공익적 견지에서 정해진 것으로 오로지 특정법원만 배타적으로 관할권을 갖게 된 것이다. 예컨대 재심사건은 재심을 제기할 판결을 한 법원의 전속관할이고, 정기금판결에 대한 변경의 소는 제1심 판결법원의 전속관할이다. 임의관할은 주로 사익적 견지에서 정해지는 것으로, 여기에는 합의관할과 변론관할이 인정된다.

3. 사물관할

사건의 경중에 따라 제1심 사건의 재판권 분담을 정해 놓은 것으로서, 단독판사냐 아니면 합의부냐에 관한 문제이다. 소가 5억 원을 기준으로, 5억 원을 초과하면 원칙적으로 합의부 관할, 5억 원 이하는 원칙적으로 단독판사 관할이다.

4. 토지관할

지역을 달리하는 수 개의 관할법원이 존재하는 경우, 어느 법원에 사건처리를 분담시킬 것인가를 정한 것을 토지관할이라고 한다. 토지관할이 발생하는 근거가 되는 지점을 재판적이라고 한다. 여기에는 모든 소송사건에 공통으로 적용되는 보통재판적과 특별한 종류·내용의 사건에 대해서 한정적으로 적용되는 특별재판적이 있다. 특별재판적에는 다른 사건과 관계없이 인정되는 독립재판적과 다른 사건과 관련하여 비로소 생기는 관련재판적이 있다.

5. 합의관할

당사자 사이의 합의로 제1심 관할법원을 정할 수 있는데 이를 합의관할이라고 한다. 이것이 유효하기 위해서는 ① 제1심의 임의관할에 한하여, ② 합의의 대상이 특정되어야 하고, ③ 합의의 방식이 서면이어야 하며, ④ 1개 또는 수 개의 관할법원이 특정되어야 한다.

6. 변론관할

원고가 관할권 없는 법원에 소를 제기하였는데 피고가 항변하지 아니하고 본안에 대하여 변론을 함으로써 생기는 관할을 변론관할이라고 한다. 변론관할이 발생하기 위해서는 ① 원고가 관할권 없는 제1심법원에 소가 제기되었을 것, ② 피고가 이의 없이 본안에 관하여 변론하거나 변론준비기일에 진술하였을 것, ③ 피고의 관할위반의 항변이 없을 것을 요한다.

7. 소송의 이송

(1) 어느 법원에 일단 계속된 소송을 그 법원의 결정에 의하여 다른 법원으로 옮기는 것을 소송의 이송이라고 한다. 여기에는 크게 ① 관할위반에 의한 이송과, ② 현저한 손해나 지연을 피하기 위한 이송, 즉 심판의 편의에 의한 이송이 있다.

(2) 이송결정에는 구속력이 있으므로, 이송을 받은 법원은 그 결정에 따라야 하며, 만약 잘못된 이송이라 하더라도 다시 이송한 법원으로 되돌리는 반송(返送)이나 다른 법원으로 넘기는 전송(轉送)을 할 수 없다.

제 3 절 소송의 당사자

I _ 당사자대립주의

(1) 당사자는 법원에 대해 자기의 이름으로 판결이나 강제집행을 요구하는 사람과 그 상대방을 의미한다. 소송절차에서는 원고와 피고, 각종 신청절차에서는 채권자(신청인), 채무자(피신청인)이라 부른다.

(2) 소송절차는 서로 대립하는 쌍방 당사자의 존재가 필요하다. 따라서 이미 사망한 자를 당사자로 하는 경우와 같이 당사자의 대립구조가 성립하지 않은 소는 부적법 각하되어야 한다.[5] 그리고 이혼소송 중 당사자 일방이 사망하면 그 권리관계는 성질상 승계할 수 없어 소송종료선언을 해야 한다.[6]

5) 대판 2015. 8. 13. 2015다209002.
6) 대판 1982. 10. 12. 81므53.

Ⅱ_ 당사자의 확정

1. 당사자확정의 의의

소장에 표시된 자와 실제 소송을 수행하는 자가 서로 다른 경우, 법원이 해석에 의하여 당사자가 누구인가 명확히 하는 것을 당사자확정이라고 한다. 당사자의 표시가 잘못된 경우, 성명모용소송의 경우, 당사자의 법인격이 부인되어 배후자로의 당사자 변경이 필요한 경우, 이미 사망한 자를 피고로 하여 소를 제기한 경우 등에서 당사자확정이 문제된다.

2. 당사자확정의 기준

소장의 당사자란의 기재에 더하여 청구의 취지·원인 그 외 소장 전체의 기재사항 등을 종합하여 당사자가 누구인지 합리적으로 해석하여야 한다. 이를 실질적 표시설이라고 하는데 우리 주류적 판례의 입장이다.[7]

3. 당사자표시정정

당사자로 해석되는 자가 잘못 표시된 경우에 당사자의 동일성을 해치지 않는 범위 내에서 이를 바로잡는 것을 당사자표시정정이라고 한다. 가족관계등록부나 법인등기부 등 공부상의 기재에 비추어 당사자 이름을 잘못 기재한 것이 명백한 경우에 올바른 당사자로의 표시정정이 가능하다. 또 소제기 전 이미 사망한 자를 피고로 표시한 경우 판례는 상속인으로의 표시정정을 허용하고 있다.[8]

---

7) 대판 2011. 7. 28. 2010다97044; 대판 2011. 1. 27. 2008다27615 등 다수.

8) 대판 1983. 12. 27. 82다146.

Ⅲ_ 당사자능력

1. 당사자능력의 의의

소송의 주체가 될 수 있는 일반적 능력을 당사자능력이라고 한다. 사건과 관련 없이 일반적으로 당사자가 될 수 있는 능력을 의미한다. 민법상의 권리능력에 대응하는 것으로서 소송상의 권리능력이라고도 한다.

2. 당사자능력이 문제되는 경우

(1) 기본적으로 민법상의 권리능력자는 당사자능력을 갖는다. 따라서 사람은 생존하는 동안 권리와 의무의 주체가 되므로 당사자능력을 갖고, 법인 역시 마찬가지이다. 그러나 소송상 당사자능력은 민법상의 권리능력보다는 더 넓은 소송법상의 개념이므로 법인이 아닌 사단이나 재단의 경우도 당사자능력을 인정하고 있다(제52조).

(2) 그러나 법인이 아닌 사단이나 재단보다 단체성이 더 약한 민법상의 조합에도 당사자능력을 인정할 수 있는지 문제되는데, 우리 판례는 당사자능력을 부정하고 있다.[9] 따라서 조합의 이름으로 소송을 수행할 수 없고, 원칙적으로 조합원 전원이 필수적 공동소송으로 소송을 수행하여야 한다.

Ⅳ_ 당사자적격

1. 당사자적격의 의의

특정의 소송사건에서 정당한 당사자로서 소송을 수행하고 본안판결을 받기에 적합한 자격을 당사자적격이라고 한다. 이는 앞서 언급한 당사자능력과는 달리 특정사건과의 관계에서 검토되어야 한다.

---

9) 대판 1991. 6. 25. 88다카6358.

2. 당사자적격을 갖는 자

(1) 이는 소송의 종류에 따라 달리 살펴야 한다. 먼저 이행의 소에서는 자기에게 이행청구권이 있음을 주장하는 자가 원고적격을 갖고, 그로부터 이행의무자로 주장된 자가 피고적격을 갖는다. 즉, 이행의 소에서 당사자적격은 주장 자체로 그 구비 여부가 결정된다. 따라서 실제로 이행청구권이 있는지 여부는 본안심리에서 가려야 하므로, 만약 이행청구권자가 아니라고 판명되면 소각하가 아니라 청구기각을 하게 된다.

(2) 다음으로 확인의 소에서는 그 청구에 대해서 확인의 이익 내지 법률상 이해관계를 갖는 자가 원고적격을 갖고, 원고의 보호법익과 대립·저촉되는 이익을 주장하고 있는 자가 피고적격을 갖는다.

(3) 마지막으로 형성의 소는 법에서 이를 허용하는 경우에만 제기할 수 있으므로(형성소송 법정주의), 형성의 소를 규정한 법문에서 원고나 피고적격자를 정해 놓고 있는 경우가 대부분이다.

3. 제3자의 소송담당

권리관계의 주체 이외의 제3자가 당사자적격을 갖는 경우를 제3자의 소송담당이라고 한다. 이는 법률의 규정에 의하여 주어지는 법정소송담당과 권리관계의 주체가 자신의 의사에 의해 제3자에게 소송수행권을 수여하는 임의적 소송담당으로 나뉜다. 법정소송담당으로는 채권자대위소송을 하는 채권자, 주주대표소송의 주주, 채권추심명령을 받은 압류채권자, 파산재단에 관한 소송을 하는 파산관재인 등이 있고, 임의적 소송담당으로는 추심위임배서의 피배서인, 선정당사자 등이 있다.

V _ 소송능력

1. 소송능력의 의의

소송능력은 당사자로서 유효하게 소송행위를 하거나 받기 위해 갖추어야 할 능력이다. 이는 민법상의 행위능력에 대응하는 개념으로서, 소송에서 자기의 이익을 충분히 주장 옹호할 능력이 없는 자를 보호하기 위한 제도이다.

2. 소송능력자와 소송무능력자

(1) 민법상의 행위능력자는 소송능력자이다.

(2) 그러나 미성년자는 제한행위무능력자이므로 소송제한능력자이다. 따라서 이들은 원칙적으로 대리에 의해야 소송행위를 할 수 있다. 다만 예외적으로 ① 미성년자가 혼인하면 완전하게 소송능력을 가지며, ② 미성년자가 독립하여 법률행위를 할 수 있는 경우에는 그 범위 내에서는 소송능력이 인정되며, ③ 미성년자는 근로계약의 체결·임금의 청구를 스스로 할 수 있기 때문에[10] 그 범위의 소송에 대해서는 소송능력이 인정된다.

(3) 피성년후견인 역시 소송제한능력자이므로 대리에 의해 소송행위를 할 수 있으나, 피성년후견인의 법률행위 중 가정법원이 취소할 수 없는 범위를 정할 수 있는데, 그 범위 내에서는 피성년후견인의 소송능력이 인정된다.

(4) 피한정후견인은 원칙적으로 행위능력자이므로 소송능력자이나, 가정법원이 정한 행위 범위 내에서 행위능력의 제한을 받으므로 그 범위 내에서 소송능력을 잃는다.

---

10) 대판 1981. 8. 25. 80다3149.

Ⅵ_ 변론능력

1. 변론능력의 의의

법원에 출정하여 법원에 대한 관계에서 유효하게 소송행위를 할 수 있는 능력을 변론능력이라고 한다. 이는 소송의 신속, 원활, 사법제도의 건전한 운영을 위해 인정되는 제도이다.

2. 변론무능력자

소송관계를 분명하게 하기 위하여 필요한 진술을 할 수 없다는 이유로 법원으로부터 진술금지의 재판을 받은 자, 재판장으로부터 소송지휘에 따른 명령에 불응하였다고 하여 발언금지명령를 받은 자 등은 변론무능력자이다.

Ⅶ_ 소송상의 대리인

1. 대리인의 의의 및 종류

당사자의 이름으로 소송행위를 하거나 소송행위를 받는 제3자를 소송상의 대리인이라고 한다. 소송대리인은 크게 임의대리인과 법정대리인으로 나눌 수 있다.

2. 임의대리인

(1) 임의대리인은 본인의 의사에 의해 대리권이 수여된 경우이다. 임의대리인 중 포괄적 대리권을 가진 자를 소송대리인이라고 하는데, 지배인이나 선장과 같이 법령에 규정에 의한 법률상의 소송대리인이 있고, 특정한 소송사건에 관하여 본인으로부터 대리권을 수여받은 소송위임에 의한 소송대리인이 있다. 소송위임에 의한 소송대리인은 변호사, 법무법인, 법무법인(유한), 법무조합일 것을 원칙으로 하나(이른바 변호사대리의 원칙, 제87조), 예외적으로 1억 원 이하의 사건에서

비변호사가 될 수 있는 경우도 있다.

(2) 소송대리권의 범위는 법으로 정해져 있다. 즉, 소송대리인은 위임을 받은 사건에 대하여 반소, 참가, 강제집행, 가압류·가처분에 관한 소송행위 등 일체의 소송행위와 변제의 영수를 할 수 있다. 그러나 반소의 제기, 소의 취하와 같은 처분행위, 상소의 제기 등을 할 때에는 본인으로부터 특별한 권한을 따로 받아야 한다.

3. 법정대리인

법정대리인은 본인의 의사와 무관하게 법률의 규정에 의해 대리인이 된 경우인데, 예컨대 미성년자의 경우 친권자, 성년후견인의 경우 피성년후견인, 법인 등 단체의 대표자 등을 들 수 있다. 본인이 사망하거나 법정대리인이 사망하는 등의 경우에 법정대리권이 소멸한다. 이러한 법정대리권 소멸의 효과는 소송계속 중 상대방에게 통지하여야 효력이 발생한다. 소송계속 중 법정대리인의 대리권이 소멸하면 새로 수계절차를 밟을 때까지는 소송절차가 중단된다. 그러나 따로 소송대리인이 선임되어 있는 경우에는 소송절차가 중단되지 않는다.

4. 무권대리인

(1) 대리권이 없는 대리인을 무권대리인이라고 한다. 당사자 본인으로부터 대리권을 수여받지 못했거나, 대리권이 있어도 특별수권을 받지 못한 경우, 대리권을 서면으로 증명하지 못한 경우 등에서 무권대리가 문제된다.

(2) 무권대리인에 의한 또는 그에 대한 소송행위는 무효인데, 이는 확정적 무효가 아니라 유동적 무효이기 때문에 후에 당사자 본인이나 적법하게 선임된 대리인이 추인하면 행위시에 소급하여 유효로 될 수 있다. 이러한 추인은 원칙적으로 소송행위 전체에 대해서 해야 하지, 특정한 소송행위만 추인하고 나머지 소송행위를 추인하지 아니하는 등의 일부추인은 허용되지 않는 것이 원칙이다.

(3) 민법 등 실체법에서는 표현대리를 인정하고 있으나, 절차의 명확과 안정을 중시하는 소송행위에서는 민법상 표현대리 규정을 적용 또는 준용하지 않는 것이 판례의 태도이다.

제 4 절 소송의 개시

Ⅰ _ 소의 개념과 종류

1. 소의 개념

당사자가 법원에 대하여 일정한 내용의 판결을 구하는 신청을 소(訴, Klage, lawsuit)라고 한다.

2. 소의 종류

(1) 여러 기준에 따라 소의 종류를 나눌 수 있는데, 먼저 소제기의 모습에 따라서는 단일의 소와 병합의 소로 구분할 수 있다. 단일의 소는 한 사람의 원고가 한 사람의 피고를 상대로 하여 한 개의 청구를 하는 것이고, 병합의 소는 단일의 소가 인적·물적으로 수 개 결합된 소송으로서 소의 주관적·객관적 병합의 경우를 일컫는다.

(2) 다음으로 소제기의 시기에 따라서는 독립의 소와 소송 중의 소로 나눌 수 있다. 독립의 소는 다른 소송절차와 관계없이 그 소의 제기에 의해 새로운 소송절차를 개시시키는 것이고, 소송 중의 소는 이미 계속 중인 소송절차를 이용하여 병합심리를 구하는 것으로서, 청구의 변경, 반소, 독립당사자참가, 공동소송참가, 참가승계, 인수승계 등을 들 수 있다.

(3) 청구의 내용에 따라 이행의 소, 확인의 소, 형성의 소로 나눌 수 있다. 먼저 이행의 소는 원고의 이행청구권의 확정과 피고에 대한 이행명령을 할 것을 요구하는 소인데, 변론종결 시를 기준으로 이행기가 도래한 현재이행의 소와 아직 이행기가 도래하지 않은 장래이행의 소로 구분할 수 있다. 다음으로 확인의 소는 특정한 권리·법률관계의 존부확정을 요구하는 소인데, 나에게 권리가 있음을 구하는 적극적 확인의 소와 상대방에게 권리가 부존재함을 구하는 소극적 확인의 소로 나뉜다. 마지막으로 형성의 소는 법률관계의 변동을 요구하는 소인데, 원칙적으로 명문의 규정이 있는 경우에만 허용된다.

Ⅱ_ 소송요건

1. 소송요건의 의의

소가 소송법상 적법한 취급을 받기 위하여 구비하여야 할 사항을 소송요건이라고 한다. 즉 소의 적법요건이다.

2. 소송요건의 종류

먼저 법원에 관한 것으로 재판권·관할권이 있을 것을 요하고, 당사자에 관한 것으로 당사자능력과 당사자적격이 있을 것, 당사자가 소송능력이 있을 것, 대표·대리하는 경우 그 자에게 대표·대리권이 있을 것 등을 요하며, 소송물에 관한 것으로 소의 이익이 있을 것을 요한다. 그 외 병합소송에서는 각 병합요건을 갖출 것, 가사소송이나 회사소송에서 제소기간이 정해져 있는 경우는 그 제소기간을 준수할 것을 요한다.

3. 소송요건 조사와 흠결효과

(1) 임의관할 위반의 항변과 같이 항변사항인 것도 있으나, 대부분의 소송요건은 당사자의 주장을 불문하고 조사해야 하는 직권조사사항이다. 이러한 소송요건의 존부는 사실심 변론종결 시를 기준으로 판단하므로, 소제기 시에는 소송요건의 흠결이 있더라도 변론종결 시까지 이를 구비하면 소가 적법해지고, 반대로 소제기 시에는 소송요건이 구비되어 있었지만 그 후에 소멸되었다면 소가 부적법해진다.

(2) 조사결과 소송요건에 흠이 없으면 법원은 계속 본안심리한다. 그러나 흠이 있을 때에는 종국판결로 소를 각하한다. 다만 바로 각하하지 않고 만약 그 흠을 보정할 수 있을 때에는 상당한 기간을 정하여 보정을 명하여야 한다. 소각하판결이 있더라도 소송요건의 부존재에 기판력이 발생하므로 원고는 그 흠결을 보완하여 다시 소를 제기할 수 있다.

(3) 재판권 흠결, 당사자의 사망, 당사자적격 흠결을 간과하고 판결이 선고되었다고 하더라도 그 판결은 무효이다. 그 외의 소송요건 흠결의 경우, 판결 확정 전이면 상소를 할 수 있고, 확정 후에는 재심사유가 있는 경우에 한하여 재심청구가 가능하다.

Ⅲ_ 소송물

1. 소송물의 의의와 기능

민사소송에서 공방과 판결의 대상이 되는 객체, 즉 심판의 대상을 강학상 소송물이라고 한다. 소송물은 소제기 시 관할의 특정과 범위를 정할 때, 소송계속 중에는 청구의 병합이나 변경, 중복소제기 여부를 정할 때, 절차의 종결과정에서도 기판력, 재소금지 위반여부 등을 정할 때 각 표준이 되고, 실체법적으로도 재판상 청구에 의한 시효중단·기간준수의 효과를 따짐에 있어서 그 기준이 된다.

2. 소송물의 동일성 식별 기준

우리 판례는 기본적으로 구실체법설(구소송물이론)의 입장에 서서, 청구원인에 의하여 특정되는 실체법상의 권리 또는 법률관계를 소송물로 보며,[11] 청구원인에 의하여 소송물의 동일성이 식별되는 것으로 본다.[12] 예컨대 이전등기청구사건에서 등기원인을 매매, 취득시효의 완성, 대물변제예약 등으로 달리 주장하는 것은 소송물이 다른 것으로 보고,[13] 동일한 사실관계에 관한 채무불이행으로 인한 손해배상청구와 불법행위로 인한 손해배상청구는 소송물이 다르다고 보며,[14]

11) 대판 2002. 2. 8. 2001다17633.

12) 대판 1989. 3. 28. 88다1936; 대판 2008. 9. 11. 2005다9760, 9777.

13) 매매 vs. 취득시효완성(대판 1981. 1. 13. 80다204, 205), 매매 vs. 대물변제예약(대판 1997. 4. 25. 96다32133), 매매 vs 양도담보약정(대판 1992. 3. 27. 91다40696).

14) 대판 1963. 7. 25. 63다241.

이혼소송에서는 각 이혼사유마다,[15] 재심소송에서는 각 재심사유마다[16] 소송물이 별개라고 본다.

Ⅳ_ 소의 제기

1. 소제기의 방식

(1) 대체로 제1심 소송과정은, 소장의 제출 → 소장의 심사 → 소장부본의 송달, 답변서 제출의무의 고지 → 답변서 제출 → 변론(공방 및 증거조사) → 판결의 순으로 이어진다. 위 소송과정의 첫 번째 단계가 바로 소의 제기이다.

(2) 소제기는 소장이라는 서면을 작성하여 인지를 붙여 제1심법원에 제출하는 것이 원칙이다. 다만 소액사건에서는 구술제소·임의출석에 의한 제소가 가능하다.

2. 소장의 기재사항

(1) 필수적 기재사항

1) 소장에는 필수적으로 당사자와 법정대리인, 청구취지와 청구원인을 기재하여야 한다(제249조 제1항). 만약 이를 기재하지 않았음에도 보정명령에 불응하면 재판장등으로부터 소장각하명령을 피할 수 없다.

2) 먼저 당사자가 자연인인 경우 성명과 주소를 기재하고, 법인인 경우 상호 또는 명칭과 본점 또는 주된 사무소의 소재지를 기재한다. 당사자가 제한능력자일 경우 법정대리인을 기재해야 하고, 당사자가 법인 등일 경우 대표자를 기재해야 한다.

3) 청구취지는 소의 결론 부분으로서 판결의 주문에 대응한다. 청구취지는 판결을 구하는 내용을 간결, 명확하고 확정적으로 기재하여야 한다.

---

15) 대판 1963. 1. 31. 62다812.
16) 대판 1970. 1. 27. 69다1888.

4) 청구원인은 소송물을 특정함에 필요한 사실관계, 즉 청구를 다른 것과 오인·혼동시키지 않을 정도의 사실을 식별할 정도로 기재해야 한다. 피고별·청구별로 주체→일시→상대방→목적물→행위 순으로 청구근거규정의 요건사실을 기재한다.

(2) 임의적 기재사항

사건의 표시, 첨부서류의 표시, 작성한 날짜, 법원의 표시 등이 임의적 기재사항이다. 이를 소장에 기재하지 않더라도 소장각하명령을 받지 않으나, 실무상 기재하고 있다.

Ⅴ_ 재판장등의 소장심사와 소제기 후의 조치

1. 재판장등의 소장심사

소장이 접수되면 재판장은 소장이 방식에 맞는지 여부를 최우선적으로 심사한다. ① 필수적 기재사항이 제대로 되어 있는지 여부, ② 인지를 제대로 붙였는지 여부가 주된 심사의 대상이다(제254조 제1항). 아울러 필요한 경우, ③ 증거방법의 기재, ④ 서증의 등본·사본 첨부 여부도 심사하여 그 제출을 명할 수 있다(제254조 제4항). 그 흠결이 발견된 경우 재판장은 상당한 기간을 정하여 보정명령을 하는데, 재판장은 법원사무관등으로 하여금 위 보정명령을 하게 할 수 있다.

2. 소제기 후의 조치

(1) 소장이 방식에 맞는 것이 확인되면 법원은 소장의 부본을 피고에게 바로 송달한다. 피고에게 방어의 기회를 주기 위함이다. 아울러 지연손해금의 법정이율이 소장부본의 송달 다음 날부터 연 12%로 되므로 원고에게도 큰 도움이 된다.

(2) 피고가 원고의 청구를 다투는 경우에는 소장의 부본을 송달받은 날부터 30일 내에 답변서를 제출하여야 한다. 법원은 소장의 부본을 송달할 때에 30일 내에 답변서 제출의무가 있음을 피고에게 알려야 한다.

(3) 피고가 위 기간 내에 답변서를 제출하지 아니하면 법원은 변론 없이 원고승소판결을 할 수 있다. 다만 직권으로 조사할 사항이 있거나 판결이 선고되기까지 피고가 원고의 청구를 다투는 취지의 답변서를 제출한 경우에는 그러하지 아니하다.

(4) 재판장은 변론 없이 판결하는 경우 외에는 원칙적으로 바로 변론기일을 정하여야 한다. 다만 복잡한 쟁점정리 등을 위해 필요한 경우에는 변론기일을 지정하지 않고 사건을 변론준비절차에 회부할 수 있다.

Ⅵ_ 소제기의 효과

소가 제기되면 소송법상 ① 소송계속과 ② 이에 따른 중복소송금지의 효과가 발생하고, 실체법상 ③ 시효중단과 ④ 법률상의 기간준수의 효과가 발생한다.

1. 소송계속

(1) 특정한 청구에 대하여 법원에 판결절차가 현실적으로 존재하는 상태, 즉 특정 사건이 특정한 법원에서 판결절차로 심판되고 있는 상태를 소송계속이라고 한다.

(2) 소송요건을 갖추지 못한 부적법한 소라도 소장부본이 송달되면 소송계속은 발생한다.[17)]

(3) 소송계속의 발생시기는 소장제출시가 아니라 소장부본의 송달시로 본다.[18)]

2. 중복소송금지

(1) 법원에 이미 계속되어 있는 사건에 대하여 당사자는 다시 소를 제기하지

---

17) 대판 1998. 2. 27. 97다45532. 따라서 같은 내용의 후소가 제기된 경우 후소의 변론종결 시까지 전소가 취하·각하되어 소송계속이 소멸되지 아니하는 한 후소는 중복소송으로 부적법하게 된다.

18) 대판 1994. 11. 25. 94다12517, 12524.

못하는데(제259조), 이를 중복소송금지, 중복소제기의 금지 또는 이중소송금지의 원칙이라고 한다. 같은 사건에 대하여 다시 소제기를 허용하는 것은 소송경제에 반하고, 전·후소 판결이 서로 모순·저촉될 우려가 있기 때문에 이를 금지하는 것이다.

(2) 중복소제기금지는 소극적 소송요건으로서 직권조사사항이기 때문에,[19] 이에 해당하면 판결로 후소를 부적법 각하하여야 한다.

3. 실체법상의 효과

(1) 소의 제기에 의해 시효중단의 효과가 발생한다. 이는 권리자가 권리 위에 잠자지 않고 단호하게 권리를 행사하는 점에 근거를 찾는 권리행사설이 판례의 태도이다.[20] 원칙적으로 소의 종류나 형식과 관계없이 시효중단의 효력이 발생한다. 채권자가 소를 제기한 경우뿐만 아니라, 채무자가 원고로서 청구이의의 소나 채무부존재확인의 소를 제기하였을 때 채권자가 피고로서 응소하여 권리를 주장하고 그것이 받아들여진 경우에도 재판상의 청구에 준하여 시효중단의 효력이 긍정된다.[21]

(2) 소의 제기에 의해 법률상의 기간준수의 효과도 발생한다. 여기서 법률상의 기간은 출소기간이나 그 외에 청구를 위한 제척기간 등 권리·법률관계의 보존을 위해 일정한 기간 안에 소를 제기하여야 하며, 이를 도과하면 권리 등이 소멸하는 기간이다.

(3) 시효중단·기간준수의 효력은 소를 제기한 때, 즉 소장을 법원에 제출한 때에 발생하고, 피고의 경정·청구의 변경·중간확인의 소의 경우 해당 서면을 법원에 제출한 때에 발생한다(제265조).

---

19) 대판 1990. 4. 27. 88다카25274, 25281.

20) 대판 2011. 11. 10. 2011다54686.

21) 대판 1993. 12. 21. 92다47861 전합.

제 5 절 변론

Ⅰ_ 변론 개설

1. 변론의 의의

기일에 수소법원의 공개법정에서 양당사자가 말로 사실을 주장하고 증거를 제출하는 방법으로 소송을 심리하는 절차를 변론이라고 한다. 변론은 원칙적으로 기일 내에서 해야 하고, 기일 외에서 구술, 전화, 휴대전화 문자전송, 그 밖에 이와 유사한 방법으로 해서는 아니 된다.

2. 변론의 종류

(1) 반드시 변론을 열어야 하며, 변론에서 행한 구술진술만이 재판의 자료로 참작되는 경우를 필수적 변론이라고 한다. 판결로 재판할 경우에는 원칙적으로 필수적 변론에 의한다. 그러나 소송요건에 보정할 수 없는 흠이 있는 경우나 피고가 소장부본을 송달받고 30일내에 답변서를 제출하지 아니한 경우와 같이 예외적으로 무변론판결이 가능한 경우가 있다.

(2) 법원의 재량에 의하여 임의적으로 변론을 열 수 있는 경우를 임의적 변론이라고 한다. 가압류·가처분 등 결정으로 완결할 사건은 신속한 처리를 필요로 하므로 임의적 변론에 의한다.

Ⅱ_ 심리에 관한 원칙

1. 공개심리주의

일반인에게 재판의 심리와 판결에 대한 방청을 허용하는 것을 공개심리주의라고 한다. 소송관여자 이외에는 공개하지 아니하는 밀행주의와 대립되는 것이다. 재판의 공개를 통해 재판권 행사에 대한 국민의 신뢰를 제고하고 공정한 재판을 담보하기 위한 것이다.

2. 쌍방심리주의

소송의 심리에 있어서 당사자 모두에게 진술할 기회를 부여해야 한다는 원칙을 쌍방심리주의라고 한다. 한쪽 말만 듣고 송사할 수 없다는 법언은 쌍방심리주의를 가리키는 것이다. 무기평등의 원칙 또는 당사자대등주의를 실현하기 위한 것이다.

3. 구술심리주의

변론과 증거조사를 모두 구술로 시행하고, 말로 한 내용만이 판결의 기초가 될 수 있다는 원칙을 구술심리주의라고 한다. 현행법은 구술심리주의를 원칙으로 하면서도, 소제기 등 중요한 소송행위는 원칙적으로 서면에 의하도록 하는 등 서면심리주의를 통해 구술주의의 단점을 보완하고 있다.

4. 직접심리주의

재판을 행하는 법관이 직접 당사자의 주장을 듣고 증거를 조사하여야 하는 주의를 직접심리주의라고 하는데, 간접심리주의와 대비되는 개념이다. 이는 법관으로 하여금 사건에 대하여 정확한 심증을 형성하게 하고 당사자로 하여금 증거에 관하여 직접적인 의견 진술을 할 수 있도록 함으로써 공정한 재판을 달성하기 위해 인정되는 것이다.

5. 처분권주의

(1) 절차의 개시, 심판의 대상과 범위 특정, 그리고 절차의 종결에 대하여 당사자의 처분에 맡기는 입장을 처분권주의라고 한다(제203조). 이는 사법의 기본원칙인 사적자치원칙의 소송법적 발현측면의 표현이라고 할 수 있다.

(2) 절차의 개시 측면에서, 민사소송에 처분권주의가 적용되는 결과 당사자의 소제기를 요하며, 법원의 직권에 의해 개시되지 않는 것이 원칙이다. 다만 소

송비용의 재판이나 가집행선고 등 주된 절차 내의 부수적 재판에 대해서는 법원이 직권으로 개시할 수 있다.

(3) 심판의 대상과 범위 특정 측면에서, 처분권주의에 따라 원고가 심판의 대상을 특정하여야 하고, 법원은 원고가 신청한 사항에 대하여 그 신청의 범위 내에서만 판단하여야 한다. 따라서 신청한 것보다 적게 판결하는 것은 가능하지만, 별개의 사항에 대해서 판단하거나 신청의 범위를 넘어서 판결할 수는 없다. 이러한 법리가 상소심에서 발현된 것이 불이익변경금지의 원칙이다.

(4) 절차의 종결 측면에서, 당사자는 자유롭게 소송을 종료시킬 수도 있으므로, 당사자에게는 소의 취하, 청구의 포기·인낙, 소송상화해 등이 인정된다. 그러나 직권탐지주의에 의하는 절차는 임의로 처분할 수 없으므로, 일정한 범위 내에서 처분권주의가 제한을 받는다.

6. 변론주의

(1) 소송자료의 수집·제출의 책임을 당사자에게 맡기고 법원은 당사자가 수집하여 변론에서 제출한 소송자료만을 재판의 기초로 삼아야 한다는 원칙을 변론주의라고 한다.

(2) 변론주의는 ① 당사자가 주장하지 아니한 사실을 재판의 기초로 삼을 수 없고(사실의 주장책임), ② 당사자 사이에 다툼이 없는 사실은 그대로 판결의 기초로 하여야 하며(자백의 구속력), ③ 당사자가 신청한 증거에 대해서만 조사해야 한다는 것(증거의 제출책임, 직권증거조사의 금지)을 그 내용으로 한다.

(3) 먼저 사실의 주장책임과 관련하여, 여기서의 사실은 주요사실만 해당하고, 간접사실과 보조사실은 해당하지 않으므로, 이들을 구별하는 것이 중요한데, 그 구별기준을 법규의 구조에서 찾아, 법률효과를 발생시키는 법규의 요건사실을 주요사실로 보고, 그 외의 사실은 간접사실로 보는 법규기준설이 종래 통설이다. 판례 역시 주요사실은 권리의 발생·변경·소멸이라는 법률효과를 발생시키는 실체법상의 구성요건 해당사실이라고 한다.[22] 간접사실은 주요사실의 존부를 확인

---

22) 대판 1983. 12. 13. 83다카1489 전합; 대판 2018. 12. 27. 2015다58440, 58457.

하는데 도움이 되는 사실이다.[23] 보조사실은 증거능력이나 증거력에 관계되는 사실로서 소송상으로 간접사실에 준하여 취급되는데, 예컨대 증인이 사기전과범이라는 사실이다.

(4) 자백의 구속력과 관련하여, 자백한 사실에 대하여는 법원의 사실인정권이 배제되므로, 당사자가 자백하였음에도 법원이 증거에 의하여 사실인정을 해서는 아니 되고, 반대심증을 얻었다 하더라도 자백에 반하는 사실인정을 하여서는 아니 된다.

(5) 증거의 제출책임과 관련하여, 법원은 당사자가 신청한 증거에 대해서만 증거조사를 하고, 이에 의하여 심증을 얻을 수 없을 때에 예외적으로 법원이 직권증거조사를 할 수 있다.

7. 적시제출주의

(1) 당사자가 공격방어방법을 소송의 정도에 따라 적절한 시기에 제출하여야 한다는 것을 적시제출주의라고 한다(제146조). 이러한 적시제출주의의 실효성을 확보하기 위해 우리 법은 다음의 제도를 두고 있다. 크게 두 가지만 살펴본다.

(2) 우선 재정기간제도는 재판장이 당사자가 특정한 공격방어방법을 제출할 수 있는 기간을 정하고, 그 제출기간을 도과한 경우에는 원칙적으로 실권시키는 제도이다(제147조).

(3) 다음으로 실기한 공격방어방법의 각하는 당사자의 고의 또는 중과실로 공격방어방법이 시기에 늦게 제출되어 소송의 완결을 지연시킬 것으로 인정되는 때 법원이 직권 또는 상대방의 신청에 의하여 그 공격방어방법을 각하시키는 것을 의미한다(제149조).

8. 집중심리주의

하나의 사건을 집중적으로 계속 심리하고 판결한 후 다음 사건을 같은 방법

23) 대판 1994. 11. 4. 94다37868; 대판 2002. 8. 23. 2000다66133.

으로 심리하는 방식을 집중심리주의라고 한다. 소송의 초기단계에서 쟁점을 정리하고 증거를 수집한 후 그 사건을 중심으로 집중적인 증인신문·당사자신문을 실시하는 심리방식이다.

9. 직권진행주의와 소송지휘권

소송운영의 주도권 측면에서, 우리나라의 현행 민사소송법은 당사자주의적 요소와 직권주의적 요소를 모두 갖추고 있다. 먼저 절차의 진행 면에서는 원칙적으로 법원에 주도권이 있고(직권진행주의), 다만 당사자는 소송절차에 관한 이의권을 통해 법원의 직권진행을 감시하고 있다. 다음으로 심리의 내용 면에서는 당사자에게 주도권이 있고(처분권주의, 변론주의), 다만 법원은 석명권이나 직권탐지주의 등을 통해 당사자주의의 결함을 시정하고 있다.

Ⅲ_ 변론의 내용

1. 변론의 내용

원고가 본안의 신청을 하면 피고가 반대신청을 하여 다툰다. 그리고 원고가 본안신청을 뒷받침하기 위해 공격방법으로 법률상·사실상의 주장(진술)과 증거신청(증명)을 하고, 피고도 방어방법으로 법률상·사실상의 주장과 증거신청을 하는 순으로 변론이 이루어진다.

2. 변론의 정리

법원은 변론의 제한·분리 또는 병합을 명하거나, 그 명령을 취소할 수 있다. 변론의 제한과 분리가 복잡한 사건을 단순화하여 소송지연을 막을 수 있는 수단인 반면, 변론의 병합은 흩어져 있는 관련사건을 하나의 절차로 합쳐서 일거에 해결하여 소송경제를 도모하기 위한 수단이다. 변론의 제한·분리·병합은 모두 소송지휘권의 행사로서 법원의 재량에 의하여 결정하며, 당사자는 이에 대해 불복할 수 없다. 따라서 이에 대한 당사자의 신청은 단지 법원의 직권발동을 촉구하는 의미밖에 없다.

3. 변론의 종결과 재개

(1) 법원은 당사자의 주장과 증명이 종국판결을 할 상태에 이르렀다고 인정되는 경우에는 변론을 종결한다. 실무에서는 재판장이 심리를 종결한다는 의미에서 '결심한다'라는 용어를 사용한다.

(2) 변론종결 후 판결 선고 전에 심리미진 부분이 발견되거나, 당사자가 미처 주장 혹은 제출하지 못한 주요사실이나 증거를 발견하게 된 경우 등에서 법원이 종결된 변론을 재량에 의하여 다시 열도록 명하는 결정을 변론의 재개라고 한다. 변론의 재개 여부는 법원의 재량에 의하여 법원의 직권사항이므로, 당사자의 변론재개신청은 법원의 직권발동을 촉구하는 의미밖에 없다. 다만 판결의 결과를 좌우할 수 있는 주요한 요증사실(관건적 요증사실)을 주장·증명의 대상으로 한 경우에는 재개의무가 있다.[24]

Ⅳ_ 당사자의 결석

1. 당사자의 결석

당사자가 적법한 기일통지를 받고도 필수적 변론기일에 출석하지 않거나, 출석하여도 변론하지 않은 경우를 당사자의 결석이라고 하며, 기일의 해태라고 부르기도 한다. 즉 불출석, 출석무변론이다.

2. 양쪽 당사자의 결석

(1) 소송지연을 방지하기 위하여 우리 민사소송법은 양쪽 당사자가 결석한

---

24) 대판 2019. 2. 21. 2017후2819 전합.

경우에 소의 취하간주를 규정하고 있다(제268조). 실무상 '쌍불취하'라고 한다.

(2) 이에 해당하기 위해서는 우선 양쪽 당사자가 변론기일에 1회 불출석하거나 출석무변론이어야 하고(1회 쌍불), 이 경우 재판장은 반드시 속행기일을 정하여 양쪽 당사자에게 통지하여야 한다. 다음으로 양쪽 당사자의 1회 결석 후의 새기일 또는 그 뒤의 기일에 불출석하거나 출석무변론이었을 것을 요한다(2회 쌍불). 그로부터 1월 내에 당사자가 기일지정신청을 하지 아니하면 소를 취하한 것으로 본다. 만약 1월 내에 당사자가 기일지정신청을 하여 새로운 기일이 지정되었는데, 그 기일 또는 그 후의 기일에 양쪽 당사자가 다시 불출석하거나 출석무변론(3회 쌍불)이면 소를 취하한 것으로 본다.

3. 한쪽 당사자의 결석

(1) 한쪽 당사자가 변론기일에 불출석하거나 출석무변론인 경우 그가 제출한 소장·답변서, 그 밖의 준비서면에 기재된 사항을 진술한 것으로 보고 출석한 상대방에게 변론을 명할 수 있는데, 이를 진술간주라고 한다(제148조).

(2) 당사자 일방이 변론기일에 불출석한 경우에는 당사자가 변론에서 상대방의 주장사실을 명백히 다투지 아니한 경우와 같이 그 사실을 자백한 것으로 보는데, 이를 자백간주라 한다(제150조). 한쪽 당사자의 불출석으로 자백간주가 되려면, ① 불출석한 당사자가 상대방의 주장사실을 다투는 답변서 그 밖의 준비서면을 제출하지 않아야 하고, ② 불출석한 당사자가 공시송달에 의하지 않은 기일통지를 받았어야 한다.

V _ 기일·기간 및 송달

1. 기일

기일은 법원, 당사자, 그 밖의 소송관계인이 모여서 일정한 소송행위를 하기 위하여 정하여진 일시를 말한다. 쟁점과 증거를 정리하여 변론을 준비하기 위해 정해진 변론준비기일, 변론하기 위해 정해진 변론기일, 증거조사하기 위해 정해진 증거조사기일, 판결을 선고하기 위해 정해진 판결선고기일 등이 그 예이다.

2. 기간

기간은 일정한 시점으로부터 다른 시점까지의 시간의 경과를 말한다. 기간 중에서는 소송법적으로 특히 불변기간이 중요하다. 불변기간은 늘이고 줄이는 신축을 할 수 없지만, 원거리에 있는 사람을 위한 부가기간을 정할 수 있고, 책임질 수 없는 사유로 불변기간을 도과한 경우에 추후보완이 인정된다. 항소·상고기간, 즉시항고기간, 재심기간, 화해권고결정이나 지급명령에 대한 이의신청기간 등이 불변기간의 예이다.

3. 송달

(1) 당사자 기타 소송관계인에게 소송상의 서류의 내용을 알 수 있는 기회를 주기 위하여 법정의 방식에 따라 하는 통지행위를 송달이라고 한다. 재판권의 한 작용이므로, 송달에 관한 사무는 원칙적으로 법원사무관등이 처리한다. 송달은 원칙적으로 집행관과 우편집배원이 실시한다.

(2) 송달을 받을 자는 원칙적으로 송달서류의 명의인인 당사자인데, 다만 그가 소송무능력자일 때에는 법정대리인에게 하여야 하고, 법인에 대한 송달은 그 대표자의 주소, 거소, 영업소 또는 사무소에서 하는 것이 원칙이다. 송달받을 당사자가 소송을 위임한 경우에는 소송대리인에게 송달한다. 교도소·구치소 또는 국가경찰관서의 유치장에 체포·구속 또는 유치된 사람에 대한 송달은 교도소·구치소 또는 국가경찰관서의 장에게 하여야 하므로, 수감자의 종전 주소에 한 송달은 무효이다.

(3) 송달은 특별한 규정이 없으면 송달받을 사람에게 서류의 등본 또는 부본을 교부하여 행하는데, 이를 교부송달이라고 한다. 송달할 장소에서 송달받을 사람을 만나지 못한 경우에는 그 사람의 사무원·피용자·동거인으로서 사리분별지능이 있는 사람에게 교부할 수도 있는데 이를 보충송달이라고 하고, 만약 이들이

정당한 사유 없이 송달받기를 거부하는 때에는 송달할 장소에 서류를 놓아 둠으로써 송달할 수도 있는데 이를 유치송달이라고 한다. 교부송달은 물론 보충송달·유치송달도 불가능한 경우에는 법원에서 서류를 발송함으로써 송달된 것으로 볼 수 있는데 이를 우편송달(발송송달)이라고 한다. 교부송달·보충송달·유치송달·우편송달 등의 송달방법에 불구하고 법원 안에 송달함을 설치하여 여기에 송달할 서류를 넣는 방법의 송달을 할 수 있는데 이를 송달함 송달이라고 한다. 당사자의 주소등 또는 근무장소를 알 수 없는 경우 법원사무관등이 송달할 서류를 보관하고 그 사유를 법원 게시판 등에 공개 게시하는 방법으로 송달을 행할 수 있는데 이를 공시송달이라고 한다.

Ⅵ_ 소송절차의 정지

1. 소송절차의 중단

(1) 중단은 당사자나 소송행위자에게 소송수행할 수 없는 사유가 발생한 경우에 새로운 소송수행자가 소송에 관여할 수 있을 때까지 법률상 당연히 절차의 진행을 정지하는 경우이다. 중단은 소송절차의 수계나 법원의 속행명령에 의해 해소된다.

(2) 소송계속 중 당사자가 사망하거나, 법인이 합병에 의해 소멸되거나, 당사자가 파산선고를 받는 경우가 대표적인 예이다. 그러나 위와 같은 사유가 있더라도 그 사유가 생긴 당사자 측에 소송대리인이 있는 경우에는 소송절차가 중단되지 않는다.

2. 소송절차의 중지

(1) 중지는 소송절차가 일정기간 멈추는 것이다. 새로운 소송수행자로 교체되지 않고 수계가 없다는 점이 중단과 다른 점이다.

(2) 중지에는, 천재지변 그 밖의 사고로 법원이 직무를 수행할 수 없는 경우

와 같이 법원이나 당사자에게 소송을 진행할 수 없는 장애가 생겼거나 진행에 부적당한 사유가 발생하여 법률상 당연히 중지되는 당연중지와, 법원은 직무를 행할 수가 있으나 당사자가 법원에 출석하여 소송행위를 할 수 없는 장애사유가 발생한 경우와 같이 법원의 결정에 의해 절차가 정지되는 재판에 의한 중지가 있다.

제 6 절 증거

Ⅰ _ 증거 개설

(1) 재판은 '구체적 사실'을 소전제로 하고, '법규의 존부·해석'을 대전제로 하여, 결론인 법률효과, 즉 당사자가 주장하는 '권리관계의 유무'를 확정하는 구조로 진행된다. 따라서 구체적 사실의 확정이 요구되는데, 증거는 판결기초를 확정하기 위한 사실의 판단자료로서 중요한 의의를 지닌다. 증거라는 말은 증거방법·증거자료·증거원인 등 여러 가지 뜻으로 쓰인다.

(2) 증거방법은 법관이 그 오관의 작용에 의하여 조사할 수 있는 유형물(사람 또는 물건)을 말한다. 증거방법 중 증인·감정인·당사자본인은 인적 증거이고, 문서·검증물·그 밖의 증거(제374조)는 물적 증거이다.

(3) 증거자료는 법관이 증거방법의 조사를 통하여 얻은 내용을 말한다. 증언, 감정결과, 당사자신문결과, 문서의 기재내용, 검증결과, 그 밖의 증거의 조사결과가 그것이다.

(4) 증거원인은 법관의 심증형성의 원인이 된 자료나 상황을 뜻한다. 즉, 변론 전체의 취지 및 증거조사의 결과(증거자료)가 이에 해당한다.

(5) 증거능력은 유형물이 증거방법으로서 증거조사의 대상이 될 수 있는 자격을 말한다. 증거력은 증거자료가 요증사실의 인정에 기여하는 정도를 말하는데, 이는 어느 정도 법관에게 확신을 심어주는가를 의미하며, 증거가치 또는 증명력이라고도 한다.

Ⅱ _ 증명의 대상과 불요증사실

1. 증명의 대상

(1) 먼저 다툼이 있는 사실을 증명의 대상이 된다. 원칙적으로 주요사실을 증명하면 되지만, 주요사실을 증명하기 어려운 경우 간접사실과 보조사실을 통해 주요사실을 간접적으로 추인할 수밖에 없으므로 그 한도에서 간접사실과 보조사실도 증명의 대상이 된다.

(2) 경험법칙은 일상생활의 경험에서 얻어진 사물에 관한 지식이나 법칙을 의미한다. 즉 같은 종류에 대한 반복된 경험을 통해 얻은 일반상식이다. 경험법칙은 법규에 준하므로 증명의 대상이 아니라고 할 것이지만, 고도의 전문지식에 속하여 법관이 알지 못하는 경험법칙은 부득이하게 증명할 필요가 있다고 본다.

(3) 법규의 존부와 해석에 관한 판단은 법관의 전권사항이자 책무이므로 당사자가 이를 증명할 필요가 없는 것이 원칙이다. 그러나 외국법, 조례, 관습법, 구법 등에 관하여 법관이 모르고 있을 경우에는 당사자가 증명할 필요가 있다 할 것이다.

2. 불요증사실

(1) 우선 당사자 간에 다툼이 없는 사실은 증명을 요하지 않는다. 예컨대 재판상자백, 자백간주 등이 그것이다.

(2) 그리고 현저한 사실 역시 불요증사실이다. 현저한 사실에는, ① 예컨대 역사적으로 유명한 사건, 천재지변 그 밖에 신문 등에서 사회이목을 집중시킨 사실과 같은 공지의 사실과, ② 법관이 직무상 경험으로 알고 있는 사실로서 그 사실의 존재에 관하여 명확한 기억을 하고 있거나 또는 기록 등을 조사하여 곧바로 그 내용을 알 수 있는 사실인 법원에 현저한 사실이 있다.

Ⅲ _ 증거조사

법관의 심증형성을 위해 법에서 정한 절차에 따라 인적·물적 증거방법을 조사하여 오관을 통해 그 내용을 인식하는 법원의 소송행위를 증거조사라고 한다. 현행법상 증거조사는 당사자의 신청에 의하여 함이 원칙이고, 증거조사를 신청한 당사자의 활동이 소송법상 만족스럽지 못하면 법원은 석명권을 발동하여 증명을 촉구할 수 있으며, 직권에 의한 증거조사를 할 수 있다.

Ⅳ _ 자유심증주의

1. 자유심증주의의 의의

법원이 증거법칙의 제약을 받지 않고 변론 전체의 취지와 증거조사의 결과를 참작하여 형성된 자유로운 심증으로 주요사실의 진실 여부를 판단하는 원칙을 자유심증주의라고 한다(제202조). 이에 반하여 법정증거주의는 증거능력이나 증거력을 법률로 정해놓고 법원이 사실인정을 함에 있어서 반드시 이에 구속되는 원칙이다.

2. 심증형성의 자료로서 증거원인

(1) 변론 전체의 취지와 증거조사의 결과가 민사소송에서 증거원인으로서 심증형성의 자료가 된다.

(2) 변론 전체의 취지는 증거조사의 결과를 제외한 일체의 소송자료로서 당사자의 주장내용, 태도 기타 변론과정에서 얻은 인상 등 변론에서 나타난 일체의 사항을 말한다. 예컨대 당사자나 법정대리인의 주장이 앞뒤가 모순된다거나, 간단한 질문에 얼굴을 붉히거나 땀을 흘리는 등의 태도 등이 변론 전체의 취지로서 참작된다.

(3) 증거조사의 결과는 법원이 적법한 증거조사를 통해 얻은 증거자료를 의

미한다. 여기에는 증언, 감정결과, 당사자신문결과, 문서의 기재내용, 검증결과, 그 밖의 증거조사결과가 있다.

V _ 증명책임

1. 증명책임의 의의

요증사실의 존부가 확정되지 않았을 때, 즉 진위불명의 상태에 놓였을 때, 그 사실이 존재하지 않는 것으로 취급되어 법률판단을 받게 되는 당사자일방의 불이익을 뜻하는데, 이를 '객관적 증명책임'이라고 한다. 바꾸어 말하면 어느 사실의 존부에 대해 증거조사를 하였으나 증거가 없을 경우 패소할 위험을 말한다.

2. 증명책임의 분배

요증사실의 진위 여부가 불명인 경우 당사자 중 누구에게 불이익을 돌릴 것인가의 문제이다. 각 당사자는 자기에게 유리한 법규의 요건사실의 존부에 대한 증명책임을 부담한다는 법률요건분류설이 통설과 판례의 태도이다. 이에 의할 때 권리의 존재를 주장하는 자는 자기에게 유리한 권리근거규정의 요건사실(권리발생사실, 청구원인사실)에 대해 증명책임을 지고, 권리의 존재를 다투는 상대방은 자기에게 유리한 권리반대규정의 요건사실(반대사실, 항변사실)에 대해 증명책임을 진다.

제 7 절 소송의 종료

I _ 종료원인 일반

① 소송은 통상 법원의 종국판결에 의해 종료된다. ② 그런데 민사소송은 처분권주의에 기초하고 있으므로 당사자의 의사에 의해서도 종료된다. 예컨대 '소

의 취하', '청구의 포기·인낙', '재판상화해'에 의한 종료 등이 그것이다. ③ 그 밖에 당사자 대립구조가 소멸하는 경우도 소송이 종료되는데, 예컨대 소송계속 중에 상속·합병에 의하여 당사자의 일방이 상대방의 승계인이 된 경우와 같이 당사자의 지위가 혼동된 경우, 당사자가 사망하였는데 승계인이 없거나 일신전속적 법률관계이어서 성질상 승계가 허용되지 않는 경우 등을 들 수 있다.

Ⅱ_ 당사자의 행위에 의한 종료

1. 소의 취하

(1) 소를 제기한 자가 법원에 대해 요구한 심판의 일부 또는 전부를 철회하는 소송상의 의사표시를 소의 취하라고 한다.

(2) 소의 취하에 의하여 소송계속은 소급적으로 소멸하므로(제267조 제1항), 취하된 부분에 대하여는 소가 처음부터 계속되지 아니한 것으로 본다. 따라서 추후 다시 소를 제기할 수 있다. 그런데 본안에 대한 종국판결이 있은 뒤에 소를 취하한 사람이 그 후에 자유롭게 다시 동일한 내용의 소를 제기할 수 있다는 태도를 관철하면 법원이 그때까지 사안의 심리를 위하여 기울인 노력은 수포로 돌아가게 된다. 따라서 소의 취하로 인하여 그동안 판결에 들인 법원의 노력이 무용화되고 종국판결이 당사자에 의하여 농락당하는 것을 방지하기 위한 제재적 취지에서 재소금지를 규정하고 있다(제267조 제2항). 물론 피고가 소취하의 전제조건인 약정을 위반하여 약정이 해제 또는 실효되는 사정변경이 생긴 경우와 같이 원고가 후소를 제기할 새로운 권리보호이익이 발생했다면 재소가 허용된다.

2. 청구의 포기·인낙

청구의 포기는 변론기일 또는 변론준비기일에 원고가 자기의 소송상 청구가 이유 없음을 스스로 인정하는 법원에 대한 일방적 의사표시이고, 인낙은 변론기일 또는 변론준비기일에 피고가 소송상 청구가 이유 있음을 스스로 인정하는 법원에 대한 일방적 의사표시이다. 양자 모두 법원에 대한 진술이고, 법원이 이러한 진술을 조서에 적으면 확정판결과 같은 효력이 있으며(제220조), 이로서 소송이 종료된다.

3. 재판상 화해

(1) 재판상화해는 소송계속 후 수소법원 앞에서 하는 '소송상화해'와 소제기 전에 지방법원 단독판사 앞에서 하는 '제소전화해'로 나뉜다.

(2) 소송상화해는 소송계속 중 양쪽 당사자가 소송물인 권리관계의 주장을 서로 양보하여 소송을 종료시키기로 하는 기일에 있어서의 합의를 말한다.

(3) 제소전화해는 당사자의 신청에 따라 소제기 전에 지방법원 단독판사 앞에서 행하는 화해를 말한다. 제소전화해는 소송을 예방하기 위해 미리 행하는 화해인 점에서 소송계속 후에 이루어지는 소송상화해와 구별된다. 그러나 법적 성질, 요건, 효력 등은 대체로 소송상화해의 법리를 따른다.

(4) 양자 모두 화해조서가 작성되면 그 조서는 확정판결과 같은 효력이 있기 때문에(제220조) 그 범위에서 소송은 당연히 종료된다.

Ⅲ _ 종국판결에 의한 종료

1. 판결의 성립

(1) 소 또는 상소에 의하여 계속된 사건의 전부 또는 일부를 그 심급에서 완결하는 판결을 종국판결이라고 한다(제198조). 본안판결, 소각하판결, 소송종료선언이 그 예이다.

(2) 법원이 판결을 선고하려면 우선 판결내용을 확정하여야 하는데, 이렇게 판결내용이 확정된 것을 판결이 성립되었다고 말한다. 단독판사의 경우에는 판결원본이 작성된 때에, 합의부의 경우에는 반드시 합의를 거쳐야 하므로 합의할 때에 판결내용이 확정된다.

(3) 판결이 확정되면 법원은 판결원본을 작성해야 한다. 판결에는 당사자와 법정대리인, 주문, 청구의 취지와 상소의 취지, 이유, 변론을 종결한 날짜 등을 기재하고 판결한 법관이 판결에 그 사유를 적고 서명날인하여야 한다.

(4) 판결은 모두 선고를 요하며, 선고에 의하여 판결은 대외적으로 성립하고 효력이 발생한다. 판결서는 선고한 뒤에 바로 법원사무관등에게 교부하여야 하고(제209조), 법원사무관등은 판결서를 받은 날부터 2주 이내에 정본으로 당사자에게 송달하여야 한다.

2. 판결의 효력

(1) 기속력은 판결이 일단 선고되면 선고한 법원도 자신의 판결에 구속되어 그의 판결을 스스로 변경하거나 철회할 수 없는 효력을 말한다. 다만, 결정·명령에 대해 항고한 경우 법원이 재도의 고안에 의하여 경정할 수 있고(제446조), 소송의 지휘에 관한 결정과 명령은 법원이 언제든지 취소할 수 있는데(제222조), 이러한 범위 내에서 기속력은 배제된다. 또한 우리 법은 일정한 경우 판결의 경정(제211조)을 인정하여 기속력을 완화하고 있다.

(2) 판결을 한 법원은 기속력에 의하여 그 판결을 취소·변경할 수 없으나, 당사자가 상소를 하면 상급법원에 의해 취소·변경될 가능성이 있게 된다. 이와 같이 판결이 상소를 통한 불복이 불가능하게 된 상태를 판결의 형식적 확정이라고 하고, 이렇게 확정된 상태에서 판결의 취소불가능성을 형식적 확정력이라고 한다.

(3) 기판력은 확정된 판결의 내용이 갖는 후소에 대한 구속력을 말한다. 즉, 확정판결을 통하여 청구에 대한 판단이 이루어지면, 후소에서 동일한 사항이 문제되더라도 당사자는 그에 반하여 되풀이하여 다툴 수 없고(不可爭), 법원도 그와 모순저촉되는 판결을 해서는 아니 된다(不可反)는 효력이다. 이렇게 확정판결의 판단에 부여되는 구속력을 기판력 또는 실체(질)적 확정력이라고 한다. 기판력은 법적 안정성과 절차보장에 그 근거를 두고 있다.

(4) 집행력은 판결 등으로 명한 이행의무를 강제집행절차에 의하여 실현할

수 있는 효력을 말한다. 집행력은 원칙적으로 이행판결이 확정되어야 발생하나, 확정 전이라도 가집행선고가 있으면 집행력이 발생한다.

(5) 형성력은 형성판결의 확정에 의하여 판결내용대로 새로운 법률관계를 발생하거나 종래의 법률관계를 변경·소멸시키는 효력을 말한다. 형성력은 형성판결의 확정시에 발생하며, 당사자뿐만 아니라 일반 제3자에게도 그 효력이 미친다.

3. 판결의 흠

(1) 판결로 성립하기 위해서는 최소한 법관이 직무수행상 행하여 선고된 것이어야 한다. 따라서 ① 법관이 아닌 자의 판결, 예컨대 법학전문대학원 교육용 모의판결, ② 법관이 행하였으나 직무수행상 행한 것이 아닌 판결, 예컨대 판사가 술집에서 내린 판결, ③ 아직 선고되지 아니한 판결, 예컨대 판결선고조서 없이 한 판결, 판결선고조서에 재판장의 서명날인이 없는 판결 등은 판결이 아니다.

(2) 판결로서의 외관은 갖추었지만 그 내용상 중대한 흠이 있기 때문에 판결의 내용상의 효력인 기판력·집행력·형성력 등이 발생하지 않는 경우를 당연무효의 판결이라고 한다. 예컨대 치외법권자에 대한 판결, 실재하지 않거나 소제기 당시 이미 사망한 사람을 당사자로 한 판결 등을 들 수 있다.

(3) 당사자가 악의로 법원 또는 상대방을 속여 부당한 내용의 판결을 받는 것을 '판결의 편취' 또는 '판결의 부당취득'이라 하고, 이렇게 취득한 판결을 '편취판결' 또는 '사위판결'이라고 한다. 편취판결은 ① 다른 사람의 성명을 모용하여 판결을 받은 경우, ② 소취하 합의에 의하여 피고 불출석의 원인을 만들어 놓고도 소취하를 하지 않고 피고의 불출석을 이용하여 승소판결을 받은 경우, ③ 피고의 주소를 알고 있음에도 불구하고 소재불명으로 속여 공시송달로 재판이 진행되게 하여 피고 모르게 승소판결을 받는 경우, ④ 피고의 주소를 허위로 적어 그 주소에 소장부본을 송달케 하고 피고 아닌 제3자가 송달을 받음으로써 피고가 송달을 받고도 답변서를 제출하지 않은 것으로 법원을 속여 자백간주(제257조 제1항 본문)로 승소판결을 받는 경우 등에 생길 수 있다.

4. 종국판결의 부수적 재판

본안판결의 주문에는 부수적으로 소송비용의 재판과 가집행선고가 붙는다. 그 순서는 소송비용에 대한 부담을 먼저 적고, 그 아래 가집행선고를 적는다. 이러한 소송비용의 재판과 가집행선고는 법원이 직권으로 하는 것이므로, 이에 대한 당사자의 신청은 법원의 직권발동을 촉구하는 의미를 가질 뿐이다.

제8장

형사소송법

제8장
형사소송법

제 1 절 형사절차 개관

형사절차는 수사와 공소제기, 그리고 재판으로 이루어진다. 경찰과 검사와 같은 수사기관은 범죄의 혐의가 있다고 사료하는 때에는 범인, 범죄사실과 증거를 수사한다. 수사한 결과 혐의가 인정된다고 판단하면 검사는 법원에 공소를 제기한다. 공소를 제기받은 법원은 심리를 거쳐 증거에 의해 공소사실이 입증되면 유죄판결을 하고, 그에 이르지 못하면 무죄판결 등을 하게 된다. 법원의 재판은 제1심, 제2심, 제3심으로 이루어지는데 제3심은 대법원에서 이루어진다. 확정된 형사판결에 대한 구제절차로는 재심과 비상상고가 있고, 형사소송절차의 특례로서 약식절차나 즉결심판절차 같은 간이한 절차가 존재한다. 본장에서 법명이 없는 조항은 형사소송법의 그것을 가리킨다.[1)]

제 2 절 소송주체

소송주체는 법원과 소송당사자를 뜻한다. 소송당사자는 검사와 피고인으로 구성된다. 한편 피고인의 소송보조자로 변호인 등이 있다.

---

1) 본장의 내용은 형사소송 관련 법규의 내용, 대법원 판결의 판시 내용, 로스쿨 형사소송법강의 Ⅰ, Ⅱ(지은석, 퍼플, 2021) 및 로스쿨 형사기록강의[필수 형사소송법리](지은석, 퍼플, 2023)를 주로 인용 내지 참조하였다. 법령과 판례 외에 도서에 대한 개별적인 인용 및 참조의 표기는 생략하였음을 밝혀둔다.

Ⅰ_ 법원

1. 일반론

조직법상의 법원은 사법행정상의 법원을, 소송법상의 법원은 재판기관으로서의 법원을 각각 뜻한다. 소송법상의 법원의 구성방식에는 단독제와 합의제가 있다. 단독제는 1명의 법관(단독판사)으로 구성되고, 합의제는 여러 명의 법관으로 구성된다. 심급별 구성방식을 보면 지방법원과 그 지원에는 단독제와 합의제가 같이 쓰이고, 고등법원과 대법원에는 합의제만 쓰인다.

2. 관할

관할은 법원 간의 사건분담을 정하는 것인데, 이에는 법정관할과 재정관할이 있다. 법정관할은 법률규정에 따른 관할로서 고유관할과 관련사건의 관할로 나뉘고, 고유관할은 다시 사물관할, 토지관할 및 심급관할로 이루어진다. 재정관할은 법원의 재판에 따른 관할로서 이에는 관할의 지정과 이전이 있다.

법원은 직권으로 관할을 조사하여야 한다(제1조). 피고사건이 법원의 관할에 속하지 아니한 때에는 판결로써 관할위반의 선고를 하여야 하는데(제319조), 소송행위는 관할위반인 경우에도 그 효력에 영향이 없다(제2조). 한편 법원은 피고인의 신청이 없으면 토지관할에 관하여 관할 위반의 선고를 하지 못하는데, 그 신청은 피고사건에 대한 진술 전에 하여야 한다(제320조).

3. 법관의 제척 · 기피 · 회피

공정한 재판의 구체적인 보장책으로 법관에 대한 제척, 기피 및 회피의 제도가 있다. 제척(除斥)은 법정사유에 해당할 경우 법관이 직무집행에서 당연히 배제되는 제도이다. 기피(忌避)는 당사자 신청으로 법관을 직무집행에서 배제시키는 제도이다. 검사 또는 피고인은 법관이 제척의 사유에 해당되거나 불공평한 재판을 할 염려가 있는 경우에 법관의 기피를 신청할 수 있다(제18조). 회피(回避)는 법관이 스스로 직무집행에서 탈퇴하는 제도이다.

Ⅱ _ 검사

검사는 검찰사무를 처리하는 단독제 관청으로서 범죄수사, 공소의 제기 및 그 유지에 필요한 사항 등의 직무를 수행한다. 한편 고위공직자범죄수사처의 검사는 고위공직자범죄 등에 대한 수사와 제한적인 공소의 제기 및 유지에 필요한 행위를 한다(고위공직자범죄수사처 설치 및 운영에 관한 법률 제20조 제1항). 검사와 일반 사법경찰관은 수사, 공소제기 및 공소유지에 관하여 서로 협력하여야 한다(제195조). 하지만 특별사법경찰관은 모든 수사에 관하여 검사의 지휘를 받는다(제245조의10).

Ⅲ _ 피고인

수사의 대상이 되는 사람을 피의자라 부른다. 피의자는 검사가 공소를 제기함으로써 피고인의 지위를 갖게 된다. 피고인은 유죄의 판결이 확정될 때까지는 무죄로 추정되고(제275조의2), 재판에서 진술하지 아니하거나 개개의 질문에 대하여 진술을 거부할 수 있다. 재판장은 피고인에게 진술을 거부할 수 있음을 고지하여야 한다(제283조의2).

Ⅳ _ 변호인

변호인은 피고인 또는 피의자의 방어력 보충을 임무로 하는 소송보조자이다. 변호인에는 법원에 의해 선정된 국선변호인과 사인(私人)이 선임한 사선변호인이 있다. 변호인의 기본적인 임무가 피고인 또는 피의자를 보호하고 그의 이익을 대변하는 것이라고 하더라도, 그러한 이익은 법적으로 보호받을 가치가 있는 정당한 이익으로 제한되고, 변호인이 의뢰인의 요청에 따른 변론행위라는 명목으로 수사기관이나 법원에 대하여 적극적으로 허위의 진술을 하거나 피고인 또는 피의자로 하여금 허위진술을 하도록 하는 것은 허용되지 않는다.[2)]

제 3 절　수사절차

Ⅰ _ 일반론

수사는 범죄혐의의 유무를 명백히 하여 공소를 제기·유지할 것인가의 여부를 결정하기 위하여 범인을 발견·확보하고 증거를 수집·보전하는 수사기관의 활동이다.[3)] 수사기관에는 검사와 사법경찰관리가 있다.

Ⅱ _ 수사의 방법과 조건

1. 수사의 방법

수사에 관하여는 그 목적을 달성하기 위하여 필요한 조사를 할 수 있다. 다만, 강제처분은 형사소송법에 특별한 규정이 있는 경우에 한하며, 필요한 최소한도의 범위 안에서만 하여야 한다(제199조 제1항). 강제처분에 의한 수사를 강제수사라고 일컫고, 그 이외의 방법에 의한 수사를 임의수사라고 일컫는데, 제199조 제1항은 임의수사의 원칙을 선언하고 있다.

관련하여 수사관이 수사과정에서 동의를 받는 형식으로 피의자를 수사관서 등에 동행하는 것을 임의동행이라 일컫는데, 수사관이 동행에 앞서 피의자에게 동행을 거부할 수 있음을 알려 주었거나 동행한 피의자가 언제든지 자유로이 동행과정에서 이탈 또는 동행장소에서 퇴거할 수 있었음이 인정되는 등 오로지 피

---

2) 대판 2012. 8. 30. 2012도6027.

3) 대판 1999. 12. 7. 98도3329.

의자의 자발적인 의사에 의하여 수사관서 등에 동행이 이루어졌다는 것이 객관적인 사정에 의하여 명백하게 입증된 경우에 한하여, 동행의 적법성이 인정된다.[4)]

2. 수사의 조건

수사를 하려면 필요성과 상당성을 갖추어야 한다. 혐의 없음이 명백하거나 기소의 가능성이 없는 경우에는 필요성이 없어 수사가 불허된다. 또한 수사는 신의에 좇아 성실하게 수행되어야 하고 목적 달성에 필요한 최소의 한도에서 이루어져야 한다.

Ⅲ _ 수사의 개시와 단서

1. 수사의 개시

수사기관은 범죄혐의를 인정하는 때 수사를 개시한다. 여기서의 범죄혐의는 구체적 사실에 근거한 수사기관의 주관적인 혐의를 뜻한다. 수사가 개시되어야 그 대상자는 피의자의 지위를 갖게 된다. 수사기관이 범죄혐의를 인정하고 수사를 개시하기로 하여 대상사건에 사건번호를 부여하는 사무적인 수리절차를 입건(立件)이라 일컫는다.

2. 수사의 단서

수사기관이 범죄혐의를 인정하게 되는 실마리를 수사의 단서(端緖)라고 일컫는데, 여기에는 현행범인 발견, 변사자검시 및 불심검문과 같은 수사기관의 직접체험에 의한 것과 고소, 고발, 자수, 진정 및 탄원과 같은 수사기관의 간접체험에 의한 것이 있다. 고소, 고발 및 자수의 경우 그 자체로 범죄혐의가 인정되어 곧바로 입건하여 수사를 개시한다. 나머지 단서의 경우 입건 전 조사의 과정을 거쳐

4) 대판 2012. 9. 13. 2012도8890.

범죄혐의가 인정되면 입건하여 수사를 개시한다.

3. 고소

(1) 일반론

고소는 범죄로 인한 피해자나 그와 일정한 관계에 있는 사람이 수사기관에 대하여 범죄사실을 신고하여 범인의 처벌을 구하는 의사표시를 뜻한다.[5] 고소를 하려면 범죄사실이 특정되어야 할 것이나 그 특정의 정도는 고소인의 의사가 구체적으로 어떤 범죄사실을 지정하여 범인의 처벌을 구하고 있는 것인가를 확정할 수만 있으면 되는 것이고, 고소인 자신이 직접 범행의 일시, 장소와 방법 등까지 구체적으로 상세히 지적하여 그 범죄사실을 특정할 필요까지는 없다.[6]

(2) 친고죄의 규율

고소가 있어야 공소를 제기할 수 있는 범죄를 친고죄(親告罪)라고 일컫는다.[7] 친고죄에 대하여는 범인을 알게 된 날로부터 6월을 경과하면 고소하지 못한다(제230조제1항). 여기서 범인을 알게 된다는 것은 통상인의 입장에서 보아 고소권자가 고소를 할 수 있을 정도로 범죄사실과 범인을 아는 것을 의미하고, 범죄사실을 안다는 것은 고소권자가 친고죄에 해당하는 범죄의 피해가 있었다는 사실관계에 관하여 확정적인 인식이 있음을 말한다.[8] 친고죄에서 고소는 제1심판결 선고 전까지 취소할 수 있다(제232조제1항). 항소심에서 공소장의 변경에 의하여 또는 공소장변경절차를 거치지 아니하고 법원 직권에 의하여 친고죄가 아닌 범죄를 친고죄로 인정하였더라도 항소심을 제1심이라 할 수는 없는 것이므로, 항소심에 이르러 비로소 고소인이 고소를 취소하였다면 이는 친고죄에 대한 고소취소로서의 효력은 없다.[9]

---

5) 대판 2022. 1. 13. 2015도6329.

6) 대판 1999. 3. 26. 97도1769.

7) 모욕죄는 고소가 있어야 공소를 제기할 수 있는 대표적인 친고죄이다(형법 제311조, 제312조 제1항).

8) 대판 2018. 7. 11. 2018도1818.

9) 대판 1999. 4. 15. 96도1922 전합 다수의견.

한편 친고죄의 공범 중 그 1인 또는 수인에 대한 고소 또는 그 취소는 다른 공범자에 대하여도 효력이 있는데(제233조), 이를 고소의 주관적 불가분원칙이라 일컫는다. 이에 따라 친고죄의 공범 중 그 일부에 대하여 제1심판결이 선고된 후에는 제1심판결 선고 전의 다른 공범자에 대하여는 그 고소를 취소할 수 없고 그 고소의 취소가 있다 하더라도 그 효력을 발생할 수 없다.[10]

Ⅳ _ 임의수사

1. 피의자신문

검사가 피의자를 신문함에는 검찰청수사관 또는 서기관이나 서기를 참여하게 하여야 하고 사법경찰관이 피의자를 신문함에는 사법경찰관리를 참여하게 하여야 한다. 아울러 검사 또는 사법경찰관은 피의자 또는 그 변호인·법정대리인·배우자·직계친족·형제자매의 신청에 따라 변호인을 피의자와 접견하게 하거나 정당한 사유가 없는 한 피의자에 대한 신문에 참여하게 하여야 한다(제243조의2 제1항). 수사기관에서 피의자를 신문하려면 사전에 첫째, 일체의 진술을 하지 아니하거나 개개의 질문에 대하여 진술을 하지 아니할 수 있다는 것, 둘째, 진술을 하지 아니하더라도 불이익을 받지 아니한다는 것, 셋째, 진술을 거부할 권리를 포기하고 행한 진술은 법정에서 유죄의 증거로 사용될 수 있다는 것, 넷째, 신문을 받을 때에는 변호인을 참여하게 하는 등 변호인의 조력을 받을 수 있다는 것을 알려주어야 한다(제244조의3). 수사기관이 피의자를 신문함에 있어서 피의자에게 미리 진술거부권을 고지하지 않은 때에는 그 피의자의 진술은 위법하게 수집된 증거로서 진술의 임의성이 인정되는 경우라도 유죄의 증거로 쓸 수 없다.[11]

피의자의 진술은 영상녹화할 수 있다. 이 경우 미리 영상녹화사실을 알려주어야 하며, 조사의 개시부터 종료까지의 전 과정 및 객관적 정황을 영상녹화하여

10) 대판 1985. 11. 12. 85도1940.

11) 대판 2014. 4. 10. 2014도1779.

야 한다(제244조의2 제1항). 또한 피의자의 진술은 조서에 기재하여야 하고, 그 조서는 피의자에게 열람하게 하거나 읽어 들려주어야 하며, 진술한 대로 기재되지 아니하였거나 사실과 다른 부분의 유무를 물어 피의자가 증감 또는 변경의 청구 등 이의를 제기하거나 의견을 진술한 때에는 이를 조서에 추가로 기재하여야 한다. 이 경우 피의자가 이의를 제기하였던 부분은 읽을 수 있도록 남겨두어야 한다. 피의자가 조서에 대하여 이의나 의견이 없음을 진술한 때에는 피의자로 하여금 그 취지를 자필로 기재하게 하고 조서에 간인한 후 기명날인 또는 서명하게 한다(제244조).

2. 참고인조사

검사 또는 사법경찰관은 수사에 필요한 때에는 피의자가 아닌 자, 즉 참고인의 출석을 요구하여 진술을 들을 수 있고, 이 경우 그의 동의를 받아 영상녹화할 수 있다(제221조 제1항). 참고인이 수사기관에게 허위의 진술을 하더라도 위증죄는 성립하지 않는다. 참고인은 법률에 의하여 선서한 증인이 아니기 때문이다.[12]

3. 수사상의 감정위촉 등

검사 또는 사법경찰관은 수사에 필요한 때에는 감정·통역 또는 번역을 위촉할 수 있다(제221조 제2항). 또한 검사는 공소제기 여부와 관련된 사실관계를 분명하게 하기 위하여 필요한 경우에는 직권이나 피의자 또는 변호인의 신청에 의하여 전문수사자문위원을 지정하여 수사절차에 참여하게 하고 자문을 들을 수 있다. 이 경우 전문수사자문위원은 전문적인 지식에 의한 설명 또는 의견을 기재한 서면을 제출하거나 전문적인 지식에 의하여 설명이나 의견을 진술할 수 있다(제245조의2).

---

12) 형법 제152조(위증, 모해위증) ① 법률에 의하여 선서한 증인이 허위의 진술을 한 때에는 5년 이하의 징역 또는 1천만 원 이하의 벌금에 처한다.

V _ 피의자의 체포와 구속

1. 일반론

피의자에 대한 수사는 불구속 상태에서 함을 원칙으로 하는데(제198조 제1항), 부득이한 경우에는 강제수사를 할 수 있다. 대인적 강제수사의 방법으로는 피의자에 대한 체포와 구속이 있다. 체포에는 사전영장에 의한 체포와 이에 의하지 않는 긴급체포와 현행범인체포가 있다. 구속은 사전영장에 의해야 하는데 미리 체포절차를 거칠 수도 있고 거치지 않을 수도 있다.

2. 체포영장에 의한 체포

피의자가 죄를 범하였다고 의심할 만한 상당한 이유가 있고, 정당한 이유 없이 출석요구에 응하지 아니하거나 응하지 아니할 우려가 있는 때에는 검사는 관할 지방법원판사에게 청구하여 체포영장을 발부받아 피의자를 체포할 수 있고, 사법경찰관은 검사에게 신청하여 검사의 청구로 관할지방법원판사의 체포영장을 발부받아 피의자를 체포할 수 있다. 다만, 다액(多額) 50만 원 이하의 벌금, 구류 또는 과료에 해당하는 사건에 관하여는 피의자가 일정한 주거가 없는 경우 또는 정당한 이유 없이 제200조의 규정에 의한 출석요구에 응하지 아니한 경우에 한한다. 지방법원판사는 상당하다고 인정할 때에는 체포영장을 발부한다. 다만, 명백히 체포의 필요가 인정되지 아니하는 경우에는 그러하지 아니하다(제200조의2). 체포영장에 의해 체포한 피의자를 구속하고자 할 때에는 체포한 때부터 48시간 이내에 제201조의 규정에 의하여 구속영장을 청구하여야 하고, 그 기간 내에 구속영장을 청구하지 아니하는 때에는 피의자를 즉시 석방하여야 한다(제200조의2 제5항).

3. 긴급체포

검사 또는 사법경찰관은 피의자가 사형·무기 또는 장기 3년 이상의 징역이나 금고에 해당하는 죄를 범하였다고 의심할 만한 상당한 이유가 있고, 피의자가 증거를 인멸할 염려가 있거나 도망하거나 도망할 우려가 있는 경우에 긴급을 요하여 지방법원판사의 체포영장을 받을 수 없는 때에는 그 사유를 알리고 영장 없이 피의자를 체포할 수 있다. 이 경우 긴급을 요한다 함은 피의자를 우연히 발견한 경우 등과 같이 체포영장을 받을 시간적 여유가 없는 때를 말한다(제200조의3). 긴급체포한 피의자를 구속하고자 할 때에는 지체 없이 검사는 관할지방법원판사에게 구속영장을 청구하여야 하고, 사법경찰관은 검사에게 신청하여 검사의 청구로 관할지방법원판사에게 구속영장을 청구하여야 한다. 이 경우 구속영장은 피의자를 체포한 때부터 48시간 이내에 청구하여야 하며, 긴급체포서를 첨부하여야 하고(제200조의4 제1항), 구속영장을 청구하지 아니하거나 발부받지 못한 때에는 피의자를 즉시 석방하여야 한다(제200조의4 제2항).

4. 현행범인체포

범죄를 실행하고 있거나 실행하고 난 직후의 사람을 현행범인이라 하고, ① 범인으로 불리며 추적되고 있거나, ② 장물이나 범죄에 사용되었다고 인정하기에 충분한 흉기나 그 밖의 물건을 소지하고 있거나, ③ 신체나 의복류에 증거가 될 만한 뚜렷한 흔적이 있거나, ④ 누구냐고 묻자 도망하려고 하는 사람은 현행범인으로 본다(제211조). 현행범인은 누구든지 영장 없이 체포할 수 있는 데(제212조), 구체적으로는 행위의 가벌성, 범죄의 현행성·시간적 접착성, 범인·범죄의 명백성 외에 체포의 필요성, 즉 도망 또는 증거인멸의 염려가 있어야 한다.[13] 검사 또는 사법경찰관리 아닌 자가 현행범인을 체포한 때에는 즉시 검사 또는 사법경찰관리에게 인도하여야 한다(제213조 제1항). 현행범인으로 체포한 피의자를 구속하고자 할 때에는 체포한 때부터 48시간 이내에 제201조의 규정에 의하여 구속영장을 청구하여야 하고, 그 기간 내에 구속영장을 청구하지 아니하는 때에는 피의자를 즉시 석방하여야 한다(제213조의2, 제200조의2 제5항). 수사기관이 아닌 이에 의하여 현행범인이 체포된 후 불필요한 지체 없이 수사기관에게 인도된 경우 위

---

13) 대판 2022. 2. 11. 2021도12213.

48시간의 기산점은 체포시가 아니라 수사기관이 현행범인을 인도받은 때이다.[14)]

5. 피의자 구속

구속의 사유는 피의자가 죄를 범하였다고 의심할 만한 상당한 이유가 있고 피의자가 일정한 주거가 없거나 피의자가 증거를 인멸할 염려가 있거나 피의자가 도망하거나 도망할 염려가 있는 때이다(제70조 제1항). 이러한 구속의 사유가 있을 때에는 검사는 관할지방법원판사에게 청구하여 구속영장을 받아 피의자를 구속할 수 있고 사법경찰관은 검사에게 신청하여 검사의 청구로 관할지방법원판사의 구속영장을 받아 피의자를 구속할 수 있다. 다만, 다액 50만 원 이하의 벌금, 구류 또는 과료에 해당하는 범죄에 관하여는 피의자가 일정한 주거가 없는 경우에 한한다(제201조 제1항). 체포된 피의자에 대하여 구속영장을 청구받은 판사는 지체 없이 피의자를 심문하여야 한다(제201조의2 제1항). 체포되지 않은 피의자에 대하여 구속영장을 청구받은 판사는 피의자가 죄를 범하였다고 의심할 만한 이유가 있는 경우에 구인을 위한 구속영장을 발부하여 피의자를 구인한 후 심문하여야 한다. 다만, 피의자가 도망하는 등의 사유로 심문할 수 없는 경우에는 그러하지 아니하다(제201조의2 제2항).

판사는 구속영장을 발부하지 아니할 때에는 청구서에 그 취지 및 이유를 기재하고 서명날인하여 청구한 검사에게 교부한다(제201조 제4항). 이에 대하여 검사는 구속영장을 재(再)청구함으로써 불복할 수 있다. 한편 판사는 상당하다고 인정할 때에는 구속영장을 발부한다. 사법경찰관이 피의자를 구속한 때에는 10일 이내에 피의자를 검사에게 인치하지 아니하면 석방하여야 한다(제202조). 검사가 피의자를 구속한 때 또는 사법경찰관으로부터 피의자의 인치를 받은 때에는 10일 이내에 공소를 제기하지 아니하면 석방하여야 하는데(제203조), 이 경우 지방법원판사는 검사의 신청에 의하여 수사를 계속함에 상당한 이유가 있다고 인정한 때에는 10일을 초과하지 아니하는 한도에서 구속기간의 연장을 1차에 한하여 허가할 수 있다(제205조 제1항). 변호인이나 변호인이 되려는 자는 신체가 구속된 피고

14) 대판 2011. 12. 22. 2011도12927.

인 또는 피의자와 접견하고 서류나 물건을 수수(授受)할 수 있으며 의사로 하여금 피고인이나 피의자를 진료하게 할 수 있다(제34조). 판사가 구속영장을 발부하는 결정을 한 경우 피고인은 구속적부심사를 청구함으로써 불복할 수 있다.

Ⅵ_ 압수·수색·검증

1. 일반론

압수는 물건의 소유자 등의 점유를 배제하고 수사기관 등이 그 점유를 취득하는 강제처분이다.[15] 수색은 물건 또는 사람을 찾기 위해 뒤지는 강제처분이다. 검증은 오관의[16] 작용으로 물건·인체·장소의 존재·형태·성상(性狀) 등을 실험·관찰하여 인식하는 강제처분이다. 범죄수사를 위하여 압수, 수색 또는 검증을 하려면 미리 영장을 발부받아야 한다는 이른바 사전영장주의가 원칙이지만, 형사소송법은 일정한 경우 그 예외를 인정한다.[17] 이하에서는 실무에서 주로 사용되는 압수와 수색에 관하여 살펴본다.

2. 사전영장에 의한 압수·수색

검사는 범죄수사에 필요한 때에는 피의자가 죄를 범하였다고 의심할 만한 정황이 있고 해당 사건과 관계가 있다고 인정할 수 있는 것에 한정하여 지방법원판사에게 청구하여 발부받은 영장에 의하여 압수, 수색 또는 검증을 할 수 있다. 사법경찰관이 범죄수사에 필요한 때에는 피의자가 죄를 범하였다고 의심할 만한 정황이 있고 해당 사건과 관계가 있다고 인정할 수 있는 것에 한정하여 검사에게 신청하여 검사의 청구로 지방법원판사가 발부한 영장에 의하여 압수, 수색 또는 검증을 할 수 있다(제215조).

---

15) 대판 2000. 1. 21. 97다58507.

16) 오관(五官)은 시각, 청각, 취각(후각), 미각, 촉각을 뜻한다.

17) 대판 2017. 9. 12. 2017도10309.

수사기관이 압수 또는 수색을 할 때에는 처분을 받는 사람에게 압수·수색영장을 반드시 제시하여야 하고 처분을 받는 자가 피의자인 경우에는 그 사본을 교부하여야 하며(제219조 및 제118조), 피의자·피압수자 또는 변호인은 압수·수색영장의 집행에 참여할 권리가 있으므로(제219조, 제121조), 수사기관이 압수·수색영장을 집행할 때에도 원칙적으로는 이들에게 미리 집행의 일시와 장소를 통지하여야 한다(제219조, 제122조). 여기서의 변호인의 참여권은 피압수자의 보호를 위하여 변호인에게 주어진 고유권(固有權)이므로, 설령 피압수자가 수사기관에 압수·수색영장의 집행에 참여하지 않는다는 의사를 명시하였다고 하더라도, 특별한 사정이 없는 한 그 변호인에게는 미리 집행의 일시와 장소를 통지하는 등으로 압수·수색영장의 집행에 참여할 기회를 별도로 보장하여야 한다.[18] 압수의 목적물이 컴퓨터용디스크, 그 밖에 이와 비슷한 정보저장매체인 경우에는 수사기관은 기억된 정보의 범위를 정하여 출력하거나 복제하여 제출받아야 한다. 다만, 범위를 정하여 출력 또는 복제하는 방법이 불가능하거나 압수의 목적을 달성하기에 현저히 곤란하다고 인정되는 때에는 정보저장매체 등을 압수할 수 있다(제219조, 제106조). 한편, 수사기관은 압수영장을 집행한 직후에 압수목록을 곧바로 작성하여 압수한 물건의 소유자·소지자·보관자 기타 이에 준하는 사람에게 교부하여야 한다(제219조, 제129조).[19]

3. 사전영장에 의하지 않은 압수·수색

형사소송법은 사전영장에 의하지 않은 압수·수색도 허용한다. 세 가지 경우가 있다.

첫째, 검사 또는 사법경찰관은 피의자를 체포 또는 구속하는 경우에 필요한 때에는 영장 없이 체포현장에서의 압수, 수색, 검증 처분을 할 수 있다(제216조 제1항 제2호). 검사 또는 사법경찰관은 이에 따라 압수한 물건을 계속 압수할 필요가 있는 경우에는 지체 없이 압수수색영장을 청구하여야 한다. 이 경우 압수수색

18) 대판 2020. 11. 26. 2020도10729.

19) 대판 2022. 7. 14. 2019모2584.

영장의 청구는 체포한 때부터 48시간 이내에 하여야 하고, 청구한 압수수색영장을 발부받지 못한 때에는 압수한 물건을 즉시 반환하여야 한다(제217조 제2항, 제3항).

둘째, 범행 중 또는 범행 직후의 범죄 장소에서 긴급을 요하여 법원판사의 영장을 받을 수 없는 때에는 영장 없이 압수, 수색 또는 검증을 할 수 있다. 이 경우에는 사후에 지체 없이 영장을 받아야 한다.

셋째, 검사 또는 사법경찰관은 긴급체포된 자가 소유·소지 또는 보관하는 물건에 대하여 긴급히 압수할 필요가 있는 경우에는 체포한 때부터 24시간 이내에 한하여 영장 없이 압수·수색 또는 검증을 할 수 있다(제217조 제1항). 검사 또는 사법경찰관은 이에 따라 압수한 물건을 계속 압수할 필요가 있는 경우에는 지체 없이 압수수색영장을 청구하여야 한다. 이 경우 압수수색영장의 청구는 체포한 때부터 48시간 이내에 하여야 하고, 청구한 압수수색영장을 발부받지 못한 때에는 압수한 물건을 즉시 반환하여야 한다(제217조제2항, 제3항).

Ⅶ_ 수사상의 증거보전

1. 증거보전

검사, 피고인, 피의자 또는 변호인은 미리 증거를 보전하지 아니하면 그 증거를 사용하기 곤란한 사정이 있는 때에는 제1회 공판기일 전이라도 판사에게 압수, 수색, 검증, 증인신문 또는 감정을 청구할 수 있다(제184조).

2. 참고인에 대한 증인신문

범죄의 수사에 없어서는 아니 될 사실을 안다고 명백히 인정되는 자가 출석 또는 진술을 거부한 경우에는 검사는 제1회 공판기일 전에 한하여 판사에게 그에 대한 증인신문을 청구할 수 있다(제221조의2 제1항).

Ⅷ_ 수사의 종결

1. 사법경찰관의 결정

사법경찰관은 고소·고발 사건을 포함하여 범죄를 수사한 때에는 범죄의 혐의가 있다고 인정되는 경우에는 지체 없이 검사에게 사건을 송치하고, 관계 서류와 증거물을 검사에게 송부하여야 하고, 그 밖의 경우에는 그 이유를 명시한 서면과 함께 관계 서류와 증거물을 지체 없이 검사에게 송부하여야 한다. 뒤의 경우 검사는 송부받은 날부터 90일 이내에 사법경찰관에게 반환하여야 한다(제245조의5).

2. 검사의 결정

검사는 사법경찰관으로부터 사건을 송치받거나 직접 수사한 경우에는 불기소나 공소제기 등의 결정을 한다.

제 4 절 공소제기

Ⅰ_ 일반론

공소제기는 법원에 대하여 특정한 형사사건의 심판을 요구하는 검사의 법률행위적 소송행위를 뜻한다.[20] 범죄행위를 하여 처벌을 받아야 할 자에 대해서는 합리적 의심의 여지가 없는 증명이 있음을 전제로 그에 상응한 처벌이 이루어져야 한다는 형사사법의 보호적 기능을 담보하기 위하여 현행법은 국가소추주의 내지 국가형벌독점주의를 원칙으로 정하고 있다.[21] 검사는 구체적인 양형의 조건

---

20) 대판 2003. 11. 14. 2003도2735.

21) 대판 2023. 7. 17. 2021도11126 전합 다수의견.

을 참작하여 공소를 제기하지 아니할 수 있는데, 이를 기소편의주의(起訴便宜主義)라고 일컫는다. 한편 검사는 제1심판결의 선고 전까지 공소를 취소할 수 있다(제255조제1항).

Ⅱ_ 재정신청과 기소강제절차

고소권자로서 고소를 한 자와 형법 제123조부터 제126조까지의 죄에 대하여 고발을 한 자는 검사로부터 공소를 제기하지 아니한다는 통지를 받은 때에는 그 검사 소속의 지방검찰청 소재지를 관할하는 고등법원에 그 당부에 관한 재정을 신청할 수 있다(제260조 제1항). 재정신청을 하려면 원칙적으로 검찰청법에 따른 항고를 거쳐야 한다(제260조 제2항).

법원은 재정신청서를 송부받은 날부터 3개월 이내에 항고의 절차에 준하여 결정하는데, 신청이 법률상의 방식에 위배되거나 이유 없는 때에는 신청을 기각하고, 신청이 이유 있는 때에는 사건에 대한 공소제기를 결정한다(제262조 제2항). 공소제기 결정에 따른 재정결정서를 송부받은 관할 지방검찰청 검사장 또는 지청장은 지체 없이 담당 검사를 지정하고 지정받은 검사는 공소를 제기하여야 한다(제262조 제6항).

Ⅲ_ 공소제기의 방식

형사소송법은 공소제기에 관하여 엄격한 방식에 의한 서면주의를 채택하고 있다. 즉, 공소를 제기하려면 공소장을 관할법원에 제출하여야 하고, 공소장에는 피고인의 성명 그 밖에 피고인을 특정할 수 있는 사항, 죄명, 공소사실, 적용법조를 기재하여야 하며(제254조 제1항, 제3항), 공소가 제기된 때에는 지체 없이 공소장 부본을 피고인 또는 변호인에게 송달하여야 한다(제266조). 또한 공무원이 작성하는 서류에는 법률에 다른 규정이 없는 때에는 작성 연월일과 소속공무소를 기재하고 기명날인 또는 서명을 하여야 하므로(제57조 제1항), 공소장에는 검사의 기명날인 또는 서명이 있어야 한다. 이러한 규정은 형사소송에서 법원의 심판 대상을 명확하게 하고 피고인의 방어권을 충분히 보장하기 위한 것이므로, 그 방식에 따르지 않은 공소제기는 공소제기의 절차가 법률의 규정을 위반하여 무효인 때에 해당하여 공소기각을 선고하여야 한다(제327조 제2호).[22)]

한편 공소장에는 변호인선임서 또는 보조인신고서, 특별대리인 선임결정등본, 체포영장, 긴급체포서, 구속영장 기타 구속에 관한 서류를 각 첨부하여야 하고, 그 이외에 사건에 관하여 법원에 예단이 생기게 할 수 있는 서류 기타 물건을 첨부하거나 그 내용을 인용하여서는 아니 되는데 이를 공소장일본주의(公訴狀一本主義)라고 일컫는다.

Ⅳ _ 공소제기의 효과

공소가 제기되면 소송계속(訴訟繫屬) 상태로 접어들고, 심판범위가 한정되며, 공소시효가 정지되는 효과가 발생한다. 소송계속은 사건이 특정 법원의 심판대상으로 되어 있는 상태를 뜻한다. 또한 법원은 검사가 공소를 제기한 사건에 한하여 심판하여야 하고, 검사의 공소제기가 없으면 법원이 심판할 수 없는데 이를 불고불리(不告不理)의 원칙이라 일컫는다.[23)] 공소제기의 인적인 효력은 검사가 피고인으로 지정한 자에게만 미친다(제248조제1항). 공소제기의 물적인 효력범위는 잠재적인 것과 현실적인 것으로 나뉜다. 법원의 실체적인 심판의 범위는 잠재적으로는 공소사실과 단일성 및 동일성이 인정되는 한 그러한 사실의 전부에 미칠 것이지만, 현실적 심판의 대상은 공소장에 기재되었거나 소송의 발전에 따라 그 후 추가 철회 또는 변경된 사실에 한한다.[24)] 따라서 공소사실과 동일성이 인정되는 사실이라 할지라도 공소장이나 공소장변경 신청서에 공소사실로 기재되어 현실로 심판의 대상이 되지 아니한 사실은 법원이 그 사실을 인정하더라도 피고인의

---

22) 대판 2017. 2. 15. 2016도19027.
23) 대판 2022. 7. 28. 2022도5388.
24) 대판 1959. 6. 26. 4292형상36.

방어에 실질적 불이익을 초래할 염려가 없는 경우가 아니면 임의로 공소사실과 다르게 인정할 수 없고, 이와 같은 사실을 인정하려면 공소장변경을 요한다.[25)]

V_ 공소장변경

1. 일반론

검사는 법원의 허가를 얻어 공소장에 기재한 공소사실 또는 적용법조의 추가, 철회 또는 변경을 할 수 있다. 이 경우에 법원은 공소사실의 동일성을 해하지 아니하는 한도에서 허가하여야 한다(제298조 제1항). 공소장변경 제도의 취지는 국가형벌권의 적정한 행사 확보 및 피고인의 방어권보장에 있다.[26)] 한편 법원은 심리의 경과에 비추어 상당하다고 인정할 때에는 공소사실 또는 적용법조의 추가 또는 변경을 요구하여야 한다(제298조 제2항). 다만 법원이 검사에게 공소장 변경을 요구할 것인지 여부는 재량에 속하는 것이므로, 법원이 검사에게 공소장의 변경을 요구하지 아니하였다고 하여 위법하다고 할 수 없다.[27)]

2. 공소장변경의 한계

공소장변경은 공소사실의 동일성이 인정되는 범위 내에서만 허용되고, 공소사실의 동일성이 인정되지 않는 범죄사실을 공소사실로 추가하는 취지의 공소장변경신청이 있는 경우 법원은 그 변경신청을 기각하여야 한다(제298조 제1항).[28)] 공소사실이나 범죄사실의 동일성은 형사소송법상의 개념이므로 이것이 형사소송절차에서 가지는 의의나 소송법적 기능을 고려하여야 할 것이고, 따라서 두 죄의 기본적 사실관계가 동일한가의 여부는 그 규범적 요소를 전적으로 배제한 채 순

25) 대판 2021. 12. 30. 2016도1402.
26) 대판 2017. 1. 25. 2016도17679.
27) 대판 2009. 5. 14. 2007도616.
28) 대판 2022. 12. 29. 2022도10660.

수하게 사회적, 전(前)법률적인 관점에서만 파악할 수는 없고, 그 자연적, 사회적 사실관계나 피고인의 행위가 동일한 것인가 외에 그 규범적 요소도 기본적 사실관계 동일성의 실질적 내용의 일부를 이루는 것이라고 보는 것이 상당하다.[29]

3. 공소장변경의 요부(要否)

법원이 당초 공소사실과 다른 공소사실을 심판대상으로 삼아 유죄를 인정하기 위해서는 불고불리 원칙 및 피고인의 방어권 보장 등 형사소송의 기본원칙에 따라 공소장변경절차를 거치는 것이 원칙이다. 다만, 공소사실의 기본적 요소에 실질적인 영향을 미치지 않은 단순한 일시·장소·수단 등에 관한 사항 또는 명백한 오기의 정정에 해당하는 등 피고인이 방어권을 실질적으로 행사함에 지장이 없는 경우에는 예외적으로 공소장변경절차를 거치지 않고서도 직권으로 당초 공소사실과 동일성이 인정되는 범위 내의 다른 공소사실에 대하여 유죄를 인정할 수 있다.[30]

Ⅵ_ 공소시효

1. 일반론

공소시효란 국가가 일정한 기간 동안 공소를 제기하지 않고 방치하는 경우에 국가의 형사소추권을 소멸시키는 제도이다.[31] 그 취지는 범죄 후 시간이 오래 흐를 경우 가벌성이 감소하고 증거가 산일(散佚)되는 점에서 찾을 수 있다.

2. 공소시효기간

공소시효는 다음 〈표〉의 기재와 같은 기간의 경과로 완성한다(제249조 제1항).

---

29) 대판 1994. 3. 22. 93도2080 전합 다수의견.

30) 대판 2022. 12. 15. 2022도10564.

31) 대판 1997. 4. 17. 96도3376 전합 반대의견.

한편 공소가 제기된 범죄는 판결의 확정이 없이 공소를 제기한 때로부터 25년을 경과하면 공소시효가 완성한 것으로 간주하고(제249조 제2항), 사람을 살해한 범죄(종범은 제외한다)로 사형에 해당하는 범죄에 대하여는 공소시효를 적용하지 아니한다(제253조의2). 성폭력범죄의 처벌 등에 관한 특례법 등은 형사소송법의 공소시효에 대한 특례규정을 여럿 두고 있다.

-다 음-

공소시효기간
1. 사형에 해당하는 범죄에는 25년 2. 무기징역 또는 무기금고에 해당하는 범죄에는 15년 3. 장기 10년 이상의 징역 또는 금고에 해당하는 범죄에는 10년 4. 장기 10년 미만의 징역 또는 금고에 해당하는 범죄에는 7년 5. 장기 5년 미만의 징역 또는 금고, 장기 10년 이상의 자격정지 또는 벌금에 해당하는 범죄에는 5년 6. 장기 5년 이상의 자격정지에 해당하는 범죄에는 3년 7. 장기 5년 미만의 자격정지, 구류, 과료 또는 몰수에 해당하는 범죄에는 1년

3. 공소시효의 정지

공소시효는 공소의 제기로 진행이 정지되고 공소기각 또는 관할위반의 재판이 확정된 때로부터 진행한다. 이에 따른 공범의 1인에 대한 그 시효정지는 다른 공범자에게 대하여 효력이 미치고 당해 사건의 재판이 확정된 때로부터 진행한다(제253조 제1항, 제2항). 한편 범인이 형사처분을 면할 목적으로 국외에 있는 경우 그 기간 동안 공소시효는 정지된다(제253조 제3항).

4. 공소시효 완성의 효과

공소시효가 완성되면 수사기관은 공소권 없음의 결정을 하고, 공소가 제기된 경우 법원은 면소판결을 한다(제326조 제1호).

제 5 절 공판절차

Ⅰ_ 공판절차의 기본원칙

형사소송법은 피고사건에 대한 실체심리가 공개된 법정에서 검사와 피고인 양 당사자의 공격·방어활동에 의하여 행해져야 한다는 당사자주의와 공판중심주의 원칙, 공소사실의 인정은 법관의 면전에서 직접 조사한 증거만을 기초로 해야 한다는 직접심리주의와 증거재판주의 원칙을 기본원칙으로 채택하고 있다.[32)]

Ⅱ_ 공판의 준비

법원은 공소의 제기가 있는 때에는 지체 없이 공소장의 부본을 피고인 또는 변호인에게 송달하여야 한다(제266조 본문). 재판장은 공판기일을 정하여 검사, 변호인과 보조인에게 통지하여야 한다(제267조 제1항, 제3항). 공판기일에는 피고인, 대표자 또는 대리인을 소환하여야 한다(제267조).

한편 재판장은 효율적이고 집중적인 심리를 위하여 사건을 공판준비절차에 부칠 수 있다(제266조의5 제1항). 공판준비절차는 주장 및 입증계획 등을 서면으로 준비하게 하거나 공판준비기일을 열어 진행한다(제266조의5 제2항).

Ⅲ_ 공판정의 구성

공판기일에는 공판정(公判廷)에서 심리한다. 공판정은 판사와 검사, 법원사무관등이 출석하여 개정한다. 검사의 좌석과 피고인 및 변호인의 좌석은 대등하며, 법대의 좌우측에 마주 보고 위치하고, 증인의 좌석은 법대의 정면에 위치한다. 다만, 피고인신문을 하는 때에는 피고인은 증인석에 좌석한다(제275조).

---

32) 대판 2020. 1. 30. 2018도2236 전합 다수의견.

피고인이 공판기일에 출석하지 아니한 때에는 특별한 규정이 없으면 개정하지 못함이 원칙인데(제276조 본문), 공소기각 또는 면소의 재판을 할 것이 명백한 사건 등의 경우에는 피고인의 출석을 요하지 아니한다(제277조 제2호). 재판장은 증인 또는 감정인이 피고인 또는 어떤 재정인의 면전에서 충분한 진술을 할 수 없다고 인정한 때에는 그를 퇴정하게 하고 진술하게 할 수 있다. 피고인이 다른 피고인의 면전에서 충분한 진술을 할 수 없다고 인정한 때에도 같다(제297조 제1항). 한편 피고인이 진술하지 아니하거나 재판장의 허가 없이 퇴정하거나 재판장의 질서유지를 위한 퇴정명령을 받은 때에는 피고인의 진술 없이 판결할 수 있다(제330조).

Ⅳ _ 공판기일의 절차

1. 일반론

공판기일은 모두절차(冒頭節次), 사실심리절차, 판결선고절차의 순서로 진행된다. 모두절차는 진술거부권 등의 고지, 인정신문(認定訊問), 검사의 모두진술, 피고인 측의 모두진술, 재판장의 쟁점정리 등의 순서로 진행된다. 사실심리절차는 증거조사, 피고인신문, 최종변론의 순서로 진행된다. 증거조사절차는 증거신청, 증거결정, 증거조사의 순서로 진행된다. 위법수집증거 배제법칙이나 전문법칙 등에 저촉되어 증거로 쓸 수 없는 없는 증거는 증거결정 단계에서 증거로 채택되지 않아 증거조사의 대상이 되지 못한다. 증거조사의 방식은 증인이나 감정인의 경우 신문(訊問)으로 하고, 증거서류의 경우 내용의 낭독이나 내용고지 등으로 하며(제292조), 증거물은 제시로 한다(제292조의2).

2. 증인신문

증인은 자신의 체험사실을 법원 또는 법관에게 진술하는 제3자를 뜻한다. 법원은 법률에 다른 규정이 없으면 누구든지 증인으로 신문할 수 있다(제146조). 피고인과 별개의 범죄사실로 기소되어 병합심리 중인 공동피고인은 피고인의 범죄사실에 관하여는 증인의 지위에 있다 할 것이므로 선서 없이 한 공동피고인의 법정진술이나 피고인이 증거로 함에 동의한 바 없는 공동피고인에 대한 피의자신문조서는 피고인의 범죄사실을 인정하는 증거로 할 수 없다.[33] 공범인 공동피고인은 당해 소송절차에서는 피고인의 지위에 있어 다른 공동피고인에 대한 공소사실에 관하여 증인이 될 수 없으나, 소송절차가 분리되어 피고인의 지위에서 벗어나게 되면 다른 공동피고인에 대한 공소사실에 관하여 증인이 될 수 있다.[34]

한편 모든 국민은 법정에 출석하여 증언할 의무를 부담하는데,[35] 자기나 친족 등이 형사소추(刑事訴追) 또는 공소제기를 당하거나 유죄판결을 받을 사실이 드러날 염려가 있는 증언을 거부할 수 있다(제148조).

V _ 피고인의 구속과 보석

1. 피고인 구속

법원은 구속의 사유가 있는 경우에는 피고인을 구속할 수 있다. 법원은 구속사유를 심사함에 있어서 범죄의 중대성, 재범의 위험성, 피해자 및 중요 참고인 등에 대한 위해우려 등을 고려하여야 한다(제70조). 법원의 구속기간은 2개월로 하는데, 특히 구속을 계속할 필요가 있는 경우에는 심급마다 2개월 단위로 2차에 한하여 결정으로 갱신할 수 있다. 다만, 상소심은 피고인 또는 변호인이 신청한 증거의 조사, 상소이유를 보충하는 서면의 제출 등으로 추가 심리가 필요한 부득이한 경우에는 3차에 한하여 갱신할 수 있다(제92조 제1항, 제2항).

2. 보석

보석(保釋)은 보증금 납부 등을 조건으로 하는 구속집행의 정지제도이다. 보

---

33) 대판 1982. 9. 14. 82도1000.

34) 대판 2012. 12. 13. 2010도10028.

35) 대판 2020. 12. 10. 2020도2623.

석의 청구가 있는 때에는 피고인이 사형, 무기 또는 장기 10년이 넘는 징역이나 금고에 해당하는 죄를 범한 때 등의 이외의 경우에는 보석을 허가하여야 한다(제95조). 또한 법원은 상당한 이유가 있는 때에는 직권 또는 피고인 등의 청구에 의하여 결정으로 보석을 허가할 수 있다(제96조).

Ⅵ_ 간이공판절차

피고인이 공판정에서 공소사실에 대하여 자백한 때에는 법원은 그 공소사실에 한하여 간이공판절차에 의하여 심판할 것을 결정할 수 있다(제286조의2). 간이공판절차에서는 증거조사의 방법이나 증거능력 등에 관하여 통상의 공판절차에 대한 특례가 인정된다(제297조의2, 제318조의3).

제 6 절 증거

Ⅰ_ 일반론

사실의 인정은 증거에 의하여야 하고, 범죄사실의 인정은 합리적인 의심이 없는 정도의 증명에 이르러야 한다(제307조). 사실 인정의 근거자료를 증거(證據)라고 일컫고, 증거에 의한 사실 인정을 증명(證明)이라 일컫는다. 증명의 방법에는 엄격한 증명과 자유로운 증명이 있다. 엄격한 증명은 증거능력이 있고 적법한 증거조사를 거친 증거에 의한 증명을 뜻하고,[36] 자유로운 증명은 증거능력이 없거나 적법한 증거조사를 거치지 아니한 증거에 의한 증명을 뜻한다.[37] 엄격한 증명의 대상에는 검사가 공소장에 기재한 구체적 범죄사실이 모두 포함된다.[38] 친

36) 대판 1999. 5. 25. 99도949.
37) 대판 2010. 10. 14. 2010도5610.
38) 대판 2017. 3. 30. 2013도10100.

고죄에서 적법한 고소가 있었는지 여부나[39] 반의사불벌죄에서 피고인 또는 피의자의 처벌을 희망하지 않는다는 의사표시 또는 처벌희망 의사표시 철회의 유무나 그 효력 여부와[40] 같은 소송법적 사실은 자유로운 증명의 대상이 된다. 한편 입증을 요하는 사실에 대한 증명이 불충분할 경우 불이익 받을 당사자의 법적지위를 증명책임(또는 입증책임, 거증책임)이라 일컫는데, 형사재판에서 공소가 제기된 범죄사실에 대한 증명책임은 검사에게 있다. 유죄로 인정하려면 법관이 합리적인 의심을 할 여지가 없을 정도로 공소사실이 진실한 것이라고 확신할 수 있는 증명력을 가진 증거가 있어야 한다. 따라서 그와 같은 증거가 없다면 설령 피고인에게 유죄의 의심이 간다고 하더라도 피고인의 이익으로 무죄라고 판단할 수밖에 없다.[41] 이를 'in dubio pro reo' 원칙이라 일컫는다.

Ⅱ_ 위법수집증거 배제법칙

피고인의 자백이 고문, 폭행, 협박, 신체구속의 부당한 장기화 또는 기망 기타의 방법으로 임의로 진술한 것이 아니라고 의심할 만한 이유가 있는 때에는 이를 유죄의 증거로 하지 못한다(제309조). 뿐만 아니라 적법한 절차에 따르지 아니하고 수집한 증거는 증거로 할 수 없다(제308조의2). 이를 위법수집증거 배제법칙이라 일컫는다. 수사기관이 헌법과 형사소송법이 정한 절차에 따르지 아니하고 수집한 증거는 물론, 이를 기초로 하여 획득한 2차적 증거 역시 유죄 인정의 증거로 삼을 수 없는 것이 원칙이다. 다만 수사기관의 절차 위반 행위가 적법절차의 실질적인 내용을 침해하는 경우에 해당하지 아니하고, 오히려 그 증거의 증거능력을 배제하는 것이 헌법과 형사소송법이 형사소송에 관한 절차조항을 마련하여 적법절차의 원칙과 실체적 진실 규명의 조화를 도모하고, 이를 통하여 형사사법 정의를 실현하려고 한 취지에 반하는 결과를 초래하는 것으로 평가되는 예

39) 대판 2011. 6. 24. 2011도4451.

40) 대판 2010. 10. 14. 2010도5610.

41) 대판 2020. 6. 11. 2020도232.

외적인 경우라면, 법원은 그 증거를 유죄 인정의 증거로 사용할 수 있다. 법원이 2차적 증거의 증거능력 인정 여부를 최종적으로 판단할 때에는 구체적인 사안에 따라 주로 인과관계 희석 또는 단절 여부를 중심으로 전체적·종합적으로 고려하여야 한다.[42]

Ⅲ_ 전문법칙

1. 일반론

공판준비 또는 공판기일에서의 진술에 대신하여 진술을 기재한 서류나 공판준비 또는 공판기일 외에서의 타인의 진술을 내용으로 하는 진술은 이를 증거로 할 수 없음이 원칙이다(제310조의2). 이로써 형사소송법은 사실을 직접 경험한 사람의 진술이 법정에 직접 제출되어야 하고 이에 갈음하는 대체물인 진술 또는 서류가 제출되어서는 안 된다는 이른바 전문법칙(傳聞法則)을 선언하고, 전문법칙의 예외로 증거로 쓸 수 있는 경우를 일정한 경우로 제한한다.[43]

2. 증거동의

검사와 피고인이 증거로 할 수 있음을 동의한 서류 또는 물건은 진정한 것으로 인정한 때에는 증거로 할 수 있다(제318조 제1항). 이는 전문법칙의 예외로서 반대신문권을 포기하겠다는 피고인의 의사표시에 의하여 서류 또는 물건의 증거능력을 부여하려는 것이다.[44]

3. 당연히 증거능력이 있는 서류

① 가족관계기록사항에 관한 증명서, 공정증서등본 기타 공무원 또는 외국

---

42) 대판 2023. 6. 1. 2018도18866.
43) 대판 2019. 11. 21. 2018도13945 전합 다수의견.
44) 대판 1983. 3. 8. 82도2873.

공무원의 직무상 증명할 수 있는 사항에 관하여 작성한 문서 ② 상업장부, 항해일지 기타 업무상 필요로 작성한 통상문서 ③ 기타 특히 신용할 만한 정황에 의하여 작성된 문서는 당연히 증거로 할 수 있다(제315조).

4. 기타 전문법칙의 예외

(1) 법원 또는 법관의 조서

공판준비 또는 공판기일에 피고인이나 피고인 아닌 자의 진술을 기재한 조서와 법원 또는 법관의 검증의 결과를 기재한 조서는 증거로 할 수 있다. 증거보전청구나 증인신문청구에 따른 절차에서 작성한 조서도 또한 같다(제311조).

(2) 수사기관의 피의자신문조서

검사가 작성한 피의자신문조서는 적법한 절차와 방식에 따라 작성된 것으로서 공판준비, 공판기일에 그 피의자였던 피고인 또는 변호인이 그 내용을 인정할 때에 한정하여 증거로 할 수 있다. 검사 이외의 수사기관이 작성한 피의자신문조서는 적법한 절차와 방식에 따라 작성된 것으로서 공판준비 또는 공판기일에 그 피의자였던 피고인 또는 변호인이 그 내용을 인정할 때에 한하여 증거로 할 수 있다. 이는 피고인 또는 피고인이 아닌 자가 수사과정에서 작성한 진술서에 관하여도 마찬가지이다(제312조 제1항, 제3항, 제5항).

(3) 수사기관의 진술조서

검사 또는 사법경찰관이 피고인이 아닌 자의 진술을 기재한 조서는 적법한 절차와 방식에 따라 작성된 것으로서 그 조서가 검사 또는 사법경찰관 앞에서 진술한 내용과 동일하게 기재되어 있음이 원진술자의 공판준비 또는 공판기일에서의 진술이나 영상녹화물 또는 그 밖의 객관적인 방법에 의하여 증명되고, 피고인 또는 변호인이 공판준비 또는 공판기일에 그 기재 내용에 관하여 원진술자를 신문할 수 있었던 때에는 증거로 할 수 있다. 다만, 그 조서에 기재된 진술이 특히 신빙할 수 있는 상태 하에서 행하여졌음이 증명된 때에 한한다. 이는 피고인 또는 피고인이 아닌 자가 수사과정에서 작성한 진술서에 관하여도 마찬가지이다(제

312조 제4항, 제5항).

(4) 수사기관의 검증조서

검사 또는 사법경찰관이 검증의 결과를 기재한 조서는 적법한 절차와 방식에 따라 작성된 것으로서 공판준비 또는 공판기일에서의 작성자의 진술에 따라 그 성립의 진정함이 증명된 때에는 증거로 할 수 있다(제312조 제6항).

(5) 진술서와 진술기재서

'(1)'부터 '(4)'항까지 이외에 피고인 또는 피고인이 아닌 자가 작성한 진술서나 그 진술을 기재한 서류로서 그 작성자 또는 진술자의 자필이거나 그 서명 또는 날인이 있는 것(피고인 또는 피고인 아닌 자가 작성하였거나 진술한 내용이 포함된 문자·사진·영상 등의 정보로서 컴퓨터용디스크, 그 밖에 이와 비슷한 정보저장매체에 저장된 것을 포함한다)은 공판준비나 공판기일에서의 그 작성자 또는 진술자의 진술에 의하여 그 성립의 진정함이 증명된 때에는 증거로 할 수 있다. 단, 피고인의 진술을 기재한 서류는 공판준비 또는 공판기일에서의 그 작성자의 진술에 의하여 그 성립의 진정함이 증명되고 그 진술이 특히 신빙할 수 있는 상태 하에서 행하여진 때에 한하여 피고인의 공판준비 또는 공판기일에서의 진술에 불구하고 증거로 할 수 있다(제313조 제1항).

그럼에도 불구하고 진술서의 작성자가 공판준비나 공판기일에서 그 성립의 진정을 부인하는 경우에는 과학적 분석결과에 기초한 디지털포렌식 자료, 감정 등 객관적 방법으로 성립의 진정함이 증명되는 때에는 증거로 할 수 있다. 다만, 피고인 아닌 자가 작성한 진술서는 피고인 또는 변호인이 공판준비 또는 공판기일에 그 기재 내용에 관하여 작성자를 신문할 수 있었을 것을 요한다(제313조 제2항).

(6) 제314조에 의한 예외

제312조 또는 제313조의 경우에 공판준비 또는 공판기일에 진술을 요하는 자가 사망·질병·외국거주·소재불명 그 밖에 이에 준하는 사유로 인하여 진술할 수 없는 때에는 그 조서 및 그 밖의 서류(피고인 또는 피고인 아닌 자가 작성하였거나 진술한 내용이 포함된 문자·사진·영상 등의 정보로서 컴퓨터용디스크, 그 밖에 이와 비슷한

정보저장매체에 저장된 것을 포함한다)를 증거로 할 수 있다. 다만, 그 진술 또는 작성이 특히 신빙할 수 있는 상태 하에서 행하여졌음이 증명된 때에 한한다.

(7) 전문진술

피고인이 아닌 자(공소제기 전에 피고인을 피의자로 조사하였거나 그 조사에 참여하였던 자를 포함한다)의 공판준비 또는 공판기일에서의 진술이 피고인의 진술을 그 내용으로 하는 것인 때에는 그 진술이 특히 신빙할 수 있는 상태 하에서 행하여졌음이 증명된 때에 한하여 이를 증거로 할 수 있다(제316조 제1항). 피고인 아닌 자의 공판준비 또는 공판기일에서의 진술이 피고인 아닌 타인의 진술을 그 내용으로 하는 것인 때에는 원진술자가 사망, 질병, 외국거주, 소재불명 그 밖에 이에 준하는 사유로 인하여 진술할 수 없고, 그 진술이 특히 신빙할 수 있는 상태하에서 행하여졌음이 증명된 때에 한하여 이를 증거로 할 수 있다(제316조 제2항).

Ⅳ _ 증명력

1. 자유심증주의

범죄사실의 인정은 합리적인 의심이 없는 정도의 증명에 이르러야 하지만(제307조 제2항), 사실 인정의 전제로 행하여지는 증거의 취사선택 및 증거의 증명력은 사실심 법원의 자유판단에 속한다(제308조).[45] 이를 자유심증주의(自由心證主義)라 일컫는다. 이는 법관이 증거능력 있는 증거 중 필요한 증거를 채택·사용하고 증거의 **실질적인 가치**를 평가하여 사실을 인정하는 것은 법관의 자유심증에 속한다는 것을 의미한다.[46] 증거의 증명력을 법관의 자유판단에 의하도록 한 것은 그것이 실체적 진실발견에 적합하기 때문이지 법관의 자의적인 판단을 인용한다는 것은 아니다.[47]

---

45) 대판 2021. 11. 18. 2016도348 전합.

46) 대판 2015. 8. 20. 2013도11650 전합 다수의견.

47) 대판 2007. 5. 10. 2007도1950.

다만 증거의 증명력은 법관의 자유판단에 맡겨져 있으나 그 판단은 논리와 경험칙에 합치하여야 한다.[48] 충분한 증명력이 있는 증거를 합리적 이유 없이 배척하거나 반대로 객관적인 사실에 명백히 반하는 증거를 근거 없이 채택·사용하는 것은 자유심증주의의 한계를 벗어나는 것으로서 법률 위반에 해당한다. 또한 범죄의 유무 등을 판단하기 위한 논리적 논증을 하는 데 반드시 필요한 사항에 대한 심리를 다하지도 아니한 채 합리적 의심이 없는 증명의 정도에 이르렀는지에 대한 판단에 섣불리 나아가는 것 역시 실체적 진실발견과 적정한 재판이 이루어지도록 하려는 형사소송법의 근본이념에 배치되는 것으로서 위법하다.[49]

2. 자백보강법칙

피고인의 자백이 그 피고인에게 불이익한 유일의 증거인 때에는 이를 유죄의 증거로 하지 못한다(제310조). 이를 자백보강법칙(自白補强法則)이라 일컫는데, 오판(誤判)의 위험과 인권의 침해를 방지하기 위한 취지를 가진다.

3. 공판조서의 절대적 증명력

공판기일의 소송절차로서 공판조서에 기재된 것은 그 조서만으로써 증명한다(제56조).

4. 탄핵증거

전문법칙에 따라 증거로 할 수 없는 서류나 진술이라도 공판준비 또는 공판기일에서의 피고인 또는 피고인이 아닌 자(공소제기 전에 피고인을 피의자로 조사하였거나 그 조사에 참여하였던 자를 포함한다.)의 진술의 증명력을 다투기 위하여 증거로 할 수 있다(제318조의2 제1항).

---

48) 대판 2022. 11. 10. 2021도230.
49) 대판 2016. 10. 13. 2015도17869.

제 7 절 재판

Ⅰ _ 일반론

피고사건의 소송계속을 해당 심급에서 끝내는 재판을 종국재판(終局裁判)이라 일컫는데, 여기에는 유죄판결, 무죄판결, 면소판결, 공소기각판결, 공소기각결정 등이 있다.

Ⅱ _ 재판의 종류

1. 유죄판결

피고사건에 대하여 범죄의 증명이 있는 때에는 형의 면제 또는 선고유예의 경우 외에는 판결로써 형을 선고하여야 한다. 형의 집행유예, 판결 전 구금의 산입일수, 노역장의 유치기간은 형의 선고와 동시에 판결로써 선고하여야 한다(제321조). 법원은 벌금, 과료 또는 추징의 선고를 하는 경우에 판결의 확정 후에는 집행할 수 없거나 집행하기 곤란할 염려가 있다고 인정한 때에는 직권 또는 검사의 청구에 의하여 피고인에게 벌금, 과료 또는 추징에 상당한 금액의 가납을 명할 수 있는데, 이는 형의 선고와 동시에 판결로써 선고하여야 한다(제334조). 소년이 법정형으로 장기 2년 이상의 유기형(有期刑)에 해당하는 죄를 범한 경우에는 그 형의 범위에서 장기와 단기를 정하여 선고한다. 다만, 장기는 10년, 단기는 5년을 초과하지 못한다(소년법 제60조 제1항). 한편 피고사건에 대하여 형의 면제 또는 선고유예를 하는 때에는 판결로써 선고하여야 한다(제322조).

2. 무죄판결

피고사건이 범죄로 되지 아니하거나 범죄사실의 증명이 없는 때에는 판결로써 무죄를 선고하여야 한다(제325조). 국가는 무죄판결이 확정된 경우에는 원칙적으로 당해 사건의 피고인이었던 자에 대하여 그 재판에 소요된 비용을 보상하여야 한다(제194조의2 제1항). 피고사건에 대하여 무죄의 판결을 선고하는 경우에는 무죄판결공시의 취지를 선고하여야 한다. 다만, 무죄판결을 받은 피고인이 무죄판결공시 취지의 선고에 동의하지 아니하거나 피고인의 동의를 받을 수 없는 경우에는 그러하지 아니하다(형법 제58조 제2항).

3. 면소판결

① 확정판결이 있은 때 ② 사면이 있은 때 ③ 공소의 시효가 완성되었을 때 ④ 범죄 후의 법령개폐로 형이 폐지되었을 때에는 판결로써 면소의 선고를 하여야 한다(제326조).

4. 공소기각판결

① 피고인에 대하여 재판권이 없을 때 ② 공소제기의 절차가 법률의 규정을 위반하여 무효일 때 ③ 공소가 제기된 사건에 대하여 다시 공소가 제기되었을 때 ④ 제329조를 위반하여 공소가 제기되었을 때 ⑤ 고소가 있어야 공소를 제기할 수 있는 사건에서 고소가 취소되었을 때 ⑥ 피해자의 명시한 의사에 반하여 공소를 제기할 수 없는 사건에서 처벌을 원하지 아니하는 의사표시를 하거나 처벌을 원하는 의사표시를 철회하였을 때에는 판결로써 공소기각의 선고를 하여야 한다.

5. 공소기각결정

① 공소가 취소되었을 때 ② 피고인이 사망하거나 피고인인 법인이 존속하지 아니하게 되었을 때 ③ 제12조 또는 제13조의 규정에 의하여 재판할 수 없는 때 ④ 공소장에 기재된 사실이 진실하다 하더라도 범죄가 될 만한 사실이 포함되지 아니하는 때에는 결정으로 공소를 기각하여야 한다.

Ⅲ _ 재판의 효력

통상의 불복방법으로 다툴 수 없게 된 때 재판은 확정(確定)된다. 확정판결에 대하여는 법적 안정성을 위하여 확정력과 기판력을 부여함이 원칙이고 다만 예외적으로 재심 등을 허용하는 것이 상당한 경우에 재심청구 등 특별한 불복방법을 허용하는 것이 형사소송법의 기본 취지이다.[50] 유죄판결, 무죄판결과 면소판결에는 기판력이 인정되고, 공소기각의 재판과 관할위반판결에는 기판력이 인정되지 않는다. 공소사실에 기판력이 미치면 '확정판결이 있은 때'에 해당하여 면소판결의 사유가 된다(제326조 제1호).

제 8 절 상소와 확정재판에 대한 구제절차

Ⅰ _ 상소

상소(上訴)는 상급법원에 확정되지 않은 재판의 구제와 시정(是正)을 구하는 불복신청 제도를 뜻한다. 판결에 대한 상소에는 제1심판결에 대한 상소를 뜻하는 항소(抗訴; 제357조), 제2심판결에 대한 상소를 뜻하는 상고(上告; 제371조), 그리고 제1심판결에 대한 상고를 뜻하는 비약적상고(제372조)가 있다. 피고인이 항소한 사건과 피고인을 위하여 항소한 사건에 대해서는 원심판결의 형보다 무거운 형을 선고할 수 없다(제368조). 상고의 경우에도 마찬가지이다(제396조 제2항).

상급심에서 하급심 판결을 파기(破棄), 즉 깨뜨려 사건을 하급심으로 돌려보내는 환송판결(還送判決)을 한 경우 상급심 판단의 하급심에 대한 기속력은 파기의 이유가 된 원심판결의 사실상 판단이나 법률상 판단이 위법하다는 소극적인 면에서만 발생하므로, 환송 후의 심리과정에서 새로운 증거나 이에 준하는 새로운 간접사실이 제시되는 등의 사유로 그 판단의 기초가 된 증거관계 등에 변동이

50) 대판 2022. 12. 29. 2018도7575.

있었다면 기속력이 미치지 않는다. 따라서 환송 후 법원이 파기이유가 된 잘못된 판단을 피하여 새로운 증거 등에 따라 환송 전의 판결과 같은 결론은 물론이고, 그보다 무거운 결론을 내리더라도 위법하지 않다.[51]

Ⅱ_ 확정재판에 대한 구제절차

1. 재심

재심(再審)은 해당 심급에서 또는 상소를 거쳐 확정된 사실관계를 재심사하는 예외적인 비상구제절차로서, 확정된 종국판결에 중대한 하자가 있는 경우 그 판결의 확정력으로 유지되는 법적 안정성을 후퇴시키고 구체적 정의를 실현하기 위하여 마련된 것이다.[52] 형사재판에서 재심은 유죄 확정판결 및 유죄판결에 대한 항소 또는 상고를 기각한 확정판결에 대하여만 허용된다.[53] 검사와 유죄의 선고를 받은 자 등은 재심의 청구를 할 수 있고(제424조), 재심의 이유는 원판결의 증거가 된 서류 또는 증거물이 확정판결에 의하여 위조되거나 변조된 것임이 증명된 때 등이다(제420조)

2. 비상상고

검찰총장은 판결이 확정한 후 그 사건의 심판이 법령에 위반한 것을 발견한 때에는 대법원에 비상상고를 할 수 있다(제441조). 비상상고 제도는 이미 확정된 판결에 대하여 법령 적용의 오류를 시정함으로써 법령의 해석·적용의 통일을 도모하려는 데에 그 목적이 있다.[54]

---

51) 대판 2018. 4. 19. 2017도14322 전합.
52) 대판 2019. 6. 20. 2018도20698 전합.
53) 대결 2018. 5. 2. 2015모3243.
54) 대판 2021. 3. 11. 2018오2.

제 9 절 형사소송절차의 특례

Ⅰ_ 약식절차

지방법원은 그 관할에 속한 사건에 대하여 검사의 청구가 있는 때에는 공판절차 없이 약식명령으로 피고인을 벌금, 과료 또는 몰수에 처할 수 있다(제448조 제1항). 약식명령의 청구가 있는 경우에 그 사건이 약식명령으로 할 수 없거나 약식명령으로 하는 것이 적당하지 아니하다고 인정한 때에는 공판절차에 의하여 심판하여야 한다(제450조). 검사 또는 피고인은 약식명령의 고지를 받은 날로부터 7일 이내에 정식재판의 청구를 할 수 있다. 단, 피고인은 정식재판의 청구를 포기할 수 없다(제453조 제1항). 약식명령은 정식재판의 청구기간이 경과하거나 그 청구의 취하 또는 청구기각의 결정이 확정한 때에는 확정판결과 동일한 효력이 있다(제457조). 정식재판의 청구가 적법한 때에는 공판절차에 의하여 심판하여야 한다(제455조 제3항). 피고인이 정식재판을 청구한 사건에 대하여는 약식명령의 형보다 중한 종류의 형을 선고하지 못한다. 피고인이 정식재판을 청구한 사건에 대하여 약식명령의 형보다 중한 형을 선고하는 경우에는 판결서에 양형의 이유를 적어야 한다(제457조의2).

Ⅱ_ 즉결심판절차

지방법원, 지원 또는 시·군법원의 판사는 즉결심판절차에 의하여 피고인에게 20만 원 이하의 벌금, 구류 또는 과료에 처할 수 있다(즉결심판에 관한 절차법 제2조). 즉결심판은 관할경찰서장 또는 관할해양경찰서장이 관할법원에 이를 청구한다(동법 제3조 제1항). 판사는 사건이 즉결심판을 할 수 없거나 즉결심판절차에 의하여 심판함이 적당하지 아니하다고 인정할 때에는 결정으로 즉결심판의 청구를 기각하여야 하고, 경찰서장은 지체 없이 사건을 관할지방검찰청 또는 지청의 장에게 송치하여야 한다(동법 제5조). 정식재판을 청구하고자 하는 피고인은 즉결심판의 선고·고지를 받은 날부터 7일 이내에 정식재판청구서를 경찰서장에게 제출하여야 한다. 정식재판청구서를 받은 경찰서장은 지체 없이 판사에게 이를 송부하여야 한다(동법 제14조 제1항). 즉결심판은 정식재판의 청구기간의 경과, 정식재판청구권의 포기 또는 그 청구의 취하에 의하여 확정판결과 동일한 효력이 생긴다. 정식재판청구를 기각하는 재판이 확정된 때에도 같다(동법 제16조).

제9장

경제법

제1절 공정거래법 총론
제2절 시장지배적 지위의 남용금지
제3절 기업결합의 제한
제4절 경제력집중의 억제
제5절 부당한 공동행위의 제한
제6절 불공정거래행위의 금지
제7절 사업자단체, 재판매가격유지행위
제8절 공정거래위원회
제9절 분쟁조정
제10절 조사 등의 절차
제11절 사건의 처리
제12절 과징금, 손해배상

제9장

경제법

경제법(Wirtschaftsrecht)이란 국가가 전체 국민경제를 위하여 정당한 경제질서를 형성하고 질서짓기 위하여 경제를 규제하는 법규범과 법제도의 총체라고 정의할 수 있다. 경제법은 '경제법'이라고 하는 단일 법전을 구성하고 있는 것이 아니다. 공정거래법, 소비자기본법과 같은 단행법의 모습으로 나타나는 경우도 있고, 헌법, 민법, 상법 등 전통적인 법률 속에 분산되어 있는 경우도 있다. 이처럼 경제법을 구성하고 있는 법규범은 다양한 형태로 존재하고 있다.

경제법은 그 영역을 크게 경제조직의 기본원칙을 정하는 경제질서법 영역과 공정한 경쟁을 촉진하는 경쟁법 영역으로 나눌 수 있다. 소비자보호관련법, 금융관계규제법, 중소기업관계법 등은 전자의 예이고, '독점규제 및 공정거래에 관한 법률'(이하 '공정거래법'이라 한다), 부정경쟁방지 및 영업비밀보호에 관한 법률, 하도급거래공정화에 관한 법률 등은 후자의 예이다. 여기에서는 경제법의 영역중 경쟁법의 공정거래법을 설명한다.

제 1 절 공정거래법 총론

Ⅰ _ 공정거래법의 의의와 적용범위

공정거래법이란 자본주의의 고도화로 인하여 나타나는 독과점의 폐해를 막고 공정한 경쟁을 보장하여 자유시장경제를 유지·촉진하기 위한 법을 말한다. 공정거래법은 경제법의 일반법으로서 모든 경제활동의 준칙 내지는 경제사회의 기본법으로서의 위치를 갖는다.

공정거래법의 적용을 받는 사업자는 제조업, 서비스업, 기타 사업을 행하는 자를 말한다. 따라서 영리, 비영리를 목적으로 어떤 경제적 이익의 공급에 대하여 그것에 대응하는 경제적 이익의 반대급부를 받는 행위(사업)를 영위하는 모든 사업자가 원칙적으로 공정거래법의 적용 대상이 되며, 국가나 지방자치단체도 사업자, 즉 사경제의 주체로서 활동하는 경우에는 그 적용 대상이 된다. 사업자에는 법인, 자연인은 물론 법인격없는 사단도 포함되며, 법인의 경우 공정거래법상의 사업자는 법인의 대표자가 아니라 법인 그 자체이다.

Ⅱ _ 공정거래법의 역외적용

공정거래법의 역외적용(extraterritorial application)이란 외국시장에서 행해진 외국사업자의 행위에 대하여 관할권을 행사하여 자국의 공정거래법을 적용하는 것을 말한다. 2002년부터 공정거래법의 역외적용을 실시하고 있으며, 2004년 개정에서 "공정거래법은 국외에서 이루어진 행위라도 국내시장에 영향을 미치는 경우에는 적용한다"고 하여(법 제2조의2), 외국사업자의 행위로부터 국내시장의 경쟁질서를 효과적으로 유지할 수 있도록 국외에서 이루어진 행위라 하더라도 국내시장에 영향을 미치는 경우에 대해서는 공정거래법이 적용되도록 하여 공정거래법의 역외적용근거를 명문화하였다.

제 2 절 시장지배적 지위의 남용금지

Ⅰ _ 시장지배적 사업자의 의의

'시장지배적 사업자'라 함은 사업자 중에서 시장지배력을 가지고 있는 사업자, 즉 일정한 거래 분야의 공급자나 수요자로서 단독으로 또는 다른 사업자와 함께 상품이나 용역의 가격·수량·품질 기타의 거래조건을 결정·유지 또는 변경할 수 있는 시장지배적 지위를 가진 사업자를 말하며, 흔히 독과점 사업자(獨寡占事業者)라고도 한다.

시장지배적 사업자를 판단함에 있어서는 시장점유율, 진입장벽의 존재 및 정도, 경쟁사업자의 상대적 규모, 경쟁사업자간의 공동행위의 가능성, 유사품 및 인접시장의 존재, 시장봉쇄력, 자금력 등을 종합적으로 고려한다. 시장점유율은 시장지배적 사업자를 판단함에 있어 아주 중요한 요소이다. 일정한 거래 분야에서 시장점유율이, ① 1 사업자의 시장점유율이 50/100 이상, 또는 ② 3 이하의 사업자의 시장점유율의 합계가 75/100 이상(다만 이 경우에 시장점유율이 10/100 미만인 자를 제외한다)에 해당하는 사업자(일정한 거래분야에서 연간 매출액 또는 구매액이 40억원 미만인 사업자는 제외한다)를 시장지배적 사업자로 추정한다.

Ⅱ _ 금지되는 남용행위의 유형

유형	규정	예
가격남용 행위 (제5조 제1항 제1호)	정당한 이유 없이 상품의 가격이나 용역의 대가를 수급의 변동이나 공급에 필요한 비용의 변동에 비하여 현저하게 상승시키거나 근소하게 하락시키는 경우	비스켓 제조3사가 제품의 용량을 줄여 생산하면서 변경된 용량을 소비자들이 쉽게 알아볼 수 없도록 작은 글씨로 표시한 행위
출고조절 행위 (제5조 제1항 제2호)	정당한 이유 없이 최근의 추세에 비추어 상품 또는 용역의 공급량을 현저히 감소시키거나, 유통단계에서 공급이 부족함에도 상품 또는 용역의 공급량을 감소시키는 행위	대두유 제조사가 환율 급등에 따라 판매가격을 인상하면서 인상일을 앞둔 10일 전 평소에 비해 판매량을 현저히 감소시키는 방법으로 출고량을 조절한 행위
사업활동방해 행위 (제5조 제1항 제3호)	구매, 생산, 판매, 재무, 인사활동 등을 통하여 다른 사업자의 사업활동에 직접 또는 간접적으로 간섭하여 사업활동을 어렵게 하는 행위	정당한 이유 없이 다른 사업자의 생산에 필요한 원재료 구매를 방해하는 행위, 정상적인 상거래관행에 비추어 과도한 경제상의 이익을 제공할 것을 약속하면서 다른 사업자의 사업 활동에 필수적인 인력을 채용하는 행위, 정당한 이유 없이 다른 사업자의 상품 또는 용역의 생산·공급·판매에 필수적

유형	규정	예
		인 설비의 사용을 거절하거나 중단하는 행위 등
진입제한 행위 (제5조 제1항 제4호)	자유로운 시장경쟁의 전제조건인 신규사업자나 기존사업들의 시장에 대한 자유로운 진입과 퇴출을 방해하는 행위	정당한 이유 없이 거래하는 유통사업자가 다른 사업자와 거래하지 못하도록 하는 배타적 거래계약을 체결하는 행위, 정당한 이유 없이 기존 사업자의 계속적인 사업 활동에 필요한 권리 등을 매입하는 행위 등
경쟁사업자 배제 (제5조 제1항 제5호 전단)	경쟁사업자를 시장에서 배제시킬 의도로 자신이 공급하는 상품이나 용역의 가격을 통상 거래가격에 비해 현저히 낮은 대가로 공급하거나 높은 대가로 구입하거나, 경쟁사업자와는 거래하지 않는다는 조건으로 거래하는 행위	비료유통시장에서 시장지배적 사업자가 10개의 비료회사와 전속 구매계약을 체결하면서 개별판매를 금지하여 다른 사업자와는 거래하지 못하도록 한 행위
소비자 이익의 저해행위 (제5조 제1항 제5호 후단)	시장지배적 사업자의 영업활동이 소비자의 재산 또는 신체상의 제반 이익을 현저히 침해하는 경우	유선방송사업자가 지역독점이라는 시장지배적 지위를 이용하여 인기채널을 저가 묶음상품에서 제외하여 소비자가 고가 묶음상품에 가입하도록 유도하는 등 거래조건을 자기에게 일방적으로 유리하게 설정하는 방법으로 소비자의 이익을 현저히 침해한 행위

시장지배적 사업자는 공정거래법상의 요건만 갖추면 법의 적용대상이 되는가?

〈해설〉 시장지배적 사업자의 추정요건에 해당하더라도 시장지배력이 없으면 시장지배적 사업자에 관한 규정을 적용하지 않을 수 있으며, 추정요건에 해당하지 않더라도 시장지배력이 있으면 시장지배적 사업자에 관한 규정을 적용할 수 있다. 예컨대, 시장점유율이 50% 이상이라도 시장지배력이 없음을 입증하면 시장지배적 사업자에 관한 규정의 적용에서 제외될 수 있으며, 시장점유율이 50% 미만이라도 시장지배력이 있으면 시장지배적 사업자에 관한 규정을 적용할 수 있다. 다만, 공정거래위원회가 시장지배적 사업자의 추정요건에 해당하지 않음에도 시장지배적 사업자에 관한 규정을 적용한 것은 BC카드사건(의결 제2001-40호, 2001. 3. 28.)이 유일하며, 이 사건에 대해 대법원은 시장지배적 사업자의 성립을 부정하였다.[1] 따라서 위와 같은 해석이 가능하지만, 현재 실무에서는

1) 대판 2005. 12. 9. 2003두6283.

시장지배적 사업자의 추정요건에 해당하지 않는 사안에 대해서는 시장지배적 사업자에 대한 규정을 적용하지 않고 있다.

제 3 절 기업결합의 제한

I _ 경쟁제한적 기업결합의 금지

기업결합이란 개별기업의 독립성이 소멸되고 사업활동에 관한 의사결정이 통합되는 기업간 자본적·인적·조직적 결합을 의미한다. 공정거래법은 누구든지 직접 또는 대통령령이 정하는 특수한 관계에 있는 자를 통하여 기업결합, 즉 주식 취득·소유(다른 회사의 주식의 취득 또는 소유), 임원겸임(임원 또는 종업원에 의한 다른 회사의 임원지위의 겸임), 합병, 영업양수(다른 회사의 영업의 전부 또는 주요부분의 양수, 임차 또는 경영의 수임이나 다른 회사의 영업용고정자산의 전부 또는 주요부분의 양수) 및 새로운 회사설립에의 참여 등의 행위로서 일정한 거래 분야에서 경쟁을 실질적으로 제한하는 행위(경쟁제한적 기업결합)를 하여서는 아니 된다고 규정하고 있다.

II _ 경쟁제한성의 추정

기업결합이 ① 기업결합의 당사회사(회사설립의 경우에는 회사설립에 참여하는 모든 회사를 말한다)의 시장점유율(계열회사의 시장점유율을 합산한 점유율을 말한다)의 합계가 (a) 시장점유율의 합계가 시장지배적 사업자의 추정요건에 해당할 것, (b) 시장점유율의 합계가 당해거래분야에서 제1위일 것, (c) 시장점유율의 합계와 시장점유율이 제2위인 회사(당사회사를 제외한 회사 중 제1위인 회사를 말한다)의 시장점유율과의 차이가 그 시장점유율의 합계의 25/100 이상일 것 등의 요건을 갖춘 경우, 또는 ② 대규모회사가 직접 또는 특수관계인을 통하여 행한 기업결합이 (a) 중소기업의 시장점유율이 2/3 이상인 거래 분야에서의 기업결합일 것, (b) 당해기업결합으로 5/100 이상의 시장점유율을 가지게 될 것 등의 요건을 갖춘 경우 등의 어느 하나에 해당하는 경우에는 일정한 거래 분야에서 경쟁을 실질적으로 제한하는 것으로 추정한다.

제 4 절 경제력집중의 억제

Ⅰ _ 지주회사에 대한 규제

'지주회사'(holding company)라 함은 주식(지분을 포함한다)의 소유를 통하여 국내회사의 사업내용을 지배하는 것을 주된 사업으로 하는 회사로서 자산총액이 대통령령이 정하는 금액(5천억 원) 이상인 회사를 말한다.

지주회사는 ① 자본총액의 2배를 초과하는 부채액을 보유하는 행위, ② 자회사의 주식을 그 자회사 발행주식총수의 50/100 미만으로 소유하는 행위, ③ 계열회사가 아닌 국내회사의 주식을 당해 회사 발행주식총수의 5/100를 초과하여 소유하는 행위 또는 자회사 외의 국내계열회사의 주식을 소유하는 행위, ④ 금융업 또는 보험업을 영위하는 자회사의 주식을 소유하는 지주회사(금융지주회사)인 경우 금융업 또는 보험업을 영위하는 회사 외의 국내회사의 주식을 소유하는 행위, ⑤ 금융지주회사 외의 지주회사(일반지주회사)인 경우 금융업 또는 보험업을 영위하는 국내회사의 주식을 소유하는 행위 등에 해당하는 행위를 하여서는 아니 된다.

Ⅱ _ 기업집단에 대한 규제

'기업집단'이라 함은 동일인이 회사인 경우 그 동일인과 그 동일인이 지배하는 하나 이상의 회사의 집단, 동일인이 회사가 아닌 경우 그 동일인이 지배하는 2 이상의 회사의 집단의 구분에 따라 대통령령이 정하는 기준에 의하여 사실상 그 사업내용을 지배하는 회사의 집단을 말한다. 공정거래위원회는 대통령령이 정하는 바에 의하여 상호출자제한기업집단 및 채무보증제한기업집단을 지정하고 동기업집단에 속하는 회사에 이를 통지하여야 한다.

상호출자의 금지규정에 의한 상호출자제한기업집단은 당해 기업집단에 속하는 국내 회사들의 상호출자제한기업집단 지정 직전사업연도의 대차대조표상의 자산총액의 합계액이 10조 원 이상인 기업집단으로 한다.

상호출자제한기업집단에 속하는 회사는 자기의 주식을 취득 또는 소유하고 있는 계열회사의 주식을 취득 또는 소유하는 행위(상호출자 또는 주식의 상호소유라고도 한다)를 하여서는 아니 된다. 채무보증제한기업집단에 속하는 회사(금융업 또는 보험업을 영위하는 회사를 제외한다)는 국내계열회사에 대하여 채무보증을 하여서는 아니 된다. 채무보증제한기업집단은 상호출자제한기업집단으로 한다.

제 5 절 부당한 공동행위의 제한

Ⅰ _ 공동행위와 부당한 공동행위

공동행위란 사업자가 계약, 협정, 결의 등의 방법으로 다른 사업자와 공동으로 상품·용역의 가격, 거래조건, 거래량, 거래상대방 또는 거래지역 등을 제한하는 행위를 말하며, 부당한 공동행위란 공동행위가 일정한 시장(거래분야)에서 경쟁을 실질적으로 제한하는 경우를 말하며, 여러 경쟁사업자들이 단일의 독점사업자와같이 행동할 수 있게 하는 수단이 된다.

부당한 공동행위가 성립하기 위해서는 당해 행위가 다른 사업자와 공동으로 하는 행위로서 부당하게 경쟁을 제한하는 행위이어야 하며, 부당한 공동행위의 성립을 추정하기 위하여는 행위의 외형상 일치, 경쟁제한성 외에도 해당 거래 분야 또는 상품·용역의 특성, 해당 행위의 경제적 이유 및 파급효과, 사업자 간 접촉의 횟수·양태 등 제반사정에 비추어 그 행위를 그 사업자들이 공동으로 한 것으로 볼 수 있는 상당한 개연성이 있어야 한다. 합의가 추정되는 경우, 사업자는 그 행위가 합의에 기한 것이 아님을 입증함으로써 추정을 복멸할 수 있다.

Ⅱ _ 제한되는 부당한 공동행위

공정거래법상 사업자는 계약, 협정, 결의 기타 어떠한 방법으로도 다른 사업자와 공동으로 부당하게 경쟁을 제한하는 ① 가격의 결정·유지·변경, ② 거래조건 및 대금지급 조건 설정, ③ 거래제한, ④ 시장분할, ⑤ 설비제한, ⑥ 상품의 종류·규격제한, ⑦ 영업의 주요부문 공동관리, ⑧ 입찰담합, ⑨ 기타 다른 사업자의 영업활동방해 및 대통령령으로 정하는 정보를 교환하여 경쟁을 제한하는 행위 등에 해당하는 행위를 할 것을 합의하거나 다른 사업자로 하여금 이를 행하도록 하여서는 아니 된다.

Ⅲ _ 신고자 등에 대한 감면

공정거래위원회는 부당한 공동행위의 적발을 용이하게 하기 위해 부당한 공동행위에 참여한 기업이 담합사실을 신고 또는 조사에 협조할 경우 시정조치를 감경해 주는 감면제도를 도입, 운영해 오고 있다.

Ⅳ _ 사법상의 무효

부당한 공동행위를 할 것을 약정하는 계약 등은 사업자 간에 있어서는 이를 무효로 한다. 따라서 참가사업자 간에 있어서는 상호 이 약정을 토대로 발생한 권리를 주장할 수 없으며 의무를 이행할 필요도 없다. 그러나 이 무효인 협약을 토대로 결정된 가격 또는 거래조건 등으로 참가사업자와 그 외의 자 간에 체결된 계약은 원칙적으로 무효가 되지 않는다. 부당한 공동행위로 인한 피해자에 대해 참가사업자는 손해배상책임을 부담한다.

사업자간의 공동행위가 행정관청의 행정지도로 인한 경우에는 위법이 아닌가?
〈해설〉 행정지도를 받은 사업자간에 명시적인 의사의 연락 및 합의가 있는 경우에는 이를 부당한 공동행위로 규제함에 있어서 문제가 없으나, 행정지도가 각 사업자에게 개별적으로 행하여져 각 사업자가 이에 따른 경우, 즉 사업자 상호 간에 어떤 의사의 연락 내지 합의가 인정되지 않고 단순히 행정청과 개개의 사업자 사이에 개별적인 종속관계가 있음에 불과한 경우 이를 규제할 수 있는가 하는 문제가 생긴다. 이를 해결하기 위하여 공정거래위원회의 '행정지도가 개입된 부당한 공동행위에 대한 심사지침'은 '행정기관이 법령상 구체적 근거 없이 사업자들의 합의를 유도하는 행정지도를 한 결과 부당한 공동행위가 행해졌다 하더라도 그 부당한 공동행위는 원칙적으로 위법하다'고 규정하고 있다.

제 6 절 불공정거래행위의 금지

I _ 불공정거래행위규제의 의의

공정거래법은 공정하고 자유로운 경쟁의 촉진을 그 고유의 목적으로 하고 있으며, 이를 위한 수단의 하나로 불공정거래행위에 대하여 규제하고, 그 금지되는 행위유형을 (예시적으로) 열거하고 있다. 공정거래법상의 불공정거래행위에 해당하는 행위형태는 대개 사법이론상으로는 각자의 자유활동에 맡겨지고 있는 것이나 자본주의의 발전에 따라 그 행위로 인한 피해가 특정한 사업자에 그치지 않고 동종의 사업자 또는 산업 나아가 국민경제 전체에 영향을 미치게 됨에 따라 경제법으로서 공정거래법이 공정거래 저해성이라는 기준을 가지고 개입, 규제하게 되는 것이다.

Ⅱ _ 일반불공정거래행위

유 형	규 정	예
거래거절	사업자가 정당한 이유 없이 거래의 개시를 거절하거나, 계속적인 거래관계를 중단하거나, 거래하는 상품이나 용역의 수량·내용을 현저히 제한하는 행위(제45조 제1항 제1호)	주류제조사가 슈퍼 등에 맥주를 공급하면서 자기가 생산한 위스키를 구입하지 않는다는 이유로 특정 슈퍼에 맥주를 공급하지 않은 사례
차별적 취급	사업자가 거래상대방에 대해 거래지역이나 가격, 기타 거래조건을 차별하여 경쟁사업자나 거래상대방의 지위를 약화시켜 자신의 지위를 유지·강화하는 행위(제45조 제1항 제2호)	소금제조사가 A, B 두 개 대리점과 거래하면서 A대리점에서는 현금결제비율을 50%로 하고 B 대리점에서는 100%로 하는 등 정당한 이유 없이 신규대리점에 비해 기존 대리점에게 현금결제비율을 높이고 소금공급비율도 적게 하여 차별 취급한 사례
경쟁사업자 배제	사업자가 경쟁사업자를 배제하기 위해 정상적인 경쟁 수단을 사용하지 않고 상품 또는 용역을 공급원가보다 현저히 낮은 가격으로 판매하거나 통상 거래되는 가격에 비하여 부당하게 높은 가격으로 구입하는 행위(제45조 제1항 제3호)	치약제조사가 경쟁치약제조사를 시장에서 배제하기 위해 치약을 개당 1원으로 응찰하여 낙찰받은 후 330만 개를 공급한 사례
부당한 고객유인	사업자가 과도한 이익의 제공, 계약성립의 저지, 계약불이행의 유인 등을 통해 부당하게 경쟁자의 고객을 자기와 거래하도록 유인하는 행위(제45조 제1항 제4호)	제약업체들이 국내병원에 자기가 생산·공급하는 의약품을 납품함에 있어서 자기 의약품의 신규채택 및 처방량 증대를 통하여 판매를 증가시킬 목적으로 종합병원 등에 약품채택비(랜딩비), 처방사례비(리베이트), 접대비 등을 지급한 사례
거래강제	사업자가 끼워팔기나 회사 임직원으로 하여금 본인 의사에 반하여 상품이나 용역을 구입·판매하도록 강제하는 행위 등을 통해 부당하게 경쟁자의 고객을 자기와 거래하도록 강제하는 행위(제45조 제1항 제5호)	예식장사업주가 자기의 예식장을 이용하는 고객들에게 예식장을 임대하는 조건으로 자기의 음식점만을 이용하도록 하거나 자기 예식장의 결혼의상 등 부대용품만을 이용하도록 한 사례

유 형	규 정	예
거래상지위 남용	거래상 우월적 지위를 갖고 있는 사업자가 그 지위를 부당하게 남용하여 거래상대방의 자유로운 의사결정을 침해하여 거래상 불이익을 주는 행위(제45조 제1항 제6호)	유명 브랜드 전자제품 제조사가 대리점이 주문하지 않았음에도 불구하고 재고상황이나 상대방의 주문의사에 상관없이 과대한 물량을 공급한 사례
구속조건부 거래	사업자가 자유롭고 공정한 시장경쟁을 침해하여 거래지역 또는 거래상대방을 제한함으로서 사업활동을 부당하게 구속하는 조건으로 거래하는 행위(제45조 제1항 제7호)	자사의 생수를 취급하는 대리점들에게 경쟁사 제품 취급을 금지하고, 이를 위반시 위약금 부과 및 계약해지 등 제재 조치한 사례
사업활동 방해	사업자가 과도한 이익의 제공, 계약성립의 저지, 계약불이행의 유인 등을 통해 부당하게 경쟁자의 고객을 자기와 거래하도록 유인하는 행위(제45조 제1항 제8호)	제약업체들이 국내병원에 자기가 생산·공급하는 의약품을 납품함에 있어서 자기 의약품의 신규채택 및 처방량 증대를 통하여 판매를 증가시킬 목적으로 종합병원 등에 약품채택비(랜딩비), 처방사례비(리베이트), 접대비 등을 지급한 사례
부당한 자금·자산·인력의 지원(부당지원행위)	부당하게 특수관계인 또는 다른 회사에 대하여 가지급금·대여금·인력·부동산·유가증권·상품·용역·무체재산권 등을 제공하거나 현저히 유리한 조건으로 거래하여 특수관계인 또는 다른 회사를 지원하는 행위(제45조 제1항 제9호)	계열 금융회사가 계열회사의 약정 연체이자율을 받지 않고 비계열사의 대출이자율을 적용하여 연체이자를 수령한 행위, 계열회사의 부동산을 임차하면서 고가의 임차료를 지급한 행위, 업무지원을 위해 인력을 제공한 후 인건비는 계열회사가 부담한 경우

제 7 절 사업자단체, 재판매가격유지행위

Ⅰ _ 사업자단체의 행위제한

'사업자단체'라 함은 그 형태 여하를 불문하고 2 이상의 사업자가 공동의 이익을 증진할 목적으로 조직한 결합체 또는 그 연합체를 말한다. 사업자단체는 ① 부당한 공동행위에 의하여 부당하게 경쟁을 제한하는 행위(부당한 경쟁제한행위), ② 일정한 거래분야에 있어서 현재 또는 장래의 사업자수를 제한하는 행위(사업자수의 제한행위), ③ 구성사업자의 사업내용 또는 활동을 부당하게 제한하는 행위(사업방해행위), ④ 사업자에게 불공정거래행위 또는 재판매가격유지행위를 하게 하거나 이를 방조하는 행위(불공정거래행위, 재판매가격 유지행의 사주, 방조행위), ⑤ 구성사업자에 대한 표시, 광고제한행위 등을 하여서는 아니 된다.

사업자단체의 위반행위 예

- 부당한 공동행위
  - ○○유치원연합회가 연합회총회를 통해 그 지역의 유치원입학금을 결정하고 회원유치원에 이를 통보한 행위
  - (사)○○○○보험협회가 10개 손해보험회사들과 공모하여 보험계약자에게 무료로 제공하던 긴급출동서비스를 폐지하고 유료화하도록 유도한 행위
  - ○○·○○레미콘공업협동조합이 지역 레미콘 생산업체 대표자 간담회를 개최하여 레미콘 가격의 정상화를 위하여 건설업체에 레미콘 공급을 중단할 것을 결의하고 실행한 행위
  - ○○시 서점조합은 할인판매하는 서점에 도서를 공급한 총판에 대해 조합원들로 하여금 거래를 하지 못하도록 하는 등 도서공급을 부당하게 제한한 행위
  - 한국○○○○협동조합이 구성사업자가 생산·판매하는 상품의 종류를 제한하는 것을 내용으로 하는 사업조정합의안을 결의·시행한 행위
  - LPG용기제조 5개사는 공동판매회사를 설립하고 생산량이나 판매량을 제한하고 판매가격도 일정한 수준으로 결정·유지하도록 한다는 내용으로 공동협약서를 작성·시행한 행위
- 사업자수 제한
  - ○○시태권도협회 ○○○지회가 신규도장 개설시 기존도장과의 일정한 거리를 두도록 함으로써 신규 개설을 제한한 행위
- 사업활동방해
  - ○○건설기계협회가 타회사소속 연명신고자 영입경쟁 자제를 요구하고, 시·도지회로 하여금 해당업체를 방문하여 계도함으로써 구성사업자의 사업내용·활동을 부당하게 제한한 행위
- 불공정거래행위 등의 조장
  - 종합주류도매업협회 ○○지회 및 ○○지회는 ○○주류상사가 부산·경남지역에서 주변 도매업자들보다 저렴하게 주류를 판매하자 해당 주류상사에 ○○주류상사에 대해 주류제품 공급을 중단하여 줄 것을 요청하고 이에 불응할 경우 해당제품에

대한 불매운동을 개시하겠다는 내용을 전달한 행위
- 출판업계에서 온라인서점의 할인율 등을 결정하여 준수토록 하고 이를 어기는 온라인서점에 대해서는 도매상에게 도서공급을 중단하도록 압력을 행사하는 등으로 재판매가격을 유지하도록 강요한 행위

Ⅱ _ 재판매가격 유지행위의 제한

'재판매가격 유지행위'란 사업자가 상품 또는 용역을 거래함에 있어서 거래상대방인 사업자 또는 그 다음 거래단계별 사업자에 대하여 거래가격을 정하여 그 가격대로 판매 또는 제공할 것을 강제하거나 이를 위하여 규약 기타 구속조건을 붙여 거래하는 행위를 말하며, 원칙적으로 재판매가격 유지행위를 금지하고 있다. 재판매가격 유지행위가 성립하기 위해서는 거래단계별 가격의 사전 지정이 존재할 것과 강제성 또는 구속성이 있을 것을 요한다.

공정거래법상의 사업자는 재판매가격 유지행위를 하여서는 아니 되며, 사업자단체는 사업자에게 재판매가격 유지행위를 하게 하거나 이를 방조하는 행위를 해서는 아니 된다.

제 8 절 공정거래위원회

Ⅰ _ 위원회의 설치와 권한

공정거래법은 동법에 의한 사무를 독립적으로 수행하기 위하여 국무총리소속하에 공정거래위원회를 설치함을 규정하고 있다(공정거래위원회는 중앙행정기관으로서 그 소관사무를 수행한다).

공정거래위원회는 경쟁정책을 수립하고 공정거래제도를 운용하는 합의제 형태의 행정기관으로서 위원회의 심결절차를 통하여 사건을 처리하는 준사법적 기관이며, 중앙행정기관, 독립규제위원회, 준입법기관 등의 성격을 가지고 있다.

Ⅱ_ 위원회의 구성과 회의

공정거래위원회는 의사결정기구인 위원회와 실무기구인 사무처로 구성되어 있다. 위원회는 위원장(장관급) 1인(상임위원), 부위원장(차관급) 1인(상임위원), 기타 상임위원 3인 그리고 비상임위원 4인 등 9인의 위원으로 구성된다. 공정거래위원회의 위원장, 부위원장 및 다른 위원의 임기는 3년으로 하고, 1차에 한하여 연임할 수 있다.

공정거래위원회의 회의는 위원 전원으로 구성하는 회의(전원회의)와 상임위원 1인을 포함한 위원 3인으로 구성하는 회의(소회의)로 구분한다. 위원장은 각 소회의의 구성위원에게 특정사건에 대하여 위원의 제척·기피·회피규정에 의한 제척·기피·회피에 해당되는 사유가 있는 경우에는 당해 사건을 다른 소회의에서 심의하도록 하거나 당해 사건에 한하여 다른 소회의의 위원을 그 소회의의 위원으로 지정할 수 있다.

전원회의의 의사는 위원장이 주재하며 재적위원 과반수의 찬성으로 의결하며, 소회의의 의사는 상임위원이 주재하며 구성위원 전원의 출석과 출석위원 전원의 찬성으로 의결한다. 공정거래위원회의 심리와 의결은 공개한다(公開主義). 공정거래위원회의 사건에 관한 의결의 합의는 공개하지 아니한다.

제 9 절 분쟁조정

Ⅰ_ 공정거래분쟁 조정협의회

공정거래법은 불공정거래행위금지규정을 위반한 혐의가 있는 행위와 관련된 분쟁의 조정, 가맹사업 당사자 간 분쟁의 조정, 시장·산업의 분석 및 사업자의 거래관행과 행태의 조사·분석, 그 밖에 공정거래위원회로부터 위탁받은 사업 등의 업무를 수행하기 위하여 한국공정거래조정원을 법인(무자본 특수공법인)으로 설립하도록 하고 있다.

불공정거래행위 금지규정을 위반한 혐의가 있는 행위와 관련된 분쟁을 조정하기 위하여 조정원에 공정거래분쟁 조정협의회를 두며, 협의회는 협의회 위원장 1인을 포함한 7인 이내의 협의회 위원으로 구성하고, 협의회는 재적위원 과반수의 출석으로 개의하고, 출석위원 과반수의 찬성으로 의결한다. 협의회의 회의는 공개하지 아니한다.

Ⅱ _ 조정의 신청

불공정거래행위 금지규정을 위반한 혐의가 있는 행위로 인하여 피해를 입은 사업자는 서면을 공정거래위원회 또는 협의회에 제출함으로써 분쟁조정을 신청할 수 있다. 공정거래분쟁 조정협의회가 분쟁조정을 할 수 있는 대상은 단독의 거래거절행위, 차별적 취급행위, 경쟁사업자 배제행위, 부당한 고객유인행위, 거래강제행위, 거래상 지위의 남용행위, 구속조건부 거래, 사업활동 방해행위 등이 해당하며, 분쟁조정에 있어 불공정거래행위 중 부당 내부거래행위, 공동의 거래거절행위, 계열회사를 위한 차별, 집단적 차별행위, 계속적 부당염매로 인한 경쟁사업자 배제행위 등은 조정신청 대상에서 제외된다. 협의회는 분쟁조정신청서를 접수한 때에는 즉시 그 접수사실 등을 대통령령으로 정하는 바에 따라 공정거래위원회 또는 분쟁 당사자에게 통지하여야 한다.

제10절 조사 등의 절차

Ⅰ _ 법 위반행위의 인지 · 신고

공정거래위원회는 공정거래법의 규정에 위반한 혐의가 있다고 인정(직권인지) 할 때에는 직권으로 필요한 조사를 할 수 있으며, 법 위반사실이 직권인지되는 경우 심사관은 법 적용 대상 여부를 판단하여 법 해당사항인 경우 사건심사 착수

보고를 하고 조사 및 심사에 착수한다.

누구든지 공정거래법의 규정에 위반되는 사실이 있다고 인정할 때에는 그 사실을 공정거래위원회에 신고할 수 있으며, 법 위반 사실이 신고된 경우에도 심사관은 법 적용 대상 여부를 판단하여 법 해당 사항인 경우 사건심사 착수보고를 하고 조사 및 심사에 착수한다. 여기서 신고는 법에 위반되는 사실에 관한 직권발동을 촉구하는 단서를 제공하는 것에 불과하다.

공정거래위원회는 공정거래법의 위반행위에 대하여 조사를 개시한 경우 조사 개시일부터 5년, 조사를 개시하지 아니한 경우 해당 위반행위의 종료일부터 7년을 경과한 경우에는 당해 위반 행위에 대하여 시정조치를 명하지 아니하거나 과징금 등을 부과하지 아니한다. 다만, 법원의 판결에 의하여 시정조치 또는 과징금 부과처분이 취소된 경우로서 그 판결이유에 따라 새로운 처분을 하는 경우에는 그러하지 아니하다.

Ⅱ_ 사건심사 및 위원회의 의결

공정거래위원회는 사건을 심사하여 법 위반 사실이 있다고 판단되는 경우 심사의견서를 작성하여 심사조정위원회에 상정하며, 시정명령 이상 해당사건은 심사보고서를 작성하여 위원회(소회의 또는 전원회의)에 상정한다.

위원회의 심판절차는 심판정에서 심사관과 피심인이 참여하여 구두변론을 하는 대립 당사자의 구조를 취한다. 위원회는 안건을 심의하여 법 위반 사실이 인정되는 경우 동 행위에 대한 시정조치(시정명령, 과징금 납부명령, 고발 등)를 의결한다.

제11절 사건의 처리

공정거래법 위반행위에 대하여 조사를 한 결과 위반행위에 해당되지 아니하거나 위반행위에 대한 증거가 없는 경우에는 무혐의, 종결처리, 조사 등의 중지·

주의촉구 등을 취하게 되며, 위반행위에 해당하는 경우에는 경고, 시정권고, 시정명령, 과징금납부명령, 고발 등의 조치를 취한다.

Ⅰ_ 이의신청과 재결

공정거래위원회의 처분에 대하여 불복이 있는 자는 그 처분의 통지를 받은 날부터 30일 이내에 그 사유를 갖추어 공정거래위원회에 이의신청을 할 수 있다. 공정거래위원회는 이의신청에 대하여 60일 이내에 재결을 하여야 한다.

Ⅱ_ 소의 제기

공정거래위원회의 처분에 대하여 불복의 소(행정소송)를 제기하고자 할 때에는 처분의 통지를 받은 날(이의신청을 거치지 아니하고 바로 행정소송을 제기하는 경우) 또는 이의신청에 대한 재결서의 정본을 송달받은 날(이의신청을 거친 경우)부터 30일 이내에 이를 제기하여야 한다. 이 기간은 이를 불변기간(不變期間)으로 한다.

Ⅲ_ 동의의결

공정거래위원회의 조사나 심의를 받고 있는 사업자 또는 사업자단체는 당해 조사나 심의의 대상이 되는 행위로 인한 경쟁제한상태 등의 자발적 해소, 소비자 피해구제, 거래질서의 개선 등을 위하여 동의의결을 하여 줄 것을 공정거래위원회에 신청할 수 있다. 동의의결(consent order)이란 공정거래사건의 조사·심의과정에서 사업자가 스스로 문제가 된 행위를 중지하고 소비자피해구제방안 등의 시정방안을 마련하여 신청하는 경우 공정거래위원회가 적정하다고 판단하면 이를 받아들여 위법 여부에 대한 판단 없이 사건을 종결하는 제도이다. 공정거래위원회는 정당한 이유 없이 상당한 기한 내에 동의의결을 이행하지 아니한 자에게 동의

의결이 이행되거나 취소되기 전까지 1일당 200만 원 이하의 이행강제금을 부과할 수 있다.

제12절 과징금, 손해배상

Ⅰ_ 과징금

공정거래위원회는 과징금을 부과함에 있어서 위반행위의 내용 및 정도, 위반행위의 기간 및 횟수, 위반행위로 인해 취득한 이익의 규모 등의 사항을 참작하여야 한다.

공정거래위원회는 과징금을 부과하고자 하는 때에는 그 위반행위의 종별과 당해 과징금의 금액 등을 명시하여 이를 납부할 것을 서면으로 통지하여야 한다.

통지를 받은 자는 통지가 있은 날부터 60일 이내에 과징금을 공정거래위원회가 정하는 수납기관에 납부하여야 한다.

Ⅱ_ 손해배상

사업자 또는 사업자단체는 공정거래법을 위반함으로써 피해를 입은 자가 있는 경우에는 당해 피해자에 대하여 손해배상의 책임을 지며, 사업자 또는 사업자단체는 고의 또는 과실이 없음을 입증한 때에는 책임을 지지 않는다. 손해배상청구권자는 사업자 또는 사업자단체의 공정거래법 위반으로 인하여 피해를 입은 자이다. 따라서 실제 피해를 입지 않은 자(예컨대 소비자단체 등)는 손해배상청구권이 없다. 다만, 사업자 또는 사업자단체의 공정거래법 위반행위는 소비자기본법상의 소비자단체소송의 대상이 될 수 있다.

Ⅲ_ 고발(전속고발권)

벌칙의 죄는 공정거래위원회의 고발이 있어야 공소를 제기할 수 있다. 이러한 전속고발제는 지나친 형사벌이 오히려 기업활동을 위축시킬 우려가 있으므로 공정거래위원회라는 전문기관으로 하여금 적절히 선택하도록 하여 신중한 법운용을 기한다는 데 있다.

제10장

노동법

제10장
노동법

제 1 절 노동법 일반

Ⅰ_ 노동법의 의의

민법이 계약의 자유를 바탕으로 대등한 시민들 사이의 법률관계에 적용되는 것에 비해 노동법은 힘의 우열이 있는 근로자(노동자)와 사용자(회사 등) 사이에 적용된다. 국가가 나서서 법과 노동행정을 통해 힘이 약한 근로자를 도와주는 구조다. 노동법으로 분류되는 법률로는 「근로기준법」(근기법), 「노동조합 및 노동관계조정법」(노조법), 「최저임금법」, 「산업재해보상법」 등 다양하다. 이러한 노동법의 가장 기본적인 정신은 “노동은 상품이 아니다.”라는 것이다. 노동은 인격을 가진 사람이 하는 것이므로 법을 적용할 때도 물건이나 상품처럼 취급하지 말라는 의미이다.

Ⅱ_ 근로관계의 주요 요소

1. 근로자

노동법이 적용되려면 근로자로 인정되어야 한다. 일반적으로 근로자는 사용자에게 종속되어서 일을 하는 사람을 말한다. 종속된다는 것은 사용자의 지휘·명령에 따라 일을 하는 것을 말한다. 독립적으로 자신의 일을 하는 사람은 자영업자라고 하며, 이들에게는 노동법이 적용되지 않는다. 택배나 대리운전을 하는 사람처럼 종종 근로자인지 여부가 문제되는 경우가 있는데 국가에 의한 보호의 필요성이 인정되는지에 따라 판단되고 있다. 이들은 근로자로 인정되지 못하고 있다. 한편, 노동법은 5인 이상의 근로자를 사용하는 사업장에만 적용되고(근기법 제11조), 그 이하의 사업장에 근무하는 근로자에게는 일부의 규정만 적용된다. 예컨대, 해고를 제한하는 규정은 5인 이상의 사업장에만 적용되고, 4인 이하의 사업장에는 주휴일 규정은 적용되지만, 연장근로수당은 적용되지 않는다.

2. 근로계약

근로자로 인정되려면 근로계약을 체결하여야 한다. 사용자는 근로계약을 체결할 때 임금, 근로시간, 주휴일, 연차유급휴가에 관한 사항을 반드시 서면으로 명시하여 근로자에게 교부하여야 한다(근기법 제17조). 만약 사용자가 사실과 다르게 근로계약을 체결하였을 경우에 근로자는 근로계약을 해제하거나 손해배상을 청구할 수도 있다. 근로자가 입사하는 모습들 중에는 합격자 통지를 받고 아직 일을 시작하기 전인 '채용내정', '시용(수습)기간'을 두고 근무를 하는 경우가 있는데, 법적으로는 둘 모두 정식으로 근로자로 취급된다. 따라서 사용자가 이들의 채용을 취소(해고)할 경우에는 해고의 제한 규정을 적용받는다.

3. 취업규칙

근로자에게 적용되는 근로조건은 근로계약에도 기재되어 있지만, 회사에서는 취업규칙이 중요하게 적용된다. 취업규칙은 다수의 근로자들의 근로조건이나 복무규율을 획일적·통일적으로 적용하기 위하여 사용자가 작성한 규정을 말한다. 회사에서는 마치 법률처럼 기능하는데 사규, 복무규정, 인사규정, 징계규정 등 명칭과는 관계없이 근로조건을 규정하고 있으면 모두 취업규칙에 해당한다. 취업규칙에서 정한 기준에 미달하는 근로조건을 정한 근로계약은 그 부분에 관하여는 무효이고, 그 부분은 취업규칙에 정한 기준에 따른다(근기법 제97조). 10명 이상의 근로자를 사용하는 회사는 취업규칙을 작성하여 국가에 신고하고, 근로자가 자유롭게 열람할 수 있는 장소에 항상 게시하거나 갖추어 두어 근로자에게 널리 알려야 한다. 취업규칙은 근로자에게 중요한 규범이니 만큼 사용자가 취업규칙을 변경할 때에는 근로자들의 의견을 들어야 한다. 특히 근로자들에게 불리한 내용으로 변경을 할 경우에는 과반수 근로자들의 동의를 얻어야 한다(근기법 제94조). 동의의 방식은 과반수 노동조합 혹은 과반수 근로자들의 자유롭고 집단적인 방식에 의한 동의를 말한다. 그와 같은 절차를 거치지 않은 취업규칙의 변경은 효력이 인정되지 않는다.

제 2 절 개별 근로관계의 내용

I _ 임금

1. 근로의 대가

임금은 '근로의 대가'로서 사용자가 근로자에게 지급하는 일체의 금품을 말한다. 사용자는 근로자에게 교통비나 식대 등 여러 가지 명목으로 이름을 붙여 금품을 지급하는데 그것이 임금으로 인정될지 여부는 근로의 대가인지 여부로 판단한다. 근로자는 임금을 받지 않고는 생활할 수 없으므로 임금은 근로자에게 가장 중요한 근로조건이다. 따라서 국가는 임금이 제때 올바르게 지급되고 있는지, 임금이 최저기준에 미달하지 않는지 등 여러 가지 보호규정을 두고 있다. 임금의 지급과 관련해서는 근기법에 다음의 4가지 원칙이 규정되어 있다.

① 직접지급의 원칙: 반드시 근로자 본인에게 직접 지급해야 한다. 미성년자가 아르바이트를 하는 경우에도 그 부모에게 지급해서는 안 된다.
② 전액지급의 원칙: 사용자가 근로자에게 돈을 빌려주고 임금과 서로 상계하는 것도 허용되지 않는다.
③ 정기지급의 원칙: 매월 1회 이상 정기적으로 지급(주급도 가능)해야 한다.
④ 통화지급의 원칙: 시중에 통용되는 화폐로 지급해야지 상품권이나 물품으로 지급해서는 안 된다.

2. 최저임금제도

근로자들의 인간다운 생활을 보장해주기 위해서 우리나라는 최저임금제도를 운영하고 있다. 「최저임금법」에 따라 고용노동부장관은 매년마다 최저임금액을 결정하여 고시하고 있다. 올해 2024년도의 최저임금액은 시간급으로 9,860원, 월급으로 206만 740원이다. 사용자는 근로자에게 최저임금액 이상의 임금을 지급하여야 한다. 근로자와 사용자의 근로계약 중 최저임금액에 미치지 못하는 금액을 임금으로 정한 부분은 무효로 하며, 이 경우 무효로 된 부분은 최저임금액과 동일한 임금을 지급하기로 한 것으로 본다(최저임금법 제6조).

3. 평균임금과 통상임금

임금을 받는 근로자들은 평균임금과 통상임금에 대해 알아 둘 필요가 있다.

평균임금은 3개월 동안 지급된 임금을 3개월의 총일수로 나누어 계산한다. 이렇게 산정된 평균임금을 가지고 퇴직금, 재해보상금, 휴업수당을 산정하는 도구로 사용한다. 이 개념이 필요한 이유는 근로자에게 그러한 사유가 발생하더라도 이전과 같은 평균적인 생활수준을 보장해 줄 필요가 있어서이다.

통상임금도 평균임금과 유사한 기능을 한다. 통상임금은 소정근로의 대가로 근로자에게 사전에 지급하기로 정한 금액을 말하는데, 시간급·주급·월급 등으로 정해진다. 통상임금은 각종 수당의 산정기준으로 사용된다. 예컨대, 사용자가 근로자에게 연장근로를 시키는 경우에 통상임금의 50%를 가산하여 지급하여야 한다. 그 외에도 해고예고수당, 연차휴가수당, 출산휴가급여를 산정하는 기준으로 사용된다.

4. 휴업수당

근로자는 근로를 제공하고 얻는 수입인 임금으로 생활을 한다. 그런데 사용자에게 책임이 있는 사유로 일을 제공하지 못할 경우에 임금수입을 얻을 수 없다면 생계가 막막해진다. 노동법은 이러한 경우를 대비하여 휴업수당제도를 운영하고 있다. 사용자에게 책임이 있는 사유로 휴업하는 경우에 사용자는 휴업기간 동안 그 근로자에게 평균임금의 70% 이상의 수당을 지급하여야 한다(근기법 제46조). 이는 최소한 70%의 수입을 보장함으로써 최소한의 임금수준으로 생활을 보장해 주기 위한 제도이다.

5. 임금의 보호

임금의 지급과 관련해서는 여러 가지 보호제도가 있다. 임금은 지급받을 사유가 발생한 날로부터 14일 이내에 지급되어야 하고, 그 기간이 지나면 연 20% 고이율의 연체이자가 발생한다. 근로자는 3년 이내에 임금채권을 청구하여야 소멸시효에 걸리지 않는다. 근로자는 임금을 지급받지 못한 경우에 사용자에 대해 진정이나 형사고소를 제기할 수 있다. 근로자의 임금채권 중 최종 3개월분 임금과 최종 3년간의 퇴직금 등은 최우선적으로 변제받을 수 있다. 「임금채권보장법」은 기업의 도산으로 인하여 임금 등을 지급받지 못하고 퇴직한 근로자에게 국가가 일정범위 내에서 사업주를 대신하여 임금 등을 지급하는 대지급금제도를 마련하여 운영하고 있다.

Ⅱ _ 근로시간과 휴식

1. 근로시간

근로시간은 임금과 마찬가지로 가장 중요한 근로조건이다. 근로자들이 장시간의 근로를 하게 될 경우 피로로 인해서 재해를 당할 수 있기 때문에 국가는 근로자들의 인간다운 생활을 확보해주기 위해서 근로시간을 규제하고 있다. 근기법은 법정기준근로시간을 정하고 있는데, 일반 근로자의 경우 1일 8시간 1주 40시간(근기법 제50조) 다만, 회사의 특성에 따라 근로시간을 조정할 수 있도록 탄력적 근로시간제도나 선택적 근로시간제도가 운용되기도 한다.

사용자는 법정기준시간 내에서 근로자를 사용하여야 하지만 사업운용상 기준시간을 초과하여 근로자를 사용해야 할 필요가 있다. 이 경우 연장근로는 1주에 12시간까지만 허용되고(근기법 제53조), 연장근로에 대해서는 통상임금의 50%를 가산하여 지급해야 한다. 현행법은 연장근로를 제한적으로 허용하되 사용자에게 가중된 부담을 지움으로써 연장근로를 억제시키는 정책을 취하고 있다. 가산임금의 지급대상이 되는 근로에는 연장근로, 야간근로(오후 10시부터 다음 날 6시까지의 근로), 휴일근로가 있다. 연장근로와 야간근로에 대하여는 통상임금의 50% 이상을 가산하여 지급하고, 휴일근로에 대하여는 8시간 이내일 경우 50% 그 이상일 경우는 100%를 가산하여 지급한다. 그리고 연장근로와 야간·휴일근로가 중첩된 경우에는 중복하여 가산된다.

2. 휴게시간

휴게시간은 사용자의 지휘명령에서 완전히 해방되어 근로자가 자유로이 이용하는 시간이다. 반면에 대기시간은 외형상으로는 휴게시간과 유사하게 근로자가 휴식 등을 취하고 있지만 실질적으로는 다음의 작업을 위해 기다리면서 사용자의 지휘명령권이 배제되지 않는 시간을 말한다. 대기시간은 근로시간에 포함된다. 사용자는 근로자에게 근로시간 4시간에 30분, 8시간에 1시간 이상을 근로시간 도중에 휴게시간으로 부여해야 한다(근기법 제54조).

3. 주휴일

근로자의 휴식 확보를 위한 제도로 주휴일제도가 있다. 주휴일은 1주간의 계속된 근로로 인해 발생한 피로를 회복하고 여가시간을 확보해 주기 위해서 근기법에 따라 부여되는 법정휴일이다. 사용자는 근로자에게 1주에 평균 1회 이상의 유급휴일을 보장하여야 한다(근기법 제55조). 1주 동안 개근한 근로자에게는 1일분의 휴일임금(주휴수당)을 지급해야 한다. 다만, 1주에 15시간 미만의 근로를 하는 경우에는 주휴수당이 발생하지 않는다. 월급제의 경우에는 월급액 속에 주휴수당이 포함되어 있는 것으로 간주되므로 별도로 주휴수당이 발생되지 않는다.

4. 연차휴가

근로자가 사용하는 휴가 중에 가장 대표적인 게 연차휴가이다. 연차휴가는 유급휴가로서 일반적으로 근무한 지 1년이 지난 경우에 이용할 수 있는데, 1년 미만의 경우에도 예외적으로 일정 일수를 휴가로 부여하고 있다. 근로자는 1년에 연간 출근율이 80% 이상인 경우에는 다음 해에 15일의 유급휴가를 사용할 수 있다. 근로기간 1년 미만의 경우에는 1개월간 개근하면 1일의 유급휴가권이 발생한다. 유급휴가일수는 2년마다 하루씩 늘어나는 데 총 25일까지 휴가가 늘어날 수 있다. 근로자는 연차휴가를 자유롭게 사용할 수 있으며 사용자에게 휴가사유를 얘기할 필요가 없다. 연차휴가는 근로자가 청구한 시기에 주어야 하며, 사용자는 사업운영에 막대한 지장이 있는 경우에는 그 시기를 변경할 수 있다. 연차휴가권은 1년간 사용하지 않으면 소멸하지만 휴가를 쓰지 못한 경우에는 연차휴가수당이 발생한다. 우리나라는 근로자들이 연차휴가를 사용하도록 유도하기 위해서 연차휴가의 사용촉진제도를 운영하고 있다.

Ⅲ_ 안전한 직장 환경

1. 안전배려의무

근로자는 직장에서 쾌적하고 안전한 환경에서 일을 할 권리가 있다. 반면에 사용자는 근로자가 안전하게 일을 할 수 있도록 직장환경을 조성할 의무가 있고, 만약 근로자가 업무를 하다가 사고를 당한 경우에는 치료를 해 주고 보상해 줄 의무가 있다. 이와 같은 사용자의 의무는 근로계약에서 비롯되는 안전배려의무에 기인한다.

근로자가 직장에서 안전하게 근무할 수 있는 환경에 관한 기준이나 그에 대한 사용자의 의무에 대해서는 근기법과는 별도로 「산업안전보건법」이 제정되어 있다. 이러한 법률을 통해 사용자는 근로자가 신체적으로나 정신적으로 안전한 상태에서 근무를 할 수 있도록 시설이나 제도를 갖추어야 할 의무가 있다. 예컨대, 직장에서 근로자가 동료 근로자와 싸움을 하다가 다친 경우에도 부상을 당한 근로자는 가해근로자뿐만 아니라 안전한 직장환경을 갖추지 못한 사용자에 대해서도 책임을 물을 수 있다. 우리의 경우 2022년부터는 「중대재해처벌법」이 시행되고 있는데, 이는 사용자가 안전한 작업환경을 구비하지 못한 결과 근로자가 사망 등 중대한 재해를 입은 경우에 사용자에 대한 처벌을 강화함으로써 사용자의 안전배려책무를 강화하고자 한 것이다.

2. 업무상재해의 보호

근로자가 직장에서 업무를 하다가 사고나 질병에 걸린 경우에는 사용자가 책임을 지는 것이 원칙인데, 우리의 경우 「산업재해보상보험법」을 통해 보험방식에 의한 치료나 보상을 하는 방식이 일반화되어 있다. 그 외에도 재해를 당한 근로자가 민사소송을 통해 사용자에게 직접 손해배상을 청구하는 것도 가능하다. 근로자가 산재보상을 받기 위해서는 업무상재해로 인정받아야 하는데, 업무상재해란 업무상사유에 따른 근로자의 부상·질병·장해 또는 사망을 의미한다(산재법 제5조). 이를 조금 더 구체적으로 설명하면, 업무상재해로 인정되기 위해서는 업무수행 중에 발생한 사고나 질병이라는 요건과 업무와 재해 사이에 상당인과관계라는 업무기인성이라는 요건이 충족되어야 한다. 업무상재해로 인정되는 범위는 우리나라의 국가재정이 커짐에 따라서 대체로 확대되어 가고 있는데, 최근에는 출퇴근 중의 재해에 대해서도 업무상재해가 인정되고 있다. 이에 따르면 사업주가 제공한 교통수단이나 그에 준하는 교통수단을 이용하는 등 사업주의 지배관리하에서 출퇴근하는 중 발생한 사고와 그 밖에 통상적인 경로와 방법으로 출퇴근하는 중 발생한 사고에 대해서 업무상재해로 인정되고 있다. 한편, 근로자가 업무상재해로 인정받는 경우에는 요양급여, 휴업급여, 장해급여, 간병급여, 직업재활급여, 유족급여 등을 지급받을 수 있다.

3. 평등한 고용환경

헌법에서 평등권이 보장되고 있듯이 고용관계에서 근로자들도 평등한 대우를 받을 권리가 있다. 노동법에서도 이에 관한 원칙들이 규정되어 있는데, 「남녀고용평등법」(고평법)이 상세히 규정하고 있다. 남녀고용평등법은 모집·채용, 임금 외의 금품지급 및 복리후생, 교육·배치·승진, 정년·퇴직·해고 등의 여러 영역에서 사업주의 차별을 금지하고 있다. 특히 이 법은 남녀 간에 동일가치노동에 대해서는 동일임금을 지급하여야 한다는 점을 규정하고 있다(제8조). 이 법은 남녀 간에 직접차별 외에도 간접차별, 즉 사업주가 채용조건이나 근로조건을 동일하게 적용하더라도 그 조건을 충족할 수 있는 남성 또는 여성이 다른 한 성에 비하여 현저히 적고 그에 따라 특정 성에게 불리한 결과를 초래하며 그 조건이 정당한 것임을 증명할 수 없는 경우에도 차별로 인정하고 금지하고 있다.

남녀고용평등법이 안전한 직장환경을 위해서 규정하고 있는 중요한 제도 중에 '직장 내 성희롱'이 있다. 사업주·상급자 또는 근로자가 직장 내 지위를 이용하거나 업무와 관련하여 다른 근로자에게 성적 언동 등으로 성적 굴욕감 또는 혐오감을 느끼게 하거나 성적 언동 또는 그 밖의 요구 등에 따르지 않았다는 이유로 근로조건 및 고용에서 불이익을 주는 행위는 이 법에 의해 금지된다(제2조 2호). 이는 채용 이후뿐만 아니라 모집·채용과정에서 발생한 성희롱의 경우도 해당된다. 직장내 성희롱이 발생한 경우 사용자는 행위자를 징계하는 등 필요한 조치를 하여야 하며, 피해자뿐만 아니라 신고자도 보호할 의무가 있다.

4. 직장 내 괴롭힘 행위의 금지

근로기준법에서는 안전한 직장환경을 위해 '직장 내 괴롭힘' 행위를 금지하고 있다. 직장 내 괴롭힘은 사용자 또는 근로자가 직장에서의 지위 또는 관계 등의 우위를 이용하여 업무상 적정범위를 넘어 다른 근로자에게 신체적·정신적 고통을 주거나 근무환경을 악화시키는 행위를 의미한다(근기법 제76조의2). 직장 내 괴롭힘이 발생한 경우 피해자뿐만 아니라 누구든지 그 사실을 신고할 수 있으며, 사용자는 신고를 접수하거나 발생사실을 안 경우에는 지체 없이 조사를 실시하여야 한다. 사용자는 괴롭힘 사실이 확인이 되면 피해자의 의사를 고려하여 분리조치 등 적절한 조치를 취하여야 하고, 신고자 및 피해근로자에게 해고 등 불리한 조치를 하여서는 아니 된다. 피해자는 회사에서의 구제조치 외에도 노동청에 신고하거나 가해자에 대한 민형사상의 책임을 물을 수도 있다.

Ⅳ_ 여성과 연소근로자의 보호

1. 여성근로자의 보호

과거에 비해서 여성의 사회참여가 활발해지면서 여성근로자의 보호가 중요해지고 있다. 여성근로자의 경우 일과 가정생활의 양립에 어려움을 겪고 있고, 신체적인 이유 외에도 임신과 출산 등의 문제로 보호의 필요성이 크다. 이를 위해서 우리 노동법은 다양한 제도를 마련하고 있다.

근로기준법이 규정하고 있는 제도는 다음과 같다. 먼저 18세 이상의 여성에게 야간근로를 시킬 경우에는 그 근로자의 동의를 받도록 하고, 임산부와 18세 미만자의 야간근로 및 휴일근로를 금지하고 있다(제70조). 임산부와 18세 미만자의 경우에는 도덕상 또는 보건상 유해·위험사업에 대해서 사용이 금지된다(제65조 1항). 여성근로자의 경우 월 1일의 생리휴가를 무급으로 사용할 수 있다(제73조). 임신부의 경우, 임신 후 12주 이내 또는 36주 이후에는 1일 2시간의 근로시간 단축이 가능하며, 태아검진시간을 활용할 수 있다. 임산부의 경우, 출산 전과 출산 후를 통하여 90일의 출산휴가를 사용할 수 있다(제74조).

남녀고용평등법에도 여성근로자의 보호를 위한 제도를 두고 있다. 임신 중인 여성근로자가 모성을 보호하기 위해 육아휴직을 신청하거나 근로자가 만 8세 이하 또는 초등학교 2학년 이하의 자녀를 양육하기 위해 육아휴직을 신청하는 경우 사업주는 육아휴직을 허용하여야 한다. 근로자가 육아휴직을 사용하는 경우 그 기간은 1년 이내로 하여야 하며, 육아휴직 기간은 근속기간에 포함된다(고평법 제19조). 육아를 위해 무급휴직을 할 수 없는 사정이 있는 근로자는 일정기간(1년 이내) 근로시간을 단축하고 그 기간 동안 근로와 육아를 병행할 수 있다(고평법 제19조의2). 사업주는 남성근로자가 배우자의 출산을 이유로 출산한 날부터 90일 이내에 휴가를 청구하는 경우에는 10일의 유급휴가를 주어야 한다(고평법 제18조의2).

사업주는 근로자가 가족의 질병, 사고, 노령으로 인하여 그 가족을 돌보기 위한 휴직을 신청하는 경우 이를 허용하여야 한다(고평법 제22조의2).

2. 연소근로자의 보호

연소근로자는 신체적·정신적으로 성장과정에 있기 때문에 특별한 보호의 필요성이 있다. 헌법 제32조 제5항은 "연소자의 근로는 특별한 보호를 받는다."고 선언하고 있다. 이에 따라 근기법은 연소자의 보호를 위한 규정을 두고 있다. 사용자는 15세 미만인 사람과 중학교에 재학 중인 18세 미만인 사람을 근로자로 사용하지 못한다. 다만, 시행령으로 정하는 기준에 따라 고용노동부장관이 발급한 취직인허증을 지닌 사람은 근로자로 사용할 수 있다(근기법 제64조). 그 외에도 연소자에 대해서는 도덕상 또는 보건상 유해·위험한 사업에 사용하지 못하도록 하고 있고, 연장근로 및 야간근로, 휴일근로를 제한하는 규정이 있다. 한편, 사용자가 미성년자를 고용할 때에는 미성년자 본인과 직접 근로계약을 체결하여야 하고, 미성년자에게 직접 임금을 지급하여야 한다. 이는 친권자의 미성년자에 대한 친권남용을 예방하기 위해서이다.

V _ 인사권과 징계

1. 인사권의 행사

기업에서 인사권은 사용자에게 있고, 사용자는 여러 가지 종류로 인사명령을 시행한다. 인사명령에는 근무지가 바뀌는 전근, 직무내용이 바뀌는 전직, 기업의 업무상의 필요에 의해 잠정적인 기간 동안 업무가 정지되는 직위해제(대기발령), 일시적으로 사업장이 변경되는 전출, 사업자가 완전히 바뀌는 전적 등이 있다. 이 모든 인사명령에 의해 근로자에게 불이익이 가해지는 경우에 근로자는 법적으로 이의제기를 할 수 있다. 그 경우에 적용되는 법률은 근로기준법 제23조이다. 사용자의 인사명령이 근로자에게 불리한 경우에는 '정당한 이유'가 있어야 한다.

사용자의 인사명령 중에 전근과 전직은 배치전환이라고도 하는데, 근로자들에게 불이익이 있는 경우에 종종 그에 대한 법적다툼이 진행된다. 인사권은 본래 사용자가 가지는 권한이므로 인사명령에 있어서는 사용자에게 상당한 재량이 인정된다. 다만, 사용자의 재량은 무제한의 것은 아니며 법령이나 단체협약, 취업규칙 또는 근로계약에 따른 제한을 받는다. 사용자의 배치전환 명령이 정당한지 여부와 관련해서는 근로자의 근무지와 업무가 특정되어 있는지가 중요하다. 특정한 지역에서의 현지채용이나 특정한 자격을 전제로 한 채용 등 근무지와 업무가 특정되어 있는 경우에 그것을 변경하기 위해서는 근로자의 동의가 필수적이다. 그렇지 않은 경우에는 기본적으로 사용자에게 상당한 권한이 있다. 배치전환이 정당한지 여부에 대한 기준은 배치전환의 업무상의 필요성이 있는지, 근로자에게 그로 인한 생활상의 불이익이 있는지를 비교하여 판단한다. 업무상의 필요성도 별로 인정되지 않고 오히려 근로자의 생활상의 불이익이 현저히 큰 경우에는 배치전환이 정당한 이유가 있다고 인정되기 어렵다. 배치전환이 정당한지 판단하는 과정에서는 근로자와 협의절차를 거쳤는지 여부도 검토하는데, 이는 정당성 판단의 하나의 기준에 불과하지 협의절차를 거치지 않았다고 하더라도 배치전환을 무효로 만들지는 않는다.

직위해제 혹은 대기발령의 경우도 위 배치전환과 비슷하게 정당성 검토가 이루어진다. 직위해제는 대개 근로자가 직무수행능력이 부족하거나 근무성적 또는 근무태도 등이 불량한 경우, 근로자에 대한 징계절차가 진행 중인 경우, 근로자가 형사사건으로 기소된 경우 등 계속하여 해당 근로자에게 직무를 담당하게 할 경우 업무상 지장이 초래될 것을 우려하여 진행된다. 이 경우 업무상의 필요성은 일시적·잠정적으로 근로자의 업무를 정지할 필요성이 있는지 여부가 검토된다.

근로자에 대한 전출이나 전적은 해당 근로자를 일정기간 동안 혹은 영구적으로 소속 사업장을 변경시키는 조치이므로 근로자에게는 대단히 중요한 문제이다. 근로자에게 있어서는 사용자가 누구인가에 따라 근로조건이 확연히 달라지기 때문이다. 그런 이유로 사용자가 근로자에 대해 전출이나 전적의 인사명령을 할 경우에는 근로자의 동의를 받아야 한다(민법 제657조).

2. 징계

사용자는 기업의 직장질서를 유지하기 위해서 징계와 관련된 규범을 설정하고 있는데, 근로자가 기업의 직장질서를 위반하는 경우에 가해지는 불이익이 징계이다. 징계의 종류로는 견책이나 경고부터 시말서 제출, 감봉, 정직, 그리고 징계해고에 이르기까지 다양하다. 징계는 근로자에게 미치는 불이익이 크므로 이에 대해서도 근로기준법 제23조의 정당한 이유가 인정되어야 유효하다. 감봉액에 대해서는 근기법 제95조가 제한하고 있는데, 감액은 1회의 금액이 평균임금의 1일분의 2분의 1을, 총액이 1임금지급기의 임금 총액의 10분의 1을 초과하지 못한다. 징계가 유효하기 위해서는 내용적 정당성, 징계 양정의 정당성, 절차적 정당성이 인정되어야 한다.

징계가 내용적으로 정당하기 위해서는 어떤 직장질서 위반행위가 징계관련 규정의 징계사유에 해당되어야 하고, 해당 규정은 그 자체로 법령을 위반하지 않는 등 정당한 것이어야 한다. 예컨대, 징계로 시말서 제출을 요구할 경우에 그것이 반성이나 사죄를 강요하는 것이라면 헌법상 양심의 자유를 침해하는 것으로 허용되지 않는다. 징계사유는 대게 징계규정 등에 구체적으로 열거되어 있기도 하나 '기타 직장질서를 문란하게 하는 경우' 등과 같이 일반조항을 두는 경우도 많다.

징계양정의 정당성은 징계사유가 인정되더라도 근로자의 비위행위의 정도에 따라 징계가 균형성이 있게 이루어져야 한다는 것이다. 예컨대, 근로자가 가벼운 징계사유를 범한 것임에도 불구하고 가장 무거운 징계종류인 징계해고를 하는 것은 사용자의 징계권남용으로 무효이다.

징계의 절차적 정당성은 사용자가 징계를 할 때, 징계관련 규정에서 마련하고 있는 징계와 관련된 절차적 규정을 제대로 지켜야 한다는 것이다. 이러한 절차적 규정은 징계대상 근로자가 징계의 통보를 받고 징계절차에서 소명을 통해 자신을 방어하기 위한 권리를 보장해 주기 위한 것인데, 사용자가 결과적으로 그러한 절차를 지키지 않음으로써 근로자의 절차적 권리를 침해한 것이 되어 징계 자체를 무효로 만들 수 있다.

Ⅵ_ 해고제도

1. 해고의 의의

해고는 근로자의 의사에 반하여 고용을 종료하는 사용자의 일방적인 의사표시이다. 스스로 사직서를 제출하거나 고용기간의 만료, 정년[1] 등의 이유로 고용이 종료되는 것은 해고가 아니다. 다만, 사용자의 강요에 의해서 사직서를 제출하거나 기간만료에도 불구하고 갱신기대권이 인정되는 경우에 계약 갱신을 해 주지 않는 경우에도 해고로 취급된다. 근로자와 사용자의 합의에 의해서 근로관계가 종료되는 것처럼 처리되는 '의원면직'의 경우에도 실질적으로는 근로자의 의사에 반하는 경우에는 해고로 인정된다. 또한 예컨대 사용자가 취업규칙으로 '직위해제 이후 3개월 동안 업무를 부여받지 못한 경우 당연퇴직'과 같은 규정을 만들었더라도 당연퇴직으로 인정되지 않고 실질상 해고로 인정된다.

근로자에 대한 해고가 유효하려면 근기법 제23조에 따라 '정당한 이유'가 있어야 한다. 일반적으로 해고의 정당한 이유란 사회통념상 근로계약을 계속시킬 수 없을 정도로 근로자에게 책임이 있는 사유가 있거나 부득이한 경영상의 필요가 있는 경우를 말한다. 근로자에게 책임이 있는 사유로는 노동능력의 상실, 근무태도나 근무성적의 불량 등 근로적격성의 결여, 계약상의 의무 위반, 사생활에서의 비행 등 다양하다. 취업규칙 등에 규정된 징계사유를 위반하여 직장질서를 문란하게 한 것에 대하여 근로자에게 책임을 묻는 사유이다. 경영상 이유에 의한 해고는 '정리해고'라고도 하는데, 근기법 제24조에 규정하고 있다. 경영상해고가 유효하려면 ① 긴박한 경영상의 필요가 있고, ② 해고를 회피하기 위란 노력을 다하며, ③ 합리적이고 공정한 해고의 기준에 따라 해고대상자를 선정하고, ④ 해고를 피하기 위한 방법과 해고의 기준 등에 관하여 해당 사업 또는 사업장의 근로자대표에게 해고를 하려는 날의 50일 전까지 통보하고 성실하게 협의를 하여야 한다. 근로자를 경영상 해고한 사용자는 해고한 날로부터 3년 이내에 해고된 근로자가 해

1) 우리나라는 「고용상 연령차별금지 및 고령자고용촉진에 관한 법률」에서 근로자의 정년을 60세 이상으로 정하도록 규정하고 있다.

고 당시 담당했던 업무와 같은 업무를 할 근로자를 채용하려고 할 경우, 경영상 해고된 근로자가 원하면 그 근로자를 우선적으로 고용하여야 한다(근기법 제25조).

2. 해고의 금지기간

근기법은 해고가 금지되는 기간을 규정하고 있는데, 이에 따르면 사용자는 근로자가 업무상 부상 또는 질병의 요양을 위하여 휴업한 기간과 그 후 30일 동안은 근로자를 해고하지 못하고, 산전·산후 여성이 근기법에 따라 휴업한 기간과 그 후 30일 동안에도 해고를 하지 못한다. 다만, 사용자가 업무상 부상·질병에 대하여 근로자에게 일시보상을 지급한 경우나 사업을 계속할 수 없게 된 경우에는 해고의 시기가 제한되지 않는다.

3. 해고의 절차적 제한

근기법이 정하고 있는 해고의 절차적 제한 규정에는 해고예고제도와 해고의 서면통지제도가 있다. 사용자는 근로자를 해고하려면 적어도 30일 전에 해고예고를 하여야 하고, 30일 전에 예고를 하지 않은 때에는 30일분 이상의 통상임금을 지급하여야 한다(제26조). 이는 근로자가 새로운 직장을 구할 수 있는 시간적·경제적 여유를 주기 위한 제도이다. 다만, 근로자가 계속 근로한 기간이 3개월 미만인 경우에는 적용되지 않는다. 사용자는 근로자를 해고하려면 해고의 사유와 시기를 서면으로 통지하여야 한다(제27조). 이는 사용자가 신중히 해고를 하도록 하고, 해고가 있었는지, 그리고 해고의 시기와 사유를 명확히 하려는 것이다. 한편, 어느 정도 규모가 있는 회사들은 취업규칙이나 단체협약에 징계에 관련된 절차규정을 두고 있다. 해고에 따른 사전 통지절차, 변명의 기회부여, 징계위원회의 구성, 의결 및 재심절차 등에 관한 규정인데, 그와 같은 규정이 있는 경우에는 그 절차를 따라야 한다. 만약 그 절차를 따르지 않을 경우에는 중대한 절차상 하자를 이유로 징계자체가 무효로 될 수 있다. 만약, 징계규정에 변명의 기회를 부여하라는 절차규정이 없으면 징계해고를 하면서 변명의 기회를 부여하지 않았다고 하더라도 그 징계가 절차상 부당하지 않다는 것이 판례이다.

Ⅶ_ 퇴직 후의 보호제도

1. 퇴직금

근로자가 퇴직을 할 경우에 사용자는 근로자의 근무년수에 따라 퇴직금을 지급하여야 한다. 퇴직금은 계속근로기간이 1년 이상이고 1주의 소정 근로시간이 15시간 이상인 근로자에 대하여 지급된다(퇴직급여법 제4조). 퇴직금은 계속근로연수 1년에 대해서 30일분 이상의 평균임금으로 계산하여 지급되고, 퇴직일시금으로 지급되거나 연금의 형태로 지급된다. 퇴직금은 본질적으로 퇴직 이후에 지급되는 후불임금의 성격을 가지고 있으나 근로자가 주택구입이나 부양가족의 필요성이 있는 경우에는 퇴직금의 중간정산도 가능하다.

2. 실업의 보호

자본주의 경제체제에서 실업은 누구에게나 발생할 수 있는 사회적 위험이다. 기술혁신에 따른 산업구조의 조정과 경기변동에 따라 발생되는 실업에 대해서 국가는 개인과 개별기업의 책임으로 방치하여서는 아니 된다. 이에 따라 국가는 실업자들을 보호하기 위한 다양한 제도를 두고 있다. 먼저, 근로자가 실직한 경우 일정기간 동안 실업급여를 지급하여 실직자 및 그 가족의 생활안정을 도모하고 새로운 직장에 취업할 수 있도록 지원하고 있다. 이에는 구직급여와 취업촉진수당이 있고(고용보험법 제37조), 직업능력 개발훈련에 대한 지원제도가 있다.

Ⅷ_ 비정규직 근로자의 보호

1. 비정규직 근로자의 의의

비정규직 근로자는 정년까지 근로계약기간이 보장되는 정규직 근로자(근로계약기간의 정함이 없다)들에 비해서 근로기간 외에도 여러 측면에서 불리한 처우를 받고 있어 보호의 필요성이 크다. 여기서 비정규직이라 함은 임시직, 일용직,

단시간 및 기간제 근로계약자, 파견근로자, 특수고용직 등을 포괄하여 지칭되는 용어다.

2. 기간제 근로자의 보호

기간제 근로자는 기간의 정함이 있는 근로계약을 체결한 근로자를 말하는데 이에 대해서는 「기간제 및 단시간근로자 보호에 관한 법률」(기간제법)의 적용을 받는다. 기간제법은 사용자가 근로자와 기간제 근로계약을 체결할 때에는 근로계약기간, 근로시간 및 휴게에 관한 사항, 임금의 구성항목·계산방법 및 지불방법에 관한 사항, 휴일·휴가에 관한 사항, 취업의 장소와 종사하여야 할 업무에 관한 사항을 반드시 서면에 적어 명시하도록 하고 있다(기간제법 제17조). 기간제 근로자의 경우 근로계약기간은 최대 2년을 넘지 않도록 정하고 있다(제4조). 2년을 초과하여 기간제근로자로 사용하는 경우에는 그 기간제 근로자는 기간의 정함이 없는 근로계약을 체결한 근로자로 본다. 근로계약기간이 만료되면 근로관계는 당연히 종료되고, 근로계약을 갱신하지 못하면 당연히 퇴직하는 것이 원칙이다. 다만, 근로계약 당사자 사이에 일정한 요건이 충족되면 근로계약이 갱신된다는 신뢰관계가 형성되어 있어 근로자에게 근로계약이 갱신될 수 있으리라는 정당한 기대권이 인정되는 경우에는 사용자가 이를 위반하여 부당하게 근로계약의 갱신을 거절하는 것은 부당해고와 마찬가지로 아무런 효력이 없고, 이 경우 기간만료 후의 근로관계는 종전의 근로계약이 갱신된 것과 동일하다.

기간제법은 단시간 근로자에 대해서 규율하고 있다. 단시간 근로자란 1주 동안의 소정근로시간이 그 사업장에서 같은 종류의 업무에 종사하는 통상 근로자의 1주 동안의 소정근로시간에 비하여 짧은 근로자를 말한다(기간제법 제2조). 어느 정도 짧은지는 별도로 규정하고 있지 않다. 사용자가 단시간근로자에게 소정근로시간을 초과하여 근로하게 하는 경우 사용자의 동의가 필요하며, 그 초과근로에 대해서는 통상임금의 100분의 50 이상을 가산하여 지급하여야 한다(기간제법 제6조).

3. 파견근로자의 보호

파견근로자에 대해서는 파견법이 적용된다. 파견근로자는 파견사업주에 의해서 고용되고, 근로자파견계약을 통해서 사용사업주에게 근로를 제공한다. 파견사업주는 사용사업주로부터 파견의 대가를 받아 이 중 일부를 근로자에게 임금으로 지급한다. 파견근로는 간접적인 근로제공방식이기 때문에 원칙적으로 허용되지 않고 예외적으로만 가능하다. 파견근로는 제조업의 직접생산공정업무를 제외하고 전문지식·기술·경험 또는 업무의 성질을 고려하여 적합하다고 판단되는 업무로서 법이 별도로 정하고 있는 업무에 대해서만 허용된다(파견법 제5조). 파견근로에 대해서도 총 2년의 기간 동안에 한해서 사용 가능하고, 2년을 초과하여 계속적으로 파견근로자를 사용하는 경우 사용사업주가 파견근로자를 직접 고용해야 할 의무를 부담한다(파견법 제6조의2). 그 외에도 근로자파견 대상업무에 해당하지 아니하는 업무에 파견근로자를 사용하는 등의 불법파견의 경우에도 사용사업주의 직접 고용의무가 발생한다.

제 3 절 집단적 근로관계의 내용

Ⅰ_ 노동조합

1. 노동3권의 보장

근로자는 근로조건의 향상을 위하여 자주적인 단결권·단체교섭권 및 단체행동권을 가진다(헌법 제33조 제1항). 우리나라의 경우 근로자들이 근로조건의 향상을 위해 스스로 단결하여 단체를 결성하고, 이를 통해 자신들의 근로조건에 관하여 사용자와 집단적으로 교섭하며, 사용자와의 교섭에 있어 자신들의 주장을 관철하기 위해 집단적으로 행동할 권리가 헌법에 의해서 보장되고 있다. 이러한 노동조합의 정당한 활동에 대해서는 민·형사상 책임이 면제된다.

2. 노동조합의 의의

노동조합은 노동조합 및 노동관계조정법(노조법)에 의해 근로자로 인정되는 사람들이 근로조건의 유지·개선 기타 근로자의 경제적·사회적 지위의 향상을 위하여 자주적으로 결성한 단체를 말한다(노조법 제2조). 노조법은 노동조합에 대해 소극적 요건을 규정하고 있는데, 사용자가 항상 그의 이익을 대표하여 행동하는 자의 참가를 허용하는 경우, 경비의 주된 부분을 사용자로부터 원조받는 경우, 공제·수양 기타 복리사업만을 목적으로 하는 경우, 근로자가 아닌 자의 가입을 허용하는 경우, 주로 정치운동을 목적으로 하는 경우에는 노동조합으로 보지 않는다. 근로자는 자유로이 노동조합을 조직하거나 가입할 수 있지만, 한편으로 노동조합을 설립하고자 하는 자는 행정관청에 노동조합 설립신고서를 제출하여야 한다(노조법 제10조). 설립신고가 이루어진 노동조합은 노조법상 노조로 인정되어 노동쟁의조정신청이나 부당노동행위 구제 등 노조법이 정하고 있는 권리를 보장받을 수 있다. 다만, 설립신고가 이루어지지 않은 노동조합(법외노조)도 헌법상의 단결체로서 노동3권의 보장에 따른 권리를 누릴 수는 있다.

3. 부당노동행위제도

헌법이나 노조법이 근로자의 노동3권을 보장하고 있지만 사용자가 노동조합의 활동을 방해할 경우에는 무용지물이 될 수 있으므로 이 권리의 실질적인 보장을 위해서 노조법은 부당노동행위제도를 두고 있다(노조법 제81조). 노조법은 사용자가 근로자 또는 노동조합의 노동3권을 침해하는 전형적인 행위들을 부당노동행위로 규정하여 이를 금지하고 있고, 이에 대해서는 노동위원회를 통해 구제받을 수 있도록 하고 있으며, 부당노동행위에 대해서는 형사처벌도 가능하다. 부당노동행위의 유형으로는 ① 노동조합 가입 등을 이유로 해고 등 근로자에게 불이익을 주는 행위, ② 노동조합 불가입·탈퇴 또는 특정노동조합 가입을 고용조건으로 하는 행위, ③ 단체교섭의 거부 또는 해태, ④ 근로자의 노동조합 조직운영을 지배·개입하는 행위, 근로시간 면제한도를 초과하여 급여를 지급하는 행위, 노동조합의 운영비를 원조하는 행위, ⑤ 단체행위 참가, 부당노동행위 신고 등을 이유로 해고 등 근로자에게 불이익을 주는 행위가 있다.

Ⅱ _ 단체교섭과 단체협약

1. 단체교섭

노동조합과 사용자 사이에 근로조건 또는 노사관계에 관한 사항에 대하여 집단적으로 진행되는 교섭을 단체교섭이라 한다. 노동조합은 단결력을 바탕으로 임금·근로시간 등에 관하여 사용자와 단체교섭을 진행하는데, 이는 노동조합의 활동 중에 가장 핵심적인 활동이다. 노동조합의 대표자는 노동조합 또는 조합원을 위하여 사용자와 교섭하고 단체협약을 체결할 권한을 가진다(노조법 제29조). 노동조합과 사용자는 신의에 따라 성실히 교섭하고, 단체협약을 체결하여야 하며 그 권한을 남용하여서는 아니 된다(노조법 제30조). 노동조합과 사용자는 정당한 이유 없이 교섭 또는 단체협약의 체결을 거부하거나 해태하여서는 아니 된다.

단체교섭은 단체교섭의 대상이 될 수 있는 사항에 한해서 가능한데, 교섭사항이 되기 위해서는 사용자가 처분할 수 있는 사항이어야 하고, 근로자 개인의 사항이 아닌 집단적 성격을 가져야 하며, 근로조건의 결정과 관련이 있어야 한다. 일반적으로는 근로자의 임금, 근로시간, 안전, 휴식 등의 근로조건은 교섭대상에 포함된다. 판례는 정리해고나 사업조직의 통폐합 등 기업의 구조조정 실시 여부는 경영주체에 의한 고도의 경영상 결단에 속하는 사항으로 이는 원칙적으로 단체교섭의 대상이 될 수 없다고 한다. 그러나 사용자의 경영권에 속하는 사항이지만 한편으로는 근로자들의 근로조건과도 밀접한 관련이 있는 부분으로서 사용자의 경영권을 근본적으로 제약하는 것이 아닌 한 교섭대상에 포함될 수 있다고 할 것이다.

단체교섭의 방식과 관련해서는 2011년 7월부터 우리나라에 복수노조가 허용되면서 많은 변화가 있었다. 기업에 하나의 노동조합만이 존재할 경우에는 그 노조가 단체교섭을 실시하지만 다수의 노조가 존재할 경우에는 교섭창구단일화절차를 거쳐서 결정된 교섭대표노동조합에 의하여 단체교섭이 실시된다. 교섭대표

노동조합은 교섭창구단일화 절차에 참여한 노동조합 또는 그 조합원을 대표하여 교섭할 권한을 행사하므로 그들 간에 합리적인 이유 없이 차별을 하여서는 아니 된다는 공정대표의무를 부담한다(노조법 제29조). 교섭대표노동조합과 사용자가 이러한 공정대표의무에 위반하여 특정한 노동조합 또는 그 조합원을 차별한 경우 노동조합은 그 차별행위가 있은 날부터 3개월 이내에 노동위원회에 그 시정을 요청할 수 있다.

2. 단체협약

단체교섭은 단체협약의 체결을 통하여 완성된다. 단체협약은 단체교섭의 결과로서 근로조건 기타 노사관계 제반사항에 대하여 노사 간에 합의한 문서로서 근로조건에 관한 집단적인 계약이라 할 수 있다. 단체협약의 주된 내용은 개별 근로자의 근로조건 기타 근로자의 대우에 관하여 정하고 있는 부분(규범적 부분)인데, 이에 대해서는 규범적 효력이 인정된다. 규범적 부분은 개별 근로자와 사용자 사이에 적용되어 단체협약에서 정한대로 근로조건이 설정된다. 단체협약에서 정한 기준에 위반하는 취업규칙 또는 근로계약의 부분은 무효로 되고, 만약 근로계약에 정하지 않는 사항이나 단체협약에 의해 무효로 된 부분은 단체협약에 정한 기준에 따르게 된다(노조법 제33조). 단체협약의 효력은 조합원에게만 적용되는 것이 원칙이지만 그에 한정되지는 않는다. 사용자들은 노동조합과 단체협약을 체결한 경우에 이를 기준으로 삼아서 비조합원들에게도 사실상 적용시킨다. 조합원들에게만 유리한 근로조건을 적용시킬 경우에 이를 이유로 비조합원들이 노조에 가입함으로써 노동조합의 힘이 더 강해지는 것을 우려하기 때문이다. 한편으로는 노조법이 이를 강제하기도 한다(일반적 구속력). 하나의 사업 또는 사업장에 상시 사용되는 동종의 근로자 반수 이상이 하나의 단체협약의 적용을 받게 된 때에는 당해 사업 또는 사업장에 사용되는 다른 동종의 근로자에 대하여도 당해 단체협약이 적용된다(노조법 제35조).

Ⅲ_ 쟁의행위

1. 노동조합의 쟁의행위

노동조합은 단체교섭이 원활히 진행되지 않는 경우에 헌법이 보장하는 단체행동권의 행사로서 쟁의행위를 진행한다. 쟁의행위는 노동조합이 '그 주장을 관철할 목적으로 행하는 행위로 업무의 정상적인 운영을 저해하는 행위'(노조법 제2조)를 말하고, 파업이 대표적인 쟁의행위의 예이다. 근로자의 쟁의행위는 사용자에 대하여 집단적으로 노무제공을 거부하는 행위이므로, 쟁의행위 기간 중에는 근로자와 사용자의 주된 권리의무가 정지된다. 근로자는 근로제공의무가 없고, 사용자는 근로자에 대한 임금지급의무가 없다.

노조법은 "쟁의행위는 그 목적·방법 및 절차에 있어서 법령 기타 사회질서에 위반되어서는 아니 된다."고 규정하고 있다(노조법 제37조). 판례는 근로자의 쟁의행위가 정당하려면, ① 그 주체가 단체교섭의 주체로 될 수 있는 자이어야 하고, ② 단체교섭과 관련하여 근로조건의 유지·개선 등을 목적으로 하여야 하며, ③ 시기와 절차가 법령의 규정에 따른 것으로서, ④ 그 수단과 방법이 폭력이나 파괴행위를 수반하는 등 반사회성을 띤 행위가 아닌 정당한 범위 내일 것을 요구하고 있다. 노동조합의 쟁의행위는 조합원의 직접·비밀·무기명투표에 의한 조합원 과반수 찬성으로 결정하여 행하고(노조법 제41조), 노동위원회에 의한 조정절차를 거치지 아니하면 쟁의행위를 할 수 없다. 노동위원회의 조정기간은 일반사업에 있어서는 10일, 공익사업에 있어서는 15일 이내에 종료되는 것이 원칙이다. 쟁의행위의 방법의 정당성과 관련해서는 직장점거가 많이 문제되는데, 판례는 사용자의 출입이나 관리·지배를 배제하지 않는 부분적·병존적 점거의 경우에는 정당한 쟁의행위의 범위 내로 보나 사용자의 점유를 배제하는 전면적·배타적 점거의 경우에는 정당성의 한계를 벗어난 것으로 보고 있다.

노동조합의 정당한 쟁의행위와 관련하여 사용자의 손해가 발생하였더라도 노동조합의 민사책임은 면책된다(노조법 제3조). 또한 정당한 쟁의행위의 경우에는 형사책임이 발생하지 않는다. 다만, 쟁의행위가 위법한 경우에는 형사책임이 면책되지 않는다. 판례는 노동조합의 위법한 파업이 업무방해죄에 해당하는지와 관련하여, "파업이 언제나 업무방해죄에 해당하는 것으로 볼 것은 아니고, 전후 사정과 경위 등에 비추어 사용자가 예측할 수 없는 시기에 전격적으로 이루어져 사용자의 사업운영에 심대한 혼란 내지 막대한 손해를 초래하는 등으로 사용자의 사업계속에 관한 자유의사가 제압·혼란될 수 있다고 평가할 수 있는 경우에 비로소 집단적 노무제공의 거부가 위력에 해당하여 업무방해죄가 성립한다."고 판단하고 있다.

2. 직장폐쇄

노동조합의 쟁의행위에 대해 사용자는 직장폐쇄로 대응할 수 있다. 직장폐쇄란 사용자가 노조의 쟁의행위에 대항하여 일시적·집단적으로 근로자의 노무수령을 거절하는 행위를 말한다. 사용자는 직장폐쇄를 통해서 직장폐쇄기간 동안 근로자에 대한 임금지불의무를 면하고, 직장을 점거 중인 근로자들에 대하여 정당하게 사업장으로부터 퇴거를 요구할 수 있다. 사용자의 직장폐쇄는 근로자의 쟁의행위에 대한 방어수단으로서 상당성이 인정되어야만 사용자의 정당한 쟁의행위로 인정될 수 있다. 방어적인 목적을 벗어나 적극적으로 노동조합의 조직력을 약화시키기 위한 목적 등을 갖는 선제적·공격적 직장폐쇄에 해당하는 경우에는 위법한 직장폐쇄가 된다.

제 4 절 노동사건의 권리구제

Ⅰ _ 형사상의 구제

사용자의 노동법령 위반으로 피해를 입은 근로자들이 권리구제를 받을 수 있는 방법으로 우선 지방노동청에 진정, 고소를 하는 방법이 있다. 많은 경우 사용자로부터 제때 임금을 지급받지 못한 근로자는 고용노동청에 진정하거나 고소할 수 있다. 이 경우 근로감독관이 수사업무를 진행한다. 근로감독관은 노동사건에 있어서 경찰의 업무를 진행한다. 근로감독관의 업무는 사용자가 근기법 기타 노동관계법령을 성실히 준수하는지 여부를 상시적으로 지도·감독함으로써 위반행위의 발생을 사전에 방지하고, 경우에 따라 위반자를 입건하여 벌칙이 적용되도록 하는 등의 업무를 한다.

Ⅱ _ 행정상의 구제

근로자는 사용자로부터 징계나 해고 등 불이익처분을 받은 경우에 노동위원회를 통해서 부당해고 등 구제신청제도를 이용할 수 있다. 사용자가 근로자를 부당하게 해고, 휴직, 정직, 전직, 감봉 그 밖의 징벌을 하면 근로자는 부당해고 등이 있었던 날부터 3개월 이내에 지방노동위원회에 부당해고 등 구제신청을 할 수 있다. 노동위원회는 사용자의 부당해고 등이 인정되면 원직복직과 임금상당액 지급 등의 구제명령을 하여야 한다. 근로자가 원직복직을 원하지 아니하면 원직복직을 명하는 대신에 근로자가 해고기간에 근로를 제공하였다면 받을 수 있었던 임금상당액 이상의 금품을 근로자에게 지급하도록 금전보상명령을 할 수 있다.

사용자로부터 노동조합의 업무를 위한 정당한 행위를 한 것을 이유로 불이익을 받는 등 사용자의 부당노동행위로 인하여 권리를 침해당한 근로자 또는 노동조합은 부당노동행위가 있은 날부터 3월 이내에 지방노동위원회에 부당노동행위구제신청을 할 수 있다.

비정규직 근로자의 경우에는 사용자가 비정규직 근로자를 임금 및 그 밖의 근로조건 등에 있어서 합리적인 이유 없이 불리하게 처우하는 경우 노동위원회를 통하여 차별시정을 하는 절차를 이용할 수 있다. 남녀고용평등법의 경우에도 고용에서의 성차별 또는 성희롱 피해근로자에 대한 불리한 처우 등에 대하여 노동위원회에 의한 시정제도를 두고 있다.

Ⅲ _ 민사상의 구제

근로자들은 위와 같은 행정상의 조치들을 통한 권리구제 외에도 민사소송을 통한 권리구제를 진행할 수도 있다. 예컨대, 근로자가 부당해고를 당한 경우에 노동위원회에 부당해고구제신청을 제기하는 외에 민사소송으로 해고무효확인의 소를 제기할 수도 있다.

제11장

사회법

제11장
사회법

제 1 절 사회보장법 개관

Ⅰ_ 사회법의 의의

사회법은 개인의 권리와 복지를 보호하고 사회적 위험에 대응하기 위한 법률 체계를 말한다. 즉, 사회공공적 이익을 실현하기 위한 법으로 종래의 공법과 사법으로 분류하던 법체계에서 벗어난 중간 영역의 법으로 이해할 수 있다. 자본주의의 발달의 결과 필연적으로 발생하는 경제적 약자와 강자의 갈등과 사회적 불균형은 자유주의적 국가관에 대한 비판과 더불어 개인의 생존권을 보장하기 위한 국가의 적극적인 개입이 필요하게 된 것이다.

이러한 배경에서 사회권이라는 개념은 독일의 바이마르 헌법을 비롯하여 20세기의 각 국의 헌법에서 구체화되어 나타나게 되었으며 대체로 재산권에 대한 제한과 사회적 기본권의 보장이라는 형태로 실정법에 규정되었던 것이다. 이를 통해 각 국은 국민의 생활 안정과 사회적 평등을 도모하려 노력하고 있는 것이다.

사회법의 범주는 학자들의 견해에 따라 다르게 분류될 수 있으며 대체로 노동법, 사회보장법, 환경법 그리고 경제법 등의 여러 가지 종류로 표현되기도 한다. 여기에서는 그중에서도 가장 대표적인 사회보장법을 통해 사회법의 핵심적인 운영 원리를 검토한다.

Ⅱ_ 사회보장의 의미와 기본이념

현대 생활에서 일반 국민이 겪게 되는 질병, 장애, 실업, 사망 등과 같은 각자의 능력만으로는 해결할 수 없는 '사회적 위험'에 관해서 종래에는 개인의 문제로 치부하던 것을 현대에 들어와서는 위험의 종류와 원인이 사회구조와 같은 개인의 수준을 뛰어넘는 재난과 같은 정도의 위험으로 받아들여져 국가 차원의 체계적인 대응의 필요성이 생겼다.

이러한 사회적 위험의 범주가 사회나 시대에 따라 가변적인 성격을 보이고 있어 국가로서는 계속 새로운 해법을 찾아나가야 하는 상황에 직면하고 있다. 이러한 상황은 수명이나 생활환경의 개선을 통해 노령의 문제가 새롭게 대두되는 현재의 문제에 대응하기 위해서 국가가 적극적으로 국민연금상 노령연금, 국민건강보험법상의 치매나 중풍과 같은 노인성 질병 대비 제도를 마련하는 것 혹은 가족 구조의 변화나 기후 변화에 따른 대비책을 마련하는 점 등을 통해서 쉽게 엿볼 수 있다.

사회적 위험에 대비하기 위한 사회보장의 정의는 각 국가별 그리고 시대 상황에 따라 달라질 수 있으나 우리 「사회보장기본법」은 '질병, 장애, 노령, 실업, 사망 등의 사회적 위험으로부터 모든 국민을 보호하고 빈곤을 해소하며 국민생활의 질을 향상시키기 위하여 제공되는 사회보험, 공공부조, 사회복지서비스 및 관련 복지 제도'라고 정의하고 있다.

또한 우리 「사회보장기본법」 제2조는 '모든 국민이 인간다운 생활을 할 수 있도록 최저생활을 보장하고 국민 개개인이 생활의 수준을 향상시킬 수 있도록 제도와 여건을 조성하여 그 시행에 있어 형평과 효율의 조화를 기함으로써 복지사회를 실현하는 것'이라고 규정하고 있으며 이를 통해 우리 사회보장 제도가 개인의 생활 수준을 개선시켜 인간다운 삶을 보장함으로써 궁극적으로 복지국가의 실현을 이념으로 하고 있음을 엿볼 수 있다.

제 2 절 우리나라 사회보장법의 주요 분야

사회보장법의 범위를 넓게 보자면 주체와 방법을 불문하고 사회적 위험으로부터 일반 개인을 사회적 위험으로부터 보호할 수 있는 기능을 가진 모든 법을 의미하지만 우리 현행법상의 관점에서는 「사회보장기본법」이 정하고 있는 범위, 즉 '질병, 장애, 실업, 사망 등과 같이 개인 각자의 능력만으로는 해결할 수 없는 사회적 위험으로부터 모든 국민을 보호하고 빈곤을 해소하며 국민생활의 질을 향상시키기 위하여 제공되는 사회보험, 공공부조, 사회복지 서비스 및 관련 복지제도'를 의미한다(제3조 제1호).

이러한 범주에서 좀 더 구체적으로 분류하자면, 사회보험에 관한 법률에는 「국민연금법」, 「공무원연금법」, 「군인연금법」, 「사립학교교직원연금법」, 「국민건강보험법」, 「노인장기요양보험법」, 「산업재해보상보험법」, 「고용보험법」 등을 예로 들 수 있으며 공공부조에 관한 법률에는 「국민기초생활보장법」, 「긴급복지지원법」, 「의료급여법」, 「일제하일본군위안부에 대한 생활안정지원법」, 「긴급복지지원법」 등을 그리고 사회복지서비스에 관련된 법률에는 「아동복지법」, 「노인복지법」, 「장애인복지법」, 「영유아보육법」, 「성폭력방지 및 피해자 보호 등에 관한 법률」, 「가정폭력방지 및 피해자보호 등에 관한 법률」, 「다문화가족지원법」 등을 예로 들 수 있다.

이하에서는 이러한 다양한 종류의 사회보장법 중에서도 각 분야의 대표적인 법률들을 중심으로 검토하여 우리나라 사회보장제도의 운영 방식을 이해할 수 있도록 한다.

제 3 절 「사회보장기본법」

Ⅰ _ 「사회보장기본법」의 의의 및 특성

1963년 「사회보장에 관한 법률」이 처음 제정된 이래로 사회보장에 대한 기본사항이 계속 변화했으며 이를 반영한 현재의 「사회보장기본법」은 1993년에 처음으로 제정된 뒤 여러 번의 개정 작업을 통해 현재의 모습을 가지게 되었다.

「사회보장기본법」은 헌법 제34조의 이념에 따라 사회보장제도의 기초적인 내용을 정한 것으로 헌법과 개별 법령들을 연결해 주는 기능을 담당한다(법 제4조).

Ⅱ_ 사회보장수급권

1. 의의

「사회보장기본법」은 제9조에서 '모든 국민은 사회보장 관계 법령에서 정하는 바에 따라 사회보장급여를 받을 권리(이하 "사회보장수급권"이라 한다)를 가진다.' 고 규정하고 있으며 여기서 말하는 사회보장수급권이란 앞서 말한 사회적 위험을 이유로 보호가 필요한 국민이 인간의 존엄을 지키며 생활할 수 있도록 국가에 대하여 일정한 내용의 급부를 요구할 수 있는 권리를 의미한다.

2. 사회보장수급권의 성격

사회보장수급권은 헌법에 따른 경제적 기본권으로서의 성격과 생존권적 기본권으로서의 성격을 모두 가지고 있는 것으로 해석된다. 그러나 사회보장 급여를 받을 권리의 구체적인 성격에 관해서는 견해가 대립되고 있다. 즉, 국가는 국민의 인간다운 생활을 할 권리를 보장할 구체적인 의무를 부담한다는 견해와 실제로 국가의 사회보장에 대한 의무를 현실적으로 실현 시킬 하위 입법이 존재해야만 국가의 책임을 인정할 수 있다는 견해[1])가 주장되고 있다.

우리 「사회보장기본법」은 국가와 지방자치단체의 책임을 규정하고 있으며 구체적으로 제5조에서는 재원을 마련할 책임을, 제6조에서는 가정 건전을 도모시킬 노력과 가정과 지역공동체의 자발적인 복지활동을 촉진시킬 의무를, 제29조에서는 사회보장 전달체계의 효율적 운영에 필요한 조직, 인력, 예산 등을 갖추고 공공부문과 민간부문의 사회보장 전달체계를 효율화시킬 의무를, 제30조에서는 사

1) 헌재결 2001. 9. 27. 2000헌마342.

회보장급여의 보장과 재정의 효율성을 담보할 관리체제 구축 및 운영의 의무를 규정하고 있다.

Ⅲ_ 사회보장수급권의 구체적인 내용

사회보장에 관한 국민의 권리로서 모든 국민은 사회보장 관계 법령에서 정하는 바에 따라 사회보장수급권을 행사하여 사회보장급여를 받을 권리를 가진다. 이러한 사회보장수급권의 구체적인 내용으로 우선, 사회보장·사회복지 의무를 들 수 있으며 이는 헌법 제34조 제2항이 국가에게 국민의 인간다운 생활을 보장하기 위하여 사회보장·사회복지의 증진에 노력할 의무를 부담하도록 규정하고 있는 것을 근거로 한다. 둘째, 헌법 제34조 제3항에서 '국가는 여자의 복지와 권익의 향상을 위한 정책을 실시할 의무를 진다'는 규정을 근거로 국가는 여성의 복지와 권익향상을 도모하여야 하며 이러한 성격의 법률로 「영유아보육법」과 「한부모가족지원법」 등을 들 수 있다. 셋째, 헌법 제34조 제3항을 근거로 국가는 노인과 청소년의 복지향상을 위한 정책을 실시할 의무를 부담하며 이와 관련한 법률로는 「노인복지법」, 「청소년보호법」, 「아동복지법」, 「장애인·노인·임산부 등의 편의증진 보장에 관한 법률」 등을 들 수 있다. 넷째, 헌법 제34조 제5항이 '신체장애자 및 질병·노령 기타의 사유로 생활능력이 없는 국민은 법률이 정하는 바에 의하여 국가의 보호를 받는다.'고 규정하고 있는 것을 근거로 국가는 이러한 처지에 있는 국민을 보호할 의무를 부담하며 이를 실현하기 위한 법률로는 「국민기초생활보장법」, 「의료급여법」, 「재해구조법」, 「국가유공자 등 예우 및 지원에 관한 법률」 등이 있다. 다섯째, 국가는 재해를 예방하고 그 위험으로부터 국민을 보호하기 위하여 노력할 의무를 부담하며(헌법 제34조 제6항) 이를 구체화하기 위한 법률로 「재난 및 안전관리 기본법」, 「재해구호법」, 「산업안전보건법」, 「산업재해보상보험법」 등이 마련되어 있다.

Ⅳ_ 사회보장제도의 운영

「사회보장기본법」은 국가 및 지방자치단체의 사회보장 실행 기구에 대한 체계 및 역할을 명시하고 이들에게 사회보장정책을 설립·운영함에 있어서 국민의 적극적인 참여를 이끌어 낼 것을 규정하고 있다. 또한 이를 필요로 하는 모든 국민에게 차별 없이 혜택이 돌아가도록 운영할 것을 정하면서 급여수준 및 비용부담 등에 대해서도 형평성을 고려하도록 명시하고 있다.

이와 더불어 사회보장제도를 시행함에 있어서 사회보험은 국가의 책임으로 운영할 것과 공공부조와 사회복지서비스는 국가와 지방자치단체의 책임으로 운영한다는 원칙에 따라 재정 형편 등을 고려하여 조정할 수 있도록 정하고 있으며(제25조) 사회보장비용의 부담은 국가, 지방자치단체 그리고 민간 부문 간에 형평성을 고려한 조정이 가능하도록 정하고 있다. 실제로 사회보험 비용의 경우는 사용자, 피용자 그리고 자영업자가 부담토록 하고 있으며 공공부조의 경우는 일정 소득 이하의 국민들의 부담부분만을 국가가 분담하도록 정하고 있다.

제 4 절 사회보험법

Ⅰ_ 의의

사회보험법은 국가 사회보장 시스템의 주요 부분을 구성하며, 주로 건강보험, 국민연금, 고용보험, 산재보험을 포함한다. 이러한 제도는 국민의 건강, 노후, 실업, 직업상의 부상이나 질병 등 다양한 사회적 위험으로부터 보호하기 위해 마련된 것이다,

사회보험 또한 일종의 보험으로서의 성격을 가지고 있어 법률에 의한 강제가입, 최저생활의 보장 원칙, 국가 주도의 운영 등과 같은 특수한 내용을 제외하고는 대체로 민영보험의 운영 방식과 유사한 면이 많다.

사회보험에 관한 법률에는 「국민연금법」, 「공무원연금법」, 「군인연금법」, 「사

립학교교직원연금법」, 「국민건강보험법」, 「노인장기요양보험법」, 「산업재해보상보험법」, 「고용보험법」 등의 다양한 종류가 마련되어 있으나 이하에서는 대표적인 법률인 「국민건강보험법」과 「국민연금법」을 중심으로 사회보험 제도의 원리를 검토한다.

Ⅱ _ 「국민건강보험법」

1. 「국민건강보험법」의 의의

1977년부터 시행되어 온 「국민건강보험법」은 국민의 질병·부상에 대한 예방·진단·치료·재활과 출산·사망 및 건강증진에 대하여 보험급여를 실시함으로써 국민보건 향상과 사회보장 증진에 이바지함을 목적으로 제정된 사회보험법 중 하나이다. 제정된 이후 국민건강보험이 직장가입자의 적용 범위와 농어촌 주민 및 도시지역 주민을 적용 대상에 포함시키면서 모든 국민을 대상으로 한 건강보험법으로 발전하였다. 「국민건강보험법」에 따라 보험 가입이 강제되어 있으며 개인의 소득수준에 따라 보험료가 차등 부과되며 보험사고 발생 시에는 원칙적으로 동일한 보험급여가 지급되며 보험료 납부가 강제되어 있다. 우리나라에서 국민건강보험의 가입자 혹은 혜택을 받는 자들의 수는 현재 전체 국민의 약 97%에 달하며 여기에 해당되지 않는 국민들은 「의료급여법」에 의한 보호를 받고 있다.

2. 국민건강보험의 적용과 운영

(1) 가입자

국내에 거주하는 국민은 「의료급여법」에 따라 의료급여를 받는 자와 「독립유공자예우에 관한 법률」 및 「국가유공자 등 예우 및 지원에 관한 법률」에 의하여 의료보호를 받는 자를 제외하고는 모두 가입자에 해당 된다(제5조 제1항). 이러한 가입자들은 직장가입자와 지역가입자로 분류되며 고용시간이 1개월 미만인 일용 근로자, 비상근 근로자 또는 1개월의 근로시간이 60시간 미만인 단시간 근로자, 소재지가 일정하지 않은 사업장의 근로자 및 사용자 등은 가입대상에서 제외된다(제6조 제2항). 외국인은 의무적으로 혹은 신청에 의하여 가입자가 될 수 있다(제109조 제2항, 제3항).

(2) 급여의 종류와 내용

건강보험급여는 가입자 또는 그 피부양자가 질병·부상 등 사회적 위험이 발생한 경우 요양기관을 통한 치료를 목적으로 하기 때문에 현물급여가 원칙이며 가입자 또는 피부양자의 책임 있는 사유로 질병·부상 등을 발생시킨 경우 혹은 악화 시킨 경우에는 보험급여가 제한된다.

이러한 현물급여에는 우선 요양급여가 있으며 이는 가입자 및 피부양자가 질병, 출산 등으로 요양기관에서 진료를 받는 경우에 발생하는 진찰, 검사, 수술 및 그 밖의 치료, 예방, 재활, 간호 등과 같이 요양기관이 지급하는 급여로서 정당한 이유 없이 거부할 수 없다. 둘째, 건강검진이 있으며 이는 보험자가 가입자 및 피부양자에 대하여 질병의 조기발견과 그에 따른 요양급여를 하기 위하여 하는 것으로 건강검진은 2년에 1회 이상 실시하는 것을 원칙으로 한다. 셋째, 임신·출산 진료비로서 요양급여 이외의 부가급여로 인정되며 임신·출산 진료비, 약제·치료재료의 구입비, 2세 미만 영유아의 진료 비용 등을 바우처를 발급하여 지원할 수 있다.

3. 급여에 대한 제약

「국민건강보험법」은 제53조에서 급여의 제한 사유를 정하고 있다. 즉, ① 고의 또는 중대한 과실로 인한 범죄행위에 그 원인이 있거나 고의로 사고를 일으킨 경우, ② 고의 또는 중대한 과실로 공단이나 요양기관의 요양에 관한 지시에 따르지 아니한 경우, ③ 고의 또는 중대한 과실로 제55조에 따른 문서와 그 밖의 물건의 제출을 거부하거나 질문 또는 진단을 기피한 경우, ④ 업무 또는 공무로 생긴 질병·부상·재해로 다른 법령에 따른 보험급여나 보상을 받게 되는 경우에는 국민건강보험공단은 보험급여를 하지 않도록 정하고 있다.

또한 「국민건강보험법」은 과잉보장을 방지하려 여러 가지 조정 규정을 두고 있다. 즉, 다른 법령에 의하여 국가 또는 지방자치단체로부터 요양을 받거나 요양비를 지급받게 된 때에는 그 한도 내에서 공단은 보험급여를 하지 않으며(제58조 제2항) 제3자의 행위를 통해 발생한 사고에 관해 보험급여가 지급된 경우 공단이 그 제3자에 대하여 손해배상청구를 할 수 있도록 정하고 있다(제58조 제1항).

만일 부당한 방법을 통해서 보험급여를 받았거나 요양기관이 보험급여비용을 지급받은 경우에 있어서 「국민건강보험법」은 그 보험급여나 보험급여비용에 상당하는 금액의 전부 또는 일부를 징수하도록 정하고 있으며(제57조 제1항) 사용자나 가입자의 거짓 보고나 거짓 증명 또는 준요양기관이나 보조기기를 판매한 자의 속임수 및 그 밖의 부당한 방법으로 보험급여가 실시된 경우 국민건강보험공단은 이들에게 보험급여를 받은 사람과 연대하여 징수금을 부담토록 할 수 있다(제57조 제3항).

4. 재정 및 관리 운영

(1) 재정

국민건강보험의 재정은 원칙적으로 가입자 및 사용자가 부담하는 국민건강보험료에 의해 충당되며 구체적으로 직장가입자는 근로자와 사용자가 50%씩 부담하며 지역가입자의 경우에는 소득, 재산 등을 종합적으로 평가하여 보험료가 산정되는 방식을 통해 부과된다. 이에 더하여 정부는 예산 범위 내에서 당해 연도 보험료의 14%에 해당하는 금액을 국민건강보험공단에 지원할 수 있다.

(2) 관리 운영 주체

직장가입자와 지역가입자 그리고 공무원 및 사립학교교직원에 대한 국민건강보험은 국민건강보험공단이 통합하여 관리·운영하고 있으며 「국민건강보험법」과 「공공기관 운영에 관한 법률」이 정한 내용을 따르며 그 이외의 사항은 민법을 준용한다(법 제40조).

요양기관의 진료비용청구를 심사·통제하기 위하여 독립 법인인 '건강보험심사평가원'을 두고 있으며 '건강보험심사평가원'은 요양급여비용의 심사 및 요양급여의 적정성 평가 그리고 심사 기준의 개발 등의 업무를 전담하고 있다(제63조

제1항). 이에 더하여 업무의 효율성을 위하여 건강보험심사평가원에 전문기관인 진료심사평가위원회를 설치하여 운영하고 있다(제66조).

국가는 국민건강보험공단에 대하여 보건복지부장관에게 부여된 예산안 심사권(제36조), 사업 또는 재산 상황에 대한 감독상 조치권(제103조) 그리고 조직·인사·회계 등에 대한 승인권(제29조)을 통하여 감독권을 행사한다.

Ⅲ_ 「국민연금법」

1. 의의

일상생활 속에서 노령이나 장애 혹은 생계를 책임지는 가장의 사망 등과 같이 소득의 장기적 변화를 가져오는 요소들은 이들과 관계되는 자들까지도 위험에 빠뜨리는 결과를 가져온다. 이러한 상황에 대비하기 위한 제도 중 하나로서 특히 소득보장제도인 연금제도를 예로 들 수 있다. 이러한 연금제도에는 개인연금과 「근로자퇴직급여보장법」에 따른 퇴직연금과 같은 사적연금제도와 공무원, 사립학교교직원 등을 대상으로 한 직역연금제도 그리고 그 밖의 모든 일반국민을 대상으로 하는 국민연금과 같은 공적연금이 마련되어 있다.

우리나라의 대표적인 공적연금제도인 국민연금은 「국민연금법」의 규율을 받으며 운영되며 원칙적으로 기술한 직역연금제도의 대상을 제외한 18세 이상 60세 미만의 모든 일반 국민이 가입대상이다. 그러나 고령사회의 도래와 더불어 세계 최고 수준의 저출산 현상을 경험하고 있는 우리나라는 국민연금제도의 빈번한 변화가 필연적인 상황이다.

2. 보호의 대상이 되는 사회적 위험과 차등적 지급

우리 「국민연금법」에 따라 급여 지급이 되는 사안에는 노령, 장애 그리고 사망을 들 수 있다. 그중에서 노령이라는 사유는 장애나 사망과 같은 우연적인 보험사고의 경우와는 다른 점이 있다. 즉, 예측이 가능하다는 점과 신체적·사회적 이유로 소득활동이 불가능해졌음을 이유로 하기에 각 개인의 상황에 따라서 그리고 각 국가의 상황에 따라서 인정 요건과 지급 방식에 차이가 생길 수 있다.

소득보장의 필요성이 다른 사회보험보다 훨씬 높은 장애라는 상황이 발생한 경우에는 장애 정도 판단의 날로부터 그 장애가 계속되는 동안 장애 등급에 따라 차등적으로 연금을 지급한다, 또한 노령연금 수급권자, 가입기간이 10년 이상인 가입자였던 자, 가입자, 장애 등급이 2급 이상인 장애연금 수급권자 중 어느 하나에 해당하는 자가 사망하면 그 유족에게 유족연금을 지급한다.

각 연금의 지급액은 각 항목별로 정해진 요건에 따라 결정되나 소득보장기능을 이유로 지급액의 실질적 가치를 보장하기 위한 조정이 이루어진다.

3. 국민연금 급여의 내용

(1) 종류

국민연금급여는 급여를 받는 자를 대상으로 본인급여와 유족급여로 구분되며 그 직급형태에 따라 연금과 일시금으로 구분되며 사회적 위험을 기준으로 한다면 노령연금, 장애연금, 유족연금, 반환일시금 등으로 구분된다.

(2) 노령연금의 지급 방식

「국민연금법」에 따라 가입 기간이 10년 이상인 가입자 또는 가입자였던 자에 대하여는 60세가 된 때부터 그가 생존하는 동안 노령연금을 지급한다(제61조 제1항). 연금수급자가 수급개시 연령 이후에도 소득활동을 계속하는 경우에는 연금재정의 불필요한 지출을 줄이고 수급자간의 형평성을 조정하기 위해서 부양가족연금액을 가산하지 않은 기본연금액에서 일정한 금액을 차감하여 지급될 수 있으며 이를 재직자노령연금제도라고 한다(제63조의2). 이에 반하여 조기은퇴의 경우에는 조기노령연금제도를 통하여 본인의 희망에 따라 60세가 되기 이전이라도 조정된 연금을 수령할 수 있도록 정하고 있다(제61조 제2항).

(3) 장애연금의 지급 방식

장애연금의 경우는 가입자 또는 가입자였던 자가 질병이나 부상으로 신체상 또는 정신상의 장애가 발생한 경우 초진일 당시 18세 이상이고 노령연금 지급 연령 미만이면서 연금가입기간 중에 장애가 발생했다는 요건을 충족하게 되면 그 장애가 계속되는 기간 동안 장애 등급에 맞게 지급이 이루어진다(제67조 제1항).

(4) 유족연금의 지급 방식

유족연금이란 노령연금 수급권자, 가입 기간이 10년 이상인 가입자였던 자, 일반 가입자, 장애등급이 2급 이상인 장애연금 수급권자가 사망 또는 실종된 경우에 그 유족에게 지급되는 급여를 의미한다(제72조).

이러한 유족연금을 실제로 지급받을 수 있는 유족은 가입자 또는 가입자였던 자가 사망할 당시 그에 의하여 생계를 유지하고 있던 배우자, 25세 미만이거나 장애등급 2급 이상인 자녀, 60세 이상이거나 장애등급 2급 이상인 부모, 19세 미만이거나 장애 등급 2급 이상인 손자녀 그리고 60세 이상이거나 장애등급 2급 이상인 조부모에 한정된다.

(5) 반환일시금

「국민연금법」은 가입자 또는 가입자였던 자가, 가입기간이 10년 미만으로 60세가 되었거나, 사망한 경우 등 유족연금의 대상이 되지 않는 수급자에게 일시금으로 지급하는 반환일시금 제도를 규정하고 있다(제77조).

4. 보험재정과 급여의 제한

연금재정은 가입자와 사용자로부터 징수하는 연금보험료와 이를 근거로 조성되는 국민연금기금을 통해서 조성되고 국가는 국민연금사업의 관리 및 운영을 위한 비용의 전부 또는 일부를 부담하는 방식으로 운영된다.

「국민연금법」에 따라 가입자 또는 수급자의 비난가능한 행위 즉 고의로 일으킨 사고 혹은 자신의 의무를 다하지 않은 사안 등의 경우에는 연금급여의 지급을 제한할 수 있으며 중복급여가 발생한 경우에는 조정의 대상이 된다.

제 5 절 공공부조

I _ 의의

공공부조란 국가와 지방자치단체가 생활유지 능력이 없거나 생활이 어려운 국민들을 대상으로 최저 생활을 보장하기 위해 운영하는 제도를 의미한다. 즉, 공공부조는 국민의 최저생활보장의 원칙, 자활조성의 원칙 그리고 보편성의 원칙 또는 평등취급의 원칙, 보충성의 원칙 과 필요의 원칙을 통해 운영된다.

공공부조에 관한 대표적인 법률로는 「국민기초생활보장법」, 「의료급여법」 그리고 「주거급여법」을 예로 들 수 있다.

II _ 「국민기초생활보장법」

생활이 어려운 사람에게 필요한 급여를 실시하여 이들의 최저생활을 보장하고 자활을 돕는 것을 목적으로 제정된 「국민기초생활보장법」은 수급자가 자신의 생활의 유지·향상을 위하여 그의 소득, 재산, 근로능력 등을 활용하여 최대한 노력하는 것을 전제로 이를 보충·발전시키는 것을 기본원칙으로 하며 부양의무자의 부양과 다른 법령에 따른 보호는 이 법에 따른 급여에 우선하여 행하여지는 것으로 한다. 다만, 다른 법령에 따른 보호의 수준이 이 법에서 정하는 수준에 이르지 아니하는 경우에 한해서 그 부족분에 관하여 급여가 이루어진다.

이 법에 따른 급여의 종류로는 생계급여, 주거급여, 의료급여, 교육급여, 해산급여, 장제급여, 자활급여가 정해져 있으며 법에 정해진 기준에 따라 급여의 수준이 정해진다.

III _ 「의료급여법」

의료급여의 수급자의 경우 「국민기초생활보장법」에 따른 수급자 외에도 '의료급여법' 제3조에 따라 그 범위가 넓어지며 또한 의료급여기금을 따로 설치하기 위해서 의료급여에 관하여 필요한 사항을 다시 「의료급여법」에서 별도로 규율하고 있다(제12조의3).

Ⅳ _ 「주거급여법」

생활이 어려운 사람에게 주거급여를 실시하여 국민의 주거안정과 주거수준 향상에 이바지함을 목적으로(제1조) 제정된 「주거급여법」은 수급자가 쾌적하고 안전한 주거생활을 할 수 있도록 할 것과 주거급에 필요한 재원을 조성할 것을 국가와 지방자치단체에게 의무 지우고 있다(제3조).

주거급여에 관하여 필요한 사항을 2014년 1월 14일 「주거급여법」을 제정하여 정비하였으며 여기에 빠진 부분에 대해서는 「국민기초생활보장법」이 적용되도록 정해져 있다.

제 6 절 사회복지서비스

Ⅰ _ 「아동복지법」

국제연합에서 제정한 '아동의 권리에 관한 협약'(Convention on the Right of Child)에 규정된 내용에 기초한 아동의 권리는 1991년에 우리나라에서도 비준되어 이미 국내법적 효력을 가지고 있다. 이러한 배경에서 현행 「아동복지법」은 아동이 자신 또는 부모의 성별, 연령, 종교, 사회적 신분, 재산, 장애유무, 출생지역, 인종 등에 따른 어떠한 종류의 차별도 받지 아니하도록, 완전하고 조화로운 인격발달을 위하여 안정된 가정환경에서 행복하게 자라나도록, 모든 활동에 있어서 아동의 이익이 최우선적으로 고려되도록 그리고 아동의 권리보장과 복지증진을 위하여 보호와 지원을 받을 수 있도록 정책을 수립하고 시행할 의무를 국가와 지방자치단체에 부과하고 있다(제2조).

「아동복지법」 제15조는 시·도지사 또는 시장·군수·구청장에게 관할 구역에서 보호대상 아동을 발견하거나 보호자의 의뢰를 받은 때에는 아동의 최상의 이익을 위하여 전담공무원, 민간전문인력 또는 아동위원에게 보호대상 아동 또는 그 보호자에 대한 상담·지도를 수행하게 하거나, 친족에게 보호를 위탁하거나 아동복지시설에 입소시키거나 전문치료소 등에 입소시키는 것과 같은 보호조치를 하도록 정하고 있다. 또한 「아동복지법」은 아동을 매매하는 행위, 아동에 대한 성적학대행위, 신체적·정신적 학대행위, 유기 및 학대 행위 등을 열거하며 이를 금지시키고 있다(제17조).

아동복지의 일환으로 우리 정부는 2018년 9월 1일부터 「아동수당법」을 제정하여 시행하고 있으며 이를 통해 현행법은 모든 8세 미만 아동에게 아동수당을 지급함으로써 아동에 대한 보편적인 경제적 지원이 이루어지도록 하고 있다.

Ⅱ _ 「노인복지법」

「노인복지법」은 노인의 질환을 사전예방 또는 조기발견하고 질환상태에 따른 적절한 치료·요양으로 심신의 건강을 유지하고, 노후의 생활안정을 위하여 필요한 조치를 강구함으로써 노인의 보건복지증진에 기여함을 목적으로 하며(제1조) 후손의 양육과 국가 및 사회의 발전에 기여하여 온 자로서 존경받으며 건전하고 안정된 생활을 보장받도록, 그 능력에 따라 적당한 일에 종사하고 사회적 활동에 참여할 기회를 보장 받을 수 있도록 국가와 지방자체단체에게 정책을 강구하고 시행할 의무를 부담시키고 있다(제4조).

「노인복지법」의 보호대상자는 명시적으로 규정되어 있지 않으나 일반적으로 65세 이상의 자를 의미하며 이들에 대한 「노인복지법」에 따른 급여의 종류로는 건강진단 및 의료지원, 상담 및 입소 조치, 노인 재활요양사업의 실시, 사회참여 및 생업 지원 조치를 예로 들 수 있으며 노인학대에 대해서 유형을 정하고 이를 알게 된 노인보호전문기관을 비롯한 대부분 시설의 종사자들에게 수사기관에 대한 신고 의무를 부담시키고 있다(제39조의6).

이와 더불어 노인 세대를 위한 안정적인 공적연금제도를 마련하여 65세 이상의 노인들 중에서도 소득기반이 취약한 70%의 노인에게 기초연금을 지급하여 노인의 생활안정과 복지 증진을 도모하려는 목적으로 2014년 7월 1일부터 「기초연금법」이 시행되었다.

Ⅲ _ 「장애인복지법」

장애인복지법제의 기본법이라 할 수 있는 「장애인복지법」은 장애인의 인간다운 삶과 권리보장을 위한 국가와 지방자치단체 등의 책임을 명백히 하고, 장애발생 예방과 장애인의 의료·교육·직업재활·생활환경개선 등에 관한 사업을 정하여 장애인복지대책을 종합적으로 추진하며, 장애인의 자립생활·보호 및 수당지급 등에 관하여 필요한 사항을 정하여 장애인의 생활안정에 기여하는 등 장애인의 복지와 사회활동 참여증진을 통하여 사회통합에 이바지함을 목적으로 제정된 법률이다(제1조). 「장애인복지법」은 제2조에서 장애의 종류와 장애인 학대의 종류를 정하고 있으며 또한 장애인이 인간으로서 존엄과 가치를 존중받으며, 그에 걸맞은 대우를 받을 수 있도록, 국가·사회의 구성원으로서 정치·경제·사회·문화, 그 밖의 모든 분야의 활동에 참여할 수 있도록 그리고 장애인 관련 정책결정 과정에 우선적으로 참여할 권리를 보장하도록 국가와 지방자치단체에게 정책과 시행을 도모할 의무를 정하고 있다(제4조, 제9조).

Ⅳ _ 「정신건강증진 및 정신질환자 복지서비스 지원에 관한 법률」(이하, 정신건강복지법)

「정신건강복지법」은 정신질환의 예방·치료, 정신질환자의 재활·복지·권리보장과 정신건강 친화적인 환경 조성에 필요한 사항을 규정함으로써 국민의 정신건강증진 및 정신질환자의 인간다운 삶을 영위하는 데 이바지함을 목적으로

2017년 5월 30일부터 시행되고 있다.

「정신건강복지법」은 망상, 환각 혹은 기분의 장애 등으로 독립적으로 일상생활을 영위하는 데 중대한 제약이 있는 자를 정신질환자로 정의하고 있으며(제3조 제1호) 강제입원시스템을 두어 '자신 또는 타인을 해할 위험'을 그 요건으로 보호의무자, 시장, 군수, 구청장에 의한 입원 혹은 응급입원이 가능토록 정하고 있다. 또한 당사자 또는 보호의무자에게 퇴원 또는 처우개선에 대한 심사를 청구할 수 있도록 정하고 있다(제55조, 제56조).

V _ 「한부모가족지원법」

「한부모가족지원법」은 한부모가족이 안정적인 가족 기능을 유지하고 자립할 수 있도록 지원함으로써 한부모가족의 생활 안정과 복지 증진에 이바지함을 목적으로 제정되었으며 모 또는 부가 세대주인 가족이거나 세대주가 아니더라도 세대원을 사실상 부양하는 자인 가족을 의미한다(제4조 제2호, 제4호).

국가와 지방자치단체는 이들의 복지를 증진할 책임을 부담하며(제2조) 구체적으로 한부모가족의 모 또는 부는 임신과 출산 및 양육을 사유로 합리적인 이유 없이 교육·고용 등에서 차별을 받지 아니하며 한부모가족의 모 또는 부와 아동은 한부모가족 관련 정책 결정 과정에 참여할 권리를 가진다(제3조). 이를 위해 국가나 지방자치단체는 청구가 있으면 생계비, 아동교육지원비, 이동양육비 등에 관하여 복지 급여를 제공하여야 하며(제12조 제1항) 미혼모나 미혼부가 5세 이하의 아동을 양육하는 경우, 34세 이하의 모 또는 부가 아동을 양육하는 경우에 추가적인 복지 급여를 실시할 의무를 부담한다(제12조 제3항).

Ⅵ _ 「사회복지사업법」

「사회복지사업법」은 사회복지사업에 관한 기본적 사항을 규정하고 이에 따라 사회복지를 필요로 하는 사람에 대하여 인간의 존엄성과 인간다운 생활을 할 권리를 보장하고 사회복지의 전문성을 높이며, 사회복지사업의 공정·투명·적정을 도모하고, 지역사회복지의 체계를 구축하고 사회복지서비스의 질을 높여 사회복지의 증진에 이바지함을 목적으로 제정된 법률이다(제1조).

사회복지사업이란 국민기초생활 보장법을 비롯한 다양한 사회보장 관련 법률들에서 정하고 있는 보호·선도 또는 복지에 관한 사업과 사회복지상담, 직업지원, 무료 숙박, 지역사회복지, 의료복지, 재가복지, 사회복지관 운영, 정신질환자 및 한센병력자의 사회복귀에 관한 사업 등 각종 복지사업과 이와 관련된 자원봉사활동 및 복지시설의 운영 또는 지원을 목적으로 하는 사업을 말하며(제2조) 국가와 지방자치단체에 복지와 인권 증진의 책임이 있음을 근거로 도움을 필요로 하는 국민에게 이러한 사회복지서비스를 제공할 수 있도록 노력할 의무를 부과하고 있다(제4조). 이를 위해 국가나 지방자치단체는 사회복지시설을 설치해야 하며(제34조) 각 시설의 운영자는 보험 가입이 강제되어 있다(제34조의3). 이들 중 사회복지관의 경우는 복지증진을 위한 각종 사업으로서 지역사회에서 필요로 하는 사업을 운영하여야 하며 「국민기초생활 보장법」에 따른 수급자 및 차상위계층, 장애인, 노인, 한부모가족 및 다문화가족, 직업 및 취업 알선이 필요한 사람, 보호와 교육이 필요한 유아·아동 및 청소년, 그 밖에 사회복지관의 사회복지서비스를 우선 제공할 필요가 있다고 인정되는 사람에게 시설을 우선 제공할 의무를 부담하고 있다(제34조의5).

제12장

국제법

제12장
국제법

제 1 절 국제법의 의의

Ⅰ _ 국제법의 개념

1. 국제법의 특징

오늘날 국제법은 국제사회의 다양한 현안인 전쟁, 통상, 환경, 인권 등과 관련되며 해외출국 또는 해외 우편 발송등과 같은 개인의 일상생활에 영향을 미치기도 한다. 국제법이란 국제사회에서 국가 간의 관계를 규율하는 법을 의미한다. 일반적으로 20세기 이전의 국제법을 전통국제법으로 지칭하고, 이후를 현대국제법으로 구분한다. 전통국제법상 국제법은 주권국가만을 국제법의 유일한 주체로 인식하였지만, 현대국제법은 국가뿐만 아니라 국제기구와 개인 등도 제한된 범위 내에서 규율하고 있다. 중앙집권적인 국내법 체계에서는 개인과 국가 간 수직적인 관계를 토대로 입법부, 행정부 및 사법부를 통해 법률이 제정·집행된다. 반면, 국제사회에서 모든 국가는 상호대등한 관계이기 때문에 국가를 초월하는 입법, 행정, 사법기관이 존재하지 않는다. 이러한 이유로 국제정치학 관점에서 국제법은 '무정부' 상태로 간주되기도 하며, 국제법이 법의 준수 또는 법집행의 측면에서 강제성이 미약하다며 국제법의 실효성에 대해 종종 의문이 제기되기도 한다. 그러나 통일된 중앙집권적 권력기관의 부재와 강제성이 미약하다는 이유만으로 국제법의 법적 성격이 부인되지 않는다. 국제법은 국가 스스로가 입법자인 동시에 수범자이기 때문에 대부분의 국가는 국제법을 준수하고 있으며, 국제법을 준수하지 않는 국가에 대한 일련의 제재조치도 존재하기 때문이다. 당대의 법은 그 사회의 산물이며 마찬가지로 국제법 또한 국제사회의 산물로서 국가들의 행동이나 의사결정 방식에 영향을 미치고 있다.

2. 역사적 발전과정

현대국제법의 유래는 근대 유럽의 역사로 거슬러 올라간다. 근대 이전에도 국제법을 지칭하기 위해 로마법상 jus gentium(만민법)이라는 용어가 사용되기도 하였지만, jus gentium은 그 본질상 국가 간의 관계가 아닌 로마인과 외국인 또는 외국인 간에 법률문제를 규율하는 로마의 국내법이었다. 로마의 만민법은 모든 민족에게 공통적으로 적용되는 법으로서 모든 국가에 적용되는 국제법과 유사한 측면이 있었다. 1648년 웨스트팔리아조약은 근대 주권국가의 출발점으로서 유럽의 정치구도를 변화시켰다. 동 조약은 교황의 신교를 국제적으로 승인하였고, 신교에 기반한 국가들은 교황의 권위에서 벗어난 독립된 존재로서 외국과 동맹을 체결할 권리를 부여받았다. 국제법은 유럽의 주권독립국가 간의 법질서에서 출발하여 점차 범세계적으로 그 적용범위가 확대되었다. 19세기 영토제국주의와 20세기 두 번의 세계대전을 통해 현대국제법의 기초가 되는 다수의 규칙이 마련되었으며 국제법은 그 적용 영역을 확대하며 국제사회에서 '공존의 법'에서 '협력의 법'으로 점진적으로 발전해 오고 있다.

제 2 절 국제법의 연원

국제법의 연원(source) 또는 법원(source of law)는 국제법을 어디에서 찾을 것인지, 즉 국제법의 구속력이 어디에서 파생되는지의 문제이다. 국가를 초월한 통일된 입법기관이 존재하지 않는 국제법 체계에서 "법"을 찾는 것은 어려운 일이다. 국제법 존재에 대한 근거로서 크게 국가의사주의와 보편주의가 존재한다. 국가주권을 절대시하는 국가의사주의에 따르면 국제법은 국가의 의사 또는 동의 없이는 존재할 수 없다. 국가의사주의는 19세기 법실증주의와 연계하여 발전해온 반면, 보편주의는 자연법과 연계하여 국제공동체 구성원들의 의사와는 상관없이 국제법이 존재한다는 점을 강조하였다. 법의 연원은 크게 형식적 연원과 실질적 연원으로 구분된다. 형식적 연원이란 '법이란 만들어 지는 것'이라는 법실증주의적 관점에서 설명할 수 있다. 실질적 연원은 법을 발견할 수 있는 자료를 의미하며, 이는 자연법적 접근, 즉, 법이란 발견되는 것이라는 관점에 기초하고 있다.

I _ 국제사법재판소 규정 제38조 제1항

국제법의 연원에 대한 설명으로 거의 모든 국제법 교과서는 국제연합(UN)헌장의 부속서인 국제사법재판소(ICJ: International Court of Justice) 규정 제38조 제1항을 출발점으로 삼고 있다.

국제사법재판소 규정 제38조

1. 재판소는 재판소에 회부된 분쟁을 국제법에 따라 재판하는 것을 임무로하며, 다음을 적용한다.
   a. 분쟁국에 의하여 명백히 인정된 규칙을 확립하고 있는 일반적인 또는 특별한 국제협약
   b. 법으로 수락된 일반관행의 증거로서의 국제관습
   c. 문명국에 의하여 인정된 법의 일반원칙
   d. 법칙결정의 보조수단으로서의 사법판결 및 제국의 가장 우수한 국제법학자의 학설. 다만, 제59조의 규정에 따를 것을 조건으로 한다

먼저, 제38조에서는 '연원'(source)이라는 용어를 찾아볼 수 없다. ICJ 규정 제38조 제1항은 재판소가 적용해야 할 준칙, 즉 재판의 준거법을 규정하고 있음에도 불구하고, 이 조항은 국제법의 연원으로 간주된다. 유엔헌장 제92조에 따라 ICJ는 유엔의 주요기관인 사법기관이며, 유엔 회원국은 자동으로 ICJ의 당사국이 된다. ICJ의 주요 역할 중 하나는 유엔 회원국 간 분쟁을 해결하는 것이기 때문에, ICJ가 제38조 제1항에 규정된 규칙을 적용하는 것은 중요하다.

1. 조약

국제법의 연원으로서 조약은 국제법에 의하여 규율되는 국제법 주체 간의 국제적 합의를 의미한다. 조약의 개념과 관련하여 유의해야 할 점은 1969년 "조약법에 관한 비엔나협약"에서 조약은 그 명칭을 불문하고 국가 간 서면으로 체결되고 국제법에 의해 규율되는 국제적 합의라고 정의하고 있지만, 이는 조약법에 관한 비엔나협약의 목적상 조약 체결의 주체를 국가로 한정하고 있다는 것이다. 일반국제관습법상 국가뿐만 아니라 국가와 국제기구 또는 국제기구 간 합의가 국제법의 규율을 받는다면 조약에 해당된다. 다만, 국가 간에 이루어진 합의라도 준거법이 일방국가의 국내법인 경우 그러한 합의는 국가계약에 불과하며 조약에 해당되지 않는다. 조약에 해당하는지 여부를 결정짓는 중요한 요소 중 하나는 당사자들이 합의한 문서가 법적 구속력을 갖는 것으로 의도했는지 여부이다. 합의에 법적 구속력을 부여하는데 형식과 명칭은 중요하지 않으며, 국제법상 조약을 지칭하는 용어로서 treaty 이외에도 agreement, covenant, charter, accord 등이 다양하게 사용된다.

2. 국제관습법

국제관습법이 성립되기 위해서는 국가의 일반적 관행과 그러한 관행을 법적 구속력이 있는 것으로 수락하는 법적 확신이라는 두 가지 요소가 필요하다. 먼저 국가의 일반적 관행은 객관적인 요소로서 국가의 관행은 공적인 성격을 갖춰야 하며 주로 국내 입법, 정부 성명서, 보도자료, 입법기관의 회의록, 외교문서, 국내재판소 판결, 유엔 총회에서 표결 관행 등이 국가관행으로 간주될 수 있다. 국가관행이 일반성 요건을 갖추기 위해서 관행 형성에 참여해야 하는 국가의 숫자 또는 관행 형성을 위한 고정된 시한은 존재하지 않는다. 일반적 관행에 해당하기 위해서 보편적 관행은 요구되지 않지만, 관행은 일정한 기간 동안 충분히 광범위하면서 일관적으로 실시되어야 한다. 국가관행을 형성하기 위해 '보편적' 관행은 필요하지 않지만, 그러한 관행이 국제관습법으로 일단 성립되면 모든 국가를 구속하는 '보편적' 효력이 발생한다. 즉, 국가 스스로 동의하지 않았음에도 불구하고 대부분 국가가 합의하면 구속력이 생긴다는 사실은 국가의사주의에 반하는 결과를 초래한다. 이러한 간극을 메꾸기 위해 '완강한 반대국가의 이론'이 존재한다. 완강한 반대국가 이론은 특정 국가가 관습법이 형성되는 초창기부터 명백하고, 예외 없이 일관적이고 지속해서 해당 국제관습법에 반대의사를 표명한 경우 그 국가는 문제의 국제관습법에 구속되지 않는다는 것을 의미한다. 국제관습법의 두 번째 성립요건인 법적 확신은 국가가 특정 행위를 하는 국가의 주관적인 심리적 상태를 의미한다. 즉, 법적 확신의 존재 여부를 판단하기 위해서는 국가가 어떤 행위를 함에 있어 법적 의무라고 생각하고 행동했는지를 살펴보아야 한다. 국가가 단순한 관례에 의거하거나 국제예양에 따라 행동하는 경우는 법적 확신이 없는 경우에 해당한다. 국가는 추상적 실체이며 국가를 대리하는 수많은 실체의 행위에 대해 일일이 국가의 심리적 상태를 파악하기는 어려운 일이다. 결국 법적 확신에 대한 증거는 국가의 공식적 의사표명 등을 통해 가장 명백하게 확인될 수 있으므로 국가관행의 증거와 법적 확신의 증거가 일치하는 경우도 있다.

3. 법의 일반원칙

ICJ규정 제38조 제1항은 재판소가 적용해야 할 규칙으로서 문명국에 의하여 인정된 법의 일반원칙을 규정하고 있다. 이 조항에서 의미하는 '법'이 국내법을 의미하는지 또는 국제법을 의미하는지에 대해 견해가 나누어진다. 다수의 견해는 국내법을 지칭하는 것으로 해석된다. 반면, 법의 일반원칙을 국제법의 일반원칙이라고 주장하는 견해도 있다. 이러한 견해에 의하면 법의 일반원칙은 반드시 국내법 체계에서만 파생되지 않으며, 자연법적 정의에 기초한 신의성실 원칙 또는 금반언의 원칙 등은 국제사회에서 공통적으로 원용되고 있다. ICJ규정 제38조 제1항(c)호에서 의미하는 법의 일반원칙이 국내법 또는 국제법으로 해석되는지 여부를 떠나 (c)호의 역할도 중요한 의미를 갖는다. ICJ는 재판소에 회부된 분쟁을 재판하는데 적용해야 할 준칙으로서 분쟁 당사국 간 적용 가능한 조약을 일차적으로 찾아볼 것이고, 조약이 없다면 국제관습법의 존재 여부도 확인해야 한다. 만약 조약과 국제관습법 모두 발견되지 않는다면 재판에서 적용해야 할 법이 존재하지 않는 재판불능의 상태가 될 것이며 (c)호는 이러한 법적 진공상태를 방지하기 위한 역할을 하고 있다.

법의 일반원칙은 그 본질상 조약과 국제관습법의 부재 시 적용되는 보충적 연원이므로, 적용 순서에 있어 조약과 국제관습법보다는 우선하지 않는다.

4. 사법부의 판결 및 학설

앞서 살펴본 (c)호가 재판 불능 시대를 막기 위한 것이라면 (d)호는 재판을 하는데 보충적으로 참고할 수 있는 자료를 언급하고 있다. (d)호는 "법칙 결정의 보조수단으로서"라고 규정되어 있으며, 국제법의 연원에는 해당되지 않는다. (d)호는 ICJ 규정 제59조를 조건으로 한다고 규정하고 있다. 제59조는 재판소의 결정은 당사자 사이와 그 특정 사건에 관하여서만 구속력을 가진다라는 기판력의 원칙을 담고 있다. (d)호에 언급된 사법판결은 ICJ의 판결을 가장 우선적으로 포함하고 있지만 ICJ 이외의 기타 국제재판소와 중재재판소뿐만 아니라, 일부 국내재판소의 판결도 포함한다. 다만, ICJ의 판결에는 선례구속의 원칙이 적용되지 않는다. 저명한 국제법 학자들의 학설도 법칙 발견의 보조수단으로서 빈번히 활용된다.

Ⅱ _ 국제법의 연원간 위계관계

일반적으로 ICJ는 회부된 분쟁을 재판 시 국제법의 연원으로서 조약과 국제관습법이 동시에 존재한다면 어떤 연원을 먼저 적용할 것인지에 대해 검토할 것이다.

ICJ규정 제38조 제1항 각호의 위치상 조약 다음으로 국제관습법을 적용하는 것처럼 보일 수 있지만, 제38조의 작성 당시 기록에 의하면 작성자들의 의도는 국제법의 연원간 별도로 위계관계를 정하지 않는 것이었다. 물론 각호의 순서상 적용에 있어 '우선순위'를 시사하고 있다고 볼 수 있다. 어느 규칙을 따르게 되면, 다른 규칙을 위반하게 되는 경우 두 규칙 간 충돌이 생겼다고 말하지만, 조약과 국제관습법의 충돌은 이분법적으로 접근하기 어려운 문제이다. 조약과 국제관습법이 충돌 시, 비슷하거나 또는 동일한 규칙의 조약과 국제관습법이 병존할 수 있는지도 생각해 볼 필요가 있다.

조약은 국제관습법의 존재를 확인하는 것일 수도 있고, 조약은 향후 국제관습법으로 발전할 수도 있다. 또한, 수많은 조약에서 발견되는 원칙이라 하더라도 국제관습법에 해당하지 않는 경우도 있다.

Ⅲ_ 기타 연원

국제법의 대표적인 연원이 조약과 국제관습법 이외에 다른 연원도 존재하는가? ICJ 규정 제38조 제1항에 규정된 규칙 이외에 국제법의 연원으로 간주될 수 있는 것에 대하여 살펴보기로 한다.

1. 국제기구의 결의

대표적인 보편적 국제기구로서 유엔에서 총회의 결의는 회원국의 만장일치로 성립되어도 그 자체는 법적 구속력을 갖지 못하며 그 효력도 권고적으로 해석된다. 그러나 유엔 총회의 결의가 규범적 내용을 담고 있는 경우 국제법의 새로운 연원을 구성하는지에 대한 논의는 진행되었다. 1960년대 초반 신생독립국가들이 등장하면서 유엔 총회에서 다수의석을 점하게 된 제3세계 국가들은 유엔 총회 결의 그 자체는 법적 구속력이 있는 문서라고 주장하면서 국제법 형성에 기초가 되는 의사주의를 다수결주의로 대체하려고 시도하였다. 하지만 이러한 주장은 유엔헌장에서 규정된 총회에게 부여된 토의와 권고의 권한을 벗어난 것이었기 때문에 다른 진영에서 수락하지 않았다. 그러나, 규범적 내용을 담고 있는 유엔 총회가 만장일치 또는 컨센서스, 즉 명시적인 반대 없이 채택이 된다면, 당해 결의는 유엔헌장에 대한 유권적 해석 또는 이미 확립된 일반국제관습법규로 확인하는 것으로 간주될 수 있다. 대표적인 예로 1970년 국가간 우호관계선언을 들 수 있다. 또한 총회 결의가 다수결에 의해 채택되는 경우에도, 향후 다자조약체결 또는 신

관습법규의 형성을 촉진하는 정치적 영향력을 발휘할 수도 있다. 예컨대, 1948년 세계인권선언, 1960년 식민지 국가들과 인민에 대한 독립부여에 관한 선언, 1963년 우주법 원칙선언 등이 이에 해당되는 사례이다.

2. 연성법(Soft Law)

연성법은 국가들이 미래에 법규범으로 발전할 것이라는 기대하에 자발적으로 채택한 비구속적 법적 문서들의 총체를 의미한다. 연성법을 형성 중에 있는 법이라고 표현하기도 하지만, 연성법이 반드시 모든 경우 조약과 국제관습법으로 발전하는 것은 아니기 때문에 정확한 표현이라 할 수 없다. 연성법이라는 용어에 해당되는 soft law라는 표현에 대해 비판적인 견해도 있다. 법이 아닌 것은 비법(non-law) 이며 연성"법"이라는 용어로 인해 이를 "법규범"으로 오해할 여지가 있기 때문이다. 연성법은 그 형식이 신사협정, 국제기구 또는 국제회의에서 채택된 문서, 예를 들어, 결의, 선언, 권고, 가이드라인, 행동강령, 원칙 등의 형식을 갖추고 있다. 유의해야 할 점은 특정 문서의 명칭이 조약이고 그 외견상 경성법(hard law)이지만, 조약의 내용은 연성인 경우가 있다는 사실이다. 특히 환경 관련 골격 조약(framework convention)과 문화협력협정 등이 이에 해당한다.

연성법은 법적 의무를 발생시키지 않을지라도 국가에게 일정한 부담으로 작용하기에 각국의 정책결정자들은 연성법을 간과할 수 없다. 연성법의 융통성은 각 국가가 재량권을 완전히 포기하지 않으려는 분야에서는 오히려 국가간 유연한 협력을 구할 수 있는 장점을 갖고 있다.

제 3 절　국제법의 주체

국제법의 주체(subjects of international law)는 국제법인격(international legal personality), 즉 국제법상 권리와 의무를 향유할 수 있는 실체를 의미한다. 대부분 국내법 체계에서 법인격이란 일반적으로 법적으로 행동할 수 있는 사람, 즉 제소하거나 피소될 수 있는 실체를 뜻한다. 그러나, 법인격은 각국의 법체계에서 필요에 따라 그 범위는 달라질 수 있다. 마찬가지로 국제법상 국제법인격은 국제법적으로 행동할 수 있는 사람, 즉 국제법을 적용할 수 있으며, 국제법이 적용될 수 있는 실체를 의미한다.

Ⅰ _ 국가

1. 국가의 정의

전통적으로 국제법은 조약이나 관습법규를 통해 국제법을 만든 국가에만 적용이 되었다. 국가는 국제법의 가장 중요한 주체이지만 어떤 실체가 국가에 해당하는지를 판단하는 것은 쉬운 일이 아니다. 유엔국제법위원회는 2001년 국제위법행위에 대한 국가책임초안의 주석에서 국가는 '국제법 하에서 행동할 수 있는 완전한 권한을 가진 법인격자'로서 국제법에서 단일의 법인격자로 승인된다고 언급한 바 있다.

15개 라틴아메리카국과 미국이 당사국인 1933년 "국가의 권리와 의무에 관한 몬테비데오협약"은 독립국가가 되기 위한 국제관습법상의 요건을 반영하고 있다. 몬테비데오협약은 국제법인격자로서 국가는 한정된 영토, 항구적 인구, 정부, 타국과 관계를 맺을 수 있는 능력을 보유해야 한다고 정의하고 있다. 특히, 다른 국가와 관계를 맺을 수 있는 능력은 독립성의 요건으로 칭해진다. 몬데비데오 협약상 국가에 대한 정의는 절대적인 기준이 아니라 일종의 가이드라인을 제시하고 있다.

2. 국가의 의무

국제법상 국가의 주요 의무는 다음과 같다.

(1) 신의성실의 원칙

신의성실의 원칙은 '약속은 준수되어야 한다'(pacta sunt servanda)는 것을 의미한다. 신의성실원칙에 따라 국가는 국제법을 준수해야 하고 이를 위반하는 위법행위를 하지 않아야 한다. 국가는 조약, 국제관습법 및 국가의 일방적 행위도 신의성실하게 이행해야 한다.

(2) 국내문제불간섭의 원칙

국내문제란 국제법의 규율을 받지 않는 사안으로서 정부형태 및 구성, 외교정책 등을 포함한 다양한 국가정책 등을 포함한다. 어떤 문제가 국내문제인지는 국제관계의 발전에 의존하는 가변적 사항이며, 오늘날 국내문제와 국제문제 간의 영토적 한계는 존재하지 않으며 이를 명확히 구분하는 것이 쉽지는 않다.

(3) 무력의 위협 또는 사용금지

무력의 위협 또는 사용금지의 원칙은 1945년 유엔헌장을 통해 명시적으로 도입되었다. 국제법상 무력사용을 제한하려는 움직임은 근대에 들어서야 시작되었다. 1899년과 1907년 헤이그 만국평화회의에서 분쟁의 평화적 해결을 위한 협약이 채택되는 것을 출발점이었으며, 제1차 세계대전 이후 설립된 국제연맹을 통해 전쟁을 통제하려는 시도가 있었다. 다만, 국제연맹규약에 의하면 분쟁이 발생하면 회원국은 분쟁을 사법적 해결 또는 국제연맹이사회의 조사에 회부하고 그 결과가 나온 후 3개월까지는 전쟁이 호소하지 않을 의무를 부과하였지만, 전쟁 자체를 금지하지는 않았다. 1928년 일명 부전조약, 즉 전쟁 포기에 관한 조약은 체약국 간에서 국가의 정책 수단으로서 전쟁을 포기할 것을 규정하였지만, 이를 위반한 국가에 대한 제재의 수단이 없었다. 무력의 위협 또는 사용금지 원칙은 국제관습법으로 확립되었다. 유엔헌장에 언급된 무력은 군사력을 의미하며, 정치적, 경제적 힘을 포함하지 않는다. 다만, 유엔헌장 상의 자위권과 헌장 제7장에 기초한 강제조치는 무력사용 금지원칙의 예외에 해당한다.

(4) 인권존중의 의무

전통국제법에서 국가가 자국민을 어떻게 대우하는지는 군주들의 재량에 의해 결정되었다. 인권은 국내적 관할권에 속했기 때문에 국제법의 관심 사안은 아니었지만, 19세기 후반 전시포로, 부상자, 민간인 보호, 노동자, 난민 등 특정 그룹과 관련하여 인권 규범이 만들어지기 시작하였다. 국제사회는 특히 제2차 세계대전을 통해 나치정권의 참혹한 인권 유린을 경험한 후, 기존에 국내문제로만 인식되었던 인종차별, 집단학살, 고문, 난민보호 등을 점차 국제문제로 인식하였다. 이로 인해 국제인권법의 주요 원칙들은 대개 보편적 가치로 인식되고 있다. 이슬람 또는 일부 국가들은 국가마다 독특한 문화와 전통이 있기 때문에, 인권이 보편적 규범일지라도 각국의 전통과 문화에 맞게 해석되고 적용되어야 한다는 문화적 상대성을 주장하기도 한다. 인권존중의 원칙은 사회주의 진영의 반대로 유엔헌장을 가장 유권적으로 해석한 1970년 국가 간 우호관계선언에서는 제외되었다. 인권존중의 의무와 관련해서 유의해야 할 점은 국가의 일회성적 인권침해는 국제법의 영역이 아니고, 중대하고, 반복적이고 체계적인 인권침해가 국제법 차원에서 인권존중의 원칙이 작동하는 기준이다. 현대국제법상 인권존중원칙에서 중요한 점은 인권에 대한 존중과 보호는 국제평화 및 안전의 유지와 연계가 되어야 한다. 인권의 국제적 보호는 유엔 설립 '목적' 중 하나로 포함되어 있다. 유엔헌장은 제1조 제3항에서 모든 사람의 인권 및 기본적 자유를 존중하도록 촉진하고 장려함에 있어 국제적 협력을 달성한다."고 규정하고 있다. 이러한 인권존중과 국가 간 평화적 관계 유지의 연관성은 1966년 정치적 및 사회적 권리에 관한 인권규약과 경제적·사회적·문화적 권리에 관한 인권규약등을 통해 확인된다. 앞서 살펴본 국가의 의무는 무력사용금지와 신의성실의 원칙과 같이 상호 보완하는 역할도 하지만 인권존중의 원칙과 국내문제불간섭 원칙은 상호 충돌하는 경우도 발생할 수 있다.

3. 국가의 권리

국가는 국가기능의 총체인 주권을 갖으며, 주권을 통해 국제법의 기본원칙 중 하나인 주권평등의 원칙이 도출된다. 주권 평등원칙은 모든 국가가 경제력, 군사력, 정부나 체제와 관계없이, 수평적이고 분권적인 국제관계의 기반이 되는 원칙을 의미한다. 또 다른 국가의 권리로서 외교적 보호권은 자국민이 입은 피해에 대해 국가가 피해 입은 자국민을 대신하여 책임 있는 국가에게 국제청구를 하는 것을 의미한다. 이러한 외교적 보호권은 국가의 권리로 간주된다.

Ⅱ_ 국제기구와 개인

1. 국제기구

국제기구와 관련된 일반적인 국제문서로서 2011년 유엔 국제법위원회(ILC: International Law Commission)의 국제기구책임 초안과, 미발효 상태인 1986년 국가와 국제기구 간, 또는 국제기구 간 조약법에 관한 비엔나협약이 있다. 국제기구에 대한 통일된 정의는 존재하지 않지만 2011년 국제기구책임 초안의 목적상 국제기구는 조약 또는 국제법에 규율되는 기타 문서에 의해 설립되고, 독립된 국제법인격을 갖는 조직으로 정의내려진다. 즉, 국제기구는 회원국과는 별개로 국제법인격을 갖기에 국제기구의 국제법인격은 국가의 국제법인격과 마찬가지로, 국제기구가 국제관계에서 권리와 의무를 담당하고, 법률행위를 수행할 수 있는 능력을 의미한다. 국제기구는 해당 기구를 '설립한 조약에 의해' 목적달성과 임무수행에 필요한 범위 내에서 조약체결권과 사절 파견권을 가지며, 특권과 면제도 향유할 수 있다. 유엔의 경우 유엔헌장 제43조에서 병력 제공에 관한 조약, 그리고 헌장 제57조에서 전문기구와의 협력관계를 수립할 수 있다고 명시하고 있다. 특권과 면제와 관련하여 유엔의 경우 1946년 채택된 UN특권과면제에 관한 협약이 별도로 존재한다.

국제기구의 법인격과 관련하여 유엔을 중심으로 살펴보면 유엔헌장은 유엔이 국제법인격을 갖는지에 대해서는 침묵하고 있지만, 유엔헌장 제104조는 기구는 그 임무의 수행과 그 목적의 달성을 위하여 필요한 법적 능력을 각 회원국의 영역 안에서 향유한다고 규정하고 있다. 즉, 유엔은 회원국 내에서 자신의 명의로 유효한 법률행위 재산 소유, 계약 체결 등을 할 수 있는 '국내적' 법인격을 가진다는 것을 의미한다. 유엔의 국제법인격과 관련된 대표적인 사건으로서 유엔손해배상(Reparation for Injuries suffered in the service of the United Nations) 사건이 있다. 유엔손해배상 사건은 1948년 이스라엘이 점령 중이던 동예루살렘 지역에서 유엔 휴전교섭 대표로 파견된 스웨덴 백작이 유대인 테러리스트에 의해 암살을 당한 사건을 배경으로 하고 있다. 당시 유엔은 이스라엘이 테러범죄 방지 및 범인들을 처벌함에 주의의무를 다하지 않았다고 생각하고 국제법에 따라 손해배상을 청구하고자 하였다. 유엔총회는 유엔이라는 국제기구가 당시 유엔의 비회원국인 이스라엘에 대해 국제청구를 할 자격이 있는지 ICJ에 권고적 의견을 구하였다. ICJ는 권고적 의견을 통해 유엔이 국제법의 주체로서 권리와 의무를 누린다고 판단하였다. 비록 유엔헌장에 유엔의 국제법인격에 대한 명문 규정은 없지만, 유엔이 그 직무수행에 필요한 묵시적 권한이 있다고 해석하였다. 또한, ICJ는 국가가 자국민을 위한 외교보호권을 갖는것과 마찬가지로 유엔도 소속공무원을 위한 직무보호의 권리를 갖는다고 언급하였다. 다만, 국가가 자국민을 위한 외교보호권과 유엔의 직무보호권이 경합하는 상황에서는 유엔직원이 '직무를 수행함에 있어 피해를 입을 경우로 한정하였다. ICJ는 직무보호권과 외교보호권이 충돌하는 경우 어느 한쪽이 우선하지 않는다고 판단하였다.

2. 개인

(1) 개인의 권리

전통국제법상 개인은 법의 주체가 아닌, 법의 객체로서 국제법에서 어떠한 권리를 도출해 낼 수 없었다. 개인이 자국정부로부터 침해를 경우, 이는 국내문제에 해당되어, 국제법의 적용대상이 아니었으며, 최소한 19세기 전통국제법의 시각에서 개인은 국가의 완전한 통제 하에 있었다. 제1차 세계대전 이후 개인의 권리는 제한적으로나마 국제법으로부터 직접적인 보호를 받게 되었다. 그러나 개인이 일정 권리를 향유한다고 조약에 명시되어 있는 경우, 그 권리가 직접 조약에 의거하는 것인지, 아니면 조약의 당사국들이 개인에게 국내법상의 권리를 부여할 의무를 지고있는 것인지 구분할 필요가 있다. 이를 확인하기 위한 기준은 개인에게 국제적 기관에 청원권 내지 제소권이 부여되었는지 여부이다. 개인에게 청원권 또는 제소권을 부여하는 대표적인 지역인권협약인 유럽인권협약 및 미주인권협약을 제외하고, 기타 일반적인 국제인권협약에서는 개인은 국제절차를 개시할 권리는 있지만, 이후 국제절차에 실질적으로 참여하는 것은 일반적으로 허용되지 않는다. 개인의 제한된 절차적 권리는 오직 조약 등에 의해서만 허용되고 있으며, 국제관습법상의 권리가 아니다. 따라서 개인은 문제의 조약에 가입하지 않는 국가에 대해서는 이와 같은 절차를 아예 발동할 수 없다. 개인이 발동 가능한 국제절차는 국내법과 큰 차이점이 발견된다. 개인의 청원을 심사하는 국제기구들은 그 성격이 사법적이지 않으며, 국제기구의 심사결과는 국제기구의 견해를 밝힌 '보고서' 또는 권고의 형태로 나오기 때문에 법적 구속력이 없다. 인권 분야 이외에 투자 분야에서는 개인이 투자유치국을 상대로 직접 국제중재를 발동할 수 있으며, 여기에서 개인은 주로 다국적 기업을 의미하지만, 국가간 체결된 투자보호조약에 기초하고 있을지라도, 최소한 투자분야에서는 다국적기업들이 때로는 국가와 대등하게 행동할 수 있다는 것을 보여주고 있다.

(2) 개인의 의무

국제법상 개인이 제한적으로나마 권리를 부여받은 것은 대체로 유엔이 설립된 이후 일정 조약을 통해 인정되었지만, 개인의 국제법상의 의무는 전통국제법 하에서 인정되었다. 개인의 노예무역, 해적 행위는 국제법 위반이라는 점은 국제법상의 가장 오래된 범죄로서 확립이 되었으며 이후에도 개인은 전쟁범죄, 집단학살, 인도에 대한 죄 등을 범하지 않을 국제적 의무도 부담하게 되었다. 그리고 이러한 의무의 위반 시 국제형사재판소(ICC). 구유고국제형사재판소, 르완다국제형사재판소 등에서 처벌이 가능하다는 사실에 비추어볼 때, 국제법상 개인의 의무는 결코 가볍다고 할 수 없다. 전반적으로 볼 때, 국제인권규범을 침해한 개인에 대해서 일정 범죄는 국제법적으로 처벌 가능하지만, 아직도 대부분의 국제인권규범 위반자에 대한 형사처벌은 개별 국가의 국내법정에서 이루어지고 있다. 국제인권규범 위반자를 상대로한 민사책임 추궁은 일반국제법상에서는 발견하기 어렵다.

제 4 절 국가관할권

Ⅰ _ 국가관할권의 의의

국제법에서 의미하는 '관할권'은 국가주권을 구체적으로 표현하는 것으로 사람, 사물, 사안 등에 행사할 수 있는 국가의 권한을 뜻한다. 국제사법 분야에서 관할권은 상거소를 파악하는 것이 중요하지만, 국제공법에서 의미하는 국가관할권은 국가관할권은 공권력의 행사 범위를 의미하기 때문에, 관할권 개념에 있어 차이가 있다.

국가는 기본적으로 입법관할권과 집행관할권을 행사한다. 국가는 법률을 제정하거나 법규범을 선언하는 입법관할권을 갖으며, 집행관할권은 행정적 또는 사법적 행동을 통해 국내법을 집행하는 행정관할권과 사법관할권(재판관할권)으로 구분된다.

1. 입법관할권

입법관할권이란 국가는 자국 영토 내에서 발생하는 모든 행위를 규율할 수 있는 국내법을 제정할 수 권리이다. 이론적으로 국가는 자국의 영토 밖에서 적용되는 법규를 제정할 수 있는 역외 입법관할권을 행사할 수 있다. 그러나 이 경우 일국의 역외입법관할권은 타국의 입법관할권을 침해할 소지가 있다. 국가관할권과 관련된 가장 고전적인 판례인 상설국제사법재판소(PCIJ)의 로터스호 사건은 지중해 공해상에서 프랑스 선박과 터키 선박이 충돌한 사건이었다. 이 사고로 터키인들이 사망하고 사고책임자 프랑스인에 대해 터키와 프랑스 중 어떤 국가가 형사관할권을 행사할 수 있었는지가 문제가 되었다. PCIJ는 한 국가의 입법관할권은 원칙적으로 그 영토 내에서 행한 행위에 국한되는 것이 아니며, 국제법이 달리 규정하지 않는 한, 국가는 외국인이 외국에서 저지른 행위에 대해서도 관할권을 행사할 수 있다고 언급하였다. 즉, 재판소는 국가의 역외관할권 행사를 긍정하였지만, 문제는 역외입법관할권의 한계를 설정하는 것이다. 오늘날 국가는 자국의 영토 밖에서 발생한 사건에 대해 관할권을 행사하기 위해서는 그 근거를 제시해야 한다는 주장이 있지만, 어떠한 근거가 필요한지에 대한 국제법상 명확한 기준은 존재하지 않는다. 다만, 국가가 관할권을 행사하고자 할 때는 이로 인해 영향을 받은 타국과의 이해관계를 조화시키면서 행사되어야 할 것이다.

2. 집행관할권

국가는 자신이 제정한 법률을 자국 영토 내에서 집행할 수 있다. 그러나 집행관할권은 앞서 설명한 입법관할권과 달리 영토적 제약을 받는다. 관련하여 로터스호 사건에서 재판소는 "국제관습이나 협약에서 허용되는 규칙에 의거하지 않는 한 일국은 타국의 영토 내에서 그 어떤 형태의 힘을 행사해서는 안 된다고" 지적하였다. 자국에서 극악한 범죄를 저지르고 외국으로 도망간 경우, 범인을 체포하고 처벌하기 위해 그 국가의 동의없이 집행관할권은 행사할 수 없다는 것을 의미한다. 역외 집행관할권의 행사는 타국의 영토를 직접 침해하는 행위이기 때문이다. PCIJ는 국가의 집행관할권은 영토에 국한되지만, 조약이나 국제관습법이 별도로 존재한다면, 영토 밖에서 집행관할권이 행사될 수 있다는 점도 언급하였다. 예를 들어 군대지위협정에 의해 해외 주둔지국가에서 형사재판을 하는 경우가 이에 해당된다.

Ⅱ_ 이론적 기초

국가가 관할권을 행사할 수 있는 기초로서 속지주의, 속인주의, 수동적 속인주의, 보호주의, 보편관할권이 이론적 근거로 제시된다. 이러한 이론적 근거는 주로 형사관할권과 관련하여 발전되었고 많은 경우 중첩되기도 한다.

1. 속지주의

속지주의는 내국인, 외국인을 불문하고 한 국가의 영토 내에서 발생한 행위에 대해 국가가 관할권을 행사할 수 있는 원칙이다. 자국의 선박, 항공기, 등록된 우주물체도 등록국의 영토에 준하는 것으로 간주된다. 자국에서 범죄가 개시되었지만 범죄의 결과가 외국에서 발생하는 경우에는 주관적 속지주의, 범죄가 해외에서 개시되었지만, 직접적인 결과가 자국 영토 내에서 발생한 범죄에 대해 관할권 행사를 하는 것을 객관적 속지주의라 칭하기도 한다. 객관적 속지주의는 민사상 관할권에서 많이 주장되고 있는데 대표적으로 미국 경쟁법상 해외 외국인의 기업행위가 미국에 해로운 영향을 미쳤다면 이를 처벌할 수 있는 효과이론(effects doctrine)을 도입하였고, 한국의 '독점규제 및 공정거래에 관한 법률'도 국외에서 벌어진 행위라도 국내시장에 영향을 미치는 경우 적용한다고 규정하고 있다.

2. 속인주의

속인주의는 범죄 행위가 발생한 장소와는 무관하게 자국민과 자국 국적의 법인에 대해 관할권을 행사하는 것을 말한다. 대륙법계 국가들은 속지주의와 속인주의를 병용하지만, 영미법계 국가는 현지 처벌이 가능한 속지주의를 원칙으로 하고, 보충적으로 속인주의를 적용한다. 속인주의이 근거는 국적이며 국적을 정하는 문제는 국내법상의 문제이기 때문에 누가 자국민 또는 자국 국적의 법인 인지에 대해서 각 국가마다 기준이 다르다.

3. 수동적 속인주의

수동적 속인주의는 피해자 국적주의라고 칭해지기도 하며, 국가는 외국에서 외국인이 자국민을 대상으로 한 일정 행위를 범죄로 규정하고 이에 대해 관할권을 행사할 수 있는 원칙을 의미한다. 수동적 속인주의는 외국에서 외국인이 행한 행위가 현지에서는 합법인 경우, 피해자의 국적국가가 이를 범죄로 규정할 가능성이 있고, 이 경우 외국의 국내문제에 대한 간섭이 될 수가 있다.

4. 보호주의

보호주의는 외국인이 외국에서 행한 행위가 설령 불법은 아니더라도 그 행위가 국가안보나 국가의 사활적인 경제이익을 침해한 경우, 이를 보호하기 위한 관할권 행사를 말한다. 국가안보나 국가의 사활적 경제이익의 개념 자체가 모호하기 때문에 자의적으로 적용할 가능성도 있으며, 대부분 국가는 보호주의를 제한적인 범죄에 대해서만 적용하고 있다. 수동적 속인주의와 비교해 볼 때 외국에서 발생한 외국인의 행위라는 점에시 유사점이 있지만, 보호이익의 측면에서 수동적 속인주의는 자국민 개인의 이익을 보호하고, 보호주의는 국가의 이익을 보호하기 위해 도입되었다는 점에서 차이가 있다.

5. 보편관할권

앞서 살펴본원칙들은 관할권을 주장하는 국가와 영토, 국민, 개인의 이익, 국가의 이익등과 같은 일정한 연결고리가 필요하다. 보편관할권은 관할권을 주장하는 국가와의 관련성이 필요하지 않으며, 이론적으로 한 국가의 형사관할권은 보편적으로 적용할 수 있다. 즉, 외국인이, 외국에서, 외국인을 대상으로 행한 행위라 할지라도 이를 범죄로 규정하여 형사관할권을 행사할 수 있다는 것을 말한다. 보편관할권의 행사는 국가주권과 국내문제 불간섭 원칙에 반하는 결과를 초래할 가능성이 있기에 국제공동체 전체에 위협이 되는 예외적인 상황에서만 원용될 수 있다. 국제법상의 해적행위를 포함하여, 전쟁범죄, 평화에 대한 죄, 인도에 대한 죄, 제노사이드 등이 이에 해당한다.

Ⅲ_ 범죄인 인도제도

1. 범죄인 인도제도의 의의

국가관할권 중 집행관할권은 영토적 한계를 갖기 때문에, 범죄인이 자국민이라 하더라도 외국의 동의 없이는 그 국가의 영토에 들어갈 수 없다. 이러한 집행관할권의 영토적 한계를 극복하기 위한 방법으로 범죄인인도 제도가 도입되었다. 범죄인인도란 재판을 받고 있거나, 유죄 판결을 받은 자가 해외로 도피한 경우, 외국의 청구에 의해 청구국으로 인도하는 제도를 의미한다. 범죄인인도에 관한 보편적인 다자조약은 존재하지 않으며, 일부 지역적 다자조약은 존재하지만(범죄인인도에 관한 유럽협약, 아랍연맹 범죄인인도조약 등) 대체로 국가들은 양자조약을 통해 범죄인인도제도를 범죄인인도제도를 활용하고 있다. 범죄인인도와 관련한 양자조약, 국제적 관행, 각국의 국내법이 서로 다르기 때문에 유엔은 회원국간 범죄인인도조약의 체결을 촉진하기 위해 범죄인인도에 관한 유엔모델조약이 채택된 바 있다. 현재, 국가는 양국 간 범죄인인도조약이 체결되지 않는 한, 범죄인인도 요청에 응할 국제법상의 의무가 없고, 국가 예양상 또는 상호주의에 입각하는 것을 조건으로 인도할 수 있다.

2. 주요 원칙

대부분의 범죄인인도조약에서 공통적으로 발견되는 몇가지 원칙들 중 주요 원칙에는 쌍방가벌성, 자국민 불인도 원칙, 인도주의에 근거한 인도 거절, 정치범 불인도 원칙 등이 있다.

제 5 절 국가면제

I _ 국가면제의 의의

1. 국가면제의 개념

국가면제(state immunity)는 국가와 그 재산이 타국 재판소의 관할권에 복종하지 않는 국가의 권리를 의미한다. 국가면제는 대등한 자들은 서로에 대해 관할권을 갖지 못한다는 격언으로 표현되며 주권평등의 원칙에서 파생된 원칙으로 국가들의 '공적 기능'을 보호하기 위해 서로 재판관할권을 면제해 주는 것을 뜻한다.

국가면제는 군주에게 인정되던 절대적 면제의 관행에서 시작하여 19세기에 각국 재판소의 판례가 축적되면서 관습국제법화 되었고, 2004년 유엔총회가 '국가 및 그 재산의 관할권 면제에 관한 유엔협약'을 채택했지만, 협약은 미발효 상태이다. 국가면제 이론은 개인의 입장에서 비교해 보면 차별적인 측면이 있다. 개인은 외국정부의 동의 없이, 외국정부를 일국의 재판소로 불러낼 수 없지만, 반대로 외국정부는 개인을 그 개인의 동의 없이 일국의 재판소로 불러낼 수 있기 때문이다. 국제법이 오직 국가만을 위한 법체계로 발전해 온 역사를 생각할 때 국제법상 개인의 이러한 위치가 이해될 수 있지만, 현대국제법하에서 특히 국제인권법의 등장과 발전과정에서 국가들은 더 이상 국가주권평등에만 입각한 절대적이고 무제한적인 국가면제를 주장할 수 없었고, 제한적 면제이론이 등장하게 되었다.

2. 국가면제 대상

(1) 인적대상

국가는 무생물인 추상적 실체이므로 법적으로 누군가는 국가를 대표해야 한다. 국가들 대표하는 국가원수, 정부수반, 외무장관은 국제관습법상 국가면제가 적용되는 인적 대상에 해당된다. 국가원수는 재임 중에는 직무상 공적 및 사적 행위도 면제되며, 면제를 스스로 포기하지 않는 이상 타국이 재판관할권을 행사할 수 없다. 퇴임 후라도 재임 중 행한 공적행위는 면제되지만, 사적 행위에 대해서는 재판관할권이 행사될 수 있는 경우도 발견된다.

(2) 물적대상

행위의 주체를 기준으로 하는 인적 면제와 달리, 물적 면제는 행위 자체를 기준으로 한다. 전통적으로 국가면제는 주권적 권한을 행사하는 국가와 일체의 정부기관에 대해 그 지위의 높고 낮음과는 관계 없이 모든 국가행위에 대해 절대적으로 면제를 인정하는 절대적 면제이론이 지배적이었다. 그러나 19세기 후반 국가들이 국영기업을 설립하여 외국 정부와의 거래가 빈번해지고, 외국 정부와 거래하는 기업들과 개인들이 국가면제로 인해 피해를 입게 되자, 이들을 절대적 면제로부터 보호해야 할 필요성이 생겼다. 제1사 세계대전 이후에는 국가의 대외적 행위를 주권적이고 권력적인 행위와, 국가가 법인으로서 수행하는 상업적, 비권력적 행위로 구분하여, 후자인 상업적, 비권력적 행위에 대해서는 면제를 인정하지 않는 제한적 면제이론이 일반적으로 수용되었다. 제한적 면제이론에 따라 설령 재판관할권이 성립하다 하더라도, 외국의 재산에 대한 강제집행은 별도의 문제라는 점에 유의하여야 한다. 2004년 유엔국가면제협약에서는 해당 국가가 집행에 동의하거나, 법정지국에 소재하는 재산으로 비상업적 용도 이외의 재산에 대해서만 강제집행의 조치를 취할 수 있으며, 소송의 대상이 된 실체와 관련된 재산에 대해서만 강제조치를 취할 수 있다고 규정하고 있다.

제 6 절 외교 · 영사면제

외교면제와 영사면제는 수세기동안 국제관습법으로 인정되어 왔다. 특히 외교사절에 대한 형사재판관할권의 면제는 16세기에 확립된 국제법상의 원칙이며, 민사재판 관할권의 면제도 18세기부터 점차 인정되기 시작했다. 치외법권설은 외교공관이 접수국이 아닌 파견국의 영토이므로 접수국의 관할권 밖에 있다는 고전적인 학설이지만 일국의 영토 내에 타국이 존재할 수 없기 때문에 현재는 유효하지 않는 이론이다. 국제관습법으로 존재하던 외교면제와 영사면제는 각각 "외교관에 관한 비엔나협약"과 "영사관계에 관한 비엔나협약"으로 채택되었다. 이들 협약은 모두 발효되었고 사실상 거의 모든 국가가 가입한 보편적인 조약이다. 외교면제와 영사면제와 관련하여 유의해야 할 점은 위 조약들이 외교면제와 영사면제에 관한 완벽한 국제규칙을 다 포함하고 있지는 않으며, 협약에 명시되지 않은 사항은 국제관습법에 의해 규율되고 있다는 점이다.

Ⅰ _ 외교면제

1. 외교면제 의의

국가 간 외교관계가 수립되면 외교관계의 유지를 위해 공관이 설립되며, 외교공관은 대사관, 공관장 관저, 접수국의 명시적 사전 동의를 받아 공관의 일부를 구성하는 공관 밖 사무소를 포함한다. 주재국과의 외교 업무를 수행하기 위해 국가는 외교공관에 외교사절인 외교단을 파견하고 공관장이 국가를 대표하게 된다. 공관장 임명을 위해서는 접수국의 동의를 요청해야 하며, 접수국은 이의가 없는 경우 아그레망(agrément)을 부여한다. 접수국은 아그레망을 거절할 수도 있는데 거절 사유를 제시하지 않아도 된다.

2. 주요 특권과 면제

공관의 불가침성은 가장 중요한 특권 중 하나이며, 접수국의 관헌은 공관장의 동의 없이 공관지역에 들어갈 수 없다. 외교공관의 불가침성은 외교관계에 관한 비엔나협약에서는 그 어떤 예외도 허용되지 않는다. 외교관계에 관한 비엔나협약에서 예외조항이 없는 이유는 예외적 상황이 명시되면 공관불가침성이 남용될 것을 우려했기 때문이라고 해석된다. 접수국은 공관의 침입, 피해, 품위 손상 등을 예방하기 위해 적절한 모든 조치를 취할 특별한 의무를 진다. 공관 주위에서 공관에 대해 적대적인 시위를 하는 군중으로부터 공관을 보호해야 하고, 공관 앞에서 평화가 파괴되는 행위를 예방하기 위해 적절한 모든 조치를 취해야 할 의무가 있다. 외교 공관의 과세와 관련하여, 외교공관은 과세가 면제되며 이는 국제관습법상으로도 확립된 원칙이다.

외교관의 특권과 면제에서 가장 중요한 것은 외교관 신체의 불가침성이다. 외교관 신체의 불가침성은 외교관의 가장 기본적인 특권이며, 사법적, 행정적 어떤 조치인지를 불문하고 외교관을 체포하거나 구금할 수 없다. 외교관의 주거와 재산도 불가침성을 향유한다. 외교관은 재판관할권으로부터의 면제를 향유하는데, 이는 접수국의 실체법으로부터 면제를 의미하는 것이 아니라 관할권 행사로부터의 면제를 의미한다. 외교관은 접수국의 형사재판관할권으로부터 면제를 향유하는데, 외교관은 접수국의 형법에 위반되는 범죄행위를 하더라도 소추되거나 처벌될 수 없다. 외교관은 민사 및 행정재판관할권으로부터도 면제되지만, 예외적으로 접수국 영토 내에 있는 부동산, 상속, 직무 이외의 상업적 활동과 관련된 민사소송에 있어서는 면제를 향유하지 않는다. 외교관의 공적 행위에 대해서는 재판관할권 자체로부터 면제를 향유하고, 외교관의 지위가 종료된 이후에도 면제가 유지되지만, 사적 행위에 대해서는, 외교관의 지위가 종료되거나 면제가 포기된 경우 형사적 또는 민사적 책임에 대해 소송절차가 진행될 수 있다.

Ⅱ _ 영사면제

1. 영사제도 의의

영사제도도 외교제도와 마찬가지로 수세기 동안 국제관습법에 의해 규율되어 왔다. 19세기 국가간 교역이 확대되면서 영사제도의 중요성이 부각되었고, 제2차 세계대전 이후에는 양자적 영사조약에서 최혜국대우나 내국민대우 등의 내용이 포함되었다. 보편적인 조약으로서 영사관계에 관한 비엔나협약이 채택되고 발효되었으며 현재 180개국이 이 조약의 당사국이다. 외교관계와 영사관계는 국가간 별개의 합의에 의해 성립하지만, 통상 외교관계 수립에 동의한 국가는 영사관계 개설에도 동의한 것으로 간주된다. 그러나 외교관계의 단절이 반드시 영사관계의 단절을 포함하는 것은 아니며, 외교관계가 단절된 이후에도 영사기관은 유지되어 자국민 보호 등의 기능을 수행할 수 있다. 영사지원은 주요한 영사 기능 중 하나로, 파견국 영사관원은 자국 국민의 신체와 재산을 보호하기 위한 영사지원을 할 수 있다.

2. 주요 특권과 면제

영사관사는 소유에 관계없이 영사기관의 목적에만 사용되는 건물과 부속된 토지를 지칭한다. 영사관사에 대한 불가침성은 보장되며, 영사관사는 영사기관장 또는 파견국의 외교공관장의 동의 없이 진입이 불가능하지만, 외교공관과 달리, 화재나 또는 신속한 보호 조치를 필요로 하는 재난 발생 시 동의가 있는 것으로 추정될 수 있다. 반면, 영사기관장의 주거는 영사관사에 포함되지 않기 때문에 불가침성이 보장되지 않으며, 영사문서와 서류는 외교문서와 마찬가지로 언제 어디서나 불가침성을 향유한다. 영사행낭은 일반적으로 개봉되거나 억류되지 않지만 외교행낭과 달리 행낭 속에 공문서가 아닌 것이 있다고 의심되는 중대한 사유가 있는 경우 접수국 관헌의 입회 하에 개봉을 요구할 수 있으며, 거절 시 발송지로 반송된다.

영사관원은 직무 수행과 관련된 공적행위에 대해서만 특권과 면제가 인정되며, 영사관원의 신체에 대해서도 불가침성이 주어졌지만, 중대한 범죄를 범한 경우 권한 있는 사법 당국의 결정 하에 체포되거나 구속될 수 있다. 영사관원이나 사무직원은 영사 직무 수행 중에 행한 행위에 대해서만 사법 및 행정관할권으로부터 면제되지만, 이들이 파견국의 대리인으로서 체결하지 않는 계약상 발생하는 민사소송이나, 접수국 내 차량, 선박, 항공기 사고로 발생한 손해에 대해 제3자가 제기한 민사소송에 대해서는 적용되지 않는다.

제 7 절 국제분쟁의 평화적 해결

유엔헌장 제2조 제3항은 유엔 회원국에게 국제분쟁을 평화적으로 해결해야 할 의무를 부여하고 있으며 헌장 제33조는 분쟁의 해결수단으로서 교섭, 심사, 중개, 조정, 중재재판, 사법적 해결, 지역기구 또는 당사자가 선택한 다른 평화적 수단 등이 예시적으로 규정하고 있다. 국가들은 분쟁을 평화적으로 해결해야 할 의무가 있지만, 그 해결수단에 있어서는 완전한 자유를 향유하고 있다. 특정한 분쟁해결수단에 강제관할권을 부여하는 국제관습법은 존재하지 않으며, 조약은 국가의 동의에 기초하고 있기 때문에, 국가의 동의에 기초하지 않는 한, 그 어떤 평화적 해결수단도 강제관할권을 향유하지 못한다. 일반국제법상 분쟁은 평화적으로 해결해야 하지만, 분쟁을 '해결할' 의무는 여전히 존재하지 않는다. 따라서 분쟁이 지속되고 있다는 사실만으로 분쟁의 평화적 해결원칙에 대한 위반은 아니며, 실제로 분쟁에 따라서는 공식적으로 해결하기보다는 '관리'하는 것이 더 현명한 선택일 수도 있다. 분쟁의 평화적 해결의무와 관련하여 중요한 점은, 국제분쟁의 당사국과 다른 국가들은 분쟁을 평화적으로 해결하려고 노력하는 동안 사태를 악화시켜 국제평화와 안전의 유지를 위태롭게 할 수 있는 일체의 행동을 취하지 않아야 한다.

I _ 비사법적 수단

국가들이 분쟁해결을 위해 가장 대표적으로 활용하는 비사법적 수단은 교섭이다. 그러나 현실적으로 각 국가가 교섭에 임했는지 여부를 판단하는 것은 쉬운 일이 아니다. 많은 조약에서 조약의 해석문제가 발생하는 경우 ICJ나 기타 국제재판소에 분쟁을 회부하기로 하면서, 그 전제조건으로 분쟁당사국 간에 교섭을 거칠 것을 요구하고 있다. 즉, 교섭이 이루어지지 않았다고 판단하면, 아예 재판소의 관할권이 성립하지 않는 결과가 초래된다. 교섭은 단순한 항의나, 논쟁과는 다른 개념으로, 분쟁 당사국이 분쟁의 해결을 위해 가능한 합의에 도달하기 위해 성실히 토의에 임할 것을 요구하고 있다.

당사국간의 교섭에 의한 해결이 원활하지 않는 경우, 국가들은 주선, 중개, 조정, 사실심사 등 제3자의 개입을 통해 분쟁해결을 모색할 수 있다. 일반적으로 이러한 비사법적 수단은 구속력이 없지만, 당사국이 합의한다면 구속력을 부여할 수도 있다. 주선은 제3자가 당사국간 교섭의 기회를 마련하지만 교섭에 직접 개입하지 않는 것을 말하며, 중개는 분댕 당사국들이 동의한 제3자가 참여하여 분쟁 당사국간의 이견을 조정하거나 해결방안을 제시하는 것을 의미한다. 사실심사는 제3자로 이루어진 심사위원회에서 분쟁의 원인이 된 사실을 객관적으로 조사하여 보고하는 방식이고, 조정도 조정위원회가 수립이 되어 위원회에서 사실을 규명하지만, 사실심사와 차이점이 있다면 조정위원회는 단순한 객관적 사실만을 규명하는 것이 아니라 분쟁해결을 위해 해결책까지 제시하기 때문에 중개와 사실심사가 결합된 방식이라고 볼 수 있다.

Ⅱ_ 사법적 수단

1. 중재와 사법심사

사법심사는 크게 중재재판과 사법재판으로 구분되며, 이들 재판소의 결정은 분쟁당사국에게 구속력이 있다는 점에서 비사법적 수단과 차이가 있다. 여기에서 의미하는 중재재판은 국가간의 중재를 의미하며, 사인간의 중재, 즉 국제상사 중재 또는 국가와 사인간의 혼합중재, 예를 들면 투자분쟁과 구분되어야 한다. 중재재판과 사법재판의 차이는 중재재판의 경우 분쟁당사국이 합의하여 중재재판부를 구성하고, 중재재판에 적용해야 할 준거법을 분쟁당사국이 합의할 수 있으며 많은 조약에서 중재재판소의 판결은 권고적 효력만을 갖는다고 규정하고 있다.반면, 사법재판은 재판소의 구성과 재판소가 적용해야 할 법에 대해 분쟁당사국이 통제할 수 없다는 점에서 중재재판과의 차이점이 발견된다.

2. 국제사법재판소(ICJ)

1921년부터 1946년까지 존재했던 상설국제사법재판소 (PCIJ)는 국제연맹규약에 의해 설치되었지만, 국제연맹 자체의 주요 기관은 아니었다. 반면 유엔헌장은 국제사법재판소(ICJ)를 유엔의 주요 사법기관으로 정하고, 유엔헌장에 ICJ규정을 부속서로 채택하였다. PCIJ와 ICJ는 각각 설립규정이 다르지만, 그 본질상 ICJ는 PCIJ의 계속으로 볼 수 있는데 ICJ의 규정이 PCIJ 규정을 기초로 하기 때문이다.

(1) 재판소 구성

ICJ의 재판관은 9년 임기의 판사 15명으로 구성되며, 판사는 안보리와 총회에서 각각 절대 다수로 선출하며, 상임이사국의 거부권은 적용되지 않는다. 재판부에 분쟁 당사국의 국적 재판관이 없는 경우, 분쟁 당사국 일방 혹은 쌍방은 당해 사건에 한하여 자국민 또는 제3국인 재판관을 임시 재판관으로 지명할 수 있다.

(2) 재판관할권

ICJ는 재판소에 회부된 사건을 결정하기 위한 재판관할권과 유엔이나 전문기구 등에 대해 법적 자문을 제공하는 권고적 권할권을 갖는다. 재판소가 특정사안에 대해 관할권을 갖는지에 대해 다툼이 있는 경우 관할권이 존재하는지 판단은 재판소가 스스로 결정한다. ICJ 3규정 제34조 제1항에 의하면 오직 국가만이 당사자 능력을 갖고 있으며, 개인이나 국제기구는 당사자 능력을 갖지 못한다. ICJ는 규정의 당사자인 국가뿐만 아니라 규정의 당사자가 아닌 국가에 대해서도 개방되고 있는데, 이 경우 조건이 부과되어 있다. ICJ 규정 제36조 제1항에 따르면 현행 제조약, 즉 발효 중인 조약에 담겨 있는 특별규정을 조건으로 안보리가 정하는데, 문제는 여기서 '발효 중인 조약'은 언제 발효 중인 조약을 의미하는지 명확하지 않다는 점이다. 이에 대해 ICJ는 ICJ 규정의 발효일(1945년 10월 24일) 당시에 발효 중인 조약만을 지칭한다고 판단하였다. ICJ 규정의 당사국이라 하더라도 ICJ의 재판관할권이 바로 성립하는 것이 아니라, 어떤 방식으로든 국가의 동의가 있어야 한다. 국가가 ICJ의 관할권에 동의를 부여할 수 있는 방법에는 합의에 의한 동의, ICJ규정 제36조 제2항의 재판관할권 선택조항의 수락, 조약 내 합의조항, 확대관할권 등이 있다.

(3) 판결과 판결의 집행

ICJ의 판결은 최종적이며 상소할 수 없다. 다만 판결의 의미와 범위에 관한 분쟁이 있는 경우 재판소는 당사자의 요청에 의해 판결의 주문에 대해 해석할 수 있으며, 판결의 이유에 대해서는 해석을 요청할 수 없다. 판결 선고 당시 재판소와 당사자가 알지 못한 결정적 사실이 뒤늦게 발견이 되고, 새로운 사실이 판결의 결정적 요소가 될 성질을 가지고, 사실을 알지 못한 데 당사자의 과실이 없는 경우, 새로운 사실을 안 날로부터 6개월 이내에 재심을 청구할 수있으나, 판결일로부터 10년이 경과하면 어떠한 사유로도 재심을 청구할 수 없다. 판결의 집행과 관련하여, 유엔헌장 제94조 제1항에 의해 유엔회원국은 자국이 당사자인 사건에 대해 ICJ의 판결을 준수해야 한다고 규정하고 있다. 하지만 ICJ의 판결 집행을 강제할 수단은 없기 때문에 결국 패소국의 자발적 집행 의지가 중요하다. 패소국이 계속 판결을 이행하지 않으면 승소국은 안보리에 제기할 수 있지만, 안보리는 ICJ의 판결을 집행 할 권한이나 의무가 부여된 기관이 아니다. 판결의 불이행이 평화에 대한 위협에 해당된다면 헌장 7장상의 조치를 취할 수 있지만, 현실적으로 판결의 불이행을 평화에 대한 위협으로 간주하기는 어려운 것이 현실이다.

판례색인

집필진 약력

조기영

- 전북대학교 법과대학 졸업
- 서울대학교 대학원 법학과 석사, 박사
- (현) 전북대학교 법학전문대학원 교수

[대표 저서 및 논문]

- 형사소송법(제2판, 공저)
- 판례교재 형법총론(제2판, 공저) · 형법각론(제2판, 공저) · 형사소송법(제4판, 공저) 등

김소연

- 고려대학교 법과대학 법학과 졸업
- 고려대학교 일반대학원 법학과(헌법전공) 석사, 박사
- (현) 전북대학교 법학전문대학원 부교수

[대표 저서 및 논문]

- 지방의회의 지역대표성과 지방의회선거의 선거구획정 간의 관계에 관한 헌법적 고찰
- 현행 「집회 및 시위에 관한 법률」상의 옥외집회 금지장소에 대한 헌법적 고찰 등

태기정

- 한양대학교 법과대학 졸업
- 전북대학교 대학원 법학과 법학석사
- 서울대학교 대학원 법학과 박사과정 수료
- 사법연수원 수료(제33기)
- (현) 전북대학교 법학전문대학원 교수

[대표 저서 및 논문]

- 추심소송과 시효중단 효력 - 대판 2019. 7. 25. 2019다212945와 관련하여 -
- 채권자취소권의 법정 재산관리권성과 수인의 소송관계 - 대판 2017. 4. 7. 2014다28114에 대한 평석을 겸하여 - 등

조성규

- 서울대학교 법과대학 졸업
- 서울대학교 대학원 법학과 석사, 박사
- (현) 전북대학교 법학전문대학원 교수

[대표 저서 및 논문]

- 자치입법론(공저)
- 행정기본법상 '처분의 재심사' 규정의 법적 쟁점, 행정법학 등

박수영

- 전북대학교 법과대학 졸업
- 전북대학교 대학원 법학과 석사, 박사
- (현) 전북대학교 법학전문대학원 교수

[대표 저서 및 논문]

- 상법판례백선(제9판, 공저)
- 공정거래법해설(제3판) · 소비자법해설(제4판) 등

곽승구

- 연세대학교 공과대학 졸업(부전공 법학)
- 경희대학교 법학전문대학원 전문법학석사, 법학박사
- 제2회 변호사시험 합격
- (현) 전북대학교 법학전문대학원 조교수

[대표 저서 및 논문]

- 민사소송법(공저)
- 승계참가인과 피참가인의 소송관계에 관한 연구 등

지은석

- 경찰대학 졸업
- 서울대학교 행정대학원 행정학석사
- 서울대학교 법학전문대학원 전문박사과정 수료
- (현) 전북대학교 법학전문대학원 교수

[대표 저서 및 논문]

- 로스쿨 형법총론강의 등

김성진

- 전북대학교 법과대학 졸업
- 고려대학교 대학원 법학박사
- (현) 전북대학교 법학전문대학원 교수

[대표 저서 및 논문]

- 로스쿨 법학공부방법론(공저)
- 징계의 이론과 실무

서창배

- 경북대학교 법과대학 졸업
- 경북대학교 대학원 법학과 법학석사, 박사과정 수료
- 독일 예나 대학교(Friedrich-Schiller-Universität Jena) 법학석사, 법학박사
- (현) 전북대학교 동북아법연구소 가상재화법센터 전임연구원

[대표 저서 및 논문]

- 가상재화와 인공지능에 관한 법이론, 전북대학교 동북아법연구소, 동북아법 연구총서 02
- EU 디지털 시장법 시행에 따른 경쟁법 적용의 문제 - 데이터 독점과 개인정보 보호의 문제를 중심으로 -
- 독일의 금융콘체른법 제정 논의와 우리 법제에의 시사점 등

이세련

- The University of Chicago 졸업
- New York University(NYU) School of Law 법학석사
- 연세대학교 법학박사
- (현) 전북대학교 법학전문대학원 교수

[대표 저서 및 논문]

- 로스쿨 국제법 사례연습(공저)
- 국제법을 알면 뉴스가 보인다(공저) 등

법학입문

초판발행 2024년 2월 29일

지은이 조기영·김소연·태기정·조성규·박수영·곽승구·지은석·김성진·서창배·이세련
펴낸이 안종만·안상준

편 집 윤혜경
기획/마케팅 최동인
표지디자인 유지수
제 작 고철민·조영환

펴낸곳 (주) 박영사
서울특별시 금천구 가산디지털2로 53, 210호(가산동, 한라시그마밸리)
등록 1959. 3. 11. 제300-1959-1호(倫)
전 화 02)733-6771
f a x 02)736-4818
e-mail pys@pybook.co.kr
homepage www.pybook.co.kr
ISBN 979-11-303-4677-9 93360

정 가 27,000원